MÉMOIRES

DE

NINON DE LENCLOS

Clichy. — Imprimerie Paul Dupont, 12, rue du Bac-d'Asnières.

MÉMOIRES

DE

NINON DE LENCLOS

PAR

EUGÈNE DE MIRECOURT

1875

PARIS
VICTOR BUNEL, ÉDITEUR
10, RUE DU CLOITRE-NOTRE-DAME, 10

MÉMOIRES
DE
NINON DE LENCLOS.

I

Le premier soin d'un auteur qui commence ses *Mémoires* doit être de décliner humblement son nom.

Je m'appelle Anne de Lenclos.

Née à Paris en l'an de grâce 1612, dans une petite maison située aux environs de Notre-Dame, il ne me reste sur mon enfance que de vagues souvenirs.

Mon père, assez bon gentilhomme de Touraine et passionné pour les armes, bataillait sans cesse à droite et à gauche, tantôt dans le Languedoc, tantôt sous les murs de la Rochelle, tantôt en Piémont.

Très-remuant de sa nature et se jetant par goût dans mille intrigues, il avait fait partie de ces grandes compagnies franches, toujours prêtes, depuis Mayenne et la Ligue, à se mettre au service de quelque brouillon de cour.

Il était d'une taille au-dessus de la médiocre et d'une figure avenante et cordiale.

Content de lui-même et des autres, il avait un gros rire de soldat si joyeux et si communicatif, qu'il devenait impossible de conserver de la mélancolie en sa présence.

A cette époque, une guerre ne finissait jamais sans qu'une autre recommençât.

Retenu dans les camps, M. de Lenclos ne pouvait nous faire que de très-rares et très-courtes visites; mais, toute jeune que j'étais alors, je gardais de ces visites un bon souvenir, et je hâtais de mes vœux le moment où il reviendrait me combler de caresses et de pralines, me faire danser sur ses genoux, rire, chanter, gambader avec moi, et m'appeler sa *petite Ninon*.

Quand il était là, je croyais voir un beau rayon de soleil éclairer tout à coup la sombre et triste existence que je menais avec ma mère.

Madame de Lenclos était une demoiselle de la famille des Abra de Raconis, connue dans l'Orléanais.

Mon père l'avait épousée plutôt par convenance que par amour, et c'est en quoi il eut tort, car ces sortes de mariages où le cœur n'entre pour rien finissent toujours par faire de l'un des époux une victime, et c'est à la femme assez ordinairement que ce rôle échoit.

Voyant qu'elle n'était pas aimée de son mari, ma mère se lança dans une dévotion exagérée.

Elle assistait chaque jour à trois messes à la cathédrale, récitait au moins huit ou dix fois son rosaire, et m'associait à tous ces exercices de piété, fort louables sans doute, mais qui accablaient d'ennui une enfant de mon âge.

Au lieu de faire de moi une fille dévote, elle ne réussit qu'à me donner pour la religion un peu plus que de l'indifférence; je n'ai eu de piété dans la suite que par caprice, et mes caprices n'ont jamais duré longtemps.

J'appris à lire dans le *Traité de l'amour de Dieu* de saint François de Sales, et mes exemples d'écriture étaient des oraisons jaculatoires en grosse, en bâtarde et en coulée.

Au bout de deux mois de leçons, j'écrivis à M. de Lenclos, alors en garnison à Tours, une lettre, dont je me permets de corriger les fautes d'orthographe primitives, et qui était à peu près ainsi conçue :

« Mon très-honoré père,

« J'ai dix ans, je suis grande et forte ; mais je tomberai sûrement malade, si je continue d'assister à trois messes tous les matins, surtout à celle d'un gros chanoine goutteux qui met au moins douze minutes pour aller de l'épître à l'évangile, et que les enfants de chœur son obligés d'aller relever après chaque génuflexion. J'aimerais autant voir à l'autel une des tours de Notre-Dame ; elle se remuerait plus vite et ne me ferait pas déjeuner si tard. Cela me réjouit très-peu, je vous assure. Dans l'intérêt de la santé de votre fiile unique, il est temps de mettre un terme à cet état de choses. Mais de quelle façon, me demanderez-vous, et comment nous y prendre ? Rien de plus simple. Supposons qu'au lieu de moi le ciel vous eût donné un garçon : je serais élevée par vous, et non par ma mère ; déjà vous commenceriez à m'apprendre les armes et à me faire monter à cheval, ce qui me plairait beaucoup plus que de tourner entre mes doigts les grains d'un chapelet, avec force *Ave*, *Pater* et *Credo*. La présente est donc pour vous aviser que je me décide à ne plus être fille et à devenir garçon. Veuillez vous arranger en conséquence et m'appeler auprès de vous, afin de me donner une éducation plus convenable à mon nouveau sexe.

« Je suis avec respect, mon très-honoré père,

« Votre petite Ninon. »

Cette magnifique missive fut jetée à la poste, à l'insu de ma mère.

Huit jours après, je vis entrer M. de Lenclos, qui m'embrassa joyeusement et s'écria :

— Vite, prépare ton paquet, ma chère petite : je t'emmène à Tours !

Ma mère se récria, pleura, se fâcha, sermonna, fit mille observations plus judicieuses les unes que les autres pour démontrer que ma place était auprès d'elle.

On n'en tint pas compte.

Le même soir, je quittai la pauvre femme, qui éclatait en sanglots.

M. de Lenclos prit des chevaux de poste ; notre voyage fut rapide et délicieux.

— Décidément, me disait-il, tu veux donc être un homme ?

— Très-décidément, mon père.

— Et tu crois la chose possible ?

— Oui, si vous y consentez.

— Comment donc ! j'y consens de grand cœur ! Mais alors il faut quitter la robe...

— Je la quitterai.

— Prendre le haut-de-chausses et le pourpoint.

— C'est ainsi que je l'entends.

— Ah ! ah ! petite folle !... s'écria-t-il en éclatant de rire.

— Mais je suis très-sérieuse, mon père.

— Je le vois bien. Cela suffit, mademoiselle ; vous serez dorénavant un garçon, je m'y engage sur l'honneur. Si jamais vous redevenez fille, vous aurez affaire à moi !

Il était aux anges, et s'amusait comme un bienheureux.

Dès notre arrivée, il me conduisit chez le premier tailleur de Tours. On mit sept ouvriers à l'œuvre, et, le lendemain à mon réveil, j'avais un costume complet de gentilhomme.

Rien n'y manquait, ni le feutre ombragé d'un panache de cygne, ni le haut-de-chausses bouffant, ni le pourpoint de satin, ni le manteau de velours, ni l'épée, qui s'embarrassa d'abord dans mes talons d'une manière assez disgracieuse, mais que je finis par porter noblement et fièrement, après avoir reçu de mon père quelques instructions à cet égard.

Les officiers du régiment de M. de Lenclos m'adressèrent toutes sortes d'éloges sur ma bonne mine. Je me croyais très-sincèrement un homme, et j'agissais en conséquence.

Mon père me conduisait à la parade. J'apprenais l'équitation, je faisais des armes; je maugréais et je jurais à l'instar de ces messieurs, qui s'en acquittaient, il faut le dire, en vrais soldats.

On m'appelait le *petit diable incarné*, tant j'étais vive et pétulante.

J'aurais désiré que cette vie de caserne durât toujours.

Par malheur, les huguenots armaient contre le roi. Ils s'assemblaient à Loudun et à la Rochelle.

Bientôt le régiment de mon père eut ordre de se diriger vers le Poitou. M. de Lenclos m'annonça qu'on allait se battre. Il ne pouvait m'emmener avec lui.

— Hélas! lui dis-je en pleurant, il me faut donc redevenir fille et retourner aux messes du chanoine!

— Non, console-toi, me répondit mon père. Demain, je te conduirai dans les environs de Loches, auprès d'une de mes sœurs, la baronne de Montaigu, qui possède un château sur les bords de l'Indre. Elle n'a point d'enfants et désire beaucoup te connaître; car, dans l'ordre des choses, c'est à toi qu'elle laissera son héritage. Tu resteras avec elle jusqu'à la fin de la guerre. Nous rosserons ces gueux de huguenots, et je viendrai te rejoindre.

Ce discours sécha mes larmes.

Le lendemain nous reprenions la poste.

Vers le soir, nous entrâmes, par une avenue de grands marronniers, dans une propriété charmante, que baignait un bras de l'Indre, et au milieu de laquelle s'élevait un petit château sans prétention, mais où toutes les ressources du bien-être et toutes les commodités de la vie semblaient se donner rendez-vous.

Une dame de quarante-cinq ans environ, très droite, et fort belle encore, vint nous recevoir sous le vestibule.

Elle embrassa mon père et m'accabla de caresses.

C'était la baronne, ma tante.

J'ai rarement vu plus aimable et plus gracieuse personne. Veuve depuis quinze ans, elle ne semblait pas regretter le mariage.

Comme mon père, elle riait toujours.

En moins d'un quart d'heure, je fus très à l'aise avec elle. Instruite de mes prétentions masculines, elle les flatta, m'appela son *joli neveu* d'un air grave et me présenta le jeune prince de Marsillac, que sa mère, madame la duchesse de la Rochefoucauld, grande amie de la baronne, amenait tous les ans passer les vacances au bord de l'Indre.

François de la Rochefoucauld étudiait à la Flèche, au collège des jésuites.

Il avait quelques années de plus que moi et portait sur son visage un air de timidité et de douce candeur qui eussent été beaucoup mieux à leur place sur le mien.

J'eus besoin de l'exciter d'abord pour le décider à partager mes jeux.

Enfin je réussis à le faire sortir de son caractère.

Sachant qu'il avait aussi quelques notions d'escrime, je parus douter de sa science. Mon incrédulité le piqua au vif ; il courut à l'instant même chercher des fleurets, et nous voilà l'un et l'autre à ferrailler du matin au soir, dans les salons, dans les galeries, partout, sans repos ni trêve : de façon que ma tante et la mère de François, impatientées d'entendre un cliquetis d'épées continuel, furent obligées de mettre à la raison ces deux bretteurs incorrigibles.

On nous fit rendre les armes.

Mon père avait rejoint son régiment, le lendemain de mon installation au château de Loches.

Chaque jour la baronne semblait moins émerveillée de la métamorphose à laquelle s'était si gaiement prêté M. de Lenclos.

— Est-ce possible? tu es une fille? *(Page 20.)*

Si je ne me battais plus au fleuret avec le jeune prince, j'avais trouvé d'autres amusements aussi étrangers à mon sexe, comme d'aller dénicher des merles tout au faîte des grands arbres du parc, de démarrer le batelet de l'étang, ou de prendre à la sourdine le fusil du garde-chasse pour aller tirer des chevreuils dans les clairières.

Tous ces méfaits devaient nécessairement finir par lasser la patience de ma tante.

Un beau jour, on nous signifia que nous étions prisonniers, et l'on nous enferma dans la bibliothèque, malgré nos supplications et nos promesses d'une conduite meilleure.

Il faisait un temps magnifique.

Jamais le soleil n'avait été plus radieux, jamais les livres ne devaient nous sembler plus tristes et plus chargés d'ennui.

Mon premier soin fut d'ouvrir la fenêtre et de regarder à quelle hauteur notre prison se trouvait du sol. Nous étions au premier étage, avec le jardin au-dessous de nous. Il pouvait bien y avoir un saut de quinze à dix-huit pieds.

Je ne balançai pas une seconde.

Aidant Marsillac à monter sur le rebord de la fenêtre, je lui pris la main pour l'encourager, car il avait peur, et nous nous élançâmes, au risque de nous rompre le cou.

La chute fut terrible.

Heureusement, nous tombâmes sur une plate-bande toute fraîche remuée, qui amortit la violence du choc, sans quoi c'eût été ma dernière escapade.

Revenus de notre étourdissement, je dis au prince :

— Eh bien, François, nous ne sommes pas morts!... Alerte! alerte!... ou l'on va nous reprendre !

Ce disant, je commence à courir au travers du parterre, marchant sur les renoncules, écrasant les jacinthes, effeuillant les roses, brisant les tulipes et causant partout sur mon passage le plus affreux dégât.

Suivre les sentiers eût été trop long.

Marsillac imite ce bel exemple.

Nous passons avec la rapidité de deux gazelles devant la loge du jardinier.

La grille du parc est ouverte; nous nous précipitons dans la campagne, et, moins de cinq minutes après, nous sommes au milieu d'un bois touffu qui nous dérobe à tous les regards.

— Où allons-nous? dis-je à mon compagnon.

— Où tu voudras, me répondit-il, essoufflé.
— Si nous allions à Tours?
— J'y consens; mais qu'y ferons-nous?
— Ma foi, nous nous ferons soldats et nous nous battrons dans les armées du roi.
— Laisse donc, nous sommes trop jeunes.
— Qu'est-ce à dire? tu as treize ans bientôt, moi j'en ai onze; nous savons tirer l'épée ; que faut-il de plus?
— Mais il y a neuf bonnes lieues pour arriver à Tours, et j'ai déjà grand mal aux jambes.
— Nous prendrons une voiture au premier hameau.
— Et de l'argent pour la payer? je n'ai qu'un petit écu en poche.
— Moi, j'ai de l'or... Regarde!

A ces mots, je lui mis sous les yeux un double louis, que M. de Lenclos, à son départ, m'avait donné pour mes menus plaisirs.

Marsillac ne trouva plus rien à objecter.

Un double louis ! c'était une somme inépuisable et qui devait, au besoin, nous conduire jusqu'au bout du monde. Un double louis et la liberté ! que de joies et d'amusements en perspective!

Le prince retrouva des jambes.

Il ne nous vint pas même à l'esprit de songer au chagrin qu'allaient éprouver madame de la Rochefoucauld et la baronne, tant nos folles têtes étaient séduites par cette idée de n'avoir plus d'autres maîtres que nous-mêmes.

Nous nous enfonçâmes à tout hasard au cœur de la forêt, sans nous inquiéter des ronces qui déchiraient nos vêtements et nous égratignaient la figure.

Jamais nous n'avions fait d'excursions de ce côté du pays, de sorte que nous nous trouvions complétement désorientés; mais l'essentiel était de nous éloigner du château de ma tante et de nous mettre à l'abri des poursuites.

La nuit tombait, comme nous sortions du bois.

Aussi loin que nos regards purent s'étendre, nous ne vîmes aucune apparence d'habitation humaine. J'avoue qu'une sorte de frayeur commençait à me saisir.

Marsillac chantait, signe évident qu'il n'était pas très-rassuré lui-même.

L'ombre devenait de plus en plus épaisse, et les objets prenaient autour de nous ces proportions extravagantes que leur donnent le crépuscule et la peur.

Chacun des ormes du chemin me semblait un géant, dont les grands bras s'allongeaient vers moi. Un quartier de roc, une borne milliaire, une élévation de terrain, se métamorphosaient en autant de bêtes malfaisantes qui nous guettaient au passage, et le jeune prince, interrompant sa chanson, me demandait si, derrière les haies d'aubépine, je n'apercevais pas des bandits braquant sur nous leurs escopettes.

— Poltron! lui disais-je.

Mais, l'instant d'après, me cramponnant à son bras, j'ajoutais, frémissante :

— N'est-ce pas un loup qui nous barre le sentier?

— Je ne crois pas, murmurait-il, c'est un lion.

Un fou rire s'emparait alors de moi; puis je m'arrêtais soudain, car l'écho de la vallée riait aussi et me rendait mon épouvante.

— Hélas! dit Marsillac, à cette heure, nous serions tranquillement assis au salon dans un moelleux fauteuil, et nous n'aurions souci ni des brigands ni des loups!

— Sans doute; mais on ne nous laisserait ni causer ni rire. « Silence donc, enfants! crierait ta mère ou ma tante : votre bavardage nous fatigue, allez vous coucher! »

— Je ne demanderais pas mieux que d'aller me coucher, dit Marsillac avec un soupir.

Au fond je partageais son avis, mais je n'en voulais rien laisser paraître.

Tout à coup je poussai un cri d'ivresse, comme le marin qui, après une navigation périlleuse, aperçoit la terre. Dans notre marche incertaine au milieu de l'obscurité, nous nous étions évidemment rapprochés du bois, car nous avions devant nous de grands massifs d'arbres, au travers desquels je découvris une petite lueur tremblotante qui, selon toute probabilité, nous annonçait au moins la cabane de quelque bûcheron.

Marsillac reprit du cœur.

Un rayon de lune, qui, presque au même instant, perça les nuages, acheva de nous rassurer, en chassant tous les fantômes que notre imagination créait autour de nous.

Le prince ne vit plus ni lions ni bandits.

Quant aux géants et aux loups, je les oubliai pour suivre de l'œil cette bienheureuse lumière qui nous promettait un gîte, et surtout un souper. Nos préoccupations ne nous avaient pas permis jusque-là de remarquer que nous mourions de faim.

L'appétit nous revenait en même temps que la bravoure.

Cependant la lumière grandissait. Nous pûmes nous assurer bientôt qu'elle partait de la fenêtre d'une maison située sur la lisière du bois, et devant laquelle s'étendait un modeste jardin potager, fermé d'une haie vive

Or cette clôture ne pouvait être pour nous un obstacle.

Nous sautâmes lestement par-dessus, imprudence aussitôt punie que commise, car, à peine étions-nous de l'autre côté, que des aboiements terribles se firent entendre.

Deux énormes bouledogues, gardiens de cette habitation perdue, se précipitèrent sur nous et nous renversèrent.

A nos clameurs de détresse, la porte de la maison s'ouvrit, et un homme cria du seuil :

— Ici, Pataud !.. A bas, Mange-tout-cru !... Finirez-vous, brigands de chiens !

Les bouledogues obéirent.

Mais Pataud m'avait roulée dans une espèce de mare, et Mange-tout-cru venait d'emporter d'un coup de dent le derrière du haut-de-chausses de Marsillac. Il avait même entamé la peau, sans doute pour continuer à se rendre digne du joli nom que lui donnait son maître.

— Oh! oh! que vois-je? dit l'homme en s'approchant de nous. Pardieu, vous voilà bien arrangés, messieurs les vagabonds! Où allez-vous? d'où sortez-vous? est-ce l'heure de courir les champs?... Qui m'a bâti des vauriens de cette espèce-là?

Je lui répondis en me redressant avec fierté.

— Nous ne sommes ni des vauriens ni des vagabonds. Vous voyez en nous deux fils de famille égarés dans le bois, et qui vous payeront largement l'hospitalité qu'ils vous demandent pour la nuit.

— Ah bah! fit-il en ricanant. Je veux bien vous croire; mais du diable si vous avez, en ce moment, l'air de ce que vous dites!

Il n'avait pas tort. J'étais couverte de boue, et Marsillac ne pouvait plus tourner le dos sans manquer aux règles les plus strictes de la décence.

— Eh! Jacqueline! cria l'homme en nous conduisant vers la maison, voici deux jeunes seigneurs qui ont senti le fumet du rôti. Donne-leur à souper, femme, et pousse les verrous. Je vais où tu sais bien.

Nous ne fîmes aucune attention ni à ce discours ni à son départ.

Une odeur de rôti très-appétissante nous chatouillait effectivement l'odorat. Il en fallait beaucoup moins pour nous faire oublier notre mésaventure.

— Entrez, petits, entrez! nous dit une femme de quarante ans environ, assez avenante encore, et qui ferma la porte avec un soin extrême, comme si elle eût craint de nous voir fuir. Ces pauvres chers amours! sont-ils fourragés, bon Dieu!... Maudits chiens! ils n'en font jamais d'autres!... Approchez-vous du feu, mes chérubins... Là!... Maintenant je vais vous prêter les habits de Jérôme... C'était mon dernier fils, un beau et brave garçon, qui a eu la sottise de se laisser enjôler par des racoleurs. Les Espagnols me l'ont tué, voici bientôt dix-huit mois. Que ceci vous serve d'exemple, si jamais il vous prend fantaisie de quitter vos parents pour aller à la guerre.

— C'est bien, bonne femme, interrompis-je : votre fils est mort avec gloire, et le roi, qui a besoin de soldats, n'approuverait point vos discours. Apportez-nous les hardes de Jérôme, et soupons vite !

Jacqueline ne répliqua rien.

Ouvrant aussitôt une armoire, elle en sortit un paquet de vêtements.

En un clin d'œil, j'eus quitté mes habits souillés de boue, et Marsillac échangea son haut-de-chausses contre un autre non déchiré, qui lui permit enfin de s'offrir sous toutes les faces. Notre hôtesse nous regarda beaucoup pendant ce changement de costume; il semblait qu'elle cherchât à pénétrer quelque mystère.

— A table, mignons, à table! dit-elle en voyant notre toilette terminée.

Elle ôta de la broche un succulent quartier de chevreuil, qu'elle vint placer devant nous, avec une cruche remplie d'un vin de la Brenne très-passable.

— Mangez et buvez, reprit-elle... A votre âge, on a bon appétit toujours, et quelquefois mauvaise tête.

— Qu'entendez-vous par ces paroles, dame Jacqueline ? demandai-je en coupant une superbe tranche de chevreuil, que je plaçai sur mon assiette.

— Je me comprends, répondit-elle, cela me suffit. Pensez-vous aller loin de la sorte ?

— Mais non, jusqu'à Tours. Nous y serons demain, si Dieu nous prête vie. Voyons, François, trinquons à notre heureux voyage ! continuai-je en approchant mon verre de celui de Marsillac ; et puissions-nous, comme Jérôme, trouver là-bas un honnête racoleur qui nous enrôle au plus vite !

— C'est cela, dit-il : au lieu de nous faire tuer par les Espagnols, nous leur taillerons des croupières.

— Bonne Vierge! s'écria Jacqueline en joignant les mains,

dans quel siècle vivons-nous, que les enfants, pour déraisonner ainsi, n'attendent pas qu'il leur soit venu de la barbe au menton ! C'est un vrai scandale ! Par bonheur, on s'occupe d'y mettre ordre.

— Hein ? fis-je, redressant la tête.

— Je dis, reprit notre hôtesse, que les gens du roi n'ont pas encore, Dieu merci, perdu le sens : ils ne recrutent point les soldats parmi les nourrissons et les petites filles !

Elle me regardait fixement. Je tressaillis. Mais, reprenant aussitôt mon sang-froid :

— Ceci, dame Jacqueline, répliquai-je, est une impertinence ! Vous êtes fort heureuse vous-même de n'avoir pas de barbe au menton, sans quoi je vous apprendrais à mesurer vos paroles.

Mon accent de fermeté la fit sourire.

— Allons, allons, dit-elle, ne vous fâchez pas ! La trop grande jeunesse est un défaut dont on se corrige malheureusement tous les jours.

— Fort bien, dame Jacqueline, vous parlez comme un livre, dit Marsillac ; mais vous feriez mieux de prendre une aiguille et de raccommoder nos chausses, car celles de Jérôme ne vont ni à notre taille ni à nos projets.

— Oh ! vos projets ! murmura-t-elle... Enfin nous allons voir ! Achevez de souper, vous vous reposerez ensuite. Mais je n'ai qu'un lit à vous offrir.

— Bon ! fit Marsillac, vous en auriez deux, ma chère, que nous ne les accepterions pas !

A ces paroles du prince, Jacqueline jeta sur moi un regard plein de malice.

Je sentis le rouge me monter au front.

Une foule de pensées vagues et indécises me traversèrent l'esprit ; je me trouvais dans un état de gêne incroyable. Sans me rendre compte de mon trouble, je baissai les yeux avec une timidité subite, et, pour la première fois, mes prétentions au sexe masculin me parurent ce qu'elles étaient réellement, c'est-à-dire une illusion et un mensonge.

Chaque jour la baronne semblait moins émerveillée de la métamorphose (*Page 8.*)

Le sentiment de la pudeur s'éveillait dans mon âme. Jamais on n'échappe à la nature.

— N'est-il pas vrai, cher ami, que nous allons coucher ensemble? demanda Marsillac.

— Mais, répondis-je d'une voix altérée, j'aime autant partager le lit de dame Jacqueline, si elle veut bien le permettre.

— Partager mon lit!... Voyez-vous le petit monstre! C'est

une proposition directe qu'il ose me faire. Et que dirait mon mari, s'il vous plaît, jeune scélérat?

— L'idée est superbe! ajouta Marsillac en éclatant de rire. Ah! tu veux coucher avec dame Jacqueline, toi?... ah! ah!

— Mon Dieu, dis-je, puisqu'elle fait la mijaurée, j'y renonce. Une chambre, vite, et finissons-en!

— Nous n'avons pas d'autre chambre que celle-ci, mes chérubins. Le maître et moi, nous vous céderons notre alcôve, on ne peut rien de mieux. Vous avez soupé; si le besoin de dormir vous prend, déshabillez-vous... et bonsoir!

Dame Jacqueline se mit à desservir la table. Elle parut ne plus s'occuper de nous; mais je vis qu'elle nous guettait du coin de l'œil.

La façon d'agir de cette femme et ses discours me donnaient de l'inquiétude.

Je dis tout bas à l'oreille de Marsillac.

— Écoute, François, si tu veux m'en croire, nous payerons notre écot et nous demanderons à l'instant même la route de Tours. Il fait un clair de lune magnifique, c'est un vrai plaisir de voyager à cette heure.

Il me regarda d'un air aussi effaré que si je lui eusse proposé d'aller se pendre.

— La route de Tours! murmura-t-il, tu as perdu l'esprit! Je te laisse libre de voyager au clair de lune. Quant à moi, je me couche.

Il le fit comme il le disait.

En moins d'une minute il se débarrassa de ses vêtements et sauta dans l'alcôve. Je restais debout auprès de lui, sans faire un mouvement, sans prononcer une parole; je ne savais à quoi me résoudre.

— Eh bien, me demanda Jacqueline, faut-il vous aider à vous déshabiller, mon jeune seigneur?

— Merci, lui dis-je. Décidément je ne me coucherai pas, et j'attendrai le sommeil sur cet escabeau.

— Tu es fou! me cria Marsillac. Viens donc, le matelas est délicieux!... nous dormirons comme des rois!

— Sans doute. Pourquoi refuser de vous mettre au lit, mon ange? dit la traîtresse Jacqueline. A ce qu'il paraît, vous me gardez rancune; mais je ne dois pas vous laisser passer une mauvaise nuit. Vous aurez besoin de forces demain pour continuer votre voyage. C'est à moi de dormir sur l'escabeau, et vous coucherez avec le maître de la maison. Tenez, justement le voici qui rentre.

En effet, on entendait dans le jardin les aboiements joyeux des dogues.

— Dieu m'en préserve!... non! non! m'écriai-je avec effroi.

Je me déshabillai plus vite que Marsillac, et je me fourrai précipitamment à côté de lui entre les draps. L'hôtesse vint alors écarter les rideaux, nous fit une mine goguenarde et partit d'un grand éclat de rire.

— Pauvres mignons, dit-elle, comme ils sont gentils! Quel joli couple! Ne vous endormez pas encore, mes petits amours; vous allez avoir une visite sur laquelle vous ne comptez guère. On frappe. C'est mon mari qui nous amène des personnes de connaissance.

A peine eut-elle proféré ces mots, que la porte s'ouvrit.

— Où sont-ils? où sont-ils? cria une voix irritée que je reconnus aussitôt pour celle de ma tante.

— Les voici, madame, dit Jacqueline en la conduisant du côté de l'alcôve.

Marsillac et moi, nous nous étions blottis l'un près de l'autre, éperdus de frayeur. La baronne enleva la couverture et me tira hors du lit en criant :

— Fi la vilaine, qui dort avec un garçon!

II

Je tombai à deux genoux, confuse, atterrée.

Derrière ma tante était madame la duchesse de la Rochefoucauld, suivie du mari de Jacqueline et d'une foule de domestiques venus avec leur maîtresse. Cette valetaille trouvait la situation fort plaisante et riait aux larmes.

— Sortez! cria ma tante à ses gens d'un ton sévère. Vous aussi! ajouta-t-elle en se tournant vers les maîtres de la maison.

Ils obéirent.

Madame de la Rochefoucauld imita la baronne, tira vivement le jeune prince hors du lit et lui signifia par un geste impérieux de reprendre ses vêtements. Je me disposais à me rhabiller moi-même, quand tout à coup ma tante vint m'arracher des mains les chausses de Jérôme.

— A d'autres! fit-elle. Pensez-vous que je souffre plus longtemps cette mascarade, cause de vos folies? Non, ma chère, non! Je vous apporte des habits de votre sexe : vous allez les revêtir, et vous ne les quitterez plus.

Ouvrant, à ces mots, un paquet déposé par les domestiques sur la table, elle en sortit des cotillons et une robe, dont elle m'affubla, sans que j'eusse ni la volonté ni le courage de me défendre. Marsillac me contemplait avec une surprise extrême.

— Est-ce possible? dit-il en s'approchant de moi, tu es une fille?

— Hélas, oui! murmurai-je toute désolée.

— Mais alors, chère amie, pourquoi ne le disais-tu pas?

— Cela m'était passé de la mémoire, murmurai-je au milieu de mes sanglots.

— Voyons, console-toi, reprit-il avec émotion. Maintenant je veux t'aimer mille fois davantage.

— Est-ce bien sûr? lui dis-je en essuyant mes larmes.

— Je t'en fais le serment!

— Les entendez-vous, duchesse? dit à madame de la Rochefoucauld la baronne un peu radoucie. Vraiment, ils sont sans gêne! et je vois avec plaisir que monsieur votre fils s'arrange de la métamorphose. Habillez-vous donc plus vite, mademoiselle, vous n'en finissez pas!

Ces dernières paroles s'adressaient à moi. Je répondis d'une voix craintive :

— Ma tante, je n'ai plus l'habitude de ce costume.

— Je le crois, petite péronnelle! mais on vous la fera reprendre.

— Si tu veux, me dit Marsillac, je vais t'aider à lacer ta robe.

Il allait se mettre à l'œuvre, quand la baronne l'arrêta brusquement au passage.

— Monsieur François de la Rochefoucauld, prince de Marsillac, dit-elle d'un air grave, il vous plaira, j'espère, de cesser vis-à-vis de ma nièce une familiarité qui ne vous est plus permise et un tutoiement auquel la connaissance que vous avez de son véritable sexe doit mettre un terme dès ce jour. Vous êtes gentilhomme, les règles de bienséances ne vous sont point inconnues. Holà! cria-t-elle en frappant dans ses mains, qu'on avance le carrosse!

La révolte n'était plus possible ni pour Marsillac ni pour moi. Je me trouvais *encotillonnée* sans remède.

Ainsi se termina la période de ma vie de garçon, période trop courte et qui m'a toujours laissé le regret d'une illusion perdue.

Sous mon nouveau costume j'avais l'air d'un renard pris au piége.

Les domestiques n'osaient plus rire; mais je rencontrais leurs regards moqueurs, et il me prenait envie d'aller souffleter la perfide hôtesse qui venait de se jouer si impudemment de Marsillac et de moi.

Nous apprîmes seulement alors que le mari de Jacqueline était garde-chasse de ma tante.

Le bois que nous avions traversé, au sortir du château, appartenait à la baronne. On s'était immédiatement aperçu de notre fuite, et ces dames, averties par leurs gens, avaient mis toute la maison sur nos traces.

Alors s'organisa une espèce de traque.

On cerna le bois en tous sens; un mot d'ordre fut donné aux habitations environnantes et dans les hameaux voisins. Le garde-chasse et Jacqueline se trouvaient au nombre des personnes ainsi avisées.

Tandis que la femme nous retenait et nous amusait avec son bavardage, le mari courait au château par un chemin beaucoup plus court que celui que nous avions suivi. Rien n'était facile comme de nous prendre à ce trébuchet.

Ma tante nous ordonna de monter dans le carrosse.

Elle me fit asseoir auprès d'elle, Marsillac se mit à côté de sa mère, et l'on retourna au château. Les domestiques éclairaient la marche en tenant des torches à droite et à gauche des portières.

Autant l'habit de garçon me donnait de hardiesse, autant le vêtement de fille me rendait humble.

Je baissais les yeux et j'osais à peine, de temps à autre, jeter un regard furtif sur mon compagnon d'infortune.

Marsillac, au contraire, plus timide que moi d'abord, Marsillac, que j'avais été obligée d'enhardir quelque temps auparavant, prenait un aplomb incroyable. Assis vis-à-vis de moi, ses genoux pressaient les miens, je sentais l'action de son regard; il n'écoutait pas un mot du long discours moral que nous débitaient alternativement sa mère et la baronne.

En descendant de voiture, il trouva l'occasion de me serrer le bras et de me dire à voix basse :

—Oh! oui, je t'aime beaucoup mieux de la sorte! Tu es belle comme un ange.

Cela me fit battre singulièrement le cœur.

Rentrée dans ma chambre, je me regardai au miroir pour m'assurer si le prince avait raison : le miroir ne le démentit pas.

J'étais coiffée d'un petit chaperon rose à volettes, et j'avais des nœuds de rubans de même couleur aux retroussis de ma robe de soie. La coquetterie me disait son premier mot; je sentais se développer en moi les instincts de la femme, et je me couchai presque heureuse, ne regrettant plus ma vie de garçon, ne songeant plus à me faire soldat. Toute la nuit je rêvai de toilette et de rubans; la nature se vengeait et reprenait son empire.

Le lendemain, comme j'ouvrais ma fenêtre, un énorme bouquet de pensées et de violettes vint tomber à mes pieds.

Me penchant sur le balcon, j'aperçus au-dessous de moi Marsillac, qui avait épié mon réveil pour m'offrir ce présent. Il porta la main à ses lèvres, m'envoya un baiser rapide et disparut.

Je regardai le bouquet, un papier sortait d'entre les fleurs.

C'était un billet du prince.

L'ouvrant d'une main tremblante, comme si j'eusse commis un crime, j'y lus ces mots

« Après le déjeuner, madame de Montaigu et ma mère font la sieste au salon : échappe-toi le plus tôt possible, et viens sous les charmilles. »

Je rendrais difficilement l'effet que cette simple phrase écrite produisit sur moi. C'était en même temps du bonheur et de la crainte; je sentais que je faisais mal en acceptant le rendez-vous de Marsillac, et cependant pour tout au monde je n'aurais pas manqué ce rendez-vous.

L'heure du déjeuner me parut bien lente à venir.

Enfin la cloche sonna. Je courus à la salle à manger. Déjà madame de la Rochefoucauld s'y trouvait avec son fils et ma tante.

— Bonjour, petite folle, me dit la baronne. Oui, oui, faites la modeste, je vous le conseille!... Sans nous, vous seriez en train d'exécuter de jolis tours! Vous voilà décontenancée de ne plus avoir vos habits de garçon.

— Moi?... pas du tout, ma tante. Je regrette même de les avoir portés assez longtemps pour vous déplaire.

— Comment donc! s'écria-t-elle en m'attirant dans ses bras, mais ceci est une réponse charmante, mon enfant! Je suis étonnée de te voir aussi soumise.

— J'ai compris mes torts, bonne tante, et je vous en demande pardon du fond de mon âme.

— De mieux en mieux!... Tu as remarqué, je le vois, que sous tes nouveaux habits tu es gentille comme les Amours... N'est-il pas vrai, duchesse? ajouta-t-elle en se tournant vers madame de la Rochefoucauld.

Le déjeuner fut une réconciliation complète.

A l'insu de moi-même je faisais déjà l'hypocrite, et je sentais la nécessité d'éloigner la défiance, afin d'être plus libre. De son côté, le prince se donnait un air grave et raisonnable. Sans nous être concertés, nous nous entendions à merveille.

Marsillac quitta le premier la table.

Au salon je pris un métier de tapisserie et j'eus l'air très-appliquée au travail; mais de temps à autre je lorgnais ces dames, englouties dans de vastes fauteuils.

Le sommeil les gagna bientôt.

Je m'échappai doucement par la porte-fenêtre qui donnait sur le jardin. Quelques secondes après, je rejoignis Marsillac sous les charmilles.

Nous étions l'un et l'autre pâles de saisissement; nos paupières devenaient humides, et je sentais trembler celle de ses mains qui avait pris la mienne.

Il y eut un long silence, pendant lequel j'entendais battre nos cœurs.

— Oh! je t'aime! je t'aime! s'écria tout à coup le jeune prince en me pressant dans ses bras avec transport. Comment, tu es une fille!... Laisse-moi te regarder, laisse-moi te reconnaître... Oui, c'est toi, c'est bien toi!... je ne fais pas un rêve!

— Vous perdez votre enfant, monsieur !... *Page 31.*

Il me baisait les bras, le front, les yeux. J'étais toute frissonnante en recevant ses caresses.

— Mon ami, lui dis-je, il faut nous séparer. Je crains que ces dames ne se réveillent. Si l'on nous surprenait, nous ne pourrions plus nous voir.

— Qu'oses-tu dire?... morbleu! qu'ils s'avisent de mettre obstacle à nos rendez-vous, qu'ils s'en avisent!

— Eh! que feras-tu?

— Bon! tu ne devines pas? En plein jour, à leur barbe, et l'épée à la main, je t'enlève!

— Ah! François, tu m'épouvantes...

Il se mit à me dévorer de caresses.

— Voyons, me dit-il, ne tremble pas ainsi! Tu sais bien que la baronne et la duchesse dorment ordinairement plus d'une heure. Mon Dieu, que tu es belle! Comme ce chaperon te sied et te donne bon air! Tu seras ma femme, n'est-ce pas, tu me le jures?

— Hélas! je ne sais ce que j'éprouve, lui dis-je, mais j'ai honte. Il me semble que nous faisons mal

— Le crois-tu? me demanda-t-il avec trouble.

— Quand on fait bien, François, on ne se cache pas, et nous nous cachons.

— Pourtant, puisque nous devons nous marier...

— Oui, mais quand cela?

— Tout de suite. Allons trouver un prêtre, nous le prierons de nous unir.

— C'est impossible. Nous sommes trop jeunes. L'Église a des lois que ses ministres ne peuvent enfreindre.

— Mais enfin nous n'étions pas trop jeunes pour être soldats!

— Oh! c'était bien différent!

— Comment faire, alors?

— Attendre, être sage, et ne plus m'embrasser. J'ai entendu dire que les baisers n'étaient permis entre homme et femme qu'après le mariage.

— Allons donc! c'est ridicule!

— Non, tu peux me croire.

— Mais par qui as-tu entendu dire cela?

— Par Jeannette, la suivante de la baronne, que Marcel, le jardinier, embrassait l'autre soir comme tu m'embrasses.

— Et Marcel, que répondait-il?

— Pas un mot. Il riait et embrassait toujours.

— Ah! tu vois bien!

— Mais il avait tort. Si tu veux, nous demanderons au chapelain de ma tante.

Le prince leva sur moi des yeux désespérés. Il tomba sur un des bancs dressés sous la charmille, et fondit en larmes.

— Jésus! m'écriai-je, qu'as-tu donc?

— Rien, dit-il, laisse-moi. Je vais remonter dans ma chambre et me passer une épée au travers du corps.

— Ah! malheureux!

— Est-ce ma faute si nous sommes trop jeunes? est-ce ma faute si je t'aime? est-ce ma faute si de garçon tu es devenue fille? Plutôt que de renoncer à t'embrasser, j'aime mieux en finir avec l'existence.

— O mon Dieu! m'écriai-je. Alors, puisqu'il en est ainsi, embrasse-moi donc, embrasse-moi toujours, car je ne veux pas que tu meures!

Il se leva rayonnant de joie.

La paix fut signée, et le chagrin ne revint plus.

J'eus une peine infinie à m'arracher des charmilles. Heureusement, à mon retour au salon, la baronne et la duchesse dormaient encore.

Ainsi commença mon premier amour.

Je regarde ces instants passés au château de Loches comme les plus doux de ma vie. Marsillac et moi nous avions une entière innocence, et nos caresses étaient pures comme le fond de nos cœurs.

Chaque jour nous nous retrouvions ainsi sous le berceau, sans compter les autres occasions qui se présentaient de nous réunir et que nous ne laissions jamais échapper. Le dernier mois des vacances fut un mois de délices.

Mais bientôt les vacances eurent leur terme.

On parla de retourner à la Flèche, et les larmes succédèrent à la joie.

— Ninon, ma chère Ninon, disait Marsillac, que vais-je devenir loin de ta présence?

— Et moi, quand je ne te verrai plus, quand je ne t'entendrai plus, la triste vie que je vais mener, mon Dieu!

— Tu m'oublieras, Ninon!

— Jamais, François, jamais!

Il pleurait; je sanglotais moi-même avec amertume.

— Si du moins, reprit-il, j'avais un souvenir de toi, quelque chose que je pusse presser sur mes lèvres et sur mon cœur... une boucle de tes cheveux, par exemple.

— Coupe-la toi-même, dis-je en lui tendant une paire de ciseaux d'or que la baronne m'avait donnés, la veille, avec un dessin de broderie.

J'ôtai mon chaperon, j'écartai mes dentelles, et il me dégarnit tout un côté des tempes.

Il serait difficile de peindre le transport d'ivresse qu'il éprouva lorsqu'il eut serré la bienheureuse mèche sous son pourpoint. On eût dit que je venais de lui donner le plus riche trésor de la terre.

Ceci se passait au salon.

Madame de la Rochefoucauld rentra tout à coup avec ma tante, et annonça que son intention était de partir le soir même. Elle voulait aller coucher à Chinon, pour être le surlendemain de bonne heure à la Flèche. C'était le jour de la rentrée; les jésuites ne plaisantaient pas avec leurs élèves.

Nous ne pûmes, le prince et moi, nous ménager un dernier rendez-vous.

Mon cœur saignait; Marsillac pleurait à chaudes larmes.

On trouva notre douleur suffisamment justifiée par l'amitié que nous avions l'un pour l'autre, et par l'émotion que devait nous causer ce prompt départ.

Au moment de monter en voiture, François me glissa ces mots à l'oreille :

— Courage! espoir! J'ai trouvé un moyen de correspondance. Avant huit jours tu recevras une lettre.

L'heure de la séparation sonnait.

Nous fîmes l'un et l'autre assez bonne contenance. Je suivis des yeux jusqu'au bout de la grande avenue la berline qui emportait Marsillac et sa mère; puis je montai dans ma chambre pour cacher mes pleurs.

Le moyen de correspondre entre nous inventé par le prince était fort simple : il avait mis dans nos intérêts Jeannette, la femme de chambre de la baronne.

Cela réussit à merveille.

Jeannette recevait les lettres de Marsillac sous son couvert, me les apportait aussi mystérieusement que possible et se chargeait de faire parvenir les miennes à la poste la plus voisine.

Restée seule au château de Loches avec ma tante, j'étais menacée d'une existence très-monotone, quand arriva tout à coup un hôte inattendu.

Mon père, assez grièvement blessé dans une bataille contre les huguenots, avait obtenu un congé de ses chefs.

Il venait le passer près de nous.

Sa surprise fut grande lorsqu'il vit mon changement de costume.

Lui-même avait fini par prendre au sérieux les folles idées de mon enfance. Soldat dans toute l'extension du mot, il regrettait ce fils illusoire qui montait si hardiment à cheval et poussait des bottes si franches. Mais que répondre à la narration de mes escapades, narration curieuse, dont la baronne se garda bien d'oublier le moindre détail?

Il convint en riant que, si l'on eût poussé la plaisanterie jusqu'à ma dix-huitième année, je serais devenue une virago assez plaisante.

Ne pouvant me conserver les habits de son sexe, il voulut du moins m'en donner la solidité d'esprit et la force de caractère. Pendant près d'un an qu'il fut à guérir de sa blessure, il ne s'occupa de rien autre chose que de mon éducation.

Je passais avec lui des journées entières à la bibliothèque, sans avoir la moindre envie de sauter par la fenêtre. Nous lisions ensemble les *Essais* de Montaigne et le *Traité de la sagesse* de Charron. Je prenais un goût extrême à ces études philosophiques, et surtout aux commentaires de M. de Lenclos, dont la franchise épicurienne, l'entrain joyeux et l'originalité de langage égayaient ce que nos lectures avaient pour moi de trop aride.

— Chère enfant, me disait-il, la vie est courte et le temps a des ailes, ce qui lui permet d'emporter rapidement nos joies et nos plaisirs. La véritable sagesse, puisque nous ne sommes pas sûrs de la durée, consiste donc à ne jamais sacrifier le jour au lendemain, le présent à l'avenir. N'économisons pas le bonheur, dépensons-le toujours le plus vite possible ; autrement il s'envole avec les heures fugitives, et nous ignorons ce qui vient derrière lui.

Je trouvais cette morale très-douce et très-facile.

Pendant tout le cours de ma vie, on reconnaîtra la trace de ces préceptes de M de Lenclos. Si quelquefois j'ai cessé de les mettre en pratique, ce n'a été que pour y revenir avec plus d'ardeur et en faire définitivement ma règle de conduite.

Mon père, excellent musicien, jouait du luth comme les plus grands maîtres.

Lorsque nous étions fatigués des études sérieuses, il allait prendre cet instrument et me donnait des leçons dont je profitais avec une surprenante aptitude. Au bout de six mois, et de son propre aveu, j'étais plus forte que lui.

J'appris alors le théorbe, le clavecin, la guitare, et je devins une virtuose consommée.

En écrivant à Marsillac, je me gardais de lui annoncer quels progrès rapides je faisais dans les sciences et dans les arts. C'eût été lui ôter le plaisir de la surprise. Je voulais qu'à son retour il tombât des nues.

Les vacances approchaient.

Depuis dix mortels mois j'étais séparée de mon jeune ami, et la pensée que j'allais le revoir me rendait toute radieuse.

Hélas ! je ne m'attendais guère au désappointement cruel que me réservait le sort.

III

La femme de chambre à l'adresse de laquelle Marsillac m'envoyait ses lettres avait fini par se marier au jardinier du château.

Marcel, excessivement jaloux de sa nature, était en outre d'une ignorance absolue, et ne savait même pas épeler son nom.

Il se figura que sa femme avait une correspondance avec quelque amoureux, saisit un beau jour une missive du prince dans la poche de notre confidente avant que celle-ci eût pu me la donner, et courut la porter à la baronne, qui en prit lecture.

Jugez de l'esclandre!

Ma tante, scandalisée, vint mettre le fatal écrit sous les yeux de M. de Lenclos.

— Voyez, cria-t-elle, voyez le beau résultat de l'éducation que vous donnez à votre fille! En vérité, monsieur, vous devriez rougir!... Ninon n'a pas encore douze ans, sa première communion n'est point faite, et, chose inouïe, elle a déjà des amours... Oui, des amours au grand complet!... Lisez plutôt, lisez d'un bout à l'autre. Il y a eu rendez-vous sous les charmilles, baisers, mèche de cheveux donnée à l'amant, que sais-je?... et l'on espère renouveler tout cela. Vous perdez votre enfant, monsieur, vous la perdez, vous dis-je! Si vous ne me laissez pas désormais le soin de diriger Ninon comme il me plaira, je la déshérite... C'est mon dernier mot!

Elle sortit après cette fougueuse mercuriale, déclarant qu'elle allait défendre à madame de la Rochefoucauld de nous amener François.

Quand elle fut dehors, mon père, que la vivacité de l'apostrophe avait un instant troublé, se remit aussi vite et m'attira sur ses genoux.

— Peste! s'écria-t-il, voici du nouveau!... La bonne incartade!... Voyons, ne pleure pas, ma pauvre enfant!... Quoi! tu as une histoire de cœur, à ton âge... et tu me le cachais?...

Le bon augure, et comme nous serons femme un jour! Encore une fois, sèche tes yeux ; je ne te gronde pas, moi, Dieu m'en préserve! C'est avec de pareilles scènes qu'on éclaire l'innocence. Il y a des gens, morbleu, qui entament la chose en vrais étourneaux, comme si ces idées-là n'arrivaient pas d'elles-mêmes, et assez vite! Somme toute, j'aime les natures précoces. Il est donc bien aimable, ton jeune prince?

— O mon père! s'il ne vient plus, j'en mourrai de chagrin.

— Là! là!... quelle folie!... mourir!... Tâchez un peu, Ninon, de suivre les sages maximes que je vous ai inculquées, ma chère ; c'est la première fois que l'occasion s'en présente. Ne faites pas à votre maître de philosophie l'injure de mépriser ses leçons.

— Hélas! ne plus lui écrire, ne plus le revoir!

— C'est triste, j'en conviens; mais le vrai philosophe laisse passer l'orage et attend le soleil. Voyons, raisonne un peu. Impossible d'aller à la Flèche. Madame de la Rochefoucauld serait plus impitoyable encore que la baronne, et tiendrait sous clef monsieur son fils. Je ne puis t'emmener avec moi dans les camps, où l'on me rappelle. D'un autre côté, voudrais-tu retourner à Paris, avec l'espoir de vivre plus heureuse auprès de ta mère qu'auprès de la baronne? Celle-ci, je l'avoue, s'exagère un peu les choses et leur donne une importance absurde; mais ce n'est qu'une lubie d'un jour. Nous ne sommes pas dévote, c'est un grand point; au lieu que ma pauvre femme... Enfin, Dieu lui pardonne toutes les importunités dont elle m'accable! Il y a, du reste, des devoirs religieux qu'il faut accomplir, autant pour soi-même que pour le monde. On a parlé de ta première communion, ma fille; c'est un acte dont on ne s'exempte pas. Achève de te dégager des liens de l'enfance; deviens spirituelle, jolie, et tu n'en retrouveras le prince que plus amoureux un jour.

— Mais quand cela, mon père?

— Bientôt, je m'y engage. Ainsi te voilà tranquille. Une autre chose à considérer, c'est la fortune de ta tante. Celle de

Je sentais que je devenais femme. Page 36.

madame de Lenclos et la mienne réunies n'approchent pas à beaucoup près des biens de la baronne, et tu es son unique héritière. Conclusion de tout ceci, ma fille, c'est que je te laisse au château de Loches; tu seras encore plus heureuse que partout ailleurs, et je t'invite à attendre patiemment l'époque où tu pourras jouir de ton indépendance.

Mon père réussissait toujours à me convaincre.

J'allai faire mes soumissions à la baronne, et je lui promis de me régler dorénavant d'après ses conseils.

Elle parut contente de cette promesse, m'adressa quelques reproches, mais sans colère, et manda son chapelain, qu'elle pria de me disposer, dès le jour même, à faire ma première communion.

M. de Lenclos, entièrement guéri de sa blessure, alla rejoindre son corps dans le Poitou.

Je recommençai donc, à peu de chose près, le train de vie mystique et ennuyeux que je menais à Paris avec ma mère.

Le chapelain était un grand homme sec, tout hérissé d'angles aigus. Son visage pâle, ses yeux retirés au fond de leur orbite et entourés d'un cercle noir inspiraient d'abord un sentiment de terreur, que sa parole doucereuse et son ton paterne finissaient par calmer à la longue.

Après avoir reçu mes aveux au tribunal de la pénitence, il m'apprit que j'avais été beaucoup plus coupable que je ne me le figurais. A l'entendre, une protection toute spéciale du ciel était descendue sur moi pour me retenir au bord de l'abîme.

Je me creusai l'imagination, afin de découvrir quel si grand péché j'avais été sur le point de commettre.

Cela fit passer dans mon esprit de singuliers fantômes.

Le trouble s'empara de mes sens. Je retournai à confesse m'accuser comme d'un crime de pensées auxquelles je n'avais pas donné lieu.

Mon directeur, me parlant alors de l'enfer et des supplices qui attendent les voluptueux dans l'autre vie, acheva de me bouleverser le jugement. Le cerveau me tourna. Je passais les jours et une partie des nuits en prières; je me frappais la poitrine, demandant pardon à Dieu des baisers que j'avais laissé prendre à Marsillac, et lui promettant avec larmes d'arracher de mon cœur ce condamnable amour.

Au bout de six mois de ce genre de vie, j'étais maigre comme un spectre et pieuse comme un ange.

Une fois que le chapelain me jugea suffisamment purifiée par le repentir, il me fit approcher de la table sainte, et je reçus le pain des forts.

Deux jours après, je tombai gravement malade.

Une fièvre cérébrale, résultat de mes transports chrétiens et de ma vie de Magdeleine, me réduisit à toute extrémité.

Grâce au ciel, les soins de ma tante m'arrachèrent aux bras de la mort.

Je fus rendue à la santé, mais je ne retrouvai pas la joie. Mon caractère ne se ressemblait plus. Les leçons de philosophie que m'avait données M. de Lenclos me paraissaient le comble de la déraison humaine; le chapelain, d'ailleurs, le déclarait positivement, et je croyais à chacune de ses paroles comme à un article de foi.

La baronne, qui n'avait voulu que corriger mon étourderie, commença très-sérieusement à s'inquiéter de ma nouvelle manière d'être.

Elle écrivit à l'évêque de Tours.

Aussitôt après la réception de cette lettre, le digne prélat, faisant droit à la requête de ma tante, s'empressa de donner une cure au grand chapelain sec, et nous envoya, pour le remplacer, un moine de l'ordre de Cîteaux, gras, ventru, souriant, le teint fleuri, dont toute l'apparence prouvait du premier coup qu'il envisageait la religion à un autre point de vue que son prédécesseur.

Il m'eut à peine confessée deux ou trois fois que ma tristesse s'envola. Je ne maigrissais plus, et les roses de mes joues reparurent.

Jamais le brave homme ne me parlait de l'enfer; il ne m'imposait que des pénitences d'une douceur extrême.

— Dieu, me disait-il, n'a point créé tous les biens d'ici-bas pour que nous les tenions en mépris absolu. Il nous a donné un cœur pour aimer, des sens pour goûter tout ce qui est plaisir honnête, et, vous pouvez le croire, il ne damne pas ses créatures sans y regarder à deux fois. S'il est la suprême justice, il est aussi la bonté suprême. Chassez la mélancolie, ma fille, et prenez tous les plaisirs de votre âge.

Les raisonnements théologiques du moine se rapprochaient beaucoup de la philosophie de mon père.

Ce fut peut-être la raison pour laquelle je me laissai convaincre. Le souvenir de Marsillac ne me parut plus aussi criminel. Je repris mes lectures de Montaigne et j'exerçai mon talent sur le luth.

Ma tante attira, pendant l'été, quelques sociétés aimables de la ville.

Sur son invitation, plusieurs de ses amis de Tours accoururent aussi la voir, et, pour rendre ces visites, nous faisions souvent nous-mêmes en carrosse le voyage de la capitale de la province. Rentrée au château, je prenais quelques leçons de latin du moine.

C'était un conseil que mon père m'avait donné avant son départ; il voulait que mon éducation fût entièrement masculine.

Deux ans se passèrent de la sorte.

Madame de la Rochefoucauld, pendant cet intervalle, était venue plusieurs fois, mais toujours seule, et rarement elle me parlait de son fils. Je crus comprendre qu'elle estimait sa noblesse bien au-dessus de la nôtre et qu'un mariage entre le prince et moi lui semblerait une mésalliance.

Ma fierté s'indigna.

Du reste, le temps avait passé sur mes souvenirs ; ils étaient beaucoup moins vifs. La religion, d'une part, et la raison, de l'autre, m'avaient donné des idées plus mûres, plus réfléchies. Je sentais que je devenais femme ; la réserve naturelle à mon sexe remplaçait les épanchements inconsidérés et les folles imaginations de l'enfance.

Par malheur, il a toujours été dans ma nature de tomber d'un excès dans l'excès contraire.

Je frissonnais de crainte devant le regard d'un homme, je ne me serais pas laissé baiser la main pour tout au monde. Si parfois on tenait en ma présence quelques propos légers, la rougeur me montait au front; s'ils partaient de la bouche d'une femme, je m'en scandalisais au point de quitter la place.

En un mot, je prenais le chemin le plus direct pour devenir une véritable *honesta*.

D'où provenait cette nouvelle erreur de mon jugement? De la triste manie qu'on a dans les cercles de se décrier l'un l'autre. Je prenais le blâme du monde au sérieux et je le croyais toujours honnête, ignorant que la médisance est une tactique, au moyen de laquelle on détourne l'attention de soi-même, en mettant en relief les défauts ou les faiblesses du prochain.

Ce genre de manœuvre est fort usité, surtout chez les femmes.

Que la meilleure de leurs amies fasse une chute, elles sont toujours prêtes à lui jeter la première pierre et à lui arracher son dernier voile, sûres de couvrir par là leurs propres désordres, et plus cruelles que ces femmes de l'ancienne Gaule qui, revenant avec une provision de sel amassé au bord de la mer, précipitaient dans l'abîme celle de leurs compagnes qui avait le malheur de tomber sur le chemin glissant de la falaise.

Du moins les Gauloises pouvaient-elles invoquer la superstition pour excuse, tandis que les autres ont pour mobile un égoïsme aussi vil qu'infâme.

Si quelques-unes n'ont pas de reproches réels à s'adresser, je soutiens alors que la passion de médire est chez elles l'effet certain d'une cause non moins honteuse, la jalousie. Elles ne pardonnent pas à celles qui savent se faire aimer; elles se vengent des plaisirs qu'on leur refuse, elles déblatèrent contre les péchés qu'elles n'ont pu commettre.

C'est la pire espèce de toutes.

J'ai connu, sept ans plus tard, au moment où j'achetai ma maison de Picpus, une petite brune quasi mulâtresse, femme d'un tabellion de Vincennes ou de Nogent-sur-Marne, qui était bien la créature de ce genre la plus indigne qui se puisse voir.

Elle s'appelait *Rosalie*, nom que j'ai eu, depuis cette époque, en aversion profonde, et que je ne donnerais même pas à ma levrette.

Une femme véritablement vertueuse est tout indulgence et bonté. Plaignant les natures faibles qui succombent, elle regarde comme un devoir de sauver les réputations compromises, au lieu d'achever de les flétrir.

De toutes les personnes de mon sexe qui s'adonnent à la médisance, on peut donc affirmer sans crainte ou qu'elles sont elles-mêmes coupables ou qu'elles enragent de ne pas l'être.

Voilà ce que je ne savais pas encore, au point où j'en suis de mon histoire de jeune fille.

J'étais trop franche pour comprendre la trahison, trop naïve pour deviner l'intrigue, trop timide pour arracher les masques.

En entendant partout autour de moi critiquer et blâmer, je blâmais et je critiquais.

Il me restait, en outre, de la direction absurde de mon grand chapelain sec une sorte d'âcreté religieuse, un certain fiel de dévote qui se répandait dans tous mes discours et les mettait au niveau de ceux des plus méchantes langues.

Je reçus bientôt une leçon qui me corrigea pour la vie.

C'était un soir, à Tours.

Nous y étions venues, ma tante et moi, pour rendre nos visites, et nous apprîmes qu'il y avait dans la ville un grand scandale.

Une jeune veuve, la comtesse de Montbreuil, trahie, comme toujours, par une de ses amies intimes, venait d'être surprise, le matin même, dans un tête-à-tête avec un des officiers de la garnison.

Juste au moment où l'on racontait son aventure, qu'elle ne croyait pas aussi publique, la pauvre femme parut dans le cercle où j'étais avec ma tante.

Aussitôt les conversations à voix basse de s'établir.

On désirait presque la comtesse; on chuchotait, on riait, on échangeait des regards perfides, des demi-mots sanglants.

L'occasion était belle pour me montrer.

J'allai tout de suite beaucoup plus loin que les autres, et je dis avec ce petit accent aigre-doux qui me caractérisait :

— N'y a-t-il pas, mesdames, dans votre bonne ville de Tours, un couvent de Carmélites dont la règle est très-austère?

— Oui, me répondit-on; mais pourquoi?

— Mon Dieu, c'est assez délicat à faire entendre. Pourtant il me semble qu'il est des circonstances où il serait plus décent de chercher asile dans le cloître et d'imiter la mortification de ces saintes filles que de hanter les cercles et d'afficher le scandale.

Chacun tourna les yeux vers madame de Montbreuil, qui devint écarlate.

Je me levai de mon siége après ce beau coup de langue, et je quittai le salon, comme pour protester contre la présence de la malheureuse femme que je venais d'humilier d'une façon si cruelle. J'allai me promener au jardin, très-satisfaite de moi-même et du succès que j'avais obtenu.

A peine eus-je fait quelques tours sous une allée de tilleuls, que je sentis un bras s'appuyer sur mon épaule.

Me retournant aussitôt, je me vis en face de la comtesse.

Un frisson me courut dans les veines; mes genoux se dérobèrent sous moi.

Madame de Montbreuil me prit la main et me dit sans colère :

— Je ne viens pas vous reprocher, mademoiselle, le discours que vous avez tenu. Si je désire vous parler sans témoins, c'est pour vous donner des avis, dont vous sentirez un jour toute la solidité.

— Des avis? répliquai-je, un peu revenue de ma stupeur et prenant une mine hautaine : je n'ai que faire de vos avis, madame... Laissez-moi partir !

Elle garda ma main dans la sienne.

Je dus rester et l'écouter.

— Ah ! vous avez été bien sévère pour moi, reprit-elle. C'est tout simple... vous croyez avoir de la vertu.

— Oui, certes !

— Et vous croyez que cette vertu ne vous abandonnera jamais ?

— Je l'espère.

— Hélas, mon enfant, ce sont de pures illusions de votre amour-propre !

— Par exemple !

— Ce début vous étonne? Prêtez-moi votre attention : vous conviendrez bientôt de la vérité de ce que je vous dis.

Sa parole grave et douce tout à la fois m'imposait beaucoup.

Je me laissai conduire vers un banc de l'avenue.

Madame de Montbreuil me fit asseoir, prit place à mes côtés et ajouta :

— Personne jusqu'ici ne vous a parlé d'amour; un miroir seul vous a dit que vous étiez jolie. Votre cœur ne s'est point encore développé, ou plutôt le cri de la nature ne s'est pas fait entendre. Si vous restez dans cette situation, si l'on vous garde toujours à vue, je réponds de vous; mais que votre âme s'éveille, que ces yeux, déjà si beaux par eux-mêmes, reçoivent du sentiment l'expression et la vie, qu'ils apprennent le langage de l'amour, qu'une inquiétude secrète vous tourmente, que vous ayez à combattre à la fois votre sensibilité et vos désirs, alors les fautes des autres vous paraîtront excusables.

L'apôtre resta dans les chaînes. Page 50.

Reconnaissant votre faiblesse, il ne vous sera plus permis de considérer votre vertu comme infaillible. Je vais plus loin : le peu de secours que vous en tirerez contre un penchant trop impétueux vous fera douter si vous en avez jamais eu.

— Ah! madame!

— Peut-on certifier, dites-moi, qu'un homme soit brave,

tant qu'il n'a pas fait ses preuves dans un duel ou dans une bataille ?

— Non, j'en conviens.

— Il en est de même de nous, ma chère enfant : les attaques qu'on nous livre donnent seules l'être à notre vertu, comme le danger le donne à la valeur.

J'étais rouge et tremblante.

Une voix intérieure me criait que la comtesse n'avait pas tort.

Si Marsillac, plus hardi ou moins innocent, eût dirigé contre moi des attaques sérieuses, quelles ressources aurais-je trouvées dans ma vertu ?

Cependant je n'avouai pas mon trouble, et je dis en essayant de le dissimuler.

— A ce compte-là, madame, il n'y aurait pas une seule femme vertueuse ?

— Peut-être, me répondit-elle. Sommes-nous maîtresses de nous donner une constitution vive ou tranquille ? Sommes-nous libres d'arranger toutes les circonstances de notre vie de façon à ne jamais nous trouver avec un objet aimé, exposées à une attaque ou à une défaite ? Dépend-il de nous que la voix, les prières, les hardiesses d'un homme ne produisent de l'effet sur nos sens ? Autant vaudrait dire que le fer est maître de ne pas céder à l'aimant.

Je regardai la comtesse, et je lui dis d'une voix émue :

— Vous avez raison.

— Oui, croyez-le, la vertu des femmes n'est pas leur ouvrage : elle est un don du ciel comme la beauté ou l'esprit. Ne maltraitez donc plus celles qui ont eu le malheur de recevoir avec la vie un penchant indomptable à l'amour, celles qu'une passion violente a surprises, ou qui se trouvent dans ces tristes circonstances d'où vous ne seriez pas sortie avec plus de gloire.

Ces dernières paroles m'arrachèrent des larmes.

Le remords me déchirait le cœur, et je tombai aux genoux de madame de Montbreuil.

— Pardonnez-moi! m'écriai-je, oh! je vous en conjure, pardonnez-moi!

— Relevez-vous, mon enfant, dit-elle, votre tête a été plus coupable que votre cœur.

— Vous m'avez convaincue, madame, et mes torts n'ont pas d'excuse. Je demande à rentrer au salon avec vous pour les réparer.

— Pauvre petite!... je n'ai garde de vous causer une telle humiliation. La méchanceté, d'ailleurs, trouverait encore moyen de tourner tout cela contre moi. Consolez-vous : je n'entends pas vous enlever le mérite de votre vertu pour vous empêcher d'y rester attachée. En vous prouvant que vous êtes fragile, je veux seulement obtenir de vous un peu d'indulgence pour celles qui ont eu le malheur de tomber.

— Oh! madame, croyez à mes regrets, à mon repentir!

— Adieu, me dit-elle, je vous pardonne.

Elle se pencha vers moi, m'embrassa sur le front et me laissa toute sanglotante.

Je me trouvais véritablement odieuse.

S'il n'eût fallu que mon sang pour réparer le chagrin que j'avais dû causer à madame de Montbreuil, j'aurais sur l'heure donné tout mon sang.

Dès ce jour, je pris en haine les médisantes et les prudes, et je leur ai fait toute ma vie une guerre impitoyable : c'était bien le moins, puisqu'elles avaient failli m'enrôler dans leur infernale cohorte.

Je me disposais à rejoindre ma tante, lorsque je la vis accourir, une lettre à la main.

Cette lettre nous annonçait l'arrivée de M. de Lenclos au château de Loches.

Fatigué d'un long voyage et ne pouvant venir lui-même, il nous expédiait un courrier, dans la crainte que notre absence ne se prolongeât.

La baronne fit atteler ses chevaux, et nous partîmes au plus vite.

J'étais heureuse en songeant que j'allais embrasser mon père. Depuis trois grandes années je ne l'avais pas vu.

Quelquefois, je l'avoue, l'existence peu variée que je menais chez ma tante me donnait le désir de revoir Paris, ma ville natale; Paris, l'immense, la populeuse, la bruyante cité; Paris, le cœur de la France, le centre de tous les plaisirs! Je n'étais plus une enfant à conduire à la férule, et ma mère sans doute me permettrait d'autres récréations que celles du rosaire ou des messes du chanoine.

On eût dit qu'une fée bienveillante avait deviné cette pensée secrète de mon cœur.

Les premières paroles de M. de Lenclos, lorsqu'il m'eut embrassée, furent celles-ci :

— Ta mère, ma bonne Ninon, sans être précisément en danger, se trouve assez souffrante pour réclamer tes soins. Elle n'a pas d'autre compagnie que sa vieille nourrice, qui radote, et que je soupçonne d'être adonnée aux liqueurs fortes. Mon régiment est de retour à Paris; mais les exigences du service ne me laissent pas libre de procurer beaucoup de distractions à la malade. Prépare-toi donc à me suivre, je te remmène.

La baronne eut beaucoup de chagrin de cette résolution. Elle s'était habituée à moi, et me regardait comme son bâton de vieillesse.

— Mon frère, dit-elle à l'heure des adieux, vous m'avez amené, il y a quatre ans, un petit démon tapageur, fantasque et plein de caprices : je vous rends une jeune fille douce, raisonnable, modeste, qui a fait auprès de moi provision de qualités et de vertus. Vous pouvez compter dorénavant sur la sagesse de Ninon.

Pauvre femme, comme elle se trompait !

IV

M. de Lenclos avait l'habitude de voyager en poste.

Il détestait les coches, ces lourdes machines ambulantes, véritables tortues de grand chemin, qui passaient huit jours à faire trente lieues, et grâce auxquelles les bonnes gens de province, se figurant que Paris était au bout du monde, ne manquaient jamais, avant d'entreprendre un voyage d'aussi long cours, d'appeler le notaire de l'endroit et de lui dicter leur testament.

— Eh bien, Ninon, tu ne me parles pas de tes amours ? me dit mon père.

— Quelles amours ? balbutiai-je en rougissant.

— Voilà qui est fort ! s'écria-t-il. Tu as donc oublié ton jeune prince ?

— Marsillac !... Hélas ! il ne songe plus à moi !

— Ce n'est pas tout à fait ce que je te demande, répliqua M. de Lenclos : point de détours.

— Vous voulez savoir si mon cœur a été plus fidèle que le sien. Je mentirais en vous affirmant que je n'ai pas conservé son souvenir.

— A merveille ! Mais à quel propos le soupçonnes-tu d'inconstance ?

— Le prince entre dans sa dix-septième année : c'est un homme. On n'est plus tellement sous la tutelle à cet âge, qu'il soit impossible de donner signe de vie à ceux qu'on aime. Il adopte sans doute les idées de sa mère et ne juge pas notre blason digne de s'élever par un mariage à la hauteur du sien.

— Un mariage, fi donc !... tu songes à un mariage ? s'écria mon père en haussant les épaules[1].

Et, comme je le regardais avec stupeur, il ajouta :

— J'ai la prétention, ma fille, de te parler au nom de la sagesse. Tu n'es encore qu'au matin de la vie, et l'expérience, comme l'étoile polaire, ne guide l'homme que le soir. Je suis

---

[1] La sincérité de l'histoire nous oblige à reproduire, tout en les désapprouvant, les dangereux paradoxes de M. de Lenclos. Il est certain que la fausse philosophie du père a été la cause de la perte de la fille.

(Note de l'Éditeur.)

déjà vieux, donc c'est à moi de te prémunir contre les dangers qui t'attendent. Sérieusement, je te supplie de repousser l'idée du mariage, comme tu repousserais l'idée du malheur.

— Si je ne me trompe, mon père, ceci revient à dire qu'il ne faut jamais aimer.

— Non, ce n'est point là mon système.

— Je ne vous comprends plus alors.

— En effet, j'ai contre moi les préjugés du monde; mais le monde est rempli de fous et de niais qui donnent toujours tête baissée dans le même piége et se brisent au même écueil. M'expliqueras-tu pourquoi l'homme cherche constamment le bonheur, et comment la société faite par lui et pour lui n'organise que l'infortune? On dirait qu'un méchant démon pousse à plaisir cette pauvre humanité sur la route pleine de fondrières des contradictions et dans le cercle de l'absurde.

— Le mariage, selon vous, est donc un état malheureux?

— Oui, surtout pour la femme, tyrannisée sans cesse et lâchement par le sexe fort. Les chaînes sont pour elle seule, avec les ennuis, les dégoûts, les souffrances physiques et morales, les privations de toutes sortes et les déboires les plus amers

— Ah! miséricorde! quelle peinture!

— L'homme, dans ce contrat frauduleux qu'il vous fait signer, promet et ne tient pas. Jamais il n'engage sa liberté d'une façon sérieuse; le devoir n'est rien pour lui. Qu'il manque à ses promesses, on en plaisante, on l'excuse; au lieu que le parjure vous déshonore.

— C'est vrai. Je suis bien jeune, et pourtant j'ai pu voir autour de moi les preuves de ce que vous me dites là, mon père

— Est-ce de la justice, Ninon, je te le demande? est-ce de la loyauté?

— Non, certes.

— Alors ne comprends-tu pas qu'une femme de sens et de haute raison se révolte contre un tel état de choses?

— Mais, en se révoltant, elle se perd aux yeux du monde.

— Ce n'est pas mon avis, me répondit-il.

— Pourtant, insistai-je, à moins qu'elle ne renonce à l'amour, elle ne peut plus compter sur l'estime et la considération publique.

— Écoute, Ninon, je me plais à te reconnaître beaucoup de jugement et de droiture. Ces précieuses qualités, tu ne les as point sans doute perdues sous la tutelle de ma sœur, et tu ne me soupçonnes pas de vouloir te faire ici un cours d'immoralité.

— Oh! monsieur, que dites-vous? rien dans mes paroles a-t-il pu vous laisser croire...

— Cette pensée t'indigne... j'y comptais... merci, mon enfant! Une pareille infamie ne peut découler ni de mes principes philosophiques ni de mes sentiments de père. Quand le ciel, au lieu d'un fils que je lui demandais, t'a donnée à moi, j'ai pris, dès le jour même de ta naissance, la ferme résolution de t'épargner les chagrins qu'une société mal faite impose à ton sexe. Femme par le corps, j'ai décidé que tu serais homme par l'esprit : c'était l'unique moyen d'atteindre mon but, et tu dois me rendre cette justice que je n'ai manqué aucune occasion d'affermir ton âme par de solides maximes. Je suis sûr que jamais la saine raison ne se révèle à toi sans que tu la reconnaisses aussi vite et que tu lui fasses accueil.

— En effet, lui dis-je; pas plus loin qu'hier cela m'est arrivé.

Je lui rapportai fidèlement mon entretien avec madame de Montbreuil.

— Tu le vois, continua M. de Lenclos, mes leçons portent leurs fruits. Résumons donc en deux mots notre système : « Ne prendre de la vie que la fleur; cueillir la rose et laisser l'épine. » Ainsi doit se conduire le sage. Eh! bon Dieu, nous ne voulons pas réformer le monde! Si la société repose sur des abus, qu'elle y reste; nous n'attaquons rien, nous ne renversons rien : ce serait, en vérité, prendre trop de peine, et nous ne voulons que du plaisir!

— Mais la religion, que pense-t-elle de tout cela?

— La religion! la religion!... peut-elle nous astreindre à une chose qui nous damne infailliblement? C'est trop de deux enfers : le mariage en est un, préservons-nous toujours de celui-là, sauf à nous garer de l'autre ensuite.

Ce dernier raisonnement ne me parut pas victorieux.

— Après tout, reprit M. de Lenclos, le but de ce discours, je le répète, ma chère, est de te mettre en garde contre le malheur. Mes réflexions ne sont point des ordres; je n'ai pas l'orgueil de me croire la raison souveraine. Il me semble qu'une femme d'esprit peut s'affranchir de bien des entraves et s'élever assez haut pour que le blâme ne puisse l'atteindre. La décence dans le plaisir équivaut à la pudeur, et le respect de soi-même entraîne le respect des autres. Épicure, comme philosophe, n'était pas un sot, je te le déclare.

— Ah! mon père, le Christ était un aussi grand philosophe qu'Épicure, et leur doctrine, avouez-le, ne se ressemble guère.

— Si telles sont tes idées, ma fille, entre dans un cloître; sois plutôt l'épouse du Christ que l'épouse d'un homme.

— J'y réfléchirai, lui dis-je en riant; mais rien ne presse!

Ce dialogue bizarre sur le mariage en resta là.

Dire qu'il ne fit aucune impression sur moi serait manquer de franchise. A partir de ce jour, les principes de M. de Lenclos devinrent graduellement les miens. Eut-il raison de me les suggérer? eut-il tort? voilà ce qu'auront à décider mes lecteurs.

Le surlendemain de notre départ du château de la baronne, nous entrâmes à Paris, et j'embrassai ma mère, dont je reçus un accueil plein de tendresse.

M. de Lenclos, avant de retourner à la caserne des Haudriettes [1], où logeait sa compagnie, courut avec moi la ville et me procura une quantité de distractions, que je regrettai tout naturellement lorsqu'il fallut ensuite rester sédentaire et soigner la malade.

— Daignez, je vous en supplie, la bénir. *Page* 51.

Je m'ennuyais à périr dans une vaste chambre à coucher, sombre et silencieuse, dont le grand lit à baldaquin ressemblait à une tombe. De lourds rideaux de damas de Gênes, retombant sur les fenêtres à treillis, empêchaient d'arriver jusqu'à moi le moindre rayon de soleil, et les portraits de famille, graves, majestueux, renfrognés, ne cessaient de me poursuivre de leurs yeux éternellement ouverts.

7

Pour conquérir un peu de liberté, je feignis d'être chagrine de ne pouvoir plus aller, comme autrefois, à la cathédrale accomplir mes devoirs de chrétienne.

C'était jouer un rôle d'hypocrisie bien coupable.

Ma mère donna dans le piége.

Elle loua beaucoup ma ferveur et me promit d'arranger les choses pour le mieux, quand elle aurait consulté le directeur de sa conscience.

— Il viendra ce soir, me dit-elle, et tu verras, ma fille, le prêtre le plus digne de vénération qui soit au monde, le modèle le plus parfait de charité évangélique. Depuis vingt ans, il consacre sa vie à secourir les infortunes, à soulager les misères, à sécher les pleurs. La mission sacrée qu'il s'impose ne s'étend pas seulement à Paris ; il parcourt en apôtre toute la France, visitant les malades, les prisonniers, et jusqu'aux criminels condamnés à ramer sur les vaisseaux du roi.

— Mais c'est le portrait d'un saint que vous me faites là, ma mère !

— Aussi pourrait-on le canoniser de son vivant, répondit madame de Lenclos. Un jour, au bagne de Marseille, touché des plaintes d'un malheureux qui regrettait sa femme et ses enfants, il lui proposa de prendre sa place. Le galérien accepta, et l'apôtre resta dans les chaînes.

— Est-ce possible ?

— Tout Paris peut te l'affirmer, car tout Paris connaît ses vertus, tout Paris se prosterne quand il passe.

— Qui donc l'a fait sortir du bagne ?

— Le roi, ma fille ; cela devait être. Touché de son zèle et de son dévouement, Louis XIII le nomma aumônier général des galères. Depuis, Vincent de Paul, c'est le nom du saint prêtre, est revenu parmi nous. J'ai le bonheur de recevoir ses exhortations chrétiennes, et je les partage avec une foule de tristes malades qu'il visite et console sur leur lit de douleur. Mais, je ne me trompe pas, ajouta tout à coup madame de Lenclos, c'est lui !... j'entends sa voix !

Effectivement, comme elle achevait ces mots, la porte s'ouvrit.

Vincent de Paul parut.

C'était un homme de cinquante ans environ, vêtu de l'habit ecclésiastique dans toute sa simplicité, portant une barbe blanche peu fournie, pâle de visage, mais ayant les traits empreints d'une douceur extrême.

Son front chauve avait un calme si pur, une sérénité si parfaite, qu'on ne croyait pas voir un homme, mais un ange.

Tout dans son extérieur reflétait sa belle âme; il semblait apporter avec lui la paix du cœur, le repos de la conscience.

— Mon père, dit madame de Lenclos, qui voulut, quoique très-faible, se lever de son fauteuil et faire un pas à la rencontre de Vincent de Paul, voici ma fille qui m'est rendue. Daignez, je vous en supplie, la bénir.

Je tombai involontairement à genoux, saisie tout à la fois de confusion et de respect. Ma poitrine était oppressée; je tremblais, une sueur froide inondait mes tempes.

Il me semblait que l'apôtre allait lire au fond de mon âme et démasquer mon hypocrisie.

— Relevez-vous, mademoiselle, relevez-vous, me dit-il avec bonté. On doit seulement s'agenouiller devant Dieu... Je ne suis qu'un de ses plus humbles et de ses plus indignes serviteurs.

Il posa la main sur mon front, porta ses regards vers le ciel et murmura d'une voix pénétrée :

— Seigneur, donnez à la fille toutes les vertus et l'angélique piété de la mère; préservez-la des doctrines du mensonge; éloignez de son âme les funestes séductions d'un monde corrupteur, le souffle des vains plaisirs. Qu'elle soit fidèle croyante, chrétienne sincère; que toutes vos grâces, ô mon Dieu! lui viennent en aide.

Des larmes coulaient le long de mes joues, et j'entendais en moi le cri du remords.

— Je suis contente de Ninon, mon père, dit madame de Lenclos; mes craintes heureusement ne se sont point justifiées.

Elle est pieuse, elle tient à remplir ses devoirs. Sa plus grande privation est de ne plus entendre la messe chaque jour. Du reste, il n'est pas sain, je le crois, qu'une jeune fille de cet âge demeure continuellement dans la chambre d'une malade. Pendant qu'elle irait à la cathédrale assister aux offices, ne pourriez-vous m'envoyer quelqu'une des personnes attachées à cette confrérie que vous avez fondée, mon père, et dont moi-même je suis membre?

— Rien de plus facile, répondit Vincent de Paul. Vos sœurs en charité viendront ici tour à tour. Aujourd'hui même, elles seront averties, comptez sur ma promesse. Mademoiselle pourra suivre les inspirations de sa piété.

Hélas! j'eus le courage d'abuser jusqu'au bout le vénérable prêtre et ma mère!

Si je n'eusse pas cédé à une mauvaise honte en retenant les aveux qui se pressaient sur mes lèvres, le ciel aurait exaucé sans doute la prière de l'apôtre au lieu que mon silence me rendit indigne des bénédictions qu'il avait appelées sur moi.

Satan me retint; il ne me laissa pas aller à Dieu.

J'ai rencontré deux fois Vincent de Paul depuis cette époque; la première à l'inauguration de l'établissement des *Enfants-Trouvés*, et la seconde à l'installation de quatre-vingts pauvres vieillards à l'Hospice du nom de Jésus.

Il était alors environné de toute la cour.

Mais son auréole de charité effaçait l'éclat des pompes terrestres. On le trouvait plus grand que le plus grand roi du monde. La foule brillante allait à lui, le bénissait, le comblait d'éloges; chacun voulait toucher sa robe et entendre sa voix.

Je n'eus jamais le courage de m'approcher avec les autres et de lui montrer ce qu'était devenue la jeune fille pour laquelle il avait prié Dieu.

Le lendemain de la visite du saint homme, toutes les impressions causées par sa présence avaient disparu. Je ne songeais qu'à reprendre le train de vie dissipé dont mon père, quelques semaines auparavant, me donnait un avant-goût.

Pour me servir de chaperon et m'accompagner, chaque jour, à la cathédrale, madame de Lenclos fit choix de sa vieille nourrice, bonne femme de plus de soixante-dix ans, très-ridée, presque aveugle, que j'étais en quelque sorte obligée de conduire, et qui devait en conséquence ne pas voir très-clair à mes manœuvres.

Elle se nommait Madeleine.

J'assistai le premier jour à la messe de mon éternel chanoine, que je retrouvai encore plus goutteux et faisant des génuflexions de plus en plus pénibles.

Les jours suivants, ce fut autre chose.

D'abord j'eus l'air d'avoir un désir très-vif de connaître les paroisses de Paris.

Madeleine trouva ce désir tout naturel : prier dans une église, prier dans une autre, cela revenait absolument au même. Elle ne voyait à l'exécution de mon projet d'autre obstacle que ses jambes et la longueur des courses; mais je sus résoudre cette difficulté en faisant avancer une chaise à bras, mode de transport d'invention récente, et qui avait par toute la ville un succès prodigieux.

La nourrice trouva charmant d'être ainsi balancée sur les épaules de deux gaillards solides, et nous allâmes en premier lieu à Saint-Germain-l'Auxerrois.

Je ne manquais pas de bonnes raisons pour commencer par cette église.

En Touraine, j'avais entendu dire que c'était la paroisse de madame de la Rochefoucauld. Là, je trouverais, selon toute évidence, quelqu'un qui m'indiquerait son hôtel.

Rien ne me serait plus facile alors que de faire parvenir une lettre à Marsillac.

Ma rancune contre le prince n'allait pas jusqu'à renoncer à le voir. Il se pouvait, du reste, qu'il eût à m'alléguer des excuses propres à le disculper à mes yeux et à me permettre le pardon.

D'ailleurs, l'idée d'avoir un jeune cavalier à mon bras, au lieu de le donner moi-même à une vieille femme et d'être réduite au métier d'Antigone, me radoucissait beaucoup et me disposait à l'indulgence.

La nourrice n'était pas seulement à moitié aveugle, elle était aussi abominablement sourde. Il fallait crier à tue-tête pour qu'elle entendît.

Une fois à l'église, j'eus soin de faire signe au premier bedeau qui passa, de lui glisser en main une pièce de monnaie, et de lui dire :

— Madame la duchesse de la Rochefoucauld, s'il vous plaît? vous devez la connaître.

— Oui. mademoiselle. Je lui offre tous les dimanches le coussin de velours. Elle a une stalle auprès du chœur.

— Son hôtel est dans le voisinage?

— A deux pas. Voulez-vous que je vous y conduise?

— Inutile... Indiquez-le-moi.

— Rue Champfleury, derrière le Louvre.

— Fort bien !

Comme je ne pouvais pas crier dans l'église, je fis comprendre par gestes à la nourrice qu'elle eût à m'attendre, et que j'allais revenir.

Sortant aussitôt, sans lui permettre d'entamer la moindre observation sur ce départ, je descendis la nef, je franchis le portail, je traversai la place qui sépare l'église du Louvre, et je fus, moins de deux minutes après, en face de l'hôtel la Rofoucauld.

Le cœur me battait avec violence.

Au moment de soulever le marteau de bronze et de le laisser retomber sur la porte cochère, je me sentis presque défaillir.

Si j'allais rencontrer le prince ou la duchesse? Que penseront-ils de moi? N'est-il pas de la dernière inconvenance qu'une fille de quatorze ans coure ainsi les rues et vienne aux informations sur un jeune homme?

Je me disposais à reprendre le chemin de l'église, lorsque

tout à coup le suisse, qui m'avait aperçue au travers d'un guichet grillé, me cria d'une voix de Stentor :

— Endrez-fous, bar la sampleu ! ou n'endrez-fous bas?

— Je n'entre pas, lui dis-je toute tremblante. Seulement je voudrais savoir si madame la duchesse et le prince de Marsillac sont en ce moment à Paris.

— La tuchesse douchours à Baris; mais le brince, chamais.

— Où donc est-il?

— A la querre... Il se pat gomme un peau tiaple.

— Ciel ! est-ce possible?... Mais où cela, en Poitou?

— Non, blus loin... te l'autre gôté.

— Dans la Valteline, en Italie?

— Chuste ! fous avre mis le nez tessus... Ponchour et bortez-fous pien !

Il referma le guichet.

J'étais atterrée.

Cette nouvelle renversait mes plans et remettait à une époque indéfinie tout rapprochement entre Marsillac et moi. Mais comment avait-il eu le courage de partir, de s'éloigner de France et d'aller faire ses premières armes dans une guerre dangereuse, sans trouver moyen de m'envoyer une consolation, un souvenir?

Je retournai sur mes pas, le cœur fort triste et les yeux pleins de larmes.

Au moment où je repassais entre le Louvre et l'Oratoire, je m'aperçus que j'étais suivie par un jeune homme d'un extérieur assez élégant, mais dont le regard effronté me fit aussitôt presser la marche, de façon que je mis plus de hâte à rejoindre la nourrice que je n'en avais eue à la quitter.

Madeleine ne soupçonna rien.

La chaise qui nous avait amenées nous remporta; mais quelle ne fut pas ma surprise, en descendant à la porte de notre maison, d'y trouver le même jeune homme que j'avais rencontré près du Louvre !

Il me salua d'un air de triomphe et m'envoya un audacieux baiser.

Par bonheur Madeleine n'y voyait pas !

Dans la matinée du lendemain je n'osai point sortir et je prétextai un peu de souffrance ; mais le temps me parut si long et ma pauvre mère me fit réciter avec elle un si grand nombre de patenôtres, que je résolus de continuer mes excursions au dehors, sauf à rencontrer mon persécuteur.

Je dis à Madeleine que le malaise dont j'avais été prise, la veille, durait encore. Elle fut la première à me proposer une promenade.

Décidément elle adorait les chaises à bras.

Nos porteurs nous firent monter la rue Saint-Jacques et nous déposèrent à la grille du Luxembourg qui s'ouvre du côté des Chartreux.

Il y avait là de beaux ombrages et plus de solitude que dans les autres parties du jardin.

Tout à coup Madeleine, que j'avais crue jusqu'ici beaucoup trop aveugle pour rien distinguer sur sa route, avisa, sous l'avenue que nous suivions alors, une marchande de liquide, dont l'étalage était surmonté d'une inscription qu'elle indiqua du doigt.

— Voyez un peu, ma fille, dit-elle, ce qu'il y a d'écrit là-dessus.

Je m'approchai pour la satisfaire, et je lus ce quatrain burlesque :

> Si vous ressentez la pépie,
> Mal de cœur, de tête ou de dents,
> Prenez contre ces accidents
> Un double de mon eau-de-vie.

— Ah ! fort bien ! dit la vieille, j'essayerai quelque jour de ce remède.

Je me souvins alors que M. de Lenclos soupçonnait Madeleine d'avoir un goût prononcé pour les liqueurs fortes, et je répondis en riant :

— Allez, ma bonne, allez ! Ce qui sert de remède peut aussi, croyez-le bien, servir de préservatif. D'ailleurs, la marchande

— Pour Dieu ! débarrassez-vous de cette duègne importune ! *Page* 57.

vous appelle; je vois que vous êtes d'anciennes connaissances.

Ravie de me trouver aussi indulgente, Madeleine s'approcha de l'étalage.

A peine eut-elle fait deux pas, que je me sentis prendre doucement par la robe, et quelqu'un me dit à voix basse :

— Pour Dieu, débarrassez-vous de cette duègne importune ! J'ai épié votre départ du logis, et depuis lors je vous accompagne. Il faut que vous m'accordiez un entretien, ou je commettrai quelque sottise ! Je vous attends sous les marronniers.

Inutile de dire que j'avais affaire à mon jeune homme de l'avant-veille.

Je me retournai pour lui répondre et lui donner une verte leçon.

Mais il était déjà loin.

La nourrice renouvelait connaissance avec la marchande et ses liquides. Espérant qu'elle n'aurait pas fini de sitôt, je fis un demi-tour derrière l'étalage et je me dirigeai seule vers l'avenue de marronniers, qui était prochaine.

Mon persécuteur m'attendait.

Il vint me saluer avec un aplomb superbe.

— Ah ! s'écria-t-il, vous êtes adorable !... Bénie soit l'heureuse étoile qui m'a jeté sur votre route ! Mais, avant tout, mademoiselle, je dois vous dire mon nom...

— C'est fort inutile, monsieur.

— Pardonnez-moi. Je m'appelle Saint-Étienne ; je suis fils d'un gros traitant de Lyon qui me donne trois mille écus par an pour vivre à Paris, sans compter l'héritage de ma mère, que j'ai depuis deux ans en toute jouissance.

— Eh ! que me fait à moi l'héritage de votre mère ?

— Attendez !... J'habite une petite maison délicieuse à la Porte-Montmartre ; j'ai des valets, des chevaux, un carrosse... Tout cela est à vos ordres ; tout cela vous appartient avec ma fortune et mon cœur, si vous daignez accepter l'une et l'autre.

— Fort bien, monsieur ! j'arrivais à vous très-en colère, avec l'intention de vous sommer de mettre un terme à vos poursuites ; mais votre langage et vos offres ont quelque chose de si bizarre et de si extravagant, que je ne puis m'empêcher d'en rire. Adieu, monsieur. Chevaux, carrosse, cœur, fortune, je refuse tout... Votre humble servante !

Et, lui faisant une révérence profonde, je lui tournai le dos.

Mais il courut après moi, et me dit avec un accent de supplication fort tendre :

— Ah ! mademoiselle, aurez-vous le courage de me désespérer, quand je meurs d'amour ?

— Je n'y puis rien, monsieur, je n'y puis vraiment rien.

— Du moins ne partez pas sans m'avoir appris votre nom !

— Quelle nécessité ?

— Je vous en conjure, dites-le-moi, afin que je le répète nuit et jour, afin que je puisse parler à votre douce image, qui ne me quitte plus !

Cette phrase était beaucoup trop prétentieuse et ne lui partait point du cœur.

Du reste, je lui gardais rancune de son outrecuidance.

Il se croyait donc bien conquérant pour espérer l'emporter ainsi du premier coup ? Je ne lui avais certes pas donné le droit de s'imaginer que j'étais femme à me laisser éblouir par des propositions de la nature de celles que je venais d'entendre.

Je lui répondis, en prenant mon plus grand air et en donnant à mes paroles un ton d'ironie mordante :

— Monsieur, je me nomme Ninon de Lenclos ; mon père est un noble capitaine, et j'habite avec ma mère une maison fort décente auprès du cloître Notre-Dame. Nous pourrions avoir des valets, des chevaux et un carrosse ; mais nos goûts sont modestes, et notre fortune est assez ronde pour nous permettre de n'envier celle de personne.

Il me regarda, se frappa le front et s'écria :

— Parbleu, mademoiselle, je ne suis qu'un sot !

— Je n'ai point dit cela, monsieur.

— Non, mais vous me le faites sentir avec beaucoup d'esprit. Je me souviendrai de la leçon.

— Me le promettez-vous ?

— Assurément. J'aurais dû comprendre que ce n'est pas à une jeune fille qu'on doit ainsi parler, mais à son père.

— Pourquoi cela, monsieur ?

— J'irai trouver le vôtre et je lui demanderai votre main.
— Autre sottise !
— Expliquez-vous, de grâce.
— Deux mots suffiront : je ne veux pas me marier.

Il tressaillit et me jeta un regard de stupeur.

— Ainsi, balbutia-t-il, vous ne me laissez aucune espérance...
— De mariage, non certes !
— Vous me défendez de vous revoir?
— Mon Dieu, lui dis-je, si vous vous promenez tous les jours sous ces marronniers, vous m'y rencontrerez peut-être quelquefois.

Je ne lui laissai pas le temps de me répondre, et j'allai bien vite retrouver ma surveillante, qui, très-assidue auprès de la marchande et de ses liqueurs, n'avait pas même remarqué mon absence.

On devine qu'à partir de ce jour nous fîmes de cet endroit notre promenade quotidienne.

La nourrice avait tantôt la pépie, tantôt un mal de tête, aujourd'hui des maux de cœur et demain des maux de dents; les promesses de l'affiche ne manquaient jamais de produire leur effet, le remède était là : comment laisser la pauvre femme souffrir?

Je lui mettais ma bourse entre les mains, et j'allais faire un tour sous les marronniers.

Ayant formellement interdit à Saint-Étienne de me parler d'amour, il ne s'en avisa plus, et devint même très-respectueux. Je n'avais à lui reprocher aucune inconvenance ni dans ses actes ni dans ses discours. Auprès de lui, mon cœur n'était pas en péril; Marsillac l'avait encore tout entier. J'attendais le retour du prince, ses excuses, et je ne voyais aucun inconvénient à cultiver, d'ici là, une simple connaissance.

Je raisonnais comme une folle, et je devais bientôt m'en repentir.

Saint-Étienne était un garçon médiocrement beau.

Sous le costume de gentilhomme, il trahissait des manières communes et bourgeoises; on devinait facilement qu'il n'avait pas une goutte de sang noble dans les veines.

A l'imitation des jeunes seigneurs de la cour, il portait les cheveux frisés et flottants sur les épaules : on appelait cela se coiffer à la *comète*. Il singeait en outre les petits-maîtres prétentieux de la place Royale, tenait constamment un peigne à la main et le passait mille fois par heure dans sa moustache blonde ou sur le petit flocon de poils qu'il se laissait pousser sous le menton.

Du reste, ses habits ne manquaient pas d'élégance. Justaucorps à manches pendantes, culotte large, bottes évasées, collet de point d'Espagne coupé carrément d'une épaule à l'autre, chapeau à grands bords et à triple plumet, relevé des deux côtés par un bouton précieux, toute cette toilette ne lui allait pas trop mal, et permettait de lui donner le bras sans être précisément montrée au doigt.

Il faut dire aussi qu'il ne manquait pas d'un certain esprit railleur qui rendait sa conversation piquante et originale.

Petit à petit je cédai à la tentation de faire avec lui quelques courses rapides hors du jardin.

Ces courses devinrent ensuite plus longues.

Mais, comme j'avais toujours soin d'emporter un livre, Madeleine se figurait que je passais le temps à lire sous les marronniers. Elle-même s'occupait très-activement auprès de la marchande, en attendant qu'il me plût de revenir. Cela durait quelquefois deux ou trois heures. La bonne femme avait ma bourse et prenait patience.

En rentrant, je disais à madame de Lenclos que nous avions entendu cinq messes.

Un jour de carême, je lui exprimai le désir d'assister à trois sermons de prédicateurs célèbres, qui étaient annoncés à diverses paroisses et à des heures différentes. Elle y consentit.

Cette permission impliquait celle de ne rentrer que fort tard.

Saint-Etienne était prévenu.

Je déposai la nourrice au Luxembourg. Elle avait justement, ce jour-là, les quatre maladies de l'affiche, et je résolus de lui laisser tout le loisir de se traiter convenablement.

Le carrosse de Saint-Étienne nous attendait de l'autre côté du jardin, à quelque distance de l'Abbaye-aux-Bois; mais, comme j'aimais beaucoup mieux aller à pied dans un quartier que je ne connaissais pas encore, nous donnâmes au cocher l'ordre de suivre par derrière.

Ce matin-là, je m'étais habillée plus soigneusement que de coutume.

J'avais une robe à corset, garnie de basques, avec une jupe de dessus ouverte par devant. Chez les femmes de distinction, la grande mode alors était d'avoir deux collets, l'un relevé, l'autre rabattu : j'avais suivi la mode. Mes cheveux, réunis en boucles rondes autour de mon front et de mes tempes, laissaient flotter les dentelles entrelacées dans ma coiffure. Mon tour de gorge était en frisette de Malines, et je portais des manchettes à triple rang.

Mon compagnon semblait très-orgueilleux de ma bonne mine.

Il toisait les passants d'un air triomphateur, ce qui attirait sur moi les regards et me déplaisait fort.

A cette époque, on commençait à bâtir dans le grand Pré-aux-Clercs.

Les rues de Verneuil, de l'Université et la rue Jacob, en voie d'achèvement, étaient déjà fort populeuses.

Me voyant au milieu de la foule, je pris un loup dans ma poche et je me l'appliquai, pour échapper à l'indiscrétion des curieux.

Ceci n'était plus du goût de Saint-Étienne.

— Quoi! me dit-il, vous vous masquez? A mon bras cependant vous n'avez rien à craindre.

— J'en suis convaincue, répondis-je; mais on n'a jamais trop de prudence. D'ailleurs, il me sera permis ainsi de voir et d'écouter bien des choses que je n'aurais pu ni regarder ni entendre à visage découvert.

Il se résigna.

Tout ce côté de Paris était nouveau pour moi. M. de Lenclos m'avait seulement conduite au Jardin des Plantes, à l'Estrapade et à la place Royale.

Déjà nous avions dépassé l'abbaye Saint-Germain-des-Prés, entourée de fossés et de bastions comme une citadelle.

Un peu plus loin, sur la gauche, mon guide me fit voir l'ancien palais de la reine Marguerite, où le meilleur et le moins rancunier des rois allait visiter jadis, presque tous les jours, l'infidèle épouse du prince de Béarn.

Immédiatement après le divorce, Henri IV vécut en parfait accord avec son ancienne femme et fournit à toutes ses dépenses : exemple curieux que je signale en passant aux antagonistes du mariage.

A mesure que nous approchions de la Seine, les rues devenaient plus bruyantes; la foule se pressait autour de nous plus affairée et plus compacte. Les cris des marchands, le galop des chevaux, le fracas des voitures, tout cela m'émerveillait à la fois et me causait une sorte de terreur.

Saint-Étienne profitait de mon émotion pour me serrer le bras outre mesure ; mais ce n'était pas le moment de lui chercher querelle et de me priver de son appui.

— Jésus! disais-je, est-ce que Paris est toujours aussi tumultueux?

— Toujours. Si vous ne connaissez pas le sonnet de mon ami, le poëte Scarron, voici le cas de vous le citer, mademoiselle :

> Un amas confus de maisons,
> Des crottes dans toutes les rues,
> Ponts, églises, palais, prisons,
> Boutiques bien ou mal pourvues;

Force gens noirs, blancs, roux, grisons,
Des prudes, des filles perdues,
Des meurtres et des trahisons,
Des gens de plume aux mains crochues;

Maint poudré qui n'a pas d'argent,
Maint homme qui craint le sergent,
Maint fanfaron qui toujours tremble;

Pages, laquais, voleurs de nuit,
Carrosses, chevaux et grand bruit,
Voilà Paris : que vous en semble?

— Il me semble que votre poëte n'a point flatté le portrait. Mais voyez donc, monsieur, la bigarrure de cette foule ! Croirait-on que tous ces gens-là sont du même pays et appartiennent à la même nation ?

— Ah! me répondit Saint-Étienne, dans un royaume bien policé le costume de chacun doit indiquer à peu près sur quel degré de l'échelle sociale il se trouve. Bourgeois, marchands, financiers, il faut que tout cela se distingue. Désirez-vous que je vous apprenne à les reconnaître ?

— Volontiers, monsieur.

— D'abord, laissons de côté le bourgeois; entre lui et le gentilhomme il y a peu de différence.

— Croyez-vous ?

— Sans doute.

— Pour le costume ?

— Et pour tout le reste. Regardez-moi, puis regardez un noble : vous y serez prise le mieux du monde, ma chère.

Sa chère! Il s'émancipait.

J'eus bien envie de le corriger de sa double présomption. Mais, en ce moment, j'étais son élève, il ne m'appartenait point de trancher du pédagogue.

— Pour le marchand, reprit-il, c'est une autre affaire. Il est vêtu d'un sayon de drap qui ne passe pas la brayette. Son bon-

Sur le champ de bataille, ils étaient, dit-on, d'une gaieté charmante. Page 67.

net de peau de mouton à la cocarde, sa gibecière pendante et sa ceinture de grosse laine ne permettent pas de le confondre avec le bourgeois... Mais, de grâce, tournez la tête, et voyez cette commère !

— Où donc?

— Là, tout près de nous. C'est une marchande. Avouez qu'il est impossible de la prendre pour une bourgeoise. Elle a le chaperon détroussé par derrière jusqu'à la ceinture, une robe de drap du sceau bordée d'un petit liséré de velours, une cotte de cramoisi, un collet qui lui couvre la gorge et des souliers sans cuir, si ce n'est au bout du pied. Elle a toujours un demi-*cint* et trente-deux clefs pendantes. Sa bourse contient du pain bénit de la messe de minuit, trois tournois brisés, une aiguille avec son fil, deux dents d'elle ou de ses aïeux, la moitié d'une muscade, trois clous de girofle et un billet de charlatan.

Ces détails m'amusaient beaucoup.

— Et le financier, demandai-je en riant, à quoi le reconnaît-on?

— Calotte à deux oreilles, chausses étroites, manteau à manches, clef de son coffre à sa ceinture, trébuchet à sa pochette avec des deniers et des liards. En voilà un qui passe!

— Merci de ces renseignements, vous êtes un homme précieux. Mais où sommes-nous?

— Dans le seul coin qui reste du Pré-aux-Clercs. Encore les maisons menacent-elles de l'envahir et d'arriver jusqu'à la Seine. Je ne vois pas où se réfugieront messieurs les avocats.

— Oh! oh! m'écriai-je, en voici une fourmilière. Bonté divine! que de gens en robe!

— Et en bonnet carré, dit Saint-Étienne. Chaque matin, à onze heures précises, le personnel entier du Palais de Justice se donne ici rendez-vous, et le pré devient tout noir. Le client court après le conseiller, l'huissier prépare sa contrainte, l'avocat exerce ses poumons, fait l'essai de ses moyens oratoires et répète en plein vent le plaidoyer dont tantôt il assommera les juges. Mais ceci n'a rien que de ridicule. Si vous m'en croyez, nous déjeunerons, en attendant que d'autres promeneurs nous donnent un plus curieux spectacle.

J'acceptai le déjeuner.

Saint-Étienne me conduisit devant le cabaret le plus achalandé de l'endroit.

Cet établissement portait pour enseigne un raisin aussi énorme que ceux de la terre promise, avec ces mots dont la triomphante couleur dorée méritait une orthographe moins suspecte :

A la groce grape.

Des tables étaient dressées à l'extérieur ; nous prîmes place à l'une d'elles, afin de ne rien perdre du coup d'œil.

Vers midi arrivèrent les équipages.

C'était l'heure de la promenade du beau monde et des gens de cour.

Les avocats avaient disparu ; on n'apercevait de tout côté que velours, satin, plumes et dentelles. Jamais l'idée d'un luxe aussi extraordinaire ne m'était venue à l'esprit.

De magnifiques carrosses, à quatre et à six chevaux, ornés d'armoiries, couverts de dorure, arpentaient le pré dans toute sa longueur, revenaient au triple galop de leur orgueilleux attelage, et s'arrêtaient ensuite pour laisser descendre leurs maîtres.

Bientôt de brillants officiers se mêlèrent à la foule.

Mon compagnon me montra les gardes du corps, habillés de bleu, galonnés, brodés, rayonnant d'argent.

Puis nous vîmes paraître des mousquetaires, soldats de création nouvelle, admirés à la ville, comblés d'éloges à la cour, et vraiment dignes de leur gloire. Sur le champ de bataille, ils étaient, dit-on, d'une gaieté charmante, montaient à la brèche comme ils allaient au festin le plus joyeux, et prenaient les batteries avec des chansons.

La taille cambrée, le poing sur la hanche et la moustache au vent, ces militaires papillonnaient autour des promeneuses.

On les accueillait à merveille, on écoutait leurs fleurettes ; chaque propos galant faisait naître un sourire provocateur.

Nous nous étions levés de table pour nous joindre à ce tourbillon doré.

Ma tête s'égarait, j'avais des éblouissements.

Autour de moi les œillades se croisaient comme des éclairs.

J'entendais des chuchotements étranges sortir des bouches les plus roses et les plus fraîches ; je surprenais des regards significatifs, des mouvements de lèvres audacieux.

Et puis c'étaient des éclats de rire, des manœuvres d'éventail, des gestes incroyables.

On se donnait des rendez-vous, on abordait ses rivaux, on échangeait des cartels, le tout de la façon la plus tranquille, de l'air le plus poli, au milieu de saluts d'une courtoisie rare, simplement et de la meilleure grâce du monde.

Je n'en croyais pas mes yeux, il me semblait rêver.

— Allons-nous-en, me dit Saint-Étienne ; nous avons autre chose à voir. Près d'ici vous trouverez une foule bien différente et des mœurs encore plus étranges.

— Où cela ? demandai-je.

— Au pont Neuf. Qui n'a pas vu le pont Neuf n'a rien vu.

Et, tout en m'entraînant, il se mit à déclamer avec emphase :

> Pont Neuf, ordinaire théâtre
> Des vendeurs d'onguent et d'emplâtre,
> Séjour des arracheurs de dents,
> Des fripons, libraires, pédants,
> Des chanteurs de chansons nouvelles,
> D'entremetteurs de demoiselles,
> De coupe-bourses, d'argotiers,
> De maîtres de sales métiers,
> D'opérateurs et de chimiques,
> De fins joueurs de gobelets,
> De ceux qui rendent les poulets
> Et de grimauds aux airs comiques...

Je l'interrompis, car il m'en eût débité à n'en plus finir.

— Vraiment, lui dis-je, vous avez la mémoire ornée de fort jolies choses, monsieur.

— Je l'avoue, me répondit-il modestement. Ce n'est pas de la poésie de premier ordre ; mais elle est historique. Vous allez reconnaître tous ceux que je viens de nommer.

Déjà nous avions dépassé la tour de Nesle, et le carillon de la Samaritaine nous annonçait le voisinage du pont Neuf.

Nous y arrivâmes bientôt, après avoir longé le grand hôtel de Nevers.

V.

Saint-Étienne avait raison : jamais spectacle plus singulier ne pouvait s'offrir aux regards.

Je vis une réunion d'hommes tapageuse, affairée, grotesque, un tohu-bohu indescriptible. C'étaient des cris, des hurlements, des sifflements, à me rendre sourde.

Les voitures allaient grand train, soit du côté de la rue Dauphine, soit du côté du Louvre, et culbutaient les passants, qui leur envoyaient des imprécations et des blasphèmes.

Puis survenaient, au milieu de ce tumulte, des troupes de soldats armés de longues piques, de casques et de cuirasses ; ils refoulaient la multitude sur les bas-côtés, et l'on entendait alors un redoublement de clameurs.

Ceux-ci criaient au feu, ceux-là criaient au meurtre.

On voulait fuir une presse, on tombait dans une cohue.

Sur le terre-plein, de chaque côté de la statue de Henri IV, deux charlatans, montés sur des tréteaux, agaçaient la foule, vantaient leurs drogues, péroraient et s'égosillaient à l'envi l'un de l'autre.

Vous pouviez aller à droite, à gauche, par devant, par derrière, c'était le même encombrement, le même vacarme.

Les marchands de chiens de chasse faisaient aboyer leur marchandise à vos trousses; les fabricants de filets de pêche vous accrochaient; tous les boutiquiers vous arrêtaient à leur exemple, et d'autres charlatans vous rançonnaient au passage.

Plus loin, de grands escogriffes, à la longue rapière et au manteau court, venaient vous regarder effrontément sous le visage, en frisant leurs moustaches.

C'était ce qu'on appelait les *raffinés d'honneur*. Ils semblaient toujours prêts à dégainer.

J'en vis deux se battre à l'entrée de la place Dauphine.

On faisait cercle alentour, on jugeait les coups.

Une escouade du guet survint, mais trop tard : un des combattants avait reçu l'épée de l'autre au travers du corps.

— Poursuivons notre route, ma chère, me dit Saint-Étienne, effrayé de ma pâleur. Vous auriez du temps de reste à vous apitoyer sur le sort de ces messieurs-là. Ne trouvent-ils pas ce qu'ils cherchent? Ils peuvent en recevoir dix pouces dans le ventre sans mourir... Affaire d'habitude !

Avant de quitter le pont Neuf, nous assistâmes à d'autres épisodes, qui achevèrent de me donner une idée médiocre de la moralité de mon siècle.

D'effrontés filous arrachaient violemment les manteaux de l'épaule des hommes et tranchaient d'un seul coup de ciseaux les cordons de l'aumônière que les femmes s'obstinaient, malgré ces vols continuels, à porter attachée à leur ceinture.

— Ce sont les *coupe-bourses* et les *tire-laine*, dit mon compagnon. Vous le voyez, ils ne se gênent pas pour exercer en plein jour leur honorable industrie.

Comme il achevait ces mots, nous entendîmes du côté du Louvre un grand bruit de fanfares.

— Désirez-vous connaître le roi? me dit Saint-Étienne.

— Le roi!... vous allez me montrer le roi?

— Sans doute. Pressons le pas! C'est son jour de chasse à Saint-Germain ; nous pourrons nous poster sur son passage.

L'instant d'après, nous étions au milieu d'un rassemblement de curieux, qui se tenaient sur deux lignes aux environs du port Saint-Nicolas. Bientôt nous vîmes déboucher le cortége royal par la rue des Orties-Saint-Honoré du Louvre [1].

Une cavalcade assez nombreuse parut d'abord : c'étaient les fauconniers en titre.

L'oiseau chaperonné qu'ils tenaient sur le poing battait des ailes au son des trompes de chasse et poussait des cris aigus.

Cette première troupe fut suivie des valets de chiens, marchant à pied et tenant les lévriers en laisse. Sa Majesté voulait qu'on logeat ses meutes au Louvre, afin de pouvoir les surveiller lui-même.

— Attention! fit Saint-Étienne.

Une trentaine de cavaliers, couverts de magnifiques costumes et tout chamarrés de broderies d'or, débouchèrent en faisant caracoler des chevaux fringants.

Au milieu d'eux, je vis un homme complétement vêtu de noir, pâle et sombre, avec un long feutre rabattu sur les yeux.

C'était Louis XIII.

Il n'avait alors que vingt-cinq ans; mais, à son air morose, à sa face taciturne, on lui eût donné beaucoup plus que cet âge. Entendant les acclamations de la foule, il ne se dérida pas et se contenta d'y répondre par un froid et cérémonieux salut.

Venaient ensuite cinq ou six lourdes voitures de cour, aux panneaux chargés d'écussons et peints d'azur et d'or.

Dans celle qui marchait en tête, mon compagnon me montra la jeune reine.

[1] Cette rue s'étendait parallèlement à la Seine à la place où sont aujourd'hui les jardins.   (NOTE DE L'ÉDITEUR.)

Sur le passage d'Anne d'Autriche, on poussait également des vivats; mais elle accueillait d'une tout autre façon que le roi son époux ces témoignages de sympathie. Elle avançait sa jolie tête à la portière du carrosse, et envoyait au peuple, avec ses plus gracieux sourires, un salut de sa blanche main.

— Qu'elle est belle! dis-je à mon guide, et comme elle a l'air d'être heureuse!

— Ah! pour ceci, j'en doute, me répondit Saint-Étienne, ou son bonheur ne lui vient pas du roi.

— Que voulez-vous dire? est-ce qu'il ne l'aime pas?

— Il n'aime personne.

— Par exemple!

— C'est comme je vous l'affirme. Bien plus, il pousse la bizarrerie jusqu'à se haïr lui-même. L'ange d'amour et de beauté que vous venez de voir n'a jamais pu réussir à chasser l'ennui de son front et le mécontentement de son cœur. Ils font un ménage détestable.

— Hélas! à quoi sert d'être reine?

— Oui, à quoi cela sert-il? En vérité, c'est un triste sire que nous avons-là. Je crois qu'il y a sur lui quelque fâcheuse influence, et le nombre *treize* lui est fatal.

— Bon! quelle folie!

— Je parle sérieusement. Ce dernier chiffre l'a toujours persécuté. Ne s'appelle-t-il pas Louis XIII? Son nom de Loys de Bourbon contient treize lettres; il avait treize ans lorsque son mariage fut résolu, et il est le treizième roi de France du nom de Louis.

— En effet, voilà qui est bizarre.

— Attendez, ce n'est pas tout. Anne d'Autriche a aussi treize lettres en son nom. A l'époque de ses fiançailles avec le roi, elle était également dans sa treizième année, et la maison d'Espagne compte treize infantes appelées Anne. Comment voulez-vous que Louis XIII ne soit pas *treize* fois malheureux?

— Vous avez raison, je le trouve à plaindre. Pourtant on le dit aimé du peuple, et il a reçu le surnom de Juste.

Des femmes à la mine suspecte. Page 85.

— Bah! fit Saint-Étienne, juste à tirer l'arquebuse! En disant qu'il n'aimait rien, je me trompais : il aime la chasse. Tout son temps est employé à polir des fusils et à faire l'exercice. La seule qualité royale que je lui reconnaisse est d'être le premier tireur de l'époque : il ne manque jamais un oiseau au vol, sans compter les loups qu'il tue à Saint-Germain. Savez-vous, Ninon, que cet homme si juste est sur le point d'abandonner son favori le plus cher à la vengeance d'un ennemi mortel ? Chalais est menacé de l'échafaud... Chalais, un infortuné jeune homme, coupable tout au plus d'une étourderie d'amour.

— Bonté du ciel ! ce que vous dites là est impossible.

— Vous verrez, vous verrez ! Il y a là-bas au Louvre un personnage sinistre qui s'occupe, non de la chasse aux loups, mais de la chasse aux hommes ; un génie sombre, une nature implacable, un autre Machiavel, qui marquera sa route politique par des traînées de sang.

— Oh ! taisez-vous ! cela fait horreur !

— Vous verrez, ma chère, vous verrez ! me répéta-t-il.

— Et le nom de cet effrayant personnage ? demandai-je.

— Richelieu.

Nous fûmes interrompus, en ce moment, par des exclamations qui nous firent tourner la tête.

— Ah çà, qui parle ici de Richelieu ?

— Devant une femme, c'est trop fort !

— Quoi ! Saint-Étienne, tu oublies à ce point la règle des bienséances !

— Le respect qu'on doit au beau sexe !

— Je ne te reconnais plus !

— Avec l'hirondelle on ne s'entretient pas du hibou.

— Tu perds l'esprit !

— Tu deviens absurde !

Ceux qui nous abordaient de la sorte étaient de très-jeunes gens, vêtus du costume d'abbés. Ils semblaient être au mieux avec le fils du traitant de Lyon et lui serraient affectueusement la main.

— Gondi ! Scarron ! s'écria Saint-Étienne. Ah ! ma foi, je suis ravi de la rencontre ! Justement je parlais de toi tout à l'heure, mon cher poëte.

Se retournant ensuite vers moi :

— Mademoiselle, continua-t-il, je vous présente mes plus joyeux amis, deux vauriens incorrigibles, qui sont beaucoup plus diables encore qu'ils ne sont noirs. Mais, n'importe! je vous saurai gré de les accueillir.

— Jolie présentation!

— Es-tu fou?

— Pourquoi nous perdre d'avance dans l'esprit d'une dame?

— C'est un trait perfide.

— Nous saurons te faire mentir.

— Après tout, un ange comme mademoiselle ne déteste peut-être pas les diables?

— Quand ils sont bons...

— Et nous le sommes!

Tout en débitant ce flux de paroles, ils s'inclinaient profondément devant moi.

Je leur rendais force révérences, mais sans mot dire. Ils me semblaient avoir beaucoup trop d'esprit pour que je me permisse de hasarder une seule phrase dans l'entretien.

Ils se retournèrent du côté de mon compagnon, et je les entendis murmurer à demi-voix :

— Tudieu! mon cher, quelle taille ravissante!

— Quelle main fine et rose!

— Et quel joli pied mignon!

— Mais la figure?

— Adorable! répondit Saint-Étienne.

— Oh! oh!... Dis-lui de se démasquer; il faut voir ce charmant minois.

— Après tout, ce n'est pas une duchesse peut-être?

— Bon! quelque petite bourgeoise de la rue Quincampoix ou de la rue aux Ours!

— Erreur, dit Saint-Étienne, elle est de famille.

— De famille?

— Peste!

— Et où as-tu déterré cette perle?

— Heureux coquin!

— Chut!... silence donc!... Vous allez l'effaroucher, c'est une vertu.

— Ah! ah! la bonne plaisanterie!
— Une vertu qui accepte ton bras?
— Qui court les rues avec toi?
— Tu déraisonnes, mon cher, ou tu nous trompes.

Il en fallait beaucoup moins pour me faire comprendre que je venais de tomber en assez mauvaise compagnie. Mais, Saint-Étienne présent, que pouvais-je craindre? Je lui croyais trop de loyauté pour abuser de ma confiance et trop d'honneur pour me laisser offenser.

Je me trompais étrangement, comme on va le voir.

Celui des abbés qui portait le nom de Gondi était court, trapu, et fort noir de peau.

Agé de dix-sept ans à peine, il déployait l'aplomb d'un homme de trente. Sa figure manquait de régularité; je puis même dire, sans trop me risquer, qu'elle approchait beaucoup de la laideur, et il ne rachetait nullement cela par la distinction de ses manières.

Descendant de la puissante famille de Retz et neveu de l'archevêque de Paris, on le poussait aux ordres, afin de l'amener un jour à succéder à son oncle; mais l'état clérical était loin de lui être sympathique. Ainsi qu'il le disait lui-même, il faisait les cent coups pour déchirer sa soutane, et jurait d'y réussir.

Quant à l'abbé Scarron, peut-être avait-il une physionomie moins effrontée, plus ouverte; mais, en revanche, il était plus franchement laid. Son nez, gros comme une pomme, lui envahissait la moitié du visage, et ses yeux à fleur de tête donnaient à son regard une sorte d'ébahissement comique, dont on était fort tenté de rire.

Au désordre de sa chevelure on aurait juré qu'il ne se peignait pas une fois la semaine.

Fils d'un conseiller au parlement remarié en secondes noces, on le destinait à la prêtrise pour favoriser les enfants de l'autre lit.

C'est assez dire qu'il n'avait pas plus de vocation que l'abbé de Retz, et je dois leur rendre cette justice qu'ils étaient aussi mauvais sujets l'un que l'autre.

Lorsqu'ils eurent bien chuchoté à l'oreille de Saint-Étienne, je les vis tout à coup faire de grands gestes et appeler quelqu'un qui passait non loin de là.

— Hé! crièrent-ils, seigneur de Souscarrière!

— Illustre marquis, où allez-vous donc?

— Ne parlez pas à cet homme, dit Saint-Étienne; c'est un voleur : il m'a dupé hier de trois cents louis au lansquenet.

— Raison de plus, nous allons te venger.

Puis ils se mirent à crier de nouveau :

— Holà! seigneur marquis!

— Un mot, que diable!

— Arrivez!

— On ne vous mangera pas!

— Messieurs, je suis désolé, dit en s'approchant celui qu'ils apostrophaient de la sorte; mais je n'ai pas une minute à perdre.

— Allons donc! ce n'est point encore l'heure du jeu : les tripots ne s'ouvrent qu'à la nuit.

— Excepté à l'hôtel de Bourgogne. Y allez-vous par hasard?

— Non, messieurs, je n'y vais pas.

— Mademoiselle, me dit Scarron, souffrez que je vous présente Pierre de Bellegarde, marquis de Montbrun, seigneur de Souscarrière et d'une foule d'autres lieux.

— Un aimable homme! dit Gondi.

— Et fort honnête! ajouta Saint-Étienne, se décidant à faire chorus avec eux et toisant le nouveau venu d'un air railleur.

— Comment donc, excessivement honnête! cria Scarron.

— Mais je m'en flatte, messieurs, répondit Souscarrière.

— Il s'en flatte!

— Soyez plus modeste, marquis!

— Et n'essayez pas de vous tromper vous-même!

Ce trait sanglant, décoché par Retz, excita chez les deux autres une vive hilarité.

Je frémis en voyant Souscarrière aller droit à l'auteur de

l'injure et lui dire avec une voix qui tremblait de rage :

— Vous demandez un duel? soit, je suis votre homme.

— Très-bien!... va pour le duel!... enchanté de l'occasion! s'écria Gondi. Mais vous avez deux pitoyables habitudes, Montbrun : la première est de ne jamais vous battre, même quand la provocation vient de vous ; la seconde est d'interrompre les gens lorsqu'ils sont en train de faire connaître vos précieuses qualités. Mademoiselle ignore votre mérite, il faut bien l'en instruire.

— Parbleu ! fit Scarron.

— Imaginez-vous, ma chère, me dit Saint-Étienne, que ce bon marquis devrait, à l'heure où je vous parle, confectionner d'excellents gâteaux, des croquettes à la vanille et des petits pâtés superfins.

— Je l'avoue, répondit Souscarrière, qui avait définitivement pris le parti de l'impudence, voyant qu'il n'aurait le dessus en aucun cas. Mais, si j'ai changé de profession, c'est au grand avantage de ma bourse, je tiens à vous l'apprendre.

— Et au plus grand désavantage de celle des autres, monsieur le beau joueur, riposta Saint-Étienne ; je le sais par expérience.

— On prétend que le marquis et le hasard se connaissent beaucoup, fit Gondi au milieu d'une pirouette ; ils se rendent, dit-on, mutuellement service.

— C'est très-exact, répondit Scarron. Le hasard aide quelquefois Montbrun.

— Et Montbrun aide toujours le hasard ! s'empressa d'ajouter Saint-Étienne.

— Il est le plus généreux! crièrent les deux autres en redoublant leurs éclats de rire.

— A propos, et vos chaises à bras, marquis, vous rapportent-elles le même bénéfice que les brelans ?

— Oui, à peu de chose près ; c'est une assez bonne affaire, dit l'escroc, qui les narguait alors de la façon la plus visible.

Elles me rendent, l'une dans l'autre, cinq livres par semaine, tous frais en dehors, et j'en ai huit cents sur le pavé de Paris. Je vais de ce pas déposer vingt mille livres en lettres de change chez le trésorier de l'argenterie du roi. Voilà sa maison tout près de nous sur le quai de l'École. Émery m'attend. Je suis votre serviteur !

— Et notre duel, hé, monsieur l'honnête homme! notre duel? cria Gondi.

Souscarrière fit le sourd et disparut.

— Quel chenapan! dit Scarron.

— Mais, balbutiai-je, encore sous l'influence de la surprise que m'avait causée cet incroyable entretien, ne prétendez-vous pas qu'il est le fils de M. de Bellegarde?

— Ah! oui, s'écria Retz, une curieuse histoire ! et, si je ne craignais, mademoiselle, d'offusquer votre pudeur....

— Laisse-moi raconter cela, dit Scarron, je m'en charge.

— Toi? allons donc! tu ferais rougir un mousquetaire. D'ailleurs, j'ai lancé le lièvre; il n'est pas juste que tu profites de mes battues. Figurez-vous, mademoiselle, que Roger de Bellegarde, grand écuyer de France, eut un jour besoin d'argent, ce qui peut arriver au plus galant homme du monde...

— Ce qui t'arrive toujours, interrompit Scarron.

— Oui, certes! Saint-Étienne eût été beaucoup plus sage de me prêter l'or jeté sottement dans l'escarcelle de Montbrun.

— Pardieu, oui! perdu pour perdu...

— Silence, bavard! cria Retz. Tu me fatigues avec tes interruptions. Je vous disais donc, mademoiselle, que Bellegarde avait besoin d'argent, lorsqu'un vieux péché de sa jeunesse lui en amena de la façon la plus bizarre et la plus inattendue. Le grand écuyer jadis allait tous les jours, plutôt deux fois qu'une, manger des petits pâtés chez le fameux des Carreaux, et il eut quelques distractions dans l'arrière-boutique avec la pâtissière. Moins d'une année après, celle-ci mit au monde l'aimable garçon que vous venez de voir. Grâce aux nouvelles et nombreuses distractions causées aux pratiques par les attraits de la dame, l'éducation de sa progéniture fut un peu négligée. Le marmot grandit, hanta les brelans, devint joueur de premier ordre et filou au superlatif. Il gagna des sommes folles à ce consciencieux métier. Mais la bassesse de sa naissance ne lui permettait pas d'exploiter les salons et la cour. Alors un projet lui vient en tête. Il s'agite, intrigue, charge un homme adroit de ses arrangements; bref, au dernier jubilé, la pâtissière se confesse et fait dire à Bellegarde qu'elle ne peut, en bonne conscience, souffrir que le jeune escroc dont il s'agit recueille un jour l'héritage de des Carreaux, qui est le père de ses petits pâtés, mais voilà tout. Le grand écuyer fait la grimace; on intervient, et cinquante mille écus arrangent la chose. Voilà comment, mademoiselle, on vous a présenté tout à l'heure Pierre de Bellegarde, marquis de Montbrun et seigneur de Souscarrière, propriété magnifique, située au-dessous de Montmartre, et qu'il a escroquée au jeu comme les trois cents louis de Saint-Étienne. J'ai dit!

L'anecdote était légèrement scabreuse; mais Retz en avait assez bien voilé la crudité.

— Ah! c'est un indigne gredin que celui dont nous vous contons l'histoire, dit l'autre abbé. Toutefois, chez lui, comme chez les plus grands scélérats, il y a du bon.

— Chez Montbrun! cria Gondi. Donnes-en la preuve, et je me pends!

— Va donc préparer la corde, car je soutiens que ce cher marquis, par son invention des chaises à porteurs, vient de rendre un service immense aux femmes honnêtes et aux galants chevaliers de votre espèce, messieurs.

— Comment cela?

— Vous savez que le roi, dont les principes de continence et de réserve se fortifient de plus en plus chaque jour, s'est révolté d'apprendre que bon nombre de ses sujettes se promenaient, le soir, le long des ruisseaux, d'une façon provocante, ou s'embusquaient sous les porches afin de prendre le passant

Je m'élançais d'un bond jusqu'à la fenêtre ! Page 91.

à la glu perfide de leurs charmes? Une ordonnance a forcé toutes ces pécheresses à quitter Paris...

— Moyen très-sûr de moraliser la province! fit Saint-Étienne.

— J'en conviens; mais l'édit royal eut un autre inconvénient très-grave. Beaucoup de gens s'élevèrent contre la prescription, et, comme il ne leur plaisait pas de changer du jour au lendemain leurs habitudes après le départ des exilées, il en résulta que ces pauvres bourgeoises, qui n'ont pas comme les nobles dames la sauvegarde du carrosse, n'osèrent plus sortir. Alors Montbrun imagina la chaise pour les empêcher de se condamner à une prison perpétuelle.

— Très-joli! s'écria Retz.

— Louis XIII autorisa par brevet l'inventeur, ce qui fait que nous voyons aujourd'hui les rues sillonnées d'un bout à l'autre par ces machines ambulantes, scrupuleusement fermées avec des stores, et où de mauvaises langues prétendent qu'il se passe certaines choses que la délicatesse royale n'avait pas prévues [1].

— Sans doute. Voilà pourquoi l'invention a réussi, parbleu! dit Saint-Étienne.

— Ah! que le roi s'entend bien à la morale! ajouta Gondi.

— Montbrun vous a donc rendu service, messieurs. Pardonnez-lui ses autres crimes en faveur de celui-là.

— Soit, à tout péché miséricorde!

— Que ses chaises passent à nos descendants...

— Et à nos descendantes!

— Que son nom soit béni...

— Et que les cartes lui soient propices!

Ils riaient comme des fous.

Ce dévergondage d'idées me surprenait sans me paraître déplaisant. Ma nature légère se révélait et ne me permettait pas d'apprécier toute l'inconvenance dont je me rendais coupable en écoutant de pareils propos. C'était encourager ces messieurs et leur donner le droit de passer de la hardiesse des discours à celle des actions, ce qui ne tarda pas à avoir lieu.

— Mais que faisons-nous là? dit Gondi. Pourquoi ne pas conduire mademoiselle à l'hôtel de Bourgogne? Voici l'heure du spectacle, et ce serait pour elle une distraction plus agréable que de nous entendre débiter des sornettes en plein vent.

---

[1] Il y avait des chaises appelées *tête-à-tête*, à quatre porteurs, et qui contenaient deux personnes. (NOTE DE L'ÉDITEUR).

— Répondez, ma chère : la proposition vous convient-elle? me demanda mon guide.

— Je ne serais pas éloignée d'accepter, je vous l'avoue, répondis-je. Par malheur, il se fait tard.

— Bah! vous direz qu'après le sermon vous êtes restée aux vêpres des chanoines.

— Et qu'après vêpres il y a eu salut! s'écrièrent à la fois les deux abbés.

Il s'agissait de voir jouer la comédie au premier théâtre d'alors. La tentation devenait forte. J'hésitai un instant, puis je finis par répondre :

— Vous me suggérez, messieurs, une excuse assez bonne. J'accepte.

— Bravo! Partons! firent-ils en chœur.

VI

La voiture de Saint-Étienne était derrière nous; elle nous avait suivis pas à pas tout le long de la route. Le maître de l'équipage m'offrit la main pour franchir le marchepied. Gondi prit sans façon place à côté de moi; les deux autres s'assirent en face, et le carrosse partit au galop du côté de Saint-Eustache, d'où il gagna la rue Mauconseil.

— Nous arrivons ! me dit mon voisin.

J'aperçus devant nous un assez vaste édifice dans le goût de la Renaissance, mais qui perdait beaucoup de sa grâce, resserré qu'il était au milieu d'une masse confuse de maisons noires et infectes, habitées par des marchands de cuir ou des tanneurs.

Scarron s'élança le premier hors du carrosse. Il m'aida galamment à en descendre.

— Retz et Saint-Étienne, dit-il, sont deux ignorants : leurs connaissances historiques, je le gage, n'iront pas jusqu'à vous expliquer l'origine de cet hôtel.

— Non, pardieu ! fit Gondi ; je me récuse.

— Et moi, dit Saint-Étienne, je jette ma langue aux chiens.

— Voyez-vous ? j'en étais sûr. Apprenez donc, mademoiselle, qu'ici même, à cette place, s'élevait l'ancienne habitation de Jean Sans-Peur, forteresse menaçante, où il méditait et accomplissait ses crimes. Pour cet usage il avait fait construire une tour et une chambre sans fenêtres, où nul autre que lui ne pénétrait et dont il gardait la clef sur sa personne. Ce noir séjour, témoin de tant de scélératesses, fut démoli en partie par François Ier. Sur les ruines on éleva une espèce de théâtre où l'on représentait la *Passion* et les *Mystères*. La basoche s'y établit ensuite. A quelque temps de là, l'hôtel s'agrandit encore, et il est devenu ce que vous le voyez maintenant.

— Peste ! quelle effrayante érudition !

— Combien prends-tu pour enseigner ta science ?

— Je la donne pour rien, dit Scarron.

— C'est juste ce que ça vaut ! s'écria Retz.

Nous entrâmes à l'hôtel par une porte en imitation de rocaille, dont l'ogive était surmontée d'une Renommée gigantesque, tenant d'une main sa trompette et de l'autre des couronnes.

Il y avait foule sous la voûte.

Nous fûmes assaillis d'abord par une nuée de pauvres et de pauvresses, qui s'accrochaient à nos vêtements et nous harcelaient de mille façons en murmurant des patenôtres.

Quand on ne leur donnait rien, ils interrompaient leurs oraisons et juraient comme des damnés.

Les personnes qui entraient faisaient volontiers l'aumône, mais non celles qui sortaient.

J'en témoignai ma surprise.

— Il n'y a rien là d'étonnant, dit Gondi : on entre ici la poche pleine et on en sort la poche vide.

Je ne comprenais pas ; mais bientôt l'énigme me fut expliquée.

Ces messieurs venaient de m'introduire dans une salle immense, où plus de deux cents individus de tout sexe et de toute condition se trouvaient réunis pêle-mêle.

Au premier coup d'œil, il était facile de reconnaître qu'on entrait dans un véritable foyer de débauche. Çà et là, sans ordre, dans tous les coins de la salle, et sur la simple demande des habitués, on dressait des tables à deux compartiments. Sur le premier les domestiques de l'endroit plaçaient des coupes et des bouteilles; sur le second ils étalaient un tapis vert, de façon qu'on pouvait tout à la fois jouer et boire.

Aussi ne s'en privait-on pas.

Les flacons se succédaient; les cartes, les tarots, les dés, allaient leur train.

Des femmes à la mine suspecte et aux allures plus que douteuses agaçaient les joueurs. On entendait des murmures étranges, des risées scandaleuses, des propos qui faisaient monter la rougeur au front.

Je laissai échapper un geste de dégoût et je voulus sortir, d'autant plus que messieurs les abbés, probablement pour se mettre à l'unisson des gens qui se trouvaient là, commençaient à me tenir des discours fort entachés d'impertinence.

— Là! là! ma chère, me dit Saint-Étienne, vous avez l'esprit trop bien fait pour ne pas comprendre qu'on hurle avec les loups. Du reste, ainsi que vous le disiez vous-même, ne peut-on pas, à l'abri d'un masque, tout écouter et tout voir?

Il m'entraîna presque de force jusqu'au fond de la salle, où il me montra une large estrade, sur les premiers gradins de laquelle tombait un grand rideau rouge.

C'était le théâtre.

On m'affirma que la représentation allait commencer.

La curiosité me fit prendre patience. Je m'assis avec mes compagnons à une table, où je les entendis bientôt chuchoter entre eux de manière à exciter chez moi de vives inquiétudes.

J'ai l'oreille fine.

Tout en feignant d'être distraite et de m'occuper de ce qui se passait dans la salle, je devins au contraire très-attentive.

— Ainsi tu prétends qu'elle est sage? murmurait Scarron.

— J'en suis certain, répondit Saint-Étienne : elle ne m'a pas accordé la plus simple faveur.

— Pas même un baiser?

— Non, je le jure.

— Imbécile! dit Gondi, c'est qu'elle garde ses bonnes grâces pour d'autres.

— Tu crois?

— Parbleu! elle te prend pour un niais.

— Ah! si j'en étais sûr!

— Je te le certifie.

— En tout cas, ajouta Scarron, tu n'es pas assez maladroit, j'imagine, pour t'amuser à filer le parfait amour pendant un siècle?

— Vous n'avez pas tort. Il faut en finir.

— Je t'y engage, dit Retz. Le lieu est propice, et tu sais que là-haut...

— Chut!... nous verrons. Taisez-vous, et ne lui donnez pas l'éveil.

Je sentais mon cœur battre avec violence, moitié d'indignation, moitié de crainte.

Quel pouvait être leur dessein? de quel péril étais-je menacée? Je comprenais alors mon étourderie, et je remerciais Dieu, qui venait de permettre que je les entendisse. A partir de ce moment, je fus sur mes gardes.

Ils commandèrent une collation et firent apporter du vin d'Espagne. Saint-Étienne remplit mon verre jusqu'au bord ; il m'exhorta à le vider, mais je ne fis qu'y tremper les lèvres.

Au bout de quelques minutes, le son d'une clochette retentit derrière l'estrade.

Vingt domestiques se mirent alors à parcourir la salle en criant : Silence !

Le jeu cessa, les tarots et les dés disparurent.

On jeta les querelleurs à la porte et ceux qui se plaignaient d'avoir été volés; puis, l'ordre rétabli ou à peu près, la clochette se fit entendre une seconde fois, et le rideau s'écarta pour nous montrer la scène et les acteurs.

Je n'avais assisté de ma vie à aucune représentation théâtrale. La nouveauté du coup d'œil me fit un peu oublier mes inquiétudes.

Gauthier Garguille, Gros Guillaume et Turlupin luttaient de verve et de saillies ; mais leur verve me parut de mauvais aloi, leurs saillies étaient d'une abominable indécence.

La pièce qu'on représenta la première avait pour titre le *Mariage impromptu*, et je me scandalisai de voir sur la scène un autel chargé de croix et d'ornements ecclésiastiques. On mêlait à ces farces malhonnêtes des prêtres en étole et en surplis; on y citait des textes de l'Évangile pour les tourner en dérision et leur prêter un sens impudique.

Après la scène religieuse, ou plutôt irréligieuse, les acteurs représentèrent une scène païenne.

On donna *Jupiter et Amphitryon*, autre sotie pleine de quolibets malsonnants et stupides.

Jupiter descendit à la fin sur un nuage et se glissa dans la chambre d'Alcmène, au milieu des applaudissements et des éclats de rire des spectateurs : en suite de quoi le rideau se referma.

Je croyais la pièce terminée, quand tout à coup la toile, s'écartant de nouveau, donna passage à l'acteur Jodelet, qui venait de jouer le rôle d'Amphytrion.

Il s'avança d'un air furieux, et vint dire au public :

— Riez! riez!... cela vous sied bien, sur ma parole! Ne dirait-on pas que semblable mésaventure n'arrive jamais à aucun de vous! Si toutes les fois qu'on s'occupe de faire un *sot* à Paris on se livrait à autant de vacarme, du premier de l'an au jour de la Saint-Sylvestre on n'entendrait pas Dieu tonner!

Le rideau se referma définitivement sur cette agréable plaisanterie.

Pendant le spectacle, mes compagnons avaient continué de boire du vin d'Espagne et de se parler à voix basse.

Je regardai Saint-Étienne; il avait le visage animé, l'œil étincelant. On devinait qu'au milieu de leurs fréquentes rasades les deux scélérats d'abbés lui avaient donné d'odieux conseils.

Il essaya de m'attirer à lui et de m'embrasser.

Me dégageant aussitôt de ses bras, je me levai, rouge de dépit, et je lui reprochai en termes fort durs l'inconvenance de sa conduite. Par malheur, dans ce brusque mouvement pour quitter la table, mon loup se détacha.

Ce furent alors des acclamations à n'en plus finir.

Les abbés battaient des mains, et attiraient sur moi tous les regards.

— Elle est délicieuse!

— Les beaux yeux!

— Quelle bouche pleine de charme et de volupté!

— Mais voyez donc ces éclatantes couleurs!

— Les roses n'en ont pas d'aussi fraîches!

— Elle l'emporte sur les trois Grâces réunies...

— Vénus en serait jalouse!

Son premier soin fut de mettre l'épée à la main. (Page 91.)

Je replaçai vivement mon masque, et dis à Saint-Étienne :

— Vous me laissez insulter, monsieur! je vous croyais pourtant un homme d'honneur. Reconduisez-moi sur-le-champ, je le veux... je vous en supplie!

Des larmes de colère inondaient mon visage.

Il parut touché de mes reproches, et m'offrit la main. Je quittai Gondi et Scarron sans leur dire adieu.

— Courage ! crièrent-ils.

— Songe qu'il y va de ta renommée !

— Oui, morbleu ! si tu manques une aussi admirable occasion, tu ne la retrouveras plus !

Saint-Étienne m'entraîna sans leur répondre.

Je m'aperçus bientôt qu'au lieu de me conduire hors de l'hôtel il me perdait dans une foule de corridors sombres.

Quittant aussitôt son bras, j'essayai de prendre la fuite.

Mais il me retint malgré mes cris de détresse, me fit monter rapidement une rampe tortueuse et me poussa de force dans une chambre, dont il ferma la porte au verrou.

Peu s'en fallut que je ne m'évanouisse d'épouvante.

L'imminence du péril se révélait à moi tout entière. Ce fut précisément ce qui me sauva. Je sentis la nécessité de reprendre du calme. Marchant droit à Saint-Étienne et le regardant bien en face, je lui dis :

— Monsieur, vous vous conduisez comme un malhonnête homme et comme un lâche !

— Oh ! oh ! des injures ? balbutia-t-il en s'approchant pour me prendre la taille.

Je me jetai en arrière par un mouvement rapide.

— Laissez-moi, criai-je, et ouvrez cette porte. Je vous l'ordonne !

— Vous me l'ordonnez, chère belle, c'est possible; mais je refuse d'obéir. Tout à l'heure, convenez-en, vous n'avez pas été sans vous apercevoir que mes amis me prennent pour un novice... Corbleu ! c'est une renommée fort déplaisante, savez-vous? Je ne la mériterai pas plus longtemps, non, sur mon âme !

— Ainsi vous me ferez violence ?

— Oui, certes, mon amour ! si vous m'y contraignez toutefois, ce dont je doute fort; car vous êtes trop spirituelle pour ne pas comprendre la situation, et trop sage pour faire un scandale, qui dans tous les cas rejaillirait sur vous.

— Trêve de raisonnements et de discours ! Une dernière fois, ouvrez cette porte ! lui dis-je avec un accent de résolution qui parut l'intimider.

— Non, mille fois non! s'écria-t-il. J'ai juré de remporter la victoire, et, par l'enfer, il ne sera pas dit qu'une petite fille aura couru Paris avec moi d'un bout à l'autre, sans payer, comme cela se doit, ma complaisance! Retz et Scarron n'en finiraient plus avec leurs gorges chaudes; je serais perdu d'honneur auprès du beau sexe. Allons, ma mie, soyez raisonnable, et plus de querelle!

Il voulut de nouveau me saisir.

Je m'élançai d'un bond jusqu'à la fenêtre, dont je brisai les vitres de ma main fermée.

La chambre où nous étions donnait sur la rue.

Un homme passait. Je criai au secours de toutes mes forces, et je vis cet homme entrer vivement à l'hôtel.

En moins d'une minute, il fut à notre porte, contre laquelle il se mit à heurter avec violence.

— De grâce, calmez-vous! à quoi bon tout cet esclandre? me disait Saint-Étienne, déconcerté de mon action. Je plaisantais, vous ne courez avec moi aucun risque. Mon Dieu, ne peut-on rire un instant? Quelle folie d'appeler des témoins à cette scène!

Mais je ne l'écoutais pas.

L'indignation me prêta une force surnaturelle.

Voyant qu'il se plaçait devant moi pour m'empêcher d'ouvrir à celui qui venait prendre ma défense, je le poussai si violemment, qu'il pirouetta cinq ou six fois sur lui-même et alla tomber à l'autre extrémité de la chambre.

Je courus aussitôt vers la porte et je tirai le verrou.

Un seigneur très-élégant se présenta.

Son premier soin fut de mettre l'épée à la main.

— Mademoiselle, dit-il, vous m'avez appelé à votre aide. Veuillez accepter mon bras. Si la personne qui vous outrage exige une satisfaction, qu'elle vienne à l'hôtel de Nevers demander le chevalier de Baray, enseigne au régiment de Picardie, je serai prêt à lui répondre.

Cela dit, il m'emmena, sans que Saint-Étienne, encore abasourdi de sa chute et probablement honteux de son indigne tentative, eût trouvé un mot à répliquer.

Une fois hors de l'hôtel de Bourgogne, je regardai timidement mon libérateur, et je lui dis :

— Ah ! monsieur, vous devez avoir une triste opinion de moi !

— Pourquoi donc, mademoiselle ? Tous les jours la plus honnête des femmes peut être attirée dans un guet-apens, et je suis ravi que le hasard m'ait envoyé là si à propos.

— Le hasard... dites la Providence !

— Ou mon heureuse étoile, interrompit le chevalier, car avoir pu vous rendre service est un véritable bonheur.

C'était un homme charmant et d'une distinction véritable.

La grâce de ses manières, la politesse de ses discours, me prévinrent pour lui tout d'abord.

Il fit avancer une voiture, et nous allâmes reprendre Madeleine au Luxembourg.

Arrivée là, je remerciai M. le chevalier de Baray, qui me supplia d'ôter mon masque, afin qu'il pût du moins conserver mes traits dans son souvenir.

Il était difficile de lui refuser cette faveur.

— Ne vous reverrai-je plus ? me demanda-t-il d'une voix douce et timide.

— Monsieur, lui répondis-je, tous les jours, à neuf heures, je traverse le parvis Notre-Dame ; vous êtes libre, si bon vous semble, de vous trouver sur mon chemin.

Ses yeux brillèrent de reconnaissance.

Il porta respectueusement ma main à ses lèvres et me quitta.

Je rentrai au logis, en proie à mille émotions diverses.

Autant la conduite de Saint-Étienne me semblait odieuse, autant celle du chevalier me parut noble et digne de louanges. La leçon que je venais de recevoir était terrible ; je jurai de ne plus m'exposer à de semblables périls et de renoncer à mes courses vagabondes.

Cette dernière partie du serment était de trop.

Mon absence de ce jour avait été si longue, que madame de Lenclos conçut des soupçons.

Elle questionna Madeleine, qui perdit la tête et se coupa dans ses réponses.

On m'interdit les messes à la cathédrale jusqu'à nouvel ordre, et il me fut enjoint de ne sortir sous aucun prétexte.

Mais, clouée sur son fauteuil, ma mère ne pouvait elle-même surveiller mes démarches. Le lendemain, je descendis à la sourdine pour ne pas laisser ce pauvre chevalier se morfondre trop longtemps au parvis.

Je le trouvai le bras en écharpe.

Il s'était battu, le matin même, contre Saint-Étienne, et avait reçu un coup d'épée.

Ce généreux dévouement m'arracha des larmes.

— Voyez, monsieur, lui dis-je, voyez comme je suis coupable! Ma folle conduite pouvait coûter la vie à un homme d'honneur.

— Oh! mademoiselle, ne vous faites pas de reproches! Mon sang vous appartient; je suis prêt à vous le donner, s'il le faut, jusqu'à la dernière goutte.

J'étais profondément émue, et je sentis qu'à partir de ce jour le souvenir de Marsillac ne serait plus pour moi qu'une faible égide.

Il fallut bien instruire le chevalier des soupçons de ma mère, car nos entrevues ne pouvaient se prolonger.

Lui montrant, à quelque distance, le porche de notre maison, je lui promis de descendre chaque jour à la même heure et de lui consacrer le plus de temps possible.

Je tins parole; mais c'était une grande imprudence.

Nous ne pouvions jamais être tranquilles, tous les voisins nous espionnaient. Je mourais de peur qu'on ne vînt faire des rapports à madame de Lenclos. Aujourd'hui, c'était une chose qui nous dérangeait; demain, c'était une autre.

Ainsi je me rappelle qu'un vieux mendiant s'obstina, un matin, à rester près de nous, bourdonnant à nos oreilles, et ne s'inquiétant en aucune façon de nos gestes d'impatience. Il récita d'une voix monotone plus de vingt *Pater* et autant d'*Ave*, ce qui formait une harmonie peu en rapport avec nos propos d'amour.

Le chevalier avait oublié sa bourse et se désespérait.

Je n'avais pas un sou moi-même.

Enfin, impatientée, je pris mon mouchoir de dentelles, et je le donnai au vieux pauvre en lui disant :

— Tiens, prends ceci... mais, pour Dieu, laisse-nous en paix !

Le mendiant s'en allait, très-heureux du cadeau, quand le chevalier, surpris d'abord de cette nouvelle manière de faire l'aumône, le rappela vivement, et lui dit :

— Attends-moi, brave homme... je te promets deux pièces d'or pour ce que tu as là.

L'heure de nous séparer était venue.

M. de Baray se fit suivre par le vieillard jusqu'à son logement et racheta le mouchoir, qu'il plaça dès lors constamment sur son cœur.

Hélas ! ce n'était pas lui qui devait me le rendre un jour !

Quelque temps après cette aventure, il m'arriva tout chagrin.

— Ninon, me dit-il, ma chère Ninon, notre compagnie va partir pour la Rochelle. Une balle de huguenot peut m'atteindre. Qui sait si nous devons nous revoir ?

— Oh ! mon ami, chassez ce lugubre pressentiment !

— Enfin, Ninon, vous savez que mon cœur est à vous sans réserve. Me laisserez-vous quitter Paris sans m'accorder une de ces preuves d'amour qui aident à supporter les tourments de l'absence ?

Il était pressant ; je voyais des larmes poindre dans ses yeux.

Je promis de faire en sorte de lui donner deux heures dans la matinée du lendemain et de nous rencontrer à un endroit plus commode, dussé-je ensuite porter la peine de cette désobéissance aux ordres que j'avais reçus.

Mais je ne m'attendais pas au cruel événement que me réservait le sort.

Madame de Lenclos, depuis si longtemps souffrante, eut, le soir même, une attaque très-sérieuse.

On courut chercher mon père au château de la Bastille, dont sa compagnie gardait les tours.

A son arrivée, la malade était au plus mal.

Impossible d'aller au rendez-vous du chevalier; je n'y songeai même pas, et le malheureux jeune homme partit pour la Rochelle.

Me voyant à genoux sangloter auprès de son lit de douleur, ma mère appuya sur ma tête ses deux mains tremblantes et me donna sa bénédiction suprême.

— Adieu, me dit-elle, adieu, ma pauvre enfant! Je vais quitter ce monde; le Seigneur me rappelle à lui. Tu ne m'auras plus près de toi pour te mettre en garde contre les périls auxquels se trouve exposée ta vertu. Puisse le mauvais ange ne pas égarer ton cœur! La sagesse seule nous rend heureux; il n'y a d'autres biens ici-bas que le contentement de soi-même et le repos de la conscience. N'abandonne jamais Dieu, ma fille, et Dieu ne t'abandonnera pas!

Elle retomba sur son lit, pâle et sans souffle. Avec ces derniers mots venait de s'envoler son âme. Ma sainte et digne mère n'était plus.

VII

Ce fut un jour lugubre et de profond désespoir.

M. de Lenclos mêla ses larmes aux miennes. Je me reprochais amèrement les chagrins que j'avais causés à ma mère. En songeant aux rares témoignages d'affection qu'elle avait reçus de moi, je me trouvais odieuse et coupable. Hélas! ni mes cris déchirants ni mes sanglots ne purent rappeler à la vie ce corps inanimé, que j'étreignais et que je baignais de mes pleurs!

Le lendemain, je vis la tombe se refermer sur celle qui m'avait donné le jour.

Ma douleur était inconsolable; je déclarai à M. de Lenclos que je voulais me retirer dans un monastère.

Il ne jugea pas le moment propice pour combattre cette résolution. J'allai m'enfermer à l'abbaye des Ursulines, en haut du faubourg Saint-Jacques.

Peu à peu néanmoins mon chagrin eut le sort de tous les chagrins de la terre: il s'affaiblit avec le temps et finit par disparaître. Alors, comme on peut le croire, ma cellule me parut mortellement ennuyeuse; je regrettai de m'être faite si à la hâte pensionnaire aux Ursulines.

M. de Lenclos avait prévu ce revirement.

Un matin, je le vis entrer chez moi. Il ne restait sur son visage aucune trace de tristesse.

— Chère enfant, me dit-il, c'est fort bien de pleurer les morts: toutefois les larmes ne peuvent être éternelles. Tu es jeune, tu es jolie; ton existence doit être vouée à la joie, et non au chagrin. Gardons précieusement le souvenir de celle qui n'est plus. Si nos regrets avaient le pouvoir de l'arracher à la tombe, passe encore; ils sont impuissants, consolons-nous.

J'étais disposée à lui donner raison.

— Silence, donc, monsieur ! (*Page* 103.)

Aussi reconnut-il que de plus longs discours étaient superflus pour me décider à quitter ma retraite.

Il alla droit au fait.

— Ninon, reprit-il, la société te réclame, et je suis émerveillé de te voir déjà célèbre. Dans ce Paris, une jolie fille est un diamant dont l'éclat ne peut rester dans l'ombre. Croirais-tu que je viens de lire des rimes où l'on s'occupe de toi?

— Vraiment, mon père?

— Tiens, regarde plutôt! l'œuvre est du poëte Scarron.

Je tressaillis en entendant nommer l'un des vauriens qui, peu de mois auparavant, donnaient à Saint-Étienne des conseils d'une perversité si remarquable.

M. de Lenclos ne prit pas garde à mon trouble.

Il tira de sa poche une brochure, l'ouvrit, et me désigna le passage suivant :

> . . . .
> Parlons un peu du bel et saint exemple
> Que la Ninon donne à tous les mondains.
> Combien de pleurs la pauvre jouvencelle
> A répandus quand sa mère sans elle,
> Cierges brûlant et portant écussons,
> Prêtres chantant leurs lugubres chansons,
> Voulut aller, de linge enveloppée,
> Servir aux vers d'une franche lippée!...
> . . . .

Je fermai la brochure, et je la jetai loin de moi avec dégoût.

— Ces gens-là, dis-je, ne respectent même pas la douleur!

— Que veux-tu, ma fille? Ainsi fait le monde. Il oublie ceux qui s'en vont, et n'aime pas qu'on abandonne les vivants pour s'occuper des morts. En somme, chacun de nous aura son tour. Usons des rapides instants de la vie, et prenons ici-bas la plus grande dose possible de jouissance. Tu sais que tu as le droit de disposer de la fortune de ta mère?

— Je vous en conjure, ne parlons pas de cela, monsieur...

— Au contraire, parlons-en. Tu auras une aisance honorable et tu seras au-dessus du besoin. Être belle, ne pas manquer de naissance et posséder quelque fortune, y a-t-il rien à désirer de mieux? Viens, nous allons chez le notaire arranger tout cela. J'entends que tu jouisses, dès aujourd'hui, de la plus complète liberté.

Mon père avait le talent de me convaincre.

Son langage, il faut l'avouer, était irrésistible; et puis ce mot de liberté produisait sur moi un effet magique.

Nous payâmes les Ursulines, et je dis adieu au couvent.

Une voiture nous attendait à la porte. Moins d'une demi-heure après, nous entrions chez le notaire.

C'était un vieux bonhomme, très-probe et très-consciencieux, qui prenait à cœur les intérêts de ses clients, et surtout ceux de notre famille, dont il était l'ami.

— Raisonnons un peu, ma poulette, me dit-il. Vous avez deux mille écus de rente; c'est un joli denier! mais vous êtes jeune, vous aimez la parure; les robes de velours et de satin coûtent les yeux de la tête. Six mille livres ne vont pas loin. Si vous voulez m'en croire, vous placerez votre capital en viager, de sorte que vous serez presque riche. Une occasion favorable se présente. Nous signerons le marché ce soir, si bon vous semble.

J'y consentis; l'affaire était excellente.

Un traitant prit mes fonds, et mon revenu fut presque doublé.

Dès ce moment, je retrouvai mon humeur joyeuse avec ma légèreté de caractère et mes goûts de dissipation.

M. de Lenclos et moi nous courûmes le quartier le plus à la mode pour louer un logement convenable.

Après avoir visité quinze ou vingt rues d'un bout à l'autre, je me décidai enfin pour une charmante petite maison située rue des Tournelles, près de la place Royale. Je m'y installai en moins d'une semaine, et j'eus bientôt une cour très-pétulante et très-assidue

Mon père me présenta les plus jeunes officiers de son régiment.

Ceux-ci m'en amenèrent d'autres, et mon salon se remplit d'adorateurs. C'étaient des soupirs incessants, une déclaration continue, un concert d'éloges à n'en plus finir sur ma beauté.

Bon nombre de ces messieurs me firent l'honneur de me demander en mariage; mais je refusai net.

J'avais pris à cet égard une résolution inébranlable, et le système de M. de Lenclos prévalait définitivement. On sait, en outre, que mon cœur n'était plus libre. Mes tendres aspirations se partageaient entre Marsillac et le chevalier de Baray.

Parfois je me demandais auquel des deux j'accorderais la préférence, et je sentais au fond de moi-même que ce serait à celui qui me reviendrait le premier.

Comme il était difficile d'accepter les soins de mes prétendants sans leur donner de l'espoir, et que, du reste, la vie de recluse n'avait aucun attrait pour moi, je repris mes anciennes habitudes de Touraine, et je commandai au tailleur le plus en renom de la galerie du Palais un très-élégant costume d'homme, sous lequel je visitai toutes les promenades.

Quand M. de Lenclos, retenu par son service à la Bastille, ne pouvait m'accompagner, je ne me privais pas pour cela de mes courses favorites.

Seulement alors je me faisais suivre d'un valet à distance.

Il me semblait beaucoup plus convenable d'agir ainsi que d'accepter le bras de MM. les officiers, fort entreprenants de leur nature, et qui m'auraient jetée peut-être dans quelque embûche aussi perfide que celle dont je m'étais sauvée à l'hôtel de Bourgogne.

Naturellement généreuse, j'eusse consenti peut-être à donner; mais je ne voulais pas laisser prendre.

C'est pourquoi je fis venir un maître d'armes, afin de perfectionner mes premières études dans l'art de tuer régulièrement les hommes, bien résolue à châtier ceux qui, devinant mon sexe, me manqueraient de respect sous le costume que j'avais choisi.

Tous les soirs, j'allais au Cours le-Prince ou à la place Royale.

J'acquérais plus d'audace à chaque promenade, et, voyant quelques jolies personnes me lancer en-dessous des œillades significatives, j'osai, Dieu me pardonne, diriger contre elles des attaques, presque aussitôt suivies de la victoire. J'allumais des incendies que je ne pouvais éteindre, et cela m'inspirait des gaietés folles.

Il me prit ensuite envie de voir la cour.

M. de Lenclos y avait d'assez belles connaissances.

Nous allâmes nous pavaner dans les antichambres du Louvre; mais l'aspect des courtisans ne me prévint pas en leur faveur. Ils me semblèrent niais et ridicules sous leurs broderies et leurs dorures. Faux, dissimulés, menteurs, ils exagéraient tous les sentiments. Je crus assister à une véritable école d'hypocrisie.

Sortis des salons du roi, ils allaient faire le tapage dans les tavernes, les brelans et les lieux de débauche.

Ils n'ouvraient la bouche que pour blasphémer, pour vanter leur naissance, leurs prétendus exploits, ou se faire gloire des actions basses et criminelles qu'ils avaient commises.

Ainsi rien n'était alors plus commun que de voir des gentilshommes se jeter dans les foules, afin d'y couper des bourses et d'y voler des manteaux. Ceux qui le faisaient par amusement s'en prévalaient comme d'un acte méritoire, et ceux qui le faisaient par besoin ne s'en cachaient pas.

Payer ses dettes, à leur sens, était un déshonneur.

Véritables piliers de tripots, ils ne cherchaient qu'à susciter des querelles et faisaient ouvertement profession d'assassiner pour leur propre compte ou pour celui des autres. Un clin d'œil, un salut douteux, une froideur, un manteau qui touchait leur manteau, suffisaient pour qu'ils vous appelassent au combat.

Le duel était passé dans les mœurs.

M. de Lenclos lui-même se battait presque tous les jours, et j'avais fini par lui entendre parler de ses rencontres sans trop de frayeur. Je prenais tous les matins ma leçon d'escrime, et je devenais d'une force assez remarquable.

J'eus la fantaisie d'assister à un combat sérieux.

Un jour, avant le lever du soleil, mon père entra dans ma chambre, me fit habiller lestement et me conduisit derrière l'Arsenal.

Quelle fut ma surprise de rencontrer là Gondi et Scarron, ces scélérats d'abbés dont la connaissance m'avait laissé de si désagréables souvenirs!

Il y avait sur le terrain deux hommes avec eux.

C'était Retz qui allait se battre; son ami lui servait de second.

Ma vue les déconcerta d'abord. Ils s'approchèrent avec une mine ébahie et des gestes irrésolus, qui m'eussent amusée en toute autre circonstance. Je portais le pourpoint et l'épée avec beaucoup de noblesse; ils se trompaient à mon déguisement.

— Pardieu! capitaine, dit Gondi à mon père, je savais que vous aviez une fille charmante; mais je ne vous connaissais pas un fils aussi accompli.

— Effectivement, voilà qui est bizarre! murmurait de son côté Scarron : je n'ai jamais vu de ressemblance plus parfaite, et ce jeune homme est tout le portrait de sa sœur.

— Où avez-vous connu ma fille, messieurs? demanda le capitaine étonné.

— Chut! murmurai-je à l'oreille de Scarron; ne me trahissez pas!

Je perdais complétement la tête, ce qui doit sembler fort ridicule, car enfin j'étais sortie à mon honneur du guet-apens de l'hôtel de Bourgogne, et l'odieux de l'aventure retombait sur ces messieurs. D'ailleurs, mon père n'était pas homme à déployer en ces sortes de choses une sévérité fort grande.

Scarron bondit de surprise. Il se retourna vers Retz et lui dit :

— Corbleu! c'est elle, c'est elle-même!

Le vilain petit abbé accourut vers moi.

— Ah! s'écria-t-il, le bon tour que vous avez joué à Saint-Étienne!

— Silence, donc, monsieur! n'allez-vous pas raconter cette absurde histoire?

— C'est juste!... Diable!... N'importe, si c'eût été moi...

— De grâce, interrompis-je, arrêtez-vous à des idées plus sérieuses, car vous avez un duel, et peut-être...

— L'épée de mon adversaire va m'embrocher net? C'est là, si je ne me trompe, ce que vous voulez dire. Alors que Satan daigne avoir mon âme! Je sais à quoi je m'expose. Mais, si je ne suis pas tué, ma belle, gare à vous!

— Oui, certes, dit Scarron; nous nous sommes faits grands amis de votre père, afin de vous attaquer plus sûrement et de pénétrer dans la place tout à notre aise.

— Je vous sais gré, messieurs, de m'instruire de vos manœuvres, il me sera plus facile de les déjouer.

— C'est ce qu'il faudra voir... En garde! cria Gondi. J'imagine qu'après cette affaire je serai libre enfin de jeter le froc au nez de mon oncle l'archevêque.

M. de Lenclos, pendant ces discours, avait pris les dispositions voulues pour le combat.

Tous les préparatifs étaient terminés.

On croisa le fer.

L'abbé se battait contre un gros baron prussien, du nom de Weimar, insulté par lui la veille, au jeu, et qu'il avait voulu contraindre à lui adresser des excuses.

Je m'approchai, curieuse de connaître au juste la force des estimables amis de Saint-Étienne.

Sur l'honneur, j'étais décidée à tirer l'épée contre eux à la première inconvenance dont ils se rendraient coupables.

A peine eut-on fait quelques passes qu'un homme tomba. C'était le second de l'Allemand. Scarron lui avait donné de l'épée en pleine poitrine.

La vue du sang me fit jeter un cri; je fus sur le point de m'évanouir.

M. de Lenclos accourut et me soutint.

— Ferme, donc!... ou, mordieu, tu vas trahir ton sexe! murmura-t-il à voix basse.

Je n'avais plus d'inquiétude à cet égard, puisque les abbés venaient de me reconnaître; mais je tenais essentiellement à ne pas manquer devant eux de courage, et je fis sur moi-même un effort inouï pour continuer de regarder le combat.

Moins d'une minute après, l'abbé de Retz était vainqueur à son tour.

Décidément, j'avais encore besoin de quelques leçons d'escrime pour lutter à force égale contre ces chenapans. Je résolus de ne pas renvoyer de sitôt mon maître d'armes.

On emporta les blessés sur une litière jusqu'aux plus prochaines maisons du faubourg Saint-Antoine, et M. de Lenclos invita les deux abbés à déjeuner avec nous.

Cela ne me fit pas un plaisir extrême, d'autant plus que leurs plaisanteries et les demi-mots qu'ils me glissaient à l'oreille attiraient l'attention de mon père, auquel je me décidai à dire une partie de la vérité.

Il écouta mon histoire d'un air fort calme, et me recommanda de ménager Retz, dont la famille était puissante.

Une fois à la maison, je repris mes habits de femme pour faire les honneurs à nos convives.

Obligés de s'astreindre aux bienséances, Gondi et Scarron furent l'un et l'autre très-spirituels, de façon que je me réconciliai presque avec eux.

Après le déjeuner, nous allâmes faire un tour dans mon jardin.

M. de Lenclos avait pris le bras de Gondi; j'étais par derrière, à quelque distance, avec Scarron.

— Vous ne savez pas, chère belle, me dit-il en riant, ce que Retz et moi nous venons de résoudre?

— Non, monsieur, parlez.

— C'est une gageure très-sérieuse, je vous en préviens.

— Une gageure, et à quel propos?

Il me parut embarrassé dans ses visites. (*Page* 110.

— A propos de vos bonnes grâces.
— Vraiment !
— Celui qui les obtiendra le premier gagnera le pari.
— Bon ! vous ne les obtiendrez ni l'un ni l'autre.
— Ah ! permettez...
— C'est comme je vous l'affirme. Ainsi, messieurs, retournez à votre théologie.

— Non! non! cria-t-il, je gagnerai malgré vos dents.

— Vous gagnerez?

— Oui, dussé-je bouleverser le monde.

— Eh bien, lui dis-je, piquée de son audace, je vous mets au défi de réussir!

— Alors, vous me permettez les attaques?

— Je vous les permets.

— Vous ne me défendez pas votre porte?

— Je ne vous la défends pas.

— Fort bien, vous êtes prise!

Il devenait amusant.

Mais l'occasion de me livrer bataille ne se présenta pas alors, et mon cœur eut bientôt à s'occuper de choses assez graves pour me faire oublier le pari de ces deux fous.

Un côté de mon jardin n'était fermé que d'une haie vive.

J'avais causé plusieurs fois, par-dessus cette clôture, avec une dame qui habitait un riche hôtel voisin de ma maison.

C'était une personne fort aimable, mariée depuis trois ou quatre ans à Henri de Senneterre, duc de la Ferté, le même qui par la suite devait acquérir dans les armes une réputation si grande. Comme tous les militaires de l'époque, il se battait sous les murs de la Rochelle, ce boulevard du calvinisme dont on se préparait alors à former le siége. On disait même que le cardinal devait s'y rendre, afin d'activer l'élan des troupes et de les encourager par sa présence.

La duchesse s'ennuyait beaucoup.

Elle me pria d'aller la voir, et bientôt nous devînmes grandes amies.

Je sortais avec elle en carrosse.

Un soir, elle me conduisit à l'hôtel Rambouillet, dont les salons étaient alors plus fréquentés et plus en vogue que ceux du Louvre, parce qu'on y trouvait société choisie et charmant accueil.

La marquise de Rambouillet, l'une des femmes les plus distinguées du siècle, faisait les honneurs de sa maison avec la grâce et la majesté d'une reine.

Son cercle donnait à la ville le ton et l'exemple pour le goût, l'esprit, les bienséances et les bonnes manières.

A peine étions-nous au milieu de cette assemblée, composée de tout ce que Paris avait de plus illustre et de plus brillant, qu'un nom, prononcé derrière moi, me fit tressaillir.

Presque au même instant, un jeune seigneur passa et frôla ma robe de son épée.

— Sainte Vierge! qu'avez-vous? me demanda madame de Senneterre avec inquiétude; comme vous êtes pâle!

Je venais de reconnaître Marsillac.

La duchesse me fit asseoir sur un fauteuil et me tendit un flacon de parfums.

Mais c'était de la joie que je ressentais.

Presque aussitôt je fus remise, et je ne balançai pas à faire ma confidence à madame de Senneterre, en attendant que le prince, qui ne m'avait point regardée encore, vînt à jeter les yeux sur moi.

Au bout de quelques minutes, il se retrouva près de nous.

Mon cœur battait avec force.

Je réussis à attirer son attention, et nos regards se rencontrèrent; mais le sien resta calme, et ne laissa paraître qu'une légère surprise, dégagée de toute espèce de trouble.

— Voyez un peu la délicieuse personne! dit-il en se penchant vers un seigneur qui marchait à côté de lui. Ne pourriez-vous m'apprendre comment elle se nomme?

— Non, vraiment, répondit l'autre. Elle vient ici pour la première fois.

J'étais confondue, et des larmes soulevaient ma paupière.

Marsillac ne me reconnaissait pas!

— Eh! ma bonne amie, me dit la duchesse, je ne vois rien là qui doive vous désespérer... Comment donc! au contraire! N'avez-vous point entendu ce qu'il vient de dire?

— C'est un ingrat, madame, un perfide! et je l'abhorre.

— Mais ce n'est pas sa faute si vous êtes embellie au point de dérouter sa mémoire.

— Je le reconnais bien, moi!

— Belle raison! Les hommes ne changent pas, ils sont toujours aussi laids. Quant à nous, c'est autre chose. De onze à seize ans, nous subissons une métamorphose complète, où tous nos charmes se développent de telle sorte, qu'en vérité nous ne nous ressemblons plus. Allons, courage! le voilà qui repasse. Agacez-le, ma chère, lancez-lui quelques œillades.

— Par exemple!... Oh! non, je suis trop chagrine pour lui pardonner!

— Deux mots, je vous prie, monsieur de Marsillac, fit tout à coup la duchesse, interpellant le prince au passage.

— Oh! ne me nommez pas! ne me nommez pas! murmurai-je d'une voix suppliante, en pressant la main de madame de Senneterre.

— Soyez tranquille, répondit-elle.

Puis, se tournant vers Marsillac, qui s'approchait et s'inclinait devant nous, elle lui dit :

— Comment se fait-il, monsieur, que vous ne soyez point à la guerre, quand nos maris s'y trouvent? Avez-vous une dispense de bravoure?

— Ah! duchesse, vous me faites injure! répondit le prince. On accorde peut-être des dispenses de ce genre; mais ce que je puis vous affirmer, c'est que personne en France ne les sollicite. Je suis revenu de la Valteline avec une blessure assez dangereuse, qui n'est pas encore guérie. Voilà, je vous le promets, la seule raison...

— Quoi! vous avez été blessé, monsieur? m'écriai-je étourdiment.

— Oui, mademoiselle, j'ai reçu une balle dans le côté gauche. Mais d'où ai-je pu mériter l'intérêt si plein de bienveillance que vous paraissez prendre à ma personne?

— Vous tirez une conclusion bien prompte d'une parole

échappée au hasard. Ainsi, monsieur, cette balle vous a frappé du côté du cœur?

— Précisément, du côté du cœur...

— Ne vous l'aurait-elle point enlevé en tout ou en partie?

— Ah! vous me voyez prêt à vous prouver le contraire! s'écria-t-il avec feu.

— Chut!... fit la duchesse.

Elle se leva de son fauteuil et reprit :

— Monsieur de Marsillac, cette jeune personne est ma parente; on m'a chargée de veiller sur elle. Toutefois, je suis obligée de vous la confier un instant, car j'ai deux mots à dire à la marquise. Je pense qu'elle est avec ses poëtes dans la *chambre bleue*. Cinq minutes, et je reviens !

Le prince m'offrit le bras avec empressement. Nous parcourûmes les salons.

Pendant cette promenade, il me dit mille choses gracieuses, me complimenta sur ma beauté, sur mon esprit, et ne tarda pas à en venir à la déclaration la plus nette et la plus précise.

Il me faisait pourtant une belle et bonne infidélité !

Mais, comme il me la faisait avec moi-même, le jeu me plut. Je lui donnai beaucoup d'espoir.

Lorsque madame de Senneterre nous rejoignit, le prince était aux anges. Nous lui accordâmes la permission de venir nous prendre, le lendemain, pour nous amener à l'hôtel.

— Eh bien, me dit la duchesse quand Marsillac nous eut quittées.

— Eh bien, ma bonne amie, c'est à votre parente qu'on fait la cour; Ninon de Lenclos reste dans l'oubli.

— Que vous êtes heureuse! me dit-elle. A votre place, j'attendrais pour lui décliner mon nom qu'il m'aimât comme un fou.

— C'est à quoi j'ai déjà songé.

— Ah! coquette!

— Oui, tout bien considéré, son défaut de mémoire ne me chagrine plus. Je tiens en réserve de quoi doubler son amour.

Le lendemain, Marsillac n'eut garde de manquer à sa parole. Je le vis arriver chez madame de Senneterre, où j'étais à l'attendre dans ma toilette la plus éblouissante.

Il fut incendié complétement.

Si j'avais eu plus de calme et la duchesse plus d'expérience, nous nous serions défiées de cette nature inflammable.

Ce qui s'allume vite s'éteint plus vite encore.

Depuis six ans, j'étais fort changée sans doute; mais, quoi qu'on dise, il y avait possibilité de me reconnaître, et le cœur aide les yeux en pareille circonstance. Le nombre des adorations successives auxquelles le prince avait dû se livrer, une fois parti de Touraine, était évidemment le seul voile qui se plaçait entre lui et mon souvenir.

Je ne tardai pas à avoir la preuve de son caractère volage.

Pendant toute une semaine il fut très-assidu. C'était notre ombre. Je voyais avec plaisir qu'il avait beaucoup gagné comme esprit et comme manières aimables.

Avec lui, je jouais un peu le rôle de prude, afin de rendre la transition plus saisissante, le jour où je me jetterais à son cou en lui disant : « Mais reconnais-moi donc! Je suis Ninon, ta petite Ninon du château de Loches! » Je jouissais d'avance de son enivrement, et j'allais me décider à parler, lorsque tout à coup il me parut embarrassé dans ses visites, froid dans son langage, et presque boudeur.

J'attribuai ce changement à mon excès de réserve.

Mais j'eus beau me montrer plus affectueuse, sa passion continua de suivre une marche décroissante.

Cette conduite m'affligea cruellement.

Je devins furieuse, en le voyant, un soir, à l'hôtel Rambouillet, courtiser sous mes yeux et sans vergogne une femme qui m'était inconnue.

Prenant aussitôt des informations sur ma rivale, je sus que c'était une personne fort légère, dont les actions prêtaient beaucoup à la médisance.

Elle se nommait Marion Delorme.

La duchesse de Chevreuse, qui ne jouissait pas elle-même d'un renom très-intact, l'avait présentée à la marquise.

Mademoiselle Delorme était l'héroïne de nombreuses aventures ; ses histoires faisaient scandale.

Recueillie par la comtesse de Saint-Évremond, sa marraine, elle n'avait rien trouvé de plus simple, pour reconnaître les bontés de sa bienfaitrice, que d'essayer d'entrer de force dans sa famille en épousant son fils, très-jeune encore, mais assez rusé déjà pour prendre la demoiselle dans son propre piège. Ami de M. de Bassompierre, colonel des Suisses, le petit Saint-Évremond pria celui-ci de passer un costume de franciscain et de bénir son union avec la filleule de sa mère, qui se trouva ainsi mariée en contrebande[1].

Mademoiselle Delorme, après cette belle équipée, fut enfermée dans un cloître, d'où elle s'échappa le plus vite possible pour aller vagabonder, je ne sais où, avec l'avocat Desbarreaux.

Revenue à Paris depuis quelques semaines, on la disait au mieux avec le cardinal, dont les cadeaux l'aidaient à mener un train fort raisonnable.

Je dois convenir, pour être franche, que c'était une femme admirablement belle, mais d'une coquetterie au delà des bornes. A peine fut-elle introduite dans le cercle de la marquise, qu'elle se mit à jouer de la paupière et à jeter son dévolu sur tous les cœurs.

Marsillac, trouvant là des facilités que je ne lui offrais point, se laissa prendre comme beaucoup d'autres aux œillades de la demoiselle, qui s'empressa de l'attacher à son char et lui ordonna sans doute de rompre avec moi, car il fit mine de ne plus me connaître, et n'essaya même pas de déguiser cet abandon sous le manteau de la politesse la plus vulgaire.

On comprendra facilement la blessure faite à mon amour-propre.

Je jurai de punir la coquette qui me causait une pareille humiliation.

---

[1] Voir les *Confessions de Marion Delorme*. (Note de l'Éditeur).

Le hasard me vint en aide.

Vincent Voiture, l'un des poëtes les plus connus de l'hôtel Rambouillet, piqué lui-même de voir mademoiselle Delorme lui préférer Marsillac, unit sa vengeance à la mienne.

Il m'apprit que ma rivale habitait la même rue que moi.

Tous mes domestiques, transformés aussitôt en espions, me rendirent compte de chacune des démarches du prince, et je sus qu'il faisait à sa nouvelle conquête des visites aussi longues que fréquentes.

Ma résolution fut arrêtée sur l'heure.

Je priai Voiture de me donner le bras, et j'allai résolûment frapper à la porte de mademoiselle Delorme, que je trouvai dans un chaleureux tête-à-tête avec mon infidèle.

Ce fut un vrai coup de théâtre.

Ma visite audacieuse déconcerta le prince. Il perdit la tête, et Marion me demanda fièrement ce que je voulais.

— Oh! lui dis-je en désignant de l'éventail Marsillac confondu, ce n'est pas pour vous que je viens, mademoiselle, c'est pour monsieur!

— Pour moi? balbutia-t-il... En vérité, je ne comprends pas...

— Taisez-vous! m'écriai-je; vous êtes bien osé de m'interrompre!

Puis, me retournant vers la demoiselle :

— Je gage qu'il vous a fait une déclaration d'amour? ajoutai-je brusquement.

— En effet, répondit Marion sans se déconcerter; mais que vous importe?

— Ah! permettez, il m'importe beaucoup!... Sans doute il vous a donné comme à moi des bouquets de pensées et de violettes? Il a menacé de se tuer si vous ne l'embrassiez pas? Il vous a demandé peut-être une mèche de vos cheveux... toujours comme à moi.

Le prince me regardait avec une stupéfaction profonde.

Je le voyais agité d'un tressaillement intérieur. Un éclair

On la confine dans le Louvre. (Page 119.)

passa dans ses yeux : je venais de le mettre sur la trace du souvenir.

— Voilà qui est fort! s'écria Marion, rouge de colère. M'expliquerez-vous, mademoiselle, à quoi tendent ces discours?... On n'a jamais vu pareille inconvenance!

— Ne parlons pas d'inconvenance, répliquai-je : la première de toutes serait de garder un cœur qui ne vous appartient pas.

— Qui ne m'appartient pas?

— Non ; j'en prends à témoin le prince lui-même.

— Ah çà, dit-elle à Marsillac, m'expliquerez-vous enfin cette belle énigme? Ne m'avez-vous pas affirmé que vous connaissiez seulement depuis peu la parente de madame de Senneterre?

— Il n'a pas menti, je vous le jure, interrompis-je ; seulement, comme la cousine de la duchesse et une certaine demoiselle de Lenclos ne sont qu'une seule et même personne...

— Grand Dieu! dit Marsillac, est-ce possible?... Ninon! ma chère Ninon! c'est toi?

— Oui, monsieur, lui répondis-je... Et tu ne m'as pas reconnue?... C'est bien mal!

— Pardonne-moi! s'écria-t-il en se précipitant à mes pieds... Tu es devenue si belle!... Oh! va, je t'aime toujours!

Il quitta mes genoux pour mieux me presser contre son cœur.

Marion venait de tomber éperdue sur un siége.

Quant à Voiture, il riait aux larmes et jetait de temps à autre au milieu de cette scène des exclamations ironiques à l'adresse de celle qui l'avait dédaigné.

La colère un instant contenue de mademoiselle Delorme éclata tout à coup d'une manière effrayante.

Elle se redressa comme une lionne, me sépara de Marsillac et dit, en m'indiquant la porte avec un geste furieux :

— Sortez, insolente!... sortez! ou je ne réponds plus de moi!

— Très-volontiers, répondis-je en souriant; mais j'ai grand'-peur, mademoiselle, de ne pas sortir seule... Allons, qui m'aime me suive!

Je tendis la main à Marsillac, il s'en empara vivement.

Nous fîmes une profonde révérence à la maîtresse du logis, et j'emmenai le prince au milieu des éclats de rire de Voiture.

Il était impossible d'avoir un plus beau triomphe.

Un instant après, François était dans ma chambre, à mes genoux, se justifiant de tous les reproches que je commençai par lui faire.

Lui-même m'accusait d'indifférence, ignorant l'histoire de

la première lettre surprise. Il avait continué de m'écrire de la Flèche, de Paris, de la Valteline, de chaque lieu enfin où il s'était arrêté depuis notre séparation. Ma tante gardait sans doute les lettres, ne jugeant pas à propos de me les faire parvenir.

Je crus Marsillac, j'avais besoin de le croire.

Nos bras étaient enlacés, nous versions des larmes de bonheur.

O douces émotions de l'amour, sainte fusion des âmes, joies ineffables qui nous descendent du ciel! pourquoi faut il que vous soyez unies au trouble des sens, et qu'au fond de cette coupe de délices nous trouvions le remords!

Le prince me quitta fort tard.

A peine fut-il parti que l'enivrement cessa. Je me couchai, dans l'espoir d'échapper par le sommeil à la honte que j'avais de ma conduite. Longtemps il me fut impossible de fermer les yeux, et, quand je m'endormis de lassitude, je vis en rêve deux figures éplorées qui gémissaient sur mon sort.

C'étaient Vincent de Paul et ma mère!

VIII

Toutes les fois que j'ai voulu me peindre moi-même, je me suis trouvée dans un grand embarras.

Rarement je me suis bien comprise. Je ne m'explique la bizarrerie de mes pensées et de mes sentiments que par une distraction de la nature, qui m'a donné le corps d'une femme et l'âme d'un homme.

Les velléités de repentir qui avaient suivi ma faute s'effacèrent presque aussitôt, et je ne manquai pas d'excellentes raisons pour me justifier à mes propres yeux.

Je suis peut-être la première qui ait allié deux choses communément jugées incompatibles, la philosophie et l'amour.

Marsillac était fort aimable. Je m'abandonnai bientôt sans scrupule à tout le charme d'une liaison qui me rappelait mes plus heureux jours d'enfance, et nous passâmes deux mois dans un tête-à-tête presque continuel, occupés à nous aimer, à nous le dire, à nous le redire sans cesse.

Je lui sacrifiais alors de nombreux courtisans.

Les plus empressés à me faire la cour étaient Marguerite de Saint-Évremond, le même que le franciscain Bassompierre avait si bien marié à mademoiselle Delorme, et Michel Particelli, sieur d'Émery, créé depuis peu surintendant des finances, gros être bouffi de sottise et de présomption, qui se faisait aimer au poids de l'or et payait ses maîtresses avec les deniers de l'État.

M. le surintendant fut repoussé avec perte. J'adorais Marsillac, et, d'ailleurs, je ne voulais pas avoir sur la conscience la ruine du royaume.

Cependant je ne tardai pas à voir combien l'abus du tête-à-tête est dangereux. Je sentis mon amour se refroidir, et celui du prince se mit à décroître dans la même proportion.

Marsillac se livrait à de fréquentes absences; il restait même plusieurs jours sans me voir. On m'avertit qu'il donnait à mademoiselle Delorme les instants qu'il me dérobait. Je le crus incapable de me faire un tel affront, et j'imposai silence à ses accusateurs; mais il n'en restait pas moins coupable de négligence à mon égard.

Tout naturellement, j'accueillais avec plus d'amabilité ses rivaux, surtout Saint-Évremond, jeune homme d'une gaieté charmante et d'un caractère on ne peut plus original.

Seulement son esprit, goûté de chacun, n'était pas assez ignoré de lui-même. Il en faisait parade à tout propos, le mettait en vers, le mettait en prose, et l'eût volontiers mis en bouteille [1].

De temps à autre, entre le prince et moi, quelques retours de tendresse avaient lieu; mais nous envisagions sans désespoir la possibilité d'une rupture, et la moindre occasion pouvait la faire naître.

Un matin, il entra dans ma chambre, botté, éperonné, comme un homme qui se dispose à un long voyage.

— Où allez-vous? lui demandai-je.

— A Nantes, me répondit-il, d'où je ne compte pas être de retour avant un mois.

Ma première impression, à cette annonce de départ, ne fut point le chagrin. L'image de Saint-Évremond passa devant mes yeux; il me sembla que je me débarrassais d'une chaîne.

Presque aussitôt néanmoins la honte me saisit; je m'empressai de combattre cette nature inconstante et frivole qui se révélait si nettement, et dont je ne pouvais suivre la pente sans voir se révolter d'abord tout ce que j'avais d'honnêteté dans le cœur. Je dis à Marsillac :

— Quoi! mon ami, vous partez, et vous ne m'emmenez pas?

— J'hésitais à te le proposer, ma chère, me répondit-il, car il faudrait me suivre en costume d'homme.

---

[1] Saint-Évremond ne détestait pas le vin; c'est à ce défaut sans doute que Ninon veut faire allusion. (NOTE DE L'ÉDITEUR.)

— Ceci n'est point un obstacle. Mais qu'irons-nous faire à Nantes?

— Nous irons, comme toute la cour, voir les noces de Gaston de France avec l'héritière de Montpensier, et peut-être, ajouta-t-il en baissant la voix, sauverons-nous un malheureux que le plus grand péril menace.

— Miséricorde! qui donc?

— Henri de Talleyrand, comte de Chalais.

— Le favori du roi! m'écriai-je, ayant encore présents à la mémoire les pronostics de Saint-Étienne.

— Ceux que Louis XIII paraît aimer sont ceux qu'il abandonne le plus vite dans l'occasion, répondit Marsillac. Depuis ce matin, la cour est sur la route de Bretagne, à l'exception de Richelieu, qui doit partir cette nuit. Chalais accompagne le roi, et Chalais a tort. S'il va jusqu'à Nantes, je doute qu'il en revienne. Quelqu'un m'a chargé de le rejoindre et de lui annoncer le péril; mais impossible de trouver une voiture, elles sont toutes prises depuis hier. Donc il faut voir si tu es assez résolue pour m'accompagner à cheval.

— Oui, certes, puisqu'il s'agit d'une bonne action.

Tous nos préparatifs de départ furent terminés à la minute, et me voilà chevauchant avec Marsillac sur les boulevards d'abord, puis le long du faubourg du Roule.

Nous devions aller coucher à Versailles.

Chemin faisant, il me parla de la conjuration dont Chalais avait été le principal ressort, et sur laquelle je n'avais eu jusqu'à ce jour que de vagues renseignements.

— Dans tout ceci, me dit-il, l'essentiel est de savoir au juste à qui donner raison. Si les torts sont du côté de Chalais, il est inutile de continuer ce voyage.

— Pourquoi?

— Parce que sauver un traître serait trahir à notre tour. Mais le comte n'est coupable que d'avoir trop aimé madame de Chevreuse. Ce qui lui est arrivé pouvait arriver également à tous nos jeunes seigneurs et à moi-même. On ne tue pas un homme sous prétexte qu'il est fou d'amour.

— Enfin, lui dis-je, où est le nœud de cette intrigue?

— Louis XIII, tu n'as pas été sans entendre quelques propos là-dessus, me répondit Marsillac, est un fort triste personnage. Il a une femme adorable; mais il la délaisse... et pour cause!

— Vraiment? j'avais cru jusqu'ici qu'on l'avait calomnié.

— Hélas! le fait paraît trop certain! Outre ce qu'il y a de fâcheux pour Anne d'Autriche de perdre ainsi dans l'isolement les plus belles années de sa vie, elle a le désespoir d'être sans cesse tyrannisée par Richelieu, qui prend à tâche de l'éloigner de toutes les affaires. Il la confine avec ses femmes dans le coin le plus reculé du Louvre.

— Pauvre reine!

— Oui, je la trouve excusable de chercher à sortir d'une situation aussi affligeante. Par malheur, les grands sont entourés d'ambitieux ou d'amis trop chauds qui vont toujours au delà du but et gâtent les meilleures entreprises. Gaston, frère du roi, est amoureux, dit-on, de sa belle-sœur. je le crois plutôt amoureux du trône. Si madame de Chevreuse travaillait par dévouement et par amitié pour la reine, lui travaillait par égoïsme. Autant que je puisse lire dans cette ténébreuse intrigue, on voulait raser Louis XIII, le jeter dans un cloître et marier Anne d'Autriche à Gaston.

— Bonté divine!

— Or, avant d'entamer ce coup hardi, les conjurés avaient un mur d'airain à franchir, un obstacle effrayant à vaincre, un colosse à briser : c'était le cardinal-ministre. Inhabile aux affaires comme au mariage, Louis XIII garde Richelieu, en dépit de la nécessité où il se trouve lui-même de courber la tête sous le despotisme de ce prêtre et malgré l'aversion profonde qu'il a pour lui. Donc il fallait choisir un homme capable de lutter contre le cardinal, et l'on jeta les yeux sur Chalais.

— Mais lui donna-t-on connaissance du complot?

— On s'en garda bien d'abord. Gaston se rapprocha du favori, l'entoura d'amitiés et de prévenances; et, comme celui-ci détestait Richelieu, rien n'était plus simple que de l'entraîner à des manœuvres dont le résultat devait être la perte du ministre. Néanmoins, apercevant un meurtre au bout de tout cela, le jeune homme sentit quelque remords et confia ses irrésolutions au commandeur de Valençay, qui l'exhorta fortement à rompre avec Gaston. Chalais allait suivre ce conseil, quand survint la belle Marie de Chevreuse. Il l'aimait depuis deux ans comme un insensé. Que se passa-t-il entre eux? quel prix attacha-t-elle à sa défaite? On le devine aisément; car, à partir de ce jour, la mort de l'ennemi commun fut résolue.

— Ah! m'écriai-je, se peut-il qu'une femme impose des conditions semblables et fasse acheter son amour par un crime!

— Est-ce un crime? fit Marsillac : voilà la question. Si tu interroges les courtisans, tous vont te répondre que tuer Richelieu est un acte méritoire. J'avoue que ce ne sont pas, pour la plupart, des casuistes extrèmement rigides... Enfin, n'importe! On règle donc la manière de frapper la victime. Gaston fait dire à Richelieu qu'il a le projet d'aller se divertir toute une journée à Limours, maison de campagne voisine de la résidence royale de Fontainebleau, et où le cardinal passe la saison d'été. Quelques gens de la suite du prince devaient se prendre de querelle avec les domestiques de l'Éminence; et rien ne semblait plus facile que d'accomplir le meurtre à la faveur du désordre. Les conjurés croyaient fermement au succès de leur trame. Il n'y eut qu'un inconvénient, c'est que Richelieu était sur ses gardes : M. de Valençay avait cru de son devoir de l'avertir. Tous les plans furent déjoués, toute l'intrigue fut réduite à néant, et madame de Chevreuse dut partir en exil à Blois, après avoir vu saisir sa correspondance avec Henri. Gaston, très-lâche de sa nature, accepta la main de l'héritière de Montpensier, prouvant ainsi au cardinal qu'il renonçait à de plus hautes prétentions. Reste à présent Chalais, qui se croit abrité par la faveur du roi contre le ressentiment du ministre;

Marsillac osa me suivre. *Page* 123.

mais Louis XIII dissimule, Richelieu a sa promesse, et le favori sera sacrifié. On doit l'arrêter à Nantes. Une commission est déjà nommée pour instruire son procès.

— Grand Dieu! mais est-il averti du danger qui le menace?

— Il le sera par nous. Hier, la duchesse est revenue secrètement à Paris. Elle a eu la chance heureuse de faire reprendre toutes ses lettres au ministre par une personne... que tu connais, ma chère.

Je regardai fixement Marsillac.

Il baissa les yeux avec embarras et je le vis rougir.

— Une personne que je connais!... Son nom?

— Mademoiselle Delorme.

— Quoi! monsieur, vous avez revu cette femme? On ne m'avait donc pas trompée?

— Je l'ai revue... C'est-à-dire... Il fallait une circonstance aussi grave que celle dont il s'agit...

— Vous en convenez donc? Mais c'est odieux! c'est impardonnable!

— Je t'en conjure, laisse-moi t'expliquer...

— Rien, je ne veux rien entendre!

— Henri de Talleyrand est le filleul de ma mère. Connaissant les craintes que sa dangereuse situation nous inspire, Marion a pensé que je me chargerais avec joie...

— Silence! votre conduite n'a pas d'excuse... Vous êtes un indigne!... Allez à Nantes tout seul, je ne veux plus vous revoir!

A peine si nous étions arrivés à la hauteur du parc des Sablons.

Tournant bride aussitôt, je pris un galop rapide et je franchis en moins d'une demi-heure l'espace que nous avions déjà parcouru.

Arrivée rue des Tournelles, je dépouillai mon costume d'homme et je passai une robe, dans l'intention d'aller à l'instant même chez mademoiselle Delorme provoquer une explication et savoir à quoi m'en tenir.

Mais le prince, en voyant ma fuite, s'était jeté sur mes traces.

Il entra comme j'achevais ma toilette.

— Sortez, monsieur, sortez! m'écriai-je. tout est fini entre nous!

J'ouvris une porte-fenêtre qui donnait sur mon jardin et je

m'éloignai brusquement. Marsillac osa me suivre. Il s'empara de mon bras, que je fis de vains efforts pour dégager.

Véritablement, lorsque je songe aujourd'hui à cette scène, je ne l'explique pas en ma faveur, et je suis trop franche pour me donner raison.

Le premier mouvement, le mouvement honnête, m'avait portée à faire le voyage avec le prince; mais je m'en étais presque aussitôt repentie. J'eus hâte de saisir comme prétexte ma jalousie contre mademoiselle Delorme pour retirer ma parole, ne pensant pas qu'il se mettrait à ma poursuite, eu égard aux motifs graves qui l'engageaient à continuer sa route. Évidemment, malgré les infidélités dont il avait pu se rendre coupable, il m'aimait encore plus que je ne l'aimais moi-même.

Ces messieurs, du reste, sont ainsi faits qu'ils peuvent adorer plusieurs femmes à la fois et diviser leur cœur, sans qu'on s'aperçoive du partage.

Marsillac tomba à mes genoux, protesta de son innocence, me fit une longue harangue pour me fléchir, et voulut m'embrasser en la terminant.

La paix allait être conclue à force de baisers, lorsqu'il me sembla voir une femme qui essayait de se dérober derrière une de mes charmilles.

Quelle pouvait être cette femme? pourquoi se cachait-elle de la sorte?

Sans hésiter, je courus à elle et j'écartai ses mains, dont elle essayait de se couvrir le visage.

Un cri de stupeur s'échappa de ma poitrine.

C'était Marion Delorme.

— Vous, chez moi!... quelle audace!... Y venez-vous chercher le prince? m'écriai-je, suffoquée de colère.

Je ne sais quelle impertinence elle me répondit.

Marsillac voulut, sinon la défendre, du moins trouver quelques excuses à la hardiesse de ses réponses. Je le fis taire et je lui ordonnai impétueusement de nous laisser seules.

Il s'éloigna.

Mais bientôt il revint, attiré par mes éclats de rire et par ceux de ma voisine, avec laquelle j'étais devenue tout à coup la meilleure amie du monde [1]. De nos explications réciproques il résultait que, si Marsillac me trompait pour elle, Émery la trompait pour moi. J'ignorais que, depuis environ six semaines, il fût son amant en titre.

Pour couronner l'aventure, le gros surintendant, qui, d'ordinaire, me faisait visite tous les jours, déboucha d'une avenue voisine.

Flagellés sans miséricorde par nos railleries, les deux traîtres s'enfuirent et allèrent cacher leur honte.

Du reste, comme je l'avais supposé d'abord, Marion n'était pas venue sous mes berceaux avec l'intention d'y guetter Marsillac. Elle le croyait sur le chemin de Nantes. François s'était chargé de rejoindre Chalais, pour apprendre au favori de Louis XIII que sa correspondance avec madame de Chevreuse ne se trouvait plus entre les mains du cardinal. Marion elle-même avait eu l'audace de dérober les lettres au puissant ministre, qui la faisait poursuivre par tous ses limiers.

Elle me supplia de lui procurer un déguisement.

Je m'empressai de la satisfaire et je voulus l'accompagner moi-même jusqu'au faubourg Saint-Antoine, où elle se réfugia dans une pauvre mansarde, afin de dépister la police et d'échapper à la vengeance de Richelieu.

Décidément c'était une excellente fille, pleine de franchise et de cœur.

L'Éminence ayant menacé madame de Chevreuse de montrer à son mari les lettres qu'elle avait écrites à Henri de Talleyrand, Marion venait de sauver l'honneur de la duchesse, en s'exposant elle-même à toute la rancune du ministre.

Je voulus passer la soirée avec elle, afin de l'aider dans son installation, et je ne la quittai que le lendemain.

---

[1] Voir les *Confessions de Marion Delorme*, pour ce fait et pour tous ceux qui suivent. (Note de l'Éditeur.)

Nous nous jurâmes une amitié à toute épreuve. Elle me promit de ne pas abandonner sa retraite et de m'écrire quand elle aurait besoin de mes services.

Rentrée chez moi, je trouvai une lettre de Saint-Évremond.

Obligé, comme lieutenant aux gardes, de suivre le roi à Nantes avec toute sa compagnie, il m'exprimait le regret de n'avoir pu me faire ses adieux.

Que devenir? J'allais donc rester seule à Paris?

Mon père était de semaine à la Bastille, madame de Senneterre suivait Anne d'Autriche; tout le monde prenait le chemin de Bretagne, et je croyais Marsillac lui-même reparti, lorsque je fus très-étonnée de le voir paraître.

Il entra chez moi tout confus.

— Eh! mais, lui dis-je, renoncez-vous donc au voyage de Nantes?

— Ah! Ninon, murmura-t-il, ma chère Ninon, je me reconnais envers toi les plus grands torts, et je n'ai pas voulu partir sans avoir obtenu ma grâce! Entre nous, il ne peut exister d'inimitié. Tu es libre, je te rends tes serments; mais, si tu n'es plus ma maîtresse, reste du moins ma sœur!

Il avait les yeux pleins de larmes.

Je me sentais moi-même très-émue, et je lui tendis affectueusement la main.

— Mon ami, lui dis-je, n'oubliez pas de quelle importance il est pour le comte de savoir que Richelieu n'a plus de preuves écrites contre lui. Maintenant Chalais peut tout nier sans risque. Il faut donc faire diligence et rejoindre au plus vite les équipages de la cour. N'ont-ils pas quinze ou dix-huit heures d'avance?

— Oh! je les rattraperai, me dit-il; mais, hélas! tu ne viens plus avec moi!

— Précisément, voilà ce qui te trompe, m'écriai-je; partons!

Il poussa un cri joyeux, ignorant que je me décidais beaucoup moins pour lui que pour son rival.

Bientôt j'eus passé mon costume de la veille, et nous reprîmes notre voyage interrompu.

Nous chevauchâmes si vite et si bien, que nous pûmes aller coucher à deux lieues de Chartres. Le lendemain, nous dépassâmes le cardinal au Mans, et le troisième jour nous arrivâmes à Angers en même temps que le roi et sa suite.

Le premier soin de Marsillac fut d'écrire à Henri de Talleyrand pour lui annoncer que deux jeunes seigneurs, arrivant de Paris à toute bride, avaient à lui communiquer des choses fort importantes.

Chalais nous fit répondre qu'il nous attendrait chez lui, après le souper du roi.

Nous fûmes exacts au rendez-vous.

Je connaissais M. de Talleyrand pour l'avoir vu chez la marquise de Rambouillet.

Très-jeune encore, car il était au plus âgé de vingt-six ans, il jouissait de toutes les qualités de l'esprit et de tous les avantages extérieurs qui peuvent accréditer un homme auprès de notre sexe.

On comprenait le goût de madame de Chevreuse pour ce charmant cavalier.

— Bon Dieu! qu'y a-t-il de si alarmant, prince? demanda Chalais, pressant affectueusement la main de Marsillac et me saluant moi-même avec courtoisie. Votre missive m'a presque jeté du noir dans l'âme.

— Je voudrais qu'il en fût ainsi, monsieur le comte. Vous êtes beaucoup trop calme, et vos amis ont plus d'inquiétude que vous, répondit Marsillac. Seul, vous ignorez peut-être ce que sait toute la cour.

— Quoi donc?... Ah! je devine... Le cardinal, dit-on, veut me faire mon procès à Nantes? Mais tranquillisez-vous, prince; j'ai franchement abordé la question avec le roi; il m'a juré que rien n'était plus faux.

— Le roi vous trompe, monsieur le comte!

— Prenez garde, mon ami; c'est fort grave, ce que vous dites là.

— Je vous proteste qu'il vous trompe!

— Mais la preuve?

— Hier, madame de Chevreuse était à Paris.

— La duchesse!... Vous en êtes sûr? murmura Chalais pâlissant.

— Je l'ai vue, je lui ai parlé.

— Que venait-elle y faire?

— Elle venait vous voir et vous supplier de fuir. La reine a trouvé moyen de correspondre avec elle et de lui apprendre vos dangers. Gaston vous abandonne; on vous entraîne loin de Paris pour mieux vous perdre.

— Allons donc! on y regarde à deux fois avant d'attaquer un homme de ma sorte.

— Ne vous y fiez pas, monsieur le comte!

— Je n'ai aucune crainte.

— Sachant que vous étiez déjà parti avec le roi, la duchesse, au désespoir, alla trouver mademoiselle Delorme, qui lui doit quelque reconnaissance. Vous n'êtes pas sans avoir entendu dire que le cardinal est fou de Marion?

— En effet, ce bruit circule.

Aveuglé par sa tendresse, Richelieu a donné dans je ne sais quel piége. On lui a repris vos lettres, et madame de Chevreuse les a toutes anéanties.

— Excellente nouvelle! s'écria Chalais : ceci est encore un motif de sécurité de plus.

— Ah! vous ne connaissez pas Richelieu! Il est capable de tout pour satisfaire une idée de vengeance. Oui, monsieur le comte, c'est l'avis de madame de Chevreuse, et c'est le mien. Le cardinal a déjà nommé, pour instruire votre procès, une commission entièrement composée d'hommes à lui. Sans doute on apostera de faux témoins.

— Ce serait une ignominie!

— Eh! qu'importe à Richelieu? La duchesse m'a supplié avec

larmes de vous exhorter à fuir en Angleterre. Pendant cette absence, et maintenant surtout que rien ne peut plus la compromettre aux yeux de son mari, elle s'engage à faire agir M. de Chevreuse et à vous sauver d'une accusation capitale.

— Moi! s'écria le comte, moi fuir devant le ministre! laisser supposer que je puis le craindre et lui donner cette gloire! En vérité, ce serait par trop lâche!... Non, non! je reste!

Il ne voulut plus rien entendre, et me ferma la bouche à moi-même, lorsque, m'étant fait connaître, j'essayai de le prendre par les raisons du cœur, les seules que nous autres femmes sachions faire valoir.

— Encore une fois, me répondit-il, si je recourais à la fuite, ce serait une lâcheté. Marie alors me mépriserait, et je perdrais justement son amour. Je lutterai contre cet homme... je lutterai, vous dis-je! Si je succombe, ce sera la mort peut-être; mais du moins je mourrai digne d'elle et de moi!

Là-dessus il nous congédia.

Je trouvais Henri de Talleyrand sublime, et j'avais l'espoir qu'il se sauverait par son énergie même.

On resta toute la journée du lendemain à Angers, pour attendre Richelieu, qui arriva vers le soir.

Saint-Évremond, que nous allâmes chercher au milieu des gardes du corps, nous plaça convenablement lorsque vint à défiler le cortège du cardinal, et je vis pour la première fois ce fameux ministre, devant lequel tremblaient le roi et toute la cour.

IX

A cette époque, Richelieu pouvait avoir quarante ans environ.

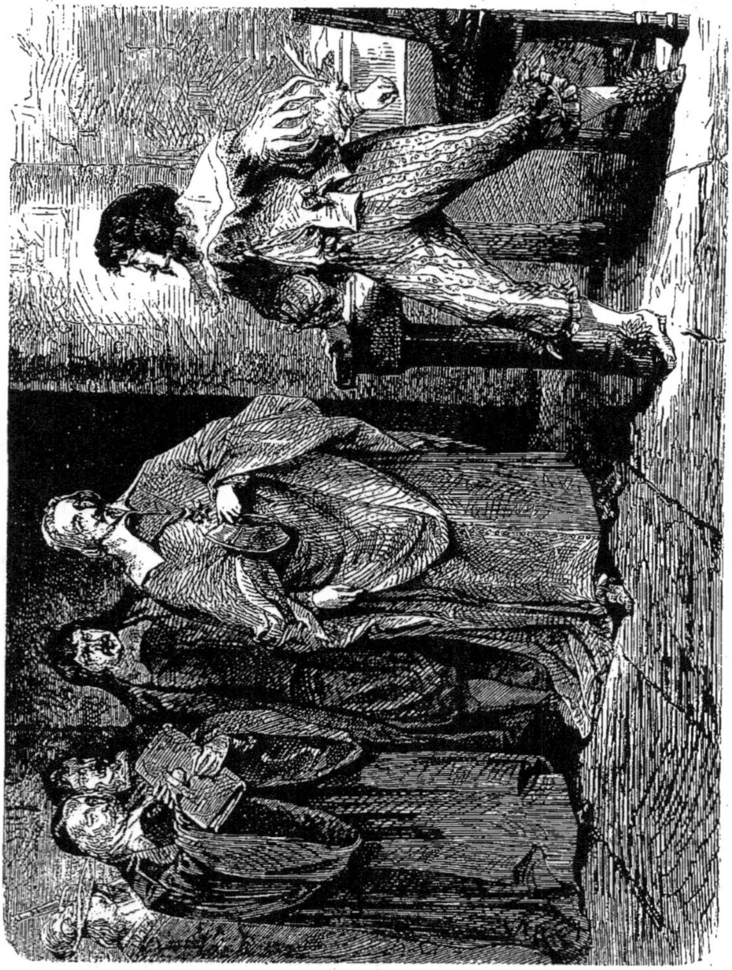

Chalais s'était levé frémissant. *Page* 134.

Il portait une moustache retroussée, avec une royale en pointe, et il relevait ses cheveux en aigrettes sous sa calotte rouge.

Son œil sévère, son nez découpé sur les mêmes lignes qu'un bec de vautour et son sourire presque constamment sinistre causaient une impression d'effroi qui ne faisait que s'accroître lorsqu'on entendait sa parole sèche et brève. Il avait la soutane écarlate des princes de l'Église, ce qui ajoutait encore à la dureté de sa physionomie.

Je fus scandalisée de voir Louis XIII avec ses courtisans assister à la descente de carrosse de son ministre.

Les yeux perçants de Richelieu découvrirent Chalais au milieu de cette troupe brillante; le regard de haine qu'il lui jeta me fit comprendre que l'infortuné jeune homme était perdu.

Après une légère collation, Son Éminence, malgré l'heure avancée, fut d'avis de continuer sa route.

Pour obéir à la volonté d'un seul homme, il fallut que le roi, la reine, la reine mère, les seigneurs et toutes les dames qui accompagnaient Leurs Majestés se résignassent à voyager de nuit.

Le lendemain, à neuf heures, on arrivait à Nantes.

A dix heures, le capitaine des gardes, tenant à la main un ordre signé de Louis XIII, sommait Henri de Talleyrand de lui rendre son épée.

Ce fut Saint-Évremond qui nous annonça cette triste nouvelle.

On traita Chalais tout d'abord comme un homme coupable de haute trahison.

Il fut jeté dans les cachots de l'ancien palais des ducs de Bretagne, appelé les *Salorges*, où sa mère elle-même, dame d'honneur de Marie de Médicis, ne put obtenir de descendre pour consoler son malheureux fils.

Le roi voulut que ses propres gardes veillassent sur le prisonnier.

Richelieu fit assembler la commission. Tout s'organisa pour que le procès ne traînât point en longueur.

Parmi les courtisans personne n'osait élever la voix; on n'avait pas assez de hardiesse pour prendre la défense du favori quand le maître lui-même l'abandonnait à une implacable vengeance.

Dans la ville, on ne connaissait pas Chalais.

Indifférente à son sort, la foule s'occupait exclusivement des noces de Gaston et des fêtes promises.

Chaque matin, on nous apportait des détails plus désespérants. La commission marchait vite, l'arrêt devait être rendu sous peu de jours.

Marsillac était dans une exaspération effrayante.

— Quoi! s'écriait-il, j'aurai fait le voyage tout exprès pour le sauver, et cet homme va réussir dans ses menées odieuses!... Non, par l'enfer, il n'en sera rien!... je tuerai plutôt Richelieu!

— Silence, imprudent! lui disait Saint-Évremond : ne savez-vous pas où de pareils discours peuvent vous conduire?

— Eh! que m'importe? répondait le prince.

Nous nous promenions alors sur la place de l'Évêché.

Tout à coup Marsillac vit le carrosse de Gaston qui traversait un quinconce de tilleuls.

Se précipiter, arrêter les chevaux et se cramponner à deux mains à la portière de la voiture, tout cela devint pour lui l'affaire d'une seconde.

Il nous fut impossible de nous opposer à cet acte d'inconcevable folie.

— Vous n'ignorez pas, monseigneur, cria-t-il au frère du roi, qu'un malheureux est plongé dans les souterrains des *Salorges*, et sera condamné à mort pour avoir obéi à vos suggestions! Je vous le demande, abandonnerez-vous Chalais? Pouvez-vous souffrir qu'un échafaud se dresse auprès de votre lit de noce? Consentirez-vous à vous marier dans le sang?

Monsieur regardait le prince avec effroi.

Il se rejeta, très-pâle, au fond de la voiture, et voulut donner l'ordre au cocher de continuer sa route.

— Non! non! vous m'entendrez jusqu'au bout! s'écria Marsillac. La tête de Chalais est en péril, que prétendez-vous faire pour le sauver?

— Rien... je ne puis rien, murmura Gaston.

— Mais c'est infâme! Savez-vous quel est votre devoir, monseigneur?

— Non, parlez.

— Vous devez descendre dans le cachot de Chalais, prendre la moitié de sa chaîne et dire au roi : « Je suis le complice de celui qu'on accuse : pardonnez-lui comme vous me pardonnez, ou que les juges nous condamnent ensemble! »

— Impossible... Laissez-moi.

— Ainsi vous ne ferez rien? dit Marsillac hors de lui.

— Je ne ferai rien, parce que je ne puis rien faire.

— Alors, monseigneur, ne soyez pas surpris qu'à partir de ce jour tout homme qui se respecte ne prononce jamais votre nom sans y accoler une épithète...

— Quelle épithète? demanda sévèrement le frère du roi.

Se voyant près de subir un outrage, il essaya d'intimider son interlocuteur.

— C'est à vous de la deviner, ajouta Marsillac.

— Dites, monsieur, dites...

— Celle de lâche !

— Malheureux! cria Gaston, tu me payeras cher cette insulte!

— Je m'y attends. Vous aurez pour cela le courage qui vous manque lorsqu'il s'agit d'accomplir un acte de justice. Allez, allez, une lâcheté de plus ou de moins, cela ne coûte guère !

Sur cette réplique sanglante, le carrosse partit.

Nous entraînâmes Marsillac, et nous le contraignîmes à se cacher.

En rentrant à l'Hôtel de Ville, où il logeait, Monsieur rassembla tous ses domestiques et leur commanda de faire périr le prince sous le bâton.

Fort heureusement ils ne purent le trouver.

Marsillac, par cette imprudence, se mit dans l'impossibilité de travailler au salut de Chalais.

Ce fut une grande faute, il le comprit trop tard; nous étions obligés de perdre un temps précieux à le dérober aux recherches de celui dont il venait de se faire un ennemi mortel.

Il se décida, sur mes instances, à reprendre seul le chemin de Paris.

Saint-Évremond profita d'une nuit obscure, et le fit échapper par une poterne des remparts.

Une fois Marsillac hors de péril, nous organisâmes avec le lieutenant des gardes et plusieurs de ses amis un projet de délivrance, que nous devions mettre à exécution sur-le-champ, dans le cas où les juges rendraient une sentence de mort.

Elle fut rendue le soir même.

Aussitôt deux hommes de la compagnie de Marguerite feignirent de tomber gravement malades. On les mena à l'infirmerie, où ils s'alitèrent, et Saint-Évremond s'empara de leurs uniformes.

Un tailleur adroit passa la nuit à adapter l'un de ces costumes à ma taille; puis il élargit suffisamment l'autre pour qu'il me fût possible de le revêtir par-dessus le premier.

Ces dispositions faites, Saint-Évremond me réunit, au point du jour, à ceux de ses hommes qui devaient relever leurs camarades, placés, depuis la veille, à la garde du prisonnier.

Grâce à mes anciens goûts et aux exercices que j'avais appris à Tours, je parvins à me donner une attitude passablement militaire.

On eut soin de me mettre en sentinelle juste à l'entrée du cachot.

Je revis enfin le malheureux jeune homme qui, peu de jours auparavant, se montrait si sûr de lui-même et si plein de confiance en l'amitié de Louis XIII.

Il était assis devant une table de bois brut, la tête entre ses deux mains et mouillant de ses larmes une lettre d'adieu qu'il venait d'écrire à sa mère.

Je ne pouvais lui adresser la parole, à cause du voisinage des autres gardes du corps, dont plusieurs n'étaient pas dans le secret de notre tentative. Commençant donc à me promener, l'arme au bras, de long en large du cachot, je manœuvrai de façon à me rapprocher de la table à chaque tour, et je finis par glisser dans la main du captif un billet que j'avais préparé.

Chalais tourna la tête.

Je plaçai vivement un doigt sur mes lèvres pour lui recommander le silence.

Il me reconnut et se mit à lire mon billet, dont voici le contenu :

« Pas un mot, pas un geste! Vos amis travaillent à votre délivrance. J'ai sur moi deux uniformes. A l'heure du déjeuner, quand l'attention des autres gardes se détournera de nous, je dépouillerai le costume que je vous destine; vous vous habillerez aussi vite, et nous quitterons ensemble les *Salorges*. Saint-Évremond prépare tout pour notre fuite. Une chaloupe nous attend à Paimbœuf, et nous gagnerons la flotte de Buckingham, qui croise devant l'île de Ré. Courage donc, et bon espoir! »

Je vis un éclair de joie passer dans les yeux de Chalais; son regard de reconnaissance me fit battre le cœur.

Hélas! j'étais loin de prévoir le cruel incident qui devait détruire toute l'habileté de nos manœuvres et donner gain de cause à Richelieu!

Dans les souterrains qui avoisinaient le cachot retentit tout à coup un grand murmure, et je vis accourir Saint-Évremond qui me dit avec terreur :

— Le cardinal!... c'est lui-même!... Il veut parler au prisonnier..... Prenons garde de nous trahir!

Je sentis tout mon sang se glacer dans mes veines.

Presque aussitôt Richelieu parut.

Trois hommes, vêtus de longues robes noires, l'accompagnaient. Deux restèrent debout à côté de moi; le troisième ouvrit une espèce de portefeuille de cuir de Hollande, plia le genou et se mit en devoir d'écrire sur un parchemin qu'il déroula.

Chalais s'était levé frémissant.

Il fit plusieurs pas à la rencontre du cardinal.

— Vous! s'écria-t-il en croisant les bras et en le regardant avec un mélange d'indignation et d'orgueil.

— Moi-même, dit Richelieu.

— Quel est le but de votre visite?

— Je viens vous sauver.

L'accent du ministre était digne et ferme, son regard plein de franchise. Chalais eut un instant d'hésitation.

— Quel prix attachez-vous à mon salut, monsieur le cardinal? demanda-t-il.

— Votre salut dépend du roi, répondit Richelieu ; c'est en son nom que je me rends près de vous. Jusqu'alors vous avez suivi un système de dénégations qui vous a perdu. Louis XIII est profondément indigné de ne trouver en vous aucune apparence de repentir. Il me rappelait, hier encore, que vous aviez été élevés ensemble.

— C'est vrai, murmura Chalais très-ému.

— Pour vous, il n'a jamais trouvé dans sa munificence royale assez de faveurs ni assez de bienfaits. Comment l'en avez-vous récompensé, monsieur? Par l'ingratitude et la trahison... Ne m'interrompez pas! Un reste d'affection pour son ami d'enfance et son favori le plus cher lui a suggéré l'idée de cette démarche, que j'accomplis de grand cœur. Votre grâce est au prix d'un aveu franc et dégagé de réserve.

— Qui me répondra de la sincérité de cette promesse? demanda Chalais.

— Moi, dit Richelieu; n'est-ce pas assez?

Le jeune homme tressaillit.

— Vous êtes mon ennemi mortel, dit-il après un silence.

— Oui, je l'avoue. Mais je suis premier ministre, et vous me supposez, j'imagine, quelque sentiment d'honneur.

— J'ai donc votre parole... votre parole sacrée?

— Vous l'avez, monsieur le comte.

— Je conserverai toutes mes charges à la cour?

— Toutes, sans exception. Grâce entière, pardon absolu.

— Interrogez-moi, monsieur le cardinal, dit Chalais, je suis prêt à vous répondre.

Richelieu se tourna vers les deux hommes noirs que j'avais à mes côtés.

— Faites entrer les gardes, leur dit-il; ce seront autant de témoins qui pourront certifier au roi l'exactitude de l'interrogatoire et l'authenticité des réponses.

L'ordre fut exécuté sur-le-champ. Tous nos hommes entrèrent et remplirent le cachot.

Je ne sais quel pressentiment de trahison me traversa l'âme.

Sur le visage du cardinal, où j'avais cru lire d'abord une loyauté parfaite, venait de briller un éclair de satisfaction haineuse, un rayon de joie sinistre, qui fit passer en moi d'indicibles terreurs.

Marguerite comprit ma pensée et me dit à voix basse :

— Du calme! Il nous restera toujours le moyen de salut que nous avions d'abord.

Chalais ne semblait pas partager nos craintes et regardait le ministre avec confiance.

Nous faisions cercle autour d'eux.

Le greffier, toujours à genoux, se tenait prêt à consigner sur son procès-verbal les paroles de Henri de Talleyrand.

— Je n'ai que trois questions à vous adresser, monsieur le comte, dit Richelieu; veuillez y répondre nettement et catégoriquement.

— Je vous le promets, monseigneur... Un instant toutefois! Je veux bien dire tout ce qui me compromettra personnellement; mais, pour le nom de mes complices, ne me le demandez pas.

— Tranquillisez-vous. D'ailleurs, vos complices, nous les connaissons. Le principal de tous a fait des aveux très-explicites.

— Des aveux! murmura Chalais avec une sourde colère.

— Oui, certes. Comment expliqueriez-vous, sans cela, l'arrêt qui vous condamne?

Veux-tu remplacer le bourreau? (*Page* 142.)

— Il a fait des aveux! répéta le jeune homme, rougissant et pâlissant tour à tour. Mais vous a-t-il dit, monseigneur, que lui seul a tout organisé, que je n'étais dans ses mains qu'un instrument? Le projet de vous tuer à Limours, c'est lui qui l'a conçu!

— Fort bien, dit Richelieu. Ceci devait être l'objet de ma première question. Reste un seul point à éclaircir : à qui réservait-on l'honneur de porter le premier coup? Cet honneur, ne l'aviez-vous pas réclamé pour vous-même?

— Je l'avais réclamé.

— Devant les juges vous souteniez le contraire. Je pose ma seconde question : saviez-vous que le complice dont nous parlions tout à l'heure eût le coupable espoir d'épouser la reine?

— Je le savais.

— Écrivez! dit le cardinal en se tournant vers l'homme à genoux.

Je revis dans ses yeux le même éclair de contentement féroce; mais presque aussitôt il reprit un visage impassible, un ton patelin, et dit au prisonnier :

— Vous aviez encore nié cela. Je vois avec plaisir que vous vous décidez à répondre avec franchise. Continuez, vous vous en trouverez bien.

— J'attends votre troisième question, monseigneur.

— La voici, dit Richelieu. Ce mariage avec la reine ne devait-il pas entraîner forcément la mort du roi?

— Jamais! On n'a pas eu cette abominable pensée, je vous le jure!

— Enfin, vous avez beau dire. le roi gênait. Il fallait briser l'obstacle. Si vous n'aviez pas résolu d'attenter à ses jours, que vouliez-vous donc? lui raser la tête comme à un roi fainéant, le jeter dans un cloître et le déclarer indigne de la couronne?

— Oui, monseigneur.

Richelieu fit deux pas en arrière, leva les mains au ciel et prit une attitude de surprise douloureuse.

— Ah! monsieur le comte! monsieur le comte! s'écria-t-il, j'espérais que vos torts n'avaient pas été aussi loin. Tout cela est horrible, savez-vous? Louis XIII vous eût pardonné sans doute un projet de meurtre; mais ce traitement honteux que vous lui réserviez, mais cette fin déshonorante!... Je n'ose plus, en vérité, vous promettre la grâce.

— Qu'entends-je? Alors c'est un piége que vous m'avez tendu, monsieur le cardinal! s'écria Chalais avec désespoir.

Nous frissonnions tous. Le souffle manquait à nos poitrines.

— Un piége? répondit Richelieu. Je vous laisse libre de le croire. Il répugnait à Sa Majesté de signer un arrêt de mort sans être bien sûre du crime, et ma démarche a eu pour but de lui donner cette certitude.

La voix du ministre était ironique et son sourire infernal.

Je ne pus retenir un cri d'horreur. Tous les gardes se joignirent à moi par un long murmure d'indignation.

— Qui ose ici désapprouver ma conduite? demanda Richelieu d'une voix irritée.

Chalais venait de tomber avec accablement sur le seul escabeau qu'il y eût dans ce lieu lugubre. Tout à coup il se redressa et courut au ministre.

— Vil imposteur! traître infâme! cria-t-il en lui portant au visage ses poings fermés.

Richelieu esquiva cette attaque violente, et tout aussitôt les deux hommes noirs, mes voisins, se précipitèrent sur le malheureux jeune homme.

Ils le ramenèrent sur son siége, où ils le continrent de leurs bras robustes.

— A merveille, dit Richelieu: je vous confie le prisonnier. Quant au lieutenant des gardes et à ses hommes, ils vont tous remonter avec moi, afin de signer sous les yeux de Sa Majesté le procès-verbal qu'on vient d'écrire. Votre humble serviteur, monsieur le comte! ajouta-t-il en saluant Chalais; je vais vous recommander à la clémence du roi. Partons, messieurs.

Hélas! à moins d'assassiner le cardinal dans le cachot même, il n'y avait pas de résistance possible!

— Sans doute on va nous laisser redescendre, murmura Saint-Évremond: rien n'est désespéré.

Cinq minutes après, nous étions dans la chambre du roi, qui écouta d'un air impassible la lecture de l'interrogatoire.

— Signez, messieurs, nous dit le cardinal.

Quand le parchemin eut reçu nos parafes, le ministre se tourna vers Saint-Évremond et ajouta :

— Vos hommes sont libres : j'ai donné d'autres gardes au condamné. Laissez-nous!

Il nous congédia d'un geste impérieux.

Avait-il éventé nos projets, ou notre contenance, lors de la scène du cachot, lui avait-elle inspiré des doutes? Quoi qu'il en fût, il venait de briser notre dernier espoir.

Bientôt nous apprîmes que le roi confirmait l'arrêt des juges.

Heureux d'avoir réussi dans son indigne comédie de clémence, le ministre manqua sans pudeur à sa parole.

L'exécution devait avoir lieu le lendemain, au point du jour.

Je rendrais difficilement l'espèce de rage qui s'empara de toute la compagnie des gardes du corps lorsqu'ils apprirent cette nouvelle. Témoins de ce qui s'était passé entre Henri de Talleyrand et Richelieu, ils ne trouvaient pas de discours assez énergiques pour blâmer la perfidie du cardinal.

Ce fut presque une révolte.

Les plus hardis déclaraient qu'ils mettraient obstacle au supplice.

On en arrêta quelques-uns pour intimider les autres.

Marguerite et moi nous fîmes comprendre au reste de la compagnie que la force ouverte n'aboutirait à rien. Par nos conseils, ils eurent l'air de se soumettre, et, la nuit venue, quarante d'entre eux nous suivirent chez le bourreau de Nantes.

En nous voyant entrer, cet homme recula de saisissement.

— Que voulez-vous, messieurs? nous dit-il.

— Tu vas le savoir, répondit Saint-Évremond, qui tira, sans autre préambule, une bourse de sa poche et la lui montra. Je t'annonce qu'il y a là-dedans deux cents louis.

Le bourreau regarda la bourse d'un œil avide. Au travers des mailles de soie on voyait briller les pièces d'or.

— Tu as reçu des ordres pour demain? demanda Marguerite.

— J'en ai reçu, murmura le bourreau.

Ses yeux se dirigèrent vers une hache, posée tout près de là sur une table, et dont il était en train d'aiguiser le tranchant lorsque nous l'avions interrompu.

— Eh bien, ces ordres, répliqua Marguerite, tu ne les accompliras pas.

— C'est impossible.

— Rien au contraire n'est plus facile. Les deux cents louis t'appartiennent, si tu te prêtes à la circonstance; si tu résistes, nous t'étranglons sur-le-champ.

— Ah! fit-il en nous considérant avec stupeur.

— Tu as le choix.

— Oui, le choix entre la bourse ou... C'est fort clair!

— Tu ne manques pas d'intelligence. Dépêchons! Il faut que demain toutes les recherches qu'on ordonnera pour te découvrir soient inutiles. Point de bourreau, point de supplice.

— C'est juste. Que dois-je faire?

— Rien; tu vas seulement nous laisser agir. Un bâillon dans ta bouche, des cordes solides autour de tes membres, et nous t'expédions loin de la ville.

— Mais, voulut dire le bourreau...

— Tais-toi! Lorsqu'on t'aura rattrapé plus tard, tu invoqueras pour ta défense le cas de force majeure. Prends cette bourse, et pas un mot de plus, ou tu es mort!

Saint-Évremond fit un signe à ses soldats.

On terrassa le bourreau.

Moins d'une minute après, il était ficelé, bâillonné, et deux hommes vigoureux le chargeaient sur leurs épaules.

La nuit était sombre.

Nous prîmes les rues les plus désertes et nous gagnâmes le bord de la Loire. Une barque se trouva prête; les deux hommes y déposèrent leur fardeau, et, du pied, la poussèrent au large.

— Adieu! cria Saint-Évremond au navigateur. Tâche d'arriver à Paimbœuf avec le jour et de rencontrer des âmes charitables qui t'empêchent de gagner la pleine mer. Bon voyage!

Une sorte de gémissement sourd arriva jusqu'à nous et montra que le bourreau goûtait peu la plaisanterie.

La barque fut emportée par le courant.

Au point du jour, lorsqu'on vint annoncer à Richelieu que l'exécuteur n'était pas à son poste, il entra dans une rage inexprimable. Avertie par nous, madame de Talleyrand faisait agir tous ses amis et se jetait elle-même aux pieds de Louis XIII.

Nous allions triompher.

Le roi chancelait; les larmes et les cris de douleur d'une mère commençaient à l'émouvoir.

Mais il vint tout à coup à l'esprit de Richelieu une idée atroce, et que Satan lui suggéra pour la perte de Chalais.

Dans les prisons de la ville était un meurtrier de bas étage, condamné à la potence.

Le cardinal donna l'ordre de lui amener cet homme.

— Veux-tu remplacer le bourreau? lui demanda-t-il, et je te fais grâce

— Oui-da, répondit le misérable; j'accepte, monseigneur.

Aussitôt on lui mit une hache entre les mains. Il courut se placer sur l'échafaud, où nous vîmes, l'instant d'après, monter Henri de Talleyrand.

Nous restâmes anéantis et comme frappés de la foudre.

Jamais, dans le cours de mon existence, plus affreux spectacle n'épouvanta mes regards.

Il me semble voir toujours ce noble jeune homme, pour le salut duquel nous avions fait tant d'efforts. Calme et intrépide, à cette heure suprême, il se laissa couper les cheveux, et en prit une boucle qu'il tendit à son confesseur.

— Ceci, dit-il, est pour ma mère. Demandez-lui grâce en mon nom de tout le chagrin que je lui donne.

Puis il embrassa le Christ, leva les yeux au ciel et s'agenouilla devant le billot.

Bientôt un horrible cri se fit entendre.

L'exécuteur avait manqué la victime.

Un nuage de sang voila mes yeux; j'entendis encore de nouveaux cris, d'autres coups de hache, et je m'évanouis d'horreur.

Le bourreau improvisé par le cardinal s'y reprit trente-quatre fois avant d'abattre la tête du patient. Au trente-troisième coup, le malheureux Chalais criait encore. . . . .
. . . .

A deux jours de là, toute la cour dansait aux noces de Gaston.

X

Marguerite sollicita un congé et me ramena à Paris.

Pendant plusieurs semaines, il me fut impossible de goûter un seul instant de repos. A peine mes yeux se fermaient-ils, que j'étais réveillée par ce bruit sinistre de la hache, dont mes oreilles ne pouvaient se délivrer. Je voyais toujours devant moi, sur l'échafaud sanglant, le groupe effroyable du bourreau luttant avec la victime.

Chose bizarre, étrange fantaisie du cœur! Je pleurais Henri de Talleyrand comme j'eusse pleuré l'amant le plus cher.

Je m'étais passionnée pour sa délivrance.

L'image de ce pauvre jeune homme, condamné par une justice barbare, ne me quittait plus.

A partir de cette époque, le cardinal me devint odieux : je ne voyais pas que la conservation du pouvoir de cet homme et le bien qu'il faisait censément à la France dussent être ainsi achetés par des flots de sang.

Ma gaieté tout entière avait disparu dans ce voyage de Nantes.

Presque rudoyé par moi, Saint-Évremond s'éloigna, disant d'un air piqué qu'il attendrait la fin de mon caprice.

La cour était revenue de Bretagne.

Je n'avais pas revu Marsillac; il se cachait encore, non par crainte de Gaston, qu'il eût affronté mille fois, mais par crainte de la Bastille, sous les murs ténébreux de laquelle celui qu'il avait insulté menaçait de l'enfermer pour le reste de ses jours.

Madame de la Rochefoucauld eut une peine infinie à arranger cette affaire. Elle n'y réussit qu'en ayant recours à Richelieu.

Le ministre gardait rancune au frère du roi.

Cette occasion de l'humilier lui parut excellente. Il fit révoquer à Louis XIII la lettre de cachet que Monsieur avait obtenue contre Marsillac, et ne borna point là sa protection.

Afin d'empêcher ses ennemis de renouveler une tentative pareille à celle de Limours, il venait d'obtenir pour lui-même un régiment tout entier, chargé de veiller à la sûreté de sa personne.

Il nomma le prince officier dans ses gardes.

C'était une manière de le rendre inviolable, et Monsieur fut contraint de dévorer son affront.

Une fois libre, Marsillac vint frapper à ma porte.

Entre nous il y avait une réconciliation où l'amitié seule jouait un rôle.

François combattit ma tristesse. Il joignit pour cela ses ef-

Il se nommait Guy-Patin. (*Page* 143.)

forts à ceux de mon médecin, joyeux compagnon s'il en fut, toujours gai, toujours content, toujours moqueur, et déjà fort connu pour sa science.

Il se nommait Gui Patin.

— Je vous ordonne trois remèdes, me dit-il un soir après m'avoir tâté le pouls.

— Lesquels, je vous prie? lui répondis-je.

— Vous avez une voix délicieuse et vous touchez du luth à confondre un séraphin : chantez et faites-nous de la musique! Voilà le premier point de mon ordonnance.

— Et le second, docteur?

— Riez!... car vos dents sont une rangée de perles. Nous cacher un semblable trésor est un crime.

— Ces prescriptions, monsieur, sentent le madrigal.

— J'en fais assez d'autres qui sentent la pharmacie!

— Voyons, s'il vous plaît, le troisième remède.

— Avec les chansons et le rire, je vous ordonne l'amour.

— Docteur! docteur! vous outre-passez vos pouvoirs.

— Qu'importe, pourvu que je vous guérisse!

— Pensez-vous que l'amour et la santé marchent ensemble?

— Oui, quand on ne s'administre pas le premier à trop forte dose.

— Dans ce cas, dit une voix qui nous fit tressaillir, non-seulement il ruine la santé, mais il pousse au suicide.

La personne qui entrait de la sorte, sans se faire annoncer, était M. Desmarets de Saint-Sorlin, secrétaire intime du cardinal.

Marion Delorme, toujours enfermée dans sa mansarde, au faubourg Saint-Antoine (du moins je l'y croyais encore), m'avait suppliée d'attirer chez moi ce personnage afin de le sonder sur les dispositions du ministre. C'était un homme de beaucoup d'esprit, très-peu enthousiaste de Richelieu, et qui ne se gênait pas pour le déchirer à belles dents.

Je le recevais, par cette raison même, avec infiniment de plaisir, et je lui donnais ses entrées franches dans mon boudoir.

— Que parlez-vous de suicide? demandai-je, assez inquiète.

Il avait la figure bouleversée.

— De grâce, me dit-il, laissez-moi reprendre haleine; je suis venu tout courant.

— Avez-vous vu Marion?

— Oui; elle est rentrée rue des Tournelles.

— Comment!... et je n'ai pas eu sa visite ?
— Non, car elle a besoin d'abord de celle du docteur.
— Que dites-vous ?
— Elle s'est jetée hier à la Seine par désespoir d'amour. Des bateliers de la Grève l'ont retirée à moitié morte[1].
— Ah! miséricorde!... Courez, mon ami, courez vite! dis-je à Gui Patin. Mes domestiques vont vous conduire, c'est à deux pas!

Le docteur partit.

— Elle s'est jetée à la Seine par désespoir d'amour? répétai-je en joignant les mains avec effroi.
— Mon Dieu, oui! c'est une triste histoire. Je vous ai demandé, il y a huit jours, l'adresse de mademoiselle Delorme, car elle a beaucoup connu le duc de Buckingham, à l'époque où celui-ci négociait le mariage de Henriette de France avec le roi son maître.
— Beaucoup... Mais ensuite?
— Le favori de Charles Ier bloque, en ce moment, la Rochelle avec une flotte.
— Je ne vois pas quel rapport...
— Laissez-moi poursuivre, tout cela s'enchaîne. Buckingham veut se venger du ministre, qui s'est permis d'entraver sa passion pour Anne d'Autriche. Or la circonstance m'a paru favorable, et j'ai, sans plus de retard, formé le projet de rapatrier le cardinal et Marion. Communiqué à Richelieu, ce projet lui a semblé magnifique.
— Mais le suicide... à quel propos est venu le suicide?
— Patience! Vous m'indiquez donc la retraite de mademoiselle Delorme. J'y cours, et je ne trouve personne.
— L'imprudente! elle était sortie?
— Mieux que cela, déménagée!
— Par exemple?
— C'est comme je vous l'affirme : déménagée avec un aman de cœur, un jeune artiste nommé Étienne Lambert.

[1] Voir les *Confessions de Marion Delorme*. (NOTE DE L'ÉDITEUR.)

— Où avez-vous eu ces détails?

— Voici. Nos amoureux n'avaient point laissé d'adresse, et je revins désappointé au Louvre, où, le soir même, par le plus grand des hasards, je me trouvai en face d'un portrait de la fugitive.

— D'un portrait de Marion, au Louvre?

— Oui, dans un de ces trous que le ministre permet à quelques peintres d'habiter sous les combles. J'allais commander un médaillon à Daniel du Moustier, le plus habile de tous pour la miniature, lorsque j'aperçus au fond de son atelier une toile représentant mademoiselle Delorme. — « Eh! voilà Marion! m'écriai-je. — Non pas, me répondit Daniel, la personne que vous montrez est la maîtresse d'un de mes amis. — Je suis loin de vous le contester, mais c'est Marion Delorme! » Il bondit de surprise et poussa des exclamations auxquelles je ne compris rien d'abord. Enfin je devinai que son ami croyait avoir triomphé d'une vierge candide, et qu'il était homme à faire un éclat terrible, s'il venait à connaître le véritable nom de sa maîtresse. Daniel me promit de se mettre au plus vite à leur recherche; mais il ne put les découvrir qu'au fond de la Seine.

— Ah! mon Dieu!

— La catastrophe prévue était arrivée. Sachant qu'il avait affaire à la célèbre femme galante dont ce gredin de Théophraste[1] a publié les aventures, Étienne Lambert alla se noyer de désespoir, et Marion, qui l'aimait à la folie, courut se jeter à l'eau à son tour.

— Mais c'est une histoire affreuse!

— D'autant plus qu'on ne retira que Marion vivante. Son amant a trouvé la mort au fond de la rivière. La pauvre femme est inconsolable. Je vous exhorte à ne plus la quitter. Faites en sorte de lui rendre tout le sang-froid dont elle a besoin pour fléchir cet endiablé cardinal, qui s'inquiète fort peu des chagrins d'amour. Il est entré, comme je vous l'ai dit, dans tous

---

[1] Journaliste de l'époque. (Note de l'Éditeur.)

mes plans. Bientôt il partira pour la Rochelle, où il exige que Marion le rejoigne au plus vite. Donc, il faut la consoler sans retard.

Je pris le bras de Saint-Sorlin. Il m'accompagna chez la malade. Nous la trouvâmes dans un état effrayant. Le docteur désespérait de la sauver.

Toutefois, grâce à nos soins réunis, elle fut en une semaine hors de péril.

Mais le mal physique n'emporta pas avec lui le chagrin. L'amour de mademoiselle Delorme pour Étienne était aussi profond que sincère; elle pleurait amèrement le jeune artiste et s'accusait de sa mort.

— Ah! disais-je au docteur, pouvez-vous me conseiller d'aimer, en face d'un tel exemple?

— Un instant, diable! un instant! me répondit-il, je m'explique : aimez toujours avec les sens, jamais avec le cœur.

— C'est donc là, monsieur, votre système?

— Oui, ma chère.

— Il faut, selon vous, se garantir du véritable amour?

— Véritable! véritable!... Enfin appelez-le de la sorte, puisque cela vous convient; mais, pour Dieu, sauvez-vous-en comme d'un abîme! Au fond de ces tendresses insensées, il n'y a que la perte des illusions, le désespoir et les larmes. Comprenez-vous deux êtres assez absurdes pour s'isoler entièrement du reste du monde et prendre en mépris tout ce qui n'est pas l'objet aimé? Ils se décorent l'un et l'autre des qualités les plus séduisantes et se changent réciproquement en demi-dieux. Maintenant, que la force des choses les arrache de cet Olympe de l'amour, ils veulent y retourner à tout prix; ils ne consentent point à briser l'idole, même quand les vers la rongent. On ne peut mieux comparer leur état qu'à celui d'un malade auquel on administre de l'opium. Il fait des rêves merveilleux et s'envole dans des régions impossibles. Mais, au réveil, il retrouve la douleur, et sa situation lui paraît plus insupportable; il redemande ses rêves, absorbe chaque jour une quantité de poison plus grande, et finit par en mourir.

— Je crains que vous ne disiez vrai, docteur.

— N'en doutez pas. Cela mérite des réflexions sérieuses. Pourquoi les poètes donnent-ils des ailes à l'Amour?

— Ah! oui, à propos, pourquoi?

— Parce qu'il est reconnu, chère amie, qu'il doit pouvoir s'envoler tout à l'aise; autrement on lui donnerait des béquilles.

— C'est juste.

— Ainsi modifiez mon ordonnance, et, au lieu de l'*amour*, écrivez le *plaisir*.

— Oui, docteur.

De son lit, Marion prêtait l'oreille à cet entretien.

Je crus m'apercevoir qu'il avait produit quelque effet sur elle. Bientôt nous parvînmes à rendre le sourire à ses lèvres, en lui racontant les échecs essuyés par le cardinal auprès de certaines beautés de la cour.

M. de Saint-Sorlin connaissait là-dessus nombre d'anecdotes curieuses, et les brodait à merveille.

Quand il avait fini, notre joyeux docteur entamait le chapitre des médecins, qu'il accablait de sarcasmes en se sacrifiant lui-même.

— La maladie que nous guérissons le mieux, disait-il, c'est la crédulité du public à notre égard. Après tout, de quoi se plaint-on? Ne faisons-nous pas toujours assez de bien quand nous ne faisons point de mal?

Marion riait.

Nous excitions la verve du docteur; cela n'en finissait plus.

Sur les entrefaites, la baronne de Montaigu, ma tante, vint à mourir. Je donnai des larmes sincères à cette amie dévouée de mon enfance. Frappée d'une apoplexie foudroyante, elle n'avait pas eu le temps de m'appeler à son lit de mort.

Il fut convenu que nous irions en Touraine, et M. de Lenclos partit le premier, se chargeant de régler là-bas mes affaires, car j'héritais sans exception de tous les biens de ma tante.

Huit jours après, Saint-Sorlin, le docteur, mademoiselle Delorme et moi, nous prenions à notre tour la route de Loches.

Mon père m'y préparait une véritable réception de châtelaine.

Une fois arrivés, nous étions à moitié chemin de la Rochelle, où le secrétaire de Son Éminence voulait toujours conduire Marion.

Le mouvement du voyage, les épigrammes de Saint-Sorlin, et surtout les soins passablement intéressés du docteur, qui était devenu fort amoureux de mademoiselle Delorme, rendirent à celle-ci son entrain et son amabilité d'autrefois.

Les sombres fantômes qui l'assiégeaient disparurent.

Après une joyeuse semaine passée dans mes terres, nous nous dirigeâmes en poste vers la Rochelle, où devait définitivement se signer le traité de paix entre Marion et Richelieu.

J'accompagnais ma voisine dans ce voyage, avec la secrète espérance de rencontrer au siége un des héros de mes premières aventures, ce pauvre chevalier de Baray, qui s'était conduit à mon égard d'une façon si loyale, si chevaleresque, et dont j'avais été séparée à l'époque de la mort de ma mère.

Il m'aimait sincèrement ; je lui avais toujours conservé dans mon cœur un tendre souvenir.

Mon premier soin, à notre arrivée, fut de mettre deux messagers à sa recherche, sans lui faire dire quelle était la dame qui le demandait, afin de mieux jouir de sa surprise et de sa joie.

Au bout d'une heure, un capitaine d'artillerie parut, amené par l'un de mes deux hommes, et me dit avec un accent d'affliction profonde :

— Vous avez fait demander mon frère, madame, et mon frère ne peut plus se rendre à votre appel. Il y a huit jours qu'un biscaïen, parti des remparts, est venu le frapper en pleine poitrine...

— Grand Dieu !... Qu'entends-je ?... Il est mort !

Le capitaine accourut pour me soutenir, car mon visage

s'était couvert subitement de pâleur et j'allais tomber à la renverse.

— Madame!... Oh! pardon! me dit-il; je viens de vous apprendre sans ménagement une triste nouvelle... Vous aimiez donc mon frère?

— Il est mort!... Pauvre chevalier! m'écriai-je, fondant en larmes.

— Vous êtes mademoiselle de Lenclos peut-être?

Je répondis par un signe: les soulèvements précipités de mon sein ne pouvaient laisser échapper que des sanglots.

— Ah! mademoiselle, votre nom n'a pas cessé d'être sur ses lèvres! En mourant, il le prononçait encore, et voici ce que je m'étais chargé de vous porter à mon retour du siège.

Il me présentait un linge taché de sang; je reconnus le mouchoir que son malheureux frère avait racheté jadis au mendiant du parvis Notre-Dame.

Je baisai mille fois ce dernier gage d'amour, et je l'arrosai de mes pleurs.

Ainsi devait finir l'homme qui m'avait le plus noblement et le plus saintement aimée!

Mon chagrin ne céda pas sans peine aux soins affectueux de mes amis et à leurs prévenances.

Ce fut au tour de Marion de me consoler.

Elle ne voulait pas rendre sans moi visite au cardinal, et deux jours s'écoulèrent sans que j'eusse la force de m'occuper d'autre chose que de ma douleur. Enfin le secrétaire du ministre me fit comprendre de quelle importance il était d'en terminer avec tous ces retards, et l'heure de la visite fut fixée.

Richelieu, métamorphosé en général, déployait à conduire les opérations du siège un talent remarquable: il faut lui rendre cette justice avec tous les militaires qui purent le voir à l'œuvre.

Une seule chose le désespérait, c'était la flotte de Buckingham, éternellement à l'ancre en face du port. Elle rendait, de ce côté, la ville inattaquable, et y faisait passer les provisions de bouche nécessaires.

En mourant, il le prononçait encore. (Page 152.)

Or le plan de Saint-Sorlin consistait à user du secours de Marion pour décider Buckingham à regagner Portsmouth.

Ce plan, comme on le sait, avait l'entière approbation de Richelieu, qui, depuis quinze jours, attendait mademoiselle Delorme avec impatience.

Pour aller trouver le ministre, il nous fallut gravir une énorme falaise, au sommet de laquelle il avait fait transporter des canons qu'il était en train de braquer contre les vaisseaux anglais.

Lorsqu'il aperçut Marion, il vint brusquement à elle et lui reprocha son arrivée tardive.

— Vous deviez pourtant, mademoiselle, lui dit-il, avoir le désir de me faire oublier vos sottises, et je ne vous trouve guère empressée de mériter votre grâce.

Elle lui répondit avec une hardiesse qui m'effraya.

Je me hâtai de l'interrompre et de dire au ministre, en accompagnant ma phrase d'une respectueuse révérence :

— Mon amie et moi, nous sommes entièrement aux ordres de monseigneur.

Il me regarda d'un air singulier et prit la liberté grande de me passer la main sous le menton, comme il eût fait à un enfant.

— Çà, venez un peu, Toiras, et laissez vos batteries, nous n'en avons plus besoin ! cria-t-il en appelant son premier capitaine. Voici deux adorables personnes dont les yeux causeseront aux Anglais plus de désastre que vos boulets et votre poudre. Elles vont s'embarquer à l'instant même et rendre visite à la flotte de milord Buckingham.

Il prit la peine de nous expliquer la manière dont il fallait nous conduire avec son ennemi.

Comme il s'agissait de fourbe et de ruse, monseigneur était dans sa sphère.

Moins d'une heure après, nous nous embarquions sur un chasse-marée. Saint-Sorlin nous adressait des signes d'adieu du rivage.

— Et vous oserez, mesdames, s'écria Gui Patin, qui n'avait pas voulu nous abandonner, et pour cause, vous oserez donner suite à cette combinaison digne de Machiavel?

— Mais il me semble, mon ami, lui dis-je, que nous servons le roi et la France.

— Avec de singulières armes, morbleu !

— Là! là! docteur, je devine vos inquiétudes, dit Marion.

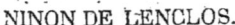

Tranquillisez-vous. Mademoiselle de Lenclos, seule, attaquera Buckingham.

Cet arrangement me parut assez bizarre.

Mais je n'eus pas le loisir de répliquer, car une effroyable détonation se fit entendre, et des boulets sifflèrent à nos oreilles.

C'était un avertissement de messieurs les Anglais.

En approchant de la flotte, le patron de notre petit navire avait oublié de hisser le pavillon britannique. Il se hâta de nous épargner une seconde volée de mitraille, en réparant son oubli.

Bientôt nous abordâmes le vaisseau amiral, où mademoiselle Delorme, reconnue de son ancien adorateur, nous obtint une réception charmante.

Ici le courage m'abandonne. La plume me tombe des mains.

Cette excursion maritime et le voyage en Angleterre qui la suivit devaient causer la perte du malheureux Buckingham.

Il nous crut persécutées par Richelieu, se laissa prendre à nos coquetteries, obéit à nos caprices, et se décida enfin à retourner à Londres, où nous nous trouvâmes bientôt en pleine cour du roi Charles Ier.

Nous reçûmes un accueil en rapport avec l'immense faveur dont le duc jouissait auprès de son maître.

La gracieuse reine Henriette, notre compatriote, daigna nous autoriser à lui rendre de fréquentes visites.

Cette fille de Henri IV regrettait le Louvre et son beau ciel de France. Il semblait qu'elle prévît déjà tous les malheurs qui devaient fondre sur elle et sur son époux.

Buckingham n'avait pas eu l'intention de renoncer à son projet de secourir la Rochelle. Sa flotte ne se trouvant pas assez considérable pour bloquer entièrement le port et réduire l'île de Rhé, dont la prise était pour lui fort importante, il avait cédé à nos sollicitations, mais avec le dessein de profiter de ce retour en Grande-Bretagne pour augmenter ses forces et reprendre la mer, au printemps, avec le double de vaisseaux.

Averti de ces préparatifs, Richelieu jura que la ville assiégée ne reverrait plus son défenseur.

Un fanatique, appelé Felton, soudoyé par le cardinal, se précipita sur Buckingham au moment où celui-ci allait se rembarquer, et le poignarda sous nos yeux[1].

Nous revînmes à Paris dans un état d'affliction profonde, nous reprochant d'avoir si à la légère consenti à servir un homme dont la politique monstrueuse ne reculait même pas devant un crime.

Je ne m'étais trouvée que deux fois vis-à-vis de Richelieu, et deux fois j'avais vu couler le sang.

Le caractère de ce ministre était horrible. Encourir sa haine devenait un arrêt de mort ou d'exil. Repoussant de son cœur non-seulement le sentiment du pardon, mais encore celui de la reconnaissance, il persécuta la reine mère, sa bienfaitrice, excita Louis XIII contre elle, et la fit honteusement chasser de la cour.

Marion sentait comme moi la nécessité d'échapper à nos lugubres souvenirs.

Elle invita tous nos amis à un dîner qui lui coûta pour le moins vingt mille livres. Il y avait neuf services de quinze bassins chacun. C'était royal.

A mon tour je donnai des fêtes magnifiques, où Saint-Évremond, que je boudais beaucoup moins alors, m'amena tout ce que Paris avait de célébrités dans les lettres et dans les arts.

Un soir, au moment où mes salons étaient remplis, il me présenta un jeune homme dont l'air timide et modeste m'intéressa vivement.

Son costume, d'une propreté rigoureuse, mais peu conforme à la mode du jour, laissait deviner qu'il était de province.

Effectivement, il arrivait de la capitale de la Normandie, et

---

[1] Voir les *Confessions de Marion Delorme*. (NOTE DE L'ÉDITEUR).

déjà ses compatriotes le tenaient en grande estime pour ses talents littéraires.

Il se nommait Pierre Corneille.

Sur la foi de Marguerite, auquel je reconnaissais un goût très-solide, j'invitai les comédiens de l'hôtel de Bourgogne et je les priai d'entendre la lecture d'une pièce de notre auteur de Rouen.

Ce fut une véritable solennité. Le succès dépassa mes espérances.

On applaudit à tout rompre. J'avais décidément fait la découverte d'un grand poëte

Messieurs de l'hôtel de Bourgogne allèrent presser la main de mon protégé; leur enthousiasme ne peut se décrire. Ils demandèrent à Corneille le manuscrit de sa pièce, et se distribuèrent les rôles, séance tenante.

J'étais dans le ravissement.

L'auteur, dont la voix tremblait au début de sa lecture, avait fini par s'enhardir et par faire valoir toutes les beautés de son œuvre.

Sa douce et candide physionomie se transfigurait en quelque sorte au milieu d'un rayonnement d'inspiration; ses yeux, ordinairement inquiets et pleins d'une supplication craintive, brillaient de la flamme du génie. Je le trouvais sublime.

A la fin du dernier acte, je me levai de mon siége pour aller l'embrasser.

Toutes les dames présentes en firent autant.

De l'aveu général, il n'y avait pas eu jusqu'alors, au théâtre, de pièce aussi bien conduite et remplie d'aussi beaux vers.

Mon jeune poëte, si timide d'abord, resta le dernier dans mon salon et se précipita tout ému à mes genoux.

— Oh! merci! merci! ma noble protectrice! s'écria-t-il en versant des larmes de bonheur : je vous devrai mon avenir, je vous devrai la gloire! Vous êtes une divinité pour moi!

Jamais émotion plus douce ne m'avait fait battre le cœur.

Il me baisait les mains avec transport; nous pleurions ensemble. A l'épanchement de nos âmes, on eût dit que nous nous connaissions depuis de longues années.

Chez lui la reconnaissance amena bientôt l'amour.

Pierre Corneille ne me quittait plus. Je le suivais aux répétitions des comédiens. La pièce qu'il leur avait lue était intitulée *Mélite*, et le jour de la représentation fut un nouveau et magnifique triomphe. Tout Paris accourut applaudir mon poëte. J'étais plus radieuse et plus fière d'être à lui que si l'on m'eût proclamée reine de France.

Mais, hélas! il ne travaillait plus. Son unique occupation était de m'aimer. Je compris que je devais avoir du courage pour deux, et je lui dis :

— Pierre, votre séjour à Paris ne peut se prolonger davantage.

— Vous quitter, Ninon, vous quitter! s'écria-t-il avec un accent de désespoir : oh! c'est impossible!

— Il le faut, mon ami. Nous ne sommes raisonnables ni l'un ni l'autre. Vous savez combien je vous aime. Allez travailler dans le calme et le silence; revenez avec un nouveau chef-d'œuvre, et vous trouverez toujours dans mes baisers votre première récompense. L'amour ne doit être que le repos du génie.

Notre séparation me coûta bien des larmes. Mais Corneille ne m'appartenait pas, il appartenait aux lettres.

Deux jours après il retournait à Rouen.

Tout le monde chez moi l'avait engagé à solliciter la protection de Richelieu. Il refusa. Je trouvai qu'il faisait bien. Le génie ne doit pas s'humilier devant la puissance, sous peine d'avoir le même sort que le blé couché par le vent : l'un et l'autre ne mûrissent que debout.

Ces choses m'avaient rendue célèbre.

On se disputait l'entrée de mon cercle : on me comblait d'adulations et d'hommages. J'étais une idole devant laquelle on brûlait un éternel encens.

Je conviens que cela m'enivra d'abord; mais bientôt je m'aperçus de tous les dangers auxquels s'expose une femme lorsqu'elle veut se lancer dans le monde. Si elle prend son vol trop haut, le sort d'Icare la menace; si elle le prend trop bas, c'est pis encore. Sans compter ses ennemis intérieurs, la vanité, l'amour-propre, les sens et tout le reste, elle a aussi contre elle les hommes et les femmes, les femmes surtout.

Du point où j'en suis de mon histoire au jour où j'écris ces lignes, bien des années se sont écoulées; pourtant j'ai encore sur le cœur l'indigne fourberie de deux personnes admises alors dans mes réunions.

C'étaient la présidente de Mesmes et la baronne des Étangs.

L'une et l'autre avaient cherché à nouer avec moi des relations intimes; elles m'accablaient d'amitiés et de prévenances.

Madame des Étangs passait pour une femme sans passions et sans prétentions. Voiture disait d'elle : « C'est la candeur et la franchise mêmes. Rien de plus pur que ses principes, rien de plus indifférent que son cœur. Autant elle est froide en amour, autant elle est sincère en amitié. »

Voilà, certes, un bel éloge.

Eh bien, n'en déplaise à l'infaillibilité du jugement de Voiture, la femme dont il esquisse ainsi le portrait a machiné contre moi la trame la plus indigne et la plus perfide.

Quand il m'arrive d'accuser quelqu'un, j'accuse les preuves en main.

On estimera madame des Étangs à sa juste valeur, lorsqu'on aura lu cette lettre, adressée à la présidente sa complice, et qu'elle eut, un soir, l'étourderie de perdre dans mon salon.

« Plus j'y pense, ma chère, écrivait-elle, plus je me persuade que nous nous trompons dans le chemin que nous avons résolu de suivre pour perdre mademoiselle de Lenclos dans l'estime publique et lui enlever tous ses admirateurs. Des ironies fréquentes, des épigrammes continuelles, ne me paraissent point propres à détruire les avantages que notre ennemie commune trouve dans sa jeunesse et dans quelques minces attraits. La conduite que nous nous proposions de tenir décèle trop nos intentions; elle peut nous rendre odieuses, et, si nous lui déclarons une guerre ouverte, peut-être aurons-nous la douleur de voir la compassion s'unir aux autres sentiments qu'elle a déjà excités.

« Suivons un système contraire, je vous y engage.

« Recherchons son commerce, devenons ses amies, efforçons-nous de gagner sa confiance; usons du crédit que l'âge doit naturellement nous donner sur une jeune personne. Enfin tâchons de parvenir à la gouverner, faisons en sorte d'être ses confidentes.

« Avec de l'adresse et de la ruse, je répondrais que nous l'amènerons un jour à ne plus voir, penser, sentir que par nous.

« Le triomphe est assuré, si nous pouvons lui donner de l'indifférence pour ces vains agréments qu'elle possède. Substituons aux grâces dont la nature l'a comblée le goût des vertus supérieures; remplaçons chez elle la vivacité par la circonspection, le sentiment par le sophisme, la franchise par la défiance, la fine plaisanterie par le ton raisonneur. En un mot, rendons-la si solide et si estimable, que nous rompions cet enchantement qui attire et fixe tous les hommes auprès d'elle.

« Nous risquons, il est vrai, de faire une femme essentielle de celle qui ne devait être qu'amusante et jolie; mais devrons-nous donc en avoir du regret? Nous l'aurons accoutumée à outrer ses qualités les plus précieuses; aucune de ses vertus ne sera à sa place, et, si je ne me trompe, nous la verrons incessamment plus ridicule et aussi peu fêtée que si elle était laide et vieille.

« Voilà, ma chère, le parti qui m'a paru le plus prudent.

« Montrer de la jalousie, c'est afficher la supériorité de sa rivale. La détruire en paraissant vouloir la perfectionner, c'est le chef-d'œuvre de l'art, et ce sera pour nous le comble de la satisfaction. »

Qu'en pensent mes lecteurs?

Je jurai de punir cruellement les deux hypocrites qui m'avaient donné des baisers de Judas sans nombre.

On me l'apporta, un jour, sur une litière, baigné dans son sang. (Page 162.)

Rien n'était plus facile.

Il suffisait d'envoyer des invitations de toutes parts, de rassembler chez moi la société la mieux choisie, et de démasquer honteusement les traîtresses, en faisant de la lettre trouvée une lecture publique.

Mais un accident fatal vint tout à coup me détourner de ce projet de vengeance et m'accabler de douleur.

La funeste manie que M. de Lenclos partageait avec les nobles de l'époque de tirer l'épée à chaque instant pour le motif le plus frivole devait finir par causer sa perte.

On me l'apporta, un jour, sur une litière, baigné dans son sang. Il avait la poitrine traversée d'un coup mortel.

Je me jetai dans ses bras en poussant des cris de désespoir.

Le chirurgien, qui venait de poser le premier appareil sur la blessure, déclara que mon malheureux père ne vivrait pas vingt-quatre heures.

Gondi et Scarron avaient été les témoins du combat. Ils se trouvaient avec moi près du lit de mort.

— Pourquoi pleurer, ma chère Ninon? me dit mon père d'une voix déjà presque éteinte. Il me reste peu d'instants à vivre, tâchons de les donner à la joie plutôt qu'aux larmes. Tous mes jours, ici-bas, ont été consacrés au plaisir : je ne veux pas que ma mort démente ma vie. Je suis jeune encore, il est triste sans doute de partir sitôt; mais le sage, quand il en arrive là, doit sauter le fossé gaiement. Voyons, messieurs les abbés, vous n'allez pas, j'imagine, me réciter des psaumes? Je n'aurais, d'ailleurs, aucune confiance en vos prières. Dressez une table à côté de mon lit; couvrez-la de flacons, et trinquez à mon heureux voyage dans l'autre monde!

Hélas! il fallut sécher mes pleurs!

M. de Lenclos se dressa sur son séant, vida plusieurs verres de vin d'Espagne, et se mit à plaisanter, malgré sa souffrance.

L'abbé Scarron chanta des couplets, que j'accompagnai du luth, couplets burlesques où il narguait la mort sous le nom de la *camarde*, et dont mon père s'efforçait de répéter le refrain de sa voix affaiblie.

On eût pu croire du dehors que toute ma maison était en fête.

Mais bientôt les chants cessèrent.

Le blessé devint plus pâle. Sa main laissa tomber la coupe qu'il voulait saisir encore. Il m'attira, me pressa tendrement sur son cœur et me dit :

— C'en est fait... Adieu, Ninon... adieu ma fille bien-aimée !... Voici la mort, je la sens... Écoute mon conseil suprême. Tu le vois, il ne me reste que le souvenir des joies qui m'abandonnent. Leur possession n'a pas été de longue durée ; c'est la seule chose dont je puisse me plaindre à la nature. Mais point de regrets, ils sont inutiles. Toi, Ninon, toi, ma chère enfant, qui as à me survivre un si grand nombre d'années, profite de bonne heure d'un temps précieux, et sois toujours moins scrupuleuse sur le nombre que sur le choix de tes plaisirs...

Il me donna son dernier baiser. Deux secondes plus tard il n'était plus.

Jamais philosophe des anciens jours ne brava plus intrépidement la mort.

Me voilà donc seule au monde !

Un instant contenue par la volonté de mon père, ma douleur n'en éclata que plus vivement. Je m'enfermai, après avoir rendu les derniers devoirs à celui que je venais de perdre, et je défendis ma porte pendant un mois.

Tous mes amis se récrièrent.

François se désola, Saint-Évremond se fâcha de nouveau ; Gondi et Scarron m'écrivirent lettres sur lettres, en me disant que je devais, ne fût-ce que par piété filiale, suivre les conseils du défunt ; mais je n'accueillis personne, je ne voulus répondre à aucun message, et, pour en finir une bonne fois avec toutes ces persécutions, je résolus de voyager.

Faisant aussitôt mes préparatifs de départ, je congédiai mes domestiques, je fermai ma maison, et je n'emmenai avec moi que la vieille nourrice de ma mère.

Je me décidais à gagner l'Allemagne par la Lorraine.

A huit jours de là, nous étions à Nancy.

XI

Le soir même de notre arrivée, ma pauvre vieille Madeleine, qui approchait alors de quatre-vingts ans, se trouva toute brisée des fatigues du voyage.

Elle tomba sérieusement malade, et les médecins ne me laissèrent aucun espoir.

Bientôt elle mourut entre mes bras.

Dans un intervalle de six mois, j'avais vu Henri de Talleyrand périr sur l'échafaud, Buckingham succomber sous le poignard de Felton; ma tante, mon père et Madeleine descendre dans la tombe, sans parler du chevalier de Baray, dont la triste fin m'avait si vivement émue.

Tant de morts coup sur coup me frappèrent l'imagination.

Je me trouvais dans une ville inconnue, au milieu d'étrangers indifférents à mes chagrins. La tête me tourna. Pour la seconde fois je me réfugiai dans un cloître.

Il faut l'avouer, je n'avais pas été jusqu'ici très-religieuse, et certains points du dogme chrétien me semblaient inadmissibles.

Un jour, à l'hôtel de Rambouillet, j'avais eu à cet égard avec le père d'Orléans, jésuite célèbre, une discussion fort vive, au bout de laquelle je ne me sentis pas une plus ferme croyance. Désespérant de me ramener à la foi, mon théologien me dit de guerre lasse et avec une naïveté qui amusa les auditeurs.

— Eh bien, mademoiselle, en attendant que vous soyez convaincue, offrez toujours à Dieu votre incrédulité!

Mais les leçons terribles données par la mort firent sur mon esprit une impression que n'avaient pas obtenue les discours du père d'Orléans.

Au milieu des grands chagrins de la vie, où pouvons-nous aller chercher des consolation et de la force? où trouvons-nous un remède au désespoir? dans la religion. L'homme s'éloigne de tout ce qui souffre. Dieu seul accueille les larmes. Il n'est pas besoin d'autres preuves à l'appui du christianisme et de son institution divine.

J'étais entrée dans un couvent de Récollettes, ordre fort répandu en Lorraine et placé sous l'invocation de saint François.

Le nom de ces religieuses vient du mot latin *recollectus*, qui veut dire *recueilli*.

Elles me parurent, en effet, très-recueillies dans le Seigneur; il ne me semblait pas avoir vu chez les Ursulines du faubourg Saint-Jacques une piété aussi angélique et aussi sincère.

Tout d'abord je crus rencontrer dans la mère abbesse une amie véritable, dont l'affection reposa doucement mon âme.

Elle était jeune encore.

On voyait qu'elle avait dû être fort belle, et sa manière de me consoler dénotait une grande connaissance du monde.

Je compris qu'elle en avait expérimenté les périls.

— Ah! mon enfant, me disait-elle, restez avec nous; voyez comme nous sommes heureuses! Une paix constante est notre partage; toutes nos joies sont pures, et cette sainte retraite nous met à l'abri des orages du cœur. Vous avez trouvé le bercail, pauvre brebis égarée! croyez-moi, ne vous en éloignez pas.

Chaque jour elle m'exhortait à prendre le voile.

Mais, par malheur, je lui avais touché quelques mots de ma fortune, et je soupçonnai ses instances de ne pas être entièrement désintéressées.

Les autres religieuses faisaient chorus avec la supérieure; j'entendais une apologie perpétuelle du cloître.

En dépit de leurs vertus chrétiennes et de leur vœu de pauvreté, ces saintes personnes auraient vu sans déplaisir mes écus entrer dans la caisse du couvent.

Cette avidité maladroite produisit un effet contraire à celui qu'elles attendaient. Je résolus de profiter du premier prétexte qui s'offrirait de leur fausser compagnie. Une circonstance singulière contribua bientôt à hâter cette résolution.

Ma cellule donnait sur une rue étroite et silencieuse.

La règle défendait expressément de regarder dehors; mais je ne me croyais pas soumise à la règle, et souvent je glissais l'œil au travers de mes barreaux, bien que la perspective ne fût pas des plus attrayantes.

J'avais devant moi des maisons noires, humides, dont les fenêtres s'ouvraient rarement et ne me montraient que la face décrépite de quelque vieille femme étalant du linge au soleil.

Un soir que, selon ma coutume, j'étais en train de violer la règle, j'entendis une voix d'homme, fraîche et sonore, chanter une barcarolle napolitaine.

La nuit tombait.

Un silence profond régnait aux alentours, et la lune, qui venait de se lever, jetait des rayons presque joyeux dans cette rue habituellement si triste et si sombre.

Pour la première fois je trouvai ma position insupportable.

Je me demandai pourquoi j'étais là, dans ce monastère, avec des nonnes, au lieu d'être chez moi, libre, heureuse, le luth à la main, chantant aussi par cette belle soirée et par ce clair de lune splendide.

Mon voisin continuait sa barcarolle.

La voix partait d'une fenêtre qui était juste en face de la mienne. J'écoutais le chanteur avec délices, cherchant à le découvrir et à voir son visage; mais il restait au fond de sa chambre. Je ne pus satisfaire ma curiosité.

Tout à coup il se tut.

Je prêtai l'oreille; on venait d'ouvrir une porte, et j'entendis la conversation qui va suivre.

— Eh bien, dame Catherine, ma très-honorée gouvernante, me voici de retour.

— Oui, et j'en rends grâces au ciel, répondit une voix cassée. Tout le monde ici vous regrettait, monsieur Jacques. Vous avez été bien long dans ce voyage d'Italie.

— Que voulez-vous, dame Catherine? Rome, Naples et Florence, ont des séductions que n'offrent pas nos froides cités du Nord.

— Ainsi vous avez vu le pape, monsieur Jacques?

— Parbleu!

— Et comment donc est-il?

— Comment il est? mais il a une bouche, des yeux, un nez, comme un autre.

— Je m'en doute. Seulement je vous demande s'il a bonne tournure.

— La peste soit de vos questions, dame Catherine! Ne savez-vous pas que les papes sont vieux et laids?

— Enfin, l'essentiel est que vous soyez revenu, monsieur Jacques. Vous êtes, en vérité, toujours plus joyeux et plus joli garçon.

— Oui, je ne suis pas comme le pape! C'est ce que m'ont dit les Italiennes; mais je vous dispense de me le répéter, dame Catherine.

— Pourquoi?

— Parce que ces remarques sont déplacées à votre âge et avec votre figure. Demain, préparez mon pourpoint le plus neuf et mes chausses les plus présentables, car je dois rendre visite au château, où l'on est curieux de voir les richesses de mon portefeuille.

Là-dessus il reprit un couplet de sa chanson.

Je devinai qu'il se couchait.

— Dites-moi, dame Catherine, ai-je toujours devant ma fenêtre cet affreux visage de béguine, cette face maigre, ce museau de belette, cette chose sans forme et sans nom, couperosée, chargée de rides, que j'ai caricaturée si souvent?

— Non, monsieur. La cellule est habitée aujourd'hui par une jeune novice charmante.

— Peste! En êtes-vous sûre?

— Je vous l'affirme.

— Quelle heureuse chance! Mon atelier, du moins, ne m'ennuiera plus comme autrefois. La rose a remplacé le souci. N'oubliez pas, dame Catherine, de mettre demain le rideau vert : les novices sont pudiques de leur nature: il faut que je puisse étudier ce joli minois sans trop l'effaroucher.

— Soit, monsieur Jacques; mais que ferez-vous d'une novice?

— Vous êtes curieuse, ma chère!

— Ces saintes filles sont tout en Dieu : vous perdrez votre temps et vos peines.

— On ne sait pas, dame Catherine, on ne sait pas! Nous verrons. Bonsoir.

Il fredonna de nouveau et s'endormit.

Certes, il en fallait beaucoup moins pour réveiller ma nature légère et me donner des idées dangereuses.

Aussi pourquoi ces dames les Récollettes avaient-elles des cellules ouvertes sur la rue?

Cette imprudence leur enleva une néophyte, qu'elles eussent réussi peut-être à affubler de la guimpe, et leur fit perdre une dot qui pouvait monter à quelque chose comme trois cent mille livres, sans compter ma rente viagère.

Elles ont dû se consoler difficilement d'avoir manqué une si bonne aubaine.

Je rêvai du chanteur toute la nuit.

Au point du jour, j'étais à ma fenêtre, où je fis exprès un peu de bruit. Tout aussitôt il parut à la sienne. En me voyant il ne put retenir un cri : était-ce un cri d'admiration?

J'eus l'amour-propre de le croire.

Quant à moi, je le lorgnai du coin de l'œil, et je reconnus avec plaisir qu'il était fort bien de son extérieur.

Il pouvait avoir trente ans.

On remarquait sur sa figure un cachet d'originalité fine et presque railleuse, qui me plut au dernier point et me prouva que mon voisin ne devait pas être un sot.

Je vis qu'il s'apprêtait à suspendre lui-même le rideau vert,

Ma descente fut on ne peut plus heureuse. *Page* 173.

craignant sans doute, comme il le disait la veille, d'effaroucher ma candeur de novice. Mais cette manœuvre ne faisait plus mon compte.

Je me mis à le regarder franchement, naturellement, sans paraître ni troublée ni confuse.

Cela ne pouvait manquer de lui donner de la hardiesse. Il me salua, je lui répondis par un sourire.

A l'instant même le voilà tout de flamme.

Il se penche à la fenêtre et se dispose à m'adresser la parole. Je porte vivement un doigt sur mes lèvres : il comprend son imprudence, se retire et m'envoie un baiser.

Ce comble d'audace me fit baisser les yeux ; mais involontairement je les relevai avec un autre sourire.

Alors il croisa les mains sur son cœur et m'adressa un long regard de reconnaissance.

Puis il disparut un instant et revint avec des crayons et du papier. Au bout de quelques minutes, il me montra un croquis très-ressemblant qu'il venait de faire de ma personne.

Je poussai une exclamation de surprise et je lui indiquai par signes que je désirais avoir ce croquis.

Il courut chercher une longue perche, se préparant sérieusement à me le passer d'une fenêtre à l'autre.

— Non ! non ! lui dis-je en assourdissant ma voix : ce soir, quand la nuit sera venue !

Et je refermai ma fenêtre avec précipitation, car j'entendais marcher dans le voisinage. Presque en même temps on frappait à ma porte.

J'ouvris. C'était la supérieure.

Elle me demanda pourquoi je n'avais point assisté à matines.

— Mon Dieu, lui dis-je, une indisposition subite vient de me saisir, ma mère, et je crains de ne pouvoir suivre les offices de tout le jour.

— Prenez garde, ma fille ! Que votre ferveur ne se relâche point. Je vous ai obtenu de l'évêque du diocèse une grâce précieuse. Il vous dispense de toutes les longueurs du noviciat et vous autorise à prendre le voile sur-le-champ.

— Mais qui lui a demandé cette grâce, madame ?

— C'est moi, chère fille, moi qui ai cru aller au-devant du plus vif de vos désirs. Me serais-je trompée ?

— Oui, sainte mère. En me sondant la conscience, il me semble que ma vocation n'est rien moins que certaine.

— Vous êtes dans l'erreur, chère fille, dans une erreur profonde.

— Il me semble pourtant que, seule, je dois être juge...

— Non pas! non pas! interrompit-elle. Mon devoir est de vous prémunir contre les piéges de Satan. Lorsqu'il nous voit prêtes à nous consacrer à Dieu, il redouble d'efforts, et les tentations deviennent plus périlleuses. C'est à moi de vous sauver des griffes de l'esprit malin : je vous en sauverai, ma fille.

— Qu'est-ce à dire, madame? Prétendez-vous me retenir ici de force?

— Tous les moyens sont bons quand il s'agit d'arracher une âme à l'enfer.

— Mais si je veux me damner! m'écriai-je.

— Je vous en empêcherai.

— Vous?

— Moi-même.

— Voilà qui est fort!

— Calmez-vous, chère fille, calmez-vous. Dieu vous soumet à une épreuve. Ne craignez rien, vous en sortirez triomphante, et je vais mettre pour cela toutes nos sœurs en prières : leurs vœux réunis iront jusqu'au trône céleste, et Satan sera vaincu!

A ces mots, elle s'éloigna, non sans avoir eu soin de fermer la porte de ma cellule à double tour.

J'étais atterrée.

Ce qu'il y avait de plus inquiétant, c'est que l'abbesse me semblait de bonne foi dans son système de violence.

Elle me croyait sérieusement victime de quelque embûche du diable, et cela, joint à l'intérêt qu'elle avait de me conserver, me mettait fort en péril. Une révolte de ma part eût provoqué sur l'heure contre moi des mesures énergiques, et toutes les religieuses auraient eu la conviction d'agir pour la plus grande gloire de Dieu.

Mon unique ressource était donc en ce jeune inconnu, sur

le cœur duquel j'avais paru faire une impression si vive.

La supérieure revint.

Je dissimulai de mon mieux, reconnaissant avec elle que le diable pouvait bien être pour beaucoup dans mon changement d'avis, la remerciant des prières qu'elle ordonnait pour moi et la conjurant de me laisser à mes méditations.

Avant de partir, elle m'insinua que je ne ferais pas mal de revêtir un cilice et de m'administrer quelques coups de discipline.

— Je vous remercie du conseil, ma mère, lui répondis-je d'un air contrit, et je vais le suivre.

Elle me quitta.

J'écoutai le bruit de sa marche dans les corridors, et, quand elle fut loin, je me hâtai d'ouvrir la fenêtre.

La nuit commençait à descendre.

Mon amoureux était à son poste. Il commença par se servir du moyen de communication qu'il avait trouvé et me passa le croquis au travers des barreaux, avec une lettre brûlante. Mais j'en parcourus à peine les premières phrases, et je lui envoyai rapidement ces deux lignes par le même courrier.

« On me retient de force dans ce monastère : sauvez-moi, monsieur, sauvez-moi ! et comptez sur ma reconnaissance ! »

Il me répondit aussi vite et plus laconiquement :

« C'est facile. A minuit, deux barreaux descellés, une échelle de corde, et vous êtes libre. »

Aussitôt il disparut, sans doute pour s'occuper de tous les préparatifs nécessaires à ma fuite.

Je ne voyais plus de clarté dans sa chambre, et le temps me sembla d'une longueur extrême. La nuit était sombre. Collée à mes barreaux, j'interrogeais les ténèbres et j'écoutais avec anxiété toutes les horloges de la ville, qui, l'une après l'autre, sonnaient lentement les heures. Je croyais n'en jamais finir avec cette éternelle attente.

Enfin le premier coup de minuit se fit entendre.

Presque aussitôt un signal frappa mon oreille.

Je m'aperçus, en tâtonnant dans l'ombre, que mon voisin me passait, au bout de sa perche, une échelle de corde dont je fixai solidement l'une des extrémités à ma fenêtre, laissant ensuite tomber l'autre dans la rue.

Le reste ne fut pas long.

Bientôt je sentis qu'on montait à l'échelle.

— Est-ce vous? murmurai-je frémissante.

— C'est moi... Chut!... ne troublons le repos de personne.

Il saisit une de mes mains, sur laquelle il appuya passionnément ses lèvres. Puis j'entendis comme un grincement d'acier sur du fer.

— Que faites-vous? demandai-je avec crainte.

— Ne vous en inquiétez pas.

— Ce bruit va donner l'éveil.

— Diable!... Il faut pourtant scier les barreaux.

— Si je roulais mon lit contre la porte?

— Fameuse idée, roulez vite!

En un clin d'œil la chose fut faite.

Mes chaises et ma table servirent encore à fortifier la barricade; mais ce remue-ménage était de nature à réveiller tout le couvent.

J'entendis des pas dans les corridors.

— On vient! m'écriai-je.

— N'ayez pas peur. Si c'est la mère abbesse, elle arrivera trop tard.

Effectivement, les barreaux étaient descellés. D'un bond, le jeune homme s'élança dans ma cellule.

— Vite! s'écria-t-il, partez la première!

Démasquant aussitôt une lanterne sourde, il éclaira ma descente, qui fut on ne peut plus heureuse. Il opéra la sienne après moi sans le moindre obstacle.

A peine touchait-il le pavé de la rue, que nous entendîmes un grand bruit au-dessus de nous.

Les nonnes venaient de forcer la barricade, et je reconnus à ma fenêtre le visage consterné de l'abbesse.

— Adieu! lui criai-je, adieu, sainte mère! Je n'ai pas de goût pour le cilice, et je renonce aux douceurs de la discipline. Quant à vous, renoncez à ma dot, et croyez-moi toujours votre humble servante.

L'instant d'après, j'étais dans la chambre de mon libérateur, où dame Catherine, réveillée en sursaut, vint me regarder avec de grands yeux ébahis.

— Maintenant, mademoiselle, dit le jeune homme en me saluant avec beaucoup de grâce, il est bon que vous sachiez à qui vous avez affaire. Je me nomme Jacques Callot; je suis dessinateur et graveur. Depuis deux jours seulement, je suis revenu dans ma ville natale, après avoir été en Italie étudier les grands maîtres.

— Et moi, monsieur, dis-je à mon tour, je m'appelle Ninon de Lenclos. Je suis Parisienne, j'ai de la fortune et quelques amis : croyez que je ne laisserai pas sans récompense le service que vous venez de me rendre.

— Oh! mademoiselle, je serai trop payé par un regard, par un sourire!

— Vous n'êtes pas ambitieux.

— Pardonnez-moi, puisque je désire vous plaire. Mais, après toutes les émotions de cette nuit, vous devez avoir besoin de repos. Je vous laisse. Acceptez, je vous prie, dame Catherine pour femme de chambre, et permettez-moi de venir, à votre réveil, savoir comment vous avez passé la nuit.

Il me quitta.

Le lendemain, je le priai de m'accompagner dans la ville. Je louai tout auprès du château des ducs de Lorraine une petite maison fort commode, où je priai mon libérateur de ne pas m'épargner ses visites.

Bientôt nous fûmes aussi grands amis que possible.

Jacques était d'une gaieté folle et d'un esprit pétillant.

Il transporta chez moi son atelier.

Nous passions ensemble des heures délicieuses. Je le regardais travailler à l'eau-forte et au burin. Ses planches étaient d'une perfection rare, et je puis dire qu'il n'existait pas à Paris, à cette époque, un artiste aussi consommé dans l'art du dessin et de la gravure.

Il me montra de véritables chefs-d'œuvre qu'il avait exécutés en Italie.

Je citerai principalement une *Vierge* d'après André del Sarte, un *Ecce Homo* d'après Vannius, la *Tentation de saint Antoine*, gravée à Florence, et la *Grande Foire de la Madone de l'Imprunette*.

Ces deux dernières gravures surtout sont d'une originalité de détails on ne peut plus agréable et d'une expression très-divertissante.

Jacques passa plus d'une année sur chaque planche. L'eau-forte ayant manqué dans beaucoup d'endroits, il fut obligé de rétablir toutes les lacunes au burin.

Souvent il m'avait promis de me raconter son histoire, qu'il disait fort curieuse, et je le sommai un jour de tenir parole.

— Très-volontiers, me dit-il. D'abord, je vous apprendrai une chose que je n'ai pas cru nécessaire de vous révéler jusqu'à ce jour, attendu que je n'accorde à un parchemin qu'une médiocre importance.

— Ah! vous êtes noble!

— Oui. Ma famille porte d'azur, à cinq étoiles d'or en sautoir.

— Je comprends, monsieur, votre dédain pour un écusson : vous savez que la véritable noblesse est celle que le talent donne.

— Aussi tâcherai-je de la conquérir.

— Pour vous, Jacques, cette conquête n'est plus à faire.

— Flatteuse!

— Vous me répétez du matin au soir que je suis jolie : pourquoi ne dirais-je pas que vous êtes un grand artiste? Un de nous, par hasard, mentirait-il?

— Ce n'est pas moi, Ninon.

— Ni moi, mon ami. Donc nous sommes dans le vrai l'un et l'autre. Continuez votre histoire.

— Mon père, qui tenait à me donner beaucoup d'éducation, reprit-il, me livra, dès l'âge le plus tendre, à des professeurs qui m'assommèrent de leur science, mais ne purent m'en insinuer la moindre bribe dans la cervelle. Crayonner sur les murs ou sur mes livres était mon unique occupation. J'avais saisi dans la bibliothèque de mon père une histoire des *Monuments de Rome* qui m'avait complétement tourné la tête. Je rêvais chaque nuit que j'étais au Vatican ou à la chapelle Sixtine à examiner les fresques de Raphaël et de Michel-Ange.

Tout cela me faisait trouver mes professeurs insipides et ridicules avec leurs rabâcheries scolastiques.

Au lieu de les écouter, je passais mon temps à faire leur caricature.

Surpris, un jour, au moment où je décorais mon maître de grammaire d'un nez fabuleux, on me chassa de la classe et on fit prévenir mon père de mes admirables dispositions pour le dessin.

La peur me talonna.

Au lieu de rentrer à la maison paternelle, je me sauvai du côté de la porte Saint-Nicolas, et bientôt je courus à toutes jambes sur la route de Lunéville.

J'avais douze ans, quelques pièces de monnaie en bourse et une mauvaise tête : on peut avec cela aller fort loin.

J'allai jusqu'à Rome.

— Est-ce possible?

— Mon histoire est un roman; je vous ai prévenue, ma chère. Comme je vous le disais, je courais donc du côté de Lunéville. Au bout d'une heure, je perdis de vue les clochers de Nancy, et je me reposai sur un tertre de la route, afin de compter la somme exorbitante que j'avais en poche.

Ma bourse contenait un écu de six livres, un petit écu, et quatorze sous de monnaie de billon.

Je regardais mes espèces et je les faisais sonner avec délices, quand tout à coup une main brutale saisit la mienne, et une voix rauque me cria sur un ton de menace :

— Où as-tu pris cet argent, petit voleur? *Page* 177.

— Où as-tu pris cet argent, petit voleur?

Levant les yeux, je me vis en présence d'un homme déguenillé, qui portait un bâton noueux, et dont la figure était presque entièrement envahie par une barbe immonde.

Cet homme s'empara de l'écu de six livres, du petit écu, voire des pièces de billon, et fourra le tout dans une besace pendue à son côté.

— Mais, lui dis-je, cet argent m'appartient.

— Raison de plus pour me le donner; j'en ferai meilleur usage que toi.

— Alors c'est vous qui êtes un voleur!

— Je ne dis pas le contraire.

— Voulez-vous me rendre ma bourse! criai-je tout furieux, en me dressant pour lever le poing à la hauteur de son visage.

Il se mit à rire aux éclats.

— Eh! eh! s'écria-t-il, le petit bonhomme ne manque pas de courage! Où vas-tu comme cela, mon ami?

— Je ne suis pas votre ami!

— Tu le deviendras peut-être. Réponds toujours.

— Je vais tout droit devant moi.

— Diable! alors tu peux voyager avec nous.

— Rendez-moi ma bourse, vous dis-je!

— C'est inutile, puisque tu vas être notre compagnon de route.

A ces mots, il me saisit le bras de son poignet d'acier, et m'entraîna, malgré mes cris et ma résistance, vers un bois voisin.

Je me croyais sérieusement perdu, lorsque nous arrivâmes au milieu d'un taillis, où une dizaine d'hommes et autant de femmes s'occupaient à faire rôtir un chevreau devant un grand feu de branches de chêne.

Depuis le matin, je n'avais rien mangé.

L'odeur du rôti me le rappela brusquement, et ce fut sans trop de déplaisir que j'entendis mon étrange conducteur dire à la troupe dont il semblait être le chef :

— Allons, enfants, il faut, ce soir, une place de plus à la table et au foyer. Je vous amène un convive.

— Où as-tu rencontré ce marmot? demandèrent les hommes.

— Sur le grand chemin.

— Mais, dit l'une des femmes, on voit qu'il a pleuré, Pietro. Je crains qu'il ne t'ait pas suivi de bon cœur.

— C'est vrai, Ginetta : console-le, ma chère, et que cela finisse!

Il me poussa vers celle qui venait de parler, jeune fille d'environ quinze ans, très-brune de peau, mais dont les yeux brillaient comme des étoiles et dont les dents étaient les plus belles du monde.

— Jacques! Jacques! osiez-vous bien, à l'âge de douze ans, faire de pareilles remarques? lui dis-je en éclatant de rire.

— Oui, ma chère, j'étais fort précoce. A la fin du dîner, qui eut lieu sur la mousse, les charmes de Ginetta m'avaient embrasé le cœur, et son jargon mi-français et mi-italien résonnait à mon oreille comme la musique la plus délicieuse.

Elle me fit raconter mon histoire, et s'écria, lorsque je fus au bout :

— Ma foi, tu serais bien sot de retourner chez ton père! Reste avec nous. Je te ferai rendre ton argent par Pietro; tu achèteras des crayons, et tu dessineras pendant les haltes.

— Mais où me conduirez-vous, Ginetta?

— En Italie, me répondit-elle.

— En Italie! C'est là précisément que je voulais aller.

— Bon! ça se trouve à ravir. Seulement, comme il faut que tu te rendes utile à la troupe, je te charge de faire la quête avec mon tambour de basque toutes les fois que je danserai dans quelque foire. Est-ce convenu?

— C'est convenu! m'écriai-je.

Elle m'embrassa pour sceller le pacte, et me voilà bel et bien affilié à une horde de bohémiens qui ne vivaient que de rapines, et dont les baillis des villes que nous traversions diminuaient parfois le nombre, en attachant à une potence ceux qui se laissaient prendre en flagrant délit de vol.

Pietro ne manquait jamais de recruter tous les vauriens et tous les vagabonds qu'il rencontrait sur la route, afin de remplacer avantageusement les membres qui étaient ainsi restés en arrière.

J'avais quelque honte de voyager en aussi mauvaise compagnie; mais les beaux yeux de Ginetta m'aidaient à passer sur bien des choses, et Rome, que je voyais en perspective, achevait de me faire oublier ma famille.

Nous gagnâmes la Suisse par Colmar et Mulhouse.

Un mois après nous étions à Turin, et nous nous disposions nous rendre à Florence, lorsque cet ignoble Pietro eut tout à coup la fantaisie de repasser les Alpes et d'aller exploiter le midi de la France.

Je voulus me révolter et décider Ginetta à faire bande à part.

On découvrit le complot, j'eus cruellement à m'en repentir.

Pietro me lia les mains, m'attacha des cordes aux jambes, de façon à me permettre de marcher tant bien que mal, mais à m'empêcher de courir, et m'ordonna de suivre la troupe dans ce bel état.

J'allais me coucher sur le chemin et me faire tuer plutôt que d'avancer d'une ligne, lorsque ma jolie bohémienne eut l'adresse de se glisser près de moi et de me dire à voix basse :

— Courage!... A cette nuit!

Évidemment elle avait un projet de délivrance. Mais quel projet? Comment pourra-t-elle réussir à le mettre à exécution?

Vint la halte du soir.

On alluma des feux au bord du Pô, dont nous avions remonté la rive gauche.

Ginetta, pendant le souper, causa, plaisanta, fut d'une gaieté folle; elle ne fit pas la moindre attention à ma triste personne, et les bohémiens furent pris à cette ruse.

Ils se grisèrent et s'endormirent.

Quelques femmes restèrent plus tard que de coutume, raccommodant leurs guenilles à la lueur des tisons qui brûlaient encore.

Je donnais de grand cœur au diable ces bonnes ouvrières.

Enfin le foyer s'éteignit. Un ronflement général se fit entendre, et bientôt une ombre s'approcha de moi.

— C'est vous, Ginetta? murmurai-je.

— Silence! me dit-elle.

— Pietro dort?...

— Oui ; mais il n'est pas le seul à craindre. Réveille un de nos brigands, et tu ne verras jamais Rome.

Je ne soufflai plus mot.

La jeune fille coupa mes liens, me fit lever sans bruit, et m'entraîna loin de la troupe, qui ronflait toujours.

— Maintenant, dit-elle, il s'agit de courir, et de courir vite, afin d'être loin quand ils se réveilleront. Je me sacrifie pour toi, Jacques : tant pis s'ils me rattrapent un jour! Tu nous as suivis dans l'espoir d'aller à Rome, il est juste que je t'y conduise.

— O Ginetta, ma bonne Ginetta, que je t'aime!

— Je voudrais bien voir qu'il en fût autrement? me dit-elle avec ce petit air mutin qui la caractérisait. Mais nous causerons de ces choses-là plus tard. En route !

XII

— La bohémienne avait des jambes de biche, poursuivit Jacques.

Au point du jour, nous rentrions tout essoufflés à Turin, ce qui n'empêcha pas la Ginetta de danser sur la place Saint-

Charles, déjà couverte de monde, et où elle reçut quelques pièces de monnaie des paysans qui, à cette heure, apportaient des légumes au marché de la ville.

Une fois la quête terminée, nous déjeunâmes et nous prîmes la route d'Alexandrie.

Nous y arrivâmes le surlendemain, à la nuit tombante, mais encore assez tôt pour que ma compagne pût danser à la porte du théâtre et faire une recette qui nous permit enfin de nous reposer de nos fatigues.

Dès lors, nous nous crûmes à l'abri des poursuites de Pietro, et nous nous dirigeâmes tranquillement et à petites journées sur Florence.

Je ne rougis pas de l'avouer, ce premier pèlerinage avec ma brune bohémienne, au milieu des belles campagnes d'Italie, est un de mes plus chers et de mes plus doux souvenirs.

Pendant la grande chaleur du jour, nous entrions dans quelque bois d'orangers, où nous nous couchions l'un près de l'autre.

C'était l'heure des confidences et des caresses..

J'aimais Ginetta, comme on peut aimer une femme a douze ans, c'est-à-dire avec la plus entière ignorance et la plus parfaite candeur.

L'espiègle danseuse était plus instruite que moi. Je me rappelle aujourd'hui certains soupirs et certaines extases dont je ne me rendais pas compte alors, et qui auraient fini par éclairer mon inexpérience, si notre séparation n'avait pas été si prompte.

Au sortir d'Alexandrie, nous avions gagné tour à tour, elle dansant, moi quêtant, Tortona, Bobbio, Parme, Carare, Lucques et Florence.

Nous étions depuis quinze jours dans cette dernière ville, l'une des plus belles du monde et des plus riches en objets d'art.

Ginetta, qui trois ou quatre fois avait parcouru l'Italie avec sa troupe nomade, connaissait parfaitement Florence. Elle me servait de cicerone et de guide. Je pénétrais avec elle dans les palais, dans les églises, partout où il y avait une statue à admirer, un tableau à voir. J'étais heureux, je cherchais à dessiner les chefs-d'œuvre qui frappaient mes regards.

Les premiers essais de mon crayon furent d'abord informes, mais peu à peu ils se perfectionnèrent.

Un jour que la bohémienne était en train de nous gagner notre dîner, en pirouettant à la porte du palais Pitti, je pénétrai dans les galeries splendides de cet édifice, que j'avais déjà parcourues, la veille, et où j'avais remarqué un magnifique *Crucifiement* du Tintoret.

J'achevais l'esquisse de ce tableau, quand je me sentis frapper amicalement sur l'épaule.

Me retournant tout surpris, je me trouvai en face d'un officier couvert de dorures, qui me donna son adresse écrite et me dit de l'aller trouver, le soir même, au château du grand-duc.

— Vous avez de belles dispositions, mon enfant, me dit-il : ce serait dommage de ne pas les cultiver. Dorénavant il ne faut plus travailler sans maître. N'oubliez pas de me rendre visite, je me charge de votre avenir.

Il me fit un signe de la main et disparut.

J'allai rejoindre ma compagne à la porte du palais.

— Fais la quête, me dit-elle.

— Bah! répliquai-je, à quoi bon? Maintenant notre fortune est assurée.

Comme elle ne semblait pas trop me croire, je me hâtai de tendre à la ronde le tambour de basque, où l'on me jeta quelques carlins [1], et j'entraînai la danseuse pour lui raconter mes espérances.

Nous traversions, en ce moment, un pont jeté sur l'Arno.

---

[1] Monnaie italienne. (NOTE DE L'ÉDITEUR.)

Tout à coup je me sentis saisir à la nuque avec une violence extrême, et une voix, dont je reconnus le timbre formidable, se mit à crier

— Je te retrouve donc enfin, scélérat! je te retrouve!... Ah! tu nous ruines! Ah! tu nous emmènes Ginetta, notre gagne-pain, notre fortune, la perle de la troupe! Et tu crois que je ne vais pas t'envoyer faire un tour dans l'Arno, la tête la première, tu crois cela, dis?

C'était le terrible Pietro.

Saisie de frayeur à son aspect, ma chère danseuse avait pris la fuite.

Je ne devais plus la retrouver que huit ans plus tard et dans une situation bien différente.

Le bohémien me secouait avec fureur.

Je voyais le moment où il allait accomplir sa menace, lorsque le ciel amena soudain à mon secours ce même officier qui avait admiré mon esquisse.

— Pourquoi frappez-vous cet enfant? demanda-t-il à Pietro.

— Cela me regarde, repartit le brutal. Allez au diable!

A cette réponse incongrue, l'officier, qui n'était pas endurant, saisit le bohémien par ses haillons, le balança quelque temps au-dessus du parapet, puis l'envoya lui-même au beau milieu du fleuve, où il exécuta le plus magnifique plongeon qui se puisse voir.

Fort heureusement pour lui, Pietro savait nager, de façon qu'il eut promptement gagné la rive.

Mais il se garda bien de revenir chercher querelle au robuste officier, qui, tout fier de son exploit, m'emmena dans le logement somptueux qu'il occupait au palais de Cosme de Médicis, grand-duc de Toscane.

L'éblouissement où je fus d'abord m'empêcha de songer à ma pauvre Ginetta.

Mais je ne pouvais l'oublier longtemps, et je suppliai mon protecteur de me laisser aller à sa recherche.

La bohémienne était en train de nous gagner notre dîner. *Page* 183.

Il me donna deux robustes valets pour m'accompagner, dans la crainte d'une nouvelle attaque de Pietro.

Hélas! toutes mes courses dans Florence furent inutiles.

Je ne trouvai Ginetta nulle part, ni dans le taudis que nous habitions près de l'archevêché, ni sur les places, ni dans les carrefours.

L'affreux bohémien l'avait sans doute rejointe, et la malheureuse fille était rentrée sous sa domination.

Voilà du moins ce que je supposais.

Je revins au château, le désespoir dans l'âme. Mon généreux officier me consola et fit appeler, dès le jour même, un professeur de dessin, aux soins duquel je fus recommandé chaudement.

Il signor Ambrosio da Chiamonte cherchait tous les moyens possibles de faire sa cour au grand-duc.

A l'exemple de Cosme de Médicis, il encourageait les arts, et, quand il avait réussi à faire un artiste hors ligne, il le présentait à son maître, dont la munificence le récompensait noblement de ses efforts.

Je ne dis pas cela pour diminuer le mérite du seigneur Ambroise de Chiamonte ni lui enlever la moindre part de la reconnaissance que je lui dois.

Il est une chose que je n'oublierai de ma vie, c'est son affabilité touchante. J'étais traité chez lui comme son fils.

Après avoir reçu pendant environ huit mois les leçons de Jules Parigi, le plus célèbre dessinateur de Florence, j'avais fait de si merveilleux progrès, que l'officier du grand-duc me dit :

— Maintenant, Jacques, tu peux aller à Rome et y perfectionner tes études. Voici trente florins ; ménage cette somme en attendant que ton crayon puisse te nourrir, et, lorsque les maîtres n'auront plus rien à t'apprendre, reviens à Florence, je te présenterai à monseigneur.

Il avait fait payer mon passage sur un bâtiment de Livourne. Je m'embarquai le lendemain, et, à deux jours de là, j'entrais au port d'Ostie.

J'approchais donc enfin de Rome ! j'allais voir cette antique maîtresse des nations, qui a déposé son diadème pour en reprendre un autre plus éclatant, celui des arts, et qui, le front ceint, en outre, de l'auréole chrétienne, reste à double titre la reine du monde !

L'âme joyeuse, le cœur plein d'enthousiasme et d'espoir, je remontais la rive du Tibre.

Bientôt j'aperçois les douze collines et les remparts de la ville sainte. Ma poitrine bat avec force, des larmes inondent mes yeux; je presse le pas, et j'arrive à la porte *del Popolo*.

Tout à coup, au moment où je me préparais à franchir cette porte, j'entends crier à mes oreilles :

— Eh! parbleu, c'est Jacques!

— Holà, petit, ne passe pas si fier!

— On salue au moins les compatriotes.

— Est-ce que tu refuses de nous reconnaître? Je suis Joseph Perrachon.

— Et moi Nicolas Voiry.

— Et moi Jérôme Denizot.

— Tous voisins de ton père. Arrête! arrête un peu, que diable!

Je fuyais à toutes jambes, car, aux exclamations de ces gens-là, l'effroi m'avait saisi. Mais ils coururent après moi et m'eurent bien vite rejoint.

— Ah! tu veux nous échapper, vagabond! me dirent-ils tout en colère.

— Sois tranquille, nous ne te lâcherons pas!

— Tu reviendras à Nancy avec nous.

— Messieurs, au nom du ciel, messieurs, laissez-moi! criai-je en joignant les mains avec désespoir, je ne veux pas retourner à Nancy, c'est impossible...

— Ah! c'est impossible? Nous allons voir!

L'un d'eux me souleva d'un bras robuste et me lança dans une de leurs voitures, où bientôt il fut obligé de me garrotter, car à chaque instant je menaçais de me précipiter sous les roues.

Ni mes cris, ni mes prières, ni mes larmes, ne purent les fléchir.

C'étaient trois marchands forains, qui avaient poussé leurs excursions jusqu'en Italie.

Un destin fatal les jetait sur ma route.

Ils s'en retournaient alors, et, pour tout au monde, ils ne

m'eussent pas laissé libre, persuadés qu'ils rendaient à mes parents et à moi-même le plus éminent service.

J'essayai cent fois, mais en vain, de leur échapper.

Constamment ils étaient sur leurs gardes, et chaque tentative de fuite me valait une correction, qu'ils m'administraient sans gêne, convaincus toujours d'avoir l'approbation de ma famille.

— Ainsi, mon pauvre ami, lui dis-je, ils vous ramenèrent en Lorraine?

— Oui; jugez de ma fureur! Ils m'avaient pris aux portes de Rome, et je n'avais seulement pas eu la satisfaction d'entrer dans la ville.

— En effet, c'était bien dur.

— Quand nous arrivâmes, le premier mouvement de mon père et de ma mère fut de m'embrasser de tout cœur; mais la réflexion vint après cet élan de tendresse, et le chapelet des remontrances n'en finit plus.

On me livra de nouveau à mes pédants de collége.

Mon père déclara qu'il n'entendait pas qu'un de ses fils (j'étais le plus jeune) dérogeât au point de choisir le métier d'artiste

Il ne me restait plus d'autres ressources que la dissimulation.

Les trente florins de l'officier du grand-duc étaient encore en mon pouvoir : je les avais soigneusement cachés, dans l'espérance qu'ils me serviraient un jour.

Deux années se passèrent.

Mes parents me croyaient entièrement guéri de ma passion des voyages. On n'exerçait plus sur moi la moindre surveillance.

J'avais grandi, j'étais fort.

Par une belle matinée d'août, je pris de nouveau la clef des champs et je fis quinze lieues d'une seule haleine, ayant soin de choisir une route sur laquelle on ne s'aviserait pas de me poursuivre.

Je gagnai la Franche-Comté par Épinal, et, deux jours après mon départ, je prenais à Gray le coche d'eau qui devait me faire descendre la Saône, joindre le Rhône à Lyon, et, de là, me conduire jusqu'à Valence.

De Valence, je me dirigeai vers les Alpes, que je traversai par ce fameux passage creusé en plein roc dans les flancs du mont Viso.

Quarante-huit heures après, je revoyais Turin.

Mais jugez de mon malheur! La première personne que j'aperçus dans les rues de la ville fut un de mes frères.

— Ah! mon Dieu!

— Oui; mon frère aîné, que le duc de Lorraine avait envoyé en Espagne avec un message diplomatique pour le ministre de Philippe III. Devais-je m'attendre à le trouver à Turin?

— Non, certes. Quel hasard pouvait l'y conduire?

— Son Excellence le duc de Lerme voyageait alors en Italie. Mon frère, ne le rencontrant pas à Madrid, avait dû se mettre sur ses traces. Il venait de s'aboucher avec lui en Toscane.

— Je devine le reste.

— Oui... Sa mission était terminée, il s'apprêtait à retourner en Lorraine.

— Et, pour la seconde fois, on vous remmena de force à Nancy?

— Hélas! je dus le suivre : il avait dix ans de plus que moi, je le craignais autant que mon père [1].

— Vraiment, cher ami, si vous êtes devenu bon dessinateur et graveur distingué, votre famille ne doit pas s'en attribuer le mérite.

— Je l'avoue, me répondit Jacques. Après ma seconde escapade, on me fit un accueil qui n'avait aucun rapport avec celui que reçut, dit-on, l'enfant prodigue.

[1] Voir, pour l'authenticité de tous ces détails, l'*Histoire de Lorraine*, par dom Calmet, tome IV, aux Notices par ordre alphabétique, — article JACQUES CALLOT. (NOTE DE L'ÉDITEUR.)

Au lieu de me revêtir d'habits de fête, de tuer le veau gras, d'appeler des violons, on me couvrit d'une misérable houppelande, et l'on m'enferma dans une espèce de cachot, avec des livres et du pain sec.

Je n'avais de nourriture plus substantielle que les jours où mes versions étaient veuves de contre-sens et mes thèmes exempts de solécismes, ce qui, vous le devinez à merveille, n'arrivait qu'à de très-rares intervalles.

J'enrageais.

Mais la fenêtre de ma prison était garnie de solides barreaux, et je n'avais pas d'instrument pour les scier, comme, depuis, j'ai fait des vôtres, ma chère.

Un soir, j'entendis un grand tumulte dans la rue.

C'était le duc Henri qui revenait de la chasse.

Une idée pleine de hardiesse me traverse le cerveau. J'ouvre ma fenêtre avec fracas et je crie de toutes mes forces :

— A moi!... au secours!... Justice! justice, monseigneur!

Le duc s'arrête étonné.

Vainement mon père, honteux de ce scandale, le supplie de poursuivre sa route, après avoir fait de moi une apologie fort peu capable d'intéresser le prince à mon sort.

Son Altesse lui impose silence et veut m'entendre.

On m'amène, je me précipite à ses genoux; mes larmes l'émeuvent. Bref, le duc ordonne qu'on me laisse libre, et me promet solennellement de m'attacher à la suite d'un ambassadeur qu'il doit envoyer au pape.

O inconstance et fragilité du jugement des hommes!

Sur cette promesse du prince, voilà toute ma famille dans le ravissement.

On m'embrasse, on me flatte, on me cajole, on me dispose un trousseau magnifique, et je pars, cette fois, en véritable triomphateur, avec deux domestiques à mes trousses, comme il convient à un gentilhomme, à un fils de bonne maison.

Depuis cinq ans, dans les prières que j'adressais à Dieu matin et soir, je lui demandais pour toute grâce de pouvoir apprendre mon art et de ne mourir qu'après mon huitième lustre révolu [1], afin de laisser du moins sur terre quelque trace de célébrité.

Une partie de mon désir se réalisait déjà.

Rome, la ville de mon cœur, m'accueillit enfin dans ses murs et me donna la clef de tous ses trésors.

Au bout de trois ans d'études et de travaux continuels, je revins montrer au duc, mon souverain, que j'étais digne de sa bienveillance.

Il admira mes albums et voulut en multiplier les plus belles pages par la gravure.

Mais l'art de reproduire une œuvre au moyen de l'eau-forte n'avait à Nancy même que des disciples malhabiles. Je ne voulus pas confier à d'autres le soin d'un travail de cette importance, et je retournai pour la quatrième fois en Italie, afin d'apprendre les secrets de Philippe Thomassin, le premier graveur de l'époque.

C'était un compatriote.

Né à Troyes en Champagne, il avait toujours pensé, comme moi, qu'on ne pouvait se former véritablement que dans la patrie des arts.

Je reçus de Philippe Thomassin un accueil affectueux et rempli de bienveillance.

Il ne me fit mystère d'aucune de ses découvertes, et m'apprit en quelques mois tout ce qu'il devait à des recherches infinies et à une longue étude des choses.

— A quoi bon te faire languir? me disait-il avec cette touchante et cordiale familiarité d'artiste dont il m'avait honoré tout d'abord. D'autres profiteraient de ton inexpérience pour te donner plus de leçons et pour te les compter double; mais loin de moi ces calculs! D'ailleurs, je suis riche et j'ai une femme charmante qui m'invite au repos.

— Eh quoi! maître, fis-je avec surprise, vous êtes marié?

— Tu ne t'en doutais guère? me dit-il en riant.

---

[1] Dom Calmet fait mention de ce vœu de Jacques Callot, qui mourut effectivement, dit-il, à l'âge de quarante-trois ans. (Note de l'Éditeur.)

— Non, certes; et même je ne comprends pas votre silence à cet égard.

— Lorsque ma femme n'est pas ici, continua Philippe, je n'ai qu'un moyen de consolation, c'est de ne parler jamais d'elle et d'y penser le moins souvent possible, autrement je ne vivrais plus.

— Voilà qui est bizarre, maître!

— Cela te fait rire?... J'agis au rebours de tous les amoureux de la terre.

— En effet.

— Mais que veux-tu, Jacques? on ne change pas sa nature. Oui, je suis marié, marié depuis deux ans avec un ange de beauté et de vertu, que j'ai trouvé jadis à Florence dans la situation la plus déplorable.

— A Florence! m'écriai-je, tressaillant malgré moi.

— Oui... Quel nouveau sujet de surprise trouves-tu à cela?

— Aucun, maître. Poursuivez, de grâce.

— Il y a huit ans environ, reprit Philippe, j'habitais cette ville, où je gravais les dessins de Jules Parigi.

— Huit ans!.... vous avez dit huit ans?.... Mais j'y étais alors!

— En ce cas, tu as pu connaître une jeune bohémienne qui dansait dans les carrefours.

— Une bohémienne?

— Il est très-possible que tu l'aies rencontrée. La misère de cette pauvre fille était extrême.... Ah çà, mais qu'as-tu donc?

— Moi?... rien... ou du moins peu de chose.

— Tu pâlis, je t'assure.

— L'odeur de cette eau-forte sans doute... Je l'ai imprudemment laissée dans mon voisinage, et cela me donne une espèce de défaillance... Mais c'est déjà passé... Vous disiez, maître?

— Je te demandais si tu avais connu à Florence une danseuse appelée Ginetta...

Il affirmait l'avoir noyé dans l'Arno. *Page* 194.

— Ginetta?... Je cherche dans mes souvenirs... Non, décidément, je ne l'ai point connue, répondis-je avec effort.
— Tant pis, car tu aurais renouvelé connaissance avec elle.
— Avec cette bohémienne?
— Parbleu! puisque c'est ma femme.
— Votre femme!..
Le cœur me battait à rompre ma poitrine, et, si Philippe eût

été d'un caractère soupçonneux, il aurait aisément deviné la cause de mon trouble.

— Oh! reprit-il, c'est toute une histoire! Figure-toi que je trouvai cette malheureuse enfant aux prises avec une sorte d'écumeur de grande route qui voulait l'entraîner de force hors de Florence.

— Vraiment?... C'est étrange! balbutiai-je, la tête à moitié perdue, et voyant passer devant mes yeux l'image du farouche Pietro.

— Elle pleurait à chaudes larmes, poursuivit le graveur. Son désespoir m'émut tellement, que je donnai cinquante florins au bandit pour le décider à renoncer aux droits qu'il prétendait avoir sur elle.

— Mais elle s'était donc soustraite à l'autorité de cet homme?

— Oui, en compagnie d'un autre enfant, que le misérable avait déjà rattrapé, disait-il.

— Ah! il disait cela?

— Bien plus, il affirmait l'avoir noyé dans l'Arno, le matin même.

— Ce devait être alors la principale cause des pleurs de la bohémienne? demandai-je, sans remarquer l'imprudence de mes paroles.

Heureusement Philippe était à cent lieues du soupçon.

— Tu l'as dit, répliqua-t-il. Je partais pour Naples, et j'emmenai Ginetta avec moi. Douée d'une franche et bonne nature, son existence vagabonde ne l'avait pas trop gâtée. Je la mis en pension chez des religieuses, dont elle ne se sépara que cinq années après pour devenir ma femme. Mais alors elle n'était plus reconnaissable, et jamais on ne se fût douté de son origine. Quand elle est à Rome, toutes les dames nobles la recherchent et l'invitent à leurs fêtes; c'est une de nos *signoras* les plus distinguées.

Je fis un nouvel effort sur moi-même, et je réussis à dire au graveur avec assez de calme :

— En vérité, maître, je ne m'explique pas comment il vous est possible de vivre loin d'une personne que vous annoncez comme aussi charmante.

— Oh! s'écria-t-il, Dieu m'est témoin de tout ce que son absence me fait souffrir! Mais elle est d'une santé délicate; le climat de Rome est malsain : chaque année, pendant la saison des fièvres, je l'envoie à Naples chez les bonnes religieuses qui se sont autrefois chargées de son éducation. Ah! tu peux me croire, c'est un dur sacrifice! mais sa vie m'est trop précieuse pour que je l'expose au fléau qui décime périodiquement la population romaine.

— Vous avez raison, maître, dis-je, étouffant un soupir, et néanmoins presque heureux, au fond de moi-même, de penser que l'absence de Ginetta me sauverait du péril de la revoir.

— Alors, ajouta Philippe, je cherche à me distraire par le travail; je pense à elle, comme je te l'ai dit, le moins souvent possible, et, quand l'épidémie a cessé ses ravages, Ginetta me revient. Si aujourd'hui je l'ai nommée devant toi, c'est que je l'attends ce soir.

— Ce soir! m'écriai-je en bondissant.

— Oui, elle peut arriver d'un moment à l'autre.

A peine eut-il achevé ces mots qu'un coup de sonnette retentit à la porte et me fit passer un frisson dans le cœur.

Philippe s'empressa d'ouvrir la fenêtre. Je me précipitai à sa suite et je me penchai avec lui pour regarder dans la rue.

Une litière s'arrêtait devant la maison.

— C'est elle! c'est elle! cria le graveur avec transport.

Et il courut recevoir la voyageuse.

Je restai sur mon siége, éperdu, frémissant, la poitrine haletante, croyant être le jouet d'un songe.

Une magnifique personne, appuyée sur le bras de Philippe, entra presque aussitôt dans l'atelier. Elle jeta les yeux sur moi. Je renonce à dépeindre le regard que nous échangeâmes.

C'était bien Ginetta, Ginetta mille fois plus belle, Ginetta digne de porter sur le front une couronne de reine!

Mon ancienne compagne de voyage m'avait reconnu tout d'abord. La force lui manqua pour dominer son émotion. Elle poussa un cri et tomba sans connaissance dans les bras de son époux.

— Miséricorde! qu'a-t-elle donc? s'écria Philippe. Ah! *poverina!* c'est le saisissement, la joie de me revoir... Soutiens-la, Jacques... Près d'ici, dans mon cabinet, je dois avoir un flacon de sels... Une minute, et je reviens!

Il s'élança hors de l'atelier.

Ginetta souleva sa paupière.

Son regard se plongea de nouveau dans mon regard. Elle appuya ses deux mains sur mes épaules; puis, m'entourant de ses bras avec délire, la poitrine palpitante et le visage illuminé d'un éclair de bonheur :

— Toi! s'écria-t-elle, toi, mon Jacques bien-aimé!

— Oui, ma Ginetta... c'est moi, c'est bien moi!

Presque aussitôt elle me repoussa brusquement, et ses joues se couvrirent de pâleur.

— Le voici, dit elle... Oh! je t'en conjure, ne perdons pas son repos... Fatalité! fatalité!

Philippe rentrait.

Ginetta calma son inquiétude, me fit une révérence cérémonieuse, et, s'appuyant pour la seconde fois sur le bras du graveur, elle monta l'escalier qui conduisait à leur appartement.

Tout cela venait de passer devant moi comme une lueur d'orage

A peine si j'en croyais au témoignage de mes sens.

Pourtant c'est bien la voix de Ginetta qui résonne encore au fond de mon âme, c'est son œil noir dont j'ai reconnu l'ardente prunelle!... O mon Dieu! mon Dieu!... Mais c'est à moi, cette femme!... Qui donc me l'a prise?... De quel droit me volé-t-on la félicité de ma vie?

— Elle va mieux, ce n'était rien, dit Philippe en rentrant. Je suis chargé de te faire ses excuses. A présent que j'ai une ménagère, tu seras notre commensal, n'est-il pas vrai?

J'avais l'imagination dans un égarement absolu, et je balbutiai je ne sais quelle réponse.

Oh! oui, fatalité! Ginetta le disait avec raison.

Fatalité! car tout ce que j'ai de sentiments honnêtes, tout ce qu'il y a en moi de loyauté, de délicatesse et d'honneur, va se trouver en lutte avec mon amour!...

Fatalité! car cet homme bon, généreux, ce noble frère dans les arts, qui m'a livré si cordialement tous les secrets de sa science, il va falloir le haïr. Je payerai son dévouement par la perfidie, ses bienfaits par l'opprobre... Non! non! je serais trop odieux et trop lâche!.. Sauvons-nous du péril; fuyons, puisqu'elle m'aime toujours!

De son côté, Ginetta n'était pas moins en butte aux alarmes de sa conscience. Je lisais sur son visage tous les combats qu'elle se livrait à elle-même.

— Va-t'en, me dit-elle, car nous deviendrions coupables... Va-t'en!... J'en mourrai peut-être; mais lui, du moins, lui, mon bienfaiteur, ne me donnera pas le nom d'infâme!

A cet endroit de sa narration, Jacques fit une pause.

L'émotion causée par ses souvenirs était extrême. Son sein battait avec force, des larmes coulaient lentement le long de ses joues.

— Et vous êtes parti? lui demandai-je, inquiète et cherchant à deviner d'avance sa réponse.

— Je suis parti.

— Ah! c'est bien, Jacques! c'est très-bien!

— Oui, murmura-t-il d'une voix sombre; mais elle en est morte...

— Grand Dieu!

— Elle en est morte, comme elle l'avait dit. Voilà ce que nous a coûté notre vertu.

— Ah! pauvre femme! pauvre femme!

— L'année suivante, à Florence, je retrouvai Philippe Thomassin couvert de vêtements de deuil.

Ginetta lui avait tout avoué à son heure suprême.

— Hélas! hélas! pourquoi ne m'avez-vous pas trompé, l'un et l'autre? me dit le malheureux en sanglotant avec désespoir : je n'en aurais rien su peut-être, et Ginetta vivrait encore !

XIII

Jacques Callot ne put, ce jour-là, m'achever son récit.

Du reste, ce qu'il avait à m'apprendre n'offrait plus qu'un intérêt médiocre, après l'histoire de cette amante infortunée, victime de son courage et de son cœur.

Il est donc vrai qu'une affection véritable n'enfante que désastres, soit qu'on la repousse, soit qu'on y succombe ! Gui Patin n'avait pas tort : « Il faut se sauver de ces amours-là, comme on se sauve d'un abîme. »

En quittant Rome, Jacques se dirigea sur Florence.

Son premier protecteur, *il signor Ambrosio da Chiamonte*, le reçut à bras ouverts et le présenta solennellement à Cosme de Médicis, en s'attribuant avec quelque raison le mérite d'avoir deviné le premier les merveilleux talents du jeune homme.

Le grand-duc fit tout au monde pour décider Jacques Callot à demeurer à sa cour.

Il réussit à l'y fixer quelques années, en le comblant de faveurs et à force d'instances.

Mais, au moment où il croyait le retenir pour toujours, le prince Charles de Lorraine vint à passer en Toscane, invoqua le souvenir du duc Henri, son père, et ramena définitivement à Nancy le célèbre dessinateur.

Ce fut alors que je connus Jacques.

Le temps avait marché depuis ses grands chagrins et les avait emportés sur son aile oublieuse.

Si le souvenir de la tendre Ginetta lui arrachait encore des pleurs, il n'était plus cependant assez fort pour le prémunir contre une autre passion.

Je me sentais effrayée en voyant le sérieux qu'il apportait dans notre amour.

Il ne me quittait plus, il se montrait d'une jalousie très-inquiétante. Vraiment il n'y avait pas de temps à perdre, si je voulais l'arrêter sur cette pente fatale.

Une circonstance propice me vint en aide.

La famille de Jacques, instruite de l'affection qu'il me portait, s'appliqua aussitôt à provoquer une rupture, et ne vit rien de mieux, pour atteindre ce but, que de remplacer la maîtresse par une femme légitime.

Toute la petite cour de Lorraine se mêla de l'intrigue.

On fit battre le pays afin de découvrir une fiancée digne de l'artiste. La recherche fut longue, mais on trouva définitivement cette perle dans un bourg appelé Marsal.

Jacques, furieux, vint m'annoncer qu'on prétendait l'unir à une jeune personne protégée par la cour ducale.

— Ah! lui dis-je, son nom?

— Louise Kuttinger.

— Sans doute elle est jolie?

— Eh! morbleu! que m'importe?

— Répondez toujours, nous raisonnerons ensuite. A-t-elle de la beauté?

— On la dit agréable.

— Tant mieux, mon ami, tant mieux!

— Que dites-vous? Le fût-elle mille fois plus...

— Je n'ai pas besoin de vous demander si elle est de bonne souche, interrompis-je.

— Ah! Ninon, je ne comprends pas votre sang-froid! s'écria-t-il. Vous me désespérez!

— Pourquoi cela, Jacques?

Il me regarda d'un air confondu.

— Cette nouvelle n'a rien qui doive nous chagriner. Je répète ma question : La fiancée qu'on vous propose est-elle noble?

— Très-noble, me répondit-il avec humeur. Ses ancêtres étaient aux croisades.

— Peste! Elle est riche?

— Très-riche.

— A la bonne heure! Je ne vois pas alors, mon ami, pourquoi vous repousseriez un hymen qui vous offre tous les avantages réunis, beauté, noblesse et fortune.

Il restait devant moi, la bouche béante et l'œil fixe, comme un homme frappé de stupeur.

— Je vous aime trop, Jacques, et je prends un intérêt trop sérieux à votre avenir, repris-je, pour ne pas vous exhorter à donner satisfaction à votre famille, à vos amis et aux princes de Lorraine, qui vous témoignent une si grande bienveillance.

— Leur donner satisfaction!

— Oui; c'est votre devoir. Que suis-je pour vous? Un oiseau de passage, une hirondelle voyageuse, qui doit vous quitter bientôt et retourner vers d'autres climats. Vous m'avez rendu service; oubliez que j'ai poussé peut-être un peu loin la reconnaissance, et restons dans les termes d'une bonne et franche amitié. N'est-ce pas le sentiment le plus durable?

— Ah! Ninon! Ninon! s'écria-t-il en fondant en larmes, que vous ai-je fait pour me briser ainsi le cœur?

Voici celle de mes mains qui tient le crayon. Page 206.

J'eus une peine d'autant plus grande à le calmer, que toutes mes consolations ne pouvaient être que dangereuses et nous écartaient du but.

Néanmoins je persistais à l'exhorter au mariage.

A la scène de larmes succéda une scène de colère. Il jura de lutter contre sa famille, contre le duc de Lorraine, contre l'univers entier, ajoutant que, s'il épousait quelqu'un, ce serait moi,

moi seule, et pas une autre.

Le cas devenait embarrassant.

Quel parti prendre? La fuite était impossible : Jacques ne me quittait plus. D'un autre côté, je n'aurais pas eu le courage de lui causer un chagrin réel.

Je pris le parti d'écrire en cachette à sa famille.

Tous ces gens-là vraiment agissaient avec une maladresse impardonnable ; ils me décriaient, ils lui disaient de moi pis que pendre : c'était le moyen de me faire adorer sans rémission.

Grâce à moi, ils comprirent leur sottise, et changèrent de tactique.

Les ducs Charles III et Nicole se décidèrent à me recevoir. On m'invita aux fêtes du château. J'y eus un succès de bon aloi.

Mes manières étaient si convenables et je mettais une si grande décence dans toute mon attitude, que les médisants, lorsqu'ils voulurent essayer de me déchirer encore, passèrent aussitôt pour des calomniateurs.

Je prétendis que mon goût passionné pour les arts m'engageait seul à accueillir les fréquentes visites de l'artiste; que j'avais, du reste, la prétention d'être un homme bien plutôt qu'une femme, et qu'ayant pour moi ma conscience, peu m'importaient les commentaires des méchants.

Tout cela me réussit à merveille.

On me trouvait d'une originalité charmante ; on daignait m'accorder de l'esprit.

Ces bons Lorrains me proclamaient un prodige, et Jacques entendait sur mon compte un perpétuel concert d'éloges.

Les personnes qui aiment la musique finissent quelquefois, à force d'en écouter les sons, par avoir une espèce d'agacement nerveux, et l'on dit qu'Alexandre le Grand chassa de sa présence un joueur de harpe qu'il avait applaudi d'abord avec ravissement.

Je ne voulais pas que Jacques me chassât, mais je voulais

qu'il eût une indigestion de louanges.

Ce n'était point encore là tout mon jeu.

Par mes avis secrets, on avait fait venir de Marsal Louise Kuttinger. Je me rapprochai sans affectation de cette jeune fille, qui était vraiment d'une gentillesse fort grande et d'une douceur angélique.

D'un autre côté, comme elle n'était point sotte, je lui donnai tout bas plusieurs conseils, qu'elle mit à exécution sur-le-champ.

Bientôt Jacques tomba dans le piége.

On continuait à me louer sans cesse, on semblait prendre un malin plaisir à enlever à Louise tous les mérites qu'on m'accordait.

Une injustice aussi flagrante révolta l'artiste.

Me voyant faire chorus avec les détracteurs, il me le reprocha très-sérieusement un jour.

— Eh! monsieur, lui dis-je avec une feinte colère, allez vous prosterner devant ce modèle accompli de toutes les vertus et de toutes les grâces! Qui donc y met obstacle, je vous prie?

La rougeur lui monta au front.

J'aurais gagé qu'avant huit jours il serait éperdument amoureux de Louise, et la chose arriva comme je l'avais prévu.

Chez moi, l'amour-propre était bien un peu froissé par le succès même de ces manœuvres.

Mais la femme qui n'a pas le courage de se charger à tout jamais du bonheur d'un homme, et qui sacrifie ce bonheur à une liaison éphémère, est une femme égoïste ou une femme corrompue.

Les personnes qui me connaissent ne m'accuseront jamais d'être l'une; et, malgré la légèreté de ma nature, on m'a toujours rendu cette justice que je n'ai de ma vie été l'autre.

Sur ces entrefaites, la cour de Lorraine eut un démêlé avec la cour de France.

Son Éminence le cardinal de Richelieu, ce grand vainqueur de la Rochelle, se fâcha. Nos princes de Nancy s'en moquèrent, et les choses prirent une tournure de plus en plus grave.

Bref, Louis XIII et son ministre nous tombèrent tout à coup sur les bras avec une armée formidable.

Voilà notre pauvre ville assiégée dans toutes les règles !

Après un bombardement qui me causa des transes fort vives, car un boulet vint un jour s'égarer jusque dans mon domicile, M. le cardinal et S. M. Louis XIII entrèrent à Nancy, comme de vrais héros antiques, huchés l'un et l'autre sur un char de triomphe.

On dut les y héberger avec leurs troupes victorieuses, et, tout en enrageant, les princes lorrains firent acte de complète soumission.

Richelieu prit ses sûretés pour l'avenir.

Il donna l'ordre de démanteler la ville, mesure prudente qui lui semblait offrir plus de sécurité que les promesses.

Je crois être encore dans la grande salle du château de Nancy, toute peuplée des portraits des Guise, austères et solennelles figures, que nous nous attendions presque à voir descendre de leurs larges cadres dorés pour reprocher aux vaincus leur couardise et aux vainqueurs leur insolence.

Louis XIII est assis sur le trône ducal, en haut d'une estrade recouverte d'un riche tapis de Flandre.

Debout près de lui, Richelieu dicte à Charles III la formule d'un serment, que le duc, agenouillé devant le roi, répète d'une voix sourde et frémissante.

Tous les seigneurs et toutes les dames de la cour s'indignent de voir leur prince en quelque sorte réduit au vasselage.

Parfois des exclamations s'élèvent et couvrent les paroles du ministre.

Mais Richelieu, de ce regard sombre et menaçant qui donnait si bien la mesure de son despotisme et de son audace, parcourt l'assistance et fait taire les murmures.

— Cela suffit, mon cousin, dit Louis XIII en relevant le duc de Lorraine. Désormais ne contestez plus notre droit de suzeraineté, et restons bons amis.

— A propos, monsieur le duc, dit le cardinal, vous avez chez vous un graveur de talent. Il se nomme?...

— Jacques Callot, Votre Éminence.

— En effet, c'est bien le nom qu'on m'a dit. Le cousin de madame la reine mère, Cosme de Médicis, regrette beaucoup, assure-t-on, qu'il ait quitté Florence?

— Oui, monseigneur, répondit le duc; mais cet artiste appartient à la Lorraine. Nous ne le céderons à personne.

— Est-il présent à cette assemblée?

Sur un signe de Charles III, Jacques quitta le siège qu'il occupait près de moi.

Il s'approcha de l'estrade.

— Le voici, Votre Éminence, dit le duc au ministre.

— Ah! c'est vous, monsieur, dont j'ai entendu faire l'éloge, reprit gracieusement Richelieu en s'adressant à l'artiste. Sa Majesté se plaît à croire que vous voudrez bien lui donner des preuves de votre talent.

Jacques s'inclina.

— Sur ma proposition, le roi décide que vous serez chargé de reproduire par le burin les principaux épisodes du siège.

A ce discours inattendu, le duc de Lorraine tressaillit.

L'indignation la plus vive se manifesta sur le visage des assistants, et les murmures recommencèrent.

— Pardon, monseigneur... J'ai mal compris, sans doute, répondit Jacques Callot sans hésiter. Vous ne me forcerez pas, j'imagine, à célébrer la défaite de mon souverain. Il est impossible que vous me proposiez d'être le complice de l'avilissement de mon pays!

A ces mots, des applaudissements partirent de tous les coins de la salle.

Charles III attira dans ses bras le courageux artiste, et lui donna une vive accolade.

Richelieu fronça le sourcil.

— Prenez garde! dit-il à Jacques; résister serait vous rendre coupable de haute trahison. Le roi de France, votre seul maître à cette heure, vous commande de mettre à son service l'habileté précieuse que la renommée vous accorde. J'ai dit « vous commande... » réfléchissez-y bien!

En même temps, le cardinal se tourna vers Louis XIII.

Il l'invita du regard à confirmer cet ordre.

Mais Jacques monta résolûment les degrés de l'estrade, et, s'adressant au monarque avant que celui-ci eût pu répondre au désir de son ministre :

— Que Votre Majesté n'ordonne rien, s'écria-t-il, car je n'obéirais pas!

— Monsieur, dit Louis XIII, confondu de ce ton hardi, vous oubliez sans doute à qui vous parlez et devant qui vous êtes!

— Je n'obéirai pas! répéta Jacques, étendant vers lui la main droite. Voilà celle de mes mains qui tient le crayon; faites-la-moi couper, sire; mais ne me demandez rien contre le devoir et contre l'honneur!

Après ces paroles sublimes, que l'histoire ne peut manquer de louer un jour, il salua dignement le roi et quitta la salle.

Richelieu devint pâle de colère.

Il fit signe à un officier des gardes, qui s'empressa de se mettre sur les traces de l'artiste, l'atteignit sous le vestibule du château et lui demanda son épée.

On conduisit Jacques dans les prisons de la ville.

Ses parents étaient au désespoir.

Louise Kuttinger, alors tendrement aimée, grâce à mon adresse et au succès de mes manœuvres, pleurait toutes ses larmes, croyant son fiancé perdu. Mais j'obtins, le jour suivant, une audience de Richelieu, et Jacques eut son pardon.

Voici quel fut mon entretien avec le puissant ministre :

— Me reconnaissez-vous, monseigneur? lui demandai-je après le premier échange de saluts entre nous, et donnant à ma voix un grand ton de hardiesse.

Il vint me regarder sous le visage.

— Non, murmura-t-il... C'est-à-dire... en effet, gracieuse enfant, vos traits me sont connus. Où donc ai-je eu le bonheur de vous rencontrer?

— Vraiment, monsieur le cardinal, je comptais sur plus de mémoire, et je suis humiliée de n'avoir pas laissé plus de traces dans votre souvenir.

— Aidez-moi, je vous en prie, mademoiselle.

— Je suis une de ces deux femmes que vous avez députées à milord Buckingham, pour le décider à retourner en Angleterre.

— Ah! ah!... d'où il n'est plus revenu. Votre concours n'est pas resté sans résultat, dit-il avec un sourire à me donner le frisson.

— C'est vrai, monseigneur. Aussi cette démarche me causera toute ma vie des remords.

— Eh! bon Dieu! vous n'êtes coupable de rien... ni moi non plus! ajouta-t-il avec précipitation. Seulement vous avez eu tort de ne pas venir me demander plus tôt votre récompense.

— Si je vous la demandais aujourd'hui, monseigneur?

— Je payerais ma dette, je la payerais avec joie. D'ailleurs, je ne vous serais redevable de rien, mademoiselle, qu'à d'aussi jolis yeux que les vôtres il me deviendrait impossible de refuser une grâce.

— Ah! monsieur le cardinal, vous êtes d'une galanterie...

— Qui ne peut vous surprendre. Tous les cœurs, j'en suis certain, se troublent à votre aspect : pourquoi donc échapperais-je à la loi commune?... Voyons, mademoiselle, parlez... que désirez-vous?

— La liberté de ce jeune artiste que vous avez donné l'ordre d'enfermer hier.

— Je l'accorde, à une condition.

— Permettez! je la demande sans condition, monseigneur.

— Mais pourquoi ne ferait-il pas ces gravures, dont mes historiographes ont besoin?

— Croyez-vous que Buckingham, s'il vivait encore, chanterait la prise de la Rochelle?

— Bien, bien... Ne parlons plus de ces choses.

— Je ne demande pas mieux, monsieur le cardinal.

— Il vous faut donc un ordre de délivrance? dit-il en prenant une de mes mains, qu'il se mit à caresser entre les siennes et que je n'osais retirer, dans la crainte où j'étais encore de ne pas réussir.

— Un ordre signé de vous, oui, monseigneur.

— Allons soit, ma belle, vous l'aurez.

Il s'approcha d'un bureau et traça rapidement quelques lignes sur un parchemin qu'il vint ensuite m'offrir.

— Voilà, chère enfant, me dit-il. Trop heureux de vous plaire en quelque chose; mais, pour ce qui est de l'autre histoire, croyez-moi, n'ayez plus de remords...

— Au fait, vous avez raison, monseigneur. Que le sang versé retombe sur la tête des assassins!

La figure de Richelieu se couvrit d'une teinte livide.

Je lui tirai ma révérence, après avoir ainsi coupé court aux fadeurs qu'il allait sans doute me débiter de nouveau, et j'allai prendre Louise Kuttinger, que je conduisis avec moi à la prison de Jacques.

— Voyez, dis-je à l'artiste en lui montrant le parchemin signé du cardinal : cet écrit ouvre les portes de votre cachot, vous lui devez d'être libre. Prenez-le donc, mon ami! Je compte assez sur votre reconnaissance pour croire que vous ne refuserez pas de m'en présenter, ce soir même, un autre en échange.

— Un autre écrit... Lequel? demanda-t-il avec trouble.

— Un contrat de mariage signé de vous et de Louise.

Il tressaillit et me jeta un regard plein d'inquiétude; mais il ne vit sur mes lèvres que le plus tranquille de mes sourires.

Je lui pris les mains et je les unis à celles de Louise Kuttinger en disant :

— Vous vous aimez, soyez heureux!

— Ah! Ninon, quel noble cœur vous faites! s'écria l'artiste ému jusqu'aux larmes.

Je conduisis Louise Kuttinger à la prison de Jacques. Page 208.

—Comprenez-vous à présent ma conduite, Jacques?... Oh! ne rougissez pas!... J'ai voulu travailler moi-même à vous donner tout le bonheur dont vous êtes digne. A ce soir nos adieux, car demain je retourne à Paris. Si vous y venez jamais avec votre jeune femme, je vous offre l'hospitalité rue des Tournelles. Descendez chez moi comme chez la meilleure de vos amies, la plus dévouée et la plus sincère.

Nous sortîmes de la prison sans le moindre obstacle de la part des geôliers.

Je laissai les deux amants ensemble.

Au moment où je montais en chaise à porteurs, j'entendis sur la grande place du château ducal des exclamations et de bruyants éclats de rire.

— C'est lui, ma foi! criait-on.

— C'est bien le père Joseph!

— Ah! ah! regardez un peu l'Éminence grise à cheval!

Je reconnus la voix railleuse qui proférait ces derniers mots.

— Il paraît, monsieur l'abbé, dis-je après avoir fait arrêter ma chaise, que vous êtes céans d'aussi folle humeur qu'à Paris?

— Mademoiselle de Lenclos! Est-ce un rêve?... Non, pardieu! s'écria Scarron.

C'était lui que je venais d'interpeller.

— D'où venez-vous, charmante? d'où sortez-vous? descendez-vous du ciel? reprit-il en accourant à moi. Comment! je vous trouve en Lorraine... à soixante-dix lieues de la rue des Tournelles!

— Je vous y trouve bien, monsieur.

— Moi, c'est autre chose. Vous avez l'honneur d'être saluée par un des historiographes du cardinal, par un homme chargé de transmettre ses hauts faits à la postérité la plus reculée.

— Recevez mon compliment, monsieur l'historiographe; vous avez là un fort bel emploi.

— Merci! Je partage avec Boisrobert ces honorables fonctions.

— Devant quoi vous exclamiez-vous donc tout à l'heure?

— Ah! c'est fâcheux, ma chère, vous arrivez trop tard. Le cortége est passé. Vous auriez vu la chose la plus curieuse.... Mais je vous conterai cela tantôt. Souffrez d'abord que j'aille, ici près, chercher quelques-uns de mes amis et des vôtres.

— L'abbé de Retz, je gage? car vous êtes inséparables.

— Voilà ce qui vous trompe. Gondi est demeuré là-bas, exposé à la férule de son oncle l'archevêque. Il doit, à l'heure où je vous parle, être sous-diacre, et récite probablement son bréviaire.

— Une agréable acquisition pour l'Église !

— D'autant plus qu'il est toujours aussi mauvais sujet.

— Quel pasteur ! C'est un loup qu'on va donner au troupeau.

— Oui, certes, il croquera ses ouailles, pour peu qu'elles soient jolies. Enfin, que voulez-vous, ma belle? d'un moment à l'autre je puis être obligé moi-même d'en passer par là. Je suis de plus en plus mal avec l'honorable épouse de mon père. Cette vertueuse marâtre est en train de manger tout au logis. Il ne me restera pas un sou vaillant.

— Je vous plains, lui dis-je.

— C'est-à-dire que vous plaignez l'Église, car je ne vaux pas mieux que Retz... Eh ! Coligny, Boisrobert, Marsillac ! cria-t-il en se tournant vers un groupe qui stationnait à quelque distance : arrivez donc ! Vivat ! J'ai retrouvé Ninon !

Ceux qu'il appelait de la sorte accoururent.

François me sauta au cou.

M. l'abbé de Boisrobert, que j'avais reçu quelquefois à mon cercle, se permit de m'embrasser à son tour. Le jeune comte de Coligny, plus respectueux, parce qu'il me connaissait beaucoup moins, se contenta de me baiser la main.

— Soyez les bienvenus, leur dis-je, et, si vous n'avez pas d'autre engagement, dînons ensemble.

— Bravo ! crièrent-ils, mais où donc?

— Chez moi; veuillez me suivre.

— Elle est domiciliée dans la capitale de la Lorraine !

— Elle y tient table ouverte !

— C'est merveilleux ! crièrent-ils en chœur.

Nous arrivâmes à mon logement, où ils se comportèrent comme en pays conquis, envahissant les chambres, fouillant les ruelles, visitant tous les recoins.

Dieu sait quelles sottises ils débitèrent après avoir fait la découverte de l'atelier de Jacques !

Pour leur fermer la bouche, il ne fallut rien moins que l'excellent dîner que je leur fis servir.

Somme toute, je retrouvais avec joie mes connaissances parisiennes.

Marsillac se mit à me courtiser un brin, Scarron chanta, Boisrobert se grisa, et Coligny, devenu moins timide, me complimenta si chaleureusement, que François en resta tout boudeur.

Chez lui c'était une habitude, comme chez Saint-Évremond.

Je n'y pris pas garde.

Le comte de Coligny, descendant du célèbre amiral qui fut si lâchement assassiné sous Charles IX, entrait alors dans sa vingt et unième année.

Il avait trois ans de plus que moi.

J'ai rarement vu de jeune seigneur aussi distingué dans ses manières et d'une figure plus avenante.

Il était brun, couleur que chez un homme j'ai toujours préférée, car assez ordinairement les blonds sont aussi fades de caractère que de nuance.

Les grands yeux de Coligny, sans manquer d'expression, nageaient dans une molle langueur. Une moustache naissante ombrageait ses lèvres, et il avait les plus belles dents du monde.

Ainsi que son aïeul, il se nommait Gaspard.

— Dites-moi, comte, fit Scarron, n'étiez-vous point au *Pas de Suze* avec le duc de la Meilleraie?

— Oui, répondit Coligny C'est là que j'ai fait mes premières armes.

— En ce cas, vous avez été témoin de la déconfiture de cet imbécile de capucin?

— Parfaitement. Vous plaît-il que je la raconte?

— Très-volontiers, morbleu !

— De quel capucin parlez-vous? demandai-je.

— Bizarre question !

— Eh ! ma chère, est-ce qu'il y a deux capucins ?

— Nous parlons évidemment du *bouc*[1] de Richelieu.

— De l'animal barbu dont je riais tout à l'heure quand vous m'avez abordé, cria Scarron.

— Bien, j'y suis, du père Joseph.

— Vous le devinez un peu tard... Enfin n'importe. Figurez-vous que l'Éminence grise, en froc et en sandales, chevauchait orgueilleusement entre quatre maréchaux de France et leur suite pour aller faire le tour de la ville, en dehors des murs, et s'assurer qu'on exécute les travaux de démolition.

— Pardieu ! dit Boisrobert, ne voulais-tu pas qu'il fût en casque, en cuirasse et en bottes fortes ?

— Certainement, c'eût été moins ridicule.

— Il n'eût fait, d'ailleurs, que suivre l'exemple de son digne patron à la Rochelle, ajouta Coligny.

— Monsieur le comte, répliqua Boisrobert en frappant avec assez de violence de sa coupe sur la table, moquez-vous du valet, insultez-le, vilipendez-le, je vous y autorise... Mais pour ce qui est du maître, je suis là : il faut qu'on le respecte !

— Ah ! ah ! la bonne sortie !

— Et que voilà un ministre défendu à propos !

— « Qu'on le respecte ! » est une jolie phrase.

— Bien appliquée au sujet.

— Flamme et sang ! je ne plaisante pas, et je veux qu'on se taise ! cria le premier historiographe, rougi de colère

— Je ne reçois jamais d'ordres, monsieur ! répliqua fièrement Coligny.

— Laisse donc, fit Scarron ; ne vois-tu pas qu'il est ivre ? Le jour où le cardinal ne rira plus de ses bons mots et s'avisera de ne plus les payer en bénéfices, Boisrobert s'acharnera sur lui, et nous le verrons déchirer à belles dents celui dont il prend la défense. Mais au diable Richelieu ! Conte-nous ton his-

---

[1] Voir les *Confessions de Marion Delorme*. (Note de l'Éditeur.)

toire du *Pas de Suze*, Gaspard. Deux étoiles radieuses te considèrent et deux oreilles ciselées par les mains de l'Amour t'écoutent. Sois éloquent et spirituel.

— Notre aimable hôtesse, commença le jeune comte, sait probablement que le capucin de Richelieu fut autrefois soldat, de façon qu'il garde de son ancien métier certaines fantaisies belliqueuses du plus haut comique.

— Oui, monsieur, je sais cela; et même, si je ne me trompe, le père Joseph se nommait alors Leclerc du Tremblay.

— Comme vous le dites. Il ne s'est fait capucin que par ambition.

— Permettez, interrompis-je, ceci est difficile à croire.

— Eh non, mademoiselle ! De froc en froc, on peut arriver de nos jours au chapeau de cardinal.

— Propos de huguenot! dit Scarron. Vous saurez, ma chère, que le narrateur est hérétique, et des plus obstinés.

— Il chasse de race, fit Boisrobert, dont la rancune durait encore. Le besoin d'une nouvelle Saint-Barthélemy se fait généralement sentir.

— Ah! fi! m'écriai-je, quelle abomination!

— Messieurs, dit gravement Coligny, on ne plaisante point avec des souvenirs aussi lugubres.

— C'est juste, répondit Scarron. Ne te fâche pas, et demeure parpaillot, si bon te semble. Quand je dirai la messe, je prierai pour toi, voilà tout. Continue ton histoire.

— En 1629, reprit le jeune comte, le père Joseph, se trouvant à Grenoble, apprend que le duc de la Meilleraie se mettait en mesure de forcer cet étroit et dangereux défilé des Alpes dont vous connaissez le nom. Tout aussitôt un caprice martial le saisit. Il fait trente lieues en poste pour rejoindre l'armée française.

On entamait l'attaque des barricades.

Le capucin ne prend pas le temps de dépouiller sa robe, et court se placer sur un monticule voisin du lieu du combat, d'où il se met à crier et à gesticuler comme un démon pour enhardir les troupes et stimuler leur ardeur.

Nos soldats conservent toujours beaucoup de gaieté, même au sein d'une bataille.

Ils trouvèrent ce moine plaisant de venir leur donner des ordres, et chaque escadron passant au-dessous du monticule envoyait alternativement des balles à l'ennemi et des sarcasmes à l'Eminence grise.

— Ah! ah! dit Scarron, je le vois sur la colline, se débattant comme le bouc du sabbat!

— Oui, reprit le comte. Par malheur, les impériaux le voyaient aussi et prenaient la chose beaucoup moins gaiement que nous. Impatientés d'entendre ce braillard nous exciter contre eux, ils déchargèrent sur lui leurs arquebuses, et le père Joseph entendit les balles siffler de tous côtés à ses oreilles, ce qui lui fit perdre subitement son ardeur héroïque et son éloquence.

Il voulut aussitôt rejoindre nos troupes.

Mais une bise violente, soufflant alors, mit obstacle à ce projet de retraite. Le vent s'engouffra dans son coqueluchon, sous sa robe, et le fit descendre juste du côté de l'ennemi, qui le reçut avec des huées et lui donna des étrivières.

— Pardieu! dit Marsillac, l'imbécile ne les avait pas volées!

Nous en étions là de l'entretien, lorsque tout à coup un grand tumulte se fit entendre dans les rues voisines.

On distingua bientôt la marche d'une cavalcade, et des clairons sonnèrent.

— Quel est ce bruit de fanfares, messieurs?

— Bon! voici le cortége qui repasse, et nous allons voir le héros de mon anecdote, dit Coligny, avec lequel je me dirigeai précipitamment vers la fenêtre.

Mes trois autres convives nous accompagnèrent.

La cavalcade était assez nombreuse et débouchait d'un carrefour voisin.

J'aperçus le père Joseph au milieu des cavaliers, et je partis d'un grand éclat de rire, à ce grotesque aspect d'un capucin à cheval.

Il ne parvenait pas à dominer sa monture, extrêmement fougueuse et que le bruit des clairons effrayait.

— Ou je me trompe fort, dit Boisrobert, ou vous allez voir tout à l'heure une jolie culbute.

— Tant mieux !

— Bravo !

— Nous sommes aux premières loges.

— Le fait est, dit Scarron, que cet âne de capucin a justement choisi l'entier le plus intraitable des écuries du cardinal.

Comme il achevait ces mots, le père Joseph fut entraîné presque sous notre fenêtre, au milieu de ruades et d'écarts prodigieux. Il suait sang et eau pour contenir l'entier, qui manifestait très-ouvertement l'intention de désarçonner son homme.

— Holà ! hé ! gare à vous !

— La bride ferme, morbleu !

— Un coup de cravache, et serrez-lui les flancs !

— Ah çà, Votre Éminence, cria Scarron d'une voix railleuse, pourquoi diable n'avez-vous pas mis d'éperons à vos sandales ?

— Je vous croyais bon écuyer, révérend père, dit Coligny.

— Une autre fois du moins, ajouta Marsillac, ayez soin de monter un hongre !

— O Joseph ! Joseph ! fit piteusement Boisrobert, tu aurais mieux fait de chanter vêpres ou de venir boire avec nous !

Le révérend n'avait garde de leur répondre, ahuri qu'il était par les soubresauts de son cheval et par les clameurs de la foule qui s'amassait d'un bout de la rue à l'autre.

Pour comble d'embarras, et comme si le diable s'en fût mêlé, vint à passer par cet endroit un fourgon d'artillerie, traîné par une fort belle jument normande.

Aussitôt le cheval du père Joseph poussa des hennissements significatifs.

Malgré les efforts du moine pour lui faire opérer volte-face,

Un carrosse s'arrêta à la porte. *Page 224.*

il se mit à courir au galop du côté du fourgon, sans songer qu'il portait l'Éminence grise et sa fortune.

Le cavalier poussait des cris affreux.

Son cheval n'en tint pas compte.

Il sauta, caracola, rua, fit toutes sortes d'agaceries à la jument normande et voulut en venir aux caresses les plus extrêmes, sans égard à l'attirail incommode qu'elle traînait après elle.

Dans ce mouvement désordonné, le malheureux capucin vida les arçons et tomba sur le pavé, où heureusement il ne se fit aucun mal.

Mais, irrité des exclamations railleuses de mes convives et des plaisanteries de la foule, il se précipita sur le cheval coupable, lui reprocha son incontinence en termes fort durs, l'accabla de coups de cravache et le flétrit en notre présence de l'épithète humiliante de *polisson*[1].

— Ah! parbleu! cria Coligny en se tenant les côtés dans un accès de fou rire, ce tour-ci me semble préférable au *Pas de Suze!*

— Bravo, Joseph! bravo! crièrent ironiquement les autres.

J'invitai nos rieurs à quitter la fenêtre.

Les regards de la foule commençaient à se porter autant sur nous que sur le capucin.

Sachant que mon intention était de retourner à Paris, Marsillac et les abbés me complimentèrent d'un commun accord et se prirent ensuite quasi de querelle pour savoir qui m'accompagnerait dans le voyage.

— Messieurs! messieurs! criai-je, vous me laisserez au moins la liberté du choix!

— Vous souvenez-vous de ma gageure avec Retz? dit Scarron; je n'y renonce pas, et, comme une occasion favorable de la gagner se présente, je m'inscris en première ligne.

— Alors, lui dis-je assez étourdiment, je vous plains, mon cher!

— Et pourquoi me plaignez-vous?

— Parce que les chances ne sont en aucune sorte de votre côté.

— Quelle erreur!

— J'en sais qui arriveront avant vous.

— Corbleu! me dit-il à voix basse, vous venez de lorgner Coligny du coin de l'œil en me faisant cette réponse.

— Sottise!

— Oui, c'est vrai, je l'ai vu comme lui, murmura sourdement Marsillac, qui prêtait l'oreille. La peste soit du huguenot!

— Je vous trouve l'un et l'autre, messieurs, d'une assez

---

[1] Quelques chroniqueurs reportent au siége de Privas cette aventure du père Joseph; mais la chose s'est positivement passée en Lorraine, où on la raconte encore. Mademoiselle de Lenclos oublie même de dire que Louis XIII et le cardinal s'amusaient beaucoup de l'histoire. Ils voulurent que le nom de *Polisson* restât à l'entier. (Note de l'Éditeur.)

belle impertinence! dis-je en me levant de table. Une visite à faire et le soin de mes préparatifs de départ vont prendre le reste de ma soirée. Souffrez que je vous congédie.

Ils me quittèrent assez mécontents.

Coligny me demanda permission de me revoir avant mon départ : je la lui accordai à haute et intelligible voix, afin d'être entendue de Marsillac et de Scarron, moyen très-simple de punir la bouderie de l'un et la fatuité de l'autre.

J'allai dire adieu à mon bon artiste, dont j'avais travaillé si habilement à éteindre l'amour.

Il était chez son père au milieu d'une véritable fête de fiançailles.

Quand vint le moment de la séparation, je m'aperçus qu'il restait encore des étincelles sous la cendre.

Un souffle de mes lèvres eût suffi pour rallumer le feu.

Mais la plus indigne coquette n'aurait pas eu le courage de briser les illusions de cette douce jeune fille, si heureuse et si fière de prendre Jacques Callot pour époux!

La nuit tombait comme je rentrais chez moi.

Je ne fus pas médiocrement surprise de trouver à ma porte le comte de Coligny, qui m'attendait.

— Y songez-vous, monsieur? lui dis-je, est-ce l'heure de faire des visites? Voulez-vous que je vous range aussi parmi les impertinents?

— Ne m'accusez pas! s'écria-t-il; mon plus grand désespoir serait de vous déplaire.

— Il faudrait alors m'en donner d'autres preuves.

— Mais s'il eût été trop tard demain pour vous prévenir du péril qui vous menace?

— Trop tard... Un péril... Que signifie?...

— Répondez-moi, mademoiselle : croyez-vous qu'il soit dangereux pour une femme d'être aimée par un homme de l'espèce du cardinal?

— Dangereux... Expliquez-vous.

— Oh! je ne veux pas laisser entendre que cette femme, en

aucun cas, puisse le payer de retour!

— Alors je vous réponds nettement et catégoriquement : si le ministre avait jeté les yeux sur moi, je regarderais cela comme une véritable catastrophe.

— J'ai donc bien fait de me rendre ici, malgré l'heure avancée, puisque Son Éminence vous trouve fort à son goût, puisque M. l'abbé de Boisrobert a la mission aussi délicate qu'honorable d'entamer avec vous des pourparlers à cet égard.

— Vraiment, on l'a nommé négociateur?

— Oui, mademoiselle. Si la négociation réussit, tout ira bien; mais, si elle ne réussit pas...

— Achevez.

— Vous êtes perdue.

— Par exemple!... Voilà ce que je voudrais voir! Quel droit le cardinal a-t-il sur ma personne?

— Aucun; mais toutes les perfidies sont du ressort de Richelieu.

— C'est juste.

— N'avez-vous pas quitté dernièrement en fugitive un monastère de cette ville?

— En effet... D'où savez-vous cela?

— Le cardinal arrange là-dessus son intrigue. Prêtez l'oreille au noble entremetteur de Son Éminence, vous revenez à Paris dans un équipage de la cour; moquez-vous de ses offres, on autorise les religieuses à vous réclamer, et l'on vous enferme.

— Bonté divine!

— M. l'abbé de Boisrobert doit venir vous sonder demain, mademoiselle, aussitôt qu'il fera jour chez vous.

— Demain?... Mais alors je veux partir ce soir, à l'instant même!

— Je l'avais prévu, dit Coligny. Une berline et des chevaux sont à vos ordres, et si vous me jugez digne d'être votre protecteur pendant ce voyage...

— Oui, monsieur, j'accepte!... Vite cette berline, ces chevaux, et partons!

Je ne pris que mes objets de toilette les plus indispensables. Moins d'une heure après, le comte et moi nous courions à grandes guides sur la route de Paris.

XIV

Entrant alors dans plus de détails, mon compagnon de voyage m'apprit le reste de l'histoire.

Boisrobert, déjà plus qu'à moitié ivre au sortir de chez moi, les avait conduits dans une auberge où il logeait, afin d'y vider ensemble quelques flacons de vin du Rhin.

Mais, apprenant que Richelieu venait de le faire demander à plusieurs reprises, l'ivrogne les laissa maîtres de son domicile et se rendit trébuchant chez l'Éminence.

Une demi-heure après il vint les rejoindre, et leur apporta cette nouvelle étrange que le cardinal, amoureux de moi, l'invitait à remplir l'office de Mercure.

Très-expéditif en politique, Jupiter-Richelieu croyait pouvoir déployer une égale promptitude en amour.

Aussitôt après l'audience du matin même il donna ses ordres à huit ou dix espions.

Ces derniers se mirent en quête, et revinrent bientôt lui apprendre toutes les circonstances de mon séjour à Nancy, ma fuite du cloître, mes relations avec Jacques Callot, et le prochain mariage de celui-ci.

Le ministre en conclut très-judicieusement que j'étais libre.

Il en regarda comme une nouvelle preuve la liste des convives reçus à ma table dans la soirée, liste que ses hommes n'oublièrent pas de lui transmettre.

Le plan du cardinal fut arrêté aussi vite.

Boisrobert, choisi pour l'exécuter, ne cacha pas ses instructions à mes dîneurs.

Furieux l'un et l'autre contre moi, Marsillac et Scarron déclarèrent qu'ils ne mettraient pas obstacle aux poursuites de Richelieu. Coligny dissimula, parut approuver tout, les fit boire outre mesure, et accourut chez moi lorsqu'il les eut enterrés sous la table.

Je devais décidément beaucoup de reconnaissance à ce jeune homme.

Il venait de me sauver d'un véritable péril, non que, malgré sa puissance, le ministre eût eu le droit de m'enfermer dans un couvent pour le reste de mes jours : mes amis auraient jeté feu et flamme et j'aurais reconquis ma liberté tôt ou tard; néanmoins il est certain que les Récollettes, joyeuses de me ressaisir, m'eussent fait payer cher leur déception, en attendant l'heure de la justice.

Toutes ces manœuvres eurent pour résultat de me rapprocher en quelque sorte forcément de Coligny, et de développer d'une manière beaucoup plus rapide l'attrait qui nous portait l'un vers l'autre.

Nous arrivâmes à Paris en quarante-huit heures, grâce à l'or que nous semions sur la route.

Gaspard avait le plus agréable caractère, un esprit fin, enjoué, beaucoup de délicatesse, un jugement droit, et de l'amour comme le cœur en tient en réserve à vingt ans.

Il s'exposait pour moi à la rancune du ministre : donc l'essentiel était de ne pas nous laisser surprendre au retour de Richelieu.

Mon logement de la rue des Tournelles ne nous offrait pas la moindre sécurité.

Selon toute évidence, on viendrait nous chercher là d'abord.

J'achetai à Picpus une maison de campagne délicieuse, abritée comme un nid d'oiseau sous des touffes de verdure.

Ce fut là que nous allâmes jouir en paix de notre bonheur.

On m'affirma que cette gentille retraite avait été habitée jadis par Henri IV et sa maîtresse, après la fuite de mademoiselle d'Estrées du château de Cœuvres, et au moment où le roi la cachait encore.

Tout y respirait l'enivrement et les joies mystérieuses du tête-à-tête.

Les plafonds et les murailles étaient ornés de peintures provocantes.

Ici, Vénus sortait des flots, belle de jeunesse et de volupté ; plus loin, sous un des berceaux d'Amathonte, les Grâces faisaient danser en rond les Amours. La chambre à coucher tout entière offrait un immense paysage, avec des Dryades poursuivies par des Satyres, et des Nymphes au bain.

Mon lit, d'une forme toute nouvelle, et supporté par quatre griffes d'aigle, était une sorte de coquille gigantesque, dans le creux de laquelle s'entrelaçaient des guirlandes de roses.

Deux Faunes debout supportaient les rideaux.

J'avais suspendu mon portrait au-dessus du chevet, coutume alors fort en vogue.

Nous n'avions avec nous que deux serviteurs dans ce paradis terrestre, une femme de chambre et un domestique du nom de Pierre.

Je l'appelais *Perrote*.

Il avait servi M. de Lenclos. C'était un chien pour l'attachement et la fidélité.

Quelquefois, le soir, je sortais avec Coligny, mais toujours en chaise ou en carrosse.

Paris me semblait une autre ville. Tout y était changé.

Les hommes avaient trouvé moyen de se rendre pafaitement ridicules, en adoptant la plus grande bizarrerie du monde, celle de ne pas faire usage de leurs propres cheveux et de recourir aux perruques.

Le premier qui s'avisa de porter une chevelure d'emprunt fut l'abbé de la Rivière, connu par ses basses intrigues et digne conseiller de Gaston, qui lui fit donner l'évêché de Langres.

Nous retrouverons plus tard chez Mademoiselle cet honnête prélat.

D'abord, les perruques ne couvrirent qu'une tempe; puis elles couvrirent les deux. Enfin elles envahirent l'occiput, et définitivement toute la tête.

Les courtisans par caprice, les rousseaux par vanité, et les chauves par nécessité, se déclarèrent pour cette méthode.

Il y eut un véritable déluge de perruques, c'était une rage :

Coligny fit le serment solennel de ne jamais s'affubler d'une indignité semblable.

Il avait les cheveux fort épais et du plus beau noir : je ne craignais point qu'il devînt en cela de sitôt parjure.

Deux mois venaient de s'écouler.

Louis XIII et le cardinal étaient de retour au Louvre.

Nous n'avions garde de paraître à leurs yeux, et nous nous croyions merveilleusement cachés dans notre jolie campagne, sous nos verts ombrages.

Mais les plus secrets asiles n'échappaient point à la police du ministre.

Scarron et Boisrobert mettaient, du reste, une méchanceté fort grande à l'exciter contre nous.

Un matin, deux carrosses s'arrêtèrent à la porte de notre petite maison. La sonnette se fit entendre, mais agitée par un

Le comte furieux se précipita sur l'officier. *Page 226*

coup si violent, que le comte se précipita hors du lit et courut prendre son épée.

Presque aussitôt Perrote, pâle et tremblant, entra dans notre chambre.

Il nous annonça un officier des gardes et six hallebardiers. Tous ces gens-là parurent à sa suite.

— Vous êtes accusé, monsieur, dit l'officier à Coligny, d'avoir déserté votre corps en Lorraine. Voici l'ordre de vous enfermer à la Bastille. Quant à vous, madame, ajouta-t-il, veuillez vous habiller sans retard et nous suivre.

— Où me conduirez-vous? lui demandai-je.

— A Rueil, chez Son Éminence le cardinal.

Le comte, furieux, se précipita vers l'officier en brandissant son arme.

— Flamme et tonnerre! cria-t-il, je comprends tout!... C'est là, n'est-il pas vrai? l'article essentiel de votre mission. Par la tête vénérable de mes ancêtres, vous ne nous emmènerez vivants ni l'un ni l'autre, monsieur!

— Gaspard, lui dis-je, au nom du ciel, calmez-vous!

— Que je me calme, sang-Dieu!.... Non! non! Venez, cria-t-il aux soldats; ayez l'audace de mettre la main sur ma personne, et je vous éventre tous!

— Mon ami, lui dis-je, la résistance ne peut que nous perdre. Il faut du sang-froid. Permettez que j'aille à Rueil, et je vous jure, sur notre amour, que vous ne coucherez pas sous les verrous.

Un éclair d'inquiétude et de jalousie traversa son regard.

— Ah! m'empressai-je d'ajouter avec un accent de reproche, pouvez-vous douter de moi-même et de mon cœur?

— Non, murmura-t-il à voix basse; mais Richelieu est capable de tout.

— Même d'avoir plus d'esprit que moi? Prends garde, Gaspard, tu vas me faire pécher contre la modestie.

Ce trait ramena le sourire sur ses lèvres.

Au bout du compte, la désertion dont on l'accusait n'était pas sérieuse. A chaque instant nos jeunes seigneurs se permettaient de ces sortes d'équipées, sans qu'on les leur imputât à crime.

— Va donc, me dit Coligny, j'ai confiance. Me montrer jaloux de cet homme rouge serait te faire injure.

— En finirez-vous avec vos chuchotements? nous cria l'officier d'une voix brusque.

Je me jetai dans la ruelle pour passer une robe, et j'eus terminé ma toilette en un clin d'œil.

Coligny m'embrassa.

Il rendit tranquillement son épée à l'officier des gardes, et fut installé dans l'un des carrosses, qui courut au galop du côté de la Bastille.

Je montai dans l'autre.

On me fit suivre le mur d'enceinte jusqu'au Roule, et, de là, nous prîmes le chemin de Rueil, où j'arrivai à onze heures.

Richelieu venait d'acheter dans ce hameau la plus grande partie du domaine de l'ancienne abbaye de Saint-Denis, dont il avait renversé les cloîtres pour élever à la place une maison de plaisance de toute beauté.

Je trouvai monseigneur à table.

M'approchant aussitôt, le sourire aux lèvres et de l'air le plus dégagé du monde :

— Vraiment, je pensais, lui dis-je, que Votre Éminence aurait eu la politesse de m'attendre.

Il fit opérer un demi-tour à son siége et me regarda tout surpris.

Je continuai sans rien perdre de mon aplomb :

— Vos gens m'ont éveillée avec l'aurore et ne m'ont pas donné de cesse pour venir. Je suis à jeun, monseigneur.

— Un couvert! et qu'on se hâte! cria-t-il en se tournant vers ses domestiques.

Puis, me saisissant les mains avec une vivacité joyeuse :

— En vérité, mademoiselle, vous daignez me demander à déjeuner... C'est charmant!... Moi qui m'attendais à une scène de larmes, je vous vois paraître avec une figure riante, avec des yeux qui n'ont rien perdu de leur éclat. Sur l'honneur, vous ne pouviez me faire une plus agréable surprise!

Il m'avança lui-même un siége, et je pris place à ses côtés.

— Vous vous attendiez à des larmes... Et pourquoi donc, je vous prie, monseigneur?

— Goûtez de ce faisan, ma belle, dit-il en me passant une assiette et sans répondre à ma question.

— Les larmes sont toujours un triste moyen de se tirer d'embarras, monsieur le cardinal ; je n'en fais usage qu'à la dernière extrémité.

— Vous avez raison.

— Soyez donc assez aimable pour me passer de ces olives.

— Avec plaisir, mademoiselle. Je vous recommande les écrevisses, elles sont parfaites. Entre nous, il paraît que vous n'êtes pas très-amoureuse du comte?

— Moi?... J'en raffole, au contraire.

— Qu'est-ce à dire? fit-il en me considérant avec trouble.

— Je n'ai certes pas été dupe, lui répondis-je, de cette comédie d'emprisonnement. Vous avez voulu rappeler Coligny à la discipline militaire, et lui donner, j'imagine, une simple leçon.

— Sans doute, ma belle, sans doute, une leçon qu'il étudiera sous les murs de la Bastille le plus longtemps possible.

Je reculai mon fauteuil et je me levai brusquement.

— Quoi! m'écriai-je, il ne sortira pas ce soir?

— Ah! ah! ce soir! fit-il en éclatant de rire.. Chère enfant!... Vous avez perdu l'esprit!... Allons, du calme, et reprenez place à table.

— Merci! je n'ai plus faim, monseigneur.

— Je vous offre une tranche de chevreuil dont la saveur est exquise.

— Parlons de Coligny, de grâce...

— Oui, trinquons à sa santé. Dans sept ou huit mois, nous verrons à le rendre libre.

— Sept ou huit mois! Mais c'est indigne, monsieur le cardinal! Si je pouvais croire que vos discours ne soient pas une épreuve, je me déclarerais, à dater de ce jour, votre ennemie la plus acharnée!

Je proférai cette phrase sur un ton de colère et de violence.

— Pourquoi donc ? balbutia Richelieu, suffoqué de ce brusque revirement.

— Parce que vous me feriez, sans motif et sans cause, un chagrin dont je ne me consolerais jamais.

— Erreur, ma belle : on se console de tout.

— Ah ! prenez garde, ne me tenez pas de semblables discours !

— Des menaces ?

— Oui, je vous menace, tout premier ministre que vous êtes, je vous menace de ma haine ! et la haine d'une femme peut vous mener loin, monseigneur ! Il me faut à l'instant votre signature, entendez-vous ? je veux Coligny ce soir, ou sinon....

— Ou sinon ? répéta gravement Richelieu.

— Sinon je vous déteste, je vous exècre, je vous abhorre ! criai-je en ouvrant des yeux furieux et en lui parlant sous le visage.

Puis, je retombai sur mon siége et je réussis à fondre en larmes.

— Qu'on nous laisse ! dit le cardinal à ses gens.

Les domestiques sortirent.

Richelieu s'approcha, me prit la main, et me dit d'une voix mielleuse en me câlinant du regard :

— Mais enfin, charmante, si je vous aime ?...

Je m'essuyai rapidement les yeux, et je le regardai bien en face, de l'air le plus stupéfait que je pus prendre.

— Si vous m'aimez, monseigneur ?

— Oui, si je suis jaloux de cet homme...

— Arrêtez !... Oh ! pas un mot de plus !

— Et la raison ?

— Je rougirais pour vous.

— Qu'est-ce à dire ?

— Cela suffirait, je vous le jure, pour vous perdre à tout jamais dans mon estime. Le cardinal de Richelieu, le premier ministre, l'homme le plus puissant de France après le roi... que dis-je ? avant le roi...

— Eh! eh! ma belle, vous n'avez pas tort.

— Le cardinal de Richelieu aimerait une femme, et ne trouverait pas d'autre moyen de s'en faire aimer que de recourir à un abus de pouvoir? Le premier ministre se défierait assez de lui-même, de son esprit, de ses séductions, pour écarter brutalement ses rivaux?... Ah! monseigneur, à présent je suis calme, et si jamais vous étiez capable d'agir aussi lâchement...

— Mademoiselle! cria-t-il avec force.

— Aussi lâchement, je ne me rétracte pas... si vous aviez, dis-je, emprisonné le comte pour arriver à moi d'une façon plus sûre, vous trouveriez un obstacle que l'amour ne franchit jamais.

— Oh! oh! quel est donc cet obstacle?

— Le mépris.

Il eut un fougueux tressaillement.

Je frappais fort et juste.

Son regard eût intimidé tout autre que moi; mais j'étais sûre de mon rôle, et je repris avec un calme intrépide :

— Après tout, il n'y a rien là qui doive vous offenser, monseigneur. Nous parcourons le champ des hypothèses, et j'ai la première eu tort de prendre vos paroles au sérieux. Vous allez me signer l'élargissement de Coligny avec le même empressement que vous avez mis à me signer celui de Jacques Callot, et vous aurez un titre de plus à ma reconnaissance.

Je venais d'apaiser sa colère.

Il s'approcha, souriant, de mon siége.

— Et cette reconnaissance, mignonne, dit-il avec un air patelin, comment et quand me la prouverez-vous?

— Ah! ne me parlez pas ainsi, lui répondis-je : vous me laisseriez croire que vous êtes dans l'intention de me vendre une faveur.

— Souvenez-vous, répliqua-t-il, que moi je paye mes dettes... faites de même.

— Très-volontiers, monsieur le cardinal; mais il faut d'abord que je les contracte.

— C'est juste, me répondit-il en me baisant la main avec beaucoup de tendresse.

Je posai le doigt sur un timbre.

Les domestiques rentrèrent.

— Une plume, de l'encre et du papier pour monseigneur! dis-je à deux grands valets, qui obéirent très-vite, et que Richelieu renvoya plus vite encore après m'avoir signé la mise en liberté de Coligny.

— J'espère, charmante, qu'il est impossible d'avoir en vous une confiance plus illimitée? dit le ministre en reprenant ma main, qu'il baisa de nouveau trois ou quatre fois avec passion. Sur ma parole, je vous trouve merveilleuse, divine... Et tenez, votre colère même était adorable! il est inouï que, si jeune encore, vous ayez à si haut point l'art de plaire.

— Ah! monseigneur, c'est que la beauté sans grâce est un hameçon sans appât.

— Chère enfant, Dieu vous a comblée de ses dons les plus précieux.

— Je le remercie tous les matins de mon esprit, et je le conjure tous les soirs de me préserver des sottises de mon cœur.

Il essaya de me prendre la taille: un habile changement de position sur mon siége l'empêcha de donner suite à cette fantaisie.

— Votre cœur, ma belle Ninon, ne peut jamais faire de sottises.

— Croyez-vous, monsieur le cardinal?

— Surtout s'il consent à répondre à ma tendresse.

— Ah! laissez-le d'abord se refroidir pour Coligny!... Mais une idée, monseigneur!

— J'écoute.

— Ce jeune homme est d'excellente famille. Ne le pousserez-vous pas un peu?

— Non, certes, il est de la religion réformée.

— D'accord. Mais si je le convertis?

— Vous!

— Moi-même. Croyez-vous que je ne sache pas prêcher un huguenot ?

— Quelle folie !

— Ne riez pas. Je suis très-capable d'opérer cette conversion, n'en déplaise à Votre Éminence. Une fois Coligny rentré au bercail de l'Église catholique, apostolique et romaine, j'exige de vous la promesse que le premier régiment disponible soit pour lui.

— En vérité, non ! s'écria le cardinal.

— Vous me refusez ?

— Je refuse.

— Prenez garde !... Est-ce votre dernier mot ?

— C'est mon dernier mot.

— Alors, monseigneur, de deux choses l'une : ou vous craignez d'augmenter ma dette, ou vous ne me croyez pas solvable.

— Délicieux ! divin ! cria-t-il, essayant pour la seconde fois de m'entourer de ses bras.

Il y réussit, car mon fauteuil ne tourna pas assez tôt.

Mais je me dégageai de cette étreinte audacieuse; puis, un doigt sur les lèvres, et avec un sourire capable de lui tourner définitivement l'esprit :

— Nous ne sommes point encore au jour de l'échéance, lui dis-je. Me donnerez-vous le régiment, oui ou non ?

— Oui, si le comte abjure... Je suis vaincu !

— Alors, monseigneur, permettez-moi d'aller sur-le-champ m'occuper de cette conversion.

— Déjà ! s'écria-t-il, tu veux déjà partir !

Il me tutoyait.

Son audace ne connaissait plus de bornes.

C'était la meilleure raison de précipiter mon départ. J'avais hâte de terminer cette scène dangereuse.

— Lorsqu'il s'agit de ramener une âme dans le giron de l'Église, répondis-je, il ne faut jamais perdre une minute, et ce n'est point vous, monsieur le cardinal, qui voudriez, en sem-

La duchesse de Chevreuse lui jouait des niches abominables. *Page* 238.

blable circonstance, faire naître des retards.

— Ah! friponne!

— Je parle sérieusement, monseigneur.

— Enfin, soit... Quand nous reverrons-nous?

— Pour aujourd'hui, je vous pardonne ma visite forcée; mais à l'avenir il faut attendre que je vienne de moi-même.

— Sera-ce bientôt, mon amour?

— Fiez-vous à ma nature capricieuse. Je ne réponds de rien, mais vous êtes libre d'espérer tout... Votre humble servante!

Et, lui adressant un dernier sourire plus incendiaire que tous les autres, je sortis au plus vite, heureuse d'avoir si bien joué mon rôle, et certaine de posséder un talent de comédienne fort remarquable.

Je n'avais eu aucun scrupule de tromper le premier fourbe de la terre, et j'espérais me tirer avec autant d'honneur de toutes les entrevues que je pourrais avoir avec lui par la suite.

Bien certainement le cardinal était un habile politique et un grand ministre; mais il était loin d'être un homme aimable.

Tout, en lui, froissait la délicatesse d'une nature de femme.

Jamais il ne reculait devant un acte de despotisme. Il joignait à cela des habitudes fort peu exemplaires pour un homme obligé par état au respect des mœurs et de la religion.

Ainsi, au dix-septième siècle, il n'eut pas honte de se faire l'émule des prélats des temps barbares

Comme eux il s'adjugea d'opulents bénéfices, comme eux il négligea le spirituel pour le temporel; comme eux il prit le casque et l'épée pour se mettre à la tête des troupes.

Enfin, comme eux toujours, il versa le sang et tyrannisa le peuple. Il eut, comme eux, des maîtresses et des bourreaux.

Sous le vestibule du château de Rueil, je rencontrai Boisrobert et Scarron.

Ils tressaillirent de surprise à ma vue.

— Messieurs, vous en êtes pour vos frais! leur dis-je au milieu d'une ironique révérence.

Et je retournai à Paris, où je courus arracher le comte aux sombres cachots de la Bastille.

Chose étrange! il en sortit soucieux, et je fis d'inutiles efforts pour dissiper le nuage qui obscurcissait son front. Je ne sus que longtemps après la vraie cause de cette inconcevable manière d'être.

O sottise et injustice des hommes!

Coligny me croyait infidèle, Coligny se persuadait que je n'avais pu obtenir gratuitement sa mise en liberté. Et le malheureux ne me disait rien; je n'étais en aucune sorte sur la trace de ses soupçons.

Ayant rouvert mon cercle à la fin de l'automne, et beaucoup de mes invités me poursuivant de leurs hommages, je me figurai qu'il devenait jaloux. Je crus même entrevoir que l'objet de ses craintes était le duc de Senneterre, alors de retour de l'armée et dont la jeune femme continuait d'être mon amie intime.

J'étais sincèrement dans la désolation.

Le soir, je cessais de me montrer au Cours; je négligeais jusqu'à ma toilette; on ne voyait ni mouches sur mon visage ni poudre dans mes cheveux.

Plus Gaspard s'éloignait de moi, plus je sentais mon âme éprise et plus j'éprouvais le besoin de sa continuelle présence : bizarrerie du cœur, contre laquelle pourtant j'étais sur mes gardes, et dont je ne me défendais pas mieux qu'une autre.

Le comte fut deux jours sans venir.

Je lui envoyai cette missive, remplie d'aveux passionnés et de phrases suppliantes, que je n'écrirais certes plus aujourd'hui :

« Quelle est votre injustice, mon cher Gaspard! Les visites que le duc me rend vous alarment, et vous me confondez avec les femmes qui ne mettent en amour ni probité ni franchise. Si vous aviez cessé de me plaire, si vous étiez remplacé dans mon cœur, je n'y aurais entendu d'autre finesse que de vous l'avouer ingénument.

« Rendez-moi donc plus de justice. Je vous aime, je vous aime, je vous aime!

« Avant de vous connaître, je perdais à vouloir étudier l'amour les moments précieux que je devais employer à le ressentir.

« Hélas! j'étais aveugle, et l'amour s'est bien vengé!

« Maintenant tout vit autour de moi, tout s'anime, tout me

parle de ma passion, tout m'invite à la chérir. Le feu qui me consume donne à mon cœur et aux facultés de mon âme un ressort qui se répand sur toutes mes affections. Mes amis me sont plus chers, je m'aime moi-même davantage; les sons de mon luth me paraissent plus touchants, ma voix me semble plus harmonieuse. Si je veux exécuter un morceau, la passion, l'enthousiasme, me saisissent, et le trouble qu'ils me causent me force à m'interrompre.

« Alors une rêverie profonde, mais pleine de charme, succède à mes transports.

« Vous êtes là, devant mes yeux, je vous vois, je vous parle; je vous dis que je vous aime, et je vous le dis toujours d'une façon plus tendre que lorsque vous êtes en effet présent.

« Tantôt mon imagination vous est favorable, tantôt elle vous accuse.

« Je me félicite et me repens, je vous souhaite et veux vous fuir, je vous écris et déchire mes lettres. Puis, je relis les vôtres : elles me paraissent tantôt galantes, tantôt tendres, rarement passionnées, toujours trop courtes.

« Le doute s'empare de mon esprit. Je me livre à des inquiétudes étranges, à des frayeurs incompréhensibles, je consulte mes glaces, j'interroge mes amies sur mes charmes...

« Enfin je suis folle, et je ne sais ce que je deviendrai, si ce soir vous ne venez pas!

« NINON. »

Cette lettre avait trop de chaleur pour ne pas raviver sa flamme.

Mais ce ne fut qu'une résurrection d'un jour.

Il revint, et seulement alors il m'avoua les craintes qu'il avait gardées au sujet de ma visite à Richelieu. J'en pleurai de colère, d'autant plus que mes protestations ne semblaient pas entièrement le convaincre.

Juste au moment où nous nous querellions à cet égard, des Bournais, le valet de chambre du cardinal, entra chez moi.

Son Éminence me faisait inviter à aller, le lendemain, déjeuner à Rueil, et m'envoyait sur Émery une lettre de change de cinquante mille écus [1].

Le cas devenait terrible.

Il fallait absolument dépersuader Gaspard, sauf à recourir une seconde fois à la ruse pour apaiser le ministre.

Je déchirai donc la lettre de change en morceaux.

Me tournant ensuite avec dignité vers le valet de chambre :

— Allez dire à votre maître, m'écriai-je, que je suis déjà bien assez inquiète de mon salut... Je ne veux pas me damner à coup sûr!

Des Bournais s'en alla consterné de la réponse.

— Eh bien, dis-je à Coligny, me croyez-vous encore coupable?

— Oui, me répondit-il brusquement : ce message prouve que vous avez tout au moins laissé beaucoup d'espoir au cardinal. Je vous rends votre liberté, et je reprends la mienne.

Il sortit, à ces mots.

Je ne le revis plus.

Ma douleur fut violente, mais elle ne pouvait être de durée.

Certes il devenait fort inutile d'avoir en amour un système, pour négliger ainsi de le suivre. J'aimais beaucoup trop Coligny; cet excès de tendresse amena chez lui la froideur.

Et puis n'avais-je pas eu la sottise d'entreprendre, en effet, de le convertir?

Je songeais à son avancement, à sa fortune. Lui ne me tenait compte que de l'ennui causé par mon catéchisme et mes sermons.

Rien n'est dangereux comme d'habituer un homme à bâiller en votre présence, et Coligny bâillait énormément, surtout quand je lui expliquais les *mystères*.

A huit jours de là, on m'apprit qu'il s'agissait de le marier à la sœur du duc de Luxembourg.

Ce projet d'hymen était peut-être la cause principale de sa désertion.

[1] Voir Tallemant des Réaux pour cette anecdote. (Note de l'Éditeur.)

Quoi qu'il en fût, le procédé ne laissa pas que de me paraître fort piquant. Je jurai de n'y plus être prise et de ne jamais attendre qu'un amant me quittât le premier.

A ce serment j'en joignis un autre : celui de ne plus convertir personne... au contraire.

L'Éminence avait été fort humiliée de la réponse faite à son valet de chambre; mais elle n'osait rien entreprendre contre moi. Ma rupture avec Coligny lui enlevait tout prétexte, et peu m'importait alors qu'on enfermât le comte à la Bastille.

Du reste, Richelieu était habitué depuis longtemps aux défaites amoureuses.

Marion Delorme l'avait déjà battu ; du moins elle on jurait ses grands dieux.

Mademoiselle de Montmorency le reniait de toutes ses forces.

Madame de Chaulnes se vantait de l'envoyer paître, et la duchesse de Chevreuse lui jouait des niches abominables.

Pour comble d'infortune, il venait tout récemment d'essuyer un échec auprès de madame de Cavoye.

C'est une anecdote fort courte, et qui peut trouver ici sa place.

Le cardinal, assez présomptueux de sa nature, se figurait, pour avoir rencontré parfois les yeux de cette jeune femme attachés sur lui, qu'elle était fortement éprise de son estimable personne.

Sur ce bel espoir, il s'enflamme, et nomme le mari capitaine de ses gardes.

C'était un moyen très-simple d'avoir aussi la femme sous la main.

Un jour donc, en l'absence de l'époux, il se glisse dans l'appartement de madame de Cavoye, et lui demande après quelques préliminaires :

— Voyons, lequel aimez-vous le mieux de moi ou de votre mari ?

La dame ne manquait pas de finesse. Elle éventa les plans du séducteur et résolut de se tirer d'embarras en jouant la naïveté.

Sa ruse était juste le contre-pied de la mienne, et n'en valait que mieux peut-être.

— Monseigneur, répondit-elle, Votre Éminence ne m'en voudra pas, s'il lui plaît; mais je lui avoue franchement que j'aime mieux mon mari.

— Ah! fit Richelieu déconcerté.

— Sans doute. Vous ne me donnez que de l'inquiétude; je suis toujours en peine pour votre santé. Lui, me donne du plaisir.

— Mais à quoi consentiriez-vous plutôt, de voir M. de Cavoye mourir ou le reste du monde?

— Je consentirais à ce que tout le monde mourût.

— Alors que feriez-vous tous deux, tous deux seuls?

— Nous ferions ce qu'Adam et Ève faisaient, monseigneur.

Le cardinal ne jugea pas à propos de pousser plus loin l'interrogatoire, et pensa qu'il aborderait inutilement auprès d'une personne si fort attachée à son époux la question du *fruit défendu*.

Ma rupture avec Coligny fut un signal qui réveilla les espérances de vingt autres soupirants.

Un des plus aimables était sans contredit le fils de la marquise de Rambouillet, cette radieuse étoile de la rue Saint-Thomas-du-Louvre. Jeune, vif, brillant, spirituel autant que le comte, Rambouillet n'avait qu'un défaut, celui de me demander la promesse d'une fidélité éternelle.

Impatientée de ses instances, je lui écrivis un jour :

« Je t'aimerai trois mois, c'est l'infini ! »

Enchantée de mes succès, fière de ma beauté, je menais sans remords la plus folle existence; je la raisonnais même, et je l'appuyais d'arguments philosophiques.

Les derniers conseils de mon père portaient leur fruit.

Pourquoi, me disais-je, ne pas me livrer à mon goût pour

les plaisirs? pourquoi ne pas céder aux séductions? J'accorderai toujours mes bonnes grâces à l'amabilité, au mérite, à la célébrité, jamais à la richesse. Ne puis-je être faible sans être vile? Rien ne me force à trahir. Quand je n'aimerai plus, je le dirai. L'amitié seule, en ce monde, est un sentiment respectable. Une fois pour toutes, je m'engage à ne plus prendre au sérieux l'amour.

Néanmoins je ne me dissimulais pas que j'avais tout à craindre de la malignité.

Déjà ma réputation était compromise; mais je n'en persistais pas moins à prôner mon système et à l'établir sur des bases solides.

Cela ne m'empêchait pas d'avoir toutes les coquetteries de la femme. Je soignais ma beauté comme le plus précieux don de la nature; j'en étais orgueilleuse, et je cherchais toutes les occasions de la faire valoir.

Depuis quelque temps, Rambouillet me tourmentait pour le suivre à un bal du Louvre.

Enfin je m'y décidai.

Mes flatteurs affirmèrent que je l'emportais sur toutes les dames présentes.

Guéri de sa rancune ou trouvant plus sage d'en revenir à l'espérance, M. le cardinal me fit inviter, après le ballet, à une collation dans ses petits appartements; mais je ne crus pas devoir l'exposer au péché de convoitise.

Je le remerciai avec une excuse polie.

En sortant du Louvre, et au moment où j'allais monter en carrosse, je me sentis retenir par la robe.

Me retournant fort surprise, je me vis en présence d'un petit homme entièrement vêtu de noir, dont le sourire était sarcastique et railleur.

Il avait des yeux comme des escarboucles.

Rambouillet, remarquant mon effroi, se mit à interpeller ce bizarre personnage, qui s'obstinait à me retenir.

Mais l'homme noir lui imposa silence par un geste impérieux, et me dit avec un accent de tristesse profonde :

— Voilà le maître, dit l'homme rouge. *Page 246.*

— Vous êtes fière de votre beauté, mademoiselle, et vous en avez le droit, car elle est merveilleuse. Mais, hélas! tant de charmes réunis doivent se faner un jour! Les roses de votre teint s'effaceront, et la vieillesse arrivera, suivie de son cortége de rides... Ah! croyez-moi, prenez-y garde!... Tâchez de prévenir ce malheur, car alors il ne vous resterait plus rien.

Cela dit, il me salua gravement et disparut sous les colonnes du vestibule.

XV

J'étais confondue de ces paroles, auxquelles l'homme noir, dans sa précipitation à faire retraite, ne m'avait pas laissé le temps de répondre.

— Plus rien! dis-je à Rambouillet : c'est un impertinent! Ne me restera-t-il pas toujours...

— Votre esprit, votre amabilité, chère belle... Eh! sans doute!... Que la fièvre quarte étrangle le faiseur de pronostics!

Je repris, tout émue, après un silence :

— Au fait, cet homme a raison.

— Comment?...

— Il a raison, vous dis-je. Ce qui me restera suffira-t-il pour retenir mes amis près de moi? Rien, en vérité, ne me semble moins sûr.

— Là! là! quelle folie, ma chère!

— Oh! ce que je vous dis, je le pense.

— Allons donc! Pourquoi, lorsque le présent vous offre tant de délices, aller chercher du chagrin dans l'avenir?

— Parce que, pour nous autres femmes, la vieillesse est terrible. Chez l'homme, elle a quelque chose de digne, d'imposant; chez nous, elle est désespérante et dénuée de poésie. Nous sommes des ruines sans grandeur et sans majesté. Il faudrait être femme, et jolie femme, depuis treize ans jusqu'à vingt-deux ans, et, après cet âge, passer dans l'autre sexe.

— Oui; mais, comme c'est tout bonnement impossible, autant vaut n'en point former le désir.

— N'importe, je serais bien aise de revoir cet homme.

— Votre prophète de malheur? fi donc!... Si jamais ce hibou se présente à vos regards, chassez-le sans miséricorde! Il vous rendrait mélancolique et vous ôterait votre plus grand charme.

Rambouillet ne me persuada pas.

J'eus toute la nuit des idées fort déplaisantes : je me vis en rêve avec des cheveux blancs et des rides.

Le lendemain était jour de réunion chez moi. Ma tristesse durait encore, et la vieille baronne Panat, l'une de mes habituées fidèles, croyant m'égayer sans doute, amena la conversation sur les sorciers.

Si j'ai bon souvenir, c'était à propos du procès de Loudun, dont tout Paris s'occupait alors.

Le comte de Lude, une de mes nouvelles connaissances, prit à parti la baronne et se moqua d'elle. Marguerite de Saint-Évremond ne la ménagea point à son tour.

Aussitôt on se mit de tous côtés à défendre madame de Panat.

— Qu'est-ce à dire, messieurs? avez-vous perdu la mémoire? dit un président au Grand-Châtelet. Ne vous souvient-il plus de l'an 1609?

— Je n'étais pas né, dit en riant Saint-Évremond. S'il m'en souvient, il ne m'en souvient guère.

— Ni moi non plus, dit le comte, j'étais en nourrice.

— Eh bien, cette année-là, messieurs, le diable étrangla, avec grand tintamarre, deux fameux magiciens, César, et Ruggieri, abbé de Saint-Mahé. Ces mécréants façonnaient des images de cire et faisaient à volonté mourir en langueur la personne qu'on leur désignait.

— Bon! Et pourquoi le diable les étrangla-t-il? demandai-je. Il devait plutôt les récompenser, car ils le servaient, ce me semble, de bonne manière.

— Il paraît, mademoiselle, répondit le président, que l'heure de ces maudits était venue. Le pacte touchait à son terme, et Satan venait chercher leur âme.

— C'est clair, dit la baronne; mais autre chose...

— Une nouvelle histoire de sorciers?

— Oui.

— Écoutons!

— Pourvu qu'elle ne remonte pas à l'an 1609.

— Non, messieurs, elle est toute récente. Voulez-vous savoir comment la Rochelle a été prise?

— Oh! pour cela, répondit le comte de Lude, personne ne l'ignore : c'est grâce à la digue jetée dans l'Océan par Son Éminence.

— Allons donc! fit madame de Panat.

— Parbleu! dit Saint-Évremond, la ville a cédé à la valeur des troupes du roi.

— Fadaises! vous n'y êtes point.

— Eh bien, contez-nous cela, baronne! cria-t-on de tous les coins du cercle.

— Voici. Un nommé Fontenay alla trouver Louis XIII, et lui dit qu'il consentait à subir le supplice de la roue si la ville n'était pas à Sa Majesté avant deux jours. Le roi lui laissa le champ libre. Fontenay distribua aux soldats des chapelets de deux sous, en fils de corde de boyau, et la ville fut prise.

— Ah! ah! la bonne histoire! dirent les incrédules en éclatant de rire.

— Mais, baronne, objectai-je, ceci est de la superstition plutôt que de la sorcellerie.

— Sans doute, fit le comte.

— Ce sorcier était fort chrétien! s'écria Marguerite.

— Comment donc, répliqua la baronne, ne savez-vous pas qu'il y a les bons et les mauvais sorciers? Les uns sont voués au bien, les autres sont voués au mal.

— Rien de plus juste, affirma le président. Ruggieri faisait tomber où il lui plaisait la grêle et le tonnerre.

— Voyez-vous, l'habile homme!

— Le Dieu des chrétiens est plus patient que le Jupiter antique.

— Oui certes! Salmonée n'a pas eu de chance.

— Messieurs, messieurs, il ne faut point rire de ces choses! D'ailleurs, pourquoi chercher si loin des preuves? En 1651, il n'y a pas plus de trois ans, la chambre de justice de l'arsenal, où je siégeais alors, condamna au feu Adrien Bouchard, prêtre, et Nicolas Gorgan, parce qu'on avait trouvé chez eux trois livres de magie écrits à l'encre rouge sur parchemin, une étole noire et un petit calice de plomb, dont ils se servaient pour faire périr par sortilége le cardinal de Richelieu.

— Vraiment? s'écria Saint-Évremond : l'idée ne manquait

pas d'un certain mérite.

— C'est grand dommage qu'ils n'aient pas réussi! ajouta le comte de Lude.

— Silence, messieurs! m'écriai-je, vous savez que la politique est exclue de mon cercle. Revenons aux sorciers, de grâce. Il est fâcheux que, pour mieux établir ma conviction, madame de Panat ne m'en indique pas un que je puisse interroger et voir.

— Allons en Poitou! dirent ensemble Marguerite et le comte : vous verrez Urbain Grandier.

— Bah! c'est inutile de faire un si long voyage, cria la baronne.

— Auriez-vous mon affaire plus près d'ici? lui demandai-je.

— Sans nul doute, chère belle.

— Cela me convient mieux... Où donc?

— Allez à Gentilly, vous y trouverez Perditor.

— En effet, dit le président, c'est un sorcier de premier choix.

— Aussi fort que César et Ruggieri?

— Plus fort, mademoiselle, plus fort! il montre le diable à qui veut le voir et compose des philtres pour que les jeunes gens soient aimés des jeunes filles.

— Et aussi, s'empressa d'ajouter madame de Panat, pour conserver la beauté des femmes jusque dans l'extrême vieillesse.

— Quelle plaisanterie! fis-je en éclatant de rire.

— Je ne plaisante pas, ma chère.

— Mais alors pourquoi ne lui en avez-vous pas demandé un pour vous-même, baronne?

— Parce qu'il faut s'y prendre très-jeune, à votre âge, par exemple.

— Ah!...

— Moi, je suis arrivée trop tard.

Nos incrédules continuèrent de se moquer. Je ne les écoutais plus, je me laissais impressionner malgré moi par les sottes histoires du président et de la vieille dame. Je formai tout bas le projet d'aller voir Perditor.

Le lendemain, je courais en voiture sur la route de Gentilly, et j'emmenais avec moi le comte de Lude, précisément parce qu'il ne croyait point aux sorciers. Je ne voulais pas être dupe.

A l'entrée du village, nous demandâmes la demeure du célèbre nécromancien.

On nous répondit qu'il restait aux carrières.

Un guide se présenta pour nous y conduire, et bientôt nous arrivâmes en face d'une ouverture béante, nouveau Ténare environné de fossés larges et profonds.

Notre guide fit un signal.

Aussitôt un homme vêtu de rouge parut à l'autre bord et nous demanda ce que nous voulions.

— Je veux un philtre, répondis-je, qui fasse durer ma beauté autant que ma vie.

— Et moi, dit le comte, je veux voir le diable.

— Vous serez satisfaits l'un et l'autre, répondit l'homme rouge avec autant de calme que si nous demandions la chose du monde la plus naturelle.

Il abaissa sur le fossé une sorte de pont-levis et nous fit pénétrer dans la carrière, où bientôt nous fûmes dans l'obscurité la plus complète.

Je n'étais rien moins que rassurée.

— Soyez sans crainte, me dit le comte. J'ai mon épée, un poignard et deux pistolets : avec cela je défie tous les sorciers du monde.

Après cinq minutes de marche au milieu des galeries souterraines, nous nous trouvâmes dans une sorte de salle circulaire creusée dans le roc vif. Quelques torches de résine jetaient sous les voûtes une clarté vacillante et sinistre. Tout au fond de la salle, sur une haute estrade tendue de noir, un personnage assis, en costume de magicien, paraissait nous attendre.

— Voilà le maître ! nous dit solennellement l'homme rouge. Et il nous laissa.

Nous étions effectivement en présence du sorcier lui-même[1].

— Approchez! nous cria Perditor d'une voix terrible. Que voulez-vous?

— Je désire, murmurai-je toute frémissante, un philtre pour conserver ma jeunesse et ma beauté.

— C'est quarante écus. Payez d'abord!

Tirant aussitôt ma bourse, je donnai cinq louis sans faire la moindre réflexion sur l'espèce de défiance qu'on me témoignait.

Le comte n'attendit pas les questions de l'homme de l'estrade.

— Quant à moi, seigneur sorcier, dit-il, je suis curieux de voir le diable. Combien prenez-vous pour le montrer?

— Cent livres.

— Peste! à ce prix-là, vous devez faire d'assez beaux bénéfices.

Le maître de la caverne ne daigna pas répondre. Il prit l'argent du comte, qu'il serra dans son escarcelle avec mes louis. Cela fait, il appuya la main sur un large timbre, qui me parut résonner aussi fort qu'un coup du bourdon de Notre-Dame.

A ce signal, qui faillit nous rendre sourds, deux espèces de nymphes médiocrement jolies, mais habillées de blanc et couronnées de fleurs, sortirent de terre à ses côtés.

Perditor me désigna silencieusement à elles, leur tendit une fiole de cristal vide et fit de nouveau retentir son effroyable timbre.

Les nymphes disparurent.

Je compris qu'elles allaient fabriquer mon philtre.

— Ainsi donc, reprit le sorcier, qui se tourna vers nous, vous êtes décidés l'un et l'autre à voir le diable?

— Très-décidés, dit le comte.

---

[1] Ninon n'a rien inventé de tout ce qui va suivre sur le fameux nécromancien des carrières de Gentilly. On peut s'en convaincre en lisant les *Chroniques de la cour et de la ville*, ainsi que les autres Mémoires du temps.

(NOTE DE L'ÉDITEUR.)

— Votre nom?

— Mais est-il donc si nécessaire de vous le donner, monsieur le magicien? balbutiai-je.

— C'est indispensable.

— Je m'appelle Anne de Lenclos.

— Et moi, s'empressa d'ajouter mon compagnon, je me nomme Georges des Landrilles, comte de Lude.

— Vous jurez de ne rien révéler de ce qui va se passer sous vos yeux?

— Nous le jurons.

— Vous promettez d'être sans peur et de n'invoquer ni Dieu ni les saints?

— Nous le promettons.

Le sorcier se leva.

Il prit une longue baguette d'ébène, vint à nous, traça sur le sable un grand cercle avec nombre de figures cabalistiques et nous dit :

— Vous pouvez encore sortir... Avez-vous peur?

J'avais envie de répondre affirmativement.

Mais le comte s'écria d'un ton résolu.

— Peur du diable?... fi donc!... Pour qui nous prenez-vous?... allez toujours !

Au même instant nous entendîmes comme des éclats de tonnerre. La voix du magicien dominait le tumulte. Il gesticulait, criait et se livrait dans une langue inconnue à une foule d'invocations diaboliques.

C'était à faire dresser les cheveux.

La frayeur s'empara de moi. Je me cramponnai convulsivement au bras du comte et je le suppliai de quitter ces lieux effroyables.

— Il n'est plus temps! cria le sorcier : ne franchissez pas le cercle, ou vous êtes morts !

Tout à coup au bruit de la foudre succéda comme un bruit de chaînes qu'on traînait dans les profondeurs du souterrain.

J'eus des peines imimaginables à le décider à la retraite. *Page 250.*

Nous entendîmes des hurlements lugubres. Le magicien gesticulait toujours et redoublait ses cris. Il prononçait des mots barbares et semblait entrer en fureur. En un clin d'œil nous fûmes environnés de flammes.

— Regardez! cria Perditor.

Je jetai un cri d'épouvante, en voyant paraître au milieu de ce tourbillon de feu un grand bouc noir chargé de grosses chaînes rougies. Les hurlements devinrent plus sinistres; les flammes prirent une intensité effrayante, et une troupe d'affreux démons, également chargés de chaînes, se mirent à danser autour du bouc, en agitant des torches et en poussant des clameurs furibondes.

Le bouc se dressait, branlait ses cornes et semblait présider cette ronde infernale.

— Ah! pardieu! voilà qui est fort! s'écria le comte de Lude. La comédie est habile, je l'avoue; mais je suis curieux de voir les coulisses et d'examiner de près le costume des acteurs!

Il prit en main ses pistolets et se mit en devoir de franchir le cercle.

Mais, sur un signe rapide du magicien, toutes les flammes s'éteignirent. Le bouc et les démons disparurent. Nous étions plongés dans les ténèbres les plus profondes.

En même temps nous nous sentîmes saisir par des bras vigoureux.

On nous entraîna violemment et l'on nous jeta hors de la caverne.

Je me trouvais trop heureuse de ce dénoûment imprévu, et je ne demandai pas à rentrer pour prendre mon philtre. J'abandonnais volontiers mes quarante écus au magicien.

Le comte n'était pas de cette humeur.

Il voulait à toute force avoir le mot de l'énigme. J'eus des peines inimaginables à le décider à la retraite.

Nous avions été, à l'entendre, victimes d'un charlatanisme odieux. Je n'en étais pas aussi sûre que lui, et l'abominable spectacle ne pouvait pas quitter mon imagination. Pendant le reste du jour et toute la nuit suivante, je ne vis que diables dansant et hurlant au milieu des flammes.

Le lendemain j'avais la fièvre, et je défendis ma porte.

J'avais réussi à sommeiller un peu, lorsque tout à coup je fus réveillée en sursaut. J'entendis une querelle dans mon antichambre.

— Vous n'entrerez pas! criait Perrote.

— J'entrerai, vous dis-je! répondait une voix impérieuse.

— Eh! monsieur...

— Silence! Qu'on me laisse le passage libre!

— Mais, je vous le proteste, madame est sortie...

— Tu mens!

— Ah! fit Perrote, interloqué de cet aplomb.

— Je sais qu'elle est chez elle.

— Comment le savez-vous?

— Je sais qu'elle est seule.

— Voilà qui est bizarre!

— C'est ainsi. Va lui dire que j'ai à lui parler de choses de la plus haute importance.

— Enfin de la part de qui venez-vous?

— De ma part.

— Au moins dites votre nom.

— Je n'ai point de nom.

— Quel homme! cria mon domestique.

Il céda de guerre lasse et vint me répéter tout ce que j'avais entendu. La curiosité m'avait prise. Je passai vivement une robe de chambre et je donnai l'ordre d'introduire le visiteur. Quelques secondes après, il parut au seuil de ma porte. Je jetai un cri de saisissement mêlé d'effroi, en reconnaissant l'homme noir du Louvre. Il me salua jusqu'à terre, et s'approcha de mon fauteuil.

Je l'examinai curieusement.

Il était vieux, mais non cassé, vêtu de velours noir des pieds à la tête, sans épée, portant calotte sur des cheveux blancs, ayant à la main une petite canne d'ébène fort légère et une grande mouche sur le front. Du reste, des yeux pleins de feu et une physionomie spirituelle.

— Que voulez-vous, monsieur, lui dis-je, et que demandez-vous?

Sans me répondre d'abord, il prit un siége et me regarda fixement.

— Il vous plaira, j'espère, murmurai-je, presque intimidée

par son œil scrutateur, de m'expliquer le motif de votre visite et de l'insistance au moins bizarre, pour ne rien dire de plus, que vous avez déployée vis-à-vis de mes gens?

Tirant de sa poche une tabatière de vermeil enrichie de pierres précieuses, il huma cinq ou six prises de tabac d'Espagne en me regardant toujours. Puis il me dit avec un sourire ironique :

— Vous avez été hier à Gentilly, belle dame.

— C'est vrai, répondis-je.

— Et vous vous imaginez avoir vu le diable?

— Mais, monsieur, qui a pu vous apprendre?...

— Oh! que cela ne vous inquiète point!... Vous vous figurez, dis-je, avoir vu Satan... Détrompez-vous, mademoiselle : vous avez été dupe de la fantasmagorie la plus sotte et du plus impudent charlatanisme.

— Il serait bon de m'en donner la preuve.

— Je suis venu pour cela.

— Vraiment?

— Le diable, soyez-en bien convaincue, est de trop bonne compagnie, trop bien élevé, trop rempli de tact et de convenance pour se présenter à n'importe qui, mais surtout à une jolie femme, sous des dehors aussi ridicules.

— Vous croyez, monsieur? lui dis-je toute frémissante.

— J'en suis positivement certain.

— Comment cela?

— Perditor est un fourbe; son bouc est un bouc véritable, dressé à remuer les cornes et à manœuvrer au milieu des flammes.

— Est-ce possible?

— Vous pouvez me croire. Les chaînes que cet animal porte sont tout simplement peintes en rouge; les flammes qui l'entourent sont des flammes de poix de résine, jetées par des hommes cachés dans les détours du souterrain, et qui jouent ensuite le rôle de diables subalternes.

— Le comte s'en doutait.

— Vous auriez dû vous en douter vous-même. Au lieu du bruit du tonnerre, vous avez entendu le bruit d'une voiture qu'on fait rouler sur des plaques d'airain. Quant aux hurlements, ils sont poussés par de gros bouledogues à qui l'on a fourré la tête dans de longs instruments de bois, sonores, larges par le haut, étroits par le bas. On pique ces malheureuses bêtes avec des aiguillons. Vous avez, à présent, tous les secrets du sorcier.

— Mais, encore une fois, monsieur, d'où tenez-vous ces détails?

— Je sais tout, me répondit-il, rien ne m'échappe; il n'est point de mystère que je ne pénètre.

— Alors vous êtes le diable! m'écriai-je. Si je ne l'ai pas vu hier, je le vois aujourd'hui!

— Croyez ce qu'il vous plaira, me répondit-il.

— Quoi! vous ne me dépersuadez point?

— Non, vraiment, cela n'est en aucune sorte nécessaire. Je ne viens, au reste, que pour vous être agréable, et ma visite ne doit pas vous effrayer, quoique je ne fasse cet honneur qu'à fort peu de gens. Rassurez-vous et veuillez m'entendre.

Somme toute, il me paraissait assez bon homme; je repris quelque assurance et je lui dis :

— Qui que vous soyez, monsieur, je vous écoute.

Il rapprocha son siége du mien.

— Vous m'intéressez beaucoup, continua-t-il. Je dispose à mon gré du sort de l'espèce humaine, et je viens savoir de quelle façon vous voulez que je dispose du vôtre.

— Mais qui me prouvera que vous ayez réellement cette puissance?

— Oh! pour cela, mademoiselle, les preuves sont inutiles, ma parole suffit. Vos beaux jours ne sont qu'à leur aurore; vous entrez dans l'âge où les portes du monde s'ouvrent toutes grandes pour vous recevoir, et il dépend de vous d'être la femme la plus heureuse et la plus illustre de votre siècle.

— En vérité?... Quelle brillante perspective!... J'en suis éblouie, je vous le jure.

Je cherchais à me donner un peu de hardiesse et à paraître calme, car je tremblais de tous mes membres.

— Ne raillez pas, me dit-il d'une voix grave et sentencieuse. Je vous apporte la grandeur suprême, des richesses immenses, ou une beauté éternelle. Ces biens divers peuvent également flatter la vanité d'une jeune personne : choisissez des trois celui qui vous touche le plus. Nul au monde ne peut vous en offrir autant.

— J'en suis persuadée, lui dis-je, et la magnificence de vos dons m'enchante.

— Une dernière fois, mademoiselle, point de raillerie. Vous avez trop de sens et trop de bon goût pour vous moquer d'une personne que vous ne connaissez pas. Choisissez, je le répète, ce que vous préférez, grandeur, richesse, ou beauté éternelle.

— Mais, monsieur, balbutiai-je, il me faudrait au moins quelques heures pour réfléchir...

— Vite, et point d'hésitation ! Je ne vous donne qu'un instant.

— De grâce...

— Votre choix, dépêchons !... Quel est votre choix ?

— La beauté, répondis-je très-émue. Mais que faut-il faire pour cela ?

— Peu et beaucoup. Il faut écrire votre nom sur mes tablettes.

— Mon nom seulement ?

— Oui, mademoiselle.

A ces mots, il me présenta tout ouvertes de vieilles tablettes noires, à feuillets rouges.

— Ma foi, m'écriai-je, advienne que pourra !.... Je me risque !

Prenant aussitôt les tablettes, j'y apposai intrépidement ma signature.

— Fort bien, mademoiselle, dit l'homme noir.

Il remit les tablettes dans sa poche et en tira un assez gros paquet cacheté, qu'il déposa sur mes genoux.

— Vous trouverez là dedans, me dit-il, quelques instructions et un philtre autrement efficace que celui de Perditor. Ne décachetez qu'après mon départ.

Il se leva.

Sa taille me parut avoir grandi; ses yeux brillèrent d'un éclat plus étrange, et il ajouta d'une voix vibrante :

— Maintenant, Ninon de Lenclos, tu es à moi! Compte sur une beauté éternelle et sur la conquête de tous les cœurs. Je te donne le pouvoir de tout charmer ; c'est le plus beau privilége dont puisse jouir une créature humaine, et depuis six mille ans que je parcours l'univers d'un bout à l'autre...

— Six mille ans! m'écriai-je avec un geste d'effroi.

— Oui, cela doit te surprendre... Depuis six mille ans je n'ai encore trouvé que quatre mortelles entièrement dignes de cette faveur.

— Qui donc ?

— Sémiramis, Hélène, Cléopâtre et Diane de Poitiers.

L'épouvante glaçait la parole sur mes lèvres.

Il ajouta :

— Tu es la cinquième et dernière que j'ai résolu de favoriser ainsi. Tu paraîtras toujours jeune et toujours fraîche; tu seras toujours charmante et toujours adorable. Nul homme ne pourra te voir sans devenir amoureux de toi, et jamais tu n'auras à craindre de ne pas être aimée de ceux que tu aimeras. Tes amants ne te quitteront plus, tu les quitteras toujours la première... N'ai-je pas deviné le plus secret de tes désirs?

— Oui, murmurai-je, baissant les yeux et n'osant l'envisager de nouveau.

— C'est bien! Je suis venu dans l'intention de t'être agréable en tout. Tu jouiras d'une santé parfaite, ou tes maladies seront si légères, qu'elles n'apporteront de changement ni au corps ni à l'esprit. Tu atteindras un âge fort avancé sans vieillir, et tu charmeras également par le cœur et par les yeux. Le temps t'épargnera ses outrages; tu seras belle, toujours belle, et tu feras des passions à un âge où les autres femmes sont environnées des horreurs de la caducité. Enfin, on parlera de toi tant que subsistera le monde!

Mon cœur battait avec une force extrême.

Je voulus balbutier quelques mots. L'homme noir mit un doigt sur sa bouche pour m'inviter au silence.

— Oui, sans doute, continua-t-il, oui, tout cela doit te paraître fort extraordinaire. Mais point de questions, je n'y répondrais pas.

Il posa l'une de ses mains sur mon épaule, comme s'il eût voulu prendre possession de moi à tout jamais. Puis il ajouta d'une voix sinistre :

— Je t'annonce que tu me reverras une fois, une seule. Ce sera dans moins de quatre-vingts ans. Tremble alors, tremble quand tu recevras cette visite, car tu n'auras plus que trois jours à vivre!!

A ces mots, il disparut, me laissant anéantie, pétrifiée, sans mouvement et presque sans souffle.

FIN DE LA PREMIÈRE PARTIE.

Déclara Laubarlemont fils prisonnier et l'enrôla dans sa troupe. *Page* 262.

DEUXIÈME PARTIE

I

Je restai longtemps sous l'impression de la visite étrange que j'avais reçue.

De deux choses l'une : ou l'homme noir s'est moqué de moi, ou le marché qu'il m'a fait conclure est sérieux. Dans ce dernier cas, n'aurai-je point à me repentir cruellement de mon imprudence ?

Ouvrant le paquet cacheté qu'il m'avait mis entre les mains, j'y trouvai douze flacons remplis d'une liqueur d'un rose vif, avec une feuille de ses tablettes sur laquelle étaient écrits ces mots :

« Il y a dans chacun de ces flacons deux mille gouttes d'essence de vie et de beauté.

« Ce liquide est inaltérable. Vous en avez pour le reste de vos jours.

« Une goutte tous les matins dans un verre d'eau, après un bain froid. »

Satan, si c'était lui, jouait un peu le rôle d'un empirique, et cela devait me donner en ses prescriptions une médiocre confiance; n'importe, je les suivis à la lettre, me livrant dès lors sans réserve à mon goût pour le plaisir, et ne redoutant plus les conséquences qui pourraient en résulter pour mes charmes.

Je ne faisais, du reste, qu'obéir en cela aux impulsions de ma nature, et je répondais à ceux qui blâmaient mon système :

— Que voyez-vous, en ce monde, de plus digne de recherche que le plaisir? La gloire, la richesse, les honneurs?.... Néant! Je rirai toujours de la bourse d'un avare, du bouclier d'Achille, du bâton de maréchal et de la crosse d'un évêque.

— Mais la religion! m'objectaient les plus scrupuleux.

— Je trouve à plaindre, leur disais-je, ceux qui ont besoin de la religion pour se conduire : c'est la marque d'un esprit borné ou d'un cœur corrompu.

Sans être tout à fait incrédule, je traitais fort à la légère tout ce qui avait rapport au dogme chrétien. Je pratiquais comme les autres, par habitude; mais je ne croyais personne éclairé nettement sur le mystère de nos destinées futures.

Ainsi, dans une maladie grave où Saint-Évremond refusait le secours d'un prêtre, je ne laissai pas que de lui en amener un.

Seulement mon action fut presque aussitôt démentie par mes paroles, et je dis au confesseur en le conduisant vers le lit de Marguerite :

— Monsieur, faites votre devoir. Je vous assure que le malade, quoiqu'il raisonne, n'en sait pas plus sur bien des choses que vous et moi.

Depuis trois jours Rambouillet n'était pas venu me voir. Il m'avait accoutumée à plus d'exactitude, et j'allai au cercle de sa mère, espérant du moins le rencontrer là; mais je fus trompée dans mon attente.

La figure de madame de Rambouillet me parut à l'orage.

Elle ne me fit aucune des amitiés dont elle me comblait ordinairement, et s'écarta pour la première fois peut-être de la bienséance exquise qui réglait toujours sa conduite.

Charles d'Angennes, sa fille, et Montausier, ce phénix des prétendus, qui soupira vingt ans pour acheter son bonheur [1], partageaient la bouderie de la noble marquise.

Je commençais à être embarrassée de ma personne, lorsque madame de Senneterre vint à mon secours, et me donna le mot de l'énigme. On avait appris mes relations avec Rambouillet.

De là grand scandale et nécessité de rupture, au sens de chacun.

La marquise ne vit rien de mieux que de solliciter un ordre de la cour, qui enjoignait à mon triste amoureux de regagner au plus vite son régiment en Auvergne.

Enchantée de savoir enfin de quel côté venait la tempête, je résolus de l'affronter.

Bientôt on me lança quelques épigrammes indirectes, et l'on se mit à blâmer les personnes à mœurs légères.

Piquée au vif, je ripostai sur-le-champ.

Jamais occasion ne me parut plus favorable pour développer ma philosophie. Je soutins qu'il n'y avait qu'une sorte d'amour possible, que la résistance chez une femme démontrait sa froideur bien plus que sa sagesse, que le goût pour le plaisir pouvait se concilier avec la décence, et qu'enfin celles de ces dames qui faisaient de la métaphysique à propos de l'amour

---

[1] On sait que la célèbre Julie d'Angennes devint plus tard duchesse de Montausier, puis gouvernante des enfants de France. (Note de l'Éditeur.)

tombaient dans une hérésie fort grave et n'étaient, à proprement parler, que des *platoniciennes*.

Tous les collets montés du lieu poussèrent les hauts cris. Mais, généralement, les hommes se rangèrent sous mon drapeau.

Cela ne prouvait pas que j'eusse raison.

Presque toujours un paradoxe, soutenu par une femme, est sûr de triompher auprès de ces messieurs, qui mettent volontiers leurs espérances à la place de leur jugement.

Du reste, j'étais alors très-convaincue de la vérité de mes principes.

Je fus brillante, et j'achevai de terrasser mes adversaires en déclarant que ma seule prétention était d'être *honnête homme*, et que personne au monde n'avait le droit de me refuser ce titre.

— Eh! mesdames, ajoutai-je, la grande vertu chez nous est une pièce d'or, dont on fait bien moins usage que de la monnaie! Condamner l'amour et s'en priver, quelle folie! Défendrez-vous la soif par hasard, et empêcherez-vous l'univers entier de boire, parce qu'il y a des gens qui s'enivrent?

Madame de la Sablière et Marion Delorme furent les seules qui, de toutes les femmes présentes, osèrent prendre pour moi fait et cause. J'entendis murmurer dans mon voisinage qu'elles avaient leurs raisons pour cela.

Comme je semblais prête à pousser la discussion aussi loin que possible et à ne pas m'avouer vaincue, on cessa de m'attaquer.

La conversation tomba sur le procès de Loudun, qui occupait alors tous les esprits.

Bon nombre de personnes formaient le projet d'aller en Poitou.

— N'êtes-vous pas curieuse de faire ce voyage? me dit à l'oreille Saint-Évremond, alors en pleine convalescence. Il paraît qu'Urbain Grandier est un magicien bien autrement habile que Perditor et votre homme noir... si l'on en croit Richelieu!

— Quand partons-nous? demandai-je.

— Demain, chère amie, avec Marion et le comte de Lude.

Effectivement, nous partîmes le lendemain.

Deux jours après, nous arrivions à Loudun.

Je puis dire que j'assistai au procès le plus monstrueux et le plus inique dont les fastes judiciaires puissent faire mention. Raconter toutes les trames ourdies par la haine pour condamner un malheureux prêtre serait une trop longue et trop pénible histoire. D'ailleurs, on trouvera partout les détails de ce drame affreux, et je m'exposerais à répéter beaucoup moins bien ce que d'autres ont dit avant moi.

Seulement j'affirme que l'innocence d'Urbain Grandier me parut aussi éclatante que le soleil. Richelieu dut voir plus d'une fois dans ses rêves l'ombre irritée de sa victime.

Notre voyage fut signalé par un incident curieux.

Le fils de Martin de Laubardemont, de ce juge sanguinaire que le ministre chargeait de l'exécution de ses vengeances, avait eu l'audace de me faire la cour et d'aspirer à l'honneur d'être notre compagnon de route.

Nous le connaissions pour un misérable plus à redouter peut-être encore que le digne auteur de ses jours, et nous n'osâmes, ni l'un ni l'autre, répondre par un refus.

Lorsque nous eûmes vu le père à l'œuvre, on comprend que la société du fils nous inspira un surcroît d'horreur, et nous partîmes avec précipitation de Loudun pour l'empêcher de nous suivre au retour.

Mais tout à coup, au moment où notre voiture allait s'engager sous les avenues d'une forêt profonde, nous entendîmes à côté de nous le galop d'un cheval.

C'était Laubardemont qui venait de nous rejoindre.

Nous allions être obligés de nouveau de subir son odieuse société, lorsque par bonheur une troupe de bandits s'élança d'un fourré voisin, entoura brusquement notre carrosse et nous ordonna de faire halte.

Je dis par bonheur, attendu que Marion, la plus singulière

fille de la terre et qui avait eu des aventures fabuleuses, retrouva dans le chef des bandits un de ses anciens amoureux, qui non-seulement, pour lui être agréable, ne s'empara point de notre bourse, mais déclara Laubardemont fils prisonnier et l'enrôla dans sa troupe, où celui-ci ne tarda pas à devenir un brigand de premier choix[1].

Il nous fut ainsi permis d'achever notre voyage sans l'ignoble compagnon de route que nous avait imposé la crainte.

Revenue à Paris, je me décidai bravement à retourner au cercle de madame de Rambouillet.

Cesser mes visites eût été convenir de ma défaite, et je n'étais pas d'humeur à favoriser le triomphe des *platoniciennes*.

Le soir où je reparus chez la marquise, les salons étaient combles.

Et ceci me fait remarquer que je parle depuis un siècle du célèbre hôtel de la rue Saint-Thomas-du-Louvre sans en avoir donné la moindre description. Mais il faudrait un volume pour remplir dignement une pareille tâche, et je laisse les longueurs aux romans de mademoiselle de Scudéri.

Ceux qui voudront connaître l'hôtel Rambouillet n'ont qu'à lire son *Cyrus*.

Sous le nom de *palais Cléomène*, elle peint non-seulement le grand salon et la *chambre Bleue*, mais encore les plus petits réduits, les plus modestes cabinets, les recoins les plus cachés, les plus secrètes alcôves.

Elle en dresse le plan dans tous ses détails; c'est à rendre un architecte jaloux.

Puisque j'en suis sur le compte de la dixième Muse, il faut dire, en passant, que ses œuvres produisaient sur moi l'effet de l'opium. Je les trouvais remplies de fadeurs, et je disais assez haut que cette demoiselle avait tort de se croire tout l'esprit du monde.

Quand, plus tard, je devins son amie, je rendis quelque justice à ses talents comme écrivain, mais sans la porter jamais

---

[1] Voir les *Confessions de Marion Delorme*. (NOTE DE L'ÉDITEUR.)

au troisième ciel, voyage un peu trop étourdissant pour l'amour-propre et dont beaucoup de personnes lui avaient malheureusement fait contracter l'habitude.

La réunion de l'hôtel était donc, ce soir-là, fort nombreuse et fort imposante.

Dans le coin le plus reculé du feu, qu'elle avait en horreur, siégeait l'illustre marquise. A ses côtés trônait Julie d'Angennes, avec ses grands yeux majestueux, son nez aquilin d'une courbure adorable et sa peau magnifique, dont un cygne eût envié la blancheur. Montausier, penché sur le fauteuil où elle était assise, la dévorait du regard.

Les poëtes, principaux habitués du cercle, s'y trouvaient en petit nombre.

J'aperçus Ménage, être à face de jésuite et bel esprit très-contestable. Rien n'égalait ses prétentions, si ce n'est sa laideur.

Il assommait de quelque sot discours des Yvetaux, mon maître de langues vivantes, que je n'ai pas encore nommé dans ces *Mémoires*, oubli sans excuse, car il était de mes intimes, et, de plus, chaud partisan de la philosophie d'Épicure, qu'il n'avait cessé de me prêcher depuis la mort de M. de Lenclos, tout en m'enseignant, en guise d'intermède, l'anglais et l'italien.

Des Yvetaux, original sans copie, ne parlait, ne mangeait, ne s'habillait, ne faisait l'amour comme personne.

Ancien précepteur de Louis XIII, il avait amassé à la cour une assez jolie fortune qu'il dépensait de son mieux et d'après ses maximes.

Nous le retrouverons par la suite à sa maison du faubourg Saint-Germain, où je lui rendis visite avec Corneille.

Messieurs les gens de lettres admis chez madame de Rambouillet n'étaient pas chiches de lecture, et j'arrivai juste au moment où un certain Costar en achevait une des plus insipides.

Ce Costar, espèce d'intrigant littéraire, fils d'un chapelier de Paris, avait été chassé de la boutique paternelle pour la forme disgracieuse qu'il donnait aux chapeaux. Il n'en donnait pas une meilleure à son style.

La compagnie bâillait en l'écoutant, lorsque arriva tout à coup au milieu de sa lecture une phrase burlesque, où il comparait je ne sais plus quoi à un vent coulis qui se glisse entre deux montagnes.

Aussitôt les bâillements se changèrent en éclats de rire.

Nous pûmes comprendre avec quel soin délicat et décent M. Costar procédait au choix de ses images.

Ce galant homme se fit, quelque temps après, chasser de l'hôtel pour avoir écrit un pamphlet contre Chapelain. Les uns disent qu'il était jaloux de son talent, les autres de sa pension : ce dernier avis se rapproche beaucoup plus de la vraisemblance.

Du reste, Costar, repentant de son crime, s'humilia jusqu'à demander grâce à deux genoux et avec larmes à l'auteur de la *Pucelle*.

Je me suis étendue sur le chapitre de ce personnage, parce qu'il compta parmi les écrivains absurdes qui, au détriment des véritables hommes de lettres, usurpèrent une position dans ce siècle, à force de flagorneries et de lâchetés.

Costar mourut comblé de bénéfices, honoré de la faveur de Richelieu, et avec une pension plus forte que celle de Chapelain.

Si, contre l'habitude, les poëtes manquaient à l'assemblée de la marquise, en revanche les *fous* y étaient en grand nombre.

On sait qu'à l'hôtel on nommait ainsi tous ceux qui amusaient le cercle par quelque ridicule.

En première ligne, je citerai le baron de Moranges, plaisant robin toujours en mouvement, sans qu'on sache pourquoi. Il ressemblait à une montre qui va, mais qui n'a point d'aiguilles.

Marqué de la petite vérole, ayant les yeux louches, le nez tordu, le menton de travers, il riait le premier de son visage.

Il devenait frénétique quand on l'appelait *Poilra*. (P. ge 266.)

Rencontrant un jour sur le pont Notre-Dame un individu qu'il ne connaissait en aucune sorte, il s'arrête comme émerveillé, pousse un cri joyeux et se précipite au cou de ce personnage en disant :

— Ah! monsieur, que je suis ravi de cette rencontre, et qu'il y a de longues années que je vous cherche !

— En vérité? fit l'autre avec surprise ; je n'ai pas l'honneur de vous connaître, ce me semble.

— Non... Malheureusement je vous ai connu trop tard ; mais je vous vois, je vous regarde, et je suis heureux.

— M'en direz-vous la raison?

— Oui, certes, répondit M. de Moranges. Embrassons-nous encore! Je désespérais de trouver un homme plus laid que moi... Vous êtes cet homme-là !

Un autre jour, il arrache la marquise à une affaire très-sérieuse et la conduit dans la basse-cour de l'hôtel pour lui montrer quelques volailles assez maigres.

— Eh! madame, dit-il, c'est une honte de ne pas mieux soigner ces pauvres bêtes! Ignorez-vous la manière d'engraisser les jeunes dindons?

— Vraiment, dit la marquise, je ne me suis jamais occupée d'acquérir cette science.

— Vous avez tort, madame, vous avez tort!

— Que faut-il faire, monsieur?

— Il faut les nourrir avec un mélange d'orties et d'œufs durs broyés ensemble.

— Certes, voilà une singulière méthode. Les jeunes dindons engraissent avec cela?

— Oui, madame, vous pouvez me croire, c'est un souvenir de mon enfance.

A côté de ce premier fou en était un autre non moins curieux, le médecin Rapoil.

Il devenait frénétique si quelque mauvais plaisant s'amusait à intervertir les syllabes de son nom et l'appelait *Poilra*.

Plus avare qu'Harpagon, il faisait de grandes enjambées en marchant dans la rue pour économiser la semelle de ses bottes.

Le président Nicolaï, grand coureur de ruelles, racontait, sans qu'on l'en priât, ses histoires d'amour. Il nous dit qu'il s'était résigné à servir trois mois, comme garçon, dans un bouge de la rue Montorgueil pour les beaux yeux d'une cabaretière, appelée la Guillebaud.

Je n'ai jamais vu bavard plus intarissable: il parlait à bâtons rompus et sans suite; on eût dit d'un livre auquel il manquait des feuillets.

Quant à Bordier, fils d'un chandelier de la place Maubert, il avait perdu la tête, parce qu'ayant payé fort cher un emploi d'intendant des finances il s'était vu destituer par Richelieu, auquel il refusait de prêter trente mille écus pour paver le faubourg Saint-Antoine.

Bordier dut quitter Paris et se retirer en Flandre. Julie d'Angennes obtint son rappel; mais le pauvre homme revint tout hébété.

Un cinquième fou, Boulard de l'Écluse, avait un nez d'une longueur scandaleuse et une langue infiniment plus longue encore.

Un soir, il nous fit un interminable discours sur les diverses façons de cracher. Il en trouva cinquante-deux, dont il donna la démonstration séance tenante, aux dépens du tapis de la marquise.

Lorsqu'on interrompait cet aimable causeur, on était toujours sûr de couper une sottise en deux.

Si le cercle de madame de Rambouillet ne se fût composé que de tels personnages, il n'aurait certes pas été digne de sa réputation.

Heureusement, les fous ne comptaient pas. Il y avait beaucoup d'hommes de mérite dans cette assemblée.

Je puis citer entre autres M. de Lyon, frère de Richelieu, prélat d'une galanterie remarquable et d'une élégance parfaite, musqué, poudré, fardé, tiré à quatre épingles, portant manchettes et collet de dentelles, toutes choses fort peu en rapport avec les saints canons de l'Église.

Instruit des inutiles tentatives que le ministre avait faites sur mon cœur, il m'entourait publiquement d'hommages, dans l'espoir de mieux réussir.

Je lui promis de l'aller voir, si jamais je passais à Lyon.

Après lui je dois signaler :

Perrot d'Ablancourt, esprit dans le genre de Montaigne, mais plus méthodique et plus réglé.

Jean-Pierre le Camus, évêque de Belley, vieillard digne et simple, que Richelieu faisait demander lorsque, fatigué des plaisanteries de son bouffon Boisrobert, il voulait parler de choses graves.

M. de Thémines, que la marquise nommait le bon sens et la raison incarnés.

Le président le Coigneux, magistrat d'une grande distinction, dont l'unique défaut, si c'en est un, fut de perdre un peu trop souvent sa gravité auprès de notre sexe.

Enfin le maréchal de l'Hôpital, tête ferme, âme loyale et noble cœur.

Il ne fit dans le cours de sa vie qu'une sotte action, une seule, mais elle eut pour lui de tristes conséquences : il épousa Charlotte des Essarts, ancienne maîtresse de Henri IV et du cardinal de Guise.

Sa femme lui apporta pour dot trois fils, deux filles et très peu de vertu.

Derrière les maîtres de la maison, j'aperçus Rubens, le peintre illustre, que Marie de Médicis avait chargé de la décoration du palais du Luxembourg[1].

Il causait fraternellement avec Mignard.

Le grand artiste déployait une noble assurance, et son large front respirait le génie ; il portait les cheveux longs, la moustache retroussée et la royale en pointe.

Mignard, très-jeune encore, avait deux grands yeux langoureux, dont l'un était plus bas que l'autre.

On venait d'en finir avec la lecture de Costar, et la conversation tomba sur le procès de Loudun.

— N'attendez-vous pas le cardinal, ce soir? demandèrent plusieurs personnes à la marquise.

— Vraiment non, répondit-elle. Son Excellence me néglige et devient très-rare.

Puis, baissant la voix, pour ne pas être entendue de M. de Lyon :

— Je ne le vois plus, ajouta-t-elle, depuis qu'il exerce des actes féroces et sanguinaires. On n'est pas obligé d'être poli quand on s'occupe d'une façon si active à couper la tête aux gens ou à les brûler vifs. Du reste, monseigneur me garde rancune.

---

[1] La reine mère avait fait bâtir ce palais depuis cinq ans, et y tenait sa résidence avant d'être exilée à Cologne.   (NOTE DE L'ÉDITEUR.)

— Ah! pourquoi? demanda-t-on de toutes parts.

— Parce que j'ai refusé ma porte à ses espions.

— Ses espions! Qui donc remplit ce bel office?

— Laffemas et le père Joseph. Il tenait beaucoup à introduire chez moi ces deux honnêtes personnages.

— Voyez-vous cela!

— Monseigneur est curieux.

— Il aimerait à savoir ce que nous pensons de sa politique.

— Ou de ses belles nominations à l'Académie.

— Ou de la manière délicate avec laquelle il distribue les évêchés et les prébendes.

M. de Lyon se rapprochait. On cessa de parler de son frère; mais l'entretien continua de rouler sur les gens d'Église et sur l'abus des bénéfices. Il y avait là grande matière à critique, et chacun plaçait son mot.

— Croiriez-vous, madame, disait l'Hôpital à la marquise, que le roi vient de donner l'abbaye de Saint-Germain-des-Prés à la veuve du duc de Lorraine, de sorte que voilà une femme abbesse d'un couvent d'hommes!

— Oh! répliqua Perrot d'Ablancourt, la chose est depuis longtemps passée dans les mœurs : prieurés, abbayes, prébendes, sont tenus ou possédés par des laïques, par des militaires, voire par des gens mariés ou des femmes. Un malheureux vicaire ou un pauvre moine, écrivant à leur supérieur, sont obligés de mettre des suscriptions dans le genre de celles-ci : « A monsieur mon curé, le *capitaine* un tel ; » ou : « A monsieur mon abbé, *madame* une telle. »

— Mais, objectai-je, cela me paraît bien difficile. Comment alors les cures sont-elles desservies?

— Rien de plus simple, répondit d'Ablancourt. Ces messieurs et ces dames jouissent des revenus et font dire la messe par des prêtres appelés *custodi-nos*, auxquels ils donnent à peine de quoi ne pas mourir de faim.

— Sans doute, sans doute! fit Costar, qui vint se jeter au

milieu du dialogue. En êtes-vous à ignorer ce passage de la satire de Courval?

> Pour jouir de leur cure, ils ont des estafiers,
> De bons *custodi-nos*, marmitons de collége,
> Desquels ils vont couvrant leur maudit sacrilége.

— Messieurs, assez, de grâce! dit la marquise en s'inclinant devant le respectable évêque, comme pour lui demander pardon du tour que prenait l'entretien.

— Oh! répondit le Camus, ce n'est pas moi qui essayerai d'excuser ces désordres ni de prendre la défense des mauvais prêtres! J'accuse le premier ceux qui leur permettent de marcher en habits de courtisans et de soldats, sans tonsure, la barbe à la mode et la perruque en tête.

— Et qui autorise tout cela, m'écriai-je, si ce n'est le cardinal?

— Vous avez raison, mademoiselle; je l'en ai blâmé plus d'une fois.

— C'est vrai, monseigneur; mais pas aussi publiquement! dit tout à coup du côté de la porte une voix rude et mécontente.

On tourna la tête.

Richelieu était derrière l'évêque.

II

A une certaine heure de la soirée, on n'annonçait plus les arrivants. Son Excellence avait profité de cela pour s'introduire à pas de loup et faire elle-même l'office d'espion.

Tout le monde salua le ministre.

Ceux qui semblaient auparavant le plus disposés à le critiquer lui firent une révérence beaucoup plus profonde que les autres.

— De quoi vous plaignez-vous? reprit le cardinal en s'adressant à le Camus. De la démoralisation du clergé? Mais regardez toutes les autres classes; prenez la magistrature, par exemple : qu'y voyez-vous? un mépris effronté de toutes les lois de la justice, une avidité sans nom. Vous arrêtez chez vous un voleur et vous le faites conduire au juge, cela vous coûte quinze livres. On vous demande ensuite si vous vous portez partie, et, sur votre réponse négative, on relâche le larron.

— C'est vrai, murmurèrent les auditeurs.

— Oh! nous ne sommes pas au bout! Consentez à poursuivre, c'est pis encore. Les frais de procédure vous ruinent : assignations, réquisitoires, exploits, on trouve cent moyens de vous gruger; puis on envoie le coupable aux galères, mais seulement quand votre bourse est vide. Est-ce exact, ce que j'affirme?

— Oui, oui! cria-t-on de toutes parts.

— Alors, continua l'Éminence, il faut m'accuser aussi des désordres de la justice; il faut dire que j'invite les avocats et les procureurs à faire durer un procès trois ans et à recevoir, même de la partie adverse, des cadeaux pour entretenir le luxe scandaleux de leurs femmes et de leurs filles.

— Ah! fi donc!... De quels avocats parlez-vous, monsieur le cardinal? demanda le baron de Moranges sur un ton piqué.

— Je ne parle pas des avocats sans cause, répondit brusquement Richelieu.

Chacun d'éclater de rire.

Le pauvre fou se retira confus dans un coin.

— Venons aux marchands, s'il vous plaît, dit le ministre. Ne savez-vous pas aussi bien que moi ce qui en est? Ils se damnent pour un liard, ils gagnent cent pour cent sur leurs marchandises; encore les vendent-ils mauvaises, jurant Dieu et diable qu'elles sont excellentes. Est-ce moi qui leur ordonne d'attirer les désœuvrés dans leur boutique? S'ils souffrent qu'on glisse à l'oreille de leurs femmes mille choses déshonnêtes, que vingt godelureaux les courtisent et aillent même jusqu'aux attouchements, le tout pour vendre une douzaine d'aiguillettes ou un collet à la mode, direz-vous que je favorise ces désordres?

— Personne ici, monseigneur, ne vous adresse un pareil reproche, dit Costar en s'inclinant jusqu'à terre.

Il flairait sa pension.

Richelieu poursuivit, croyant nous imposer à tous :

— Où donc voyez-vous la moralité? Dans le peuple? il est insolent, grossier, blasphémateur. Allez à la halle, offrez aux poissardes d'un saumon ou d'une carpe un peu moins qu'elles ne désirent, vous serez blasonné de toutes injures et malédictions, accompagnées de jurements à faire trembler le ciel.

— Vous avez raison, monsieur le cardinal, vous avez mille fois raison!

J'étais lasse enfin de voir la plus grande partie du cercle approuver Richelieu de la voix, du geste et du regard.

On lui donnait gain de cause, parce qu'il était là; on n'osait pas le contredire, parce qu'on avait peur. Il me parut indigne de moi de me rendre en quelque sorte, par mon silence, complice de ce manque de courage.

— Mon Dieu! lui dis-je, vous pourriez parcourir bien d'autres classes, Votre Éminence, et d'une manière aussi triomphante.

Je sors en habit d'homme pour me rendre à la place Royale. (Page 283.)

— Je le crois, en effet, mademoiselle, me répondit-il.
— Vous pourriez dire des écoliers qu'ils sont continuellement en débauche, portant armes, volant, pillant et faisant pis encore; des fils de famille, qu'ils hantent les banquets à deux pistoles par tête, qu'ils se ruinent au jeu; empruntent ensuite à gros intérêts chez Dobillon ou chez l'Italien Jacomeni, cés deux usuriers de la jeunesse, et finissent par séduire une fille

de bonne maison pour être condamnés à l'épouser.

— Fort bien, mademoiselle, vous parlez fort bien ! J'aurais dit tout cela.

— Et qu'auriez-vous ajouté, monseigneur? que les médecins, les chirurgiens, font des expériences sur les malades pauvres, et prolongent la maladie des riches pour leur tirer plus d'argent; que les tuteurs, les curateurs, s'engraissent des deniers de l'orphelin et ne lui apprennent pas même à lire?

— De mieux en mieux !

— Cela prouve que Votre Éminence connaît les vices de son siècle; mais soutenir que le clergé doit naturellement partager ces vices, lui dont le but est de les réprimer, voilà ce dont il est difficile de nous convaincre, monsieur le cardinal.

— Ah ! permettez; je n'ai pas dit...

— Vous avez dit que vous ne pouviez rien à la répression des abus et des désordres.

— Sans doute, c'est l'affaire du pape. Qu'il remette en vigueur la discipline!

— Mais, si vous êtes plus puissant que le pape, êtes-vous excusable de laisser le clergé se pervertir?

Richelieu parut éprouver quelque embarras, et répondit après une pause :

— Je ne puis rien dans le spirituel.

— Vous y pouvez tout! répliquai-je vivement; car je venais d'échanger un coup d'œil avec le vieil évêque, et je compris qu'il m'excitait à poursuivre; votre qualité de ministre n'efface pas votre qualité de prêtre.

— Mademoiselle, reprit le cardinal d'un ton sec, je ne reçois jamais de leçons, même quand elles sortent d'une jolie bouche comme la vôtre.

— Ah ! monseigneur est trop aimable.

— Je sais quelle doit être ma règle de conduite, je sais quelle influence je puis avoir sur mon siècle. Ce n'est pas à moi de trancher du missionnaire et de convertir les pécheurs en détail. Je n'ai d'action que sur la société en masse; j'attaque le mal dans sa racine.

— Et où est la racine du mal, s'il vous plaît, Votre Éminence?

— Dans la noblesse, mademoiselle, dont la corruption et le dévergondage descendent dans les classes inférieures et les pervertissent.

Un murmure de désapprobation parcourut l'assistance. Il fallait être hardi pour attaquer les nobles dans un lieu où ils se trouvaient en foule.

Jamais le cardinal ne se montrait plus intraitable qu'en face des contradictions.

Toisant avec fierté ceux qui murmuraient :

— Cela vous déplaît? s'écria-t-il. Je le regrette ; mais il est temps que justice se fasse, il est temps de mettre un terme aux priviléges et aux abus. Entre les hommes, il ne doit y avoir d'autres distinctions que celle du mérite, d'autre gloire que celle de l'intelligence. Partis de haut ou de bas, je veux qu'ils ne grandissent à l'avenir que par leurs capacités, par leurs talents. C'est à quoi tendent tous mes efforts.

— Une mission difficile que vous vous imposez là, monsieur le cardinal! dis-je avec un léger accent d'ironie.

— Sans doute, mademoiselle; mais je ne recule pas devant les obstacles. Je sais au besoin punir le puissant, je tends au faible une main protectrice... Oui, messeigneurs! à l'Académie que je viens de fonder la roture arrivera comme la noblesse.

— Très-bien, dis-je; voilà, certes, un noble et beau langage. Mais qui jugera les capacités, monsieur le cardinal?

— Moi, répondit-il.

— Vous seul?

— Moi seul.

— C'est grave.

— Pourquoi donc? Craignez-vous que le mérite m'échappe ou que je ne sache point le reconnaître?

Je le regardai bien en face et j'ajoutai :

— Les plus grands ministres peuvent avoir des rancunes et

cèdent parfois au caprice : alors que devient l'impartialité de leur jugement?

— Mademoiselle...

— Selon moi, l'institution dont vous êtes le fondateur est admirable, en ce qu'elle doit représenter l'esprit et le génie de la France.

— Évidemment, dit Richelieu, c'est là mon but.

— Ah! permettez-moi d'en douter, repris-je en lui faisant une révérence profonde.

Il tressaillit.

— Que je vous permette d'en douter, mademoiselle. La raison?

— C'est que vous avez nommé Chapelain, monseigneur, et que vous avez oublié Corneille !

Le ministre devint pâle et me jeta un regard de colère. On n'osait m'applaudir ouvertement; mais je voyais tous les regards chercher le mien pour me féliciter de la hardiesse de ma remontrance.

Depuis *Mélite*, mon poëte avait donné deux autres pièces, *Clitandre* et *Médée*.

Tous les gens de goût n'eurent qu'une voix pour faire son éloge et reconnaître que personne, jusqu'à ce jour, n'avait porté plus haut l'art du théâtre.

Cependant il ne fut pas compris dans les premières nominations académiques, parce que Son Éminence, apprenant qu'il était un de mes amis les plus chers, trouva bon de me causer ce déplaisir, pour se venger de la réponse que j'avais faite à des Bournais et de mon refus d'assister à la collation du Louvre.

Je ne croyais pas trouver si vite l'occasion de prendre ma revanche.

Effrayée de mon audace, madame de Rambouillet s'empressa de changer l'entretien, et bientôt le cardinal battu quitta le salon.

Le soir même, en rentrant, j'écrivis à Corneille pour lui

apprendre cette anecdote et le consoler d'un passe-droit indigne.

Il me répondit aussitôt :

« Je vous sais gré de l'intention, ma chère. Toutefois je crains que vous ne m'ayez fait un cruel et irréconciliable ennemi. »

« Tant mieux! répliquai-je par une seconde lettre; cela ne peut qu'ajouter à ta gloire! »

A partir de cette époque, je cessai de fréquenter assidûment l'hôtel de Rambouillet. Chacun m'y avait entendue prêcher ma doctrine et justifier mes actes : je ne tenais pas à braver plus longtemps la froideur des vertus rigides de l'endroit.

Je laissai toutes ces dames parler métaphysique, me promettant bien d'agir en sens contraire.

Pourquoi, me disais-je, ma maison ne serait-elle pas aussi fêtée que celle de la marquise? Pourquoi ne formerais-je pas une assemblée dont je me proclamerais la reine, et où personne ne contrôlerait mes principes?

Cette idée fut mise à exécution sur-le-champ.

La rue des Tournelles devint rivale de la rue Saint-Thomas-du-Louvre.

Seulement, si j'ose m'exprimer de la sorte, mon cercle était plus jeune, plus aimable; on y causait d'une façon moins solennelle et plus brillante. Je jouais du luth, du clavecin, de la guitare, m'accompagnant tour à tour avec ces divers instruments.

On trouvait que j'avais une voix délicieuse.

J'entrais alors dans ma vingtième année. Depuis le départ de Rambouillet, mon cœur était libre, et je me trouvais dans un grand embarras, ne sachant sur qui arrêter mon choix, car une vingtaine de soupirants, au moins, se disputaient la préséance.

Que faire au milieu d'une pareille foule?

Je résolus de les classer et de les diviser par catégories.

Nombre d'entre eux, médiocrement pourvus d'avantages extérieurs et plus déshérités encore du côté de l'esprit, s'efforçaient de racheter cela par une générosité qui devenait fort embarrassante.

Il pleuvait chez moi des cadeaux de toute espèce et de riches offrandes.

Je me fâchai d'abord. Accepter sans rendre répugnait à ma délicatesse et à ma fierté; mais ils se montrèrent si malheureux de mes refus et si modestes dans leurs espérances, qu'ils finirent par vaincre mes scrupules.

Ces originaux formèrent la première catégorie : je les appelais les *payeurs*.

La seconde se composait de ceux qui n'étaient ni beaux, ni aimables, ni généreux, et dont, en bonne conscience, je ne pouvais accueillir les soins que par des rebuffades. Ils portaient naturellement le nom de *martyrs*.

Enfin venaient ceux qui avaient tout pour plaire. Je les appelais les *favoris*, et de mauvaises langues prétendent que le nombre en fut incalculable; mais il ne faut jamais croire que la moitié de ces choses-là.

Parfois certains personnages, criblés de défauts, arrivaient à me les faire oublier un instant par leur adresse à mettre en relief quelque qualité piquante, ce qui m'obligea bientôt à créer une quatrième catégorie, les *caprices*.

M. l'abbé de Boisrobert se trouva, je ne sais trop pourquoi, en tête de cette liste.

C'était un fort vilain homme, présomptueux à l'excès, d'un esprit méchant et d'une indiscrétion révoltante. Il ne me désignait jamais autrement que par le titre de sa *divine maîtresse*, honneur fort douteux, et dont je le suppliai de me faire grâce.

Boisrobert était le Triboulet de Richelieu.

Tous ses bons mots avaient le cachet de l'insolence et l'aigreur de la haine.

Vivant de la religion, il s'en moquait avec effronterie. Un jour, il arracha des mains de ma femme de chambre une de mes jupes, avec laquelle il gagea de faire une chappe pour aller aux fêtes de Pâques chanter vêpres à la cathédrale.

Ce fut le seul homme peut-être dont l'intimité me causa des regrets.

N'en parlons plus, et disons quelques mots de mes martyrs.

Le plus célèbre fut le marquis de Brancas, que la Bruyère a copié plus tard des pieds à la tête pour en faire son *Ménalque*, ce qui me dispense de le peindre à mon tour.

Il poussait la distraction à un tel excès, que, si je n'y eusse pris garde, il se fût comporté comme un favori.

Deux autres de mes martyrs, l'abbé Desforts et Moreau, fils du lieutenant civil, se jetèrent un jour à mes pieds, protestant que j'allais les réduire au désespoir, si je ne me décidais à les consoler un brin, ne fût-ce que par l'aumône d'un baiser. Je leur répondis en riant :

— Par exemple ! y songez-vous, messieurs ? j'ai mes pauvres.

Ces infortunés m'adressaient leurs soupirs en commun et se mettaient à deux pour avoir de l'esprit, mais sans pouvoir y atteindre.

Perdant toute espérance de fléchir mes rigueurs, ils me supplièrent de leur donner du moins une amie de ma main, pour offrir, disaient-ils, à une idole de mon choix l'encens que je repoussais sur mes propres autels.

Là-dessus, je leur jouai un tour pendable.

Desforts, petit-maître ridicule, ne vivait que de fruits et d'eau pour s'entretenir le teint pâle.

Il se faisait saigner tous les huit jours et dormait les bras attachés au-dessus de la tête, afin d'avoir au réveil les mains plus blanches. Jamais il ne se couchait qu'en parure de nuit de femme, ayant cornette et bavolet de point de Flandre, échelle de rubans à son corset, manteau de lit volant et des mouches. Ainsi accoutré, il recevait ses visites du matin et travaillait en tapisserie.

Moreau était aussi fat, et avait une physionomie plus féminine encore.

Lorsque j'eus entendu leur spirituelle requête, je les pris

chacun à part, et je dis à l'oreille de Moreau :

— J'ai votre affaire.

— Vraiment! s'écria-t-il tout joyeux.

— Oui... Une petite veuve adorable, mais assez prude et craignant les caquets.

— Bon! nous y mettrons de la prudence.

— Vous ne pourriez vous présenter chez elle qu'habillé en femme et conduit par Perrote.

— Comment donc, c'est charmant! J'accepte.

— Attendez: il y a une condition importante.

— Oh! oh! voyons la condition.

— Vous ne devrez pas, en sa présence, proférer un seul mot, car elle a une peur inouïe d'être compromise; et, si vous manquiez à cette recommandation, tout serait perdu.

— Je me tairai, je vous le jure, je me tairai! dit Moreau, qui me baisa les mains avec la plus vive reconnaissance.

Prenant alors l'abbé dans un coin, je lui tins ce discours :

— Décidément j'ai pitié de vous, mon cher, et je connais une fort jolie veuve, que des considérations de famille tiennent close au monde, mais qui se laisserait tenter peut-être par une intrigue mystérieuse. Que diriez-vous si je la décidais à vous rendre visite un de ces matins, au petit jour?

— Ah! s'écria-t-il, vous me comblez de bonheur!

— Un instant...

— Quoi donc?

— Je ne puis vous cacher qu'elle a un défaut terrible.

— Diable!

— Elle est muette.

— Peste!... Muette!... C'est triste!

— Impossible de vous cacher cela, malgré tout ce que la communication peut avoir de déplaisant. Au fait, ne dit-on pas que c'est une qualité chez une femme?

— Oui, c'est juste, on le prétend, fit-il tout rêveur.

— Mais vous n'êtes pas de cet avis, peut-être?

Il se frappa le front et s'écria :

C'est mademoiselle de Lenclos qui vient de se battre avec vous. (*Page* 284.)

— Bah! pourquoi donc?... Au contraire, cela rentre parfaitement dans mes goûts. Je n'aime pas à perdre le temps en discours superflus.

— Voilà raisonner en homme sage.

— Quand recevrai-je cette aimable visite?

— Demain.

Il tressauta d'allégresse et courut se faire saigner pour paraître aux yeux de la belle avec tous ses avantages.

Le lendemain, Perrote conduisit dans la chambre de l'abbé le fils du lieutenant civil, habillé en femme.

Je laisse à deviner le reste de l'aventure.

Après la plus vive de toutes les conversations par gestes, ils ne trouvèrent ni l'un ni l'autre ce qu'ils cherchaient. Mon domestique me fit mourir de rire en me racontant le burlesque débat qui eut lieu entre mes deux veuves.

Ni Moreau ni Desforts ne se formalisèrent de la plaisanterie.

Mais un sieur de Chaban n'imita pas l'angélique patience dont tous mes martyrs donnaient assez généralement la preuve.

Ce Chaban, sorte de hobereau de province, tranchait de l'homme de mérite. Il se croyait appelé à gravir les plus hauts échelons de la fortune. Le trouvant très-curieux comme étude, j'avais dirigé de son côté quelques sourires agaçants et quelques œillades incendiaires.

Il prit feu tout aussi vite.

Bientôt néanmoins, s'apercevant que je le classais dans ma deuxième catégorie, il se fâcha tout rouge, cria que je lui faisais affront, qu'un homme de son rang ne méritait pas mes dédains et qu'il avait droit à prétendre à un tout autre accueil.

— Vous avez de l'amour-propre, monsieur, lui dis-je, et, pour vous punir, vous resterez dans le martyrologe.

Il s'emporta de nouveau, jura, raisonna, supplia, et finit par me menacer de sa vengeance.

En effet, chaque soir, à la place Royale, il venait s'installer sur mon passage, la mine insolente, l'œil provocateur, et me lançait des brocards qui me faisaient pâlir d'indignation.

Je tâchais d'éviter sa rencontre.

Il passait et repassait devant moi, redoublant de hardiesse et poussant l'offense et la haine jusqu'à la frénésie.

Un tel scandale ne pouvait durer.

Les personnes de ma compagnie se révoltèrent. Dix champions s'élançaient déjà pour punir l'audacieux; mais je les arrêtai d'un geste.

— Tout beau, messieurs ! leur dis-je. Ceci n'est pas votre affaire, et ne regarde que moi !

Dans le nombre de ces intrépides chevaliers, je voyais beaucoup de martyrs. Ils se montraient les plus empressés à châtier leur indigne collègue. C'était de leur part un dévouement admirable ou une grande habileté ; mais je ne voulais pas contracter une dette de reconnaissance dont le payement n'eût pas été possible.

Il valait beaucoup mieux faire appel à mon ancienne valeur. Jamais occasion de la déployer ne s'était offerte aussi avantageuse et aussi propice.

Arrivent le lendemain chez moi Saint-Évremond et le marquis de la Châtre. Je les avise du projet que j'avais en tête depuis la veille. Ils se récrient, me sermonnent, se jettent presque à genoux pour me supplier de ne pas donner suite à cette folie : leurs instances ne font que m'animer davantage. Voulant leur prouver que j'étais supérieure à mon sexe, je sors avec eux en habit d'homme pour me rendre sur la place Royale.

Bientôt Chaban s'offre à mes regards. Je l'accoste et je lui jette un de mes gants au visage.

— Vous avez insulté ma sœur, lui dis-je ; il faut que je vous tue !

— Ah ! vous êtes le frère de Ninon ! s'écria-t-il : eh bien, vous pouvez lui dire...

Il allait proférer quelque nouvelle injure ; mais il n'acheva pas. Un magnifique soufflet lui cloua le reste de la phrase entre les dents.

Voilà notre homme écumant de rage.

On l'empêche de se précipiter sur moi. Il crie qu'il est déshonoré, s'il ne me passe, sur le lieu même, son épée au travers du corps.

Saint-Évremond a beaucoup de peine à lui faire comprendre que la chose n'est pas nécessaire à sa réputation et que partout ailleurs il peut venger son outrage.

Rendez-vous est pris dans les fossés de l'Arsenal.

Une heure après, j'étais en face de Chaban, l'épée à la main. Je n'avais rien oublié de ma science en escrime. Dès la troisième passe, je fis une feinte en tierce, et, portant aussitôt ma botte en quarte, je donnai un grand coup d'épée dans le flanc à mon adversaire, qui roula sur l'herbe.

Otant alors ma perruque et la moustache postiche que j'avais adaptée à mes lèvres.

— Monsieur, dis-je au vaincu, il est bon de vous apprendre que ce n'est pas le frère de Ninon, mais mademoiselle de Lenclos elle-même qui vient de se battre avec vous. Tâchez de vous guérir de votre blessure et de votre impertinence!

Je laissai le chirurgien lui poser le premier appareil.

III

Le lendemain, ce ne fut qu'une clameur d'un bout de Paris à l'autre :

« Ninon s'est battue! Ninon s'est battue! »

Dix généraux eussent gagné vingt batailles, qu'on n'aurait pas jeté plus de cris d'admiration et d'enthousiasme. Toutes les héroïnes de l'histoire n'étaient rien auprès de moi. Les poëtes firent des odes en mon honneur, on chanta mon courage dans tous les rhythmes et sur tous les tons.

Seulement Richelieu, qui trouvait, au moyen des édits sévères portés contre le duel, une magnifique occasion de me punir, chargea Laffemas de commencer mon procès.

Mais le ministre en fut pour la honte de sa tentative et ne put satisfaire sa rancune.

La loi ne s'appliquait pas aux femmes; on n'avait rien prévu à cet égard, et le chancelier Séguier prétendit avec raison que, si toutes les personnes de mon sexe avaient assez d'énergie pour suivre mon exemple, les duels entre hommes seraient infiniment plus rares, vu que ces messieurs ne se battent presque jamais que pour nous.

On ne donna donc aucune suite à l'affaire.

Le nombre de *payeurs* que m'amena cette aventure fut incalculable. Évidemment ces originaux avaient un but pour se ruiner ainsi.

Quantité d'hommes tiennent beaucoup moins à la maîtresse qu'ils ont qu'à la maîtresse qu'on leur suppose. Celle-ci a-t-elle de la célébrité, ils ne savent quel moyen prendre pour se donner aux yeux du public une apparence d'amants heureux.

Joseph Fourreau, le plus singulier de tous [1], m'envoya, le lendemain de mon duel, un grand coffre de bois de Calembour, garni de bandes d'or, avec une serrure d'or, et dans lequel je trouvai quatre montres enrichies de diamants,

Huit douzaines de paires de gants à la vanille,

Cinq boîtes à mouches,

Trois de pastilles odorantes,

Un cure-dents de vermeil,

Deux robes de brocart,

Une de satin gris-de-perle,

Une quatrième de velours orange,

Des bracelets de corail,

Un collier de perles d'Orient,

Six bagues,

Et enfin de magnifiques pendants d'oreilles en rubis.

Ce coffre traversa la rue des Tournelles, porté comme une châsse sur les épaules de deux grands escogriffes de laquais, galonnés sur toutes les coutures.

Personne ne put croire que, pour ce riche présent, Fourreau

---

[1] Cet individu était fils d'une certaine madame Larcher, qui a fait une très-jolie fortune, on ne sait à quel commerce. (Note de mademoiselle de Lenclos.)

n'eut pas même permission de me baiser le petit bout du doigt.

L'intrépide payeur ne s'arrêta pas en si beau chemin.

Il exigea que tous mes fournisseurs ne fussent jamais soldés autrement que par des lettres de change tirées sur lui, de sorte que, pour avoir la paix, j'écrivais dix fois le jour : « *M. Fourreau payera à vue,* » etc.

Jamais il ne laissa un de ces billets en souffrance

Enfin, que dirai-je? Fidèle au serment que j'avais fait de ne plus donner prise sur mon cœur, je ne permettais à mes favoris qu'un règne fort court.

Le chevalier de Vassé, d'Elbène, Dangeau, Duras et Briolle comptèrent successivement parmi mes caprices, et l'on chanta bientôt sous ma fenêtre le couplet que voici :

> Tous les blondins chez moi vont à l'école
> Pour faire leur salut :
> Je veux sauver Duras, Dangeau, Briolle,
> Et c'est là mon seul but.
> Honni soit qui mal y pense!
> Je fais pénitence,
> Moi,
> Je fais pénitence.

Il me déplaisait beaucoup d'être ainsi chansonnée. Je n'aimais ni l'éclat ni le scandale.

Une aventure qui m'arriva presque à la même époque me prouva que ma réputation dans le public était décidément compromise.

J'allais quelquefois à Saint-Gervais, pendant le carême, entendre le sermon. Ma chaise était voisine de celle de madame Pajet, femme d'un maître des requêtes, personne assez liante, qui, sans me connaître, paraissait avoir du plaisir à causer avec moi.

Boisrobert, un jour, passant dans la nef, à quelque distance du lieu où nous étions assises, m'aperçut et me salua.

— Tiens! dit madame Pajet, vous connaissez donc cet homme?

— Un peu... Je suis sa voisine et je loge au faubourg.
— Est-ce que vous l'aimez? dit-elle.
— Pourquoi cette question, madame?
— Ah! c'est que moi je le déteste!
— Il vous a donc fait quelque offense?
— Oui, certes! Je ne lui pardonnerai jamais de nous avoir quittés pour une Ninon, pour une vilaine...
— Ah! madame, interrompis-je, confuse et me sentant rougir, n'ajoutez pas un mot de plus. C'est peut-être une honnête fille. Songez qu'on en peut dire autant de vous et de moi; la médisance n'épargne personne.

Je m'empressai de quitter l'église, et je ne reparus plus au sermon.

La critique tombait ainsi sur moi parce que j'étais plus en relief que toute autre, car les femmes de mon siècle se livraient, Dieu merci, raisonnablement au dévergondage, et manquaient surtout de décence extérieure.

Je les voyais, chaque jour, sur la place Royale, se mêlant aux hommes, riant, prisant, fumant avec eux, caquetant et coquetant sans cesse, donnant leurs rendez-vous à haute voix, ou inventant mille signaux pour exprimer leur pensée secrète et faire connaître les espérances qu'elles accordaient.

Tous les rubans de leur toilette avaient un nom particulier, une signification distincte.

L'un s'appelait le *mignon*, et se plaçait sur le cœur.

Un autre, le *galant*, s'appliquait sur le sein droit.

Il prenait le titre pompeux d'*assassin des dames*, lorsqu'on y ajoutait un dizain de perles ou de rubis.

Le nœud qui pendait à l'éventail se nommait le *badin*, et celui fixé au livre de prières, le *bijou*.

Elles donnaient également aux diverses parties de leur coiffure des désignations qui avaient aussi leur muet langage : les cheveux frisés sur les tempes portaient le nom de *cavaliers;* les mèches bavolant le long du visage s'appelaient les *garçons*.

Au moment où j'écris, un demi-siècle s'est écoulé, sans que ces dames, ou plutôt leurs descendantes, aient modifié ces mœurs légères.

Les promenades de la place Royale sont aussi scandaleuses aujourd'hui qu'elles étaient alors.

Ce n'est pas là seulement, ni au Cours-le-Prince, ni au Cours-la-Reine, que se donnent les rendez-vous. En été, il est de grande mode d'aller s'asseoir au bord de la Seine, du côté de la porte Saint-Bernard, pour examiner les baigneurs.

On les regarde au travers d'éventails à jour appelés *lorgnettes* [1].

Notez, je vous prie, que les dames de la plus haute distinction tenaient cette conduite. Je pourrais citer mesdames de Chevreuse, du Fargis, de Montbazon, de Chaulnes, de Guéménée, de Soubise, et même des princesses du sang, dont les intrigues étaient notoires.

Madame de Rohan alla plus loin que les autres.

Elle fut une de celles qui commencèrent à faire perdre aux jeunes gens le respect qu'on doit à notre sexe. Jamais on ne vit société plus débraillée que la sienne. On se permettait dans son salon toutes les licences imaginables.

Cela n'empêchait pas qu'elle fût très-entichée de sa noblesse.

Mais elle était beaucoup moins fière de sa vertu.

— Votre fille a-t-elle encore sa virginité? lui demandait un soir, assez crûment, madame la duchesse de Chevreuse.

— Ah! mon Dieu! ma bonne amie, répondit-elle, ne m'en parlez pas : elle est si négligente, qu'elle est bien capable de l'avoir laissée quelque part avec ses coiffes.

[1] Plus tard, la Bruyère a constaté ce fait. « Tout le monde, dit-il, connaît cette longue allée qui resserre la Seine du côté où elle entre à Paris avec la Marne. Les hommes s'y baignent au pied pendant les chaleurs; on les voit de fort près se jeter dans l'eau, on les en voit sortir. C'est un amusement. Quand cette saison n'est pas venue, les dames de la ville ne s'y promènent point encore, et, quand elle est passée, elles ne s'y promènent plus. »

(Note de l'Éditeur.)

Je reconnus la voix de la Châtre. (Page 293.)

J'en ai dit suffisamment pour démontrer que les Parisiennes de mon siècle n'étaient pas le scrupule et la sagesse mêmes.

Donc j'étais à cent lieues de comprendre pourquoi l'attention publique se portait sur moi, de préférence à ces dames, qui la méritaient à plus juste titre.

En adoptant mon système d'amour libre, je n'avais eu le projet ni d'affronter le scandale ni de braver l'opinion : je prétendais au contraire conserver l'estime du monde et racheter par des dehors décents la hardiesse de ma conduite.

J'avisai au moyen le plus prompt de faire taire les bavards et les chanteurs.

Il n'y en avait pas d'autre que de disparaître pour quelques mois, et j'annonçai que j'allais habiter mon château de Loches.

Ce fut une désolation universelle.

Le carnaval approchait. On s'était promis chez moi beaucoup de réjouissances. Mes *martyrs* regrettaient leurs tortures, mes *caprices* versaient des larmes, mes *favoris* allaient jusqu'au désespoir, et mes *payeurs* ne savaient plus à quel saint se vouer.

Fourreau voulut me faire promettre sur l'Évangile que je tirerais sur lui des lettres de change du fond de la Touraine.

Le lendemain, j'étais partie.

Mais je n'allai pas jusqu'à Loches, et je m'arrêtai au Mans, où bientôt un de mes favoris vint me rejoindre.

C'était M. le marquis de la Châtre, homme d'une grande amabilité, mais d'une jalousie parfois gênante, et d'une gourmandise incorrigible. Lorsqu'il fixa le Mans pour le lieu de notre retraite, je crois que les chapons et les poulardes du pays entrèrent pour beaucoup dans sa détermination.

La Châtre passait pour mon époux. Nous menions un train raisonnable, et nous fûmes recherchés par ce qu'il y avait de mieux dans la province.

Invités, un soir, à souper chez le receveur des tailles, on nous apprit que nous aurions l'honneur d'avoir pour convive plusieurs chanoines de la cathédrale, entre autres l'abbé Scarron, le plus joyeux viveur du chapitre.

A peine avait-on prononcé ce nom, qui me fit tressaillir, que l'abbé parut.

— Eh! mais je ne me trompe pas, c'est vous, ma divine! s'écria-t-il, accourant à moi avec toutes sortes de démonstrations compromettantes.

La circonstance était périlleuse.

Je ne perdis pas la tête.

Prenant aussitôt la main de la Châtre, je fis au chanoine une profonde révérence en lui disant :

— Monsieur le marquis de la Châtre, mon mari!

Scarron fut interloqué.

Me penchant à son oreille, j'ajoutai à voix basse :

— Vous devez tenir ici à votre réputation. Si vous parlez, je parle à mon tour. Arrangez-vous!

— Bon, je comprends! le mariage n'est pas sérieux, me répondit-il de même.

— Silence! et venez me voir demain.

Le lendemain il ne vint pas, ni le surlendemain non plus. Enfin je le vis paraître.

Il avait envoyé, deux jours durant, des espions rôder autour de ma demeure, afin de profiter, pour me voir, d'une absence de la Châtre.

J'eus besoin, pendant cette visite, d'être continuellement sur mes gardes. Le vaurien d'abbé ne s'était amendé en aucune sorte.

— Ah çà, lui dis-je, comment êtes-vous devenu chanoine du Mans?

— Eh! me répondit-il, cette prébende est la récompense de mes travaux d'historiographe en Lorraine. Vous savez que je ne suis pas entré pour cela dans les ordres et qu'il me reste toujours la faculté de me marier?

— C'est commode!

— Oui, sans doute ; mais je ne me décide pas encore à user du privilége, et je prends femme comme vous prenez mari, sans faire de bail, charmante.

— Monsieur... vos discours sont d'une légèreté...

— Bah! laissez donc! La Châtre n'en saura rien. Je veux, avant la fin de la semaine, le déposséder de sa conquête.

— Vous êtes fou!

— Quoi! la mémoire vous échappe-t-elle à ce point? Ne vous souvient-il plus que vous m'avez permis de vous courtiser?

— Oui, sans espérance.

— Vous serez donc éternellement cruelle ?

— Pour vous du moins.

— Morbleu ! c'est ce qu'il faudra voir !

— Eh bien, vous le verrez.

— Notre pari tient toujours avec Retz. Je trouverai moyen de fléchir vos rigueurs.

— C'est de la présomption, monsieur le chanoine.

— S'il ne s'agit que de vous enlever, ce sera chose bientôt faite.

— Vous, un homme d'Église, vous oseriez commettre une énormité semblable ?

Il ne répondit pas. Quittant son fauteuil, il se mit à examiner avec scrupule les différentes pièces de mon domicile, ouvrant les portes, visitant tous les recoins et s'attachant de préférence à une espèce de cabinet noir qui se trouvait au fond de ma chambre.

Ce cabinet n'avait point d'issue. Scarron s'en assura et parut très-content de cette découverte.

— Bien, dit-il, mes plans sont jetés. Tout ira pour le mieux.

Je prenais la chose en plaisanterie et je le raillais de son outrecuidance.

— Allons, allons, monsieur le chanoine, lui dis-je, point de sottise, et prenons garde de compromettre notre prébende.

— Ma prébende ira au diable si elle veut ; mais je vous enlèverai, ma chère, voilà qui est convenu !

L'insensé parlait sérieusement. J'en eus bientôt la preuve.

A quelque temps de là, les jours gras arrivèrent. Comme nous nous amusions, la Châtre et moi, à regarder, le mardi, les mascarades défiler sous nos fenêtres, nous vîmes entrer dans le porche de la maison quatre monstres indescriptibles. En moins de quelques secondes, ils gravirent l'escalier et pénétrèrent dans notre chambre. Je poussai des cris d'effroi, car jamais plus épouvantable apparition n'avait frappé mes regards.

La tête, le visage, les membres et tout le corps de ces masques hideux étaient couverts de plumes.

Il ne leur restait plus apparence humaine.

En temps de carnaval, on ne pouvait se formaliser d'un pareil envahissement, et la Châtre se mit à rire. Mais tout à coup deux des masques, se précipitant sur lui, l'enfermèrent dans mon cabinet noir, tandis que deux autres, venant à moi, me nouèrent un voile sur la bouche et m'entraînèrent hors de la maison.

Une voiture stationnait dans le voisinage. Ils me contraignirent à y monter, malgré mes efforts pour m'échapper de leurs mains.

Déjà le cocher fouettait les chevaux.

Cette audacieuse tentative allait être couronnée de succès, lorsque des cris tumultueux se firent entendre.

Je reconnus la voix de la Châtre.

La colère et la jalousie lui avaient donné une force surhumaine. Étant parvenu à briser la porte de sa prison, il accourait et excitait la foule à châtier avec lui les ravisseurs. L'instant d'après, je le vis s'élancer vers nous, l'épée à la main.

Mes quatre monstres n'eurent que le temps bien juste d'ouvrir la portière opposée et de s'enfuir à toutes jambes.

La populace les poursuivit avec des huées d'un bout de la ville à l'autre. On les roulait dans la boue, on les déplumait. Ils n'eurent d'autre ressource, pour échapper à de plus cruels traitements, que de se jeter dans la Sarthe du haut d'un pont, et de rester jusqu'à la nuit cachés au milieu des roseaux.

A peine étais-je remise de mon effroi, qu'on m'apprit ce que je soupçonnais déjà. L'abbé Scarron, avec l'aide de trois de ses amis, avait essayé de profiter du carnaval pour exécuter son projet d'enlèvement.

On réussit à tout savoir par le cocher, qui, menacé d'emprisonnement, donna le nom de ceux qui venaient de lui louer le carrosse.

Certes, le plan ne manquait pas d'adresse.

Un déguisement ordinaire aurait pu trahir Scarron, un masque pouvait s'arracher. Il fallait trouver quelque chose d'étrange, afin de frapper tout le monde de stupeur.

S'assurant du consentement de ses amis, voici ce que l'abbé imagina : il fit découdre un lit de plume par sa gouvernante, s'enduisit de miel des pieds à la tête avec ses complices; puis, se roulant tous les quatre au milieu du tas de plumes, ils acquirent cette physionomie monstrueuse qui m'avait tant effrayée.

Lorsqu'on sut dans la ville que le chanoine était l'auteur de ce joli tour, on voulut faire le sac de sa maison.

Toutefois la colère se changea bientôt en pitié, à l'aspect de la situation déplorable où se trouvait le malheureux quand on l'eut retiré de la Sarthe.

Deux de ses complices, glacés jusqu'aux os, moururent la nuit même, et Scarron resta huit jours à l'agonie.

Il m'envoya supplier de lui rendre une visite avec la Châtre. Nous y allâmes.

Le pauvre abbé, sanglotant, me demanda pardon de sa folie.

— Hélas! dit-il, je vais mourir sans doute; mais, si j'en réchappe, ne me gardez pas trop rancune, et laissez-moi l'un et l'autre votre amitié, puisque je n'ai été coupable que par amour.

Je le lui promis de grand cœur.

Mon compagnon fit la même promesse. Néanmoins, comme il était fort jaloux, je crus voir qu'il préférait, au fond, que le chanoine trépassât.

L'infortuné Scarron n'en valut guère mieux : il resta perclus de tous ses membres; et, si c'était une punition du ciel, vraiment le ciel s'est montré bien rigoureux.

Quelque temps après cette aventure, M. de la Châtre reçut une lettre de la Franche-Comté, où on lui annonçait que son père était au plus mal. Cette nouvelle, jointe au chagrin de me quitter, le réduisit au désespoir. Je ne pouvais pas rester seule au Mans; il m'était impossible de l'accompagner dans sa famille, et, d'un autre côté, je n'étais pas d'humeur à m'enterrer toute vive dans mon château de Touraine : je devais donc nécessairement regagner la capitale.

— Hélas! ma chère Ninon, disait la Châtre, vous allez revoir tous vos adorateurs.

— C'est assez probable, mon ami.

— Vous me serez infidèle!

— Pourquoi vous tourmenter de ces choses?

— Ah! Ninon! Ninon! je mourrai de chagrin si tu me trompes! s'écria-t-il en fondant en larmes.

Impossible de voir un homme plus désolé.

En vain je lui représente que ni lui ni moi n'avons fait serment d'éternelle constance, qu'il est dans ma nature de détester les chaînes, et que m'en imposer une serait me donner la tentation de la briser au plus vite : il n'écoute rien, se jette à mes genoux, me conjure de repousser tous les autres hommages, et proteste qu'il ne peut me quitter si je ne lui signe un billet propre à lui servir de garantie pendant son absence.

Il fallait décidément mettre un terme à cette scène larmoyante, et, pour contenter la Châtre, j'écrivis ces mots à tout hasard sur une feuille de ses tablettes :

« Je jure de t'aimer toujours.

« Ninon. »

Entre nous, c'était la promesse que je me sentais le moins capable de tenir.

La Châtre serra le précieux papier dans sa poche. Il me ramena le lendemain à Paris, et s'en alla bien tranquille à Besançon.

Je crois que la Renommée fit usage de ses cent voix et de ses cent trompettes pour crier mon retour à tous les coins de la ville.

Dès le soir même de mon arrivée, mes salons furent remplis.

Le cœur me bat encore au souvenir des amitiés qu'on me prodigua.

Ce fut un vrai délire.

Que de madrigaux célébrèrent mon retour ! que d'élégies n'avait-on pas faites sur les chagrins de l'absence ! Mes *martyrs* pleuraient de joie, mes *payeurs* étaient dans la jubilation, mes *caprices* chantaient victoire, et mes *favoris* triomphaient.

On me présenta deux nouveaux et illustres personnages qui regardaient comme un grand honneur d'être admis à mon cercle.

Le premier était le vicomte de Turenne, jeune militaire âgé de vingt-sept ans, plein de distinction et de grâce. Il avait fait ses premières armes sous son oncle, Maurice de Nassau, et s'était déjà distingué en Lorraine et en Italie par une foule d'actions brillantes.

L'autre était Henri de Sévigné, maréchal de camp dans les armées du roi, seigneur plein de noblesse et d'un faste presque royal.

Son air majestueux m'imposa beaucoup, je tremblais en sa présence.

Voulant arriver à mon cœur, Sévigné prit une route contraire à celle que suivaient les autres. Est-ce pour cela qu'il atteignit le but plus vite ? Je suis tentée de le croire.

Au lieu de me complimenter et d'exagérer la louange, il se mit à étudier mes défauts et me les signala sans gêne.

Parfois je me faisais prier pour jouer du luth, il m'accusa de me conduire comme une provinciale.

J'avais aussi la faiblesse d'être jalouse de certaines personnes de mon sexe et de craindre leur supériorité ; je m'arrangeais pour n'admettre chez moi que des femmes très-ordinaires.

— Plus celles que vous recevrez auront de mérite, me disait Henri, plus vous aurez de gloire si l'on vous donne la préférence. On voit que vous craignez d'être éclipsée, mademoiselle, c'est un tort !

Il laissait échapper pour la première fois une phrase qui ressemblait à un compliment ; mais il ajouta presque aussitôt :

Il me mangeait les mains de caresses. *Page* 302.

— Du reste, ne soyez pas orgueilleuse de votre esprit. Si vous étiez moins belle, vous n'auriez pas autour de vous tant de flatteurs, et l'on n'applaudirait pas de la sorte à tous vos discours.

Cette brusque franchise me révoltait d'abord. Le jugement trébuche toujours un peu lorsqu'il se heurte contre l'amour-propre.

Mais je finissais par lui donner raison.

Souvent, en effet, je me trouve plus spirituelle en songeant à ce que j'aurais pu dire qu'en me souvenant de ce que j'ai dit.

Vint le tour des hommes.

Sévigné soutint que je les jugeais plutôt par leurs défauts physiques que par leurs qualités morales. Rien n'était plus exact. Presque tous mes *martyrs* l'étaient, les uns parce qu'ils avaient de grandes mains, les autres parce qu'ils avaient la jambe mal faite ou un gros ventre.

Bref, Sévigné réussit à me plaire en me censurant, preuve qu'il le faisait avec beaucoup de justesse et de convenance.

L'heure de son triomphe sonna.

Autant il s'était plu à exagérer mes imperfections avant d'être sûr de mon cœur, autant il accorda d'éloges à mes qualités lorsque ce changement de conduite ne pouvait plus le faire avancer d'un pas dans ma tendresse.

Un soir qu'il tenait à mes genoux les discours les plus enthousiastes et les plus passionnés, un souvenir me traversa l'imagination, et j'éclatai de rire comme une folle.

— Qu'avez-vous donc? me dit Henri, scandalisé de cette gaieté intempestive.

Il est convenu, depuis Adam et Ève, que l'amour doit toujours se faire avec le plus grand sérieux.

— Ah! ah! m'écriai-je, laissez-moi rire! C'est vous qui êtes cause de tout... oui, monsieur, cause de l'oubli le plus impardonnable... Vous m'avez entièrement enlevé cela de la mémoire, et vous me rendez parjure à une promesse solennelle, une promesse écrite... Ah! ah! le bon billet qu'a la Châtre!

Et, là-dessus, je me pâmai de nouveau.

— La Châtre?... De quel billet parlez-vous?

Il fallut bien lui dire les terreurs de ce pauvre marquis et la manière dont j'avais réussi à les calmer.

L'anecdote lui parut si plaisante, qu'il se mit à la raconter, dès le jour même, à qui voulut l'entendre. Tout Paris s'en amusa pendant un mois. Le printemps nous revenait. Déjà la brise était tiède, les arbres avaient des fleurs, et les promenades commençaient à faire tort aux salons. C'était le moment de déménager et d'habiter ma jolie maison de Picpus.

J'avais, du reste, un autre motif de chercher un peu de solitude.

Mon poëte de Rouen m'écrivait qu'il allait nous apporter une nouvelle pièce, et, Corneille présent, je ne connaissais plus ni payeurs, ni favoris, ni caprices : il n'y avait plus que lui. Tout, chez moi, reprenait le calme nécessaire à ses travaux.

Il arriva deux jours après sa lettre.

— Eh bien, quel est le titre du nouveau chef-d'œuvre, Pierre ? lui demandai-je.

Il m'embrassa d'abord, puis me donna un rouleau de papier, que j'ouvris. C'était la pièce du *Cid*.

Je convoquai le soir même, ainsi que je l'avais déjà fait autrefois, messieurs de l'Hôtel de Bourgogne, et Corneille nous lut sa pièce en petit comité.

Franchement, je ne fus pas la seule qui eus l'idée d'aller se mettre à genoux devant lui.

Les comédiens le regardaient comme un dieu.

Je ne laissais pas de meubles à Picpus pendant l'hiver. C'était donc toute une installation quand j'y revenais, et Poquelin, mon tapissier, en avait régulièrement pour une semaine de besogne.

Il travaillait avec quatre ouvriers.

Souvent il amenait son fils, âgé de quinze ans, mais si frêle et si délicat, qu'on lui en eût à peine donné dix.

C'était le jeune garçon de la physionomie la plus heureuse et la plus spirituelle qui se puisse voir. Toutes les fois que Jean-Baptiste Poquelin regardait Corneille, il éprouvait une sorte de tressaillement involontaire, et ses grands yeux brillaient d'enthousiasme. Je le surpris, un jour, prêt à frapper à la porte du poëte. Seulement il hésitait, comme s'il avait eu peur.

— Eh! qu'as-tu donc, mon petit Jean-Baptiste? lui dis-je en m'avançant.

Il ne m'attendait pas là

Son front se couvrit de rougeur, et il voulut me cacher un cahier qu'il tenait sous le bras.

Le lui prenant aussitôt, je lus sur la première page ces mots écrits en coulée magnifique :

L'AMOUR MÉDECIN
Comédie en un acte et en prose.

— Quoi ! m'écriai-je, tu fais des comédies, Jean-Baptiste ?

— Oh ! je vous en conjure, murmura-t-il d'une voix tremblante, ne le dites pas à mon père, il me battrait !

— Lui, te battre pour un motif semblable !... Je voudrais voir cela, par exemple !... Entrons !

J'ouvris la porte de la chambre, et je dis à Corneille :

— Mon ami, je vous présente un confrère !

Il ne sut d'abord ce que je voulais dire. Jean-Baptiste se tenait devant lui, à le contempler avec extase. On voyait la poitrine du pauvre petit se soulever d'émotion ; ses yeux étincelaient de joie sous un voile de larmes. Corneille lui tendit la main.

Aussitôt l'enfant de la saisir avec transport et de la porter à ses lèvres.

— Oh ! merci ! merci ! s'écria-t-il : je suis heureux de baiser cette main qui a écrit de si beaux vers !

— Tu vas donc au théâtre, mon garçon ?

— Oui, grand-papa m'y mène quelquefois en cachette. J'ai vu jouer *Mélite*, *Clitandre* et *Médée*.

— Allons, c'est à merveille, lui dis-je ; maintenant lis-nous ta comédie.

Il obéit, et nous déclama sur un ton fort naturel une petite pièce assez amusante, que Corneille écouta d'un bout à l'autre avec un vif intérêt [1].

— Beaucoup d'inexpérience, murmura-t-il quand Jean-Baptiste eut achevé sa lecture, et comme se parlant à lui-

---

[1] Plus tard, je conseillai à Molière de retoucher cette pièce. Il la mit en trois actes, et la joua pour la première fois au Palais-Royal, en 1665.

(NOTE DE MADEMOISELLE DE LENCLOS.)

même; point de style encore... mais du comique, du vrai comique. Il faut faire étudier cet enfant.

— Oh! mon père ne voudra pas! dit avec tristesse notre jeune auteur.

— Pourquoi donc? demanda Corneille.

— Voilà deux ans que je le supplie de me mettre au collége; il refuse.

— Et sous quel prétexte, mon ami? demandai-je à mon tour.

— Sous prétexte que j'en sais déjà trop pour faire des pliants, des tabourets et des fauteuils.

Juste à la fin de cette phrase, nous entendîmes la voix de Poquelin. Il appelait son fils d'un ton furieux.

Courant à la porte, je dis au tapissier :

— Entrez, mon cher, entrez! Jean-Baptiste est avec nous.

— Ah! te voilà, vaurien! cria-t-il en lui montrant le poing.

— Trêve à votre colère, s'il vous plaît, et à vos injures! interrompis-je. Cet enfant a des dispositions merveilleuses.

— Pour la paresse, oui.

— Et pour autre chose encore. C'est l'avis de M. Corneille, c'est mon avis. Il faut mettre Jean-Baptiste aux études.

— Hein? s'écria-t-il en bondissant, pourquoi faire?

— Nous verrons plus tard. L'essentiel est qu'il entre au collége, et je le désire vivement.

— Impossible, mademoiselle, impossible!

— Non, Poquelin, car alors je ne le désire plus, je le veux!

— Ah! pardon, c'est mon fils!

— J'aime à le croire. Aussi êtes-vous libre, monsieur, de ne tenir compte ni de ma volonté ni de mon désir. Seulement, dans ce cas, vous n'aurez plus ni ma pratique ni celle de ceux qui viennent chez moi.

— Mais c'est la cour et la ville, mademoiselle!

— Comme vous le dites, Poquelin.

— Vous voulez me ruiner!

— Je veux que Jean-Baptiste fasse toutes ses classes.

— Oubliez-vous que cela coûte les yeux de la tête?
— Je me charge des frais de collège.
— Vous, mademoiselle?
— Oui, mon cher, vous n'aurez à vous occuper de rien.

Cette dernière considération parut l'émouvoir.

— Allons, soit, dit-il, je n'y mets plus d'obstacle. Somme toute, c'est un fainéant dont je n'aurais rien fait qui vaille. Il gâte mes meubles lorsqu'il y touche. Ma foi, j'aime autant qu'il étudie!

— Voilà qui est arrangé, Poquelin. Laissez chez moi cet enfant, et ne vous en inquiétez plus.

Dès le soir même, je donnai des ordres pour qu'on préparât le trousseau de mon protégé, puis j'allai rendre visite à la jeune duchesse de Longueville, que j'avais connue à l'hôtel Rambouillet. Je venais d'apprendre que son plus jeune frère, Armand de Bourbon, prince de Conti, allait être envoyé au collége de Clermont sous le célèbre professeur Gassendi, et je désirais que Jean-Baptiste partît avec la suite du prince.

Madame de Longueville fut charmante.

Après m'avoir écoutée de l'air le plus bienveillant et avec une grâce infinie, non-seulement elle m'accorda ma requête, mais elle me promit pour Jean-Baptiste l'amitié de son frère et les soins tout particuliers des précepteurs du prince.

Je renonce à exprimer les transports de reconnaissance de ce pauvre enfant, dont je réalisais d'un seul coup le rêve le plus cher. Il me mangeait les mains de caresses, il pleurait; il nous remerciait Corneille et moi avec un cœur si ému, que nous en étions nous-mêmes touchés jusqu'aux larmes.

Trois jours après, Jean-Baptiste me fit ses adieux en m'appelant sa belle protectrice, nom qu'il ne cessa de me donner jusqu'à la fin de ses jours.

IV.

C'était le quatrième voyage de Corneille à Paris.

Mais il connaissait à peine la ville, qui prenait chaque jour un accroissement prodigieux.

Toutes les prairies du clos Notre-Dame et du Palais se couvraient d'édifices, et l'on exécutait, au bout de quatre siècles, le grand dessein de Philippe-Auguste.

J'avais vu moi-même une ville tout entière se dresser comme par enchantement sur des terrains où, en l'année 1624, il n'y avait pas une cabane. On donna le nom de Nouvelle-France à cette cité, construite au milieu de la cité mère, et l'on y éleva une paroisse sous l'invocation de Notre-Dame de Bonne-Nouvelle.

Les rues de Cléry, du Mail, des Fossés-Montmartre et la rue Neuve-Saint-Eustache étaient livrées à la circulation.

Non loin de là, le faubourg Montmartre commençait à s'étendre; le mur d'enceinte était reculé sur toute la ligne.

Richelieu faisait bâtir un palais magnifique à la place de sa bicoque de la rue Saint-Honoré, et l'on perçait jusqu'au boulevard une rue qui portait le nom du ministre.

Je parcourus Paris dans tous les sens avec mon poëte, et je lui montrai ces développements de l'immense cité.

Il ne restait plus rien du Pré aux Clercs, sur lequel je m'étais promenée jadis avec Saint-Étienne.

Mon maître de philosophie et de langues vivantes logeait sur l'emplacement même du cabaret de la *Groce grape*, où j'avais accepté de déjeuner en compagnie du fils du traitant de Lyon.

Depuis un siècle mon cher épicurien n'était pas venu rue des Tournelles. Comme il se montrait habituellement fort assidu à mon école, je craignais qu'il ne fût tombé malade, et je priai Corneille de m'accompagner chez lui.

Jugez de ma surprise, en trouvant Des Yveteaux, qui avait alors au moins soixante-cinq ans, habillé en Céladon, une houlette à la main, la panetière au côté, et un chapeau de paille, doublé de taffetas rose, sur la tête. Il donnait des leçons de musette à une jeune bergère assise sur ses genoux. Je crus qu'il avait perdu l'esprit.

— Ah ! ah ! s'écria-t-il, ma chère Ninon, vous venez me surprendre au milieu de mes pastorales ! N'importe, soyez la bienvenue !

Cela dit, il salua Corneille, qu'il avait rencontré chez moi, et pria sa bergère de nous servir une collation de fruits et de laitage. Elle le fit promptement, et de la meilleure grâce. Nous eûmes bientôt devant nous un véritable festin champêtre.

— C'est du lait de mes brebis et de mes chèvres, nous dit gravement le philosophe en continuant son églogue ; vous pouvez, de cette fenêtre, les voir bondir et folâtrer sur nos pelouses fleuries.

J'allai regarder. Il y avait effectivement un troupeau nombreux de chèvres et de brebis dans son jardin.

— Ah çà, cher maître, fis-je en revenant, c'est donc un système ?

— Comme vous le dites, répliqua le vieux Céladon ; mais je dois vous apprendre dans quelle circonstance l'idée m'est venue de le mettre en pratique.

— Vous allez au-devant de notre curiosité... Merci !

— Un soir, commença Des Yveteaux, en rentrant chez moi, je trouvai cette petite évanouie dans le voisinage, et j'appelai mes gens pour la transporter ici et la secourir. Elle était jeune et belle. Remise de son évanouissement, elle voulut me témoigner sa reconnaissance en jouant de la harpe, car la pauvre enfant n'avait pas d'autre métier que de chanter en s'accompagnant, et gagnait à peine quelques liards à la porte des cabarets du faubourg. Je suis enthousiaste de la musique, et, ma foi, je lui proposai d'achever mes jours avec elle.

— Mais le système de pastorale, cher maître, je ne le vois pas venir ?

— Attendez, nous y arrivons ! J'ai toujours eu un goût dominant pour la retraite. Frappé des agréables descriptions de la vie champêtre que je trouvais dans Virgile et dans mes autres lectures, j'habillai ma compagne en bergère, puis je me décidai moi-même à jouer le rôle de Tircis.

Il donnait des leçons de musette à une jeune fille. *Page* 303.

— Et vous avez soixante-cinq ans! m'écriai-je.
— Pardon! soixante-dix, ne me rajeunissez pas!

Jeanne, c'était le nom de la pastourelle, devint très-rouge et parut médiocrement flattée de voir son admirateur accuser si franchement la date de sa naissance.

— Oui, j'ai soixante-dix ans, reprit Des Yveteaux; mais mon cœur est loin d'avoir cet âge, et nous menons une vie délicieuse.

Tantôt, mollement couché sur un tapis de verdure, j'écoute les sons divins que ma bergère tire de son instrument. Des oiseaux, attendris comme moi par la vive expression de cette harmonie, s'échappent de mes volières, accourent à nous, caressent la harpe de leurs ailes et s'enhardissent jusqu'à becqueter le sein de ma jolie musicienne. Ce petit manége de galanterie, auquel je les ai dressés, me cause un plaisir dont je ne me lasse pas. Enivré par tous les sens, je me sers alors de la flûte douce : j'y excellais dans ma jeunesse, et je réussis, je vous l'affirme, à en tirer encore quelques sons voluptueux.

— Mais c'est charmant! dis-je à Des Yvetaux. Vous êtes unique, cher maître.

— N'est-ce pas, ma belle élève? Les amusements du philosophe dans cette vie ne peuvent rien avoir de moins dangereux que de ne pas ressembler aux amusements de la multitude.

Corneille et moi nous trouvâmes qu'il avait raison.

Jusqu'à sa dernière heure, Des Yvetaux persista dans cette tendre mascarade. Bien plus, il mit alors en pratique ce passage où Socrate conseille aux gens de bien « d'imiter les cygnes, qui chantent en expirant, parce qu'ils pénètrent l'avantage qu'il y a dans la mort: *Providentes quid in morte bene sit, cum cantu moriuntur.* »

A la prière du moribond, Jeanne alla prendre sa harpe, et lui joua la sarabande qu'il avait toujours préférée, afin que son âme passât plus délicieusement de cette vie à l'autre.

Le lendemain de notre visite au philosophe, Corneille, qui ne connaissait que l'hôtel de Bourgogne, me proposa de visiter les autres spectacles de Paris. Nous allâmes d'abord chez Avenet, rue Michel-le-Comte, puis aux théâtres du Petit-Bourbon et de la rue Guénégaud.

On y donnait les marionnettes avec les ombres chinoises.

Restait Tabarin, le fameux bouffon du pont Neuf, dont les tréteaux étaient dressés du côté de la place Dauphine. Son affiche portait ces mots tracés en majestueux caractères :

« *Entrez, nobles et bourgeois! on joue céans farces amusantes, soties, dialogues, paradoxes et autres subtilités tabariniques !* »

Nous entrâmes donc.

Cela nous coûta trois sous, et nous fûmes aux premières places.

Mon poëte s'amusait comme un bienheureux à ces représentations burlesques. Je lui conseillais, en riant, de prendre des notes et de ne pas laisser échapper une aussi précieuse occasion d'étudier l'art dramatique.

En sortant de chez Tabarin, je demandai à Corneille s'il voulait assister à un procès curieux qu'on avait annoncé pour ce jour-là même. Sur sa réponse affirmative, nous prîmes la direction du Palais de Justice. Nous en étions à deux pas.

Malheureusement l'affaire se jugeait à huis clos.

Je désespérais de pouvoir forcer la consigne, lorsque j'aperçus M. le chancelier Séguier, dont je savais qu'on obtenait tout en l'appelant *Monseigneur*.

C'était l'homme le plus vain de la terre; on ne le voyait saluer personne, pas même un évêque.

Il avait fait joindre à ses armes certaine masse informe qui imitait le bâton de maréchal de France, et son carrosse était tout historié.

M. le chancelier Séguier m'avait sauvée tout récemment d'une méchante affaire par sa réponse au ministre, après mon duel avec Chaban. Il ne me connaissait pas; l'idée de me rendre service n'était pour rien dans la chose, et ce fut la seule fois de sa vie peut-être où il fit preuve de quelque bon sens.

Mille anecdotes ridicules couraient sur son compte[1].

La femme de ce plaisant personnage cultivait beaucoup plus que de raison la société des moines, et, la semaine précédente, aux Mathurins, le jour de la fête de saint Joseph, on avait habillé le saint de la robe et de la cravate du chancelier Séguier, allusion passablement impie et scandaleuse. Mais les moines s'en permettent bien d'autres.

[1] Il y a, entre autres, l'histoire de la cloche des Chartreux. (Voir les *Confessions de Marion Delorme*.) (NOTE DE L'ÉDITEUR.)

J'abordai l'illustre robin. Comme je l'avais prévu, le *Monseigneur* fit son effet. On leva pour nous le huis clos, et nous vîmes juger deux malheureux que l'amour avait conduits au crime.

Voici l'histoire en deux mots :

Tenosi, marchand provençal, obligé de partir pour le Levant, chargea de la surveillance de sa femme, très-jolie mais plus coquette encore, un gentilhomme de ses amis.

C'était une grande sottise.

Dans ce cas, l'époux prudent recommande à Dieu son honneur, mais n'en souffle mot aux hommes, qui sont de pitoyables gardiens de ces sortes de choses.

Enfin Tenosi part.

Le pauvre marchand n'était pas encore très-loin que l'ami devient idolâtre de la femme et que la femme se passionne pour l'ami.

Rien de plus ordinaire jusque-là.

Mais Tenosi, ayant arrangé ses affaires à Marseille, ne s'embarque point et revient surprendre nos amoureux à l'improviste, quand ils comptaient l'un et l'autre sur deux ou trois années d'absence.

Les voilà singulièrement désappointés. Ils se désolent, perdent la tête, avisent à un moyen de sauver leur bonheur; et n'en trouvent pas d'autre que d'empoisonner le pauvre homme, qui eût vraiment mieux fait d'aller en Chine.

On condamna les coupables à périr sur l'échafaud.

Le lendemain, la fatale charrette les conduisit à la Grève, où se passa la scène de jalousie la plus étrange, scène qui, je puis l'affirmer, ne se renouvellera pas de longtemps et dans une circonstance aussi critique.

Jamais le gentilhomme ne voulut souffrir que le bourreau coupât les cheveux de sa compagne. Il s'acquitta lui-même de cette lugubre fonction.

Puis, comme on se mettait en mesure de l'exécuter avant elle, il se débattit avec rage et repoussa son confesseur, qui lui prêchait la résignation.

— Corbleu! vous me la donnez belle, mon révérend! criat-il. Si l'on me coupe le cou d'abord et qu'elle vienne ensuite à être sauvée par un miracle, je connais des gens qui s'en arrangeraient trop bien après moi!... Non! non! qu'elle passe la première!

Il fallut qu'on cédât à son désir, et il se livra lui-même ensuite avec le plus grand calme aux mains de l'exécuteur.

Pendant nos courses dans Paris, les comédiens répétaient le *Cid*.

Bientôt on fixa le jour de la première représentation.

Toute la ville était en rumeur.

Le cardinal, furieux de voir le public s'intéresser à un homme qu'il avait pris en haine, prépara, pour faire tomber la pièce, une machination terrible.

Mais, rassemblant aussitôt les habitués de mon cercle, ennemis de Richelieu pour la plupart, je montai une cabale bien autrement puissante pour l'auteur. J'osai même aller chez Gaston, toujours antagoniste déclaré du ministre, et je l'endoctrinai si bien, qu'il décida le roi et la reine à assister à la représentation.

La présence de Leurs Majestés imposa silence à la cabale hostile, et la pièce se joua sans encombre.

Raconter ce qui eut lieu serait inutile: personne n'ignore que ce fut un triomphe. J'étais radieuse, et je disais, en embrassant tous mes amis:

— C'est pourtant moi qui vous ai donné Corneille!

Richelieu fut complétement battu.

Quelque temps après, il voulut prendre sa revanche, et fit critiquer le *Cid* en pleine séance académique par Georges de Scudéri, frère de Magdeleine, vil détracteur stipendié, qui reçut trois mille livres pour jeter sa bave sur le talent de Corneille.

Il y eut en même temps à l'Académie deux fauteuils vacants, et le ministre les donna sans vergogne à Bezons et à Virelade, êtres stupides au premier chef.

Mais le grand poëte avait assez de gloire. Les bravos du public le dédommageaient amplement de l'injustice du cardinal.

J'eus le courage de le renvoyer à Rouen travailler aux *Horaces* et à *Polyeucte*, dont il m'avait montré l'esquisse.

A cette époque, il y eut grande fête au Louvre. Un héritier du trône venait enfin de naître. Le roi s'était si tardivement décidé à être père, que l'on crut universellement à un miracle.

Je continuais à voir très-souvent Marion.

Seule, elle prétendait que cette naissance n'était pas l'ouvrage du ciel, mais bien celui de mademoiselle de Lafayette. Et, pour mieux me convaincre, elle me raconta une histoire si sublime de dévouement et d'abnégation, que je n'en crus pas une syllabe[1].

Je fus plutôt de l'avis de ceux qui pensaient qu'un Italien rusé s'appliquait à faire un assez joli chemin à la cour.

C'était *monsignor Julio Mazarini*.

Les uns affirment que ce personnage est né dans la cabane d'un bûcheron des Abruzzes; les autres le disent fils d'un banquier de Sicile qui, après avoir fait banqueroute à Mazare, se réfugia à Rome pour échapper au courroux de ses dupes.

Cette dernière origine est la plus probable.

Le fils du banqueroutier prit d'abord le parti des armes; mais l'état militaire n'était pas de son goût : il préféra l'autel, et fit plus rapidement fortune de ce côté.

Souple, adroit, dissimulé, fourbe, possédant à fond l'esprit d'intrigue et de manége, il intervint, on ne sait ni pourquoi ni comment, dans les questions politiques qui s'agitaient entre nous et l'Espagne, et réussit à faire conclure un traité tout en faveur de la France.

Par suite, il se lia avec Richelieu.

Envoyé à Paris comme nonce apostolique, il étudia la cour et jugea la situation du premier coup d'œil.

Voyant d'un côté Louis XIII, incapable, souffrant et chagrin,

---

[1] Voir les *Confessions de Marion Delorme*. (Note de l'Éditeur.)

avec son ministre attaqué d'un mal incurable, et, de l'autre, une reine jeune encore, dédaignée par son époux et par l'Éminence, mais pleine de rancune, de sève et d'ardeur, Mazarin se tourna sans balancer du côté d'Anne d'Autriche, et cela d'une façon si adroite, avec tant de ménagement, que personne ne s'en plaignit et ne devina son but.

Il avait, du reste, tout ce qu'il fallait pour plaire, même à une reine. Sa physionomie était belle, son air doux et majestueux.

Narrateur insinuant, agréable, il joignait à cela des manières polies et engageantes. En un mot, pour achever de le peindre, il excellait dans tout ce qui était détour, fourberie, finesse et ruse.

Comme récompense des services du père Joseph, Richelieu devait lui obtenir la dignité de cardinal; mais il avait laissé trépasser le malheureux capucin sans combler son vœu le plus cher. En revanche, il demandait alors cette dignité pour Mazarin.

On attendait le chapeau d'un jour à l'autre.

Sévigné m'amena ce curieux personnage, que j'examinai fort en détail. Je me flatte de l'avoir bien jugé.

Mazarin me fit un doigt de cour. Je lui dis en riant:

— Ah! monseigneur, si la reine le savait!

Il fut très-flatté de l'insinuation, et ne se défendit pas.

L'année suivante, les canons de Paris annoncèrent la naissance du duc d'Anjou, ce qui surprit bien du monde et prouva que jusqu'à ce moment on avait *calomnié* le roi.

Cependant Louis XIII et Anne d'Autriche vivaient de plus en plus mal ensemble, à tel point que le sombre monarque ne parlait jamais à sa femme, ou ne lui tenait que des discours déplaisants et cruels.

Ayant appris par des lettres d'Espagne que le cardinal infant venait de mourir d'une fièvre tierce, il dit brutalement à la reine au sortir de la messe:

— Votre frère est mort!

Elle aimait beaucoup l'infant. Cette atroce manière de lui annoncer une perte aussi douloureuse la fit tomber sans connaissance.

Par Mazarin nous étions au courant de toutes les nouvelles, et je prévoyais en lui le successeur de Richelieu.

C'était bien à cela qu'il visait lui-même.

A la suite de ce futur ministre affluèrent chez moi les gens de cour. M. de Cinq-Mars, favori de Louis XIII, beau jeune homme de dix-huit ans, plein de verve et de feu, aurait trouvé probablement place au nombre de mes *caprices;* mais il aimait mademoiselle Delorme, je ne voulus pas désobliger une amie.

L'honneur que je refusais à Cinq-Mars fut accordé à M. de Saucourt, homme très-brillant et très-recherché. Nombre de femmes en raffolaient; on se le disputait dans les ruelles.

Ce fut sur lui que Benserade fit ce quatrain :

> Contre ce fier démon, voyez-vous aujourd'hui
> Femme qui tienne?
> Et toutes cependant sont contentes de lui,
> Jusqu'à la sienne.

L'hiver était revenu, et avec l'hiver toute la vogue de mes réunions.

Mon pauvre Fourreau venait de mourir de la petite vérole. Il était remplacé par deux originaux aussi remarquables que lui dans la science de jeter l'or par la fenêtre. C'étaient les sieurs Coulon et Aubijoux.

Coulon, avocat au parlement, avait une femme un peu plus que galante; mais il prenait son parti très-philosophiquement à cet égard. Il s'écria un jour devant moi :

— Parbleu ! n'est-ce pas une chose étrange que je ne puisse réussir à être père, même avec le secours de mes amis?

Je ne traitais pas mieux ces deux payeurs l'un que l'autre; pourtant ils étaient d'une jalousie extrême et je craignais toujours qu'ils ne se rencontrassent chez moi. Coulon menaçait de tuer Aubijoux, et celui-ci ne parlait que de massacrer son

Nous courûmes à la croisée. (*Page* 314.)

rival. Décidément je ne pouvais pas laisser ensanglanter ma maison.

Un soir que j'avais la visite de l'avocat, Aubijoux arrive et trouve ma porte défendue.

— Ah! elle n'est donc pas seule? demanda-t-il au domestique.

— Si, vraiment, elle est seule.

— Et pourquoi ne puis-je entrer?

— Parce que... parce que mademoiselle joue de son instrument, dit Perrote, qui ne savait plus que répondre.

Ce mot fut recueilli par les rieurs, et Voiture publia le quatrain suivant:

> Elle a cinq instruments dont je suis amoureux,
> Les deux premiers ses mains, les deux autres ses yeux.
> Pour le dernier de tous, et cinquième qui reste,
> Il faut être galant et leste.

Gaston, qui m'avait rendu le service d'appuyer Corneille, ainsi que je l'ai mentionné plus haut, daigna me faire plusieurs visites et se familiarisa si bien avec moi, qu'il me pria de le recevoir à dîner avec plusieurs de ses amis.

— Mais, lui dis-je, nous sommes en carême, monseigneur!

— La belle raison! s'écria-t-il; n'en tenez pas compte au moins; et que le dîner n'aille pas se ressentir des prescriptions de l'Église!

Quand le premier prince du sang commande, il est assez difficile de lui refuser obéissance. Il arriva, le lendemain, avec MM. de Candale, de Mortemart, de Rochefort, Boisrobert et le colonel Wallon. J'avais engagé Marion Delorme et madame des Loges, une de nos amies intimes, à être du dîner, car j'aurais eu vraiment peur de rester seule avec tant de mauvais sujets.

On dînait dans mon petit salon, dont les croisées donnent sur le boulevard.

Tout à coup, entre le rôt et les fruits, Boisrobert, qui était le plus près de la fenêtre, s'écria :

— Eh! messieurs, l'abbé Dufaure qui passe!

C'était un vénérable doyen de Saint-Sulpice.

Aussitôt Gaston ouvre la fenêtre et trouve plaisant d'assaillir l'ecclésiastique avec les os de la volaille que nous venions de manger, de façon qu'il y eut double scandale pour le passant: scandale du procédé d'abord, puis du péché que nous venions de commettre.

Le doyen continua sa route, fort en colère contre nous.

Je renvoyai ces messieurs à neuf heures, comme c'était l'usage. Mais ils avaient trop follement commencé la soirée pour ne pas la terminer de même. Ils allèrent tous ensemble chez la Neveu, où le prince débuta par briser les meubles. Puis il envoya lui-même chercher le commissaire sous prétexte de tumulte.

Le magistrat arrive.

— Où est le perturbateur? demande-t-il d'un ton sévère.

La Neveu lui désigne Gaston, qu'il ne connaît pas.

— Bien! nous allons corriger ce godelureau. Vite en prison! s'écrie-t-il, et qu'on me suive sans résistance, ou je vous fais mettre les menottes, beau sire!

— Les menottes, qu'est-ce que cela? dit le prince, lui riant au nez.

— Ah! vous désirez l'apprendre? Il est aisé de vous satisfaire... Holà! mes hommes, holà!

Cinq archers accourent et se préparent à lier Gaston.

Mais les compagnons du prince, qui s'étaient tenus dans une chambre voisine, paraissent en ce moment. Tous l'appellent par son nom et lui prodiguent les témoignages du plus profond respect.

Aussitôt les archers reculent.

Quant au commissaire, il jette un cri, devient pâle comme la mort, et se prosterne aux genoux de celui qu'il menaçait du cachot.

— Ah! monseigneur, monseigneur! s'écrie-t-il, pardonnez-moi si j'ai voulu faire mon devoir.

— Je vous pardonne, répond gravement le frère de Louis XIII, ou du moins vous en serez quitte à bon marché.

Se tournant alors vers la Neveu, il lui ordonne d'appeler toutes les filles de la maison. Celles-ci entrent. Gaston les invite à monter sur une chaise, met un cierge entre les mains du magistrat et l'oblige à faire amende honorable aux pieds de chacune de ces dames, qui ne le regardaient pas en face.

Pour l'esclandre des os de volaille, on n'en vint pas à bout aussi facilement.

L'abbé Dufaure alla raconter à son supérieur l'insulte dont il avait été victime; le supérieur porta plainte au bailli, et de bouche en bouche on exagéra tellement la chose, que cela devint presque une affaire criminelle.

Tous les Jésuites de Paris tonnaient en chaire contre moi, appelant la vengeance du ciel sur mes scandales.

Je voyais rôder des hommes noirs autour de ma maison. Ils espionnaient mes démarches, excitaient mes voisins et mes domestiques à me nuire. Enfin, j'étais bonne à brûler.

Richelieu tenait évidemment le fil de tout cela.

Chaque jour, plutôt deux fois qu'une, le bailli venait me faire subir des interrogatoires très-sévères.

J'écrivis à Gaston une lettre assez dure, l'informant de ce qui avait lieu, et lui disant que je n'acceptais pas la responsabilité de ses folies.

Tout aussitôt il envoya Candale et Mortemart laver les oreilles au bailli, qui déchira la plainte et vint m'adresser de très-humbles excuses [1].

Ainsi se termina la grande persécution des Jésuites contre moi.

Le soir où j'avais eu le prince pour convive, et quelques minutes après son départ, Marion, qui s'était montrée chagrine et rêveuse pendant tout le festin, me confia que M. de Cinq-Mars était amoureux d'elle et lui proposait le mariage.

— Ah! quelle folie, ma chère! m'écriai-je, ne vous y laissez pas entraîner.

— Songez donc, me dit-elle, à la brillante perspective qu'offre au grand écuyer la faveur du roi. C'est une fortune immense qu'il me propose de partager avec lui.

— Mariez-vous alors!

— Hélas! il est si jeune! dit-elle.

— Oui, vous avez le double de son âge: ne vous mariez pas!

— Devenir marquise pourtant!

---

[1] Ces deux anecdotes peignent le siècle. (NOTE DE L'ÉDITEUR.)

— Mariez-vous !
— Mais s'il me trompe ?
— Ne vous mariez pas !

En un mot, je renouvelai la scène de Panurge. Cette pauvre amie était dans un grand embarras et me suppliait de lui donner un conseil sérieux.

— A votre place je refuserais, lui dis-je ; mais, puisque vous êtes ambitieuse, allez ! Il y a peut-être là quelque félicité que j'ignore.

V.

Seulement, je fis comprendre à Marion qu'avec un aussi jeune homme il fallait, pour rendre son affection durable, toutes les ressources de la coquetterie permise.

Elle suivit mon conseil, eut l'air de repousser d'abord les propositions de M. de Cinq-Mars, et ne céda qu'à la dernière extrémité.

Le difficile était de trouver un prêtre qui voulût les unir et qui ne donnât pas avis du mariage au cardinal.

Je connaissais le curé de Saint-Paul pour un homme crédule et fort simple.

Collet, surnommé l'*esprit de Montmartre*, fut employé par nous dans cette circonstance.

Il se rendit au presbytère et fit merveille avec sa ventriloquie. Le bon curé, s'imaginant qu'un ange lui parlait au nom du ciel, consentit à marier secrètement mademoiselle Delorme au favori de Louis XIII.

Bientôt, hélas! j'eus un regret très-vif d'avoir prêté les mains à cette affaire, d'où il ne résulta pour les époux que désespoir et malheur.

C'était Richelieu qui avait poussé le fils du maréchal d'Effiat à la fortune.

Le ministre continuait de s'occuper chaudement de Cinq-Mars et lui réservait une femme de son choix. Qu'on juge de sa colère, lorsqu'il apprit que le jeune homme venait de rendre inutiles tous ses projets sur lui!

Rompre le mariage n'était pas chose aisée.

Marion résistait à tous les ordres du ministre. Il y eut entre elle et Richelieu des luttes effrayantes. Le protégé rompit en visière au protecteur, et, de ce commencement de haine, le trajet fut court pour arriver à une conjuration fatale dont le dénoûment épouvanta le royaume.

Cinq-Mars fut exécuté à Lyon.

De Thou, noble martyr de l'amitié, partagea son sort.

Marion devint folle de douleur, et Gui Patin ne réussit à la guérir qu'en excitant chez elle au plus haut point la fièvre de la vengeance.

Elle osa, j'en frémis encore quand j'y songe, pénétrer dans la chambre où Richelieu mourant venait de recevoir les derniers secours de l'Église; elle lui reprocha ses crimes, son hypocrisie odieuse, et lui annonça les châtiments les plus terribles dans l'autre monde.

Au milieu de cette épouvantable scène, le ministre expira.

C'était le 4 décembre 1642.

Je n'observais pas moi-même bien scrupuleusement la pratique des maximes évangéliques; mais cette action d'aller tourmenter et maudire un homme à son lit de mort me parut dépasser toutes les bornes de la vengeance.

Gaston, dans cette malheureuse histoire du grand écuyer, joua le rôle d'un malhonnête homme et d'un lâche.

Sa fille, alors âgée de treize ans, fut la première à lui en manifester son indignation.

Elle donna, dès ce jour, la preuve du caractère plein de franchise et d'intrépidité qui devait la faire surnommer plus tard la *grande Mademoiselle*.

Si M. de Cinq-Mars avait consenti à traiter avec les Espagnols, c'était à l'instigation seule du frère du roi.

Gaston tenait entre ses mains l'original du traité fait avec Olivarès : il eut l'indignité de livrer cet acte à Laffemas, le plus fourbe des hommes, et trahit ses complices pour acheter sa grâce.

On n'a pas perdu le souvenir de la manière déloyale dont il avait jadis abandonné Chalais.

Le digne prince restait fidèle à sa nature.

Avant d'être élevé par le ministre au poste de procureur général, Laffemas faisait, dit-on, partie d'une troupe de comédiens, et beaucoup de personnes assuraient l'avoir vu les joues enfarinées.

Grâce à ses impitoyables réquisitoires, on pouvait le regarder comme le véritable bourreau du cardinal.

Je parodiais pour lui le mot de Cicéron, et je l'appelais : *vir bonus strangulandi peritus*.

Il reçut à ma paroisse un affront sanglant. Voici à quel propos.

Le chevalier le Jars, cœur honnête s'il en fut, et que l'injustice mettait hors de lui-même, avait été jeté à la Bastille deux ans auparavant. Il y était resté onze mois, parce que le ministre le soupçonnait de connaître des secrets communs entre Anne d'Autriche, madame de Chevreuse et le garde des sceaux Châteauneuf.

Chargé d'interroger le prisonnier dans son cachot, Laffemas refusa d'accueillir les preuves palpables qu'il lui donnait de son innocence; il ne cessa jusqu'au bout d'employer à son égard la menace et l'intimidation.

Sorti de la Bastille, le Jars entendait, un dimanche, la messe à Saint-Gervais.

Tout à coup il aperçut le procureur général qui s'approchait de la sainte table avec sa femme.

Pousser un cri de colère, s'élancer vers l'autel, arracher Laffemas des pieds du prêtre avant qu'il eût reçu la communion, tout cela fut pour lui l'affaire d'une seconde.

— Loin d'ici, cria-t-il, lâche hypocrite, sacrilége infâme! Et vous, mon père, continua le Jars en se tournant vers le prêtre, ignorez-vous donc à qui vous allez donner le corps de Notre-Seigneur? à un juge inique, à un autre Judas, à un misérable!

Accablé par ces terribles paroles, Laffemas jetait autour de lui des yeux hagards et cherchait quelqu'un qui lui vînt en aide.

— Va-t'en! va-t'en! continua le chevalier : ne souille plus le saint lieu de ton indigne présence!

Et, le saisissant au pourpoint, il le traîna le long de la nef et le jeta violemment à la porte de l'église.

Plus de quatre cents personnes assistèrent à cette audacieuse exécution; pas une seule ne prit la défense du bourreau de Richelieu.

Cependant la mort du cardinal apportait moins de changements à la cour qu'on aurait pu le croire.

Son maître le regrettait peu.

Depuis trop longtemps Louis XIII avait courbé le front sous le joug de cet homme pour ne pas ressentir quelque chose de la joie de l'esclave qui brise sa chaîne. Toutefois il ne fit aucune tentative pour se rapprocher d'Anne d'Autriche, envers laquelle il s'était montré constamment si injuste.

On affirme que, le jour de la naissance de Louis XIV, il s'en serait allé sans embrasser sa femme si les courtisans ne l'eussent averti de son étrange distraction.

Le Dauphin approchait alors de sa cinquième année.

Chaque fois qu'il voyait son père en bonnet de nuit, il poussait des cris affreux, et Louis XIII, tournant contre la reine ce caprice d'enfant, prétendait qu'elle s'arrangeait de manière à

Je me disais que Marsillac ne m'avait jamais aimée de la sorte. (*Page* 320.)

lui enlever l'affection du jeune prince.

Tant d'injustice du côté de l'époux avait fini par aigrir l'épouse.

Anne d'Autriche se forma bientôt une cour à part, et laissa le roi malade dans l'abandon le plus absolu.

Monsignor Julio Mazarini ne venait plus à mon cercle. Chaque jour voyait augmenter sa puissance. Le moment était venu de recueillir l'héritage du grand cardinal; le renard allait succéder au tigre.

Onze mois après le décès de son ministre, Louis XIII le rejoignit dans la tombe.

Le souvenir de sa mère, morte à Cologne dans un état voisin de l'indigence, empoisonna ses derniers jours. Il eut de cruels et tardifs remords, accusa Richelieu, qui l'avait rendu mauvais fils, demanda pardon à Dieu et aux hommes, et ordonna des prières par tout le royaume pour le repos de l'âme de Marie de Médicis.

Cette sorte de réparation publique de ses torts sembla le mettre en paix avec lui-même; il envisagea sa fin d'un œil calme.

Assis à l'une des fenêtres du château de Saint-Germain, il montrait la route de Saint-Denis, par laquelle on devait mener son cercueil, et faisait remarquer un passage assez difficile, recommandant de ne point y laisser embourber le chariot.

Il poussa plus loin encore la philosophie chrétienne.

Comme il s'était beaucoup occupé de plain-chant pendant sa vie, il composa lui-même un *De profundis* destiné à être chanté dans sa chambre aussitôt qu'il aurait rendu le dernier soupir.

Louis XIII, ne voulant pas léguer l'autorité à une femme qu'il n'aimait pas et à un frère qu'il méprisait, lut en grande pompe, à Saint-Germain, un testament par lequel il instituait un conseil de régence.

Mazarin se trouvait en tête de la liste. La reine crut un instant qu'il la trahissait.

Mais c'était le premier tour de fourberie de l'homme qui devait en exécuter tant d'autres.

Le roi mort, il souleva une opposition violente contre les dispositions testamentaires qu'il avait en quelque sorte dictées lui-même. Il les fit casser par le parlement. Anne d'Autriche eut la régence, et lui fut nommé premier ministre.

Revenons au récit de mes aventures, car pour moi la politique est une chose très-secondaire : je ne parle de certains événements que pour y rattacher les fils de mon histoire.

J'ai promis d'être franche ; je tiendrai parole, dussent mes aveux me faire accuser de manque de caractère et d'inconstance.

On sait que j'avais juré de ne plus aimer sérieusement.

Chez moi, c'était un parti pris, un système arrêté, une doctrine dont je me faisais l'apôtre, en faveur de laquelle je soutenais de vives discussions et qui m'avait amené de nombreux disciples.

Comme le disait Saint-Évremond, j'étais, en cela, chef de secte.

Eh bien, arriva le jour où tout à coup, sans préliminaires, sans lutte, sans combat, mon cœur, que j'avais cru si à l'épreuve de l'amour, s'y laissa prendre comme celui d'une novice de quinze ans.

Depuis que j'avais lié connaissance avec madame de Longueville, elle daignait me prendre en affection. Je lui rendais largement l'amitié dont elle me prodiguait les marques.

Il était difficile de rencontrer une personne mieux pourvue de dons aimables et plus remplie de mérite et de charmes ; non qu'elle fût régulièrement belle, son visage portait des traces très-visibles de petite vérole ; mais elle avait ce je ne sais quoi qui séduit beaucoup plus que les attraits irréprochables.

Son regard doux et languissant, sa voix mélodieuse et tendre, son sourire plein de bonté, tout contribuait à lui attirer les cœurs.

Ses manières étaient empreintes d'une nonchalance adorable qui, presque toujours, lorsqu'elle sollicitait une grâce, la lui faisait accorder mieux et plus vite que les instances des autres.

En un mot, c'était un ange.

Madame de Longueville ne respira que pour l'amour.

La politique, dont cependant elle s'occupa beaucoup, n'arriva jamais chez elle qu'en seconde ligne.

Bientôt elle me choisit pour confidente, car elle avait dans l'âme une passion profonde, et l'objet de cette passion était le prince de Marsillac, auquel je ne restais plus attachée depuis longtemps que par les nœuds d'une amitié sincère.

Je l'affirme devant Dieu, jamais on ne vit d'aussi chastes et d'aussi vertueuses amours.

Mariée à un vieillard, la jeune duchesse était dans une situation à laisser facilement égarer son cœur.

D'un autre côté, rien de plus facile à comprendre que le vif attachement de Marsillac pour une femme douée de qualités précieuses, de séductions irrésistibles. Le pauvre prince en perdait le sommeil, je le voyais dessécher à vue d'œil.

Ils ne pouvaient se parler qu'à de très-rares intervalles.

Sans cesse on rencontrait le noble héritier des la Rochefoucauld rôdant aux environs de l'hôtel de Longueville, trop heureux quand il réussissait à entrevoir la bien-aimée à sa fenêtre.

Presque toujours la duchesse restait enfermée dans ses appartements.

Le chagrin les saisissait l'un et l'autre, et je voyais l'amante dépérir à son tour.

Je dis à Marsillac :

— Mon ami, le désespoir et les pleurs n'aboutissent à rien. Raisonnons un peu, s'il vous plaît. Des obstacles se dressent sur votre route ; il y a des chaînes indissolubles, une position à respecter, de hautes convenances dont il ne vous est pas permis de transgresser les lois. Eh ! mon Dieu, si le bonheur complet n'est pas possible, jouissez au moins de celui que vous pouvez prendre. Invitez la duchesse à se montrer au Louvre, dans les fêtes, aux églises, partout enfin où l'on peut se rencontrer, se voir, se parler des yeux et du sourire.

Il trouva que j'étais de très-bon conseil.

Aussitôt il écrivit les deux lignes suivantes, que je fus chargée de remettre, le soir même, à madame de Longueville :

« Montrez-vous, soyez belle, et que du moins je vous admire ! »

Ah ! lorsque l'amour nous communique ses élans et sa puissance, que nous sommes fortes contre nous-mêmes et courageuses avec les autres! Je n'hésite pas à attribuer au billet de Marsillac la transformation qui s'opéra chez la jeune femme.

Cette transformation décida de son avenir.

Naturellement timide et portée à la retraite, elle s'enhardit, affronta les hasards du monde, ouvrit sa maison, donna des fêtes, alla s'asseoir sur son tabouret de duchesse, prit part aux intrigues de cour et devint sans contredit la femme la plus brillante et la plus à la mode.

Tout ceci se passait peu de temps avant la mort du roi.

Madame de Longueville obtint pour son mari une des premières places au conseil de régence, et fit donner à Louis de Condé, son frère, duc d'Enghien, à peine âgé de vingt-deux ans, le commandement d'une armée, chose sans exemple dans l'histoire.

Il est vrai que le jeune duc avait déjà déployé de vastes capacités militaires et jouissait de la plus belle réputation de courage.

Nos deux amants se voyaient presque tous les jours, tantôt dans un lieu, tantôt dans un autre.

Je me souviens que nous allâmes deux mois de suite à la messe aux Feuillants en traversant le jardin des Tuileries, parce que François se trouvait là plus en secret sur notre passage. Ils échangeaient quelques mots, ils pouvaient se presser la main; c'étaient des transports de joie, des ivresses ineffables.

Marsillac habitait le troisième ciel.

Il n'avait plus la tête à lui et parlait de son amour à tout le monde, même à Boisrobert, le plus grand indiscret de Paris et du royaume.

Non content de recevoir les confidences du prince, l'ancien bouffon, privé de ses honoraires, le ruinait encore par des emprunts réitérés.

Je tançai vertement François, et je lui dis :

— Vous êtes fou, mon cher! Si vous continuez de prêter au prodigue et de vous confier au bavard, ne soyez pas surpris de retrouver votre secret partout, mais sans votre argent.

Il fut sensible au reproche, brida sa langue et ferma sa bourse.

Les amours du prince avec madame de Longueville me causaient une impression singulière. Il me semblait que je m'étais trompée de route, et que le véritable bonheur résidait dans ces douces et saintes affections dégagées des sens. Il se joignait même à cela comme un brin de jalousie.

Je me disais que Marsillac ne m'avait jamais aimée de la sorte.

En un mot, j'étais dans une disposition d'esprit telle, que je ne me reconnaissais plus moi-même.

Dans l'intervalle, on apprit que le duc d'Enghien venait de remporter à Rocroy, sur les Espagnols, la victoire la plus éclatante. Ce fut un enivrement général. On criait au prodige.

Madame de Longueville était triomphante.

Sa joie, ce jour-là, fut si vive, que, lors du *Te Deum* chanté à Notre-Dame, elle prit le pas sur mademoiselle de Montpensier. Très-orgueilleuse de ses priviléges, la fille de Gaston lui adressa je ne sais quelle phrase piquante, et dit qu'elle se vengerait.

Cette menace fit beaucoup rire la duchesse. Elle me raconta l'anecdote au retour de l'église.

On attendait le jeune héros à la fin du mois.

Je ne le connaissais pas; mais le concert de louanges qui retentissait à mes oreilles ne pouvait me disposer défavorablement pour lui.

Bientôt il nous arriva tout radieux.

La cour le reçut en grande pompe et avec des honneurs extraordinaires. Caressé de la reine, caressé du ministre, caressé de tout le monde, il ne savait auquel entendre.

J'éprouvai à l'aspect de ce jeune homme un trouble inexplicable.

Sa voix me faisait tressaillir, je rougissais devant lui, un de ses regards me rendait tremblante.

Devais-je attribuer ce changement inouï, cette timidité soudaine à l'atmosphère d'amour pur dans lequel je vivais depuis quelque temps? Je crois que cela dut y être pour beaucoup.

Louis de Condé était d'une taille moyenne. Son visage respirait le génie; ses yeux avaient un regard d'aigle et lançaient des éclairs.

Me voyant dans les bonnes grâces de sa sœur, il se montra lui-même très-empressé à me plaire.

Mais, lorsqu'il m'adressait la parole, je sentais mon cœur battre avec une telle force, qu'il dut avoir une idée bien médiocre de mon esprit.

Pour échapper à ce tourment inconnu jusqu'à ce jour et à une situation qui devenait de plus en plus étrange et embarrassante, je cessai tout à coup de rendre visite à madame de Longueville.

On m'envoya messages sur messages.

Bientôt le jeune prince lui-même accourut, et m'adressa, de la part de sa sœur et de la sienne, les reproches les plus vifs sur mon absence.

A l'entendre, la duchesse ne pouvait se passer de moi.

Il me disait cela de manière à me laisser voir qu'il ne pouvait plus s'en passer lui-même; il soupirait et faisait des réticences très-intelligibles. Mais je n'osais l'enhardir à se prononcer davantage. Il me semblait que le grand vainqueur de cette redoutable infanterie espagnole pouvait, sans beaucoup de risque, attaquer une pauvre femme qui tremblait devant lui.

Enfin, à trois jours de là, Louis de Condé tombait à mes genoux et m'avouait son amour.

Je crus que j'allais m'évanouir de saisissement. Jamais ivresse plus délicieuse ne m'inonda le cœur, et, ma foi, quand la tête tourne à une femme, c'est à elle de s'en tirer le moins mal possible.

En amour, la raison serait une monnaie excellente si elle

pouvait entrer dans le commerce.

Aujourd'hui, bien des années chargent mon front, et pourtant je n'ai rien perdu de ces souvenirs. Je vois encore Louis à mes pieds, j'entends ses tendres discours. Je n'ai pas même oublié son costume.

Il portait un manteau de velours amarante, un pourpoint de satin blanc, avec une petite oie couleur de feu et une écharpe bleue à l'allemande sous un justaucorps sans boutons.

Un roi n'aurait pas eu l'air plus noble que lui.

Je fermai ma maison de la rue des Tournelles, et nous allâmes passer environ six semaines au Petit-Chantilly, retraite délicieuse où j'oubliai le reste du monde.

Il ne fallut rien moins qu'une lettre de la reine pour décider le prince à reparaître au Louvre.

Émery, toujours surintendant des finances, créait des embarras comme à plaisir. Ne sachant plus quel moyen prendre pour augmenter l'impôt, déjà porté à l'extrême, il s'avisa de faire revivre les ordonnances du *toisé*, tombées en désuétude depuis un siècle.

Il s'agissait de mesurer toutes les maisons en hauteur et en largeur, et de les taxer à tant par toise.

Là-dessus, grande rumeur dans le peuple.

Il y eut une émeute près du palais; les mutins battirent la caisse, plantèrent, en guise de drapeau, un mouchoir au bout d'une perche, et parcoururent les rues en réclamant les lois et la liberté.

Anne d'Autriche et Mazarin revinrent tout exprès de Ruel pour apaiser la révolte.

Ils désiraient avoir l'avis du vainqueur de Rocroy. D'Enghien conseilla de donner satisfaction au peuple. Sans doute on lui témoignait, en le consultant, une grande condescendance; mais encore fallait-il un peu tenir compte de son opinion, ce que ne fit point Mazarin.

Le ministre approuva la conduite du surintendant, réprima l'émeute par la force, et les employés des gabelles se mirent

Demain nous livrons bataille, me dit le prince. *Page 332.*

partout à réclamer l'impôt et à vendre les meubles de ceux qui ne le payaient pas.

On n'entendait, d'un bout de la ville à l'autre, que les cris de désespoir de pauvres gens ruinés qui appelaient la mort.

J'allai me promener avec d'Enghien au faubourg Saint-Antoine.

Nous fûmes scandalisés de la manière impitoyable dont les hommes d'Émery traitaient les sujets du roi. Voyant un de ces publicains battre une malheureuse femme qui voulait retenir le berceau de son enfant, Louis, furieux, mit l'épée à la main et blessa le gabeleur.

Les autres commis voulurent l'arrêter.

Mais le duc se nomma, et le peuple nous reconduisit en triomphe rue des Tournelles.

Anne d'Autriche fut très-irritée de cet acte du prince. Mazarin voulut essayer d'une réprimande, d'Enghien le remit à sa place.

Déjà mécontents de ce premier acte d'insubordination, le ministre et la reine devaient avoir bientôt un autre sujet de plainte.

A quelque temps de là, Gaston donna un bal au Luxembourg, et le duc décida qu'il m'y conduirait en compagnie de sa sœur. Malheureusement la petite duchesse de Montpensier n'avait pas oublié sa querelle avec madame de Longueville à l'occasion du *Te Deum*. Ce fut à cette fête-là même que la fille de Gaston se promit d'exercer ce qu'elle appelait sa vengeance.

Lorsque le duc d'Enghien venait au Luxembourg, il montait aux appartements par un escalier peu fréquenté.

Mademoiselle connaissait ses habitudes.

Elle poste un exempt à ce passage et lui enjoint de la façon la plus expresse de ne laisser entrer personne. A peine la consigne est-elle donnée, que le duc se présente avec nous.

— On ne passe pas! crie l'exempt, qui se met en travers de la porte.

— Hein! que signifie cette sottise? dit le duc : est-ce que tu ne me reconnais pas, imbécile?

— Pardonnez-moi, monseigneur; mais je ne puis vous laisser entrer.

— Sur mon âme, le maraud persiste! cria le bouillant jeune homme. Attends, attends; je vais te faire voir que j'entre partout!

A ces mots, il arrache le bâton des mains de l'exempt, le lui casse sur la tête, lui en jette les morceaux au visage, nous fait pénétrer dans la salle de danse et ordonne aux violons de jouer.

Mademoiselle crie au scandale, à la violence.

Gaston accourt et fait appeler le capitaine de ses gardes. D'Enghien tire l'épée, jurant qu'il tuera tout et brûlera le Luxembourg.

Enfin, si je n'étais intervenue, en expliquant à l'oreille de Monsieur l'origine du débat, une petite fille, intrépide dans ses rancunes, aurait fait battre ensemble, au milieu d'un bal, les deux premiers princes du sang.

Cette aventure, où Gaston et Mademoiselle firent autant que possible leur cause bonne, accrut encore la brouille entre le Palais-Royal et d'Enghien.

Pourtant on ne tarda pas à revenir à lui, car l'Autriche reprenait les armes.

Bientôt mon noble amant dut se préparer à ouvrir la campagne. A la veille de me quitter, il m'exprima les regrets les plus vifs et se montra presque scandalisé de voir que je ne semblais les partager que d'une façon médiocre.

Je répondis à ses plaintes en affectant plus de stoïcisme encore.

— Serais-je donc, m'écriai-je, la digne maîtresse d'un héros, si j'essayais de l'efféminer et de l'empêcher de voler aux combats?

Il ne voulut pas comprendre mon rôle de Lacédémonienne, et mêla à ses adieux des reproches amers sur mon indifférence.

Mais je ne lui causais un chagrin passager que pour lui donner ensuite une joie plus vive.

Le jour où, tous ses équipages étant prêts, il se mit en route pour aller rejoindre Turenne sur les bords du Rhin, il aperçut un jeune officier, monté sur un cheval normand magnifique, et dans un équipage militaire très-convenable, qui vint lui demander permission de se joindre à sa suite et de faire une campagne sous ses ordres.

— Comment, c'est toi!... c'est toi!... cria-t-il en poussant un cri d'ivresse.

Je lui recommandai tout bas la prudence.

— Prenons garde, mon ami, lui dis-je : si l'on ne me croit pas réellement un homme, il n'y aura plus de mystère, et, par conséquent, plus de plaisir.

— Tu as raison. Quelle ravissante et douce surprise! Voilà donc pourquoi tu étais si tranquille au moment des adieux...

— A quoi bon pleurer, puisque j'allais te rejoindre?

Il se jeta à mon cou.

— Eh! tant pis! cria-t-il, je suis trop joyeux! Femme ou homme, peu m'importe... On croira ce qu'on voudra!

Nous voyagions côte à côte, un jour à cheval, le lendemain en carrosse. Bientôt nous atteignîmes la frontière du grand-duché de Bade, où était l'armée.

Turenne me reconnut et garda le secret de mon déguisement.

Je renonce à peindre l'accueil plein d'enthousiasme que le vainqueur de Rocroy reçut des soldats. C'étaient des cris d'allégresse, des transports inouïs, des chants de triomphe. Il passa la revue des troupes, puis il donna l'ordre de se diriger vers Fribourg, où l'on avait signalé l'approche de l'armée ennemie.

— Demain nous livrons bataille, me dit le prince en revenant avec moi d'une reconnaissance poussée jusqu'aux avant-postes du camp des Impériaux.

— Soit, lui dis-je.

— Comment! cela ne te cause pas plus d'émotion? murmura-t-il tout surpris.

— Pourquoi donc? Auprès de toi, je n'ai pas la moindre crainte. Nous nous battrons.

— Y songes-tu? s'écria d'Enghien : tu oserais affronter le péril?

— A tes côtés, pourquoi pas?

Il était dans le ravissement.

On a fait un mérite à Alexandre d'avoir très-bien dormi la veille de la bataille d'Issus. Louis de Condé dormit fort peu, et par cela même je le crois plus grand qu'Alexandre.

Au point du jour, l'armée se rangeait en bataille dans une plaine immense.

En vain le duc et Turenne m'exhortèrent à demeurer sous les tentes, je voulus suivre mon amant.

Qu'il était beau! qu'il était sublime!

Il me semble le voir encore galoper devant les pesants escadrons et donner des ordres rapides. Son panache flottait au vent; son noble coursier bondissait aux éclats de la trompette guerrière.

Soudain le premier coup de canon résonne, les lignes s'ébranlent, et le choc des deux armées a lieu.

Je n'eus pas même un frisson, je ne me sentis point pâlir. A cheval aux côtés du prince, je chargeais, à son exemple, sans peur et sans trouble, comme si l'ange des batailles nous eût couverts de ses ailes, et comme si les boulets ennemis eussent dû reculer devant nous.

Les Allemands, au bout d'une demi-heure de combat, commencent à plier. Une ouverture se forme dans leurs rangs : Louis s'y précipite, je m'élance après lui.

Ni la fumée de la poudre, ni le fracas des bombes, ni la vue du sang, ni le cri des blessés, ne me causent la moindre impression. Je n'admire que mon héros. Il ressemble au dieu de la guerre et frappe autour de lui des coups terribles.

Bientôt nous nous trouvons maîtres du champ de bataille. Toutes les fanfares de l'armée sonnent la victoire.

— Jeanne d'Arc, me dit Condé, n'était pas plus belle et plus courageuse que toi!

VI.

Le lendemain, nous nous présentâmes aux portes de Fribourg, dont les magistrats nous apportèrent les clefs sur un plat d'or.

Nous étions dans l'ivresse du triomphe, quand tout à coup une triste nouvelle nous arriva par un courrier : le vieux prince de Condé venait de tomber dangereusement malade.

Impossible à son fils de quitter le commandement des troupes.

— Va, me dit-il, ma bonne Ninon, va consoler ma sœur! Qu'elle me remplace auprès du lit de souffrance de mon père, en redoublant de soins et de tendresse. Puisse le ciel exaucer mes vœux et ne pas rappeler de sitôt encore le chef de notre famille!

Je dus partir.

En arrivant, je trouvai le vieux duc dans un état moins dangereux que celui dont le message nous avait fait la peinture. Une crise favorable s'était opérée. Comme, du reste, il ne dépassait pas la soixantaine, la nature en lui possédait encore assez de ressources contre la maladie, et les médecins répondaient de sa guérison.

J'écrivis ces bonnes nouvelles à mon jeune capitaine, en lui demandant d'aller le rejoindre; mais il me répondit que bientôt il espérait revenir.

En l'attendant, je rouvris mon cercle. Tous mes amis accoururent me faire des reproches de l'abandon où je ne craignais pas de les laisser.

Descendant au fond de moi-même, je reconnus que j'étais un peu guérie, je ne dis pas de mon amour, mais de la singulière impression qu'il avait faite sur moi.

Aujourd'hui l'expérience me prouve que c'était un fort mauvais signe : lorsqu'on ne s'occupe plus exclusivement de l'objet aimé, c'est que la passion décroît.

On peut dire de l'amour qu'il ne subsiste qu'à l'extrême : aimer moins, c'est ne plus aimer.

Je me liai fort étroitement, à cette époque, avec deux personnes très-capables de me ramener plus vite encore à la dissipation et à la folie. La première était madame de Chevreuse, revenue de l'exil, et que M. l'abbé de Retz affichait publiquement.

Gondi, que j'avais perdu de vue depuis seize bonnes années au moins, conservait le même caractère, ce qui n'est pas absolument faire son éloge.

Étourdi comme par le passé, taquin, présomptueux, hâbleur, il joignait un défaut de plus à ses anciens défauts : c'était une ambition effrénée et voisine de la rage. Il jurait d'attraper le chapeau de cardinal, n'importe à quel prix et par quel moyen.

Ma seconde amie intime était madame de la Sablière, une des colomnes de l'hôtel Rambouillet.

Très-savante en mathématiques, mais plus savante en amour, elle ne cachait pas ses affaires de cœur et professait mon système d'un bout à l'autre, sans avoir été mon élève.

Un de ses parents, grave magistrat, la moralisant un jour, lui disait :

— Quoi, madame, toujours des amants! toujours des intrigues! Cela n'est pas raisonnable. Voyez les bêtes, elles n'ont du moins qu'une saison...

— Ah! mon oncle, c'est que ce sont des bêtes! interrompit ma gentille mathématicienne.

Cependant elle se modéra dans l'intérêt de ses études, qu'elle poussait réellement à un fort haut degré. Ses adorateurs furent sacrifiés plus d'une fois à un calcul géométrique ou à la solution d'un problème d'Euclide.

Elle me racontait ses querelles avec eux, et je rêvais toujours à quelque moyen de la tirer d'embarras.

Voici une des lettres que je lui écrivis à cet égard. Je la donne pour ce qu'elle vaut.

« Chère comtesse, l'amour exigeant et passionné du chevalier vous rend, si l'on vous en croit, la plus malheureuse des femmes. J'ai fait part de votre malheur à Saint-Évremond, qui me conseille de vous raconter l'anecdote suivante.

« Vous connaissez la petite Julie, de l'hôtel de Bourgogne? Il y a dans cette tête folle un germe de philosophie très-précieux. Le comte d'Embrun lui fit, le mois dernier, une fortune au delà de ses espérances : pension raisonnable, appartement honnête, nippes étoffées. En un mot, la demoiselle se trouvait au mieux, lorsque tout à coup le commandeur de Morcerf troubla cette félicité en offrant le double de la pension, des bijoux de prix, un équipage, que sais-je?

« Le cas devenait embarrassant.

« Il répugnait à Julie de perdre le fruit des bienfaits du comte; mais, d'un autre côté, n'était-il pas bien dur de repousser les offres du commandeur?

« Apprenez comment elle s'est tirée d'un pas aussi difficile.

— Votre personne me plaît, a-t-elle dit au dernier venu ; mais j'ai des engagements avec le comte. Je serais au désespoir de lui manquer de parole, car je ne veux point qu'il ait à se plaindre. Un seul moyen se présente de concilier la bienséance avec l'intérêt de mon cœur : c'est de me donner quinze jours, et je suis certaine alors d'être en mesure d'accepter vos offres. Je vais exiger de lui qu'il vienne passer ce temps à sa terre avec moi, et qu'il y vienne seul, afin que nous soyons sans cesse en tête-à-tête. Là, je lui dirai si souvent que je l'aime, je le lui dirai si longtemps de la même manière, j'exigerai de lui tant de passion, que bientôt je lui serai aussi insipide que je lui parais aimable en ce moment. Jusqu'ici j'ai eu des caprices, de l'humeur, je l'ai brusqué, désolé : avec cette recette, je le rendais amoureux fou. Pendant notre quinzaine, au contraire, je serai d'une égalité, d'une douceur, d'une complaisance à lui faire perdre l'esprit. Enfin, je veux le réduire à se croire trop heureux de me laisser, pour prix de mes vertus, ce qu'il m'a donné pour un autre usage. Alors, mon cher commandeur, je serai toute à vous.

Rien n'était au-dessus de la beauté de madame de Montbazon. (Page 339.)

« L'épreuve est en cours d'exécution. Que pensez-vous de ce moyen, chère comtesse? »

Elle me répondit qu'elle avait la poitrine trop délicate pour le mettre en œuvre, et que, d'ailleurs, elle était en train de pleurer son cousin Bellegarde, qui venait de mourir.

M. le duc de Bellegarde, dont le nom a été prononcé au commencement de ces *Mémoires*, était un fort galant homme, qui sentait son Henri IV d'une lieue.

Je l'avais vu très-souvent chez mademoiselle Delorme, où il nous racontait les fredaines du bon roi et les siennes.

Henri lui avait soufflé Gabrielle.

Bellegarde, ne pouvant s'attaquer d'une façon directe à celui qu'il appelait son *excellent maître*, fit tomber sa rancune sur l'un des premiers magistrats du parlement, lequel, au retour d'un voyage qu'il fit en Angleterre, fut très-surpris de se trouver un héritier, qu'une grosse nourrice normande allaitait fort tranquillement dans la maison.

— Hé! ma femme, s'écria-t-il, qu'est-ce donc que ce marmot, s'il vous plaît?

— C'est votre fils, lui répondit la présidente.

L'époux tomba de son haut et balbutia :

— Mais vous savez bien, ma mie, que nous n'avons point d'enfant et que nous ne pouvons pas en avoir !

Il disait vrai.

Tous les plus savants médecins l'avaient condamné là-dessus en dernier ressort.

— Qu'est-ce à dire? cria la présidente : oseriez-vous affirmer qu'un enfant qui est mien ne soit pas vôtre?

— Là! là! point de bruit, ma femme, dit le pauvre homme, qui avait ses raisons pour ne pas trop lui chercher querelle : passe pour celui-ci, mais qu'il n'en vienne plus d'autre !

Madame le promit.

Bellegarde, toujours fort assidu à la maison, pensa qu'il s'était assez vengé d'Henri IV et fit donner au magistrat le grand cordon de l'ordre de Saint-Michel. M. le président le porte encore aujourd'hui avec beaucoup de fierté.

Cependant le duc d'Enghien et Turenne continuaient de gagner des batailles. Paris avait repris du calme et tout annonçait à la régence un cours glorieux et prospère.

Anne d'Autriche faisait agrandir le Louvre.

On le décorait avec une magnificence dont Marie de Médicis n'avait pas même eu l'idée en construisant le palais du Luxembourg.

Du côté du midi, on ajoutait aux appartements de la régente l'aile immense élevée à trois reprises différentes par Henri II, Charles IX et Henri IV.

Les bains étaient enrichis des marbres les plus rares, de bronzes et de peintures. Grimaldi ornait de ses paysages la petite galerie de communication. Romanelli peignait les salles qui ouvrent sur la Seine, et Poussin terminait les fresques de la grande galerie.

Partout on ne voyait que bals, que fêtes, que réjouissances.

La seule loi, la seule religion, semblait être le plaisir, et ces dames de la cour avaient moins de retenue que jamais, grâce à Mazarin, qui les excitait de son mieux, afin de les détourner de toute préoccupation politique.

Comme il n'y avait pas d'affaires sérieuses, les choses les plus ordinaires occasionnaient de graves débats. Ainsi la cour entière fut en émoi à propos des deux lettres perdues et trouvées chez madame de Montbazon.

C'était la belle-mère de madame de Chevreuse.

Elle s'appelait de son nom de fille Marie d'Avangour. Ce vieux fou d'Hercule de Rohan, qui l'avait épousée en secondes noces, à un âge où il eût beaucoup mieux fait de s'occuper du salut de son âme, lui donnait le nom de *Vénus terrestre*.

La dame ne se gênait pas pour le traiter en Vulcain.

Rien n'était effectivement au-dessus de la beauté de madame de Montbazon, si ce n'est son impudence[1]. Elle affichait le scandale, se vantait de ses intrigues, et n'avait pas de plus grand bonheur que de publier en même temps celles des autres.

Trouvant dans son salon les deux lettres dont j'ai parlé plus haut, elle assure qu'elles viennent de tomber de la poche de Coligny et qu'elles sont de l'écriture de madame de Longueville.

[1] Retz s'accorde avec mademoiselle de Lenclos, et dit dans ses *Mémoires*. « Je n'ai jamais vu personne qui ait montré dans le vice moins de respect pour la vertu. » (NOTE DE L'ÉDITEUR.)

Voilà notre pauvre duchesse tout en larmes.

C'est une calomnie sans doute, mais une calomnie à laquelle Marsillac peut ajouter foi.

La princesse de Condé s'indigne, prend chaudement fait et cause pour sa fille, court chez la reine, et sollicite une satisfaction qu'Anne d'Autriche accorde à l'instant même.

Des arbitres sont nommés pour rédiger l'excuse, dont on passe au moins une semaine à discuter les termes. Enfin tout est accepté de part et d'autre, et l'on écrit la formule sur un petit papier que madame de Montbazon doit attacher à son éventail.

On se rend chez la reine.

Il y a foule comme aux grandes réceptions; les curieux encombrent la galerie, et madame de Longueville, assise sur un tabouret aux côtés d'Anne d'Autriche, attend que son ennemie vienne lui faire amende honorable.

Mais c'était bien mal connaître madame de Montbazon que de s'imaginer qu'elle ne trouverait pas matière à une nouvelle offense dans l'acte même auquel on la forçait.

Elle arrive, l'œil ironique, la mine hautaine.

Puis, sans daigner saluer la duchesse, elle prononce d'un ton si léger et avec tant de moquerie la formule écrite sur l'éventail, que toute la maison de Condé se révolte et déclare que la réparation est pire que l'outrage.

On découvre enfin que les lettres sont de madame de Fouquerolles pour le comte de Maulevrier.

La reine défend à la calomniatrice de paraître, soit à la cour, soit à la ville, dans aucun lieu où se trouverait la duchesse.

Cette défense ne tarde pas à être effrontément violée.

Madame de Chevreuse ayant perdu contre Mademoiselle une collation où devaient assister la reine et toutes les dames de la cour, on choisit pour le lieu du banquet le jardin du traiteur Renard, aux Tuileries.

Anne d'Autriche aimait cet endroit et protégeait Renard.

Sur la promesse de madame de Chevreuse que sa belle-mère n'y sera point, la reine amène la princesse de Condé et sa fille.

Mais à peine ont-elles pris place à table que madame de Montbazon paraît, et prétend qu'en vertu d'un droit de famille c'est à elle de faire les honneurs de la collation.

Les dames de Condé se lèvent et veulent quitter la place.

Anne d'Autriche s'y oppose. Elle fait prier madame de Montbazon de sortir; mais celle-ci refuse opiniâtrément, et le scandale menace d'aller aussi loin que possible.

Qui cédera? sera-ce la reine ou l'audacieuse sujette?

Au milieu de ces débats, on ne mangeait point. Tout le monde mourait de faim.

Sur une dernière et solennelle injonction d'Anne d'Autriche, madame de Montbazon, au lieu d'obéir, prend un siége, s'assied à la place d'honneur et se met à découper tranquillement une volaille.

C'en était trop. La reine sort furieuse, emmenant avec elle les princesses. Le soir même, un ordre de Mazarin enjoint à madame de Montbazon de se retirer à Tours.

Elle partit sans trop de regret pour cet exil, dont le jeune abbé de Rancé contribua beaucoup à lui adoucir les rigueurs.

Tout cela fit énormément d'esclandre et chagrina fort la reine.

Malgré les embellissements ajoutés au Louvre, elle ne s'y plaisait point. Il n'y avait là pour elle que de tristes souvenirs. Elle le quitta définitivement pour aller habiter le Palais-Cardinal, légué au roi par Richelieu mourant. Ce palais prit, dès lors, le nom de Palais-Royal.

A peine l'histoire des lettres était-elle finie, qu'une autre histoire occupa toute l'Europe. Mademoiselle de Rohan se prit de belle passion pour M. de Chabot; et voilà la guerre allumée.

« Ils se marieront! » disaient les uns; « Ils ne se marieront pas! » disaient les autres.

On fit là-dessus des gageures folles.

La douairière de Rohan jetait feu et flammes et défendait à tous les curés de Paris de donner la bénédiction nuptiale à sa fille. Mais l'amoureux, plus fin qu'elle, alla se marier en dehors du mur d'enceinte.

Il n'y eut bientôt plus de remède.

On nomma duc le nouvel époux, afin que la demoiselle ne descendît point, et ce fut en résumé pour Chabot une assez bonne affaire.

En attendant, le duc d'Enghien restait en Allemagne. Il avait compté sans les impériaux, dont les attaques, sans cesse renaissantes, l'obligeaient à de nouvelles victoires. Mercy, jusqu'alors invincible, fut battu complétement à Nordlingen.

Je commençais à m'impatienter beaucoup de l'absence du prince, que j'aimais encore assez, du reste, pour ne point lui être infidèle.

N'étant plus occupée d'amour, il fallut bien employer mon activité à autre chose.

Jean-Baptiste Poquelin, mon jeune protégé, revint de Clermont, où il s'était distingué dans ses classes.

Dès les premiers jours de son arrivée à Paris, comme son goût pour le théâtre n'avait fait que prendre de l'accroissement, il s'appliqua à chercher un lieu convenable, enrôla cinq à six jeunes gens de son âge et se mit à jouer avec eux des pièces de sa composition.

La salle qu'il avait louée dans le faubourg Saint-Germain fut bientôt le point de réunion de la meilleure société de Paris.

Elle reçut le nom d'*Illustre-Théâtre*.

A ces représentations, Poquelin ne manquait jamais de m'offrir la plus belle place.

Il entrait alors dans sa vingtième année. La nature chez lui, jusque-là frêle et délicate, commençait à prendre du développement et de la force. C'était un beau jeune homme, aux grands yeux pleins de franchise et rayonnants d'intelligence. Tous ses traits avaient une expression noble et gracieuse. Son nez, un peu fort, mais bien modelé, ses lèvres saillantes, annonçaient à la fois la vigueur de caractère et le génie.

— Quand donc, ma belle protectrice, me disait-il, pourrai-je dignement reconnaître ce que vous avez fait pour moi?

Je lui répondis :

— Prends garde, Jean-Baptiste, prends garde! Ménage tes protestations! Je serai trop exigeante peut-être le jour où je me déciderai à mettre ta reconnaissance à l'épreuve.

— Oh! s'écria-t-il, je voudrais que ce fût à l'instant même!

— Et si je te demandais un service... dangereux?

— Ordonnez-moi de me jeter dans les flammes, vous verrez si je recule!

Il était magnifique de dévouement et d'ardeur. Cela me décida tout à coup à mettre à exécution une idée audacieuse, suggérée par un outrage fait à mon orgueil.

Depuis que j'avais un cercle à moi, ces dames de l'hôtel Rambouillet, jalouses de ma gloire, me décriaient à l'envi l'une de l'autre.

Je ne recevais plus aucune invitation, et, pour m'humilier sans doute, elles en envoyaient régulièrement à mademoiselle Delorme, dont le mariage avec Cinq-Mars n'avait jamais été reconnu, et qui, dans sa conduite, s'était toujours montrée, pour le moins, aussi légère que moi, sans même justifier ses intrigues par la moindre doctrine philosophique.

Éclater et manifester mon indignation eût été le comble de la maladresse.

Je dissimulai de mon mieux, et je fis si bien, par ma chère mathématicienne, par Voiture et quelques autres amis, que j'arrivai à briser les obstacles et à rentrer à l'hôtel avec tous les honneurs de la guerre.

Mais je n'y rentrais que pour le démolir.

J'avais juré sa ruine.

Rien n'était plus aisé, d'ailleurs, que de porter le dernier coup à cette réunion jadis si célèbre.

Elle tombait absolument en décadence. Le genre prétentieux dominait dans les conversations, le burlesque avait remplacé l'esprit.

Un soir, j'amenai Jean-Baptiste avec moi, et je lui dis tout simplement :

— Observe !

Il observa si bien, qu'au bout de huit jours il m'apporta la comédie des *Précieuses ridicules*, petit chef-d'œuvre plein de malice et d'originalité.

Les *Précieuses*, c'était le nom que nous avions donné depuis longtemps à ces héroïnes enragées de l'affectation dans le langage et de la fausse délicatesse dans le sentiment.

Avec leur absurde système d'épurer l'amour, elles lui enlevaient ce qu'il a de plus naturel, transportaient la passion du cœur à l'esprit et convertissaient des mouvements en idées.

Peut-être cela provenait-il chez elles d'un dégoût honnête pour la satisfaction toute matérielle des sens ; mais elles s'éloignaient autant que les plus voluptueuses de la véritable nature de l'amour, qui réside moins encore dans la spéculation de l'entendement que dans la brutalité de l'appétit.

Ces dames faisaient consister leur principal mérite à aimer tendrement leurs amants sans jouissance et à jouir solidement de leurs maris avec aversion.

Lorsque Jean-Baptiste m'apporta sa pièce, je lui dis :

— C'est à merveille, mon cher ! Le portrait est ressemblant ; mais oseras-tu l'attacher toi-même à l'hôtel Rambouillet ?

Il me regarda tout surpris, et murmura :

— Que voulez-vous dire ?

— Je veux dire que madame de la Sablière a demandé pour toi l'honneur inappréciable de lire chez la marquise. Ce soir l'auteur des *Précieuses* va déclamer sa pièce en plein cénacle.

Le jeune homme devint pâle, mais il s'écria résolûment :

— Soit ! N'ai-je pas dit, ma belle protectrice, que pour vous je me jetterais dans le feu ?... Partons !

Et nous prîmes ensemble le chemin de la rue Saint-Thomas-du-Louvre.

On finit par découvrir un malheureux petit pâtre. (*Page* 349.)

Aujourd'hui que la comédie dont il est question est parfaitement connue, on jugera de l'esclandre causé par une pareille lecture. Il y eut des cris de réprobation, des larmes de colère et des gestes de désespoir; mais il y eut surtout de francs et joyeux éclats de rire.

Presque tout le monde était pour moi. La saine raison en France triomphe aisément du ridicule.

J'avoue que le tour était fort et même un peu cruel ; cependant il était juste. Chacun déclara que j'avais sauvé du naufrage le bon goût, l'atticisme, la galanterie, toutes choses que ces dames étaient en train de pervertir.

A dater de ce jour, l'hôtel Rambouillet n'exista plus, si ce n'est à l'état d'histoire ancienne et de monument archéologique..

De tous côtés on menaçait Jean-Baptiste.

Le premier acte de rancune des *précieuses* fut d'user de leur crédit à la cour pour obtenir l'ordre de fermer l'*Illustre-Théâtre*.

— Allons, allons, courage ! dis-je à mon jeune auteur : il faut braver la tempête. Voici deux cents louis qui t'aideront à attendre le calme. Change de nom, quitte Paris avec ta troupe, et va jouer tes pièces en province : tu nous reviendras bientôt !

Poquelin suivit mon conseil. Il prit le nom de Molière.

Corneille, qui nous apportait alors *Rodogune* et *Pompée*, se trouvait là quand Jean-Baptiste vint me faire ses adieux.

— Bravo ! lui dit le père du *Cid* en lui donnant une accolade fraternelle. Nous sommes dans la bonne route. Marchons-y toujours, et nous deviendrons le premier auteur comique du siècle !

On sait comme se réalisa la prédiction.

Le génie avait deviné le génie.

Richelieu étant mort, personne dans les régions du pouvoir n'avait plus aucun motif de se montrer injuste envers mon poëte. Il eut enfin son fauteuil à l'Académie, et la régente lui fit une pension de mille écus sur sa cassette.

Je continuais de visiter assez régulièrement madame de Longueville. Son amour, comme celui de Marsillac, devenait à chaque instant moins résigné. François voulait voir sa maîtresse ailleurs que devant tous et au milieu des salons.

Mais le moyen ? Quel endroit choisir pour le rendez-vous ?

A l'hôtel de Longueville toute entrevue est impossible. Le vieux prince de Condé vient décidément de mourir malgré la promesse des médecins, ou peut-être à cause de cette promesse. En attendant le retour du vainqueur de Rocroy, qui dès ce moment est le chef de la famille, madame de Condé passe le temps de son deuil auprès de la duchesse.

D'un autre côté, M. de Longueville, que l'on croyait confiné pour huit mois dans son gouvernement de Normandie, arrive à l'improviste après une courte absence.

On s'occupe aussitôt très-activement de l'envoyer en Westphalie comme plénipotentiaire. Mais cela demande des semaines de pourparlers et d'intrigues, lorsque nos amants s'affligent d'attendre une heure.

Prenant alors en pitié leur embarras et leur chagrin, je leur offre un asile à ma maison de Picpus.

Quel traître vint les y espionner? je l'ignore.

Toujours est-il que les parents de la duchesse furent instruits du lieu des rendez-vous et que cela fit scandale.

D'Enghien, alors prince de Condé, arriva sur les entrefaites.

Je ne reçus pas sa visite.

Piquée du procédé, je lui envoyai une lettre de reproche. Il me répondit qu'il me jugeait très-coupable d'avoir favorisé la passion de sa sœur. Entre nous et au point où nous en étions, ce pédantisme moral me parut souverainement ridicule : je le lui dis sans gêne, et nous voilà brouillés.

Mon chagrin fut assez vif.

Cette liaison avec le prince, qui d'abord avait si fortement engagé mon cœur, me retenait encore beaucoup par les liens de l'amour-propre.

Il était glorieux d'enchaîner cette âme magnifique et fière, ce héros de vingt ans, dont toute la France admirait le courage, et qui eût été le maître partout et toujours, s'il avait eu assez de puissance sur lui-même pour se modérer dans son orgueil et dans son humeur.

Malgré le mérite de Condé, j'étais femme : ce n'était pas à moi de faire des sacrifices à la réconciliation.

D'ailleurs, ce guerrier fameux, ce foudre de guerre, n'était déjà pas si intrépide en amour.

S'il mérita les éloges que je lui donnai la veille d'une bataille, il ne justifia que trop souvent, en revanche, le proverbe latin qui affirme qu'un homme velu doit être ou très-fort ou très-porté au plaisir[1].

Comme Ésaü, le fils aîné du patriarche Jacob, Condé avait les membres couverts de poil.

Je lui dis, un jour, dans un moment où il n'était pas excusable de me témoigner de la froideur :

— Ah ! mon prince, que vous devez être fort !

Les poëtes sont des fous d'avoir donné au fils de Vénus un flambeau, un arc et un carquois : la puissance de ce dieu ne consiste que dans son bandeau. Tant qu'on aime on ne réfléchit point, dès qu'on réfléchit on n'aime plus.

Depuis trois mois environ, le marquis de Villarceaux me faisait la cour.

J'accueillis enfin ses hommages, et je le sommai de m'emmener de Paris.

Villarceaux avait tout pour plaire : figure agréable, esprit fin, caractère distingué ; mais il était blond, chose difficile à racheter à mes yeux.

Il me conduisit dans le Vexin, de l'autre côté de Pontoise, chez M. de Varicarville, un de ses amis, châtelain fort aimable qui recevait ses hôtes avec une hospitalité quasi royale et dans la maison duquel on faisait grande chère.

Nous menâmes gaiement l'existence.

M. de Varicarville était un épicurien renforcé. Seulement il poussait la doctrine du plaisir jusqu'à l'athéisme, ce qui me semblait le comble de la déraison.

Je ne me suis jamais rien expliqué sans Dieu, même le plaisir, et je fis la guerre à mon hôte sur ce qu'il croyait ou plutôt sur ce qu'il ne croyait pas.

---

[1] *Vir pilosus, aut libidinosus aut fortis.*

Je le convertis très-vite, et nos conversations passèrent naturellement de la philosophie à l'amour.

Villarceaux nous laissait souvent seuls.

Outre ses cheveux blonds, ce cher marquis avait le défaut de porter indistinctement ses hommages à droite et à gauche, sans faire la part des conditions et des personnes. En quittant la maîtresse la plus aimable, il ne rougissait pas de débiter des fadeurs à la femme de chambre la moins jolie, et, chose étrange! il était jaloux comme le Maure de William Shakspeare.

Une fois qu'il put supposer que Varicarville me faisait la cour, nous eûmes les scènes les plus grotesques du monde.

Il m'espionnait sans cesse ou me faisait espionner par d'autres.

Je me réveille une nuit en sursaut, très-effrayée d'entendre retentir près de moi un ronflement sonore. On accourt à mes cris, on cherche, et on finit par découvrir sous mon alcôve un malheureux petit pâtre, que Villarceaux y avait fourré pour bien se convaincre que je ne recevais aucune visite nocturne.

Son Argus s'était endormi sans le secours de la flûte de Mercure.

Deux jours après j'entends mon Othello frapper à ma porte avec violence, juste au moment où je venais de m'enfermer avec Varicarville pour causer et raisonner philosophie.

— Morbleu! n'allez-vous pas ouvrir? cria-t-il d'une voix furibonde.

— Un instant, marquis, un instant! lui répondis-je.

— Si vous n'ouvrez pas, j'enfonce la porte!

— Quel homme sans patience!... Attendez donc!... Il faut bien le temps de tirer le verrou.

— Le verrou!... pourquoi mettre le verrou? dit-il, entrant tout pâle de colère.

— Mon Dieu! que de raisons! C'était pour ne pas être dérangés.

— Ah! ah!

— Sans doute. Nous voulions réduire en articles notre

croyance; mais nous n'avons pu en mettre qu'une partie, nous recommencerons un autre jour.

Cette réponse parut le satisfaire médiocrement.

Le même soir, il aperçoit, à près de minuit, ma bougie encore allumée. Il se lève sans lumière, s'habille, et, dans son transport, croyant prendre son chapeau, il se met sur la tête une aiguière d'argent et l'enfonce de telle sorte, qu'il lui devient impossible de l'arracher.

Ses clameurs nous attirent.

On le débarrasse à grand'peine de son étrange coiffure.

— Pourquoi veillez-vous si tard? me dit-il, serrant les poings comme un furieux.

— Moi, cher ami? C'est votre tapage qui vient de me réveiller.

— Que dites-vous?... Mensonge!...

— Ah! monsieur, ces discours...

— Depuis quand, s'il vous plaît, avez-vous l'habitude de dormir avec de la lumière?

Ces mots m'expliquent tout.

Mon beau sang-froid du matin m'abandonne. Je me déconcerte, je balbutie. Villarceaux me presse de questions, une sotte réponse m'échappe, la rougeur s'en mêle, et voilà le marquis certain de mon infidélité.

Aussitôt il s'arrache les cheveux se meurtrit le visage, et tire son épée pour se la passer au travers du corps.

Heureusement notre hôte la lui enlève.

Il affirme à son ami qu'il n'est pas coupable. Je profite de l'occasion pour réparer ma sottise, et, comme aux yeux de l'homme amoureux rien ne nous est plus facile que de changer en doute l'évidence, j'arrive à persuader à Villarceaux qu'il a fait un mauvais rêve.

La paix est signée.

Huit jours durant, mon pauvre jaloux ne me quitte pas d'une seconde et ne cesse de me prouver qu'il n'a plus de soupçons.

Je n'avais pas cru vraiment lui faire un chagrin si terrible en usant de mon droit de caprice. Dès ce jour, notre athée converti resta dans les bornes de l'amitié.

La saison était délicieuse.

Quelques personnes de connaissance nous arrivèrent, entre autres le chevalier de Méré, et Villars Orondate, qui fut depuis ambassadeur en Espagne.

Ce dernier, surtout, se montra d'une gaieté folle et d'un comique très-réjouissant.

Avec lui c'était un perpétuel éclat de rire.

Les idées les plus bouffonnes et les plus originales lui jaillissaient à l'improviste du cerveau. On en jugera par le trait qui va suivre.

M. de Varicarville avait un château magnifique. On arrivait à la cour d'honneur par une immense avenue de tilleuls, dont la perspective eût été parfaite, sans une misérable chaumière de paysan qui la coupait juste à son point central.

Jérôme était le nom du maître de la chaumière.

Le châtelain lui fit les offres les plus séduisantes, lors du percement de l'avenue, pour le décider à vendre cette propriété ainsi que le modeste enclos qui l'entourait.

Mais le bonhomme refusa tout.

Son père avait bâti cette cabane; il y était né lui-même, y vivait modestement de son état de tailleur, et voulait y mourir.

Ne trouvant rien à répondre à cela, Varicarville laissait au milieu de son parc Jérôme et sa maison.

— Quelle récompense me proposez-vous? dit Orondate à notre hôte, et je dégage votre avenue sous huit jours.

— Huit jours, allons donc! s'écria le châtelain. Et le consentement de Jérôme?

— Je n'en ai pas besoin.

— Parbleu! je vous donne cent louis de bon cœur.

— De l'argent... fi!

— Mais que voulez-vous?

— Je préfère uniquement travailler pour la gloire... ou

pour un baiser de mademoiselle, ajouta-t-il en me saluant avec beaucoup de grâce.

Villarceaux n'était pas là, je répondis

— Soit, j'accorde le baiser.

Dix minutes après, Orondate fait appeler le tailleur et lui annonce que, voulant emmener Varicarville à la cour, les gens de celui-ci ont besoin d'une livrée plus convenable.

— Je vous donnerai moi-même le modèle, lui dit-il. Êtes-vous capable de faire proprement cette besogne?

— Aussi bien que le premier tailleur de Paris, dit Jérôme en se regorgeant.

— A merveille! Vous aurez une pistole par jour, si vous consentez à travailler sans désemparer et sous mes yeux; vous serez couché, nourri au château, et payé en sortant.

Le tailleur accepte avec enthousiasme.

Pour lui l'affaire était excellente. On lui donne une chambre, et il se met à l'œuvre.

Orondate fait prendre aussitôt, avec une scrupuleuse exactitude, le plan de la chaumière, la dimension des pièces intérieures, la place exacte de l'alcôve, de la cheminée, de la porte, de la fenêtre, et jusqu'à la position des meubles et des ustensiles de ménage.

Il ordonne ensuite de démonter le tout pièce à pièce et de le transporter à une portée de mousquet en dehors de l'avenue.

Là, d'habiles ouvriers rétablissent les cloisons, le toit, les fenêtres, la porte, remettent les meubles à leur place respective et n'oublient même pas le petit potager du bonhomme avec la haie de clôture.

Pendant ce temps, on nettoie l'avenue, on l'aplanit, et il ne reste plus trace ni de la maison ni du jardin.

Le travail du tailleur terminé, Orondate lui donne le prix convenu avec deux louis de gratification, et le renvoie très-satisfait à la tombée de la nuit.

Jérôme enfile l'avenue.

Bientôt il la trouve longue, arrive jusqu'au bout sans se

Deux heures après, il m'amenait Françoise d'Aubigné. (*Page* 359.)

reconnaître, va, vient, retourne cinquante fois sur ses pas et n'aperçoit plus sa maison. Le pauvre homme passe la nuit à la chercher.

Quand l'aurore lui permet d'embrasser du regard l'avenue d'un bout à l'autre, point de chaumière!

Il croit que le diable s'en mêle.

Arrivant enfin à l'extrémité du parc, il aperçoit en dehors

du mur d'enceinte une maison qui ressemble à la sienne. Il y court, et tombe de son haut en reconnaissant les arbres qui l'ombrageaient, le jardin, les plates-bandes, et jusqu'à la haie d'aubépine.

Devant lui se trouve la porte.

Jérôme y présente sa clef; la serrure joue parfaitement. Il entre, et retrouve tout à la même place, si ce n'est la table, sur laquelle fume un gigot superbe flanqué de deux bouteilles de vin.

Notre homme fait un grand signe de croix, se figurant qu'il est victime d'un sortilége.

Pourtant ce maudit gigot a une mine fort appétissante et la longue promenade nocturne de Jérôme a singulièrement aiguisé sa faim. Il se rapproche, regarde le rôti avec un peu moins de répugnance, et va chercher de l'eau bénite à son chevet, persuadé que, s'il en asperge la viande, elle va disparaître.

Mais le gigot résiste à l'épreuve et fume toujours, preuve évidente qu'il n'a pas été cuit en enfer.

Jérôme prend alors bravement son parti et s'attable.

Nous étions cachés dans le voisinage pour ne rien perdre de cette scène curieuse.

Quand il eut bien mangé et bien bu, nous entrâmes en éclatant de rire et en lui demandant ce qu'il pensait des sorciers du château.

Je payai sur le lieu même Villars Orondate. Varicarville donna à Jérôme les cent louis auxquels on avait préféré mon baiser.

Le tailleur fit bien un peu la grimace en voyant comme on s'était joué de lui; mais quel remède à l'aventure? On l'avait si proprement déménagé qu'il aurait eu tort de se plaindre [1].

---

[1] Saint-Simon attribue cette histoire à Charnacé, lieutenant des gardes de Louis XIV, en 1698. Il a trouvé sans doute l'anecdote assez piquante pour la renouveler plus d'un demi-siècle après, car le fait remonte à l'année 1646.

(NOTE DE L'ÉDITEUR.)

VII

Bientôt l'approche de l'hiver nous renvoya tous à Paris.

Condé, regrettant sa bouderie maussade et ridicule, m'envoya une invitation fort aimable, dont je fus reconnaissante. Il s'agissait d'assister à une comédie italienne, à machines et en musique, que Mazarin faisait jouer au Palais-Royal.

On voyait l'opéra pour la première fois en France.

Le prince daigna venir me rendre visite à la place que j'occupais. J'avouai mes torts; il se repentit de son rigorisme, et me proposa de rester amis envers et contre tous, proposition que j'acceptai de grand cœur.

En attendant, il avait envoyé madame de Longueville avec son mari à Munster, et Marsillac dans son gouvernement du Poitou, mettant ainsi entre eux, pour plus de sûreté, trois cents lieues de distance.

Depuis une semaine au plus, j'étais de retour du Vexin, lorsque je vis entrer dans la cour de ma maison un carrosse de louage, derrière lequel se tenaient deux domestiques sans livrée.

Ces hommes descendirent, abaissèrent les glaces, et tirèrent lentement de la voiture une chaise longue à roulettes, où était installé un personnage qui semblait être paralytique.

Ils le montèrent dans mon salon à grand renfort de bras.

Je reconnus ce malheureux chanoine du Mans, si cruellement puni de sa tentative de rapt.

— Miséricorde!... Est-ce bien vous, mon pauvre abbé? m'écriai-je. Dans quel état je vous retrouve, juste ciel!

Comme il ne bougeait pas plus qu'un terme, on le roula jusqu'à moi. Je l'embrassai.

Mes yeux se remplirent de larmes, tant son état me parut déplorable. Il se montra très-sensible à cette marque de sincère affection, que je lui donnais sans arrière-pensée et sans rancune.

— Hélas! dit-il, ma chère Ninon, il est écrit que vous causerez tous mes malheurs !

— Moi ?

— Sans le vouloir, entendons-nous !

— Expliquez cette énigme.

— Rien de plus simple : pour vous et à cause de vous, j'ai perdu ma place de chanoine ; pour vous et à cause de vous, me voilà cul-de-jatte, et enfin je viens d'être chassé honteusement, pour vous et à cause de vous, de chez madame de Villarceaux.

— Ah ! Jésus ! Que faisiez-vous chez elle ?

— Je faisais l'éducation de son fils. Il faut bien vivre.

— Mais pourquoi vous a-t-elle renvoyé ?

— Chaque jour et sans cesse, répondit Scarron, j'étais obligé d'entendre ses diatribes contre vous. Franchement, il me restait peu de chose à dire pour votre défense, puisque vous étiez avec le marquis dans le Vexin.

— Oui, je l'avoue, la cause était mauvaise.

— Pourtant j'essayais d'atténuer vos torts. Cela rendit la noble dame furieuse, si bien qu'elle m'intima l'ordre formel de ne jamais prononcer votre nom, sous peine d'être mis à la porte.

— Ah ! ah ! fis-je en éclatant de rire. Ceci vous montre, mon cher abbé, combien il est dangereux d'avoir de mauvaises connaissances !

— La menace était sérieuse, reprit Scarron, je n'essayai pas de la braver. Mais jugez de mon malheur ! Hier, devant quinze ou vingt personnes rassemblées chez elle, madame de Villarceaux m'ordonne d'interroger son fils, afin de montrer à tout l'auditoire les progrès merveilleux qu'il faisait sous ma direction.

— Je ne vois pas jusqu'ici en quoi j'ai pu vous compromettre.

— Un instant, ma chère, un instant ! Voilà donc mon élève à passer une sorte d'examen. Après plusieurs expériences satisfaisantes, je lui adresse cette question :

« — *Quem habuit successorem Belus, rex Assyriorum*[1] ?

« — *Ninum,* » répond l'enfant.

Là-dessus, madame de Villarceaux entre dans une espèce de rage et s'écrie :

« — Ne vous avais-je pas défendu de prononcer ce nom devant mon fils ? Osez-vous bien l'entretenir des folies de son père ?

« — Mais, madame la marquise...

« — Silence !... Vous êtes un précepteur indigne, un malhonnête homme... Je vous chasse !

« — Mais entre mademoiselle de Lenclos et le successeur de Bélus, je vous assure, madame, qu'il y a une énorme différence ! »

Tous les assistants prennent en vain mon parti et cherchent à lui faire comprendre son absurde quiproquo : elle n'en veut pas démordre, et me voilà cassé aux gages.

Cette étrange anecdote, que l'air comique de Scarron rendait encore plus réjouissante, me fit rire aux larmes pendant une demi-heure.

Enfin les convulsions de cette folle gaieté cessèrent. Je dis à l'ex-chanoine :

— Pauvre ami ! qu'allez-vous devenir ?

— C'est précisément la question que je m'adresse depuis hier, sans pouvoir y répondre. Le plus triste de l'aventure est que l'infortune ne m'atteint pas seul.

— Que signifie ?...

— Depuis que vos rigueurs m'ont désespéré, j'ai une autre affection...

— Vous ! m'écriai-je, dans l'état où vous êtes !

— Que voulez-vous, ma chère ? Tout chez moi n'est pas en paralysie. Il me reste de libre le cœur, la langue, les mains et les yeux : c'est quelque chose ! et le vrai philosophe se contente de ce qu'il a. Mais cessons de plaisanter. L'affection dont

---

[1] « Quel fut le successeur de Bélus, roi des Assyriens ? » La consonnance latine de la réponse avec mon nom causa l'erreur de la marquise.

(NOTE DE MADEMOISELLE DE LENCLOS.)

je vous parle est sainte et respectable, car elle a pris naissance dans le malheur.

— Si vous commenciez, mon ami, par me dire le nom de la personne, je m'y intéresserais peut-être davantage.

— Elle se nomme Françoise d'Aubigné.

— D'Aubigné!... Cela sent le huguenot d'une lieue.

— Sa famille effectivement était protestante, mais Françoise est revenue au catholicisme.

— Oh! ce n'était pas une objection! en matière religieuse je suis pleine de tolérance. Où avez-vous connu mademoiselle d'Aubigné?

— Chez la marquise, où venait parfois certaine comtesse, acariâtre et grondeuse, qui avait recueilli Françoise à la Rochelle, et que vous connaissez, je crois.

— Son nom?

— Madame de Neuillan.

— En effet... une vieille mégère, à cheval sur les principes, hérissée de toutes sortes de vertus, un buisson d'épines.

— Justement. On eût dit que cette estimable dévote jurait de faire payer à sa protégée, par les traitements les plus indignes, le service qu'elle lui avait rendu. Elle semblait prendre plaisir à l'humilier, à la tourmenter sans cesse, allant jusqu'à lui donner l'ordre de mesurer chaque jour l'avoine et le foin à ses chevaux.

— Quelle horreur!.

— Belle et douce comme un ange, Françoise supportait tout sans se plaindre. Son père avait été l'ami de Henri IV; mais, emprisonné depuis, comme protestant, et dépouillé de ses biens, il avait laissé sa fille dans la plus profonde misère.

— Malheureuse enfant! Ce que vous m'apprenez de son histoire excite en moi le plus vif désir de lui être utile.

— C'est aussi le sentiment qu'elle nous inspirait. Je lui conseillai, pour ma part, de quitter madame de Neuillan et de vivre plutôt du travail de ses mains que d'accepter les humiliations qu'on lui faisait essuyer. Je lui promis aide et protection.

Depuis un an qu'elle est retirée dans une petite chambre au faubourg; elle mène une conduite digne d'éloge en tout point, si ce n'est qu'elle partage un peu trop ce que je lui donne avec d'Aubigné, son frère, un coureur, un pilier de brelans..... Mais, au bout du compte, c'est son frère! Je ne puis reprocher à Françoise un excès de bon cœur.

— Tenez, mon ami, dis-je à Scarron en lui serrant la main, vous ne sauriez croire comme je vous trouve à la fois noble, généreux et simple dans cette façon d'agir.

— Moi, je me trouve très-amoureux, rien de plus, me répondit-il avec une naïveté charmante. Seulement, aujourd'hui que me voilà sans place et sans ressources...

— Aujourd'hui, mon cher, ce soir, le plus tôt possible enfin, vous allez m'amener mademoiselle d'Aubigné, qui, jusqu'à nouvel ordre, logera chez moi. Je vous promets de la traiter comme une sœur.

— Ah! Ninon, s'écria-t-il, ma chère, Ninon je n'attendais rien moins de la bonté de votre âme... Merci! merci!

Le digne cul-de-jatte était dans le ravissement.

Je le forçai d'accepter ma bourse, l'exhortant à user sans gêne de mes finances, jusqu'au jour où il trouverait un autre moyen de vivre et une mère de famille plus intelligente que madame de Villarceaux.

Deux heures après, il m'amenait Françoise d'Aubigné.

C'était une fort gentille personne, un peu pâlie par le chagrin, mais dont le visage offrait une distinction rare et un cachet de douceur incomparable. Avec cela de l'esprit, des manières gracieuses et engageantes, une parole facile et dix-huit ans.

Scarron se trouvait possesseur d'un véritable trésor.

Il fallait que mademoiselle d'Aubigné eût un grand fonds de sagesse pour être restée dans la misère avec tant de charmes réunis.

Je raffolais de ma nouvelle compagne; elle semblait m'aimer aussi beaucoup. Nous étions réellement comme deux sœurs, et je la rendis confidente de mes amours avec Villarceaux.

Douée d'une grande finesse de reparties lorsque nous causions ensemble, elle se montrait timide quand j'avais du monde, n'osant pas toujours se mêler à l'entretien.

Je la lutinais à cet égard.

— Vous êtes belle, ma chère, lui disais-je, et vous serez aimée. Or on a besoin de plus d'esprit pour faire l'amour que pour n'importe quoi au monde. Une liaison de cœur est de toutes les pièces de comédie celle dont les entr'actes sont les plus longs et les actes les plus courts : comment remplir cet intermède, si ce n'est avec l'estime et les talents?

Elle profita de mes leçons. Bientôt même elle en usa contre moi.

Nous devînmes si intimes, que pendant des semaines entières nous n'eûmes qu'un seul lit; nous sortions ensemble, nous étions inséparables.

Villarceaux vint nous chercher un matin pour nous conduire à la prise de possession du nouveau curé de Saint-Eustache, nommé Poncet, que l'archevêque venait tout récemment de gratifier de cette cure.

On disait, depuis la veille, que la cérémonie serait troublée par quelque chose de curieux et d'étrange.

En effet, un certain Merlin, neveu du défunt curé, et qui, de longue date, avait l'espoir d'être son successeur, ameuta la canaille des halles et la poussa du côté de l'église.

Une multitude de harangères envahirent la nef en poussant des cris affreux.

Dix des plus hardies allèrent jusqu'à l'autel, prirent le bras de Poncet, qui était en train d'officier, et le mirent à la porte du temple avec ses habits sacerdotaux.

Pendant ce temps-là les autres sonnaient le tocsin.

L'émeute grandissait de plus en plus, et toutes ces dames coururent au Palais-Royal trouver la reine, lui déclarant que les Merlin avaient toujours été leurs curés de *père en fils*, et qu'il fallait que cela continuât.

Ne soyez pas étonnée si demain la ville est à feu et à sang. *Page* 366

Devant une aussi précieuse raison, Anne d'Autriche et le cardinal ne trouvèrent point de réplique.

Merlin fut nommé.

L'aventure nous amusa beaucoup. Je riais comme une folle dans le carrosse en regagnant la rue des Tournelles, lorsque tout à coup je crus apercevoir un signe très-significatif échangé entre le marquis et Françoise.

J'eus un vif serrement de cœur.

Cependant je réussis à cacher mon trouble et je les examinai de près l'un et l'autre.

Bientôt j'acquis la conviction qu'ils étaient en pleine intelligence.

Pour Villarceaux j'aurais eu mauvaise grâce à lui chercher querelle, il ne faisait que prendre une revanche ; mais en ce qui concernait sa complice, la question devenait tout autre, et j'étais en droit d'accuser Françoise d'ingratitude.

Néanmoins je ressentais pour elle un attachement si véritable et si profond, que je n'eus pas le courage de troubler ses amours.

Elle ne reçut de moi aucun reproche, et je voulus même lui épargner la honte d'un aveu.

Je lui dis, un soir, avec le ton le plus dégagé qu'il me fut possible de prendre :

— Villarceaux vous fait la cour, chère amie?... Oh! ne le niez pas, j'en suis certaine. Dans la crainte de me chagriner, vous repoussez peut-être ses vœux ; mais, si votre cœur parle, ne lui imposez pas silence. Aimez le marquis tout à votre aise : je pars demain pour Naples, et je ne gênerai ni lui ni vous.

— Demain ! s'écria-t-elle. Vous me quittez !

Elle se jeta tout en pleurs à mon cou et me fit des caresses fort tendres.

Ce n'était pas de la trahison.

Les femmes, j'en ai eu souvent la preuve, s'enlèvent un amant, sans cesser pour cela de s'aimer d'une amitié sincère.

Je me décidai donc à prendre la route de Naples, et j'avais un compagnon de voyage qui, pour la noblesse, les agréments extérieurs et les qualités de l'esprit, valait bien M. de Villarceaux.

C'était le chevalier de Méré, notre récente connaissance du château de Varicarville.

Sa sœur avait épousé un grand d'Espagne, qui venait d'être promu à la vice-royauté de Naples.

M'ayant vingt fois entendue exprimer en sa présence le désir de voir l'Italie, le chevalier, prêt à partir pour rendre visite à son beau-frère, le duc d'Arcos, me proposa de le suivre.

La découverte de l'intrigue qui existait entre le marquis et mademoiselle d'Aubigné me décida sur l'heure à accepter ses offres.

De tous mes domestiques je n'emmenai que le seul Perrote.

Je laissai à Françoise le gouvernement de ma maison, l'invitant toutefois, par un motif de pure bienséance, à ne pas trop afficher aux yeux du voisinage ses liaisons avec Villarceaux.

Elle me promit de ne le recevoir que dans la *chambre jaune*, qui était la plus secrète et la plus reculée.

J'ai su depuis que, cette contrainte leur semblant importune, ils étaient allés passer une quinzaine dans les environs de Brie-Comte-Robert, chez un cousin du marquis, nommé Montchevreuil, qui hébergea leurs amours et mit la nappe pour tous.

Pendant ce temps-là, je faisais un magnifique voyage.

On était à la fin de juin. Le ciel se montrait radieux et la campagne avait toute sa splendeur.

Nous allâmes à petites journées jusqu'à Marseille, où nous retînmes une place sur le premier vaisseau qui fit voile pour l'Italie.

La traversée fut aussi belle et aussi heureuse que notre route par terre avait été facile et agréable. Trente-six heures après, nous mouillions au port de Naples.

La cour du vice-roi se montrait rêche et guindée comme la cour mère d'Espagne; l'étiquette y trouvait des partisans plus chauds encore et plus minutieux.

M. de Méré me fit délicatement entendre qu'il lui était impossible de me présenter au duc d'Arcos sans soulever un orage de scandale. Je fus un peu chagrine de cette annonce tardive; mais je me consolai bien vite, et je ne tardai pas à être dans le ravissement d'avoir ma pleine et entière liberté sous ce beau ciel et au sein de ce beau pays, dont je parlais, du reste, parfaitement la langue.

Je louai une petite maison dans le voisinage du port.

Le beau-frère du duc d'Arcos vint m'y visiter assez régulièrement; mais il s'aperçut que je lui battais froid. En aucun cas je n'admets qu'un homme ne me préfère pas à tout et ne me sacrifie pas tout.

M. de Méré, voyant ma nouvelle manière d'être, en devina le motif et me rendit des visites moins fréquentes.

Qu'avais-je besoin d'un protecteur? Avec trente mille livres en lettres de change dans son portefeuille et un domestique fidèle, une femme se tire partout d'embarras.

Cédant aux fantaisies qui me traversaient l'imagination, j'achetai un costume complet de Napolitaine, sous lequel je parcourus gaiement la ville et ses alentours, sans oublier la promenade au Vésuve.

Le soir, je descendais la Mergellina; je louais une barque, et j'allais rêver sur ce golfe aux eaux bleues, dans lequel se baignent comme trois nymphes gracieuses les îles d'Ischia, de Procida et de Capri, cette ancienne et voluptueuse Caprée, où l'on voit encore les ruines des douze palais de Tibère.

Ordinairement j'étais conduite par un jeune pêcheur dont la physionomie m'avait frappée, tant elle révélait des instincts peu en rapport avec sa condition pauvre et son humble état.

Il pouvait être âgé de vingt-cinq ans environ.

Ses traits offraient un grand cachet de noblesse, et tout dans son extérieur annonçait une âme énergique. Avec son caban de bure, ses bras nus et son mâle visage brûlé par le soleil, il était vraiment à peindre.

Liant conversation avec lui, je m'aperçus que son intelligence ne manquait pas de culture.

— Comment se fait-il, lui demandai-je, que vous soyez resté pêcheur?

— Parce que chez moi l'instruction a été tardive, me répondit-il; c'est un fruit qui n'a pu mûrir dans la saison et qui ne sera pas récolté. J'ai pour ami Salvator Rosa, le grand peintre, et le duc de Guise, exilé de France depuis trois ans.

Tous les deux m'engagent à ne point quitter mes filets et ma barque.

— Oui, vous n'êtes plus assez jeune peut-être pour embrasser la carrière des arts; mais l'état militaire vous conviendrait, ce me semble?

— Moi! s'écria-t-il, moi servir un peuple étranger qui nous réduit à la condition d'esclaves?... Non! non!... Si je prends jamais les armes, ce sera pour chasser les tyrans de mon pays et le rendre libre!

Ces paroles sortirent précipitamment de sa bouche frémissante, je voyais ses yeux lancer des flammes.

Il tourna son poing fermé vers la Vicaria, château fort où résidait le vice-roi, et dont on apercevait au loin les créneaux menaçants.

Il me fit presque peur.

Ne sachant, du reste, devant qui lui échappait ce discours, il changea tout aussitôt l'entretien.

Je le priai de m'apporter quelquefois de sa pêche; il n'hésita pas à me le promettre, et, le lendemain, je le vis entrer avec un turbot magnifique.

Mais, avant de s'en dessaisir, il me regarda fixement et me dit:

— Êtes-vous Espagnole, signora?

— Non, lui répondis-je.

— A la bonne heure, car j'ai juré que ma pêche ne serait jamais mangée par une bouche ennemie.

— Rassurez-vous, je suis Française. Vous pouvez librement exhaler devant une compatriote de M. de Guise votre humeur contre l'Espagne.

— Dites ma haine, s'écria-t-il, ma haine implacable!

Alors il se mit à m'expliquer dans quel odieux réseau de dilapidations et de rapines Naples était enveloppée depuis plus d'un siècle.

Chaque année, le vice-roi devait envoyer à Madrid plusieurs vaisseaux chargés de piastres, sans compter celles qu'il gardait pour lui, afin d'avoir sa bourse pleine avant l'arrivée d'un successeur.

Régulièrement changés tous les deux ou trois ans, tous ces petits despotes avaient hâte de s'enrichir et ne s'ingéniaient qu'à inventer de nouvelles taxes pour se gorger plus vite des dépouilles des Napolitains.

Il me traça cette peinture avec une éloquence si vraie et un accent de douleur si profond, lorsqu'il me parla des souffrances de sa patrie, que je pressai sa main rude et calleuse avec enthousiasme, en disant :

— Vous êtes sur la route de la vérité et de la justice, marchez-y sans crainte! Mais votre nom, vous ne me l'avez pas dit encore.

— Je m'appelle Thomas Aniello, ou simplement Masaniello, car mes frères de la grève ont réuni les deux noms en un seul, que je porte de préférence.

— Pourquoi?

— Parce que c'est un second baptême que j'ai reçu du peuple. Ce nom, qu'il m'a donné, lui servira de mot d'ordre le jour où il joindra ses efforts aux miens pour écraser nos bourreaux.

Son air sauvage et presque féroce, ses allures prophétiques, son ton d'énergumène, tout me frappait en lui.

C'était une nature primitive, surexcitée par un sentiment noble et par cet amour de la terre natale sans lequel il n'y a ni grandes actions ni grands hommes.

Je voulus le retenir à dîner.

Mais il n'accepta point, disant qu'une assemblée de pêcheurs avait lieu, le soir même, sur la Mergellina, au sujet d'un nouvel impôt dont le vice-roi venait de promulguer l'ordonnance.

— Cet impôt, ajouta le jeune homme, est le plus monstrueux que l'Espagne se soit permis encore, en ce qu'il porte sur les fruits, unique subsistance du peuple de Naples. Aussi ne soyez point étonnée si demain la ville est à feu et à sang.

— Grand Dieu! que dites-vous?

— Oh! ne craignez rien, signora! Les coupables seuls doivent trembler. D'ailleurs, je serai le chef de la révolte : vous pouvez compter sur ma protection.

Il sortit à ces mots, et me laissa dans l'ébahissement.

Le soir même, il y eut par la ville une grande rumeur.

Je me fis accompagner de Perrote et j'allai reconnaître la cause du tumulte. Nous vîmes en face de l'église Saint-Dominique le carrosse du vice-roi entouré d'une masse de peuple.

Masaniello haranguait le duc d'Arcos au nom de la foule.

Effrayé de la manifestation, celui-ci s'engagea sur l'honneur à rapporter son ordonnance. On permit alors aux équipages de reprendre le chemin du palais.

Dans une des voitures de suite j'aperçus le chevalier.

— Eh bien, lui dis-je, il paraît que ces bons habitants de Naples n'entendent plus se laisser tailler à merci? Dorénavant la récolte des piastres sera mauvaise.

— Oh! oh! fit-il, nous allons voir! Un serment n'engage pas, lorsqu'il est prononcé sous l'empire de la contrainte.

— Prenez garde, mon ami! Conseillez mieux votre beau-frère. Il y a dans le cerveau de ce peuple napolitain quelque chose qui fermente et bouillonne comme dans les entrailles de son volcan.

— Bah! s'écria-t-il avec une légèreté vraiment condamnable, nous saurons empêcher l'éruption de cet autre Vésuve!

La foule nous sépara.

Tous les pêcheurs et tous les lazzaroni de Naples accompagnaient le duc d'Arcos avec cette reconnaissance bruyante que témoigne toujours le peuple, même lorsqu'on ne fait que lui épargner une injustice.

Mais à peine le carrosse du vice-roi eut-il franchi les murs de la Vicaria, qu'une troupe d'archers d'Allemagne et un escadron de lansquenets, se précipitant sur cette multitude qui poussait des cris joyeux, la chargèrent avec une telle violence, que des vieillards, des femmes, des enfants, furent écrasés et restèrent sur place.

J'allais être moi-même foulée aux pieds des chevaux.

Déjà Perrote était séparé de moi, lorsqu'un bras robuste me retira tout à coup du milieu de la foule et me mit en sûreté.

C'était mon jeune pêcheur.

— Eh bien, murmura-t-il, devant un pareil manque de foi la révolte n'est-elle pas un devoir ?

Je lui serrai la main sans proférer une parole, tant j'étais encore sous l'impression du danger que je venais de courir.

Masaniello rejoignit la masse du peuple, qui se répandait au sein de la ville en criant à la trahison, au parjure.

Il me fut impossible de fermer l'œil de la nuit.

Au point du jour, Perrote alla m'acheter un costume de pêcheur : je voulais voir de mes propres yeux toutes les péripéties de l'émeute.

Jamais révolution ne s'accomplit aussi vite et d'une manière plus foudroyante.

Si les événements que je raconte ne rentraient pas aujourd'hui dans le domaine de l'histoire, je craindrais, en vérité, qu'on ne m'accusât d'exagération ou de mensonge.

Le soleil levant trouva les lazzaroni sur la grève, à écouter une harangue de Masaniello. Cette foule, obéissant aux ordres du pêcheur, courut à la rencontre des villageois qui, chaque matin, apportaient des fruits au marché.

A partir de ce moment l'émeute commença.

Quelques heures suffirent pour en assurer le triomphe.

Hommes et femmes des environs de Naples se décident sans peine à refuser l'impôt. On franchit les portes. La douane veut saisir les paniers de figues, d'oranges et de pastèques. Masaniello repousse les commis, brûle leurs registres, et les fruits passent sans acquitter le droit.

Bientôt le tocsin sonne à toutes les églises.

Les troupes du duc d'Arcos arrivent et veulent, comme le soir précédent, charger la multitude. Mais la multitude s'attendait à l'attaque.

En vain les soldats s'efforcent d'entamer cette masse mou-

Je reçus un matin, par la tourière, un billet. Page 375.

vante, ce mur de poitrines humaines qu'on renverse et qui se relève toujours : pêcheurs, lazzaroni, matelots, se glissent sous les pieds des chevaux et poignardent monture et cavalier.

D'ailleurs, le plus grand nombre des troupes mercenaires du vice-roi, voyant la population soulevée, se joignent à elle et donnent leurs armes.

Alors un cri de victoire unanime se fait entendre.

Il y a cent mille hommes autour de Masaniello, cent mille hommes accourus au bruit du tocsin, population déguenillée, terrible, qui a quitté les faubourgs de Naples et les campagnes environnantes pour se réunir à l'émeute.

Tous les bras se tournent vers le pêcheur, toutes les voix prononcent son nom.

— Vive le chef du peuple! crie la foule.

Et Masaniello, porté en triomphe, installé sur un trône populaire, dicte ses décrets comme un roi.

Bientôt il court attaquer le duc d'Arcos jusque dans la Vicaria.

Les Espagnols prennent la fuite.

Du haut du balcon du palais, le pêcheur, agitant sa bannière, proclame la victoire du peuple.

« Liberté! liberté! »

Mille fois les Napolitains répètent ce mot qui les électrise; tous les cœurs battent d'enthousiasme, on applaudit avec allégresse le pêcheur victorieux, et les vents du golfe emportent au loin le cri de délivrance.

Deux heures avaient suffi pour accomplir ce prodige, et je rentrai chez moi, croyant avoir fait un rêve.

Le chevalier, pâle d'épouvante, m'attendait, comme pour rendre toute espèce de doute impossible et me convaincre de la réalité de cette révolution inouïe.

— Partez, malheureux, partez! m'écriai-je : Masaniello vainqueur peut entrer d'un instant à l'autre. Qui sait si je vous sauverais?

Il prit un déguisement, je lui donnai cinq mille livres, et il quitta Naples.

Mon domestique le suivit par mon ordre jusqu'à une lieue de la ville.

Je ne me trompais pas. Le chef du peuple arriva bientôt, en compagnie de Salvator Rosa et du duc de Guise.

Lorsque je déclinai mon nom devant ce dernier, il poussa de grandes exclamations de joie, et me présenta au pêcheur et au peintre comme l'une des femmes les plus distinguées de sa nation.

Dans la circonstance, il y avait de quoi me rendre fière.

Salvator me jura que ma renommée était venue jusqu'à lui.

Je pouvais à plus juste titre lui retourner le compliment et dire que nous le connaissions en France non-seulement comme un peintre célèbre, mais comme un poète de premier ordre

Toutes ces politesses terminées, on parla des affaires du jour. Ma maison se transformait en conseil d'État.

— Nous avons la victoire, dit le duc de Guise. Or cette victoire même est embarrassante. Point de troupes disciplinées! Le duc d'Arcos n'a plus en son pouvoir que le Château-Neuf; mais là est toute l'artillerie : comment faire?

— Couper les fontaines, intercepter les vivres et prendre l'ennemi par la soif et la faim, dit Masaniello.

— Très-bien! voilà répondre nettement! Des hommes qui auront à se défendre contre la famine ne songeront pas à nous attaquer et à brûler la ville, riposta Salvator. Ils demanderont par conséquent à capituler. Alors, frère, quelles conditions poseras-tu au vice-roi?

— Les voici, dit le pêcheur : que le duc d'Arcos accepte mes décrets, en abolissant les impôts qui frappent directement sur les classes indigentes et augmentent leur misère; qu'il nous rende, en un mot, la charte de l'empereur Charles-Quint, et je l'autorise à rentrer à la Vicaria, et j'abdique le pouvoir que je tiens du peuple, pour regagner ma barque et reprendre mes filets.

— Il est sublime! cria Salvator.

— C'est vrai, dit le duc de Guise. Aussi l'avoir deviné n'est pas pour nous une gloire médiocre. Depuis longtemps nous sommes amis.

Et ils se donnèrent en ma présence une fraternelle accolade.

Masaniello, comme la veille, ne refusa pas mon dîner. J'eus l'honneur de voir le chef du peuple assis à ma table.

On coupa, le soir même, les aqueducs qui alimentaient les fontaines du Château-Neuf. Ainsi que l'avait prévu Salvator, les troupes qui restaient au vice-roi le forcèrent à une capitulation, et l'on convint qu'une entrevue aurait lieu à la cathédrale en présence de l'archevêque.

Mais il y eut là une trahison indigne et qui causa d'affreux malheurs.

Le vice-roi se garda bien de donner la véritable charte réclamée par Masaniello. Cédant à de funestes conseils, il présenta un faux parchemin, où se trouvaient supprimées toutes les clauses relatives aux priviléges accordés jadis par l'empereur au peuple et à la bourgeoisie de Naples.

Qu'on juge de la colère du jeune homme, dont on essayait ainsi de surprendre la bonne foi.

Les nobles avaient juré sa perte. Ils apostèrent des meurtriers au sortir de l'église. Deux cents balles sifflèrent aux oreilles de Masaniello sans l'atteindre.

Alors ce ne fut plus ce vainqueur généreux et calme qui avait arrêté jusque-là de tout son pouvoir l'effusion du sang.

La vengeance et la haine s'emparèrent de son cœur.

Il ne comprit pas que ses lâches ennemis eussent été plus vite écrasés par son dédain. Pour punir une tentative de meurtre, il se rendit lui-même coupable de meurtres sans nombre, et pendant cinq jours entiers la torche et le poignard se promenèrent dans les rues de Naples.

Quand je le revis ensuite, il m'épouvanta par son délire.

J'eus une peine infinie à lui rendre assez de raison pour écouter mes reproches et mes conseils. Enfin je vis une larme tomber de ses yeux. Il murmura d'une voix déchirante :

— Hélas ! hélas ! pourquoi de lâches adversaires me forcent-ils à punir ? Que je cesse de les frapper de terreur, ils recommenceront à m'entourer de piéges, ils me tueront, et Naples retombera sous leur puissance.

En vain j'essayai de combattre ces lugubres pressentiments.

— Adieu, me dit-il. Peut-être ne me sera-t-il plus donné de vous revoir. Souvenez-vous du pêcheur du golfe, et répondez à ceux qui vous questionneront sur lui : « C'était un cœur honnête, une âme loyale, un pauvre esclave qui aurait gardé sa chaîne, s'il eût su que le berceau de la liberté devait toujours baigner dans le sang! »

Le soir même il tomba sous le couteau des assassins payés par les nobles et le duc d'Arcos.

Salvator proscrit se réfugia à Rome.

Quant au duc de Guise, il ne voulut pas quitter Naples et jura de venger Masaniello.

Il a tenu parole.

VIII

Je revins en France par la Toscane et par Genève, d'où je gagnai Lyon.

En arrivant à l'hôtellerie de la *Cloche d'or*, la meilleure et la plus achalandée de la place des Terreaux, j'avisai un voyageur en train de faire décharger ses bagages, et je jetai un cri de surprise.

C'était Villars Orondate, notre seconde connaissance du château de Varicarville, le même qui avait si bien déménagé le pauvre tailleur.

— Quoi! monsieur, c'est vous? m'écriai-je.

— Mademoiselle de Lenclos! quelle heureuse rencontre!

s'écria-t-il à son tour.

— Où allez-vous ainsi?

— A Naples.

— Moi, j'en arrive. Et dans quel but entreprenez-vous ce voyage?

— J'y suis envoyé par Mazarin pour étudier les causes de la révolution et lui soumettre mes notes à cet égard.

— Fort bien. N'allez pas plus loin, j'ai votre affaire.

Nous restâmes près de cinq semaines ensemble, moi racontant, lui dressant son rapport; puis il se disposa à reprendre la route de Paris pour aller dire à Mazarin ce qu'il avait fait et vu à Naples.

Comme notre rencontre devait rester ignorée, il partit sans moi.

Seulement alors je me souvins d'une promesse que j'avais faite autrefois à M. de Lyon chez la marquise de Rambouillet. Je passai une robe magnifique et j'allai droit à l'archevêché.

Le prélat avait du monde. Ses domestiques m'annoncèrent. Bientôt je le vis accourir tout joyeux. Il m'introduisit dans le salon et m'embrassa devant la compagnie en disant :

— Je vous présente, messieurs, la perle des femmes!

Mon succès fut aussi complet que possible. Là se trouvaient sept à huit dignitaires du diocèse avec un laïque, frère du célèbre avocat Perrachon. Je leur fis tourner la tête à tous, et monseigneur fut obligé de tancer son grand vicaire, qui m'adressait des déclarations à bout portant.

— Où demeurez-vous? me demanda l'archevêque.

— A la *Cloche d'or*, lui répondis-je.

— Écoutez, me dit-il, si vous êtes aimable, vous irez vous loger aux Ursulines, à deux pas d'ici.

— Dans un couvent? Je vous rends grâces.

— Oh! tranquillisez-vous, on y est fort bien!

— Vous avez donc envie de me convertir, monseigneur?

— Oui, me répondit-il avec un regard brûlant.

— Ce ne sera pas chose aisée.

— Qu'importe? J'entreprends la tâche. Les jardins de l'archevêché touchent à ceux de l'abbaye, et je vous rendrai de fréquentes visites, sans que personne puisse en tirer la moindre conséquence fâcheuse.

Inutile de dire que ce dialogue eut lieu entre nous à voix basse.

L'archevêque fit prévenir à l'instant même la supérieure des Ursulines, qui s'empressa de m'offrir l'appartement réservé chez elle aux étrangers de distinction.

Monseigneur venait m'y voir tous les jours plutôt deux fois qu'une.

Il était fort aimable et d'une galanterie parfaite; mais les Ursulines, dont il me fallait, le reste du temps, accepter la société, se montraient assommantes et ne connaissaient pas un mot de la vie, en dehors des petites médisances et des sots caquets du cloître.

Une circonstance imprévue me décida brusquement à quitter ces gracieuses personnes.

Je reçus, un matin, par la tourière, un billet conçu en ces termes :

« Adorateur respectueux de vos charmes, je ne demande rien, je n'espère rien; mais je souffre de vous voir recluse chez des béguines. Que penseriez-vous d'une petite propriété sur les bords du Rhône, avec parc et maison de plaisance, dont vous seriez reine et maîtresse, qui vous appartiendrait par contrat, et où je ne demanderais que la faveur d'aller de temps à autre vous baiser la main? Si vous acceptez, un carrosse vous attend à la grille. »

Point de signature.

Un de mes payeurs aurait découvert ma retraite qu'il ne se serait pas comporté d'une façon plus délicate.

Je trouvais, du reste, assez juste de tourmenter un peu le digne prélat, qui me condamnait à la réclusion pour ne pas perdre aux yeux de ses ouailles sa renommée de sagesse et de vertu.

Envoyant aussitôt prévenir Perrote, demeuré par mes ordres à la *Cloche d'or*, je fis lestement mes préparatifs de départ.

Dix minutes après j'étais à la grille, en face du curieux personnage qui voulait me rendre propriétaire.

Je reconnus le frère de l'avocat Perrachon.

Lors de notre rencontre dans les salons de l'archevêque, je n'avais pas examiné ce laïque de fort près. Sa laideur me parut excessive, et je compris la modestie de ses espérances.

Perrachon m'installa dans un petit château délicieux, orné de meubles élégants, et me donna cinq domestiques pour me servir, en sorte que Perrote, montant par le fait même en grade, eut l'intendance de ma nouvelle propriété. J'avais un acte de donation tout à fait en règle.

Décidément le frère de l'avocat semblait vouloir mettre dans l'observation du pacte une loyauté rare. A neuf heures précises, il me souhaita respectueusement le bonsoir et me laissa seule.

Le lendemain, j'envoyai Perrote aux nouvelles du côté de l'archevêché.

Monseigneur était aux abois.

Quand il eut appris où j'étais, il demanda son carrosse et accourut au plus vite me faire une scène de jalousie et de reproche.

En vain je lui affirmai qu'il n'avait rien à craindre.

Il ne voulut pas croire au désintéressement de Perrachon dans ses galanteries et déblatera de toutes ses forces contre son rival.

— Savez-vous, me dit-il, comment ce maroufle a acquis la grande fortune dont il fait si bel usage?

— Non, je l'ignore.

— Eh bien, écoutez, c'est une histoire curieuse.

— Je suis tout oreilles, monseigneur.

— Un vieux contrebandier de cette ville avait pour unique héritière une nièce fort jolie et fort sage, commença l'archevêque. Les prétendants arrivèrent en foule; mais l'oncle, bien qu'immensément riche, mit pour condition au mariage qu'on épouserait sans dot.

Il tomba à mes genoux, me fit les plus magnifiques promesses. Page 379.

— Où était le mal, lui dis-je, puisque la succession revenait de droit à la nièce?

— Attendez! Il voulait, en outre, qu'on le rendît grand-oncle d'un garçon avant sa mort, sans quoi tous ses biens passaient à l'Église.

— Voici qui devenait plus grave.

— Si grave, que tous les prétendants remercièrent, excepté

Perrachon, qui accepta.

— Oh! oh! l'anecdote commence à m'intéresser, monseigneur.

— Il épousa donc la jolie nièce, reprit le prélat; mais quatre ans se passèrent sans que sa femme lui eût donné d'enfants, et le vieux contrebandier avait une goutte opiniâtre qui lui remontait à chaque instant dans la poitrine et pouvait l'emmener d'une minute à l'autre.

— Infortuné Perrachon! m'écriai-je en éclatant de rire.

— Oui, car sa moitié, pour comble de malheur, déployait une sévérité de principes affligeante. A bout de moyens par lui-même, il attira chez lui les plus beaux jeunes gens de la ville. C'était un expédient prolifique assez judicieux et qui eût immédiatement réussi à vingt autres; mais l'époux avait du guignon. La vertu de la dame ne bronchait pas, et l'oncle devenait de plus en plus malade.

— Ah! miséricorde!

Perrachon se voyait avec une femme sur les bras, sans un écu de plus dans son coffre...

— Pauvre homme!

— Eh bien, savez-vous, ma chère, ce que fit votre honnête amoureux?

— Non, parlez vite.

— Il prit une résolution extrême, conduisit sa femme aux champs, et, tirant à l'écart un de ses fermiers, ancien soldat aux gardes, d'une assez belle figure et très résolu vis-à-vis du sexe, il lui dit sans autre préambule : « Je pars, et je laisse ta maîtresse ici pendant trois mois. Si, avant un an, elle accouche d'un garçon, je te promets une coupe de foin, sinon je résilie ton bail et je donne la ferme à un autre. »

— Ah! monseigneur, vous brodez l'histoire!

— Du tout, je vous en affirme l'exactitude. Perrachon s'en alla dès le lendemain. Neuf mois après, la seconde condition imposée par l'oncle était remplie. Fidèle à sa promesse, l'heureux époux écrivit à sa femme de faire présent au fermier d'une coupe de foin. Celle-ci, comme vous pouvez le croire, y consentit sans peine ; mais, étant tombée malade quelque temps après, elle trembla de paraître devant Dieu la conscience chargée d'une faute, et avoua tout en larmes à son mari ce qu'il savait mieux qu'elle.

— Eh bien, lui demanda Perrachon, n'est-ce pas de mon foin que vous avez payé la besogne?

— Oui, j'en conviens, répondit l'épouse repentante.

— Alors ce que nous avons payé, ma mie, est parfaitement à nous!

Peu rassurée par cet argument, quoique très-heureuse de voir Perrachon prendre la chose avec une philosophie aussi exemplaire, la malade appela un confesseur, se fit absoudre, et le vieux contrebandier laissa tous ses biens au ménage.

— L'histoire est, en effet, très-jolie, monseigneur ; mais, si je ne me trompe, vous venez de me révéler le secret de la confession même.

Il rougit, essaya quelques subterfuges, et finit par m'avouer que je devinais juste.

— Confessez-vous donc! m'écriai-je. Ah! monseigneur, monseigneur, n'avez-vous point de scrupule?

— Eh! c'est à vous d'en avoir, ma chère. Pouvez-vous accepter une partie de ces biens, dont vous connaissez maintenant la source?

— Oui, vous avez raison, ce serait peu honorable. Soyez tranquille, j'y mettrai bon ordre.

Il s'en alla satisfait.

Deux jours plus tard, Perrachon s'étant avisé de manquer aux conventions qu'il avait posées lui-même, je le tançai d'importance et je lui reprochai sévèrement ce défaut de parole.

Pour essayer de me fléchir, il tomba à mes genoux, me fit les plus magnifiques promesses et me jura qu'il était prêt à me donner tout ce que je lui demanderais.

— Soit, monsieur, lui dis-je : donnez-moi une coupe de foin!

Le malheureux, qui croyait le fait ignoré de tout le monde,

fut tellement saisi de la réplique, qu'il s'en alla sans me répondre et ne revint plus.

Débarrassé de son rival, M. de Lyon vint chaque jour me voir en catimini, protestant qu'il était le plus heureux des hommes et semblant croire que j'allais me fixer indéfiniment dans son diocèse.

Mais, en ce bas monde, tout doit avoir une fin.

Très-résolue à ne pas habiter Lyon à perpétuité, je cherchais un prétexte pour engager monseigneur à recevoir stoïquement mes adieux, lorsque tout à coup il cessa de lui-même ses visites et n'osa plus reparaître.

On commençait à jaser dans la ville.

Celui de ses grands vicaires qu'il avait sermonné à mon occasion faisait, depuis une quinzaine de jours, espionner toutes ses démarches.

La mèche était éventée; les ouailles critiquaient le pasteur, et la médisance allait grand train.

Mon départ seul pouvait arrêter les méchantes langues.

Je renvoyai à Perrachon ses domestiques avec son contrat, et je repris le chemin de Paris, où j'arrivai à bon port après six mois d'absence.

Tout y était en bouleversement.

Une révolution terrible venait d'éclater à Londres et trouvait de l'écho en France. Le respect pour la majesté royale semblait disparaître. Chacun, dans ses discours et dans ses actes, affichait une hardiesse étrange. On publiait contre la reine des libelles odieux, où on l'accusait d'entretenir avec Mazarin un commerce adultère.

Des idées de république germaient dans toutes les têtes. Bientôt l'impiété se mêla de la partie. On insulta l'image du Christ dans un convoi funèbre.

Les mécontents prirent le nom de *Frondeurs;* voici à quelle occasion.

Une bande d'écoliers jouant à la fronde dans les fossés de la ville éborgnèrent une vieille femme qui passait dans le voisinage, et messieurs du parlement rendirent une ordonnance pour interdire ce jeu, ce qui occasionna aussitôt une foule de plaisanteries.

Un jeune conseiller, plaidant peu d'instants après, interpelle tout à coup sa partie adverse, en s'écriant.

— Allez! allez! je vous *fronderai* bien!

Et le parlement d'éclater de rire, et Barillon l'aîné d'improviser un couplet que toute la ville chantait le soir même :

<blockquote>
Un vent de fronde
S'est levé ce matin;
Je crois qu'il gronde
Contre le Mazarin.
Un vent de fronde
S'est levé ce matin.
</blockquote>

Les frondeurs se rassemblent d'abord à l'Hôtel de Ville; mais le président Molé, craignant qu'ils ne viennent à y établir une *Chambre des communes*, les en expulse au plus vite.

Dispersés d'un côté, ils ne tardent pas à se réunir de l'autre.

Partisans de la révolte et partisans de la cour se donnent rendez-vous au jardin des Tuileries, dans les salons du fameux traiteur où l'on se rappelle que madame de Montbazon fit son esclandre.

Chez Renard donc, on mange, on boit, on chante, on se querelle, on se bat, soit au cri de *Vive Mazarin!* soit au cri de *Vive la Fronde!*

La cour, au lieu de surveiller ses ennemis, s'occupe sottement de questions d'étiquette.

Retz, le brouillon par excellence, devenu coadjuteur de son oncle, se mêle de toutes ces intrigues, prêche la révolte en chaire et gagne la plus vile populace par ses largesses.

C'est un étrange caractère à peindre que celui de cet homme.

Plein de courage et d'élévation d'esprit, éloquent, magnifique, on l'a vu déployer à côté de ces qualités brillantes les défauts les plus contraires.

Dans une république il eût été César, sous une monarchie il fut un peu moins que Catilina.

Ayant embrassé l'état ecclésiastique sans vocation, il le déshonora par une vie licencieuse. Seulement il s'attachait à sauver les apparences et cachait le libertinage sous le voile de la piété. Tour à tour il se servit de la galanterie, de la politique, du vice et de la vertu, du sacré et du profane pour accomplir ses desseins ambitieux.

Il avait tout à la fois ce qui forme un héros et un scélérat.

Le duc de Beaufort, fils naturel de Henri IV et de Gabrielle d'Estrées, se montra le digne émule de Retz, et le seconda de tout son pouvoir.

Jeté au donjon de Vincennes, il s'en échappa bientôt et vint se mettre sous la protection du peuple.

On le proclama *roi des Halles*.

Beaufort ne tarda pas à en adopter les manières et à en parler le langage.

Je rencontrai pour la première fois chez Marion Delorme ce glorieux chef de la populace, et je vis avec surprise que mon amie oubliait pour lui Cinq-Mars, ses anciennes affections, et surtout son âge, qui devait commencer à la mettre en garde contre les faiblesses de l'amour.

Sûrement Beaufort se jouait d'elle.

Je crus devoir l'en prévenir; mais elle ne voulut ni écouter mes conseils ni tenir compte de mes remarques.

Il fallut, tout en regrettant son aveuglement, la laisser marcher à sa perte.

Mademoiselle Delorme dépassait alors la cinquantaine. Bonne et généreuse, elle avait recueilli deux orphelines, ses parentes, dont l'une, dotée richement par elle, venait de s'établir d'une façon très-convenable.

La seconde, nommée Lucile, était sa favorite.

Marion voyait avec plaisir que cette jeune personne ne voulait pas la quitter. Croyant à la sincère amitié de sa nièce et à l'honneur de Beaufort, elle ne se doutait pas le moins du monde du manége indigne de l'homme qu'elle recevait et qu'elle hébergeait chez elle.

Pour suffire aux dépenses du *roi des Halles*, qui lui promettait le mariage, elle sacrifia la plus grande partie de ses biens, et, un beau jour, après un dernier emprunt de quatre-vingt mille livres, Beaufort enleva tout à la fois cette somme et Lucile.

Frappée dans ses plus chères affections, la malheureuse femme se livra au désespoir.

Pour comble d'infortune, Mazarin, qui avait appris ses relations avec les ennemis de la cour, envoya des soldats pour l'arrêter.

Ce fut le dernier coup.

Marion n'y résista pas. La tête lui tourna de chagrin et de peur. Elle prit du poison et mourut [1].

Je la pleurai beaucoup.

Mademoiselle Delorme avait été pour moi une véritable amie. J'assistai avec Gui Patin à ses funérailles, qui eurent lieu à l'église Saint-Paul.

A cette époque mes réunions étaient presque désertes. La politique chassait les plaisirs et la gaieté.

Deux adorateurs seulement s'attelaient à mon char : le marquis de Gersay, capitaine des gardes d'Anne d'Autriche, et Charles de Sévigné, qui venait m'apporter ses hommages dix ans après son père.

Tour à tour ils m'accompagnaient dans mes promenades, car je n'osais plus sortir seule.

Le désordre allait croissant.

Brouillés avec le Palais-Royal, les parlementaires ne laissaient échapper aucune occasion de se montrer hostiles. Dans les séances d'apparat, quelques hardis conseillers allèrent jusqu'à adresser des remontrances publiques à la reine et à son ministre.

---

[1] On sait que tout Paris crut à la mort supposée de Marion Delorme. Son secret fut si religieusement gardé par le docteur Gui Patin, que, vingt ans après, aucun de ses anciens amis ne voulut la reconnaître. (Note de l'Éditeur.)

De ce comble d'audace à refuser l'enregistrement des édits royaux, c'est-à-dire à la révolte ouverte, il n'y avait qu'une faible distance à franchir.

L'esprit de faction gagna toutes les classes. Partout des luttes scandaleuses eurent lieu entre les *Mazarins*[1] et les Frondeurs.

Cinquante jeunes royalistes, décidés à braver la Fronde, commandent un dîner chez Renard, font venir des violons, boivent à la santé du ministre et crient : *Vive Mazarin! vive la reine! à bas Beaufort!*

Mais presque aussitôt le *roi des Halles* accourt, suivi de deux cents gentilshommes et de toute la canaille éhontée qu'il solde, depuis deux mois, avec l'argent de mademoiselle Delorme.

Il attaque les dîneurs, renverse les tables, casse les violons et disperse tous ces pauvres Mazarins, qui s'en retournent battus et très-mécontents.

Qui cédera du parlement ou de la cour?

Anne d'Autriche jurait bien que ce ne serait pas elle, et ne se montrait pas d'humeur à faire la moindre concession.

Profitant de la victoire de Lens, gagnée par Condé, elle ordonne l'arrestation des deux conseillers les plus violents, Blancménil et Broussel. On les saisit au milieu de leurs collègues, qui étaient venus assister en corps au *Te Deum* chanté à Notre-Dame.

Ce coup hardi consterne les Frondeurs; mais bientôt ils s'enhardissent et font appel au peuple.

On court aux armes.

La caisse bat dans tous les quartiers. Des barricades s'élèvent le long des rues qui avoisinent le Palais-Royal et s'étendent au loin dans la ville.

En moins de deux heures, il y en eut douze cent soixante[1].

Du côté de la porte de Nesle, les révoltés obtiennent un premier triomphe.

Retz se mêle à la populace.

On le rencontre partout; il chauffe l'émeute et monte ensuite dans les appartements de la reine, qui s'élance vers lui avec

[1] On nomma dès lors ainsi tous les partisans de la cour.

(Note de mademoiselle de Lenclos.)

Par bonheur nous fûmes avertis à temps. *Page* 389.

fureur quand elle l'entend demander la liberté de Broussel.

Sans Comminges, qui arrêta le bras d'Anne d'Autriche, M. le coadjuteur eût reçu de la main royale un soufflet magnifique et parfaitement mérité.

Le tumulte augmentait à chaque instant.

Paris avait l'air d'une ville prise d'assaut.

Beaufort excitait sa vile canaille; on rencontrait partout des visages sinistres, qui semblaient sortir de terre et se montrer, ce jour-là, pour la première fois.

Je crus la reine perdue, ainsi que la France.

Encore sous l'impression de ce que j'avais vu à Naples, j'étais persuadée que la capitale allait être à feu et à sang.

Tout à coup arriva chez moi le marquis de Gersay.

Prévoyant ces malheurs, il avait refusé, la veille, d'arrêter les deux conseillers à Notre-Dame, laissant ce soin à Comminges, son collègue.

La punition de cet acte de désobéissance ne s'était pas fait attendre. Gersay venait de perdre sa place et de tomber dans la plus complète disgrâce.

— Mon ami, lui dis-je, rien ne vous retient plus à Paris. Emmenez-moi, je vous en conjure, car je meurs d'épouvante!

Le soir même nous partîmes.

Il me conduisit en Bretagne, dans ses terres, où nous vécûmes dix mois en repos.

J'achevais alors ma trente-deuxième année. La jeunesse chez moi faisait place à l'âge mûr, sans que mes charmes ni ma fraîcheur eussent subi la moindre altération.

Seulement j'acquérais plus de solidité dans le caractère, et je comprenais un attachement durable.

Le marquis était pour moi d'une bonté parfaite.

Il me soigna surtout avec le plus tendre dévouement pendant une grossesse qui me survint à cette époque.

J'accouchai d'un fils.

Gersay me pria de lui laisser le soin de l'éducation de cet enfant. Répondre à sa demande par un refus était chose impossible. D'ailleurs, n'avait-il pas sur le nouveau-né tous les droits d'un père?

Mon rétablissement fut très-long. Je me vis obligée de couper mes cheveux, que j'étais menacée de perdre.

Afin de ne pas rester avec une tête entièrement dégarnie, je les fis arranger par un perruquier de Nantes. Il paraît que le travail n'était pas merveilleux. On s'apercevait aisément que je portais des boucles postiches et un faux chignon.

Une baronne de notre voisinage, petite pie-grièche, fort jalouse de moi, sous prétexte qu'elle avait dû jadis épouser Gersay, me dit un jour:

— Vous avez, madame, de fort jolis cheveux, ils vous coûtent au moins six livres ?

— En effet, lui dis-je ; mais vous avez payé les vôtres davantage, puisque vous ne les avez pas fournis.

La réplique la fit pâlir de colère.

Une méchanceté gratuite vaut une méchanceté double.

IX

On était au commencement de l'année 1649.

Nous nous croyions en repos dans notre vieux manoir de Bretagne, avec nos bons paysans, dont j'admirais la simplicité de mœurs et la résignation touchante au milieu de leur vie de rude labeur et de perpétuelles fatigues.

Les nouvelles de Paris nous arrivaient assez régulièrement. Elles continuaient à ne pas être rassurantes.

Anne d'Autriche et le cardinal s'étaient enfuis à Saint-Germain, tandis que le vainqueur de Lens, marchant sur la ville rebelle, en formait le siège avec son armée tout entière.

Il y eut aux alentours de Charenton une escarmouche, où mon pauvre Coligny, que j'avais tant aimé, fut tué aux côtés du prince.

On nous annonça que madame de Longueville, cédant aux suggestions de Retz, s'était faite en quelque sorte la reine de la Fronde.

Son frère Conti fut créé généralissime.

Elle tenait à l'Hôtel de Ville cour plénière avec la duchesse de Bouillon.

Dès lors Marsillac embrassa chaleureusement la cause à laquelle sa belle maîtresse accordait son patronage, bien qu'il n'eût lui-même contre la cour aucune espèce de rancune.

Il expliqua sa conduite par les deux vers suivants :

> Pour mériter son cœur, pour plaire à ses beaux yeux,
> Je fais la guerre aux rois, je l'eusse faite aux dieux.

C'était, du reste, une révolte singulière et qui mettait Paris en fête du matin au soir.

On riait, on dansait, on faisait l'amour.

Peu ou point de batailles, si ce n'est à coups de rimes et de chansons.

Messieurs les généraux conduisaient aux parades de la place Royale des soldats musqués et couverts de dentelles. Du haut des balcons, les dames applaudissaient ces illustres guerriers ou se moquaient d'eux, selon que la fantaisie leur en prenait.

Son Altesse monseigneur le duc de Bouillon, autre généralissime, entendit souvent fredonner à ses oreilles des couplets du genre de celui-ci :

> Le brave monsieur de Bouillon
> Est incommodé de la goutte.
> Il est hardi comme un lion,
> Le brave monsieur de Bouillon ;
> Mais, s'il faut rompre un bataillon,
> Et mettre Condé en déroute,
> Le brave monsieur de Bouillon
> Est incommodé de la goutte.

On sent qu'il ne pouvait y avoir de lutte sérieuse, quand les chefs des deux camps ennemis se trouvaient liés par les nœuds d'une parenté aussi étroite.

Bientôt madame de Longueville détacha Condé du parti de la cour, et le héros devint frondeur.

Anne d'Autriche faillit en étouffer de colère.

Sa rancune était terrible. Elle ne pardonnait à aucun de ceux qui avaient pris directement ou indirectement le parti des rebelles.

Apprenant que le marquis de Gersay s'était réfugié dans ses domaines, elle envoya Comminges en Bretagne avec tout un escadron de mousquetaires pour arrêter son ancien capitaine des gardes.

Par bonheur nous fûmes avertis à temps.

Nous courûmes en poste à Saint-Malo, et nous nous embarquâmes sur un navire qui mettait à la voile pour l'Angleterre.

Ce malheureux pays était encore plus déchiré que le nôtre par les révolutions. Je ne retrouvai plus cette cour brillante où Buckingham nous avait jadis introduites, mademoiselle Delorme et moi, ni cette bonne reine Henriette, dont l'accueil plein de grâce et de bienveillance restait au nombre de mes plus précieux souvenirs.

Obligée de prendre la fuite, elle s'était réfugiée en France avec ses enfants.

Pour Charles Ier, son époux, obéissant aux lois du devoir et de l'honneur, il ne voulut pas quitter le royaume. Après d'héroïques efforts pour défendre sa couronne, il succomba sous les menées odieuses des traîtres de l'armée d'Écosse.

Ils le livrèrent pour une somme d'argent, comme Judas avait livré son maître.

Le véritable roi d'Angleterre était Olivier Cromwell. Souverain plus absolu que ne l'avait jamais été Charles, despote mille fois plus à craindre, hypocrite plein de fiel et de haine, il jeta le captif au fond d'un cachot, l'y tint renfermé près de deux ans, et ne se donna ni repos ni trêve qu'il n'eût réussi à le faire condamner à mort par la Chambre haute.

Elle rendit son arrêt huit jours après notre arrivée à Londres.

Le lendemain de cette sinistre décision, nous vîmes le malheureux Charles Ier marcher à l'échafaud.

Je n'oublierai de ma vie ce jour funèbre ni le sentiment de douleur et d'épouvante qu'il me fit éprouver.

L'exécution de la sentence me semblait impossible. Je ne pouvais croire que Londres laissât ainsi assassiner son roi, et j'accompagnai Gersay au lieu du supplice, convaincue qu'il y aurait une émeute et que Charles serait sauvé des mains du bourreau.

Hélas! je ne connaissais guère le peuple anglais, peuple flegmatique, sans enthousiasme, sans ressort, et qui n'a d'énergie et de persévérance que dans la haine.

Il n'y eut pas un cri de désapprobation pour l'acte monstrueux qui allait se commettre, pas une marque de pitié pour la victime.

Au contraire, une populace hideuse se pressait sur le passage du roi et lui jetait l'outrage.

Digne et calme, à ce moment suprême, Charles Ier ne semblait plus tenir à la terre.

Son regard, de temps à autre, se tournait vers le ciel comme pour y chercher la résignation.

Quand je l'avais vu jadis, entouré de sa majesté et de sa gloire, il m'avait paru moins grand et moins noble qu'à cette heure où il allait échanger son diadème terrestre contre la couronne du martyre.

Nous fûmes entraînés par la multitude jusqu'au pied de l'échafaud.

— Ils le tueront! dis-je à Gersay en fondant en larmes, ils le tueront, les infâmes!.. Oh! qu'il ne meure pas du moins sans un témoignage de compassion et de regret! C'est à nous de le lui donner.

M'approchant alors, je saisis une des mains de Charles, et je la portai vivement à mes lèvres.

— Sire, murmurai-je, nous sommes Français. Le crime horrible qui va se commettre, nous le maudissons!... Que Dieu punisse vos bourreaux!

— Non, demandez, au contraire, avec moi, qu'il leur pardonne, répondit-il d'une voix douce et calme. Ainsi, vous arrivez de France?

— Oui, sire.

— Et la reine, et le prince de Galles, et ma pauvre petite Henriette?... pouvez-vous m'en donner des nouvelles?

— Ils sont au Louvre, Sire, où ils reçoivent tous les honneurs décernés aux personnes royales et où on leur témoigne la sympathie due à l'infortune.

Une larme glissa lentement sous sa paupière.

Puis, levant de nouveau les yeux au ciel avec une ineffable expression de reconnaissance :

— Merci, merci, mon Dieu ! s'écria-t-il. Du moins ils ne prendront que ma vie... Tous les miens seront sauvés !

Il nous fit signe d'attendre; et, s'adressant à l'exécuteur :

— Coupe-moi les cheveux, dit-il.

Le bourreau obéit; la magnifique chevelure blonde du roi tomba au pied du billot.

Charles en prit une mèche, se retourna vers moi, la mit entre mes mains et me dit :

— Pour ma femme et pour mes enfants !

Une minute après, le coup de hache se fit entendre, et l'âme du martyr s'envola aux cieux.

Je vis le moment où la populace allait nous faire un mauvais parti. Nous avions donné des preuves de pitié, ces cœurs féroces ne nous le pardonnaient pas.

Gersay nous sauva par sa contenance énergique.

Nous pûmes regagner sains et saufs le logement que nous occupions près de Westminster.

Un roi jugé et condamné par son peuple !

Nous croyions être le jouet d'un songe affreux. Rien n'était plus vrai pourtant. Si la France, si ma patrie, engagée elle même dans cette voie fatale de la révolte, allait aussi dresser l'échafaud et se mettre au front une tache ineffaçable !

Cette pensée me glaçait de saisissement.

J'écrivis à Condé une longue lettre, où je lui exprimais toutes mes craintes.

« Prenez garde, mon ami, lui disais-je, oh! prenez garde! Que l'exemple de ce qui vient de se passer à Londres ne soit perdu ni pour vous ni pour les vôtres. Ou je me trompe fort, ou vous courez à l'abîme. Arrêtez-vous! »

Le séjour de l'Angleterre me semblait odieux.

Plus j'en étudiais la population, plus je la trouvais ignoble.

Les grands n'avaient ni cœur ni énergie, et, toutes les fois que je parlais du boucher Cromwell, c'était avec un accent de dégoût et d'aversion qui nous mettait véritablement en péril.

Nous apprîmes qu'une trêve avait été signée entre la cour et la Fronde.

Gersay résolut d'en profiter pour repasser le détroit. Il s'ennuyait lui-même beaucoup à Londres.

Moi, je commençais à m'ennuyer un peu de lui.

Je passais pour sa femme, et il se montrait sur le décorum d'une rigidité fatigante. Dès que l'esprit d'ordre s'empare d'une affaire de cœur, la passion disparaît, l'indifférence arrive et termine tout.

Nous partîmes.

La traversée fut heureuse; en moins de six jours nous arrivâmes à Paris.

Effectivement, Gersay ne fut point inquiété. D'ailleurs, la cour n'était pas revenue de Saint-Germain, et les Frondeurs restaient toujours maîtres de la ville.

Mon premier soin fut d'aller au Louvre porter à la malheureuse reine Henriette le dernier souvenir de son époux.

Depuis six mois personne ne s'était occupé d'elle.

Ni le parlement ni Mazarin, tout entiers à la lutte et à leurs propres intérêts, n'avaient pourvu à ses besoins.

En rassurant Charles Ier sur le sort de sa femme et de ses enfants, j'avais menti sans le savoir.

Je trouvai une fille et une veuve de roi dans un appartement sans feu, au milieu de l'hiver, et manquant des choses les

Elle s'évanouit dans mes bras. *Page* 394.

plus essentielles à la vie. Ses deux fils et la jeune princesse Henriette grelottaient auprès d'elle. Point de domestiques, l'abandon était absolu.

Ce spectacle me navra le cœur.

Je m'inclinai devant la reine, et je lui donnai, en sanglotant, la relique sacrée dont j'étais dépositaire.

Elle reconnut les cheveux de son mari, poussa une clameur

déchirante et s'évanouit dans mes bras.

Revenue à elle, grâce à mes soins et à ceux du prince de Galles, son fils aîné, la triste veuve trouva la force de m'adresser quelques questions, et apprit les détails de la mort du martyr.

Elle embrassa la boucle de cheveux, fit mettre ses enfants à genoux et la leur tendit avec des sanglots.

Comme leur mère, chacun d'eux la porta pieusement à ses lèvres.

Jamais scène plus attendrissante ne frappa mes regards.

Longtemps je pleurai avec cette noble et sainte famille, tombée de si haut et frappée d'une manière si cruelle; puis je demandai à la reine la cause de l'étrange dénûment dans lequel je la voyais.

— Hélas! me dit-elle, on oublie toujours les malheureux!

— Votre Majesté devait se plaindre. La France entière aurait entendu sa voix, car c'est la France qui lui donne asile.

— Sans doute; mais la douleur de mes enfants et la mienne étaient trop profondes pour songer à des réclamations au sujet de notre bien-être. Et puis à qui m'adresser? La cour n'est pas à Paris. Je demande à la mort de venir me débarrasser des maux qui m'accablent.

— Oh! madame! dis-je en lui montrant sa jeune famille, toujours agenouillée devant elle.

La reine comprit, me serra la main, et ajouta en étouffant un soupir :

— Vous avez raison.... Pauvres orphelins!.... je dois vivre pour eux!

Une idée subite venait de me traverser l'esprit. Sans communiquer mon dessein aux nobles habitants du Louvre, je pris respectueusement congé d'eux et je courus à l'archevêché.

Les domestiques du coadjuteur m'annoncèrent.

Je fus introduite sur-le-champ.

— Quoi! c'est vous, charmante! s'écria Retz, se précipitant

vers moi, les bras étendus. Dieux! qu'il y a longtemps que je n'ai eu le bonheur de vous voir.... et de vous embrasser!

Il me sauta au cou sans plus de façon.

— Vous êtes toujours le même, lui dis-je en riant.

— Toujours!.... Que voulez-vous? ils m'ont enfroqué, mais ils le payent bien!

— Oui, la politique vous absorbe.

— C'est-à-dire que j'absorbe la politique.

— A votre profit?

— Sans doute; je veux le chapeau, preuve évidente que je ne perds pas la tête.

— Ni l'esprit.

— Vous êtes trop bonne. Le compliment me flatte dans votre bouche. Savez-vous, ma chère, que vous êtes encore embellie?

— Parlons raison, monseigneur.

— Volontiers; cela m'arrive quelquefois.

— Je suis venue pour une affaire très-sérieuse.

— Expliquez-vous, ma divine.... J'écoute.

— Ce n'est pas le tout de chasser la cour de Paris, monsieur le coadjuteur; ce n'est pas le tout d'accaparer le pouvoir, il faut en user dignement

— Auriez-vous quelque reproche à nous adresser?

— Un reproche très-grave, celui de laisser mourir de froid et de faim au Louvre la fille de Henri IV.

— Que dites-vous? s'écria-t-il.

Je lui racontai ce que j'avais vu de mes propres yeux. Malgré sa légèreté de caractère, il fut touché jusqu'aux larmes. Demandant aussitôt son carrosse, il me pria d'attendre.

— Où allez-vous, monseigneur?

— Au parlement, me répondit-il. Vous avez raison; nous sommes coupables en ce que nous devions présumer que ce fesse-Mathieu de Mazarin n'avait pas fait une cassette à la veuve du roi d'Angleterre. Quel ignoble ladre! quel filou!.... Soyez

tranquille, je vais le draper de la belle façon !

Il disparut.

Moins d'une heure après, je le vis revenir avec l'ordre parfaitement en règle de verser quinze mille écus à la reine Henriette. Mais, en même temps, il avait eu soin de se faire donner dix mille livres pour payer les pamphlets de Gui Patin et la *Mazarinade* de Scarron.

La cour, à l'entendre, n'était pas sincère dans les démarches qu'elle avait faites pour obtenir une trêve.

Il voulait recommencer les hostilités.

Gui Patin, mon joyeux docteur, passait alors sa vie à fabriquer des libelles. Après avoir décrié les jésuites, attaqué l'antimoine et vilipendé les apothicaires, il prenait à partie Mazarin.

J'ai retenu quelques passages de ses pamphlets. Voici la définition latine qu'il donnait du cardinal :

« *Est animal rubrum, callidum, rapax et vorax omnium beneficiorum;* c'est un animal rouge, rusé, voleur, et qui avale gloutonnement tous les bénéfices. »

« Le Mazarin, dit-il autre part, est le malheur de la reine, son démon, et, par conséquent, le nôtre. Je ne l'aime pas plus que le diable et le tiens pour ce qu'il est : *merus nebulo*, un pur faquin, un Pantalon à rouge bonnet et un bateleur à longue robe. »

Tout le reste était du même style.

Scarron, dans la *Mazarinade*, surpassait encore Gui Patin et accusait le ministre des choses les plus atroces, comme :

> D'avoir fait prendre un faux bouillon
> Au feu président Barillon.

A propos du poëte cul-de-jatte, il est bon de dire ce qu'était devenue Françoise d'Aubigné depuis l'affaire avec Villarceaux.

On se rappelle qu'à mon départ pour Naples je lui avais laissé la garde de ma maison. Elle y demeura jusqu'à mon retour, et, comme Scarron venait alors d'obtenir une pension de la reine, elle consentit à aller demeurer avec lui.

Il s'agissait même entre eux d'un mariage, ce qui me semblait assez burlesque.

Mais, le succès de la *Mazarinade* ayant déplu à la cour, et, par suite, fait supprimer la pension du poëte, ce projet d'union fut reculé et ils retombèrent dans la gêne, ce que j'appris malheureusement beaucoup trop tard.

Je pardonnais moins à Françoise de m'avoir caché sa misère que de m'avoir soufflé Villarceaux.

Nous étions trop amies pour qu'elle ne vînt pas sans façon puiser dans ma bourse comme dans la sienne. Elle resta sottement près d'une année à vivre de travaux de couture et à se crotter par les rues en portant aux imprimeries les épreuves des livres de Scarron.

Enfin, comme on le verra plus tard, ils daignèrent recourir à moi, mais seulement lorsqu'ils furent dans la dernière détresse.

La cour, lasse de bouder, et après avoir habité successivement Rueil, Saint-Germain, Amiens et Compiègne, rentra solennellement à Paris le 8 août 1649.

La paix semblait être décidément faite. Condé se trouvait dans le même carrosse avec Marazin, ce qui mit les Frondeurs en rage

Deux jours après, cette chanson du baron de Brot était dans toutes les bouches :

> La reine a dit en sortant de la ville :
> « Ah ! je m'en souviendrai !
> Sachez, Français, que je suis de Castille,
> Et je me vengerai,
> Ou bien j'aurai la mémoire perdue. »
> Elle est revenue,
> Dame Anne,
> Elle est revenue !
>
> La reine a dit : « J'ai souffert en chrétienne
> Un si sensible affront ;
> Je gagerais qu'avant que je revienne
> Ils s'en repentiront. »

> Elle a, ma foi, sa gageure perdue.
> Elle est revenue,
> Dame Anne,
> Elle est revenue !

Mais la bonne intelligence entre Condé et Mazarin ne devait pas durer longtemps.

Le cardinal ayant voulu marier une de ses nièces au duc de Mercœur, allié à la famille de M. le Prince, celui-ci s'écria tout furieux « que les nièces de Mazarin étaient tout au plus bonnes à épouser ses valets. »

— Allez lui dire cela de ma part, ajouta-t-il, et, s'il se fâche, j'ordonnerai à Champfleury, son capitaine des gardes, de me l'amener par la barbe à l'hôtel de Condé !

Mazarin dévora l'outrage.

Il poussa même la flagornerie jusqu'à offrir au prince le bâton de connétable ; mais Condé refusa tout.

Madame de Longueville l'excitait fortement à une nouvelle rupture, et Marsillac se joignait à elle.

Notre héros, autrefois si susceptible, permettait alors à l'amant de sa sœur de rester à Paris, mais à condition qu'il se marierait.

François en passa donc par un mariage sans amour ; puis, obéissant aux instigations de la duchesse, il s'avisa de réclamer le tabouret pour sa femme.

A cette prétention, voilà de nouveau la cour bouleversée.

On s'écrie que les honneurs du Louvre ne sont dus qu'aux pairs et aux princes des maisons souveraines : Marsillac ne peut donc prétendre à ces honneurs que le jour où il héritera du titre de duc de la Rochefoucauld.

Le réclamant persiste.

Huit cents gentilshommes s'élèvent contre sa demande et signent un pacte d'union.

Marsillac et Condé, battus, mettent le feu aux poudres.

D'une question d'étiquette on passe à des discussions violentes sur le pouvoir des rois, l'indépendance de la noblesse, l'ancienne constitution de la monarchie, et la Fronde recommence, plus acharnée, plus terrible.

On tire un coup de pistolet sur le syndic des rentiers pour faire croire que la cour veut assassiner les défenseurs du peuple, et, le même soir, le carrosse de Condé, qui passait à vide sur le pont Neuf, est percé d'une balle.

Le prince croit sérieusement qu'on en veut à ses jours.

Il rompt avec le Palais-Royal de la façon la plus ouverte.

Mazarin, toutefois, ne se déconcerte pas. Le passé lui ayant appris que la révolte finissait par des chansons, il fait chansonner son ennemi, prend tout en plaisantant, donne des fêtes, encourage la passion du jeu, pousse aux intrigues d'amour et s'imagine triompher par ce beau système.

Jamais, à aucune époque, ministre ne fit pareille litière des honneurs.

On avait tellement l'habitude de le voir prostituer les dignités, qu'une dame, sollicitant le brevet de duc pour son mari, osa dire en plein cercle de la reine que ce n'était point pour avoir l'honneur d'être duc, mais pour éviter la honte de ne l'être pas.

Avare à l'excès, Mazarin eût donné le bâton de maréchal de France plutôt qu'une gratification de six cents livres.

Il refusait quelquefois à la reine le nécessaire, et l'on trouva cinquante millions chez sa nièce Olympe Mancini, comtesse de Soissons, qui jouait trois ou quatre mille pistoles par jour au lansquenet ou à la bête.

Le cardinal de Sainte-Cécile, frère du ministre, disait de lui souvent :

« *Il mio fratello è un coïone; fati rumore, egli avrà poura.* »

Mazarin prit l'intrigue, le manége, les artifices du courtisan pour la grandeur et l'élévation de vues du véritable ministre. Son caractère ignoble fut l'origine de tous les maux de la Fronde.

On sait que jadis il était venu à mon cercle.

Depuis son élévation, je n'avais pas eu la moindre marque de son souvenir. Je fus donc très-surprise de voir Champfleury arriver un matin chez moi avec une invitation de me rendre auprès de son maître.

A tout hasard, je fis toilette et je pris le chemin du Palais-Royal.

Me voyant entrer dans son cabinet, Mazarin se leva et vint à ma rencontre avec un air galant et empressé qui me donna beaucoup à réfléchir.

Je me tins sur mes gardes.

— Eh! chère enfant, s'écria-t-il avec son affreux jargon italien, il me semble que vous oubliez vos amis?

— Il est pardonnable d'oublier des amis aussi puissants que vous, monseigneur.

— Oui, je crois que ce n'est pas de l'indifférence; mais alors c'est de l'orgueil.

— Que voulez-vous, monsieur le cardinal? Vous êtes premier ministre; mais je suis femme, et ce n'était pas à moi de faire la première démarche.

— Allons, soit, j'ai tort.

Il se mit à se promener d'un bout de la pièce à l'autre, sans me faire asseoir ce qui me parut fort ridicule.

— Mais que devenez-vous? reprit-il, à quoi passez-vous le temps? Il y a un siècle que personne ne m'a rien dit de la rue des Tournelles.

— On s'occupe trop de conspirations et de révoltes, monseigneur; la galanterie s'en va.

— *Per Baccho!* voilà précisément de quoi je me plains! Si vous aviez voulu, vous autres femmes, la Fronde serait enterrée.

— Comment cela? lui demandai-je.

— Il fallait imposer une loi rigoureuse à vos maris, à vos amants, et leur défendre de s'occuper de politique, sous peine de les sevrer d'amour.

Des harengères et des hommes du peuple encombraient la rue. *Page* 406.

— Vous n'avez pas tort, lui dis-je, souriant de l'originalité de l'observation.

—Parbleu! vous perdez beaucoup plus que nous à ces troubles. Je ne comprends pas votre calme, à vous surtout, qui, de nos beautés parisiennes, êtes la plus capable de donner le branle.

— Croyez-vous, monseigneur?

— Sans doute; voilà pourquoi je vous ai fait venir. Je regarde ceci comme une chose capitale. Il faut reconstituer votre cercle, y appeler la cour et la ville. Si vous pensez que ma présence puisse y donner de l'éclat, j'irai, je vous le promets.

— C'est un honneur que je sais apprécier, dis-je au milieu d'une inclination profonde.

Il daigna s'apercevoir qu'il me laissait debout, m'offrit un fauteuil et prit place à côté de moi.

— Voyons, me demanda-t-il, avez-vous un amant en titre, charmante?

La question me parut bizarre.

— Non, monseigneur, balbutiai-je.

— Quoi! votre cœur est dans l'oisiveté?

— Dans une oisiveté complète.

— Me voulez-vous? fit-il en me prenant les deux mains et en me regardant en face.

Cette fois, je crus avoir mal entendu et je restai stupéfaite.

— Vous ne parlez pas sérieusement, monsieur le cardinal? dis-je après un silence.

— Je parle très-sérieusement.

— Par exemple!

— C'est à vous de répondre oui ou non.

— Je suis vraiment fort embarrassée.

— Pourquoi donc? Le premier ministre n'est pas un homme à dédaigner, songez-y, ma chère!

Cet excès de cynisme me révoltait. Mais, comme il eût été dangereux de froisser son amour-propre, je répondis en baissant les yeux devant ses regards effrontés :

— Il vous plaira, j'espère, monsieur le cardinal, de m'accorder quelques jours de réflexion.

— Deux jours, pas davantage.

— C'est bien peu.

— Pour vous.... mais pour moi! répliqua-t-il en souriant d'un air vainqueur. Du reste, l'affaire doit se conclure lestement. Si vous acceptez, comme j'en ai d'avance la certitude, vous puiserez à la source des grâces, je ne vous refuserai rien.

— Et la reine? murmurai-je à demi-voix.

— Chut! fit-il en portant l'index à ses lèvres; la reine me fatigue, et puis elle vieillit : j'ai besoin de me ragaillardir ailleurs.

Décidément cet homme eût mérité vingt soufflets. Je me levai pour sortir. Il s'empara de mes mains, qu'il porta galamment à ses lèvres.

— J'espère, ajouta-t-il, que vous me saurez gré de vous avoir choisie entre toutes!

— En effet, je suis confuse de tant de bonté! dis-je, me hâtant de lui tirer ma révérence, car je sentais que j'allais faire un éclat.

— Ainsi donc, ma divine, dans deux jours?

— Dans deux jours, monseigneur.

— J'enverrai Champfleury chercher la réponse.

— Comme il vous plaira.

— Vous la lui donnerez par écrit?

— Par écrit, c'est convenu.

Je quittai le Palais-Royal, étourdie de l'incroyable aplomb du ministre et du sans-façon scandaleux qu'il venait de déployer à mon égard.

En traversant les galeries, je songeais au moyen de me tirer de là avec honneur, c'est-à-dire en donnant une leçon à ce maroufle en barrette sans trop m'exposer à sa vengeance, lorsque tout à coup je crus m'apercevoir que j'étais suivie par des espions.

Je pressai le pas.

Mais je ne leur échappai un instant que pour les retrouver près de mon carrosse, où ils étaient arrivés les premiers par des passages à eux connus, afin d'interroger mes laquais.

Cela me donna des craintes assez vives, qui ne tardèrent pas à se réaliser.

Le soir même, je vis entrer chez moi Comminges et Guitaut, les deux capitaines des gardes d'Anne d'Autriche.

Guitaut avait remplacé Gersay.

— Nous venons, mademoiselle, me dit Comminges, accomplir auprès de vous une mission pénible.

— Quelle mission, messieurs?

— La reine vous ordonne de vous retirer dans un couvent.

— Ah! fis-je, assez émue de la nouvelle. Et en quoi ai-je mérité ce châtiment, je vous prie?

— Voilà ce que nous ne sommes point chargés de vous apprendre.

— Mais je ne me sens en aucune sorte appelée au cloître, messieurs, je vous assure!

— Nous le croyons, mademoiselle. Par malheur, Sa Majesté ne juge pas à propos de tenir compte du plus ou moins de vocation que vous pouvez avoir.

Comminges parlait fort durement.

Je me tournai vers Guitaut, que je connaissais un peu.

— De grâce, lui dis-je, ne me laissez pas dans l'incertitude! Est-ce que cela tient à ma visite au cardinal?

— Oui, me répondit-il. Les espions de la reine, vous ayant vue entrer chez le ministre, se sont postés de manière à écouter l'entretien. Ils vous ont suivie au retour, afin d'apprendre votre nom, qu'ils avaient besoin d'inscrire dans leur rapport.

— Êtes-vous sûr de cela?

— Parfaitement sûr. Il y a eu entre le cardinal et Anne d'Autriche une explication terrible, à la fin de laquelle Son Éminence vous a sacrifiée.

— Le lâche!

— Finissons, interrompit Comminges. La reine vous laisse

le choix du couvent et vous donne vingt-quatre heures pour vous y rendre.

— Vingt-quatre heures!... Quelle grâce!... En vérité l'anecdote est curieuse et bonne à crier sur les toits. Je vous préviens, messieurs, que je ne m'en ferai pas faute.

— Vous êtes libre, mademoiselle; mais, pour le moment, il nous faut accomplir notre mission. Quel couvent choisissez-vous?

— Allez annoncer à la reine, repartis-je en éclatant de rire, que je me décide pour le couvent des Grands-Cordeliers!

Ils s'en retournèrent porter cette belle réponse au Palais-Royal.

— Fi, la vilaine! dit Anne d'Autriche.

Mais elle ne put s'empêcher de sourire.

X

En attendant, je n'étais pas tranquille.

Si j'avais tourné la chose en plaisanterie devant messieurs les capitaines des gardes, c'est qu'il m'était venu à l'idée un moyen de salut, dont je m'empressai de faire usage.

Perrote fut chargé de porter à l'instant même trois lettres pressantes à Condé, au coadjuteur, et à Beaufort.

Ils arrivèrent tous trois ensemble, et je leur racontai ma mésaventure.

— Vous comprenez, leur dis-je, que je ne suis nullement d'humeur à pratiquer la vertu d'obéissance. Je me place sous votre protection immédiate.

— Bravo! s'écrièrent-ils.

— Je me fais frondeuse!

— A merveille!

— Ma chère, dit le prince, je vous offre un appartement à l'hôtel de Condé.

— Mais comment pourrai-je m'y rendre? je vais être arrêtée en chemin : on m'a dit que la maison était gardée à vue.

— Bel obstacle! s'écria Beaufort. Soyez tranquille, je me charge de vous composer un cortége que tous les limiers de la police n'entameront pas. J'ai là mon carrosse : attendez-moi seulement une heure, et je reviens!

Il sortit.

Au bout de l'intervalle qu'il avait fixé, nous entendîmes dans le voisinage une épouvantable rumeur. Des milliers de harangères et d'hommes du peuple encombraient la rue des Tournelles

— Voilà votre escorte! me dit Beaufort, qui rentra, ouvrit la fenêtre et nous fit voir toute sa canaille attroupée sous mon balcon.

Elle le salua de clameurs frénétiques.

— Maintenant, ajouta-t-il, vous pouvez impunément braver la reine de France : le *Roi des Halles* vous protége!

Nous partîmes.

La populace déguenillée entoura mon carrosse jusqu'à la maison de M. le Prince, où je fus dès lors inattaquable. J'y trouvai madame de Longueville, dont je reçus mille caresses, et qui n'eut pas assez de félicitations lorsqu'elle apprit que j'étais en guerre avec le Palais-Royal.

Ainsi me voilà mêlée aux désordres de la Fronde, moi qui, six semaines auparavant, écrivais d'Angleterre à Condé pour le supplier d'y mettre un terme!

C'est une des nombreuses contradictions de ma vie.

Toutefois il faut convenir que la reine et le ministre pouvaient s'attribuer une légère part dans ce changement de couleur.

Jamais la situation n'avait été plus grave. Les princes ne sortaient qu'en armes. Retz lui-même cachait un poignard sous sa soutane violette. On vit un jour passer le manche, et quelqu'un s'écria :

— Eh! regardez un peu le bréviaire de M. le coadjuteur!

Condé déployait une audace incroyable. Il s'arrangeait pour que Mazarin reçût à chaque instant de nouveaux affronts et la reine de nouvelles insultes.

S'imaginant que rien désormais ne pouvait abattre sa puissance, le prince ne ménageait personne, pas même ses amis les frondeurs. Je l'entendis exprimer plus d'une fois le peu de cas qu'il faisait de Retz et de ses intrigues.

Les propos revinrent aux oreilles du coadjuteur.

Il se rapprocha de la cour.

Anne d'Autriche l'accueillit avec joie. Retz lui donna des conseils qu'elle ne tarda pas à mettre à exécution.

Un soir que j'étais avec madame de Longueville, la porte s'ouvrit brusquement, et nous vîmes entrer un tourbillon de plumes, de velours et de dentelles, qui vint s'abattre auprès de la duchesse et lui fit jeter un cri de stupeur.

Elle balbutia tout émue, en joignant les mains :

— Mademoiselle!... chez moi!... C'est un rêve!

— Non, vous êtes bien éveillée, répondit la fille de Gaston, que je reconnus à mon tour. Mais point de paroles inutiles, continua-t-elle. Où est le prince?

— Au Palais-Royal. La reine l'a fait mander.

— Bonté divine!... Y est-il seul?

— Mon frère Conti et M. de Longueville l'accompagnent.

— Ah! les malheureux! s'écria Mademoiselle, ils sont perdus!

— Comment? expliquez-vous! murmura madame de Longueville très-pâle.

— Il y a trahison. J'ai tout su par Monsieur, qui est du complot. Les princes doivent être arrêtés, à l'heure où je vous parle, et conduits à Vincennes.

— Je n'en crois rien! s'écria la duchesse. On n'oserait pas.

— Puisque je vous affirme que c'est un coup monté! Faites prendre des informations.

La sœur de Condé sonna.

Trois domestiques furent envoyés au Palais-Royal, et revinrent, au bout d'un quart d'heure, nous confirmer la triste nouvelle.

— Ainsi, dit madame de Longueville, frémissante, à la fille de Gaston, vous êtes venue jouir de ma douleur et triompher de mes larmes!... car vous êtes contre nous, vous détestez mon frère!

— Je déteste avant tout l'injustice et le parjure, répondit Mademoiselle avec dignité. Retz et Monsieur, deux amis du prince, l'abandonnent lâchement et le livrent à ses ennemis : dès ce jour je suis pour Condé!

Il est impossible de rendre l'accent noble et ferme avec lequel elle prononça ces paroles.

Huit ans bientôt s'étaient écoulés depuis la querelle du Luxembourg.

La princesse, entièrement devenue femme, avait le plus grand air et déployait dans tout son extérieur la majesté d'une reine, sans rien perdre de la grâce de son exquise nature.

Elle était d'une taille fort bien prise. Son visage, un peu long, mais régulier dans ses contours, son nez aquilin, sa bouche légèrement dédaigneuse, ses yeux doux et fiers comme sa mine, formaient un ensemble qui, s'il ne constituait pas une beauté parfaite, n'en offrait pas moins un modèle accompli de noblesse et de grandeur.

Mademoiselle de Montpensier avait les plus jolis bras du monde, la main fine, le pied mignon, la jambe droite, avec une gorge très-belle, une peau blanche et les cheveux d'un cendré magnifique.

Une vive rougeur colorait son front : elle était très-émue.

La sœur de M. le Prince continuait de la regarder avec défiance, malgré le franc et loyal discours qu'elle venait d'entendre.

— Vous n'êtes pas en sûreté vous-même, lui dit Mademoiselle : il faut fuir! mon carrosse est en bas. Où désirez-vous qu'il vous conduise?

Madame de Longueville ne répondit pas.

Perrote me croyait perdue... Page 411.

A son air de douloureuse hésitation, la jeune princesse devina quelle crainte secrète l'agitait encore.

— Ne croyez-vous pas à mon honneur, demanda-t-elle, et pensez-vous qu'une fille de France puisse s'abaisser à une tromperie indigne?

La duchesse, vaincue, se précipita dans ses bras.

— Oh! oui, vous êtes bonne et généreuse! Pardonnez-moi,

s'écria-t-elle en fondant en larmes.

— Songez que le temps est précieux : fuyez vite !

— Mais où irai-je, hélas?

— En province. Paris ne vous offre plus que des périls.

— Je vais me réfugier en Normandie : c'est le gouvernement de mon époux. Il y a beaucoup d'amis; on ne refusera pas de me donner asile et de me soutenir.

— Partez donc, et n'attendez pas l'arrivée des gens de la reine.

Madame de Longueville prit à la hâte quelque argent et des pierreries. Nous descendîmes. Elle se jeta en carrosse, et je la suppliai de me permettre de partager sa fuite. Mais elle ne voulut pas y consentir, disant qu'il fallait qu'une personne dévouée restât pour lui envoyer des nouvelles des princes.

— Hélas! je ne suis pas en sûreté non plus! m'écriai-je.

— Pardonnez-moi; car, au besoin, Mademoiselle vous protégera.

— Oui, répondit la fille de Gaston, je m'y engage.

La pauvre duchesse partit.

Elle n'était pas au bout de ses peines, et devait éprouver bien des vicissitudes. On la reçut mal à Rouen. Quelques-uns de ses ennemis proposaient de la livrer à la cour; elle s'enfuit à Dieppe, où on la reçut plus mal encore, et où elle faillit se noyer en s'embarquant pour la Hollande. Enfin elle arriva dans ce pays saine et sauve, et put gagner Stenay, qui est une place à M. le Prince.

Là, madame de Longueville résolut de tirer vengeance des maux qu'on lui avait suscités; elle vendit ses pierreries, leva des troupes et décida Turenne à en prendre le commandement.

J'étais restée seule avec Mademoiselle, qui me témoignait beaucoup de bienveillance.

Elle m'assurait qu'elle me reconnaissait.

— Je vous ai vue en compagnie du prince et de sa sœur, me dit-elle, le soir où il a cassé le bâton sur la tête de l'exempt.

— Oui, Votre Altesse Royale ne se trompe pas.

— Mais quel danger courez-vous donc?

Je lui expliquai mon histoire avec le ministre et la colère de la reine.

Son avis fut qu'Anne d'Autriche, occupée des troubles, devait avoir oublié cette affaire, et que je pouvais rentrer chez moi, en ayant soin pourtant d'y apporter de la prudence et de ne pas trop me montrer au dehors.

Du reste, elle daigna me promettre de m'envoyer bientôt chercher ou de venir elle-même me rendre visite.

Comme son carrosse avait été pris par la duchesse, elle donna l'ordre d'aller louer une voiture, qui la reconduisit aux Tuileries, où elle demeurait.

Le cocher me ramena ensuite rue des Tournelles.

Perrote me croyait perdue.

Il témoigna la plus grande joie de me revoir, et m'annonça que, sept à huit jours de suite, mademoiselle d'Aubigné était venue demander après moi. J'envoyai chez elle à l'instant même.

Elle arriva, se jeta à mon cou toute en pleurs, et me fit enfin l'aveu de la triste situation où elle se trouvait avec son poëte.

Sans perdre une minute, j'envoyai prendre le pauvre cul-de-jatte, et je les installai chez moi.

En toute autre circonstance, j'eusse agi de même. Néanmoins je dois dire que, dans le cas présent, il y avait de ma part un peu d'égoïsme. Condamnée à rester en chambre, je n'étais pas fâchée d'avoir une agréable société.

Scarron me fit le plus pompeux éloge de sa compagne.

— Les libraires, depuis les troubles, ne m'achètent plus de livres, me dit-il; et sans elle, sans son courage au travail, je serais mort de faim!

Malgré la vieille intrigue avec Villarceaux, je ne pus m'empêcher de reconnaître le mérite de Françoise.

Bien peu de femmes eussent été capables de suivre son exemple. Jeune, jolie, ayant tout pour plaire, et se vouer si généreusement au soin d'un pauvre malade, c'était, il faut l'avouer, une belle et digne action. Mademoiselle d'Aubigné n'oubliait pas que Scarron l'avait jadis secourue lui-même; elle savait payer noblement la dette de la reconnaissance.

Le poëte appréciait Françoise mieux que personne, et l'affection qu'il lui avait vouée ressemblait plutôt à la tendresse d'un père qu'à celle d'un amant.

Aussi, lorsqu'il m'expliqua pourquoi il voulait lui donner son nom, ce projet de mariage, que d'abord je trouvais bizarre, me sembla très-louable au point de vue où il l'envisageait.

Il fut arrêté que, le lendemain, je ferais venir mon notaire pour dresser le contrat.

— Mais à propos, mon ami, dis-je à Scarron, je n'ai jamais su ni pourquoi ni comment vous aviez été pensionné de la reine?

— J'ai obtenu cela, me répondit-il, en la faisant rire.

— Allons donc!

— C'est comme je vous l'affirme. Vous savez que j'ai la réputation d'être très-comique.

— Et vous la méritez.

— Merci.

— Voyons l'histoire de la reine, lui dis-je.

— Oh! rien de plus simple. A force de sollicitations et de requêtes, je réussis à me faire accorder une audience, et je demandai à Anne d'Autriche la faveur d'être son *malade en titre d'office.* Elle s'amusa beaucoup de ma supplique, m'accorda cinq cents écus sur sa cassette, et je m'appelai dès lors *Scarron, par la grâce de Dieu, malade indigne de la reine.*

— C'était là, monsieur, une fort belle position.

— Parbleu! fit-il, et très-rare! Il est certain que j'avais peu de collègues.

— Je ne comprends pas que vous ayez fait la *Mazarinade.*

— Ni moi non plus.

— Quoi! voilà votre excuse?

— Eh! oui. Ce brigand de Retz ne m'a jamais poussé qu'à

des sottises! Il m'apporta d'un seul coup cinq mille livres pour exterminer le cardinal à coups de rimes. J'avais à mes trousses des créanciers qui hurlaient. La somme m'éblouit, je tentai l'aventure.

— Mais alors, quand vous êtes retombé dans la gêne, Retz aurait dû vous secourir.

— Lui!... Ne savez-vous pas qu'il est aux abois lui-même? Quarante millions, voilà le chiffre de ses dettes. Enfin les jours de misère sont passés, ne parlons que de mon bonheur.

On signa, le lendemain, le contrat de mariage de Paul Scarron et de Françoise d'Aubigné.

Ils pleurèrent de joie en voyant une clause par laquelle je leur rendais les cinq cents écus que leur avait ôtés la reine. Seulement le notaire déclara que le capital de cette rente était inaliénable.

— Et vous, demanda-t-il au poëte, que reconnaissez-vous en dot à l'accordée?

— Deux grands yeux noirs magnifiques, répondit Scarron, un très-beau corsage, une belle paire de mains et beaucoup d'esprit.

Le fait est que Françoise avait tout cela.

Je leur louai une petite maison, et je la garnis de meubles et de linge. Dès ce moment, ils vécurent sans soucis, recevant une société fort honnête, où le mérite de mademoiselle d'Aubigné finit par se faire jour.

Elle me dut, je puis le dire, la fortune qui lui arriva par la suite; mais je ne savais guère alors travailler pour le plus grand roi du monde.

J'attendais avec impatience la visite que m'avait promise la duchesse de Montpensier.

Un soir, elle m'arriva toute radieuse.

— Nous allons passer deux jours ensemble! s'écria-t-elle. Monsieur vient de partir pour Dombes; Madame est allée à Chantilly voir la douairière de Condé. Je suis libre!... Et d'abord nous assisterons aujourd'hui même au grand coucher du roi.

— Mais les dames n'y sont point admises ?

— Ne vous inquiétez de rien, nous aurons des costumes d'hommes. Venez !

Elle m'entraîna.

Sa parure était de la dernière magnificence, et je fus très-orgueilleuse de voir qu'elle m'honorait assez pour se montrer avec moi sans recourir à l'incognito.

Mademoiselle portait une robe de taffetas aurore, bordée d'un cordonnet d'argent, des pendants d'oreilles en rubis, un riche collier de perles orientales et de gros diamants en bagues et en bracelets.

Son carrosse nous conduisit au Luxembourg, où elle résidait alors, ayant quitté les Tuileries, sa demeure ordinaire, pour être plus à portée de surveiller Monsieur, dont les tergiversations politiques la mettaient au désespoir.

— Avez-vous des nouvelles des princes ? lui demandai-je.

— Oui, d'excellentes.

— J'en suis ravie pour cette chère duchesse.

— Vous pouvez lui écrire que, de Vincennes, on les a transférés à Marcoussis, et de Marcoussis au Havre ; mais partout, et malgré la surveillance de Debar, leur geôlier, nous communiquons avec eux.

— Ah ! de quelle manière ?

— D'une manière aussi simple que commode. Parmi les pièces d'argent qui leur sont envoyées pour leurs menus plaisirs, on glisse des écus creux, fabriqués avec un talent admirable. Debar les palpe et les compte sans se douter de la ruse. Par ce moyen, la correspondance entre les prisonniers et nous devient on ne peut plus facile.

— C'est très-ingénieux.

— Quand je songe, reprit Mademoiselle en éclatant de rire, que ce farouche Debar voulait qu'on dît la messe en français à Condé et à ses frères !

— Bon ! Et pourquoi cela ?

— Parce que, ne sachant pas le latin, lui Debar, le prêtre

pouvait parler aux princes sans qu'il y comprît un mot. Il n'était pas très-sûr, disait-il, que *Dominus vobiscum* ne signifiât point : *On vous sauvera cette nuit;* quant à ces autres mots : *Cum spiritu tuo,* que les princes répétaient à haute et intelligible voix, cela voulait évidemment dire : *Nous aurons l'esprit de le tuer.*

— Ah! l'imbécile! m'écriai-je.

— Oui, c'est une providence. S'il était moins bête, nous serions fort à la gêne.

J'admirais la vivacité d'entretien de Mademoiselle et la singularité de son caractère.

Ainsi venir me prendre, moi, qu'elle connaissait à peine, pour me conduire au coucher du roi, c'était vraiment un projet fort bizarre. Néanmoins elle avait l'air si digne et si grave, que la plus grande folie du monde eût passé avec elle.

Voulant étudier dans tous ses détails cette nature extraordinaire, je me hasardai à dire, après un instant d'hésitation :

— Mais, princesse, je suis, en vérité, surprise du vif intérêt que vous portez à M. le Prince; car autrefois, si je ne me trompe, vous le détestiez cordialement.

— C'est vrai, me répondit-elle. Je le haïssais parce qu'il ne m'avait pas demandée pour femme au lieu de mademoiselle de Brézé.

— La nièce de Richelieu, je crois?

— Précisément. Une petite sotte prétentieuse. Le jour de son mariage, elle avait mis, pour rehausser sa taille, des souliers si hauts, qu'elle tomba droit sur le nez en dansant une couronne. Je ne pardonnais pas au prince ce choix ridicule; et ceci vous explique les esclandres du *Te Deum* et du Luxembourg.

— Mais, à présent, pourquoi lui pardonnez-vous?

— Un ennemi malheureux a droit à des égards.

— Vous avez raison.

— Et puis j'ai su que son père lui avait forcé la main pour complaire au cardinal. N'importe, ajouta-t-elle en soupirant, il devait résister : je ne serais pas aujourd'hui vieille fille !

— A vingt-trois ans, princesse, y songez-vous?

Elle poussa un nouveau soupir.

— Hélas! fit-elle, je ne vois plus d'époux à ma convenance, et j'ai grand'peur de ne me marier jamais. Il y a bien le prince de Galles. Sa mère, Dieu merci! me le jette assez à la tête. Mais figurez-vous que l'autre jour, à Saint-Germain, il ne mangea point d'ortolans, et s'empara d'une pièce de bœuf qu'il dévora presque tout entière.

— Comme c'est bien d'un Anglais! dis-je, riant du singulier motif qu'elle avait de ne pas épouser le fils de la reine Henriette.

— N'est-ce pas?.... J'aimerais mieux l'empereur, qui a cinquante ans; mais Anne d'Autriche et Mazarin s'y opposent; voilà pourquoi je me tourne contre eux. Du reste, ma rancune envers Condé ne m'a jamais empêchée de rendre justice à ses qualités héroïques. Si jamais il devient veuf, il faudra qu'il m'épouse ou qu'il me fasse épouser le roi.... Je n'en démordrai pas!

Mademoiselle me débita cette tirade de l'air le plus sérieux du monde.

J'étais dans l'ébahissement.

Nous arrivâmes au Luxembourg.

Une collation magnifique était servie dans les appartements de la princesse.

Elle me fit mettre à table.

— Ah! dit-elle en me passant des confitures et en poursuivant l'entretien du carrosse, le Mazarin aura fort à faire avec moi! Je me suis souvent moquée de Richelieu : si le lion ne m'a pas fait peur, que sera-ce du renard?

— Vous vous êtes moquée de Richelieu, et à quelle occasion? demandai-je.

Je la trouvai dans une véritable allégresse... Page 424.

— C'était encore à propos d'un mariage : toutes mes rancunes viennent de là.

— Mais vous étiez si jeune, alors!

— Aussi n'est-ce pas moi qu'on avait la prétention de marier, c'était mon père. Et avec qui? Devinez. Avec la Combalet. Tous ces cardinaux ont des nièces qu'ils essayent de glisser dans la couche des princes du sang. Irritée de me voir une semblable belle-mère en perspective, je me postai partout sur le passage de Richelieu pour lui chanter les couplets qu'on avait composés contre lui et contre la dame. Dieu sait qu'il y en avait de piquants!

Mademoiselle m'offrit des oranges et frappa sur un timbre. Deux valets parurent.

— Appelez la Rivière, dit-elle.

Un instant après, entra un personnage au regard faux et louche.

C'était le fameux conseiller de Gaston, l'inventeur des perruques.

Il en portait une énorme, qui avait du moins l'avantage de cacher en partie sa laide figure.

— Nos costumes sont-ils prêts, l'abbé? demanda la princesse.

— Oui, Mademoiselle, répondit-il en s'inclinant jusqu'à terre.

— Faites-les-nous donner, et soyez à mes ordres.

Il se retira.

— Vous venez de voir, me dit Mademoiselle, le plus fourbe et le plus méchant des hommes.

— Cela se lit sur sa mine, princesse. Je l'avais deviné, je vous le jure.

— Toute notre famille le méprise et l'abhorre, excepté mon père, qui, pour notre malheur, s'est dirigé jusqu'ici par ses conseils. La Rivière lui a fait abandonner jadis le malheureux Cinq-Mars et son ami de Thou. Il ne faut pas chercher la cause de leur mort ailleurs que dans les dépositions de Monsieur au chancelier. C'est une honte! Les larmes m'en viennent aux yeux quand j'y songe.

— Et pourquoi vous servez-vous de cet homme?

— Parce que je n'ai personne autre sous la main. La curiosité fait passer sur bien des choses. Je meurs d'envie d'assister au grand coucher, et la Rivière nous servira d'introducteur. Monsieur lui bat froid depuis deux jours. Ce qu'il fait est pour me décider à intervenir dans un raccommodement.... Qu'il y compte! Cette vilaine tête veut se coiffer du chapeau de cardinal. Il n'y a pas de bassesse qu'il ne fasse pour se procurer la pourpre.

Comme elle achevait ces mots, la Rivière apporta lui-même deux costumes complets de gentilshommes, et se retira de nouveau sur un geste de la princesse.

— Commandez le carrosse ! lui cria-t-elle.

Après son départ, elle reprit :

— Nous allons nous servir mutuellement de valet de chambre, car il faut un grand secret ; je ne veux pas employer mes femmes.

Me donnant aussitôt l'exemple, elle quitta sa robe et me pria de l'habiller en homme. Elle fut enchantée de voir que le costume m'était familier.

En un instant nous fûmes prêtes.

Nous descendîmes par un escalier dérobé et nous rejoignîmes la Rivière dans un carrosse sans armoiries qui prit sa course vers le Palais-Royal.

— Mais n'est-il pas un peu trop tôt? demandai-je à Mademoiselle ; le roi se couche-t-il de si bonne heure?

— Oui, me répondit-elle. Ce n'est encore qu'un enfant, on le traite en enfant. Oh ! si je voyais en lui un homme, je n'aurais pas imaginé cette folie !

La réflexion me fit sourire.

Il était près de neuf heures lorsque nous entrâmes au Palais-Royal. La Rivière nous conduisit directement au jeu du roi. Il nous donna pour deux cadets de Picardie qui venaient faire leur cour.

Mademoiselle avait une charmante paire de moustaches et une royale postiches qui la rendaient méconnaissable.

Quant à moi, j'étais mieux déguisée encore.

Je rencontrai dans les antichambres beaucoup de seigneurs de mes amis. Pas un ne me salua, c'était bon signe.

Le Mazarin faisait ce soir-là le tric-trac du jeune roi, qui semblait priser fort peu la condescendance du ministre, et bâillait à se démonter la mâchoire.

Tout à coup neuf heures sonnèrent à la grande horloge.

XI

Le roi jeta brusquement le cornet qu'il tenait à la main.

Il se leva; chacun imita son exemple.

Se dirigeant ensuite vers un coin de la salle où la reine causait avec deux duchesses, il l'embrassa. ne daigna pas au retour saluer Mazarin, et disparut par la galerie de droite.

Les courtisans le suivirent; nous nous joignîmes à la foule.

On arriva près de la chambre à coucher, dont les huissiers ouvrirent la porte à deux battants. Le roi, dès qu'il eut franchi le seuil, donna son chapeau, ses gants et son épée au grand maître de la garde-robe.

Nous nous avançâmes pêle-mêle au milieu de la chambre.

J'avoue que je partageais la curiosité de Mademoiselle : je n'étais pas fâchée de voir comment se couchait un roi.

Quand Louis Dieudonné se fut débarrassé de tout ce qui le gênait pour se mettre à genoux, l'aumônier récita des oraisons à voix basse. Le roi, les yeux baissés et les mains jointes, parut s'unir très-dévotement à cette prière, qui, du reste, ne fut pas longue.

Il se releva, prit le bougeoir de vermeil et le tendit au prince de Guéménée. Celui-ci le reçut avec une inclination profonde.

La plus grande marque d'honneur que le roi puisse faire à l'un des gentilshommes présents est de lui permettre de l'éclairer pendant qu'il se déshabille.

Précédé de l'huissier, qui invitait les assistants à faire place, et du prince, qui tenait le bougeoir, Louis gagna un fauteuil, ôta son cordon bleu, son justaucorps, et s'assit.

Deux valets de chambre s'agenouillèrent, l'un à droite, l'autre à gauche.

Ils lui enlevèrent chacun un bas.

Puis, se retirant, ils furent remplacés par deux pages de la chambre. Ceux-ci, tenant à la main une pantoufle, s'agenouillèrent à leur tour et la glissèrent respectueusement aux pieds de Sa Majesté.

Louis XIV ôta lui-même son haut-de-chausses, qu'un troisième valet de chambre enveloppa dans une toilette de taffetas rouge.

— Ah! bonté divine! murmura Mademoiselle, est-ce qu'il va se mettre tout nu?

— Pourquoi non? répondis-je. Ce n'est qu'un enfant... Que risquons-nous?

— En effet, nous ne risquons rien.

Là-dessus, elle se mit à regarder intrépidement le roi, auquel le grand chambellan présentait la chemise de nuit.

— Voyez un peu, reprit-elle, comme il est chétif et malingre! Il ne sera pas bon à marier avant six ou sept ans : j'en aurai trente, et ce projet manquera comme les autres.

Son éternelle préoccupation de mariage m'amusait beaucoup. Mais je n'osai point rire.

Après la cérémonie de la chemise, le roi passa une magnifique robe de chambre, salua la foule, et un huissier cria :

— Allons, messieurs, passez !

Tout était fini. Nous dûmes sortir.

Si Dieu descend jamais sur terre, je ne sais vraiment quel honneur on pourra lui rendre après toutes les solennités dont on environne les moindres actions des rois.

Je ne fis pas cette remarque tout haut devant Mademoiselle, qui trouvait ces choses fort simples et qui me semblait émerveillée d'avoir vu se coucher monsieur son cousin.

Elle ne me permit pas de rentrer rue des Tournelles.

Nous retournâmes au Luxembourg, où, pendant quarante-huit heures, nous ne fîmes que manger, rire, danser et nous promener à pied ou à cheval.

Le surlendemain seulement je revins chez moi.

Parmi les rares courtisans que la politique me laissait alors, j'ai oublié de parler de M. de Gourville, dont j'avais fait la connaissance chez la sœur de Condé.

C'était un des plus chauds partisans de la cause des princes, homme d'infiniment d'esprit et de cœur, et, par cela même, d'un caractère aventureux qui devait le jeter plus tard dans une foule d'embarras.

Il voulut me présenter un original sans copie, appelé le marquis de Sourdis, lequel raffolait d'une certaine madame Cornuel, plus originale encore.

Un jour que Sourdis était allé la voir, il ne la trouva pas, attendit plus de deux heures, et, ne sachant que devenir, il embrassa la servante en manière de distraction.

Celle-ci garda mémoire de l'absence de sa maîtresse, et bientôt un témoignage irrécusable força la pauvre fille à une révélation complète.

— Eh bien, ma bonne, pourquoi vous désoler? lui dit tranquillement la dame. Cela ne vous est-il pas venu à mon service? Je n'ai donc aucun reproche à vous faire; ne pleurez plus!

Jamais M. le marquis de Sourdis n'allait à sa maison de campagne de Jouy sans emmener tous ses mulets, son chariot, son fourgon, et je ne sais combien d'hommes à cheval.

Madame Cornuel, l'accompagnant un jour, s'écria :

— Jésus! quel beau cortége! Il me semble voir Jacob et ses chameaux!

A la même époque, je reçus chez moi le poëte Sarrasin, fils d'un trésorier de Normandie. Son père lui avait laissé une fortune raisonnable. En pindarisant, il eut bientôt mangé la succession, et se vit dans la triste nécessité d'épouser la vieille madame du Pile, dévote acariâtre, auprès de laquelle la Xantippe de Socrate était une femme angélique.

Sarrasin fit au sujet de son mariage une pièce de vers intitulée : *Sans croix ni pile*. Mais il eut le tort de la montrer à sa femme, qui lui donna, dit-on, l'une et l'autre.

Par lui, j'étais au courant de toutes les menées du coadjuteur.

Dix-huit mois auparavant, Retz l'avait fait nommer secrétaire de Conti. Brouillé avec les princes, le protecteur ne pardonnait pas au protégé de leur rester fidèle, et l'appelait *poëtereau*.

Ce brouillon de Retz continuait à nouer intrigue sur intrigue.

Trouvant que la cour ne le récompensait pas dignement de ses services, il se remit à fronder de plus belle.

Mazarin perdit complétement la tête.

La Guyenne, gouvernement de M. le Prince, était en feu; Turenne marchait sur Paris avec son armée. La paix de Bordeaux et la victoire de Réthel ne semblèrent donner au ministre un instant de triomphe que pour rendre ensuite sa chute plus honteuse.

Entouré d'ennemis implacables, et craignant d'être victime d'un meurtre, il se retira à Saint-Germain.

Ce fut sa perte.

Aussitôt le parlement décréta que « sous quinze jours, le cardinal, ses parents et ses domestiques, eussent à vider le royaume, ou que sinon, ledit temps écoulé, il serait permis à chacun de leur courre sus. »

Voyant qu'il n'y avait plus d'espérance du côté de Paris, Mazarin porta ses regards vers le Havre. En fin politique, il se décidait à aller mettre lui-même M. le Prince en liberté, dans l'espoir que son ennemi se montrerait généreux. On dit qu'il pleura aux genoux de Condé, et s'humilia jusqu'à lui baiser la botte.

Mais celui-ci fut inflexible.

Il revint à Paris avec Conti et Longueville, pendant que le piteux cardinal prenait la route des Ardennes, et de là celle de Cologne.

J'admirai ce bon peuple de Paris, qui avait fait des feux de joie en apprenant l'arrestation des princes, et qui en fit également pour leur délivrance.

Mademoiselle m'appela au Luxembourg.

Je la trouvai dans une véritable allégresse. Elle me raconta qu'elle avait vu le prince et qu'ils s'étaient embrassés de grand cœur, tout en se faisant l'aveu réciproque de leurs pensées secrètes pendant les jours de leur haine.

— Quand vous avez eu la petite vérole, disait Condé, j'étais aux anges, persuadé que vous en deviendriez laide.

— Et moi, répondait Mademoiselle, quand j'ai su que la reine avait l'intention de vous arrêter, j'ai fait dire vingt messes pour que vous ne sortiez plus de Vincennes.

— Mais heureusement je vous retrouve plus jolie, ma cousine !

— Je dois vous avouer, mon cousin, que j'en ai commandé quarante ensuite pour demander au ciel de vous rendre libre.

Là-dessus, de nouveaux et plus tendres embrassements.

Elle lui prédit qu'elle serait reine de France. *Page* 430.

— Condé m'adore, je le vois bien, me dit la princesse; et jugez de mon bonheur! sa femme a un érésipèle qui vient de rentrer. sûrement elle en mourra!

Mais la petite Brézé se rétablit, et Mademoiselle en fut pour ses espérances.

Du reste, Condé revenu, le royaume ne s'en trouva pas mieux.

Que dis-je? Il s'en trouva beaucoup plus mal. Les affaires ressemblaient à un écheveau de fil brouillé par la griffe de Satan. Il y avait deux Frondes, la grande et la petite, celle des nobles et celle du peuple.

Le cardinal, du fond de son exil, réussit à les exciter l'une contre l'autre.

Cela lui fut d'autant plus facile, que le prince, chef de la première, n'aimait pas le coadjuteur, chef de la seconde.

Voyant l'orage prêt à éclater sur sa tête, et flairant la Bastille, Retz a recours à la ruse, se confine au fond de son archevêché, semble renoncer à tout, et ne sort plus que pour prêcher, confirmer et dire la messe. Rien n'était plus édifiant.

Nous disions que le diable se faisait ermite.

Condé, débarrassé de son rival, parle en maître à la cour et s'abandonne à tous les funestes conseils de l'ambition.

Il ne se gêne pas pour dire à haute voix que les enfants d'Anne d'Autriche ne sont pas de Louis XIII, et déclare qu'il ne cessera la lutte que le jour où on lui accordera pour son gouvernement de Guyenne les droits régaliens. C'est un royaume qu'il se propose de fonder, un royaume limitrophe de l'Espagne, avec le secours de laquelle il pourra plus tard conquérir la France.

Mazarin écrit de Cologne que si la reine accepte ces conditions il n'y a plus qu'à mener M. le Prince à Reims. Anne d'Autriche, effrayée, refuse tout, et fait appeler le coadjuteur.

C'était là précisément ce que Retz attendait de sa ruse.

Il renonce à la retraite, et le voilà machinant et intriguant à coup sûr contre Condé, qui eut alors la première pensée de recourir aux armes, pensée coupable et bien funeste à la gloire de son nom.

Je voyais clairement qu'il allait à l'abîme; je l'avais averti, j'avais averti la duchesse sa sœur.

Autant en emportait le vent.

Par prudence, je cessai de les voir, et je n'eus plus de leurs nouvelles qu'à de rares intervalles.

Gourville, malgré la certitude d'être un jour accusé de haute trahison, continuait à suivre leur fortune. Il me fit ses adieux, m'annonçant qu'il allait accompagner le prince en Guyenne, d'où ils se proposaient de revenir, au printemps, accompagnés de troupes nombreuses, pour forcer la reine à composition.

En effet, ils partirent dès le lendemain.

Je fus donc très-surprise de voir Gourville entrer chez moi, cinq jours après, avec une mine défaite et toute l'apparence d'un homme qui vient de courir un péril sérieux.

Sous le bras, il avait un gros sac plein d'or qu'il déposa sur ma table.

— Eh! bon Dieu! mon ami, qu'y a-t-il? m'écriai-je à l'aspect de sa physionomie bouleversée.

— On me traque dans tout Paris, me répondit-il. Je vous apporte soixante mille livres, c'est la moitié de ce que je possède en argent comptant. J'ai remis pareille somme au grand pénitencier en le priant de me la garder jusqu'à mon retour, si jamais je revois la France. Je vous fais la même prière.

— Mais où allez-vous?

— A Londres.

— Et qui vous y force?

— La crainte de la Bastille, où je serais sûrement enfermé demain si je ne m'échappais cette nuit.

— Et pourquoi, mon Dieu? Qu'avez-vous donc fait?

— J'ai voulu enlever le coadjuteur.

— Bel enlèvement!

— Madame de Longueville et Condé le désiraient. Vous savez que M. le Prince est décidément en révolte ouverte. Il lève une armée.

— Oui, c'est un grand malheur.

— Ne discutons pas là-dessus. Je l'accompagnais en Guyenne et nous traversions l'Angoumois, lorsque soudain lui passe par l'esprit cette idée de se venger de Retz et de l'empêcher de conseiller Anne d'Autriche. Aussitôt je m'offre pour exécuter le coup.

— Je vous reconnais bien là!

— Mais il fallait de l'argent, et Condé n'en avait que fort peu pour le reste du voyage. Alors... devinez ce que j'ai fait!

— Mauvaise tête! Que sais-je? Vous êtes capable de tout.

— L'instant d'auparavant, nous avions rencontré sur la route un collecteur des tailles. Je galope après lui, je lui enlève sa caisse, et je lui donne une quittance au nom du prince.

— Ah! malheureux! vous risquez les galères!

— Je ne dis pas non. Mais j'ai la conscience nette, attendu que le collecteur n'avait que dix mille livres et que j'en ai dépensé trente. Si le roi y est pour quelque chose, j'y suis pour le double : partant, quittes! L'essentiel était de pouvoir regagner Paris. J'y arrive, j'enrôle cinquante vauriens, tous gens de sac et de corde, et je les place en embuscade aux environs de l'hôtel de Chevreuse.

— Où le coadjuteur va tous les soirs.

— Justement. Nous étions certains du succès; mais Dieu ou le diable s'en sont mêlés.

— C'est plutôt le diable.

— Vous n'avez pas tort : Dieu n'aurait pas ainsi protégé Retz. A peine étions-nous à notre poste, qu'une averse abominable, un déluge, tomba des nues, et les trois quarts de mes chenapans prirent la fuite.

— Vous les aviez donc payés d'avance?

— Oui, ce fut là ma sottise. Il me restait néanmoins encore assez de monde pour réussir. Le coadjuteur sort en carrosse; je m'élance à sa poursuite; mais un embarras de voitures survient; dix équipages se croisent, se confondent. Retz, qui a l'œil fin, se doute du tour, descend sournoisement de carrosse, et, une fois à la porte du Roule, nous nous apercevons que nous n'avons enlevé qu'une voiture vide.

— Bon! je reconnais le coadjuteur!

— Ne m'en parlez pas!... Un furet, une couleuvre!... Par où s'est-il glissé? Je l'ignore. Désappointé, furieux, je mène mes hommes droit à l'archevêché. Par malheur, l'ennemi était en défense. Six de mes vauriens sont restés sur la place. Je n'ai eu que le temps de rentrer, de faire mon paquet, de courir chez le grand pénitencier et de venir prendre congé de vous. Adieu, je pars.

Sans me permettre de lui répondre, il m'embrassa et disparut, laissant sur ma table son sac de louis.

La révolte de Condé me plongeait dans la plus grande affliction.

A mon sens, il allait commettre un crime, et pourtant je me jetai bientôt moi-même dans cette révolte, avec Mademoiselle, qui m'y entraîna : nouvelle preuve que, dans ce monde, nos sentiments et nos actes sont rarement d'accord.

Tout à fait réconciliée avec son cousin, la fille de Gaston parut fixer enfin les irrésolutions du noble auteur de ses jours, qui, depuis les troubles, suivait tantôt le parti du Palais-Royal, tantôt celui de la Fronde.

Elle avait l'esprit extrêmement romanesque et ne démordait pas de ses idées de mariage.

Comme la femme de Condé persistait à ne pas mourir, Mademoiselle se décidait à appuyer le prince, persuadée qu'il mettrait pour première condition à la paix son hymen avec le roi.

Mazarin, très-ennuyé de l'exil, craignant qu'on ne l'oubliât, et redoutant, d'autre part, les terribles arrêts lancés contre lui, trouva tout à coup un moyen de concilier les choses : ce fut de rentrer en France à la tête d'une armée, sous prétexte de secourir la reine, sa bienfaitrice, attaquée par des rebelles.

Il enrôla huit mille hommes, dont il confia le commandement au maréchal d'Hoquincourt et sous la protection desquels il passa la frontière.

Anne d'Autriche et le jeune roi allèrent au-devant du ministre jusqu'à Poitiers.

Le maréchal s'appliqua dès lors à rejoindre l'armée de la cour. Turenne, qui avait fait sa soumission, venait de se mettre à la tête de cette armée et menaçait Orléans d'un siége.

Mademoiselle me proposa de partir avec elle pour ranimer la fidélité des vassaux de son père et veiller à la défense du chef-lieu de l'apanage de Gaston.

J'eus la faiblesse d'y consentir.

Seulement, avant de quitter Paris, elle voulut aller à la pointe Saint-Eustache consulter une sorcière très en renom, appelée la du Perchoir, qui, pour deux louis que nous lui donnâmes, tira l'horoscope le plus merveilleux à la princesse et lui prédit qu'elle serait reine de France.

Il en fallait beaucoup moins pour stimuler son ardeur.

Nous partîmes, et nous allâmes coucher à Maintenon.

Le lendemain, nous courûmes vers Étampes et nous rencontrâmes, le long de la route, différents corps de l'armée que M. le Prince ramenait de Guyenne.

Ces troupes nous rendirent toutes sortes d'honneurs.

Enfin, deux jours après notre départ, nous arrivâmes, à onze heures du matin, sous les murs d'Orléans.

Les portes étaient fermées.

Mademoiselle se nomme : on refuse d'ouvrir, et l'on donne pour raison que les notables de la ville délibèrent s'ils doivent recevoir le garde des sceaux Molé et plusieurs membres du conseil du roi qui apportent des propositions de la cour.

La hautaine princesse leur crie qu'elle les fera tous pendre. Ils n'en persistent pas moins dans leur refus d'ouvrir.

Nous étions descendues de carrosse dans un endroit voisin de la Loire.

Mademoiselle aperçoit des mariniers et leur fait signe de venir.

Ils accourent.

— Vingt louis pour vous, leur crie-t-elle, si, par votre aide, je trouve moyen de pénétrer dans la ville à l'instant même !

Éblouis à la vue de l'or, ces hommes acceptent la proposition et se préparent à satisfaire le désir de la princesse.

Nous étions trente personnes en tout de la suite de Mademoiselle, savoir : les comtesses de Frontenac et de Fiesque, moi, deux écuyers de la maison de Monsieur, un lieutenant nommé Pradine, deux exempts, six gardes, un égal nombre de Suisses, six pages et quatre valets de pied.

Les hommes qui nous servaient de guides nous menèrent par un chemin fangeux et semé de précipices à une vieille porte mal terrassée, disant qu'il était facile de nous ouvrir par là une issue.

Pour leur donner du courage, Mademoiselle leur jette l'or qu'elle a promis.

Aussitôt les manants de briser la barricade et de déblayer les terres à grand renfort de pioches.

En moins de cinq minutes, ils pratiquent une trouée, où nous passons tous l'un après l'autre, non sans déchirer nos habits et sans nous faire des égratignures.

Nous voilà dans la ville !

A la première maison, les bateliers se font donner un vieux fauteuil de bois et y installent Mademoiselle. En vain la princesse proteste en riant qu'elle sait marcher : ils n'écoutent rien et la portent triomphante à l'hôtel de ville, où l'assemblée délibérait.

Il me semble encore voir la figure de ces bons bourgeois d'Orléans à cette apparition inattendue de la fille de leur maître.

La populace nous avait suivis et hurlait dans les couloirs.

— Vous êtes bien osés, cria Mademoiselle, de me défendre les portes de la ville ! Est-ce ainsi que vous vous montrez fidèles, et ne devez-vous pas obéissance à Monsieur avant de la devoir au roi ?

Tout le monde garda le silence.

Les bourgeois penauds baissaient la tête devant le regard irrité de la princesse.

— Allez dire au garde des sceaux, ajouta-t-elle avec énergie, que je lui ordonne de se retirer!

On s'empressa d'obéir.

Mademoiselle fit envoyer du rempart une volée de canons, qui contribua légèrement à hâter la retraite de Molé et des autres membres du conseil royal.

Nous nous installâmes dans les appartements de l'hôtel de ville; notre séjour à Orléans fut signalé par des fêtes nombreuses.

Il y eut ballet chez la princesse tous les soirs.

Pendant le jour, elle envoyait hors de la ville et par les chemins des escadrons de mousquetaires qui arrêtaient les courriers et lui apportaient les lettres.

Nous les décachetions ensemble.

Sous prétexte de chercher le secret des Mazarins, nous apprenions les affaires de famille, les intrigues domestiques, les mystères d'amour, toutes choses que nous tournions ensuite en ridicule, au grand scandale des intéressés.

J'avoue que ces fantaisies de Mademoiselle manquaient un peu de délicatesse, mais cela nous aidait à tuer le temps.

Néanmoins, l'ennui ne tarda pas à nous prendre, et l'on parla de s'en retourner.

D'abord nous regagnâmes Étampes qui servait toujours de cantonnement à l'armée de M. le Prince.

Condé avait eu la hardiesse d'aller à Paris et de se montrer en plein parlement, où, du reste, on ne lui épargna pas les plus vives apostrophes.

A notre arrivée à Étampes, il n'avait point encore rejoint ses troupes. Mademoiselle se trouva dans un grand embarras.

Turenne, à la tête de l'armée royale, campait juste entre Paris et l'armée des rebelles.

Anne d'Autriche montrait le jeune roi aux provinces. *Page* 436.

Il interceptait les communications.

La princesse, qui ne reculait devant aucune chose impossible, s'avisa de lui écrire pour lui demander un sauf-conduit, et Turenne le lui envoya, contre toute espérance, ajoutant que, pour lui faire honneur, il mettrait son armée en bataille quand elle passerait.

On trouva le procédé de fort bon goût.

Mademoiselle montra la lettre de Turenne aux officiers de Condé, qui se piquèrent d'émulation et mirent eux-mêmes leurs troupes en bataille pour nous dire adieu.

Ce fut un magnifique spectacle.

Nous avions passé une robe d'amazone, afin de pouvoir monter à cheval. Mademoiselle galopait devant les rangs, et nous à sa suite; puis, la revue terminée, on lui apporta une épée de généralissime, et l'on proclama *maréchales de camp* mesdames de Fiesque, de Fontenac et moi.

La plaisanterie fut bien reçue.

Nous montâmes en carrosse, espérant faire assez grande diligence pour arriver le soir à Paris. Mais, à peine étions-nous à un quart de lieue, que, sur la route, en face de nous, accoururent au galop de pesants escadrons.

En un clin d'œil, l'armée entière de Turenne déboucha par mille issues.

Mademoiselle se crut trahie. Nous étions à demi mortes de peur.

Toutefois, l'armée passa sans nous rien dire; mais nous la vîmes presque aussitôt attaquer à l'improviste les troupes d'Étampes, encore dans le désordre de la fête militaire qu'elles venaient de nous donner.

La princesse, furieuse, ne voulut pas continuer sa route.

Nous eûmes toutes les peines imaginables à l'empêcher de monter à cheval, pour se jeter dans le tumulte du combat avec l'épée qu'elle venait de recevoir.

Heureusement il y avait au front de l'armée d'Étampes de vieilles troupes de Rocroy et de Nordlingen qui soutinrent le choc, permirent au gros des bataillons de rentrer dans la ville, et arrêtèrent le vainqueur à l'entrée des faubourgs.

Quelque temps après, nous vîmes accourir à nous un cavalier monté sur un cheval magnifique et tenant à la main une épée nue. C'était Turenne.

Il était tout couvert encore de la poussière du combat. Je vis du sang sur ses manchettes brodées.

S'inclinant avec respect devant la fille de Gaston :

— J'avais promis, dit-il, à Votre Altesse Royale, de lui montrer mon armée en bataille : j'ai tenu parole. Usez maintenant de votre sauf-conduit, et annoncez à M. le prince que pour revenir commander ses troupes, il faudra qu'il me passe sur le ventre !

Puis il s'en alla, avant que Mademoiselle, suffoquée de colère, eût trouvé un seul mot à répondre.

XII

Lorsque nous fûmes à Paris, la princesse exigea que je restasse au Luxembourg.

On vint de toutes parts la complimenter sur l'énergie dont elle avait fait preuve dans la souveraineté de Gaston, et la reine Henriette lui rendit visite une des premières.

— Je ne suis pas surprise, dit la noble veuve, que vous ayez, à l'exemple de Jeanne d'Arc, sauvé la ville d'Orléans : n'aviez-vous pas déjà, comme la Pucelle, repoussé les Anglais ?

Notre héroïne devint très-rouge.

La reine mêlait un reproche à son compliment : elle faisait allusion à son fils, le prince de Galles, que Mademoiselle n'avait pas voulu épouser.

Paris était alors entièrement au pouvoir des factieux.

Anne d'Autriche et Mazarin couraient les champs et montraient le jeune roi aux provinces, afin de reconquérir les dévouements ébranlés.

Pour ce qui est du Luxembourg, il se transformait en un véritable conseil de guerre.

Outre les nouvelles peu rassurantes que Condé venait d'apprendre de Mademoiselle, il en reçut une beaucoup plus fâcheuse le surlendemain : Turenne formait le blocus d'Étampes.

La révolte était donc aux abois. Je voyais les chefs dans la plus grande perplexité.

Il y avait là, discutant avec M. le Prince, Gaston, mesdames de Longueville, de Montbazon, de Chevreuse, le prince de Conti, l'ancien garde des sceaux Châteauneuf, et ce damné coadjuteur, qui faisait pour la huitième ou dixième fois sa paix avec Condé, sauf, le lendemain, à recommencer la guerre. On parlait beaucoup, on mettait en avant mille et un systèmes, et l'on ne s'arrêtait à rien.

Tout à coup nous entendîmes le galop d'un cheval dans la cour.

Deux minutes après, une estafette bottée et crottée vint remettre à Gaston un pli qu'il décacheta en poussant un cri joyeux.

— Nous sommes sauvés! dit-il sur le ton de l'enthousiasme; nous sommes sauvés!

— Comment cela?

— Pourquoi?

— Par quel moyen?

Tout le monde l'entourait et le questionnait.

— J'ai écrit à Charles de Lorraine, mesdames, et voici sa réponse. Il arrive à notre secours, son armée est à deux lieues de Paris!

Nous nous regardions avec surprise.

Pour la première fois, on croyait Gaston capable d'avoir une idée politique et un soupçon d'énergie.

Malheureusement, comme on va le voir, il était joué par le Lorrain.

Transportée de joie, Mademoiselle dit à M. le Prince qu'il fallait aller au-devant de cet allié imprévu.

Aussitôt nous montons en carrosse; les cochers nous mènent ventre à terre jusqu'au Mesnil, et nous tombons au beau milieu de l'armée lorraine.

Mais quelle armée, juste ciel!

A l'aspect des soldats, j'eus une triste idée du général.

Cela ressemblait à s'y méprendre à une horde de bandits. Nous ne vîmes autour de nous que des bataillons déguenillés d'Allemands mercenaires. Le chef de ces troupes bizarres ne les payait pas et leur permettait, en revanche, de piller partout sur leur passage.

Condé fit la grimace.

Mais l'air affable et courtois de Charles de Lorraine parut bientôt le rassurer.

Je n'ai jamais vu de familiarité plus complète que celle de ce personnage. Il vous mangeait tout de suite dans la main. On eût dit qu'il connaissait depuis un siècle les deux princes et Mademoiselle

— Mes chers cousins et ma gracieuse cousine, leur dit-il, je ne vous quitte plus; emmenez-moi à Paris.

Donnant aussitôt des ordres pour que son armée campât aux environs de Villeneuve-Saint-Georges, il s'élança dans le carrosse où nous étions avec la princesse et se mit à nous débiter mille propos galants.

Je fus la seule, peut-être, à deviner son caractère et ses intentions.

Mademoiselle en était coiffée; Gaston l'embrassait et le proclamait leur sauveur; Condé lui-même était séduit par ses protestations de dévouement et ses magnifiques promesses.

Dès le lendemain, on mit sur le tapis la question d'Étampes.

— Oui, oui, répondit Charles, ne vous inquiétez de rien ! je suis tout disposé à vous suivre. Nous allons faire lever le siége !

Mais, lorsque Condé voulut partir, ce fut une autre histoire.

— Je manque de poudre, disait le Lorrain.

Et, quand on lui apportait des munitions, il s'écriait :

— Morbleu ! je joue de malheur : mon artillerie n'est pas prête !

Chaque jour c'était un nouvel obstacle. Il pestait, jurait, se désespérait, et faisait mine de s'arracher les cheveux. On était encore obligé de le consoler et de lui donner des fêtes.

Je dis un soir à Gondi :

— Que pensez-vous de cet homme-là ?

— Il se moque de nous, répondit le coadjuteur.

— C'est mon avis. Il faut être aveugle pour ne pas le **voir**.

— Soyez tranquille, dit Retz, je vais bien le forcer de s'expliquer.

Sans plus de retard, il aborde Charles ; mais, au premier mot qu'il prononce, le duc s'écrie :

— Qu'entends-je ?... Suis-je bien éveillé ?... Miséricorde ! est-ce à vous, monsieur, de parler de guerre ? Avec les prêtres, il faut prier Dieu : qu'on me donne un chapelet !

Cette plaisante saillie nous fit éclater de rire.

Le coadjuteur devint bleu de colère.

Toutefois il réussit à se maintenir, laissa les rieurs se pâmer ; puis, attirant à l'écart Mademoiselle avec mesdames de Montbazon et de Chevreuse, il leur fit entendre qu'il soupçonnait Charles de faire par-dessous main quelque négociation avec la cour.

Elles se récrièrent.

— Alors, dit Retz, puisqu'il m'échappe, forcez-le donc vous-mêmes à une décision franche !

Madame de Montbazon alla s'attacher au bras droit du Lorrain et madame de Chevreuse le saisit par le bras gauche.

Mais elles ne réussirent pas mieux que Retz.

— Chut! fit le duc, qui se dégagea tout aussitôt et courut décrocher une guitare. Dansons, mesdames, dansons! Cela vous convient mieux que de parler d'affaires.

Restait Mademoiselle, qui commençait à être très-fort de l'avis du coadjuteur et du mien.

Quand elle essaya de parler à Charles, celui-ci se hâta de l'interrompre en lui débitant force compliments et en faisant l'éloge de son esprit et de ses grâces.

Il lui baisait les mains et s'agenouillait devant elle : impossible d'aborder la question d'Étampes.

Tout à coup, et sans nous prévenir, il retourna à Villeneuve-Saint-Georges. Nous ne le revîmes plus.

— Ah! c'est ainsi! dit Mademoiselle : eh bien, allons le trouver!

Chacun partagea son opinion. Elle me fit monter à cheval avec les *maréchales de camp*, la duchesse de Sully et madame d'Olonne. Nous accompagnâmes Condé, laissant dans les carrosses les autres personnes de la suite, et bientôt nous fûmes au camp des Lorrains.

Là, nous jetâmes un cri de scandale au spectacle qui frappa nos yeux.

Ce camp était une véritable foire, où les brocanteurs des faubourgs affluaient et venaient acheter à vil prix la multitude d'objets que cette armée de bandits avait dérobés à nos provinces.

On voyait étalés çà et là des meubles, des vêtements, des bijoux, dépouilles des malheureux habitants des campagnes. Charles ayant tout ravagé sur son passage, brûlé les chaumières et foulé les moissons aux pieds des chevaux, ceux dont il avait causé la ruine suivaient son armée, espérant, mais en vain, fléchir les pillards, et ne réussissant qu'à montrer leur épouvantable misère.

Les villes et les hameaux d'alentour se remplissaient d'infortunés laboureurs sans asile et sans ressource. Nous apprîmes que, la veille, on avait trouvé aux portes de Melun trois enfants sur leur mère morte; le plus jeune était encore attaché au sein du cadavre.

On eut une peine infinie à nous empêcher de témoigner notre indignation à cette troupe de brigands.

Mademoiselle, suivie de Condé, se fit conduire à la tente de leur digne capitaine.

Charles n'y était pas. Averti de notre approche, il se cachait pour ne point avoir d'explication.

Je vis l'heure où nous allions être obligés de nous en retourner comme nous étions venus, lorsqu'un hideux lansquenet, couvert de guenilles et noir comme un bohémien, vint nous dire qu'il savait où était le duc.

Mademoiselle fit jeter quelques écus à ce misérable.

Il nous indiqua un bouquet de bois, voisin des tentes, affirmant que nous y rencontrerions Charles de Lorraine.

Nous l'y trouvâmes, en effet, couché sur la mousse.

Au bruit de notre cavalcade, il se leva vivement et sembla d'abord assez confus; mais, se remettant presque aussitôt:

— Bonjour, mon cousin!... Charmante cousine, je dépose mes hommages à vos pieds! s'écria-t-il, accourant à la rencontre de Condé et de la fille de Gaston. Soyez les bienvenus sous mes tentes! Je suis malade, et je dois me faire saigner tantôt, sans quoi j'aurais été vous apprendre moi-même une excellente nouvelle : le siége est levé!

— Est-ce possible? dit M. le Prince, et ne nous abusez-vous pas?

Charles tira de son pourpoint un passe-port signé *Turenne*, qu'il déploya sous les yeux de Condé.

— J'avais besoin d'argent, reprit-il. La cour m'a fait des offres, je les ai acceptées; mais à condition que vos troupes seraient maîtresses de sortir d'Étampes.

Mademoiselle devint très-rouge. Elle laissa échapper un geste de violent dépit.

— Combien les Mazarins vous ont-ils donné, monseigneur?

Il lui baisait les mains et s'agenouillait devant elle. *Page* 439.

demanda-t-elle avec une ironie sanglante.

Le duc ne répondit pas.

— Dès que ceci devient une affaire d'argent, poursuivit-elle, nous vous proposons le double, si vous consentez à vous joindre à nous pour marcher sur l'armée du roi.

Je m'attendais à un éclat de la part du Lorrain.

Mais, à ma grande surprise, il vint à Mademoiselle avec une

mine souriante, l'invita gracieusement à descendre de cheval, lui offrit un bras, passa l'autre sous celui de Condé, et tous trois, se séparant de la compagnie, allèrent causer sous une avenue prochaine.

Au bout d'un quart d'heure, nous apprîmes qu'un pont de bateaux allait être jeté sur la rivière, pour opérer la jonction des troupes de Condé à celles de Charles.

La princesse avait engagé ses biens pour une somme de douze cent mille livres, ce qui nous donna une haute idée de la délicatesse de M. de Lorraine.

On se sert de n'importe quel moyen en pareille circonstance; mais, avec des hommes de l'espèce de Charles, on doit s'attendre à tous les désappointements. Celui de Condé fut cruel.

Une fois les communications établies d'une rive à l'autre, il s'empressa de rejoindre son armée, qui revenait d'Étampes.

Le lendemain, quand il arriva au bord de la Seine, en tête de sa cavalerie, le pont de bateaux avait disparu.

Charles venait de le livrer à Turenne.

De l'autre bord, Condé put voir ses perfides alliés décamper honteusement. Il paraît que les Mazarins avaient encore enchéri sur les offres de Mademoiselle, et donné à M. de Lorraine un peu plus de douze cent mille livres. Trouvant marché meilleur, il se moqua de ses engagements avec nous, et s'en retourna du côté de Nancy, pillant et ravageant de nouveau les provinces qu'il traversait.

Tout Paris fut dans une colère affreuse contre les Lorrains. Personne n'osait plus s'avouer de ce pays, dans la crainte d'être jeté à la Seine, une pierre au cou. De cette époque date le dicton populaire :

« Lorrain, vilain, traître à Dieu et à son prochain. »

Pourtant la nation n'était pas coupable des actes de son prince. L'armée de Charles se composait d'aventuriers de toutes sortes : il y avait des hordes de Grisons, d'Allemands, d'Italiens et même d'Irlandais, mais très-peu ou point de Lorrains.

Ce duc ruiné profitait des malheurs de la France pour les augmenter encore et en tirer profit. Il accourait comme les vautours, afin de prendre sa curée.

A Nancy même et dans tous ses États, on jeta le blâme sur sa conduite.

Dix années plus tard, il termina dignement une carrière pleine d'indélicatesse, de rapines et de désordres, par la vente qu'il fit de la Lorraine et de la couronne ducale à Louis XIV.

En attendant, rien ne s'arrangeait. Tous les honnêtes gens croyaient la France à la veille de sa perte.

On demanda que la châsse de Sainte-Geneviève fût promenée solennellement dans les rues de Paris. Le parlement s'empressa d'accéder à cette demande, et, le même jour, il publia un édit qui promettait cinquante mille écus à celui qui apporterait la tête de Mazarin.

Il me parut curieux de voir ces gens-là ordonner, d'une part, une procession, et, de l'autre, l'assassinat d'un cardinal.

J'aurais bien voulu quitter le Luxembourg et rentrer chez moi; mais Mademoiselle me supplia de n'en rien faire.

Comme tous les autres sentiments, son amitié pour moi dégénérait en passion.

M. le Prince suivit la châsse de la sainte patronne de la ville avec une piété qui lui gagna le peuple. Se croyant sûr de l'affection des Parisiens, il alla loger son armée à Saint-Cloud, pendant que Turenne occupait la plaine Saint-Denis.

Le lendemain de son départ, on vint dire à Mademoiselle que le maréchal de la Ferté opérait sa jonction avec les troupes du roi. Selon toute évidence, on attendait ce renfort pour livrer bataille.

Nous dépêchâmes aussitôt une estafette à Condé.

Pour ne pas être écrasé par des forces supérieures, il résolut de gagner le camp que les Lorrains avaient abandonné et dont les retranchements pouvaient le couvrir.

Sachant combien il allait avoir de difficultés à opérer cette retraite, Mademoiselle était dans une grande inquiétude. Elle ne dormit pas de la nuit et me fit coucher dans sa chambre.

A six heures du matin, au moment où nous commencions à nous assoupir, on frappa rudement à la porte.

Nous nous habillâmes en toute hâte.

C'était le comte de Fiesque, le mari de l'une de nos maréchales de camp.

— Bon Dieu! qu'y a-t-il? demanda Mademoiselle, voyant sa pâleur.

— M. le Prince vient d'être attaqué entre Montmartre et la Chapelle, répondit le comte. Il m'a donné l'ordre de venir au Luxembourg avertir Monsieur et le prier de monter à cheval.

— Eh bien, n'avez-vous pas vu mon père?

— Pardonnez-moi, balbutia Fiesque d'un air embarrassé.

— Qu'est-ce à dire? il refuse donc?

— Il prétend qu'il est malade.

Mademoiselle tressaillit. Je vis un éclair jaillir de ses yeux.

— C'est bien, dit-elle. Retournez à M. le Prince, et assurez-le que, moi, je ne l'abandonnerai pas!

Fiesque repartit.

Nous achevâmes au plus vite notre toilette et nous courûmes à l'appartement de Gaston.

Sa fille le rencontra qui descendait l'escalier.

— Quoi! c'est vous, mon père? s'écria-t-elle avec surprise. Voilà qui est singulier! le comte de Fiesque m'affirmait, à l'instant que vous étiez mal à votre aise.

— Il a dit vrai, répondit Gaston.

— Cependant vous sortez... Vous allez au secours de M. le Prince, sans doute?

— Non. Je souffre trop pour monter à cheval.

— En vérité, cette maladie arrive bien mal à propos! répondit amèrement Mademoiselle. Prenez garde, mon père! Souvenez-vous de M. de Chalais, souvenez-vous de M. de Cinq-Mars!... Ne faites pas une victime de plus, ajouta-t-elle en baissant la voix.

Gaston devint pâle comme un mort.

— Vous ne remarquez pas, ma fille, que vos paroles sont une offense! dit-il en prenant un air de dignité outragée.

— Oh! ne discutons pas! répliqua Mademoiselle. Seulement, pour vous-même, sauvons les apparences. Rentrez et couchez-vous, mon père. Si vous n'êtes pas malade, faites du moins semblant de l'être!

Elle m'entraîna.

Par ses ordres, on avait préparé le carrosse; elle dit à son cocher de brûler le pavé jusqu'à l'Hôtel de Ville. Chemin faisant, j'aperçus, en me penchant à la portière, le marquis de Gersay, mon ancien compagnon de voyage à Londres, courant, bride abattue, du côté du Luxembourg. J'agitai mon mouchoir, il vint à nous.

— Ah! Jésus! vous êtes blessé, marquis! m'écriai-je.

Il y avait du sang à la manche de son pourpoint.

— Oui, répondit-il, j'ai reçu un coup de mousquet au bras; mais je ne m'en occupe guère!

Il allait poursuivre sa route, quand la princesse se montra.

— Au nom du ciel, venez à notre aide! s'écria-t-il en la reconnaissant. Condé court le danger le plus sérieux. Il m'envoie prier votre père de laisser passer par dedans la ville le corps de troupes de Poissy. Nos soldats attendent à la porte Saint-Honoré. A toute minute, ils peuvent être taillés en pièces.

— Bonté divine! s'écria Mademoiselle, dont les joues se mouillèrent de larmes, qu'allons-nous devenir?

Puis tout à coup, s'essuyant les yeux, elle s'écria:

— Retournons au Luxembourg!

Son père avait suivi son conseil et venait de se coucher. Gersay, le bras en écharpe, nous attendit dans l'antichambre.

— Savez-vous, dit Mademoiselle en écartant avec violence les rideaux du lit de Gaston, que M. le Prince est peut-être tué à l'heure qu'il est?

— Je n'y puis rien, répondit le digne homme: chacun pour

soi, sauve qui peut!

— Mais c'est abominable! A moins d'avoir en poche un traité avec la cour, je ne comprends pas comment vous pouvez être aussi tranquille!

Gaston ne répondit pas.

— Je vous en conjure, parlez! dit Mademoiselle : avez-vous sacrifié le prince? êtes-vous d'accord avec Mazarin?

Monsieur s'obstina dans son silence.

— Je vais bien le voir! cria-t-elle, se dirigeant vers la porte, qu'elle ouvrit brusquement. Entrez! dit-elle à Gersay.

Le marquis s'avança.

— Vous allez, poursuivit la princesse, rendre compte à Monsieur de la mission que vous avez reçue.

Gersay répéta ce qu'il nous avait dit au sujet du corps de troupes qui attendait à la porte Saint-Honoré.

— Vous voyez que mon père est souffrant, dit Mademoiselle; il ne peut agir; mais il me donne pleine faculté de faire, en son lieu et place, toutes les diligences afin de sauver le prince, et il va m'écrire devant vous une lettre pour messieurs de l'Hôtel de Ville.

Pris dans un piége, Gaston ne pouvait plus reculer.

Mademoiselle me chargea de tenir l'écritoire; puis elle mit elle-même la plume entre les mains de son père, qui écrivit la lettre. Cela fait, elle nous entraîna, et nous reprîmes le chemin de l'Hôtel de Ville.

Les bourgeois, assemblés par groupes dans les rues et dans les carrefours, reconnurent la princesse. Ils crièrent avec enthousiasme :

— Vive l'héroïne d'Orléans!

— Mes amis, mes bons amis, leur dit-elle, il faut sauver Condé!

— Oui! oui!

— Commandez-nous, ajoutèrent les plus ardents, nous sommes à vos ordres!

Et une foule immense nous accompagna jusqu'à la Grève.

Comme nous montions le grand escalier de l'Hôtel de Ville, nous aperçûmes en haut des degrés le maréchal de l'Hôpital, gouverneur de Paris et chaud partisan de la cour, avec M. le Fèvre, prévôt des marchands. Ils saluèrent la princesse, qui entra tout de suite en matière.

— Monsieur est malade, dit-elle. Voici une lettre qui vous enjoint de m'obéir.

Sur un signe du prévôt, le greffier de la ville s'approcha et fit à haute voix lecture du message de Gaston.

— Ainsi, vous le voyez, dit Mademoiselle, j'ai plein pouvoir. Qu'on fasse prendre au plus vite les armes dans tous les quartiers de la ville !

— C'est le premier ordre que nous avons donné, répondit l'Hôpital avec un léger embarras.

— Fort bien. Maintenant il s'agit d'envoyer à M. le Prince des forces détachées de toutes les colonnes bourgeoises.

— Mademoiselle doit savoir, dit le maréchal, que l'on ne détache point les bourgeois comme les gens de guerre.

— Pas d'observation, je vous prie ! Mon père commande à deux mille hommes : ces troupes vont partir sur-le-champ, et l'on fera garder la place Royale par trois escadrons de mousquetaires.

Le gouverneur n'osa pas résister. Il donna des ordres en conséquence.

— Attendez, ce n'est pas tout ! cria Mademoiselle, voyant que ses interlocuteurs se disposaient à la quitter : il faut absolument permettre à notre armée de passer dans la ville.

M. de l'Hôpital pâlit et regarda le prévôt.

— Eh quoi ! reprit la princesse, montrerez-vous de l'indécision lorsqu'il s'agit du salut de Condé ? La ville de Paris lui doit, ce me semble, assez de reconnaissance.

— Oui, je l'avoue, balbutia le prévôt ; mais...

— Mais, interrompit Mademoiselle avec fougue, croyez-vous que l'ennemi vous ménage, hommes et monuments ? Apprenez qu'il est de votre devoir, avant tout, de conserver au roi la ville la plus grande et la plus belle de son royaume!

L'Hôpital s'inclina profondément devant la princesse.

— J'ai l'honneur de faire observer à Mademoiselle, dit-il, que, si les troupes de la Fronde ne s'étaient point approchées de la ville, celles du roi n'y fussent point venues à leur tour.

— Assez de paroles, monsieur! Le Prince est en péril sous vos murs, on l'attaque dans vos faubourgs... Quelle honte pour vous si Condé meurt! quel remords n'aurez-vous pas de lui avoir refusé assistance!

Quelques-uns des bourgeois qui nous avaient suivis venaient de pénétrer dans l'intérieur de la salle. Ils applaudirent aux discours de Mademoiselle.

— Vraiment, dit le gouverneur, il est impossible que nous prenions, sans délibérer, une résolution de cette importance.

— Délibérez donc vite, et délibérez bien! cria la princesse; car, sur mon âme, je fais monter le peuple et je lui ordonne de vous jeter par les fenêtres!

Elle était sublime.

Les veines de son front se gonflaient; son œil avait un éclat plein de majesté: la petite-fille de Henri IV se révélait tout entière.

Appuyée contre le rebord d'une espèce de tribune qui regarde dans le Saint-Esprit, elle s'aperçut qu'on y disait une messe, et s'agenouilla un instant pour prier.

Bientôt M. de l'Hôpital et le prévôt revinrent avec tous les ordres qu'elle demandait.

Gersay partit au galop pour la porte Saint-Honoré. M. de Rohan, qui se trouvait là, courut lui-même avertir le prince que ses troupes pourraient entrer quand bon lui semblerait.

Ces messieurs de l'Hôtel de Ville nous reconduisirent avec force salutations.

Sous la grande porte, une foule de bourgeois et d'artisans

— Feu! dit Mademoiselle. *Page* 454.

rassemblés aperçurent l'Hôpital, et se mirent à pousser des clameurs furibondes.

— A bas le Mazarin! cria-t-on.

— C'est un traître!

— Ne vous fiez pas à lui!

— Dites un mot, nous le jetons à la Seine!

Mademoiselle apaisa le tumulte d'un geste.

— Vous vous trompez, mes amis : monsieur le maréchal est l'honneur même, et je viens d'en avoir la preuve, dit-elle au peuple. Nous sommes tous de fidèles serviteurs du roi. Vive le roi !

La foule répéta ce cri. Mademoiselle voulut que le gouverneur rentrât avant que le carrosse partît. Elle craignait que quelque mutin ne lui cherchât une méchante querelle.

Un courrier, tout ruisselant, vint nous dire, sur les entrefaites, que Condé ralliait ses troupes derrière le faubourg Saint-Antoine. L'intrépide Mademoiselle donna l'ordre à son cocher de se diriger de ce côté pour apprendre des nouvelles plus certaines du combat.

Dans la rue de la Tixeranderie nous eûmes un spectacle affreux.

Le vieux duc de la Rochefoucauld, conduit par son fils, revenait de la bataille, frappé d'un coup de feu qui l'avait atteint au-dessus de l'œil droit. Le sang coulait à flots de sa blessure; le pourpoint blanc de Marsillac en était inondé.

Nous nous approchâmes, saisies d'émotion, et l'on ouvrit une portière.

Mademoiselle serra la main du blessé, lui adressant quelques paroles de compassion, qu'il ne parut pas entendre.

— Hélas ! nous sommes tous perdus ! me dit Marsillac avec désespoir.

— Non ! non ! cria Mademoiselle, courage !

Et le carrosse avança.

A l'entrée de la rue Saint-Antoine, nous aperçûmes Guitaut à cheval, soutenu par deux hommes. Son visage était livide. Il avait une balle dans le corps [1].

— Mourras-tu ? lui cria Mademoiselle.

Il fit signe de la tête que non.

Nous passâmes. Rohan, qui avait fait diligence, accourut nous dire qu'il venait de parler à M. le Prince.

---

[1] Guitaut, ayant été à son tour dépossédé de la charge de capitaine des gardes d'Anne d'Autriche, s'était jeté dans le parti de la Fronde.

(Note de l'Éditeur.)

Condé n'était pas blessé: il espérait repousser Turenne.

Dès ce moment, il nous fut impossible d'avancer. La foule des hommes hors de combat ne faisait que s'accroître autour de nous ; on les rapportait sur des chevaux, des échelles, des planches ou des civières. La rue était encombrée de morts.

— Vous voyez? nous dit Rohan. De part et d'autre la bataille est meurtrière. Ne restez pas ici ; cherchez refuge quelque part et faites choix d'une maison où je puisse vous retrouver, car je retourne près du prince.

— Nous serons chez moi, lui criai-je, rue des Tournelles ; on entre par le boulevard!

Mademoiselle approuva d'un signe. Elle ordonna de mettre dans le carrosse Guitaut, qui, douze ou quinze pas plus loin, venait de perdre connaissance.

On arriva chez moi.

Je donnai l'ordre à mes gens de laisser les portes ouvertes, surtout celle du boulevard, et de recueillir les blessés qui passeraient.

Mademoiselle n'avait rien pris encore. Elle se sentait faible. Je lui fis servir une collation.

Vingt minutes après, Condé nous arriva dans un état affreux, le visage couvert de poussière, les vêtements en désordre, le collet et la chemise tachés de sang. Il tenait à la main son épée nue, ayant perdu le fourreau au milieu de la mêlée.

Sa cousine se jeta dans ses bras. Ils fondirent en larmes.

— Quelle journée! quelle journée! s'écria le prince. J'ai perdu tous mes amis : Nemours, la Rochefoucauld, Clinchamp, Soubise, Noailles, sont blessés à mort!

Je l'assurai que le vieux duc en reviendrait.

Quant à M. de Nemours, on venait de nous dire qu'il n'avait qu'une légère blessure à la main.

Condé pria la fille de Gaston de ne pas quitter jusqu'à nouvel ordre mon domicile, afin qu'il pût s'adresser à elle au besoin.

— Je vous en conjure, lui dit la princesse, faites entrer

votre armée, si l'ennemi est trop supérieur en nombre.

— Non! non! cria-t-il. Voulez-vous que je flétrisse ma gloire? Il ne sera pas dit que j'aurai fait retraite en plein midi devant les Mazarins!

Il s'en retourna du côté de la bataille.

A peine fut-il sorti, qu'on nous apporta le marquis de la Rochegaillard, atteint d'un coup d'arquebuse à la tête. Je fis appeler trois chirurgiens du voisinage, et je dis à Perrote de leur donner tout mon linge pour panser nos pauvres blessés.

Des courriers nous arrivaient à chaque minute.

M. le Prince avait réussi à faire entrer les bagages de l'armée, et priait Mademoiselle de veiller à ce qu'ils fussent placés en bon lieu. Elle les mit sous la garde de l'un des trois escadrons de mousquetaires qu'elle avait envoyés sur la place Royale. Elle ordonna que le second se rangeât en bataille le long du boulevard Saint-Antoine, et le troisième vis-à-vis de l'Arsenal.

Arrivèrent le comte de Béthune et le président Viole. Béthune apportait une lettre de Louviers, gouverneur de la Bastille, qui se mettait aux ordres de la princesse.

— Bien, dit-elle, j'y vais!

Son désir était que je restasse. J'insistai pour la suivre, craignant qu'elle n'allât se jeter au milieu du péril.

Je commandai à Perrote de prendre tout le vin que j'avais dans ma cave et de le porter de la part de Mademoiselle aux soldats de Condé, qui se barricadaient alors dans le faubourg Saint-Antoine.

Ils étaient cinq mille en tout. L'armée de Turenne comptait plus de douze mille hommes.

Sur la prière de Mademoiselle, le président Viole courut au Luxembourg, afin de décider Gaston à se montrer. Béthune se chargea de nous avertir si le prince envoyait quelque message; et notre carrosse, escorté de trente mousquetaires, se présenta devant la Bastille.

On baissa le pont-levis.

Le gouverneur accourut à notre rencontre, porta respectueusement la main de Mademoiselle à ses lèvres, et nous conduisit au sommet des tours, d'où nous pûmes apercevoir la bataille.

C'était horrible. De tous côtés le canon grondait ainsi que la mousquetade. Le nombre des blessés et des morts devenait immense. Quand le vent emportait la fumée de la poudre, nous apercevions M. le Prince qui se battait comme un lion et repoussait héroïquement les efforts des soldats de Turenne. La grande barricade tenait tout le carrefour de Picpus à Vincennes.

Je fis la réflexion que ma pauvre maison de campagne devait être criblée de boulets; mais c'était un bien petit malheur à côté de tous ceux qui frappaient la ville.

Mademoiselle demanda une lunette d'approche, afin d'examiner les mouvements de l'armée ennemie, qui occupait le fond de Bagnolet. Elle s'aperçut que les généraux faisaient le partage de leur cavalerie pour venir couper l'armée de M. le Prince entre le faubourg et le fossé.

Aussitôt elle envoya un mousquetaire à toute bride donner avis de ce mouvement à Condé. Puis, se retournant vers le gouverneur :

— Monsieur de Louviers, dit-elle, vous avez mis à ma disposition la Bastille avec tous ses moyens de défense?

— Oui, princesse; je vous assure de nouveau de la sincérité de mon dévouement.

— C'est bien. Ordonnez, je vous prie, aux canonniers d'être à leur poste et d'allumer la mèche.

Louviers transmit l'ordre sur-le-champ.

Mademoiselle continua de regarder au travers de sa lunette d'approche. Quoique le prince eût été averti de la manœuvre de Turenne, il ne put y remédier assez tôt. La grande barricade céda.

Voyant la défaite imminente et le désordre qui commençait

à se mettre parmi les soldats de Condé, la fille de Gaston se redressa pâle, mais résolue.

Ses longs cheveux flottaient au vent. Une auréole d'héroïsme parut entourer son front, et son œil lança des flammes.

— Ils n'entreront pas, dit-elle, je ne veux pas qu'ils entrent !

Se retournant ensuite vers les canonniers, elle leur cria :

— Pointez vos pièces !

Tous obéirent au plus vite.

— Feu ! dit Mademoiselle.

Une effroyable volée de canons partit de la Bastille et foudroya l'armée du roi.

XIII

A ce secours inattendu, M. le Prince, qui désespérait de rallier les fuyards, revint à la charge avec cent mousquetaires. Il balaya la barricade.

L'armée de Turenne fit retraite, à partir de ce moment. On vit les carrosses de la cour quitter les hauteurs de Charonne, d'où Anne d'Autriche, le jeune roi et Mazarin regardaient le combat. Moins d'une demi-heure après, tout avait disparu. Condé se trouva maître du champ de bataille.

Nous descendîmes.

La fille de Gaston s'arrêta sur la porte de la Bastille pour voir défiler les troupes. Chaque régiment la saluait au passage, et les officiers agitaient leurs chapeaux à plumes, en criant :

— Vive Mademoiselle!
— Vive notre libératrice!
— Vive l'héroïne d'Orléans et de la Bastille!

C'était un enthousiasme admirable. Elle pleurait de joie. Quand le Prince arriva, elle s'évanouit d'émotion.

Lorsqu'elle fut rendue à l'usage de ses sens, elle vit Monsieur, qui s'était enfin hâté d'accourir, juste au moment où la bataille finissait.

— Je vous en prie, murmura-t-elle tout bas à l'oreille de Condé, ne lui faites point de reproches!

— Dieu m'en garde, répondit le prince : il a droit à ma reconnaissance.

— Oh! ne raillez pas, mon cousin!

— Je parle dans toute la sincérité de mon cœur. Vous êtes sa fille : c'est le plus grand mérite qu'il puisse avoir à mes yeux.

Après ce compliment, d'une délicatesse charmante, Condé offrit le bras à Mademoiselle pour la reconduire au Luxembourg, car elle avait grand besoin de repos.

Je regagnai ma maison. De malheureux blessés y demandaient des secours; ma présence était nécessaire au milieu de cette affluence de monde.

Outre ceux qui s'y trouvaient lorsque j'avais suivi la princesse à la Bastille, je vis à mon retour le comte de Fiesque et l'abbé d'Effiat.

L'épée d'un Mazarin avait transpercé le premier de part en part, en attaquant le poumon gauche.

Quant à l'abbé, il venait de se conduire aux côtés de M. le Prince en vrai mousquetaire plutôt qu'en homme d'Église.

Il me dit qu'étant d'abord accouru pour porter aux blessés les secours de la religion, la fumée de la poudre lui avait fait monter le délire au cerveau, et qu'il s'était battu au lieu de confesser les mourants. Cette distraction héroïque lui valait un coup de feu à la jambe, qui le mettait en piteux état.

Je commençais à me fatiguer de la politique et des batailles.

Bien que je sois douée d'une nature assez courageuse, j'avoue que Mademoiselle m'avait entraînée beaucoup plus loin que je ne fusse allée de moi-même. Elle prenait à toutes ces choses un intérêt très-vif, au lieu que je ne me voyais guère personnellement que celui de conserver son amitié.

Mais l'âme des grands est sujette à de singulières variations. L'engouement de la princesse pour moi passa plus vite encore qu'il n'était venu.

Elle accompagna, le lendemain, celle de nos *maréchales de camp* dont le mari se trouvait mon hôte.

L'état de de Fiesque ne permettait pas le transport, et sa femme fut obligée de le laisser chez moi, bien qu'elle parût en éprouver une vive contrariété.

Ce n'était pourtant guère le cas de se montrer jalouse.

Madame la comtesse de Fiesque, personne acariâtre, grondeuse, toujours mécontente d'elle-même et des autres, avait perdu depuis longtemps l'affection de son mari. Mademoiselle elle-même la détestait.

Sans nul doute cette absurde femme possédait un secret quelconque de la princesse : il le fallait pour que celle-ci passât sur le nombre prodigieux de ses défauts et ne la renvoyât pas du Luxembourg.

Cette visite fut la dernière que je reçus de la fille de Gaston. L'orage politique l'emporta loin de moi.

Paris, fatigué de la guerre, se refusait à supporter de nouveaux malheurs. On fit de côté et d'autre quelques sacrifices. Mazarin s'en alla dans les Ardennes, d'où il continua secrètement à administrer le royaume, et Anne d'Autriche put rentrer à Paris avec le roi qui venait d'atteindre sa majorité.

La chose la plus amusante fut de voir ce démon de Retz se donner tout le mérite de la paix et se coiffer du chapeau de cardinal.

Condé se réfugia en Espagne.

Mademoiselle, exilée de Paris, courut pendant cinq ou six ans la province, habitant tantôt Saint-Fargeau, tantôt Blois,

Ils tirèrent au sort sur le pied de mon lit. *Page* 459.

tantôt sa souveraineté de Dombes et tantôt Chambord. En apprenant que c'était elle qui avait fait tirer sur l'armée du roi le canon de la Bastille, Mazarin s'écria :

— Bon ! la voilà qui vient de tuer son mari !

Le fait est que, depuis lors, il ne fut plus question du mariage de la princesse avec Louis XIV.

Gaston, comme toujours, acheta sa grâce par des lâchetés.

Décidément la Fronde expirait. Mazarin ne tarda pas à revenir en triomphe. Son pouvoir fut plus étendu que jamais, et la première victime de son retour fut ce pauvre coadjuteur, qu'on envoya réfléchir à Vincennes aux dangers de l'intrigue. Il réussit à s'évader et vagabonda dix-huit mois en Espagne, à Rome et à Bruxelles.

Pour rentrer en France, il se vit obligé de donner sa démission d'archevêque.

On lui accorda comme dédommagement l'abbaye de Saint-Denis, où il s'occupa sérieusement à se convertir, payant ses dettes et se livrant à l'exercice de toutes les vertus.

A l'heure où j'écris, Retz est en train de finir ses jours à Saint-Mihiel, en Lorraine. Il y rédige, assure-t-on, ses *Mémoires*, qui devront être curieux, s'il a le courage d'une confession franche.

Fiesque et l'abbé d'Effiat passèrent chez moi tout le temps nécessaire à la guérison de leurs blessures. La comtesse avait suivi Mademoiselle, ce qui mettait son époux fort à l'aise.

L'abbé lui-même s'éprit d'une belle passion pour moi.

J'avais, en vérité, fort à affaire entre ces deux malades. Ils ne voulurent me quitter que radicalement guéris et me laissèrent un singulier souvenir de leur convalescence.

Comme je me trouvais, au bout de neuf mois, dans mon lit, encore souffrante de mes couches, ils eurent sous mes yeux la querelle la plus bizarre du monde, prétendant l'un et l'autre aux honneurs de la paternité. Mon embarras était grand pour les mettre d'accord.

Près de moi, dans son berceau, dormait une charmante petite fille, que j'espérais bien élever moi-même.

Ils assurèrent que cela était impossible.

A les entendre, une telle éducation me mettrait à la gêne et me donnerait une sorte de vieillesse anticipée dont je ne tarderais pas à avoir du regret. Bref, ils réussirent à me convaincre que je devais leur laisser à l'un ou à l'autre le soin de cet enfant.

Mais qui sera le père?

Afin de s'accorder, ils allèrent prendre un cornet, remettant au hasard le soin de résoudre la question, et déclarant que celui qui perdrait céderait en même temps la place à son rival, car, au bout du compte, cette passion en partie double n'était plus supportable.

Ils tirèrent au sort sur le pied de mon lit.

Fiesque gagna.

Le jour même, il fit emporter la pauvre petite, me jurant de l'élever et de la doter d'une façon convenable. Je préférais la voir entre ses mains qu'entre celles de d'Effiat. L'abbé n'était point riche et n'aurait pu faire de ma fille qu'une religieuse, assez triste destinée que je n'ambitionnais ni pour moi ni pour les autres.

Quant au comte, sa joie d'avoir été favorisé par le hasard me parut si vive, que cela me donna pour lui un attachement sérieux.

J'avais eu déjà ce tort plusieurs fois dans le cours de mon existence, et je devais m'en repentir de nouveau.

Fiesque se refroidit de plus en plus chaque jour. Mon orgueil en était profondément humilié. Je voyais l'instant où il allait rompre.

Aussitôt j'eus recours à la ruse.

Feignant un désespoir extrême, je coupai mes cheveux, qui étaient repoussés fort longs et fort beaux, mais qui menaçaient de tomber une seconde fois, et je les lui envoyai par mon domestique. Le sacrifice le toucha. Il revint à mes genoux plus tendre et plus empressé que jamais.

Alors j'eus hâte d'accomplir moi-même la rupture, et je lui déclarai qu'il devait se résigner à ne plus être que mon ami.

C'était la formule d'usage.

De cette façon, la chose me parut infiniment plus convenable.

Le comte eut beau prier, supplier, verser des larmes; je fus inflexible, et je me tirai de ce pas difficile pour mon amour-propre avec tous les honneurs de la guerre.

Quelque temps après, mes cheveux grandissant, au lieu de recommencer à porter perruque, il me prit fantaisie de les arranger en boucles autour de ma tête, et l'on me trouva si bien avec cette coiffure, que la plupart de mes amies se firent tondre tout exprès pour se coiffer à la Ninon.

Je reçus à cette époque une lettre terrible de madame de Fiesque.

« Malheur à vous ! m'écrivait-elle; je suis instruite de vos intrigues, et je me vengerai ! »

Cette menace ne m'inquiéta guère. Somme toute, je ne lui avais pas enlevé l'affection de son mari.

Craignant néanmoins, après cela, de laisser ma fille entre les mains du comte, je l'envoyai prier de me la rendre; mais il venait de partir pour rejoindre Condé en Espagne.

Dans l'impossibilité de savoir à qui réclamer mon enfant, je fus obligée de laisser là cette affaire, et les étourdissements de ma folle existence contribuèrent ensuite à l'effacer de mon souvenir.

J'en ai été plus tard cruellement punie.

La paix me ramenait un grand nombre d'adorateurs. Tous mes *Oiseaux des Tournelles* se remirent à voltiger autour de moi. Quelques intrus essayèrent de se glisser dans cette troupe brillante, entre autres un certain Renaud, ami de Boisrobert, et aussi mal élevé que lui.

Je le congédiai.

— Voilà qui est bizarre ! me dit-on ; Renaud s'annonçait dans tous les cercles comme votre meilleur ami, et prétendait qu'il avait été formé par vous.

— Est-ce possible ? m'écriai-je avec un grand éclat de rire ; en ce cas, je suis comme Dieu, je me repens d'avoir fait l'homme !

Le comte d'Estrées, Bannier, Clérambault, Miossens, furent

inscrits tour à tour sur la liste de mes favoris; et le dernier, dont la *Gazette de Hollande* avait raconté les beaux faits d'armes dans les guerres que Maurice d'Orange eut à soutenir, réussit, grâce à sa belle renommée, à obtenir sur mon cœur un règne plus long que celui de ses rivaux.

Il m'apprit, un soir, que Gourville était revenu de Londres. On n'a pas oublié que ce chaud partisan de M. le Prince et de la duchesse de Longueville m'avait apporté, au moment de son départ, un sac d'or de soixante mille livres, qui restait enfoui, depuis quinze mois, au fond de mon armoire la plus secrète.

Naturellement, je m'attendais à la visite de Gourville. Je fus donc très-surprise de ne pas le voir paraître.

Une semaine, quinze jours, un mois, s'écoulèrent: personne!. La patience m'échappa; je lui écrivis une petite lettre assez piquante.

Enfin il arriva.

— Convenez, lui dis-je, que vous êtes un singulier homme! Était-ce donc à moi de faire la première démarche, et ne vous souvenez-vous plus du dépôt que vous m'avez confié?

— Pardonnez-moi, me répondit-il avec embarras.

— Et pourquoi n'êtes-vous pas venu me le réclamer?

— Mon Dieu, fit-il, à quoi bon?

Je restai stupéfaite. Il avait une mine étrange, et ses dernières paroles étaient accompagnées d'un mouvement d'épaules qui me déplut fort.

— Parlez, monsieur, lui dis-je, expliquez-vous.

— Oh! répliqua-t-il, je ne vous en veux pas, ma chère, si vous avez dépensé mon argent! Vous avez des goûts de toilette, un train de maison... c'est tout simple... Tandis que le grand pénitencier...

Il s'interrompit, et serra les poings d'un air furieux.

— Achevez, de grâce! Tandis que le grand pénitencier...

— M'a nié le dépôt!

— Ah! ah!

— N'est-ce point abominable?

— Oui, certes.

— Poussé à bout par mes reproches, continua Gourville, et semblant retrouver la mémoire, il me dit qu'en effet il avait bien souvenir de quelque chose d'approchant, mais qu'il s'était imaginé que je lui donnais cette somme pour la distribuer en bonnes œuvres, ce qu'il avait fait.

— Voyez-vous, le saint homme!

— Je ne regrette qu'une chose, c'est de ne l'avoir pas étranglé net!

— Il le méritait bien, mon ami.

— Vous trouvez? me demanda-t-il avec surprise.

— Oui, sans doute. Nier un dépôt! un homme de ce caractère!... Alors vous avez pensé, n'est-ce pas? qu'il était inutile de vous présenter rue des Tournelles. Selon vous, je dois avoir aussi dépensé vos soixante mille livres en bonnes œuvres?

— Non, mais en robes, en fanfreluches. Au moins vous l'avouez, j'aime mieux cela.

— Mais je n'avoue rien, monsieur, je n'avoue rien, entendez-vous! Apprenez à connaître les gens! Vous voyez en moi une femme... un peu légère, j'en conviens, mais qui se pique d'honnêteté.

Ce disant, j'ouvris mon armoire pour lui montrer le sac d'or dans le même état où il me l'avait remis.

Gourville n'en croyait pas ses yeux.

Il courut raconter cette histoire par la ville, et l'on vint me complimenter de droite et de gauche, comme si j'avais fait un acte de vertu.

Le monde est vraiment absurde. On ne mérite jamais d'éloges pour accomplir son devoir. Il est vrai qu'il y a tant de fripons, que c'est presque une qualité de ne l'être pas.

Je l'ai déjà dit plusieurs fois, ma conduite en amour était le résultat de tout un système philosophique : j'ambitionnais exclusivement le titre d'*honnête homme*.

Si je fais ici des aveux, si je me confesse en quelque sorte à mes lecteurs, il ne faut pas en conclure qu'à l'exemple de beaucoup de grandes dames de mon siècle j'avais jeté mon bonnet par-dessus les moulins.

Ma maison fut toujours décente, mon extérieur convenable. Je savais laisser sous le voile ce qui devait y rester.

Chez moi, les femmes les plus vertueuses n'étaient jamais embarrassées de leur contenance.

Je recevais alors la comtesse de Choisy, aimable et spirituelle dame d'honneur d'Anne d'Autriche, fort bien en cour, et qui me promettait de parler en ma faveur à la reine, car je craignais toujours que la menace du couvent ne s'exécutât.

Vers ce temps, une certaine baronne de Champré, qui s'était glissée dans mon cercle, eut au bois de Boulogne une aventure publique avec les princes. Je refusai d'accepter, en accueillant de nouveau madame de Champré, la complicité de ce scandale, et je la priai poliment de m'épargner ses visites.

Si l'on trouve que je n'avais pas le droit d'être aussi rigoureuse, j'en suis désolée. Mon système n'admettait pas le cynisme.

Outre l'intimité de madame de Choisy, je rentrais alors pleinement dans celle de la duchesse de Longueville, qui m'arrivait accompagnée de son jeune frère, l'ex-généralissime de la Fronde, et je ne voulais pas que la dévergondée du bois de Boulogne parût à leurs yeux.

La sœur de Condé tâchait de se rapatrier avec la cour.

Elle consacrait à la littérature le génie d'intrigue qu'elle avait apporté dans la politique.

Tout Paris prit fait et cause dans la célèbre querelle soulevée par la duchesse contre le sonnet de *Job*, de Benserade. Elle s'était déclarée pour le sonnet d'*Uranie*, de Voiture, ce qui fit plaindre beaucoup le malheur de *Job*, persécuté pendant sa vie par un démon, et après sa mort par un ange.

Madame de Longueville ne réussit malheureusement pas à vaincre la rancune persévérante de la reine.

J'eus le chagrin de la voir se dégoûter du monde. Elle nous

quitta pour aller s'enfermer aux Visitandines de Moulins, dont sa tante, la veuve du duc de Montmorency, décapité à Toulouse, était supérieure.

Il est vrai que le mari de la duchesse l'y alla chercher dix mois après.

M. de Longueville emmena sa femme à Rouen, ce qui acheva de mettre un terme à mes relations avec la sœur de Condé.

Comme je me plaisais quelquefois à faire des études sur le caractère masculin, il me prit envie d'éprouver un de mes adorateurs, et je choisis Bannier pour le sujet de mon expérience.

J'eus tout à coup l'air d'avoir un grand désir du mariage.

Pensant arriver plus vite à ses fins en caressant cette manie, Bannier me jura ciel et terre qu'il aurait la joie la plus vive à me prendre pour femme.

— Est-ce bien vrai? lui dis-je avec le plus assassin de mes sourires.

— Quelle preuve en voulez-vous? s'écria-t-il.

— Mon Dieu, celle qui vous plaira. Tenez, signez-moi une promesse de mariage.

— Volontiers.

— Mais avec un dédit.

— Fixez-le vous-même.

— Quatre mille louis... Est-ce trop?

Il fit une légère grimace. C'était environ toute sa fortune; mais il n'osa pas reculer, et me donna sa signature.

Peu à peu, comme c'est l'usage, sa grande ardeur fit place au calme. Il n'osait rien me dire; je voyais le pauvre garçon très-inquiet de sa promesse écrite. Quant au mariage, il n'y tenait plus guère, et vraiment il n'avait pas tort.

Un matin qu'il rôdait autour de moi à l'heure de ma toilette, je le priai de détacher quelques papillotes sur ma tempe gauche.

Il obéit, et jeta un cri de surprise en voyant que mes cheveux

J'assistais aux petites assemblées que donnait l'auteur de la *Mazarinade*. Page 466.

étaient enveloppés avec les morceaux de son billet de quatre-vingt-seize mille livres.

— Cela vous apprend, lui dis-je, quel cas je fais des serments d'un jeune étourneau de votre espèce, et combien vous vous compromettriez avec une femme capable de profiter de vos folies !

Jamais, je crois, il ne m'embrassa de plus grand cœur.

Souvent, le mercredi, j'assistais aux petites assemblées que donnait l'auteur de la *Mazarinade*, et dont sa femme faisait les honneurs avec une grâce exquise. J'y rencontrai un certain M. de Vassé, qu'on appelait *Son Impertinence*, et qui était digne en tout d'un pareil titre.

Ce galant homme tomba subitement amoureux de moi.

La passion le prit même si fort, que du premier coup il voulut m'embrasser. J'y mis lestement obstacle, comme on peut le croire. Il s'approcha toutefois assez près de mon visage, pour me laisser sentir que sa bouche exhalait une odeur insupportable.

— Eh! qu'avez-vous donc, ma divine? demanda-t-il en me voyant faire un geste de dégoût.

— Mais, répondis-je avec assez d'embarras, je viens de m'apercevoir... que vous n'aviez pas l'haleine douce.

— Oh! fit-il, n'y prenez point garde, je ne m'en tourmente pas.

— En effet, dit madame Scarron, monsieur laisse ce soin à ses amis!

Toute la compagnie éclata de rire. Vassé sortit furieux, et l'on félicita Françoise de sa fine et spirituelle réponse.

J'avais décidément du malheur chez Scarron. Le mercredi d'ensuite, je fus persécutée par un autre amoureux; mais celui là était un homme du monde, et portait un très-beau nom. Il s'appelait le duc de Navailles.

D'abord il m'adressa mille galanteries pleines de délicatesse et de savoir-vivre; puis, à la fin de l'assemblée, il me pria de si bonne grâce de me laisser reconduire rue des Tournelles, que j'y consentis sans trop de peine. Une fois là, je ne pouvais décemment lui refuser à souper.

Depuis la bataille de la porte Saint-Antoine, Miossens et Clérambault s'étaient chargés de remonter ma cave. Elle se trouvait remplie de nouveau d'excellents vins.

Je ne sais si M. de Navailles en but un peu trop, ou s'il était las de ses courses du soir: toujours est-il que, l'ayant un instant quitté pour passer dans mon cabinet de toilette, je le trouvai, à mon retour, étendu dans un fauteuil et ronflant.

Piquée du procédé, je le fis déshabiller par Perrote et porter sur un lit.

M'emparant ensuite de la défroque du dormeur, j'allai me reposer moi-même fort tranquillement jusqu'au jour.

A sept heures du matin, je me lève, j'endosse le pourpoint de Navailles, je me coiffe de son feutre et j'entre dans sa chambre, l'épée à la main, en jurant comme un lansquenet ivre..

Il se réveille, se dresse sur son séant et me considère d'un œil hagard.

— Ah! monsieur, dit-il, je suis homme d'honneur, et je vous donnerai satisfaction : point de supercherie, je vous en conjure!

Sérieusement, il craignait que je n'allasse l'embrocher dans ses draps. Je me fis reconnaître en éclatant de rire, et je lui rendis sur place les armes et les habits.

Comme Fiesque, Navailles détestait sa moitié, prude incorrigible à qui la reine venait de confier la garde de ses filles d'honneur.

Le duc profita de l'occasion pour avancer plus rapidement sa fortune.

Ayant su que le jeune roi mourait d'envie de pénétrer dans l'appartement des filles d'honneur, il parut tout à coup éprouver un retour de passion pour la duchesse, réussit à percer une porte à son insu, et introduisit Louis XIV dans le sanctuaire. Navailles amusait la chouette pendant que le jeune vautour était avec les colombes.

Cela dura quelque temps, puis on éventa la mèche. Le passage fut muré.

Louis XIV, furieux, exila madame de Navailles et donna le bâton de maréchal à son mari, qui lui eut, de la sorte, une double reconnaissance.

J'étais, en vérité, dans la semaine aux aventures.

Françoise vint me prendre, le surlendemain de ma rencontre avec Navailles, pour apaiser la querelle la plus étrange dont je me souvienne.

Une de nos amies communes, veuve de M. de Coislin, avec qui elle avait été mariée six mois à peine, était éprise de Bois-Dauphin, marquis de Laval, agréable seigneur s'il en fut. Bois-Dauphin se passionna pour elle à son tour et la courtisa de la façon la plus empressée. Mais la jolie veuve ne cédait pas un pouce de terrain. Elle le réduisait tout pauvrement à l'amour platonique, sans boire ni manger.

Le marquis, aux abois, propose le mariage. On accepte.

Tout à coup, au moment de signer le contrat, madame de Coislin veut y insérer une clause qui fait jeter les hauts cris au futur, et que vous ne devinerez pas, même si je vous le donne en mille.

Pour tout dire, elle consentait au mariage sans le mariage; elle voulait être la femme de Bois-Dauphin sans qu'il fût son mari; elle prétendait, en un mot, continuer l'amour platonique après comme devant.

C'était au moins singulier pour une veuve.

Bois-Dauphin se fâcha. L'accordée pleura, mais tint bon. Bref, nous fûmes chargées, Françoise et moi, d'arranger l'affaire. Nous prîmes la jeune femme par tous les bouts.

L'ayant prêchée, questionnée, nous sûmes enfin le mot de l'énigme. Il paraît que M. de Coislin, pour des raisons à lui particulières, n'usait pas de son plus précieux privilége et avait persuadé à l'innocente que les époux devaient toujours vivre ainsi, sous peine de péché mortel.

Qui fut transporté de joie quand nous vînmes raconter cette curieuse histoire? Ce fut Bois-Dauphin, qui trouva la pie au nid quand il la croyait envolée.

Madame de Choisy n'avait pas encore parlé de moi à Anne d'Autriche, et mon inquiétude continuait d'être fort vive. Outre la réponse hardie portée jadis en mon nom à la régente, on n'ignorait pas la part que j'avais prise aux derniers événements.

Tous mes amis connaissaient mes craintes.

La chose devint assez publique pour m'amener la visite que je vais dire.

C'était un jour, à une heure de relevée. J'avais dîné seule, et la table n'était pas encore desservie, lorsque Perrote m'annonça un militaire.

— Son nom?

— Il ne veut le dire qu'à vous.

— Mais quel homme est-ce?

— Un très-bel homme.

— Qu'il entre!

Je vis, en effet, paraître un personnage magnifique, carré des épaules, avec un collet de buffle, un baudrier de même, et un pourpoint de drap d'Écosse. Il portait l'épée avec assez de noblesse.

— Qui êtes-vous, monsieur, lui dis-je, pour oser vous présenter ainsi chez moi sans introducteur?

— Je me nomme Desmousseaux.

— D'où êtes-vous?

— De Beauvais.

— Où avez-vous été élevé?

— En Candie.

— Et d'où venez-vous?

— De Suède.

— Que faisiez-vous dans ces régions du Nord?

— La reine Christine, qui aime les hommes de robuste encolure, m'avait nommé capitaine de ses gardes.

— Ah! ah!

— Elle commençait à me témoigner beaucoup de bienveillance, lorsque Sentinelli, un maraud d'Italien, m'a supplanté.

— C'est fâcheux. Mais pourquoi venez-vous me voir?

— Je viens vous offrir mon épée.

— A quel propos, monsieur?

— Vous avez des ennemis, mademoiselle. Il n'est pas prudent à une femme de rester sans protecteur. Je vous apporte une bonne lame, un bras solide, et j'ai du cœur au ventre. Me voulez-vous ?

— Jésus ! quel homme ! Ne seriez-vous point un chevalier d'industrie ? Vous auriez besoin d'un répondant.

— Je vous donne Boisrobert.

— Mauvaise recommandation.

— Voulez-vous Roquelaure ?

— Il est de Gascogne, je ne m'y fie pas.

— Et quand je vous donnerais vingt répondants, qu'en serait-il ?

— Nous verrions. Vous passeriez quelque temps ici..... quelque temps seulement, je vous en préviens. Je suis changeante.

— Mais je n'ai ni sou ni maille : il me faut entretenir.

— Combien voulez-vous ?

— Une pistole par jour.

— Va pour une pistole !

Ce fut marché conclu. L'ancien capitaine des gardes de la reine de Suède s'installa au logis. Il ne manquait pas de qualités solides, j'en conviens, et il devait plaire à Christine ; mais il me fallait quelque chose de plus. Ses grands airs n'imposaient, du reste, à personne. L'abbé d'Effiat, qui revenait me voir en ami, lui dit un jour :

— Eh ! monsieur, votre terrible moustache ne me fait pas peur, et je me ris de votre flamberge !

Là-dessus, Desmousseaux de passer à une provocation directe.

— Merci bien ! dit l'abbé. Mon état me défend le duel. Je ne brave que mes créanciers, je ne combats que l'ennui, et je ne tue que le temps !

Huit jours après, M. de Navailles, à ma prière, attacha Desmousseaux à son service, et je fus délivrée de ce matamore.

On parlait beaucoup du sacre du roi, qui devait avoir lieu

très-prochainement. Madame de Choisy, dont je me croyais oubliée, vint tout à coup me dire que la reine, ne trouvant pas sa suite ordinaire assez imposante pour le voyage de Reims, avait autorisé chacune de ses dames d'honneur à s'adjoindre une amie, pourvu qu'elle fût de qualité. La comtesse avait aussitôt pensé à moi.

A l'entendre, le meilleur moyen de m'obtenir le pardon que je désirais était de me faire connaître à Sa Majesté.

Le compliment me flatta.

J'embrassai madame de Choisy, et je la remerciai de sa généreuse et sincère affection.

Nous partîmes, le surlendemain, par une journée splendide. Le ciel favorisait la fête, et jamais soleil plus radieux n'éclaira plus imposant cortége.

XIV

Il y a eu tant de descriptions du sacre en prose et en vers, que je me garderai bien d'en faire une nouvelle. D'ailleurs, tant que Reims et la sainte ampoule seront là, tous les sacres possibles se ressembleront.

Quatre ans s'étaient écoulés depuis que j'avais assisté avec Mademoiselle au grand coucher du roi.

Louis XIV n'était plus cet enfant chétif et malingre que la fille de Gaston craignait de n'épouser jamais assez tôt. Bien qu'il n'eût pas beaucoup grandi, il avait pris du corps. Son visage était plein, fleuri, radieux de santé. Il devenait homme : on le remarquait à son empressement auprès de la plus jeune des nièces du cardinal.

Madame de Choisy me dit tout bas, et j'en eus une surprise extrême, que l'éducation du jeune monarque était presque nulle.

Il paraît que Mazarin, espérant mieux le dominer, n'avait pas voulu qu'on l'instruisît.

Un jour, il menaça de chasser Laporte[1], qui lisait au roi, pour l'endormir, l'*Histoire de France* de Mézerai.

On ne laissa se développer chez Louis XIV que les instincts de l'orgueil et de la grandeur; on ne lui apprit que le cérémonial; on ne l'initia à d'autre science qu'à celle de ses droits, c'est-à-dire au despotisme le plus absolu. Toutes les fautes que ce prince a commises viennent de son ignorance, qu'il ne réussissait pas toujours à cacher sous le manteau de la dignité.

Dans les fêtes qui eurent lieu à propos du sacre, et pour lesquelles on avait emmené les vingt-quatre violons de Versailles, ainsi que les comédiens français et italiens, il ne laissa échapper aucune occasion de se rapprocher de Marie Mancini.

Il l'entretenait quelquefois pendant des heures entières.

Cette nièce du cardinal avait quatorze ans à peine; mais elle était Italienne, et, par conséquent, déjà complétement femme. Anne d'Autriche ne semblait prendre aucune inquiétude de cette passion naissante, en sorte que Mazarin favorisait tout à l'aise les entrevues des amoureux.

Le rusé cardinal méditait un plan d'une ambition folle; il se perdait dans des rêves trop magnifiques pour qu'ils dussent se réaliser jamais.

Autant que possible, j'évitais sa rencontre, non qu'il fût très-dangereux alors : de fréquentes attaques de goutte ne lui

---

[1] Valet de chambre de la reine mère, puis de Louis XIV.

(Note de l'Éditeur.)

Sa Majesté courait le cerf. *Page 478.*

permettaient plus de courir dans les sentiers défendus de l'amour; mais il aurait pu gêner mon incognito, et mettre obstacle à nos tentatives pour m'attirer les bonnes grâces de la reine.

Toutes les fois que madame de Choisy était de service auprès de Sa Majesté, je l'aidais à remplir les devoirs de sa charge, et je m'efforçais de me faire remarquer par mes assiduités et mes prévenances.

La reine était fort belle encore.

Son charme le plus puissant consistait dans ses cheveux châtain clair d'une richesse et d'une profusion admirables.

Rien n'était beau comme de la voir se peigner : les boucles de sa chevelure lui descendaient jusqu'aux talons. Anne d'Autriche avait, en outre, de petites mains d'une finesse et d'une blancheur extrêmes, la gorge bien faite, le nez un peu gros; mais il allait avec ses grands yeux.

Elle fut longtemps avant de m'adresser la parole.

Comme chaque dame d'honneur avait sa doublure, on faisait généralement assez peu d'attention aux nouvelles venues, destinées seulement à grossir le cortége, et qui n'étaient pas appelées à rendre à la reine des soins bien intimes.

Pourtant, un jour que madame de Choisy arrangeait des perles et des diamants dans les cheveux de Sa Majesté, on me chargea de tenir l'écrin.

Je m'agenouillai devant Anne d'Autriche, élevant la boîte à la hauteur de ses yeux, afin qu'elle pût choisir les pierres de son goût.

— Vous allez vous fatiguer, me dit la reine avec bienveillance : posez cela par terre.

— Oh ! madame, lui répondis-je, au service de Votre Majesté le plaisir fait oublier la fatigue !

Le compliment était assez banal. N'importe, elle en parut flattée et ajouta :

— Vous êtes la camarade de Choisy?

— Oui, madame.

— De quelle famille êtes-vous?

— D'une ancienne famille de Touraine.

— Son nom ?

— Mon père s'appelait M. de Lenclos.

— Ah ! fit-elle. Seriez-vous parente d'une certaine Ninon qui faisait jaser d'elle de par le monde?

— Oui, madame, répondis-je en baissant les yeux.

— Je voulais autrefois l'envoyer aux *Repenties*. Les événements m'ont fait perdre cela de vue. Est-ce qu'elle est vraiment aussi dévergondée qu'on l'affirme ?

— Votre Majesté, murmurai-je, peut interroger madame de Choisy : elle daigne montrer quelque estime pour Ninon et lui accorde son amitié.

— Allons donc!... est-ce possible? fit Anne d'Autriche.

Elle se retourna vers sa dame d'honneur.

— Parle; est-ce vrai? tu connais cette drôlesse, Choisy?

Je devins écarlate.

— Ninon n'est point une drôlesse, et je supplie Votre Majesté de revenir de son erreur, s'empressa de répondre ma compagne.

— Qu'est-ce à dire? tu prends sa défense?

— Oui, madame, je regarde cela comme un devoir. L'unique reproche qu'on puisse faire à mademoiselle de Lenclos est de haïr un peu trop le mariage.

— Oh! dit la reine, si elle n'avait que ce tort-là, je sais beaucoup de gens qui le partagent avec elle!

— Et puis Ninon vit seule, madame; elle a des attraits qui la mettent en relief : rien de surprenant que les mauvaises langues s'exercent sur son compte.

— C'est juste.

— Je puis vous jurer qu'elle est remplie de mérite et de cœur.

— De cœur, je le crois, fit la reine en souriant.

— J'ajouterai de décence dans sa conduite, si Votre Majesté veut bien me le permettre.

— Ah! pour le coup, c'est trop fort! s'écria la mère de Louis XIV en éclatant de rire.

— Je vous certifie, madame, que je ne m'écarte en rien de la plus exacte vérité.

— Quoi! tu persistes...

— Mademoiselle de Lenclos m'a dit bien des fois qu'elle ne se consolait pas du tort qu'on lui avait fait dans votre esprit; elle donnerait tout au monde pour vous dépersuader.

— En ce cas, il faut qu'elle soit bien au-dessus de sa réputation ! C'est égal, je serais curieuse de la voir.

— Je l'avais pensé, répondit la comtesse ; voilà pourquoi je l'ai priée de m'accompagner à Reims.

Anne d'Autriche bondit sur son fauteuil.

Elle regarda sa dame d'honneur, me regarda, comprit tout, et me prit vivement les mains.

— Pardonnez-moi !... oh ! pardonnez-moi ! s'écria-t-elle avec émotion ; j'ai dû vous faire cruellement souffrir !

Ses yeux étaient humides de larmes.

— Ah ! madame, tant de bonté !... à ce prix, j'aurais souffert la mort !

Elle m'embrassa.

Mon cœur battait avec force. Je pleurais moi-même d'attendrissement.

— Eh ! c'est ta faute aussi ! dit la reine à la comtesse : ne pouvais-tu m'avertir et m'empêcher de débiter toutes ces sottises ?

— Je l'avais suppliée de n'en rien faire, madame, balbutiai-je ; car j'avais peur que Votre Majesté...

— Ne vous envoyât aux Grands-Cordeliers, mademoiselle ? interrompit la reine avec un nouvel éclat de rire. Ah ! vous avez de l'esprit ! tout le monde vous rend cette justice, même vos calomniateurs.

J'étais fière de l'entendre.

Malheureusement la conversation en resta là. On vint prévenir Anne d'Autriche que son fils et le cardinal l'attendaient pour monter en carrosse. Il y avait dîner à l'archevêché.

La reine se leva, me donna une petite tape sur la joue et dit :

— Nous nous reverrons !

Quand elle fut dehors, je me précipitai au cou de madame de Choisy et je la mangeai de baisers. Je regardais ce moment comme un des plus doux de ma vie. C'est singulier comme on est faible devant les caresses des rois !

Dès ce jour, je ne me cachai plus du ministre. Le lendemain, comme il allait à la messe à la cathédrale, je me trouvai sur son passage.

Il me fit un petit signe d'intelligence et ne manifesta aucune surprise de me voir.

Je compris que la reine lui avait parlé de moi.

Quelque temps après, toujours au moment de sa toilette, Anne d'Autriche me demanda comment j'osais en tant de choses braver le préjugé.

— Je me suis aperçue, madame, lui répondis-je, qu'on laisse ici-bas aux femmes ce qu'il y a de plus frivole, tandis que les hommes se réservent le droit aux qualités les plus essentielles. Dès lors je me suis faite homme.

— Et vous avez eu raison, me dit-elle en riant. Mais, entre nous, vous auriez pu avoir quelques amants de moins.

— On m'a toujours laissé croire, madame, que j'étais aimable, et les gens aimables sont des effets qui appartiennent à la société : leur destination est d'y circuler et de faire le bonheur du plus grand nombre.

— Voilà, certes, un raisonnement très-spécieux !

— Les personnes constantes, hommes ou femmes, sont aussi coupables que l'avare qui arrête la circulation dans le commerce, gardant un trésor souvent inutile pour lui, tandis que d'autres en feraient un si bon usage.

— A merveille !... Mais les avez-vous aimés tous ?

— Oui, madame, ne fût-ce qu'un jour. Une femme sensée ne doit pas plus prendre un amant sans l'aveu de son cœur qu'un mari sans le consentement de sa raison.

— Vous parlez d'or, me dit la reine. J'aurais été bien injuste de vous condamner sans vous entendre.

Elle termina le dialogue par une seconde tape qu'elle me donna sur la joue. C'était sa caresse la plus familière.

On revint à Paris.

Anne d'Autriche autorisa sa dame d'honneur à m'amener aux soirées intimes du Palais-Royal, où l'on s'amusait à ravir.

Tantôt ces réunions avaient lieu dans le petit salon de la reine et tantôt chez Mazarin. On jouait aux *demandes et réponses*, aux *phrases coupées*, et j'eus, un soir, au premier de ces jeux, un assez grand succès.

Le règle était d'adresser une question à son voisin ; le voisin répondait, et la personne au tour de laquelle c'était à parler ensuite devait bien ou mal contrôler la réponse. Anne d'Autriche avait demandé :

« — Qu'est-ce que les vers luisants? »

« — Ce sont des bêtes qui rampent et qui brillent, » répondit une duchesse.

Mon tour arrivait.

— Ah! madame, répliquai-je, pardon!... ce sont les courtisans que vous venez de définir!

On m'applaudit de toutes parts, ce qui prouve la force de la vérité, car je faisais acte de grande hardiesse en parlant ainsi au lieu où je me trouvais.

Les quatre nièces de Mazarin ne manquaient jamais à ces récréations.

Quelquefois on appelait des musiciens; on dansait la *guenippe*, la *diablesse*, puis on reprenait les petits jeux, qui, mieux que la danse, divertissaient tout le monde. On jouait au *gage touché*, à *votre place me plaît* ou au *roi Arthus*. Les bons bourgeois de la rue aux Ours et du Marais n'en eussent point fait d'autre.

Olympe, Hortense et Laure Mancini étaient d'une beauté plus régulière que leur jeune sœur; mais, à coup sûr, elles n'étaient pas aussi aimables. Sans rien perdre de la naïveté de son âge, Marie montrait une haute raison et donnait au roi d'excellents conseils.

Madame de Choisy m'avait emmenée à une chasse à Vincennes.

Sa Majesté courait le cerf.

Nous étions dans la grande avenue à voir passer les meutes et les piqueurs, lorsqu'un carrosse arriva près du nôtre et une petite voix cria :

— C'est vous, mesdames ! avez-vous vu le roi?

— Eh ! ma belle Marie, dit ma compagne, je ne vous croyais pas de la chasse !

— Il est vrai que j'avais refusé d'en être, car ce matin la fièvre me retenait au lit ; mais je me suis levée tout exprès pour parler au roi, répondit avec émotion la nièce du cardinal.

Louis XIV à cheval passait, en ce moment, près de nous. Marie Mancini agita un voile à la portière et le roi accourut.

— Vous ! s'écria-t-il en lui prenant les mains avec empressement, vous que nous avions laissée malade !

— Sire, dit-elle, vous avez fait enregistrer, il y a trois jours, plusieurs édits dans un lit de justice.

— Oui, murmura Louis XIV ; mais à quel propos me dites-vous cela ? qu'y a-t-il ?

— Tout à l'heure, comme je recevais la visite de mon oncle, on est venu lui apprendre que les conseillers de la grand'-chambre voulaient réviser ces mêmes édits, et je suis accourue vous en prévenir. Il y va de votre dignité royale, vous ne pouvez tolérer une pareille chose.

— En effet ! cria le roi. Ah ! ces messieurs du Parlement s'avisent de recommencer la Fronde ! Nous allons voir !

Aussitôt il se précipite dans le carrosse de la nièce du cardinal et retourne à Paris avec elle.

Une heure après, il entre au Parlement en habit de chasse, botté, éperonné, le fouet à la main, et dit aux conseillers d'une voix ferme et résolue :

— Il ne me plaît pas, messieurs, que vous continuiez votre délibération sur les édits que j'ai fait enregistrer. Chacun sait les malheurs qu'ont produits vos révoltes. Monsieur le président, je vous ordonne de dissoudre cette réunion, et à tous tant que vous êtes, je vous défends de la redemander !

Le ton du prince, son air majestueux, firent trembler le Parlement. On leva la séance.

Toute l'Europe parla de ce trait hardi. Ce fut un roi de seize ans et une jeune fille de quatorze qui l'exécutèrent.

Je sentis accroître la haute opinion que j'avais de Marie Mancini, et j'essayai de me lier avec elle.

Ma conversation lui plut.

Bientôt elle me prit assez en amitié pour me raconter ses secrets d'amour. Dès sa première confidence, je vis clairement que l'intention de son oncle était de la marier au roi. Elle-même croyait la chose très-possible.

Jalouse et passionnée comme toutes les Italiennes, elle ne souffrait pas que Louis XIV fît attention à une autre femme. Ils avaient de petites querelles fort amusantes. Un soir, à un ballet chez la reine, j'entendis Marie, qui dansait avec son royal amant, lui dire assez haut :

— Je vous défends de regarder la Motte!

La Motte était une des filles d'honneur d'Anne d'Autriche.

Oser employer une telle phrase, « Je vous défends, » en parlant à un roi, et à un roi du caractère que manifestait déjà Louis XIV, était une jolie hardiesse.

Aussi, tout amoureuse que fût Sa Majesté, crut-elle, en cette occasion, devoir faire preuve d'indépendance.

Le ballet fini, bravant la rancune de sa maîtresse, Louis alla causer plus d'une demi-heure avec mademoiselle de la Motte.

Marie était pourpre d'indignation.

Elle courut trouver son oncle. Le soir même, il y eut un entretien fort long, chez Anne d'Autriche, entre le ministre, le jeune roi et sa mère. J'ignore absolument quel genre de questions l'on y traita.

Toujours est-il qu'à partir de cette conférence le roi ne regarda plus la Motte.

Pour mieux arriver à son but, le cardinal feignait de considérer ces amours comme un pur enfantillage, comme un moyen de distraire et d'amuser le jeune roi.

Il avait l'espérance que cela finirait tôt ou tard par dégénérer en une passion violente, et que Louis XIV épouserait sa nièce d'autorité.

Il devint pacha. *Page* 485.

Les calculs eussent été justes avec une autre nature que celle de ce prince. Il eut constamment un trop vif amour de lui-même pour que n'importe quelle femme lui inspirât une passion violente. Le nombre incalculable de ses tendresses prouve mieux que tous les raisonnements possibles combien elles avaient peu de durée.

M. Fouquet, qui, depuis trois ans, succédait à Émery dans

la charge de surintendant des finances, assistait presque toujours aux réunions du Palais-Royal. Il nous proposa une partie à sa magnifique terre de Vaux, dans laquelle il venait de dépenser dix-huit millions.

Nous y allâmes. Il me sembla qu'on nous transportait dans le pays des fées.

A la nuit tout le parc parut en feu.

Des milliers de guirlandes éblouissantes couraient dans les branches des arbres et nous donnaient une lumière plus vive que celle du jour. Longtemps après être revenues de cette fête, nous eûmes devant les yeux l'éclat des illuminations et dans les oreilles le murmure des cascades.

Le maître de ces lieux enchantés me distingua dans la foule. Je reçus de lui toutes sortes de politesses gracieuses, et il daigna me demander ses petites entrées rue de Tournelles.

— Ah! monseigneur, répondis-je, vous venez de rendre l'hospitalité impossible! Comment oserai-je à présent vous recevoir chez moi?

Il insista, je cédai.

Le seul défaut de ce galant homme était d'avoir un vaurien de frère, que chacun détestait à la cour. Autant le surintendant se montrait aimable, empressé, rempli de délicatesse de savoir-vivre, autant l'abbé Fouquet nous parut impertinent, grossier, taquin, querelleur.

Comme il s'avisait de papillonner autour de moi, je le renvoyai bien vite à son bréviaire.

J'ai oublié de dire qu'à mon retour de Reims j'avais embrassé une de mes plus anciennes connaissances, dont le lecteur doit être surpris de ne pas rencontrer plus souvent le nom sur ces pages.

Il s'agit de Marguerite de Saint-Évremond.

Depuis sept à huit ans, il avait presque répudié l'amour et la poésie pour la guerre, et s'était si bien escrimé d'estoc et de taille, qu'il venait de gagner le bâton de maréchal de camp.

Lorsque de vieux amis se retrouvent après une longue absence, ils aiment à se rappeler leurs souvenirs. Marguerite en éveilla de bien reculés.

Pour la première fois, je fis un retour sérieux sur mon âge. Ma trente-huitième année touchait à son terme.

Il est vrai que Saint-Évremond, tenant d'une main une petite glace de Venise et de l'autre mon portrait, peint autrefois par Rubens, à l'époque où nous nous étions rencontrés, le célèbre artiste et moi, chez madame de Rambouillet, me prouva victorieusement que je n'avais ni moins de charmes ni moins de fraîcheur.

Je lui racontai la terrible visite de l'homme noir, que je ne me rappelais jamais sans épouvante.

Marguerite tourna la chose en plaisanterie, calma mes craintes et m'assura que le diable n'existait pas, ce dont je voudrais avoir une complète certitude.

Afin de chasser d'un seul coup le reste de mes idées tristes, il me proposa de me conduire à la foire de Saint-Germain [1].

C'est un lieu fort curieux. Je ne sais pourquoi je n'en ai point parlé jusqu'ici, car j'y allais tous les ans plutôt vingt fois qu'une.

Elle s'ouvre le 3 février et dure jusqu'au dimanche des Rameaux. Tout Paris se donne là rendez-vous, beaucoup moins pour acheter ce qu'on y vend que pour prendre du plaisir. Si la foire est profitable aux moines de Saint-Germain-des-Prés, en revanche elle est très-funeste à la morale publique.

Les marchands y étalent de riches étoffes, des meubles précieux.

Nulle part on ne rencontre une foule plus bigarrée, plus tumultueuse, plus compacte. Les gens de cour y viennent en équipage, le roi lui-même s'y montre assez souvent.

Joignez à cela les désœuvrés de toute sorte, les bourgeois, les pages, les laquais, les écoliers, les soldats, les amants, les

[1] Cette foire se tenait non loin de Saint-Sulpice, à peu près sur l'emplacement du nouveau marché Saint-Germain. (NOTE DE L'ÉDITEUR.)

ivrognes et les filous, vous aurez une idée du coup d'œil que cela peut être.

On y joue aux cartes, aux dés, aux quilles, à la paume, au tourniquet.

Bien des gens viennent perdre là ce qu'ils ont et souvent ce qu'ils n'ont pas.

On s'y glisse des billets doux, on y trompe les maris, on s'y bat à coups d'épée et à coups de poing; on y absorbe une effrayante quantité de vins et de liqueurs, du chocolat, du thé, bou, et principalement du café, devenu fort à la mode, et qui passe aujourd'hui pour un remède souverain contre la tristesse.

Mais ceux qui boivent sans mesure et qui font le plus de vacarme sont, sans contredit, les écoliers, les pages et les laquais.

En mil six cent cinquante-deux, un page de M. de Bouillon coupa les deux oreilles à un basochien et les lui mit dans sa pochette.

Alors ce fut une véritable guerre.

Les écoliers tuaient tous les pages qu'ils rencontraient, lorsque toutefois ceux-ci ne tuaient pas leurs agresseurs. Il y eut des jours où l'on releva plus de trente cadavres dans les fossés de l'Abbaye.

Que dirai-je des charlatans? Il en sort là de dessous terre. A droite et à gauche, on se heurte à leurs tréteaux. L'un remet les dents tombées; l'autre fait des yeux de cristal; celui-ci vend de l'eau de Jouvence, efface les rides et rajeunit les vieillards; celui-là fabrique des jambes de bois et des bras de cire pour réparer le tort des batailles et la brutalité des bombes. Tous enfin guérissent des maux incurables.

Ils en viendront quelque jour à vendre un remède pour empêcher de mourir.

Ce serait une criante injustice d'oublier les abbés, car la foire de Saint-Germain en foisonne. Impossible de voir ailleurs une multitude plus grande d'habits courts, de petits collets, de perruques blondes. Ces messieurs arrivent là frisés, poudrés, fardés, musqués; ils ont des mains fines et blanches, des pieds chaussés coquettement. On ne peut, en vérité, se dispenser de convenir qu'ils sont la coqueluche de Paris et le refuge des dames dans l'affliction.

A les voir si vifs, si détroussés, si fringants, on dirait qu'ils sont au mieux avec la religion et leur conscience.

Mais je n'en crois rien.

Beaucoup d'entre eux viennent dépenser là ce qu'ils ont pillé dans leurs provinces, où ils exercent la puissance féodale et se conduisent en petits tyrans. Je n'en veux pas d'autre exemple que M. l'abbé de Vateville, qui s'est rendu la terreur de la Franche-Comté.

Saint-Évremond me le montra dans le nombre et me raconta sa curieuse histoire.

M. l'abbé de Vateville avait d'abord été chartreux profès. Dégoûté du cloître, il s'enfuit de la Grande-Chartreuse de Grenoble après avoir tué son prieur, quitta la France, s'embarqua pour Constantinople, se fit circoncire, devint pacha, et conduisit en Morée l'armée turque contre les Vénitiens.

Bientôt il trahit les Musulmans, passe à Rome, demande et obtient l'absolution du pape, gagne la Franche-Comté, où il possède quelques domaines, y arrondit sa fortune, acquiert une grande puissance, et vient proposer à Mazarin de livrer cette province à la France.

Sa proposition est accueillie. Le cardinal-ministre trouve le marché très-avantageux. On caresse M. l'abbé de Vateville, on le flatte, et le roi le nomme à l'archevêché de Besançon.

Mais le pape seul y met de la pudeur; il refuse les bulles.

Toutefois Mazarin ne désespère pas d'obtenir l'approbation du saint-siége. En attendant, notre archevêque en perspective mène à Paris le train d'un prince. Il a grande meute, belle écurie, grosse table et force maîtresses... de tout sexe.

Voilà l'histoire de M. l'abbé de Vateville : qu'en pensez-vous?

Comme nous revenions de la foire de Saint-Germain, je vis, à l'approche du pont Neuf, une dame qui faisait arrêter son carrosse et agitait de notre côté son mouchoir.

Nous avançâmes.

Je reconnus madame de Chevreuse, dont le visage était couvert de pâleur. Elle nous accueillit par des exclamations auxquelles je ne compris rien d'abord.

Marguerite était de la connaissance intime de la duchesse; il monta dans son carrosse avec moi.

— Ah! mes pauvres amis, dit-elle, à quel spectacle affreux je viens d'assister! J'en suis glacée d'épouvante.

— Qu'est-ce donc? demandai-je : vous nous effrayez, madame.

— Il y a de quoi! Ce sera bien pis lorsque vous allez apprendre... O mon Dieu! mon Dieu! quelle terrible chose!

— Parlez, duchesse, parlez! dit Saint-Évremond.

— Ce matin, reprit-elle, je vois entrer chez moi M. de Rancé, qui accourt dans ma ruelle et s'écrie avec égarement :

« — Ne me cachez rien, oh! ne me cachez rien, je vous en conjure! J'arrive de la campagne, et l'on m'annonce une nouvelle qui m'accable. Est-ce vrai que madame de Montbazon soit dangereusement malade?

« — Ma belle-mère! c'est impossible; j'en serais instruite.

« — Ah! vous me rendez la vie.

« — Je l'ai quittée il y a deux jours fort bien portante, ajoutai-je. Du reste, allons-y ensemble. » Vous savez qu'il l'aimait à l'adoration?

Nous répondîmes, Saint-Évremond et moi, par un signe de tête.

— Je m'habille en toute hâte, reprit la duchesse. Rancé commande les chevaux, et nous courons à l'hôtel Montbazon. Nous le trouvons désert. Point de domestiques sous le péristyle, personne dans les antichambres. J'avance, le pauvre abbé m'accompagne; il ouvre l'appartement de celle qui cause son inquiétude et dont il est si violemment épris.... Devinez quel fut le premier objet qui frappa ses regards et les miens !

— Quoi donc ?.... murmurai-je, épouvantée moi-même de l'accent de terreur avec lequel nous parlait la duchesse.

— Nous vîmes la tête de madame de Montbazon fraîchement coupée et posée sur une table.

— Ah ! miséricorde !

— Ma belle-mère était morte subitement la veille, et tout le monde avait été si frappé de cet événement, qu'on ne songeait pas à me prévenir. Les chirurgiens, pour embaumer le cadavre, venaient de séparer la tête du tronc.

Je regardai Marguerite.

Il semblait aussi effrayé que moi de ce récit lugubre.

— Ce fut ainsi, dit madame de Chevreuse, que M. de Rancé apprit la mort de celle qu'il aimait. A la vue de cette tête sanglante, il poussa un cri terrible et tomba comme foudroyé. Le malheureux en mourra de douleur, c'est certain.

L'abbé de Rancé n'en mourut pas.

Mais, à partir de ce jour, il se démit de tous ses bénéfices, excepté de l'abbaye de la Trappe, où il alla se confiner et où il termina sa vie dans l'exercice des plus rudes austérités.

XV

L'année mil six cent cinquante-huit fut assez féconde en événements.

On apprit le décès de M. Cromwell, ce qui fut une grande joie pour la reine Henriette, dont le fils eut dès lors une chance presque certaine de reconquérir la couronne de ses pères.

Mademoiselle conclut enfin son traité de paix avec la cour.

Anne d'Autriche avait quitté le Palais-Royal pour retourner au Louvre; ce fut là que je revis l'héroïne de la Bastille. On remarquait sur son visage la trace des ennuis et du chagrin. Ses femmes de chambre ne lui avaient pas mis de poudre [1] ce jour-là, et je m'aperçus avec surprise que ses cheveux devenaient gris.

La princesse m'accueillit assez froidement.

Son caractère me parut aussi changé que sa figure. Madame de Fiesque, sans doute, s'était appliquée à me perdre dans son esprit.

Quelque temps après, Mademoiselle la chassa; mais pour la reprendre plus tard.

On n'y comprenait rien.

Gaston cherchait alors à sa fille toutes sortes de chicanes et voulait la dépouiller d'une partie de sa fortune.

Le jour où l'on apprit que Charles II venait de rentrer à Londres, la reine Henriette alla chez Mademoiselle et lui proposa de nouveau la main de son fils. Celle-ci lui répondit par un refus très-dur, déclarant qu'elle ne se sentait aucune voca-

---

[1] Au moment de la publication de ce livre dans un journal, le fils d'une femme célèbre, M. Maurice Sand, écrivit au rédacteur en chef une lettre peu spirituelle, à propos de la poudre, qu'il prétend n'avoir été inventée que sous Louis XV. Nous le renvoyons aux *Mémoires* mêmes de la grande Mademoiselle, pour le tirer de son erreur et compléter son éducation.

EUGÈNE DE MIRECOURT.

On alla grand train. *Page* 500.

tion pour le mariage.

Entre nous, elle manquait un peu de franchise, car jamais femme au monde n'eut, au contraire, plus envie de se marier.

Malheureusement elle avait toujours en perspective deux époux à la fois, refusant l'un, refusée par l'autre, et voilà comment elle resta fille jusqu'à près de quarante-trois ans, ce dont je la plains fort.

La vérité est que, voyant l'accueil gracieux qu'elle recevait de son cousin, de la reine mère et du cardinal, elle espérait encore épouser Louis XIV.

Un beau jour, Paris entier fut en rumeur : la reine Christine de Suède venait d'y tomber comme une tuile.

Je puis parler savamment de cette amazone du Nord, car j'eus l'honneur d'être une des personnes qu'elle assomma le plus de ses témoignages d'affection.

Dans l'histoire des réceptions à la cour, la sienne restera comme la plus curieuse et la plus burlesque.

Les salons du Louvre étaient pleins; on s'y portait.

Assis entre sa mère et le cardinal au fond de la salle du trône, Louis XIV attendait la royale visiteuse, qui, pour première inconvenance, n'arrivait pas exactement à l'heure assignée.

Tout à coup on cria : « Gare! »

Christine parut et vint saluer le roi avec les allures et la démarche d'un mousquetaire.

— Eh! eh! mon cousin, s'écria-t-elle en lui donnant un gros baiser sur chaque joue, on m'avait dit que vous n'étiez pas bel homme.... *Sacrebleu!* si je tenais celui qui m'a fait ce mensonge, je lui couperais les oreilles en votre présence!

Il est bon de dire que *sacrebleu* ne fut pas le juron dont elle se servit : elle en employa un autre plus énergique et très-connu.

Le roi, qui a de grandes prétentions à la dignité, se mordit les lèvres.

Mais Anne d'Autriche et Mazarin partirent d'un bruyant éclat de rire. Chacun les imita, et Sa Majesté Suédoise de crier :

— Morbleu! qu'avez-vous donc? Suis-je bossue? me trouvez-vous la jambe mal faite?

On devine qu'alors ce fut bien pis.

Il fallut un regard sévère du roi pour mettre un terme aux

rires et aux chuchotements.

— Ah! ma foi, mon cousin, dit l'étrangère d'un ton furieux, on est bien mal élevé à votre cour!

— Ma cousine, répondit Louis XIV avec gravité, vos habitudes sont un peu différentes des nôtres; mais je ne reconnais à personne le droit de s'en moquer. Je prétends que la fille de Gustave-Adolphe soit honorée au Louvre comme je le suis moi-même.

— Bravo, *sacrebleu!* voilà parler en roi! fit Christine.

Puis, se tournant vers les rieurs :

— Tenez-le-vous pour dit, vous autres, ajouta-t-elle, et n'y revenez plus!

Le maître ne plaisantait pas.

On s'efforça de regarder sans rire la reine de Suède.

Son costume était le plus incroyable qui se puisse imaginer. Elle se coiffait d'une perruque relevée sur le front, avec des mèches en désordre de chaque côté des tempes. Son habit, qui tenait le milieu entre un pourpoint d'homme et une hongreline de femme, s'ajustait d'une façon si pitoyable, qu'il laissait échapper une épaule tout entière.

Au lieu de porter la robe traînante, comme c'était la mode alors, Christine n'avait qu'une simple jupe, si courte, qu'on lui voyait tout le bas des jambes. Ajoutez à cela une chemise d'homme, des souliers d'homme, et vous aurez l'idée de la tenue pleine de goût et de décence dans laquelle la fille de Gustave-Adolphe s'offrit aux regards de Leurs Majestés.

Le malheur voulut que je fusse prise de la fièvre le même soir, ce qui m'empêcha d'aller, le lendemain et les jours suivants, admirer cette merveille du Nord.

Enfin la fièvre me quitta.

Je me préparais à retourner chez madame de Choisy, sous le patronage de laquelle j'entrais au Louvre comme chez moi, lorsque tout à coup je vis paraître la comtesse, devinez avec qui?

Avec la reine Christine

Sérieusement, je crus faire un rêve et je me frottai les yeux.

— J'ai l'honneur de présenter à Votre Majesté l'*illustre Ninon*, que vous m'avez dit être plus ambitieuse de connaître que toute autre personne en France, déclama très-haut madame de Choisy, qui vint me prendre par la main et me mena gravement à Christine.

Celle-ci, me plaçant aussitôt une main sur chaque épaule, se mit à me regarder plus d'une minute dans le blanc des yeux, et s'écria :

— Ma foi, ma chère, je comprends toutes les folies que les hommes ont faites et feront pour vous... Embrassez-moi !

Sans me dire gare, elle me donna, comme à Louis XIV, deux énormes et retentissants baisers.

J'étais saisie et je restai muette.

Au seuil de la porte se tenaient immobiles deux hommes à longue barbe, qu'elle renvoya d'un geste, en disant :

— Qu'on m'attende !

J'ai su depuis que c'était le comte de Monaldeschi, son grand écuyer, avec le chevalier Sentinelli, successeur de Desmousseaux dans la charge de capitaine des gardes.

Christine avait reçu déjà quelques conseils pour réformer le ridicule de sa toilette. Elle portait, ce jour-là, une jupe grise un peu plus longue, avec de la dentelle d'or et d'argent, un justaucorps de camelot couleur de feu, un mouchoir de point de Gênes et une perruque blonde. A la main elle tenait un chapeau de feutre garni de plumes noires.

Décidément elle n'était pas laide.

Sa peau ne manquait pas de blancheur. Elle avait de belles dents, un nez aquilin : somme toute, elle eût pu faire un assez beau garçon.

Raconter l'entretien que j'eus avec elle serait vraiment très-difficile. Elle me prodiguait des caresses très-embarrassantes et me complimentait à tout rompre.

Je n'ai jamais vu de langue aussi exercée et plus intempérante que la sienne.

A l'entendre, j'étais bien au-dessus des éloges qu'on lui avait faits de moi. Forcément je ne répondais que par monosyllabes, et elle se récriait sur mon esprit et mes façons aimables.

Quand elle eut épuisé mon chapitre, elle en entama vingt autres.

Il fallut l'écouter sur le roi, la reine, le cardinal, Versailles, la comédie italienne; sur la Suède, sur son abdication en faveur de son cousin Charles-Gustave, sur le philosophe Descartes mort à sa cour, sur Monaldeschi et leurs relations intimes, dont elle ne jugea pas à propos de me faire mystère. Bref, elle me parla de tout et de bien d'autres choses encore.

Madame de Choisy riait à l'aise derrière son éventail.

La royale cousine de Charles-Gustave aurait couché sûrement chez moi, si ma porte ne se fût ouverte tout à coup pour donner passage à quelqu'un dont je n'attendais guère la visite.

Du seuil à la place où j'étais assise, un homme se précipita d'un bond, se mit à mes genoux et me prit les mains en poussant un cri d'ivresse.

Je regardais cet homme avec un sentiment d'intérêt et un battement de cœur dont je ne me rendais pas compte.

Son noble et beau visage ne m'était point inconnu.

Il me considérait lui-même avec des yeux humides de larmes, et fut quelque temps sans pouvoir proférer un mot. Enfin il murmura d'une voix attendrie :

— Vous ne me reconnaissez donc pas, ma belle protectrice?

— Poquelin!... c'est toi!... mon cher Poquelin!...

Je lui ouvris les bras et je l'embrassai dans le plus affectueux élan de mon cœur.

— Comme tu es changé!... Te voilà tout à fait un homme à présent... Viens, viens! embrassons-nous encore!

Je fis asseoir Molière à côté de moi.

La reine Christine était complètement oubliée.

— Te revoici donc, mon bon Jean-Baptiste ! Dois-tu rester longtemps avec nous ?

— Toujours, ma belle protectrice.

— En vérité ?

— Oui, je ne partirai plus.

— Tant mieux ! oh ! tant mieux !

— J'ai la permission du roi, nous allons jouer à Paris.

— Ah ! cette nouvelle me rend bien heureuse !... Pauvre ami !... Si je ne te reconnaissais pas avec les yeux, j'aurais dû te reconnaître avec mon cœur !... Tu t'es bien ennuyé en province ?

— Pas trop. Nous y avons obtenu des succès. Dernièrement, à Montpellier, j'ai eu la chance de donner une représentation où assistait M. Colbert. C'est lui qui me rappelle à Paris.

— A la bonne heure, enfin ! voilà de la justice !... Et tu jouais sans doute là-bas une pièce de ta composition ?

— Je n'en joue jamais d'autres.

— Quel est le nom de cette pièce ?

— Le *Dépit amoureux*.

Molière avait ses deux mains dans les miennes. Je ne me lassais pas de le regarder ; c'était à mon tour de pleurer de joie. Tout à coup la reine Christine passa derrière mon fauteuil, et me dit assez haut :

— C'est un de vos amants, sans doute ?... Un fort bel homme !

Il me fallait cette grosse sottise pour me rappeler qu'elle était là.

— Non, madame, dis-je avec dignité, je suis sa mère.

— Oh ! oui, ma seconde mère, ma bienfaitrice, celle à qui je dois tout ! s'écria Jean-Baptiste, me dévorant les mains de caresses.

Je le fis lever.

— Mon ami, lui dis-je, vous êtes en présence de la reine de Suède !

Il ouvrit de grands yeux et crut que je me moquais de lui.

Le menant alors à Christine, j'ajoutai :

— Permettez-moi, madame, de présenter à Votre Majesté un auteur qui, je l'affirme, portera l'art du théâtre aussi haut que possible. On dira bientôt Molière comme on dit Corneille.

— Bravo! fit Christine. J'adore les auteurs! Vous vous êtes assez baisés... A mon tour!

Jetant aussitôt les bras au cou de Jean-Baptiste ébahi, elle lui donna la plus vive et la plus robuste des accolades.

Il se pencha pour me dire à l'oreille :

— C'est une folle?

— Non, vrai, c'est une reine.

Molière n'en revenait pas. Une fois envahi par Christine, l'entretien devint général. Jean-Baptiste nous annonça qu'on l'autorisait à ouvrir une salle au Petit-Bourbon, et qu'il devait y jouer, le soir même, avec l'élite de sa troupe.

— Ah! ma bonne amie, nous irons! s'écria la reine.

— Madame, répondis-je en m'inclinant, vous me faites infiniment d'honneur, j'accepte. Quel sera le spectacle, Jean-Baptiste?

— Le *Cocu imaginaire*, d'abord.

— Un titre assez leste! fis-je en souriant.

— Mais non, dit Christine, je le trouve superbe!

— Et l'on terminera par les *Précieuses*, ajouta Molière, par la pièce même qui a causé mon exil.

— A merveille!... Oh! la bonne vengeance!

— Les *Précieuses*, qu'est-ce que cela? demanda la reine.

— Votre Majesté, dis-je, n'a pas été sans entendre parler de cet évêque d'Ypres dont les propositions viennent d'être condamnées par la cour de Rome, chose assez fâcheuse pour les solitaires de Port-Royal, qui soutenaient sa doctrine?

— Oui, vous parlez de Jansénius.

— Précisément. Lui et ses disciples dénaturent le dogme religieux, exagèrent tout et sont à juste titre accusés d'intolérance. Eh bien, madame, les *Précieuses* étaient les jansénistes de l'amour.

— Voilà qui est admirable de justesse et de vérité ! s'écria Molière.

Il promit de nous envoyer une loge pour le Petit-Bourbon, m'embrassa tendrement et sortit.

— Je trouve cela bien singulier, dit Christine ; se faire de telles caresses et n'être qu'amis !

— Voilà justement, madame, le plus doux privilége de l'amitié, c'est de pouvoir se montrer expansive en dehors du tête-à-tête. Après tout, l'amour n'est pas à mes yeux un sentiment bien respectable ; mais j'ai pour l'amitié la vénération la plus grande, et mes amants n'ont pas de rivaux plus à craindre que mes amis.

Elle me donna sa huitième ou dixième accolade, et me supplia de la mettre au nombre de ces derniers.

Décidément, j'avais fait la conquête de Sa Majesté Suédoise, qui voulut rester avec moi jusqu'à l'heure du spectacle. Elle m'accabla de plus en plus de ses témoignages d'affection, me dit que son projet, en quittant la France, était d'aller habiter Rome, et que, si je voulais, elle m'emmènerait avec elle.

Je la remerciai de ses offres, affirmant que j'avais beaucoup trop d'amis pour aller vivre loin d'eux.

Puis je sonnai Perrote, et j'ordonnai qu'on servît à la reine une collation de viandes froides et de confitures. Après avoir mangé comme une ogresse, Christine se rappela son grand écuyer et son capitaine des gardes. Elle me demanda permission de leur envoyer une dinde, qu'ils dévorèrent à l'office.

La loge de Molière arriva.

Nous étions à cinq heures au Petit-Bourbon.

Rappelée par les devoirs de sa charge auprès d'Anne d'Autriche, madame de Choisy ne put nous accompagner.

Si j'avais été surprise jusque-là des discours et des manières de Christine, je le fus bien davantage de sa tenue au théâtre. Jamais, je ne dis pas une reine, mais une femme de la halle, ne se conduisit de la sorte. Pendant toute la pièce du *Cocu imaginaire*, elle poussa des éclats de rire convulsifs, tantôt se

Sentinelli tenait son épée nue. *Page* 501.

tordant et jurant Dieu, tantôt se renversant sur moi, tantôt jetant les jambes par-dessus les bras de sa chaise, deçà, delà, montrant ce que les autres cachent.

Trivelin et Jodelet, les deux bouffons de la Comédie-Française et de la Comédie-Italienne, ne prenaient pas, dans leurs farces, de postures plus grotesques et plus ridicules. En vain je lui adressai de respectueuses observations, lui faisant voir qu'elle attirait sur nous les regards du public.

Sa Majesté m'envoya paître le plus cavalièrement du monde et me pria de la laisser rire.

Pendant six mois environ qu'elle fut à Paris, elle m'honora de sa visite presque toutes les semaines, et, franchement, j'en avais de cette reine des Goths par-dessus la tête.

Apprenant qu'elle venait de partir pour Fontainebleau, je

m'en croyais débarrassée, lorsqu'un jour, de fort grand matin, le chevalier Sentinelli vint me dire qu'elle me demandait au Palais-Royal.

Elle était revenue depuis deux jours sans que j'en fusse instruite.

J'avais bien envie de décliner ce nouvel honneur; mais, pensant que, si je refusais d'aller la trouver, elle viendrait sans doute elle-même chez moi; je me rendis au Palais-Royal, dont on avait mis une partie des appartements à sa disposition.

On m'introduisit chez Christine.

A ma grande surprise, je la trouvai tout en larmes et couchée sur un méchant lit, avec une chandelle éteinte à côté d'elle.

Pour bonnet de nuit, elle avait une serviette autour de la tête, et pas un cheveu, vu qu'elle s'était fait raser le soir précédent.

Lorsque je la vis dans cet accoutrement bizarre, j'eus une peine infinie à tenir mon sérieux, malgré la douleur dont elle semblait accablée.

Me saisissant les deux mains et m'attirant auprès de son grabat :

— Je vous crois mon amie, dit-elle, mon amie sincère ?

— Oui, madame, je serais au désespoir que vous le missiez en dout

— J'ai un chagrin, ma bonne Ninon, un chagrin horrible.

— Que vous est-il donc arrivé ?

— Vous le saurez plus tard. Il faut que je sois encouragée, soutenue. Restez avec moi, je vous en conjure !

Sentinelli entrait.

Il s'approcha sans façon du lit de Christine et parla quelques instants à voix basse.

— M'empêcher ! s'écria-t-elle, on oserait m'empêcher ! Ne suis-je pas reine ? n'ai-je pas le droit de haute justice ?

Le capitaine des gardes se pencha de nouveau à son oreille.

Christine lui répondit :

— Eh bien, soit, dissimulons! Dans une heure je retournerai à Fontainebleau. Là, du moins, nous serons libres.

Sentinelli fit un signe d'approbation et quitta la chambre.

« Droit de haute justice... Là, du moins, nous serons libres!... »

Je ne sais pourquoi ces paroles me donnèrent le frisson. J'allais interroger la reine à cet égard, lorsque tout à coup je la vis faire un signe de croix et se frapper la poitrine. Elle sonna ses femmes, qui entrèrent.

— Allez me chercher un confesseur, dit Christine, et amenez-le-moi promptement.

— Qui Votre Majesté veut-elle prendre? lui demanda-t-on.

— N'importe... le premier venu, pourvu que ce soit un évêque.

Les femmes s'éloignèrent.

Sa Majesté me pria de l'aider dans sa toilette, qui ne fut pas longue. Elle passa un justaucorps pelé, une petite vilaine jupe de couleur jaune et une coiffe. Sous ce costume, avec ses yeux rouges de larmes, elle était affreuse, d'autant plus qu'au travers de son chagrin on lisait sur sa physionomie je ne sais quoi de féroce qui faisait trembler. J'essayai de lui adresser quelques questions, elle ne me répondit que ces mots:

— Plus tard! plus tard!

Deux secondes après, elle ajouta d'une voix suppliante:

— Je vous emmène à Fontainebleau, ma chère Ninon: pour Dieu, ne me quittez pas!

Le confesseur fut introduit. C'était M. d'Amiens, qu'on avait été quérir aux Feuillants, d'où il sortait de retraite.

Il entra avec son bonnet carré et son rochet.

Je voulus m'éloigner. Un geste de Christine me signifia de reculer seulement jusqu'au fond de la pièce. Puis elle se mit à genoux devant l'évêque, qui venait de s'asseoir.

La confession dura cinq minutes.

Christine la fit assez bas pour que je ne pusse rien entendre. Tout en parlant à l'évêque, elle ne cessait de le regarder entre les deux yeux, ce qui me parut le déconcerter beaucoup.

Si M. d'Amiens fut édifié, ce dut être des sentiments de la pénitente plutôt que de sa mine.

Il se hâta de lui donner l'absolution et partit.

La reine commanda son carrosse. Nous allâmes aux Feuillants, où elle communia.

Je songeai tout naturellement qu'une femme qui se comportait d'une manière aussi religieuse ne pouvait avoir de dessein sinistre. Un sentiment de curiosité prit le dessus ; je consentis à la suivre à Fontainebleau, où je devais apprendre enfin la cause de ses larmes.

On alla grand train.

Monaldeschi et Sentinelli étaient avec nous dans le carrosse. La reine n'adressa pas un mot au premier pendant tout le voyage. Nous arrivâmes à cinq heures du soir.

La nuit commençait à descendre.

On soupa. Christine dit ensuite au grand écuyer d'une voix sombre :

— Monsieur le comte, vous allez vous rendre dans la galerie des Cerfs, où je vous rejoindrai bientôt.

Puis, se tournant vers Sentinelli, je l'entendis murmurer :

— Qu'on exécute impitoyablement mes ordres. Suis-le !

Toutes mes craintes revinrent. J'attendais qu'elle me donnât enfin l'explication de ce mystère ; mais elle s'occupa de changer de toilette et s'habilla tout de noir. Cela fait, elle me prit le bras sans mot dire.

A la porte attendaient vingt suisses, également vêtus de noir, avec des hallebardes garnies de crêpes.

Dix nous précédèrent; les dix autres nous suivirent, et l'on se dirigea vers la galerie où Christine avait envoyé le comte l'attendre.

— Au nom du ciel, madame, balbutiai-je, que va-t-il se passer? Pardonnez à ma terreur... On dirait les apprêts d'un supplice !

Elle ne me répondit que par un sourire; mais ce sourire, je ne l'oublierai de ma vie.

La galerie-des Cerfs était éclairée par huit pages qui portaient des torches. Au fond, j'aperçus Monaldeschi, agenouillé devant un moine et les mains liées derrière le dos. Debout à sa droite, Sentinelli, recouvert d'une jaque de mailles, tenait son épée nue.

— Miséricorde! criai-je en joignant les mains avec épouvante, est-ce que vous allez le faire mourir?

Les lèvres de Christine se contractèrent de nouveau par son rire sinistre.

Elle avait la figure pâle, mais son œil étincelait de colère et de haine.

Cependant Monaldeschi venait de l'apercevoir. Il se redressa, bondit jusqu'à elle et se roula suppliant à ses genoux.

— Grâce! grâce! cria-t-il d'une voix désespérée.

— Est-il vrai, lui demanda la reine, que, pendant le dernier voyage de Sentinelli à Rome, tu as ouvert les lettres qu'il m'adressait et celles que je lui envoyais en réponse?

— C'est vrai... Je suis coupable... mais grâce!... grâce de la vie!

— Lâche! dit Christine. Montre du moins quelque force d'âme et sois homme en face de la mort!

Tirant de la poche de sa robe une espèce de brochure et la lui mettant sous les yeux:

— Est-ce toi, dit-elle, qui as payé l'auteur de ce libelle infâme, où l'on m'accuse d'avoir eu trente amants et d'en avoir empoisonné vingt?

— Pitié! pitié! s'écria le malheureux, dont le visage livide et chargé d'angoisse était horrible à voir.

— Est-ce toi? Réponds.

— Que Votre Majesté me pardonne... La jalousie me dévorait le cœur. Au nom de mon dévouement passé, madame, au nom de vos aïeux, laissez-moi vivre!

— T'es-tu confessé? demanda-t-elle avec un calme effrayant.

Monaldeschi s'affaissa sur lui-même en poussant un cri sourd. Il comprenait qu'il n'y avait plus d'espérance.

Christine fit signe aux gardes ; ceux-ci relevèrent le comte et le reconduisirent à la place qu'il avait quittée.

— Oh ! madame, pardonnez-lui ! m'écriai-je. C'est affreux ! M'avoir amenée pour assister à cet épouvantable spectacle... Non, non, vous ne le tuerez pas !... Une femme ne peut donner ainsi un ordre de mort !

— Je ne suis pas femme, répondit-elle ; je suis reine, et j'ai le droit de punir un traître.

Elle étendit le bras.

Je vis, à la lueur des torches, briller l'épée de Sentinelli. Une lutte effroyable eut lieu entre le bourreau qui frappait et la victime qui se débattait.

Le sang ruissela jusqu'à moi ; je m'évanouis d'horreur.

FIN DE LA DEUXIÈME PARTIE.

Christine de Suède.

I

En reprenant mes sens, je me trouvai dans la pièce où nous avions dîné.

Christine était à côté de moi. Elle me dit de l'air du monde le plus paisible :

— Vous avez eu tort de vous émouvoir de la sorte. Faire couper le cou à ce misérable en Suède ou ici, n'est-ce pas la même chose?

Je la regardais en frissonnant, et je fus sur le point de m'évanouir une seconde fois.

— Madame, je vous en conjure, balbutiai-je, faites-moi donner un carrosse, que je m'en retourne à Paris.

— Voyager à une telle heure! y songez-vous? Pourquoi ne pas coucher? demain nous partirons ensemble.

— Non! non!... Dans ce château, après ce meurtre... Je veux partir à l'instant même!

Christine fit quelques tours dans la chambre avec agitation; puis elle haussa les épaules et murmura :

— Bégueule!

Sur ce mot charmant, Sa Majesté Suédoise disparut. Je ne devais plus la revoir.

On vint bientôt me dire qu'une voiture était à mes ordres. Je m'empressai de descendre, peu curieuse de faire des adieux plus réguliers à la reine, et je montai en carrosse par une nuit noire, exposée sur la route aux attaques des voleurs, mais enchantée de fuir ce lieu maudit.

Je me fis conduire, en arrivant, chez la comtesse, à qui je racontai les épouvantables détails de mon voyage. Elle envoya prévenir Mazarin, qui voulut m'interroger lui-même.

Le ministre tomba de son haut lorsqu'il apprit de ma bouche toutes les circonstances de l'exécution du grand écuyer.

Un courrier fut expédié sur l'heure à Christine, pour lui défendre de reparaître à Paris.

Rentrée chez moi, j'y tombai malade, et je restai dans mon lit environ trois semaines, ne pouvant goûter un instant de sommeil sans faire des rêves de meurtre, et voyant toujours ce ruisseau de sang qui avait coulé jusqu'à moi.

Plus je réfléchissais, moins je comprenais le motif pour lequel cette abominable femme avait voulu me rendre témoin de l'exécution de son amant. Depuis, on m'assura qu'elle croyait, par ce spectacle, me donner une haute idée de sa puissance de caractère et de sa justice.

Quand j'allai mieux, on vint me chercher de la part de la reine, qui voulait, elle aussi, m'entendre raconter ce drame lugubre.

Mon récit la fit pâlir, ainsi que toutes les dames d'honneur.

Les amours de Marie de Mancini et de Louis XIV devenaient de plus en plus sérieuses. Anne d'Autriche commençait à manifester quelque inquiétude.

Sans rien dire au ministre, elle écrivit à Madrid pour nouer elle-même les premières négociations d'un mariage entre son fils et l'infante d'Espagne.

Mazarin ne tarda pas à être instruit de ces menées secrètes.

Un soir, comme j'allais quitter le Louvre, je trouvai Marie, qui sortait tout en pleurs de l'appartement de son oncle.

— Hélas! me dit-elle, j'ai le cœur dans l'affliction! Le cardinal refuse de parler à la reine et ne me laisse aucune espérance.

— Il refuse de parler à la reine. en êtes-vous sûre, Marie?

— Sans doute.

— Je ne puis le croire, chère enfant.

— Mais puisqu'il vient de me le dire!

— Ce n'est pas une raison.

— Pourquoi me rendre un espoir qui n'est plus?

— Votre oncle caresse depuis trop longtemps le projet de

Je passai une nuit cruelle. *Page* 510.

vous donner moitié de la couronne de France, pour abandonner ce projet si vite. Il n'est pas homme à céder le terrain sans livrer au moins bataille.

— Croyez-vous? fit-elle en essuyant ses larmes.

— J'en mettrais les deux poings au feu, Marie!

A peine achevais-je ces mots, que nous entendîmes la porte de Mazarin s'ouvrir. L'amoureuse du roi m'attira dans l'embrasure d'une fenêtre.

Le cardinal regarda soigneusement autour de lui.

Nous étions cachées sous d'épais rideaux de damas de Gênes à crépines d'or. Il ne nous aperçut pas. Croyant la galerie déserte, il se dirigea vers un petit couloir sombre que j'avais remarqué plus d'une fois, mais qui me semblait uniquement destiné au passage des laquais de service.

— Vous aviez raison, dit Marie d'un air joyeux, il va chez la reine!

— Par ce couloir?

— Oui, venez! Il n'y a jamais de gardes. Nous pourrons entendre leur entretien.

La curieuse enfant m'entraîna.

J'étais médiocrement rassurée sur les suites d'une pareille indiscrétion. Mais la nièce de Mazarin m'assura qu'il n'y avait pas le moindre danger d'être surprises, et j'avoue que je n'étais pas fâchée moi-même d'entendre ce qu'allaient se dire Anne d'Autriche et le ministre.

S'il n'y avait point de gardes dans le couloir, il y avait encore moins de lumière.

Nous marchions à tâtons, sur la pointe du pied, retenant notre souffle, et nous arrêtant lorsque nos pas avaient trop d'écho sur les dalles. Il m'arrivait parfois, en ouvrant une porte, de la faire crier : alors je m'arrêtais et j'avais le frisson.

Un instant après, ma compagne se heurtait à quelque boiserie. Nos transes n'en finissaient plus.

Enfin nous nous trouvâmes dans une espèce d'antichambre, éclairée faiblement par la lueur d'une veilleuse placée sous un globe de cristal.

— Nous sommes arrivées! dit la jeune fille.

J'écoutai, palpitante.

La voix de la reine et celle du cardinal frappèrent mon oreille.

— Mais quel obstacle voyez-vous à ce mariage? demandait Anne d'Autriche avec impatience.

Déjà son accent approchait de l'irritation.

— Aucun, répondait le ministre, si ce n'est toutefois ceux que votre fils peut faire naître.

— Mon fils?

— Oui, madame.

— Le roi trouvera-t-il dans les autres cours de l'Europe une alliance plus digne de nous que celle de l'infante?

— Non, sans doute.

— Cette union n'aura-t-elle pas, en outre, l'avantage de terminer nos trop longues querelles avec l'Espagne?

— Je l'avoue.

— Alors quel obstacle mon fils peut-il soulever?

— Le roi est jeune, madame, et les passions de la jeunesse....

— Quelles passions? Mais parlez donc! interrompit Anne d'Autriche, frappant du pied.

— Un roi cède plus facilement à ses caprices que les autres hommes.

— Nous savons cela; finissez avec vos préambules! S'agit-il de l'affection plus ou moins bizarre que Louis semble témoigner à l'une de vos nièces?

— Justement, répondit le cardinal, il s'agit de cela. Pourquoi ne point en convenir? Toutes les questions s'abordent.

— Et où avez-vous vu, monsieur, que les caprices des rois ou des reines, lorsqu'ils ont le sentiment de leur dignité, entravent jamais en quoi que ce soit la marche des affaires sérieuses? Vous devez mieux que personne savoir qu'il n'en est rien!

— Madame....

— Je vous ai sacrifié deux fois vous-même quand les intérêts du trône et ceux de la France m'en ont fait un devoir.

— Je n'en disconviens pas, dit le cardinal avec un léger ton d'aigreur; mais il est peu généreux à Votre Majesté de me

rappeler ces mauvais jours.

— Pourquoi donc? Vous ai-je mis un seul instant à mon niveau?

Il est impossible de rendre le ton majestueux et méprisant tout à la fois avec lequel Anne d'Autriche prononça ces dernières paroles.

— Enfin, madame, le roi est majeur, il est le maître! dit Mazarin, de plus en plus piqué.

— Sans doute, il est le maître. Après?

Marie me serrait le bras avec force.

La malheureuse enfant ressentait une angoisse inexprimable et ne devinait que trop, aux réponses d'Anne d'Autriche, le dénoûment de cette scène.

— Après, après.... balbutia le ministre; je n'y suis pour rien, au bout du compte!

— Dans quoi n'êtes-vous pour rien?

— Sa Majesté vous dira que je ne lui ai jamais fait à cet égard la moindre insinuation.

— A l'égard de votre nièce?... Pour Dieu, monsieur le cardinal, une fois dans votre vie, ayez de la franchise... Achevez, mais achevez donc!

— Soit! répliqua Mazarin d'un ton résolu. Je suppose que, chez le roi, le cœur emporte la tête, et qu'il veuille à toute force épouser Marie?...

Mazarin n'acheva pas.

Une exclamation de colère s'échappa du sein d'Anne d'Autriche. Nous entendîmes reculer violemment un fauteuil.

Il me fallut soutenir ma compagne, dont les genoux chancelaient et dont les membres étaient agités d'un tremblement d'effroi.

— Ah! voilà donc le grand mot lâché! s'écria la reine avec une violence extrême. Je n'aurais pas cru vraiment que vous auriez cette audace. Vous avez franchi le fossé, j'aime mieux cela! Du moins la situation devient nette, et nous pouvons nous comprendre.

— Permettez... je n'ai fait qu'une supposition, dit Mazarin, dont l'accent devenait plus timide à mesure que celui de la mère de Louis XIV prenait plus d'énergie.

— Une supposition ! Dis plutôt, misérable, que tu viens de me révéler ta pensée tout entière et de trahir tes projets ambitieux ! cria la reine avec un éclat de voix terrible.

Marie sanglotait ; des soupirs étouffés soulevaient sa poitrine.

— Du calme, au nom du ciel ! murmurai-je, ou nous sommes perdues !

— Madame, dit le cardinal, daignez parler moins haut : près d'ici, dans les antichambres ou dans les galeries voisines, on vous entend peut-être....

— Eh ! que m'importe ? ai-je des ménagements à garder ? reprit Anne d'Autriche avec une ironie sanglante. Est-ce que jamais vous avez été dans mes mains autre chose qu'un instrument ? J'ai conservé la popularité pour moi, monsieur, et je vous ai laissé la haine. Qui de nous est le plus habile, je vous prie ?

— Assez, dit Mazarin ; de grâce, apaisez-vous et laissons ces discours.

— Vous allez écrire à don Louis de Haro, monsieur ! vous allez lui demander une entrevue à l'île des Faisans pour traiter des conclusions du mariage !

— Mais il me semble, objecta le ministre, que le consentement de Sa Majesté...

— Est inutile pour une première conférence, interrompit Anne d'Autriche.

— Cependant...

— Écrivez, vous dis-je, sur-le-champ, sans retard... je vous l'ordonne, moi, la reine !

— J'obéis, murmura Mazarin.

— A la bonne heure.

— Toutefois je vous prie de vouloir bien dire au roi...

— Je lui dirai, monsieur le cardinal, que si jamais il commettait l'indignité dont, il n'y a qu'un instant, vous le supposiez capable, je me mettrais avec mon second fils à la tête de toute la nation contre le roi et contre vous !

A ces foudroyantes paroles, qui achevaient d'écraser ses espérances, Marie Mancini posa la main sur son cœur.

Puis, jetant un cri, elle tomba à deux genoux sur le parquet.[1]

Je perdis alors complétement la tête et je m'empressai de fuir, laissant la nièce du ministre à son triste sort, et préoccupée d'une pensée, d'une seule : c'est que je n'éviterais pas, cette fois, les *Repenties* pour le reste de mes jours, si j'étais aperçue du ministre et de la régente.

Comment, au milieu de l'obscurité, pus-je réussir à traverser de nouveau les appartements que nous avions parcourus? Le hasard me vint en aide, ou plutôt ce fut la Providence, qui savait, en fin de compte, que le cloître n'était nullement dans mes goûts.

Je passai une nuit cruelle.

Qu'est-il arrivé au Louvre après ma fuite? Il est impossible qu'Anne d'Autriche et Mazarin n'aient pas entendu le cri de désespoir de la jeune fille. On l'aura surprise en flagrant délit d'espionnage.

Alors qu'a-t-elle pu répondre, la pauvre enfant ?

M'a-t-elle nommée? Je ne la croyais pas capable de cette indélicatesse; mais, dans un trouble pareil, on s'oublie, on divague, on se perd et on perd les autres.

Je m'excitai si bien d'imagination avec ces pressentiments, que, le jour venu, le moindre bruit me donnait des battements de cœur. Il me semblait, à chaque minute, entendre le pas des exempts dans mon antichambre. Vers onze heures, j'eus l'idée d'envoyer chez madame de Choisy.

[1] Certains auteurs du temps prétendent que le roi survint au milieu de cette conversation, et que le cardinal, se précipitant aux genoux de Leurs Majestés, supplia Louis XIV d'épouser sa nièce, et la reine de le souffrir. Nous ne croyons pas que Mazarin, malgré son caractère sans dignité, ait pu descendre à une telle bassesse. (NOTE DE L'ÉDITEUR.)

Je n'osais moi-même aller au Louvre.

Comme je terminais une lettre, où je suppliais la comtesse de prendre adroitement des informations et de savoir si j'étais compromise, un carrosse entra dans la cour. Le battement de cœur me reprit aussitôt.

Je m'approchai de la fenêtre.

Deux femmes descendirent de voiture ; c'était la dame d'honneur elle-même avec mademoiselle de Mancini.

Une exclamation s'échappa de mon sein. Je courus précipitamment à leur rencontre.

— Oh ! parlez vite ! qu'y a-t-il ? m'écriai-je.

— Il y a, me répondit la comtesse, que notre pauvre Marie entre, ce matin, aux *Filles du Calvaire,* un couvent fort triste, où Anne d'Autriche lui ordonne une retraite d'un mois.

La nièce du cardinal accourut se jeter dans mes bras et se mit à éclater en sanglots.

— Chère petite ! lui dis-je... ah ! je vous ai bien cruellement abandonnée hier au soir ! Mais je me serais perdue sans vous tirer d'affaire.

— Hélas ! s'écria-t-elle au milieu de ses pleurs, si vous saviez comme elle m'a traitée !

— C'est un tort ; car, chez vous, Marie, l'ambition se taisait et le cœur parlait seul. Vous n'avez pas prononcé mon nom ? ajoutai-je, presque honteuse de m'occuper de moi en présence de son chagrin.

Elle me répondit par un signe de tête négatif. Je la fis asseoir sur un fauteuil et je dis à voix basse à la comtesse :

— Le roi ne sait donc pas qu'on l'enferme au couvent ?

— Pardonnez-moi, ma chère. Sa Majesté vient, il y a une heure, de lui faire ses adieux.

— Il a dû lui témoigner de vifs regrets ?

— Oui, pour la forme. — « Croyez bien, Marie, a murmuré Louis XIV à l'oreille de sa maîtresse éplorée, que, si le roi vous quitte, l'homme ne cessera jamais de penser à vous. »

— Touchante et flatteuse consolation !

— Puis il est parti tranquillement ensuite, avec ses courtisans et ses valets de chiens, pour aller chasser dans les bois de Chambord.

— Et vous croyez qu'il a du cœur?

— Je n'ai jamais dit cela, répliqua vivement la comtesse; je suis bien sûre, au contraire, qu'il n'aimera jamais personne que lui.

La triste reine manquée me fit ses adieux avec un redoublement de larmes et de sanglots. Mazarin lui-même avait prié madame de Choisy de la conduire au couvent, qui se trouvait dans mon voisinage. Ces dames, en passant, étaient entrées chez moi.

La nièce du cardinal ne quitta sa retraite qu'au bout de six semaines, pour aller épouser le connétable de Naples, avec lequel il lui fut impossible de vivre.

Elle revint à Paris en fugitive, l'année suivante, espérant être bien reçue de Louis XIV; mais le roi, malgré sa belle promesse d'éternel souvenir, avait entièrement oublié la pauvre fille, ou plutôt il ne se souciait plus de cette naïve intrigue de son adolescence. Il donna lui-même l'ordre d'enfermer pour la seconde fois au cloître Marie Mancini.

O l'histoire des amours!

Cette suite de pénibles circonstances me fit renoncer à mes visites au Louvre.

Je compris que les puissants de ce monde ont rarement une affection durable; ils regardent tout ce qui les entoure comme autant de jouets, qu'ils brisent au premier signe d'ennui ou de fatigue. Leur voisinage ressemble à celui des arbres élevés: on y est plus menacé de la foudre.

Mazarin lui-même en était une preuve frappante.

Je le plaignais presque, en songeant au nombre incalculable d'humiliations qu'il avait dû subir pour acheter sa faveur.

A partir de ce moment, le mariage de Louis XIV avec l'infante marcha grand train. Comme l'avait ordonné Anne d'Autriche, une première conférence eut lieu à l'*Ile des Faisans*.

Presque toutes portaient le masque en velours noir. Page 513.

Puis toute la cour prit le chemin de la frontière d'Espagne, et je ne sais plus quel seigneur fut chargé d'épouser par procuration Marie-Thérèse à Fontarabie.

Cependant Louis XIV se trouvait à deux pas du lieu où l'on célébrait l'hyménée ; mais les rois se marient d'après les règles du cérémonial, qui n'ont pas avec celles du bon sens le moindre rapport.

Ceci avait lieu au mois de juin de l'année 1660.

La guerre finit en même temps avec l'Espagne. On se disait tout bas qu'une des clauses secrètes du traité des Pyrénées était le pardon de M. le Prince.

Tout le monde fut ravi de cet arrangement, moi la première.

Condé, je l'ai dit plus haut, avait emmené avec lui chez les Espagnols M. de Fiesque, l'un de mes deux blessés de la Bastille, et j'appris avec douleur la mort du comte, tué en Catalogne par un éclat d'obus. Je ne pouvais moi-même aller interroger sa veuve pour savoir ce qu'était devenue ma fille ; mais j'envoyai deux personnes adroites la sonder à cet égard.

Elle déclara qu'elle n'avait de ce fait aucune connaissance.

Insister devenait impossible.

J'eus besoin, dans l'inquiétude où cette réponse me plongea, de me rappeler la promesse sacrée de Fiesque ; puis j'éloignai de mon esprit un souvenir qui ressemblait beaucoup à un remords.

Le 26 août, la jeune reine fit son entrée à Paris.

J'allai en grande société jusqu'à Grosbois au-devant du cortége, et je pus voir Marie-Thérèse au moment où elle passait devant l'abbaye des Camaldules.

On ne pouvait dire qu'elle était jolie ; mais, pour une Espagnole, elle avait une blancheur de peau surprenante.

Parée du manteau royal de velours violet, semé de fleurs de lis d'or, et vêtue par-dessous d'une robe blanche de brocart, au devant de laquelle tombait une magnifique rivière d'émeraudes, elle produisit sur la multitude un grand effet de prestige.

On trouvait surtout qu'elle portait merveilleusement bien la couronne.

Dieu me préserve de décrire ici le cortége, qui fut trois heures entières à défiler ; cela m'obligerait à faire mention d'une quantité de personnages, tous mieux en cour à cette époque les uns que les autres, mais dont la plupart sont oubliés aujourd'hui.

Seulement je profiterai de l'occasion pour dépeindre, en quelques mots, les costumes qui étaient de mode, et donner un aperçu des mœurs de Paris au commencement de ce règne.

Les hommes avaient la perruque longue, descendant jusqu'aux épaules en boucles désordonnées.

Ils se coiffaient d'un petit chapeau rond, à basse forme et à bords très-amples, toujours garni d'une grande plume qui retombait indifféremment à droite ou à gauche. Leur justaucorps ne dépassait pas la ceinture ; ils y rattachaient le haut-de-chausses avec des rubans.

Chez les uns, ce haut-de-chausses, en étoffe de soie bouffante, n'allait que jusqu'à mi-cuisse ; chez les autres, il était tout d'une venue et ne s'arrêtait qu'aux genoux. Ils avaient avec cela des demi-bottes très-évasées. Un large baudrier en sautoir soutenait leur épée, qui touchait à terre, et un manteau appelé *balandran* couvrait le justaucorps et le baudrier.

Les femmes tressaient leurs cheveux et les fixaient derrière la tête. Quelques touffes bouclées bavolaient de chaque côté des tempes et accompagnaient avantageusement le visage.

Elles jetaient par-dessus un escoffion, dont les pointes flottaient sur leurs épaules ou se nouaient sous le cou.

Leur robe à larges manches et à long corsage se retroussait des deux côtés, et laissait voir un jupon garni de broderies ou de dentelles.

Presque toutes portaient le masque en velours noir, doublé de satin blanc.

Ce masque se ployait au besoin comme un portefeuille et n'avait point de ligature. On le maintenait au moyen d'une petite verge en fil d'archal, terminée par un bouton de verre, qui se plaçait dans la bouche et servait à déguiser le son de la voix.

Mais toutes les femmes ne se mettaient pas d'une manière aussi décente.

La tenue de beaucoup de bourgeoises était vraiment scandaleuse.

Elles allaient dans les promenades, dans les cercles, au bal, à la messe, au confessionnal et même à la communion, avec les bras, les épaules et la gorge entièrement nus, de sorte que les hommes dévots se plaignaient amèrement de ne pas trouver, même à l'église, un abri contre la tentation.

Cette rage de se décolleter alla si loin, que le sieur Gardeau, curé de Saint-Étienne, se mit à crier un dimanche au prône :

— « Eh! mesdames, pourquoi ne pas mieux vous couvrir en notre présence? Ne sommes-nous pas de chair et d'os comme les autres hommes? C'est un grand péché, savez-vous, que d'exposer ainsi vos pasteurs à tomber dans le crime par la vue de vos *tymbales!* »

Il va sans dire que le mot fut recueilli. Les *tymbales* du curé Gardeau passèrent en proverbe.

Déjà l'aspect de la ville, grâce à l'accroissement de la population, offrait ce tohu-bohu curieux qui, depuis, s'est accru encore.

On eût dit que les maisons avaient fait la gageure de grimper les unes par-dessus les autres, tant elles se pressaient et s'entassaient dans tous les quartiers. On les voyait envahir jusqu'aux ponts de la rivière, et avec cela beaucoup d'habitants logeaient encore sur les toits.

Dans les rues, les voitures de place faisaient un vacarme épouvantable.

Ces voitures étaient délabrées et couvertes de boue ; les chevaux qui les tiraient n'avaient que les os et mangeaient en marchant.

Pour les cochers, tous gens brutaux, enroués, querelleurs, ils faisaient un claquement continuel de leur fouet, qui, s'unissant au bruit des roues, au son des cloches, aux cris des marchands d'herbe, de laitage et de marée, augmentait tellement le tintamarre, qu'on eût cru toutes les furies déchaînées et qu'on y regardait à deux fois avant de se convaincre qu'on n'était pas en enfer [1].

Ajoutez à cela qu'on jetait toutes les immondices par la chaussée.

---

[1] Si mademoiselle de Lenclos vivait de nos jours, que dirait-elle ?
(Note de l'Éditeur.)

Soleil ou pluie, c'était une boue perpétuelle; ce qui n'empêchait pas les femmes d'aller en mules de velours, ni les laquais ni les pages de se vêtir d'écarlate. L'or et l'argent brillaient sur tous les habits.

Qu'on me pardonne d'être entrée dans tous ces détails.

Mais j'ai voulu faire un peu connaître les gens qui ont osé parfois me jeter le blâme, et au-dessus desquels je me place de moi-même dans ma propre estime et dans l'estime publique.

II

Vers le commencement de l'année 1661, Monsieur, frère du roi, épousa Henriette d'Angleterre[1], aimable et gracieuse personne qui, après avoir fait dix ans les délices de la cour, devait avoir une fin si tragique et si imprévue.

Ayant une fois renoncé à mes visites au Louvre, je repris mes anciennes habitudes, ma vie paisible, ma chère philosophie épicurienne.

Saint-Évremond s'occupa de réunir nos amis dispersés.

Il me ramena Marsillac, éternellement amoureux de sa belle duchesse et comptant la voir bientôt rentrer en faveur, ainsi que le grand Condé.

[1] Fille de Charles Ier et de la reine Henriette.
(NOTE DE MADEMOISELLE DE LENCLOS.)

Gui-Patin nous égaya par son esprit toujours vif et ses piquantes anecdotes.

Vassé, Briolle, d'Elbène, Duras, me jurèrent que les années me prêtaient de nouveaux charmes.

La Châtre m'eût fait signer de bon cœur un second billet.

Villarceaux me rappela nos douces folies, et Corneille, qui vint m'apporter *OEdipe*, reçut sa récompense ordinaire, bien que cette pièce fût loin de valoir le *Cid*.

J'envoyai chercher Molière, et je fis embrasser mes deux grands hommes.

— Ah! je vous ai devinés l'un et l'autre, leur dis-je; c'est mon plus beau titre de gloire!

Corneille voulut aller applaudir son jeune émule de Picpus. La foule courait alors au théâtre de Molière, et la salle du Petit-Bourbon se trouva bientôt trop étroite. On permit à Jean-Baptiste d'en ouvrir une plus grande au Palais-Royal même, où nous allâmes voir l'*École des maris*.

Mon poëte de Rouen ne se lassait pas d'admirer cet homme prodigieux, qui écrivait en beaux vers des pièces admirables, et les jouait lui-même avec un talent supérieur.

Molière et Corneille étaient les principaux diamants de mon écrin littéraire. A côté d'eux, toutefois, brillaient encore de quelque éclat d'autres célébrités de la plume.

Voiture était mort.

Mais j'avais M. Despréaux, qui excellait dans la satire;

Segrais, le poëte favori de Mademoiselle:

L'abbé Godeau, devenu, comme on le sait, évêque de *Grasse*, pour avoir fait une paraphrase du *Benedicite;*

Jean-Louis Faucon de Ris, seigneur de Charléval, qui traduisit en vers français les odes d'Horace et chanta mes *Oiseaux des Tournelles*. Il fut un des plus aimés.

Enfin je recevais le père Lemoyne, qui avait beaucoup plus d'amour-propre que de talent.

Il essaya de nous lire, un soir, son poëme épique de *Saint Louis*, en dix-huit chants; nous étions tous endormis au premier.

Je ne parle pas de M. Racine, fort jeune alors. Boileau nous l'amenait quelquefois et le proclamait son élève en poésie.

N'oublions pas maître Adam, le fameux menuisier de Nevers, alors à Paris pour l'impression de ses œuvres. Jean-Baptiste l'appelait en riant le *Virgile au rabot*.

Chapelle, esprit aisé, correct, mais ivrogne au delà de tout ce qu'on peut dire, me présenta son ami Bachaumont.

Ils nous lurent leur *Voyage*, qui nous tint parfaitement éveillés jusqu'au bout.

A cette lecture assistait par hasard notre bon la Fontaine, que madame de la Sablière, l'égoïste, avait accaparé pour elle seule et ne nous permettait de voir qu'à de très-rares intervalles. Il vécut dix-neuf ans chez elle, à écrire ses fables, multitude inouïe de petits chefs-d'œuvre, pleins de finesse et de naïveté, que nos descendants, à notre exemple, apprendront par cœur.

J'eus l'avantage, à cette même époque, de me lier avec madame de la Fayette, célèbre par ses romans de *Zaïde* et de la *Princesse de Clèves*.

Bientôt madame des Houlières, qui n'avait pas encore composé sa charmante idylle des *Moutons*, mais que des œuvres de mérite faisaient déjà surnommer la *Calliope française*, augmenta les illustrations de mon cercle, et, chose bizarre, ce fut l'auteur des *Précieuses* lui-même qui me réconcilia avec la duchesse de Montausier, notre ancienne et gracieuse Julie de Rambouillet, dont nous avions traîtreusement désorganisé la cour.

Il manquait à ma réunion Magdeleine de Scudéri.

Moins indulgente que la duchesse, elle ne me pardonnait pas d'avoir jeté le trouble et le désordre dans son doux *pays de Tendre*.

Je ne recevais pas non plus madame de Sévigné. Celle-ci m'en voulait pour un motif dont j'aurai plus tard à donner l'explication.

Enfin j'eus la douleur de voir disparaître de mes assemblées le grand poëte Chapelain, sous le nez duquel Boileau se mit à déclamer un jour :

> Maudit soit l'auteur dur, dont l'âpre et rude verve,
> Son cerveau tenaillant, rima malgré Minerve.

On sait le reste.

Je crois que le malin auteur satirique aurait débité tout le morceau, si le père de la *Pucelle* n'eût pris son feutre crasseux pour décamper au plus vite. Il ne reparut plus.

Malgré ces trois absences, on peut voir que j'étais assez noblement entourée.

Du reste, n'était pas admis qui voulait parmi tous ces gens illustres, que je regardais à juste titre comme l'honneur de ma maison.

J'ouvrais régulièrement mon cercle le lundi et le vendredi de chaque semaine.

Le mercredi, je continuais d'aller chez Scarron. J'y attirais une partie de ma société, qui ne s'y ennuyait pas trop, grâce aux beaux yeux de Françoise, aux saillies du poëte cul-de-jatte, et même aux plaisanteries de ce vaurien de d'Aubigné.

On le recevait là forcément.

Il s'invitait à dîner presque tous les jours et soutirait à sa sœur, écu par écu, d'assez fortes sommes.

C'était un fou à lier, un panier percé du premier ordre; mais il me parut bon homme au fond. La ruine de sa famille l'avait déplacé, comme Françoise. S'il prenait, faute d'éducation, des manières détestables, on devait du moins lui rendre cette justice qu'il conservait l'honnêteté dans sa dégradation même.

Quant au maître du logis, il ne bougeait pas de son fauteuil.

Ainsi qu'il me l'avait autrefois déclaré, le pauvre homme ne conservait plus guère que la langue de libre; mais il usait largement de cette liberté.

Je n'ai jamais vu de malade plus comique et plus amusant.

— Gardez-vous-en bien, Louise de la Vallière est aimée du roi!... *Page 526.*

Scarron se plaignit à moi de ce que sa femme le soignait trop bien et l'empêchait de manger à sa fantaisie.

— N'a-t-elle pas raison? lui dis-je. Retenu comme vous l'êtes et dans l'impossibilité de prendre aucun exercice, vous seriez capable de vous faire mourir d'indigestion, mon pauvre ami.

— Ah! me répondit-il, une bien belle mort!

— Sans doute ; mais nous aimons mieux vous laisser jeûner un peu, afin de vous conserver plus longtemps.

— Ce n'est pas tout, continua Scarron. Françoise ne sort jamais ; elle ne prend aucun plaisir. Je viens de lui dicter le *Roman Comique*. Voici tantôt deux mois qu'elle passe à le recopier de sa belle main, sans compter les huit premiers chants de l'*Énéide travestie*, qu'elle veut à toute force également remettre au net. Elle se tue, voyez comme elle est pâle ! Je vous en prie, ma chère Ninon, venez la chercher de temps à autre, et qu'elle se divertisse avec vous.

— Ah ! gourmand ! m'écriai-je ; et, pendant notre absence, vous êtes capable de manger comme quatre ?

— Non... là, sur l'honneur, je vous jure d'en rabattre de moitié !

Je me mis à rire, et j'eus la faiblesse de lui promettre d'emmener sa femme ; mais en recommandant toutefois à Nanon, leur servante, de prendre garde à la voracité du poëte.

On entrait dans le carnaval.

M. le surintendant, qui m'avait demandé permission de me rendre visite, était déjà venu plusieurs fois, aux heures où il pensait me rencontrer seule. D'abord je lui crus l'intention de me faire la cour ; mais je m'aperçus bientôt qu'il n'en était rien.

Franchement j'en fus bien aise.

Les hommes qui recherchaient mon amitié recevaient toujours un meilleur accueil que ceux qui ambitionnaient mon amour.

Bientôt je m'aperçus qu'il désirait me prendre pour confidente.

Il avait une passion sérieuse au cœur.

L'objet de cette passion était la fille du maître d'hôtel de monseigneur le duc d'Orléans, jeune personne remplie de mérite et de grâces.

— Depuis deux mois, me dit-il, je ne néglige aucune occasion de gagner sa tendresse. Est-elle touchée de mes soins ? je l'ignore. Avant de faire un pas décisif et de demander sa main, je voudrais que votre expérience en amour décidât si elle m'aime ou si elle ne m'aime pas.

— Oh! oh! monseigneur, vous me croyez donc beaucoup d'habileté dans ces sortes de choses?

— Excessivement, me dit-il avec un sourire où perçait un brin de malice, et je ne veux m'en rapporter qu'à vous.

Il me parla d'une nouvelle fête à sa terre de Vaux, où presque toute la cour et toute la ville devaient assister en déguisements de carnaval.

Mademoiselle de la Baume le Blanc de la Vallière était inscrite en tête de la liste des invités.

Je promis au surintendant d'étudier à cette fête, autant qu'il serait en mon pouvoir, les véritables sentiments de sa maîtresse, et je lui demandai l'autorisation d'emmener avec moi une amie, ce qu'il m'accorda de grand cœur.

Le soir même, j'envoyai chercher madame Scarron, l'invitant à faire ses adieux pour trois jours à son mari; car, la fête ayant lieu le surlendemain, nous n'avions pas une heure à perdre pour préparer nos costumes.

Françoise, dans les choses de toilette, avait un goût exquis; je n'en manquais pas non plus, et ces costumes furent délicieux.

Je passai une robe de satin gris-de-perle, chamarrée de dentelles d'argent, avec des passe-poils roses. Un tablier de velours noir, garni de dentelles d'or et un joli chaperon, tout orné de plumes couleur de flamme, complétaient mon déguisement.

Mon amie s'habilla en pastourelle normande.

Sous sa robe de toile jaune, elle avait des manchettes de passement de Venise; sa collerette était en point de Flandre. Il fallut à toute force lui prêter mes diamants pour attacher à sa houlette.

Je la trouvais adorable, elle me dit que j'étais ravissante. Nous partîmes en carrosse de louage, et nous arrivâmes à Vaux, juste pour le dîner.

On ne devait commencer le ballet qu'à sept heures.

Le fameux jardinier le Nôtre, qui venait d'achever alors les magnifiques jardins des Tuileries et de Versailles, avait été chargé par le surintendant d'organiser dans le parc une salle de bal, au milieu de l'hiver.

C'était un tour de force très-difficile à accomplir; mais le Nôtre ne connaissait pas d'obstacle.

Il fit dresser une tente immense, sous laquelle il dessina des bosquets d'orangers, et qu'il orna d'une myriade d'arbustes fleuris.

Toutes les serres de Vaux furent dépeuplées pour décorer la salle de danse. Quand les invités arrivèrent et remplirent ce paradis terrestre, ce fut un coup d'œil merveilleux.

L'éclat des costumes rivalisait avec l'éclat des fleurs.

M. le duc de Roquelaure était en arlequin ; il avait une batte d'or flexible, des souliers garnis d'escarboucles et un bonnet tout couvert d'émeraudes. M. le comte de Guiche s'était déguisé en moissonneur, M. de Villeroy en Turc et M. de la Meilleraie en Helvétien.

Pour les dames, elles formaient un éblouissant tourbillon de velours, de plumes et de pierreries.

Je cherchais au milieu de cette foule de masques quelques visages de connaissance, lorsqu'un : « Comment vous portez-vous, ma divine ? » prononcé avec un ignoble accent gascon, me fit tourner la tête.

Dans celui qui m'interpellait de la sorte, je reconnus M. le marquis de Montespan, stupide individu que j'avais eu l'honneur de rencontrer pour la première fois chez madame de Choisy.

Il affichait, d'une manière assez ouverte, la prétention d'arriver à mes bonnes grâces.

Mais il gasconnait beaucoup trop pour que j'eusse le moindre désir de l'enlever à sa fiancée, mademoiselle Athénaïs de Mortemart, jeune coquette de la plus belle espérance.

Rempli de présomption et de fatuité, Montespan joignait à

ces deux défauts une sottise poussée à l'extrême. Je n'étais donc pas très-flattée de la rencontre, et j'allais aviser à un moyen de me débarrasser du personnage, lorsque M. Fouquet me le fournit presque aussitôt en venant interrompre l'entretien.

Il nous entraîna sans façon, laissant le marquis au milieu d'une phrase.

J'aurais dû commencer par dire que, dès notre arrivée, le maître du château, me désignant du regard une charmante bergère du Lignon, avait murmuré tout bas :

— C'est elle ! Observez !

Mademoiselle Louise de la Baume était venue avec sa mère.

Sa contenance timide et modeste me plut tout d'abord. Elle avait de grands yeux rêveurs, une coupe de figure très-fine et une bouche dont le sourire trahissait les plus belles dents.

Quand elle se leva de table pour gagner la salle de danse avec tout le reste des convives, je m'aperçus qu'elle était boiteuse ; mais, chose singulière, cela devenait chez elle une grâce de plus et ne l'empêchait pas de danser comme un ange.

Pendant le dîner, M. le surintendant s'était beaucoup occupé de Louise. Elle m'avait paru très-indifférente et même un peu ennuyée de ses politesses.

Toutefois son grand œil noir ne pouvait appartenir à une personne naturellement froide.

Au moment où l'amphitryon venait de nous rejoindre et me demandait si j'avais déjà fait quelques remarques, j'aperçus mademoiselle de la Vallière qui dansait vis-à-vis d'un masque, vêtu tout simplement en vieillard, avec une robe de chambre.

Ce masque lui parlait bas dans les intervalles de repos du ballet.

En l'écoutant, Louise n'avait plus son air glacial du dîner.

Sa poitrine palpitait, ses yeux étaient humides de joie ; en un mot, je voyais chez elle une transformation complète.

Dès lors, j'eus la certitude que, si elle aimait quelqu'un, c'était moins le surintendant que le masque vieillard. Mais je

n'eus garde, comme on le pense, d'exprimer à notre hôte cette opinion fatale à ses espérances.

— A une première vue, monseigneur, lui dis-je, il est vraiment impossible d'asseoir aucun jugement.

— Enfin, demanda-t-il, croyez-vous que je doive me déclarer et faire une tentative sur son cœur?

— Gardez-vous-en bien! lui dit tout à coup une voix à son oreille : Louise de la Vallière est aimée du roi!

Fouquet tressaillit et devint très-pâle.

Le masque qui avait jeté ces paroles à la volée s'éclipsait dans la foule, lorsque le surintendant courut après et le ramena.

— Tu nous affirmes que le roi l'aime, dit-il : eh bien, il faut m'en donner la preuve sur-le-champ!

— La meilleure preuve que je puisse vous donner, répondit l'inconnu, est de vous montrer qui je suis.

Aussitôt il se découvrit la figure.

C'était le Nôtre, l'organisateur de la fête.

— Mais alors le roi est au bal peut-être? demanda Fouquet, dont la pâleur augmentait d'une manière effrayante.

— Oui, monseigneur. C'est un véritable service que de vous prévenir de sa présence.

— Il est ici! murmura le surintendant avec rage. Où est-il? montre-le-moi!

Le Nôtre indiqua du coin de l'œil le masque en robe de chambre qui dansait avec mademoiselle de la Vallière.

— Et crois-tu qu'elle réponde à son amour?

— C'est une chose à peu près certaine, dit le jardinier.

Le malheureux surintendant avait les yeux hagards; tous ses membres frémissaient de colère. Il nous quitta brusquement et se perdit dans le tourbillon des danseurs.

— Grand Dieu! pourvu qu'il ne fasse point d'esclandre! dis-je en me penchant à l'oreille de le Nôtre.

— Soyez sans crainte. Je me suis empressé de l'avertir, persuadé qu'il se compromettait davantage en restant dans l'ignorance. On ne se heurte pas impunément à l'orgueil du roi. Monseigneur le sait. Voudra-t-il exposer sa fortune pour un caprice?

Je me nommai au célèbre jardinier.

Il m'offrit le bras le plus galamment du monde, ainsi qu'à ma compagne, et nous raconta où avait commencé l'intrigue de Louis XIV avec mademoiselle de la Vallière.

C'était au dernier bal du Louvre.

Les salons, comme la tente de Vaux, se trouvaient ornés d'arbustes en fleurs, et le roi, voyant Louise arrêtée devant un superbe rosier de Hollande, avait profité de sa contemplation pour lui glisser les premières paroles de tendresse.

Il chargea son jardinier de porter, le lendemain, chez mademoiselle de la Vallière le rosier qu'elle avait tant admiré la veille.

Louise habitait le Palais-Royal comme fille d'honneur de madame Henriette.

— J'étais furieux, nous dit le Nôtre, car je me séparais de mon enfant le plus cher, de celui que je cultivais avec le plus d'amour, et qui pouvait vivre cinquante ans, en ne lui laissant produire qu'une rose par saison. La peste soit des maîtresses auxquelles le roi donne mes fleurs !

— Mais il n'aime donc plus sa femme, le roi ?

— Non, vraiment; il l'a aimée six semaines : c'est énorme pour lui !

Le Nôtre n'était pas le seul qui fût informé de la présence du maître chez Fouquet.

Au bout d'un quart d'heure, le masque en robe de chambre, voyant la foule se rassembler et chuchoter dans son voisinage, quitta tout à coup la tente.

On ne le revit plus.

Quelques minutes après, la demoiselle d'honneur de la duchesse d'Orléans disparaissait à son tour avec madame de la Baume, dont la complaisance ne me parut pas d'une entière édification.

M. le surintendant vint nous rejoindre.

— C'était bien lui! nous dit-il avec un accent de fureur : je me suis approché, j'ai reconnu sa voix... Oh! je saurai mettre un terme à ses indignes tentatives! Il n'aura pas Louise, il ne l'aura pas!

Je lui donnai, ainsi que le Nôtre, tous les conseils possibles de circonspection et de prudence.

Mais je vis bien qu'il ne les suivrait pas.

Je me suis étendue sur cette fête de Vaux, et je dois plus tard entrer dans quelques autres détails, capables, selon moi, de donner enfin l'explication d'une énigme dont peu de personnes ont su trouver le mot : je parle de la disgrâce imprévue, terrible, de M. le surintendant, coup de foudre qui a retenti par toute la terre. L'orage s'est formé sous mes yeux.

On ne cessa de danser qu'avec le jour.

Notre carrosse nous avait attendues; à dix heures du matin, nous étions rentrées à Paris.

Je voulus reconduire Françoise chez elle. Nous rencontrâmes dans l'escalier sa servante, qui s'arrachait les cheveux et jetait les hauts cris.

— Eh! bon Dieu! qu'as-tu donc, ma pauvre fille? dis-je en l'arrêtant.

Nanon passait près de nous sans nous reconnaître, à cause de nos costumes.

Saisie d'un pressentiment funeste, déjà madame Scarron s'était élancée vers le petit logement qu'ils occupaient au quatrième étage.

— Ah! me dit la domestique en joignant les mains, il se meurt, mademoiselle, il se meurt!

— Qui donc? parle.

— Mon pauvre maître.

— Bonté divine! et comment cela?

— Figurez-vous qu'il a mangé deux pâtés tout entiers, avec une oie de Strasbourg.

— Malheureuse! tu n'as donc pas tenu compte de mes recommandations?

Il fit appeler Louis XIV, et lui conseilla de porter dorénavant son sceptre. *Page* 535.

— Pardonnez-moi.

— Je t'avais défendu de lui laisser faire aucun excès.

— Sans doute, mais c'est un homme terrible! Aussitôt après votre départ, il m'a dit avec un petit air câlin : « — Va, Nanon, va voir ton cousin, ma fille! » Vous savez, mademoiselle, mon cousin Jean-Claude, marmiton en chef dans les cuisines de M. le grand prieur? Il me donne en même temps une lettre à porter à son chenapan de beau-frère. J'y cours, et je vais ensuite avec Jean-Claude passer ma soirée chez Tabarin. Mais, en rentrant le soir, que vois-je? la table mise, sept bouteilles vides, des os de volaille, le frère de madame sous la table, et M. Scarron dans son fauteuil à roulettes, blanc comme un linge, et avec un hoquet, mademoiselle... ah! quel hoquet!... Cela fait frémir. Toute la nuit, sans trêve ni cesse... Et l'autre ivrogne qui ronflait! J'ai cru que je deviendrais folle!

En me débitant ce fatras, Nanon me retenait par la manche de ma robe, et m'empêchait de monter l'escalier aussi vite que je l'aurais voulu.

Nous arrivâmes dans la chambre du malheureux poëte. Il était alors couché sur son lit, sans connaissance. Françoise éperdue cherchait en vain à le ranimer.

Dans un coin de la chambre, d'Aubigné, ivre mort, ronflait toujours.

— Un médecin! cria Françoise; au nom du ciel, courez chercher un médecin!

— J'y allais, dit Nanon; mais sans espoir d'en ramener un, car ils ne se dérangent pas à moins d'un écu, et monsieur a mangé les trente livres qui restaient, en achetant sept bouteilles de vin de Beaune, deux pâtés de Chartres et une oie de Strasbourg, qu'ils ont fait monter par le traiteur du coin.

— Mais va donc! va donc! criai-je, lui jetant ma bourse, que j'avais eu de la peine à trouver dans les poches de mon costume.

Vingt minutes après, elle nous ramena un grand escogriffe en robe noire, coiffé d'un chapeau pointu. Il tâta gravement le pouls de Scarron, secoua la tête et murmura :

— C'est un homme mort!

Françoise poussait des cris déchirants.

— Mais, monsieur, dis-je au médecin, vous vous trompez sans doute. Il y a des secours à donner, votre science doit les connaître.

— Non, me répondit-il en palpant de sa main sèche l'estomac du malade: obstruction complète des voies digestives, embarras du cerveau... L'antimoine même ne le sauverait pas.

— Vite! vite! criai-je à Nanon, prends le carrosse qui est en bas, et cours rue de l'Arbre-Sec chercher le docteur Gui-Patin!

— Gui-Patin! l'ennemi déclaré de l'antimoine, notre fléau, celui des apothicaires?... j'aimerais autant voir le diable, et je me sauve! dit l'homme noir, se précipitant dans l'escalier sur les traces de Nanon.

J'étais moi-même tout en larmes et désespérée de notre impuissance.

Il me vint à l'esprit de prendre de l'eau dans un vase; j'en aspergeai le visage et les mains de Scarron.

Un instant après, il ouvrit les yeux.

Sa femme jeta un cri de joie.

— Françoise!... Ninon!... c'est vous, murmura-t-il... Ah! quel délicieux souper!... Par malheur, il est probable... que je n'en recommencerai jamais... un pareil... si ce n'est dans l'autre monde.

— Oh! mon ami, tais-toi! dit sa femme en l'embrassant : le docteur Gui-Patin va venir, il te sauvera!

— Gui-Patin?... oui, je le connais... un joyeux luron, qui a bec et ongles... Mais j'ai grand'peur... Allons, ce maudit hoquet recommence!... On ne meurt pourtant pas du hoquet?... ce serait à crever de rire... Ah! chienne d'oie! traître de pâté!... C'est égal, ils étaient excellents.

— Mon ami, je t'en conjure, ne parle pas! s'écria Françoise, dont les sanglots recommencèrent.

La poitrine du pauvre poëte se soulevait au milieu de convulsions violentes.

— Non... je ne parlerai plus... en prose s'entend... Ouf!... Diable soit du hoquet!... Voyons, ma femme, prends la plume. Ce n'est pas une indigestion de pâté qui m'étouffe, c'est une indigestion... de rimes... Y es-tu?

— Mais, mon ami...

— Mais je veux rimer, morbleu!

Je fis signe à madame Scarron de céder à ce caprice, afin de ne pas empirer son état en lui donnant de l'humeur.

Elle s'essuya les yeux et se mit en devoir d'écrire.

— Pauvre petite femme! chère mignonne! dit Scarron : je te souhaite, après ma mort, un mari plus... alerte. Oh! ce docteur!... le temps me semble bien long!

— Voyez-vous, il souffre! il souffre! s'écria Françoise.

— Il est certain que je ne suis pas... sur un lit de roses. Quand pour l'homme il s'agit de plaisir, le char des heures est emporté par des coursiers rapides... Aïe! la gorge me brûle!... et, quand il s'agit de souffrance, il est traîné par... des chevaux de fiacre.

— O mon Dieu! Gui-Patin qui n'arrive pas! dit madame Scarron en se tordant les bras avec angoisse.

— Laisse donc, mignonne, il va venir... l'essentiel est de tuer le temps. J'ai dit que je rimerais, et je rimerai!... Voyons, sur quoi?... Sur vous, ma gentille Ninon, fit-il en me tendant sa main décharnée. Essuie tes larmes, petite femme, et... pour la dernière fois... donne-nous ta plus belle écriture.

Françoise sanglotante prit la plume.

Chose extraordinaire, au milieu de ce hoquet qui lui disloquait la poitrine et le faisait bondir sur son matelas, Scarron eut le courage de la plaisanterie, et dicta les vers suivants :

> Adieu, bien que ne soyez blonde,
> Fille dont parle tout le monde,
> Charmant objet, belle Ninon !
> La maîtresse d'Agamemnon
> N'eut jamais rien de comparable
> A tout ce qui vous rend aimable;
> Elle était sans voix et sans luth,
> Et mit pourtant les Grecs en rut
> De si furieuse manière,
> Que, ma foi, ne s'en fallut guère
> Que tout leur camp n'en fût gâté
> Par messire Hector irrité.
> Tant est vrai que fille trop belle
> N'engendre jamais que querelle.

De peur qu'il n'en arrive autant,
Tâchez de n'en blesser pas tant,
Et commandez à vos œillades
De faire un peu moins de malades.

— Hein?... qu'en dites-vous? Ils sont... détestables. N'importe, j'ai rimé, morbleu! j'ai rimé sur mon lit de mort... car..... j'essayerais en vain de me le dissimuler... je... je meurs!

Un dernier hoquet imprima à tous ses membres un soubresaut terrible; puis il retomba sans mouvement.

Nous nous approchâmes terrifiées.

Scarron n'était plus.

J'essayais d'entraîner Françoise, dont les clameurs perçantes me fendaient l'âme, quand tout à coup une espèce de fantôme se dressa du fond de la chambre et s'approcha du lit en trébuchant.

C'était d'Aubigné.

— Mort! balbutia-t-il en se penchant sur le cadavre. Il a tout mangé, moi j'ai tout bu : lequel était le plus sage?... *De profundis !*

Il gagna la porte et disparut.

L'instant d'après, Gui-Patin entra; mais son art devenait inutile. Pauvre Scarron! il était écrit là-haut que sa mort serait burlesque comme sa vie.

Il y a d'étranges destinées.

III

Gui-Patin me prit à l'écart et me dit :
— Vous savez qu'on vient de lancer une lettre de cachet contre Saint-Évremond ?

Je le regardai fixement.

Il avait l'air très-sérieux. D'ailleurs, s'il eût voulu rire, le moment et le lieu n'auraient pas été bien choisis.

— Sainte Vierge ! pourquoi ? m'écriai-je.

— Parce qu'il a fait des couplets satiriques sur la paix des Pyrénées et sur le mariage. Le roi est furieux. Il est temps que les amis de l'auteur l'expédient en Angleterre ou en Hollande, s'ils veulent lui épargner la Bastille pour le reste de ses jours.

J'étais atterrée de ce nouveau malheur. Mais comment abandonner madame Scarron ? Elle-même me pria d'aller m'occuper du salut de Marguerite.

— Hélas ! me dit-elle au milieu de ses sanglots, en me montrant le corps du malheureux poëte, nous ne pouvons plus rien pour lui !

Je pensais que Saint-Évremond, traqué par les gens du roi, m'aurait envoyé quelque message rue des Tournelles pour m'apprendre le lieu où il se tenait caché ; je ne me trompais pas. Deux mots écrits à la hâte me faisaient savoir qu'il avait cherché provisoirement un refuge chez le prieur des capucins du Roule.

Sachant qu'une ordonnance mettait ses biens en séquestre, j'allai prendre vingt mille livres chez mon notaire ; puis je courus aux Capucins, et je forçai Marguerite de partir sans plus de retard pour le Havre avec cette somme.

Quinze jours après, il m'écrivit qu'il était en sûreté à Douvres. Grâce à moi, Sa Majesté n'eut pas la satisfaction de l'envoyer à la Bastille.

Il y eut bientôt un grand événement à la cour.

Le cardinal ne s'était jamais consolé de son humiliation chez Anne d'Autriche. Il tomba sérieusement malade. Se voyant sur le point de mourir, il fit appeler Louis XIV, et lui conseilla de porter dorénavant son sceptre. Ce fut là sa vengeance contre la reine mère. Anne d'Autriche y fut très-sensible, car elle adorait le pouvoir.

Mazarin mourut à Vincennes, où il s'était fait transporter, pour fuir un incendie qui éclata au Louvre, un soir de ballet.

Cet Italien ne fut regretté de personne.

On le tolérait depuis la Fronde, mais sans lui accorder la moindre affection. Chacun méprisait ce caractère ignoble, sans dignité, sans grandeur, tout pétri de bassesse et de ruse.

J'aurais voulu recueillir chez moi madame Scarron. Elle préféra demeurer dans son petit logement, où tous nos amis continuèrent de la voir, et lui obtinrent, comme veuve du poëte, une pension de deux mille livres.

Du reste, elle se consola très-vite, ce dont je ne lui fais pas un reproche.

Si elle devait au pauvre cul-de-jatte beaucoup de reconnaissance, elle n'avait jamais eu en sa compagnie qu'une dose très-médiocre de plaisir.

Françoise s'acoquina bientôt à une certaine madame Arnoul, dont j'aurai souvent à parler dans la suite, et qui lui enseigna l'intrigue plutôt que la sagesse.

Mais n'anticipons pas sur les événements.

Après le bal donné par M. Fouquet dans sa terre de Vaux, le jardinier le Nôtre vint me rendre quelques visites, et je l'invitai plusieurs fois à ma table. C'était un fort aimable convive, tout franchise et tout cœur. Il espérait que le surintendant, eu égard à la rivalité du roi, renoncerait à sa passion pour Louise de la Vallière. Mais, ou je me connaissais fort mal en hommes, ou j'étais sûre que cette rivalité même serait aux yeux de M. Fouquet une raison de plus d'entamer la lutte.

Effectivement le Nôtre, à quelques jours de là, vint m'apprendre des nouvelles terribles.

— Ah! mademoiselle, s'écria-t-il, vous aviez raison : le malheureux persiste dans son amour! Il a fait demander en cérémonie aux parents de Louise la main de leur fille. Nécessairement ils ont été flattés de cette proposition d'alliance, le père surtout, auquel on s'est bien gardé d'apprendre les poursuites de Sa Majesté. M. de la Baume a donc répondu au surintendant qu'il regardait ce mariage comme un grand honneur pour sa famille et pour lui.

— Jésus! Et qu'a dit le roi?

— Vous devinez sa colère; mais comment en expliquer le véritable motif? Fouquet, décidé à chercher une retraite en Hollande avec sa femme, bravait le courroux royal. Encore ce matin, je l'ai vu pour le prier de mettre plus de circonspection et de ménagement, non dans l'intérêt du roi, mais dans son intérêt propre. Je le trouvai inflexible. Tout à coup, là, devant moi, on lui apporte une lettre. Il la décachette, en fait rapidement lecture, et tombe, comme foudroyé, sur un fauteuil.

— De qui donc était le message?

— De Louise elle-même.

— Ah! bon Dieu!

— Elle n'écrivait que ces deux lignes : « Renoncez à moi, je ne suis plus digne d'être la femme d'un honnête homme. »

— C'est fort clair : elle a cédé au roi.

— Je le pense comme vous. Sur ces entrefaites, vingt personnes arrivent chez le surintendant. Il leur montre le fatal billet, donne un libre cours à sa rancune et se répand contre Louis XIV en invectives, bien méritées sans doute, mais d'une imprudence...

— Vous avez raison, d'une imprudence folle.

— Et à laquelle il n'y avait point de remède, car, une heure plus tard, le roi savait tout. Comminges, accompagné de trente soldats aux gardes, alla frapper à l'hôtel de la surintendance. Heureusement, averti par moi, Fouquet venait de prendre la fuite.

— Ainsi Louis XIV ose afficher sa rage jalouse?

Je ne me bats pas avec un baladin!... *Page* 543.

— Non, certes! il est mieux conseillé que cela. Tous les ennemis du surintendant l'entourent. On accuse celui-ci de dilapidation des finances. Voilà, convenez-en, le moyen le plus sûr de le perdre et d'avoir gain de cause. Avec une accusation semblable, on fourre un homme à la Bastille et on l'enterre vivant, sans que personne ose se plaindre. C'est la bouteille à l'encre. Le peuple est toujours contre ceux qui le font payer.

— Oh! c'est infâme!

— Je ne dis pas le contraire; mais à la cour toutes les infamies se commettent inpunément. Les biens de Fouquet ont été frappés de confiscation; sa ruine est certaine. Trop heureux encore si, dans ce naufrage, il sauve sa liberté!

Hélas! nous sûmes, deux jours après, que le surintendant, saisi par les gens du roi avant d'avoir pu gagner la frontière, venait d'être envoyé à Pignerol, d'où il ne devait plus sortir!

Il y mourut, après dix-neuf ans de captivité.

Cette disgrâce occupa la France et l'Europe pendant six mois. Fouquet ne manquait pas d'ennemis, mais il avait des amis chaleureux qui prirent hardiment sa défense.

Une injustice de plus ne coûte guère. L'avocat Pellisson, qui devait au surintendant d'avoir été élevé à la charge de conseiller d'État, soutint son protecteur contre des attaques déloyales et fut sacrifié avec lui.

Du fond de la Bastille, Pellisson écrivit des Mémoires où il démontre l'innocence de Fouquet de la manière la plus victorieuse. Quatre ans après, on le laissa libre, et le pauvre surintendant resta dans les fers.

Sa Majesté Louis XIV ne pardonna jamais une rivalité d'amour.

C'était la preuve d'un magnifique orgueil, mais d'un bien petit esprit. Déjà ce prince commençait à croire qu'entre Dieu et lui il n'existait qu'une médiocre différence.

Tout cela désorganisa quelque peu mon cercle; mes poëtes pleuraient le surintendant et chantaient ses malheurs. On parlait même d'une conspiration pour aller attaquer le château de Pignerol et délivrer le captif; mais rien ne réussit.

Voici l'occasion de dire quelques mots au sujet du fameux *Masque de fer*, sur lequel j'ai entendu raconter, pendant trente ans, des histoires si dénuées de vraisemblance.

Le *Masque de fer* a fait trois apparitions, à des époques assez reculées l'une de l'autre.

On l'a vu d'abord à Pignerol, puis vingt ans plus tard à

l'île Sainte-Marguerite, et enfin à la Bastille vers les dernières années du siècle.

A l'époque où l'on s'entretint pour la première fois de ce fabuleux prisonnier, beaucoup de personnes affirmaient que c'était le surintendant. Lors de la seconde apparition, M. Fouquet venait de mourir; par conséquent, ce ne pouvait être lui. On crut généralement alors que le mystère cachait le duc de Vermandois, bâtard de Louis XIV et de la Vallière, enfermé pour avoir donné un soufflet au grand Dauphin ; mais, en 1698, quand on retrouva le *Masque de fer* à la Bastille, M. de Vermandois était depuis longtemps rentré en grâce.

Il fallut imaginer alors d'autres histoires, et Dieu sait qu'on ne s'en fit pas faute.

Tour à tour ce fut :

Le duc de Monmouth, frère de Jacques II, soustrait par la France au supplice, et qu'on n'avait aucun motif de retenir en prison ni de masquer, surtout lorsque son frère eut perdu le trône ;

Le comte Girolamo Magni, enlevé de Turin pour avoir empêché de vendre cette ville à Louis XIV, et que M. de Lauzun vit mourir à Pignerol en 1685, preuve évidente que, treize ans plus tard, il ne pouvait être à la Bastille ;

Puis un fils de la reine Anne d'Autriche et de Buckingham, comme si Louis XIII, aidé de Richelieu, n'eût pas trouvé d'autre moyen de faire disparaître ce fruit de l'adultère.

Enfin la version qui trouva le plus de créance, tout simplement parce qu'elle était la plus absurde, fut celle-ci :

Lors de la naissance de Louis XIV, la reine, délivrée depuis un quart d'heure, aurait, disait-on, ressenti de nouveau les douleurs de l'enfantement et serait accouchée d'un second fils.

Grand embarras. Que va-t-on faire ? lequel de ces enfants sera l'aîné ? Les uns disent que ce doit être le premier venu au monde ; les autres soutiennent que ce doit être le second, comme ayant été conçu en premier lieu. Bref, pour trancher la difficulté et prévenir les malheurs dont une rivalité entre les deux frères pourrait un jour accabler le royaume, on fait disparaître un des rejetons royaux et l'on garde l'autre.

Mais l'enfant, élevé loin du Louvre, grandissait en même temps que Louis XIV et lui ressemblait d'une manière frappante.

Autre embarras.

Il est très-possible qu'une indiscrétion vienne lui apprendre un jour sa naissance, et là-dessus on l'enferme, en lui appliquant un masque de fer, afin que personne ne puisse examiner ses traits.

L'inventeur de ce joli conte n'a pas réfléchi qu'il créait en même temps trois monstres de nature : Anne d'Autriche d'abord, qui aurait permis qu'on la séparât d'un de ses enfants ; Louis XIII, le roi scrupuleux, le roi chrétien, dont la conscience, en supposant qu'on l'eût un instant égarée, se fût réveillée à coup sûr à sa dernière heure ; et enfin Louis XIV, qu'on ne pouvait plus tromper, une fois établi dans sa toute-puissance.

Rien dans les lois divines et dans les lois humaines ne l'autorisait à laisser son frère dans un cachot.

Mais, en France, on aime le merveilleux, et l'on en fabrique à tout prix.

Le dernier gouverneur de la Bastille, homme très-respectable et entièrement digne de foi, m'a donné l'explication du *Masque de fer*, qui d'abord n'était pas de fer, mais de velours noir, comme tous les masques possibles.

Cette explication, la voici en deux mots :

Lorsqu'on transférait un prisonnier d'importance d'une prison d'État dans une autre, et qu'on pouvait craindre, à tort ou à raison, quelque complot tramé pour briser sa chaîne, on lui couvrait toujours le visage d'un masque, afin qu'il fût impossible de le reconnaître.

Voilà donc le grand mystère dévoilé.

Je ris de bon cœur, en songeant que la postérité s'occupera de toutes les sottises débitées à cet égard, et que des écrivains sérieux entre les mains desquels ces *Mémoires* ne tomberont pas consacreront leurs veilles à résoudre un aussi obscur problème [1].

A la fin de l'année 1662, mourut M. l'abbé Boisrobert, qui alla voir en l'autre monde s'il est permis de chanter vêpres avec une de mes jupes.

Depuis assez longtemps, ce me semble, je parle beaucoup des amours des autres : il ne faut pas en conclure que je n'en avais plus moi-même.

J'étais alors tombée sur un homme si insupportable, que j'ai reculé jusqu'ici de prononcer son nom.

Il s'appelait le comte de Choiseul.

Où l'avais-je connu ? je l'ignore. Un peu partout, je crois : à Vaux, chez la reine, au Cours-le-Prince. Il s'impatronisa chez moi dans un moment de distraction, et fit la sourde oreille, le jour où je lui laissai entendre que son absence me serait agréable.

Quand je n'aimais plus, je le disais ordinairement sans détour.

Mais Choiseul passait pour fort brutal, et, dans la crainte d'un éclat scandaleux, je ne m'expliquais qu'à demi-mot.

Le galant homme s'obstinait à ne rien comprendre. Il imposait à mes domestiques par des airs de grandeur et cherchait à produire le même effet sur moi, en me parlant de son mérite et des nombreuses qualités qui le distinguaient.

Je lui répondis un jour par ce vers de Corneille :

Ah ! Dieu ! que de vertus vous me faites haïr !

---

(1) De nos jours, le roman-feuilleton ne pouvait manquer d'exploiter cette mine féconde, et M. Alexandre Dumas trouve là-dessus une bien remarquable anecdote. Il fait enlever au Louvre, par d'Artagnan, je crois, le vrai Louis XIV, et le plonge sans aucune cérémonie dans les souterrains de la Bastille, pendant que le *Masque de fer* est installé sur le trône. La ressemblance, du reste, était si prodigieuse, que personne, pas même la reine Marie-Thérèse, femme du roi, ne s'aperçut de la substitution.

M. Alexandre Dumas devrait bien recommander à ceux qui écrivent ses romans d'avoir un peu de respect pour les lecteurs et pour l'histoire.

EUGÈNE DE MIRECOURT.

Désespérant enfin de le congédier sans esclandre, j'attirai chez moi Précourt, le célèbre danseur, qui se servait aussi bien de l'épée que des jambes.

J'aurais eu Desmousseaux sous la main, que vraiment j'en eusse passé par là pour me débarrasser du cauchemar qui m'obsédait.

Un matin, M. de Choiseul était à ma toilette.

Précourt entra, bien sermonné par moi et résolu à casser les vitres au premier signal

Le comte me narrait alors je ne sais quelle anecdote grivoise, où M. de Villeroi avait joué vis-à-vis de sa propre femme un assez piètre rôle et avait dû boire un affront, faute de preuves suffisantes, ce dont M. de Choiseul le blâmait fort.

— Eh! lui dis-je, vous en parlez bien à votre aise! Il est très-difficile à un mari, comme à un amant, de s'assurer de l'infidélité d'une femme.

— Non pas, non pas! s'écria-t-il: bien fin qui m'y attraperait! Avec un peu de perspicacité et d'attention, on doit, à la seule vue d'un rival heureux, savoir à quoi s'en tenir.

Je le regardai d'un air de surprise extrême, et je lui dis:

— Miséricorde! comment faites-vous pour être si sûr de ces choses-là?

— Je crains fort, monsieur le comte, que vous ne péchiez par amour-propre, ajouta Précourt avec un rire significatif.

Choiseul tressaillit et devint pâle; mais il n'osa point éclater ce jour-là.

Le lendemain, à l'heure du déjeuner, voyant deux couverts mis, il alla sans façon prendre place à la table. Précourt, sortant aussitôt d'une chambre voisine, lui cria:

— Pardon!... je suis désolé... Ce couvert est pour moi.

— Monsieur! fit le comte, se levant l'œil enflammé de courroux.

— Soyez donc assez aimable, dit Précourt avec infiniment de calme, pour ne pas élever ainsi la voix: on pourrait croire que vous me cherchez querelle.

Choiseul était blême de rage.

Ses yeux tombant alors sur le costume de son interlocuteur, qui tenait moitié du bourgeois, moitié du militaire, il lui demanda avec ironie :

— Dans quel corps servez-vous, monsieur ?

— Je sers dans un corps où vous avez servi beaucoup trop longtemps, répondit Précourt sur le même ton. Du reste, ce n'est pas devant mademoiselle que je puis vous raconter mes campagnes. Le boulevard n'est pas loin ; si vous désirez m'y suivre...

Choiseul campa fièrement son feutre sur sa tête, et dit :

— Je ne me bats pas avec un baladin !

— Vous avez raison, monsieur, car le baladin vous ferait danser.

La chose en resta là.

Mon cauchemar disparut pour ne plus revenir. Je me promis d'être désormais sur mes gardes contre les distractions.

Cependant la liaison du roi avec mademoiselle de la Vallière devenait publique. L'exil de Saint-Évremond n'intimidait pas les faiseurs de couplets.

Bussy-Rabutin fut le plus intrépide de tous.

Sous prétexte que la favorite avait la bouche un peu trop grande, il se permit de composer une chanson bouffonne, dont voici le refrain :

> Que *Deodatus* (1) est heureux
> De baiser ce bec amoureux,
> Qui d'une oreille à l'autre va,
> *Alleluia !*

Trois jours après, tout Paris chantait cette sottise.

Bussy-Rabutin aurait pu très-agréablement jouir de son triomphe, si les cachots de la Bastille n'eussent pas eu des murs trop épais pour l'empêcher d'entendre les chanteurs.

Dans le courant de l'hiver, ma bonne comtesse de Choisy,

---

(1) *Dieudonné*, surnom du roi.

qui m'avait témoigné un intérêt si vif et si tendre, tomba malade et mourut.

Sa perte me fut très-sensible.

Au retour du printemps, je me préparais à transporter mes pénates à Picpus, lorsque madame de Montausier, qui allait aux eaux de Forges, me proposa de l'y accompagner, disant que nous y trouverions société nombreuse, et surtout bonne compagnie.

J'acceptai de grand cœur, et je décidai madame de la Fayette à nous suivre.

Plusieurs fois déjà Gui Patin m'avait conseillé de prendre ces eaux, non que je fusse malade, mais comme préservatif aux maladies à venir.

Je lui riais au nez quand il me tenait ce discours, car je jouissais d'une santé florissante.

Ma fraîcheur était merveilleuse.

Conservant avec mes charmes toutes les apparences de la jeunesse, je ne craignais pas de dire mon âge à tout venant, sûre d'exciter des clameurs et d'entendre crier au mensonge quand j'accusais mon demi-siècle.

Franchement, j'y mettais de la coquetterie.

On m'eût donné tout au plus vingt-cinq ans. Je n'y comprenais rien moi-même; ou plutôt je m'expliquais cela par le sortilége de mon homme noir, dont le souvenir, soit dit en passant, me donnait toujours le frisson.

Je n'en observais pas moins régulièrement ce qu'il m'avait prescrit.

Boire un verre d'eau à Forges, ou en boire un à Paris, revenait absolument au même.

Nous fîmes le voyage gaiement.

Forges n'est qu'à vingt-cinq lieues. J'eus regret, sur ma parole, de n'avoir pas visité plus tôt ce curieux séjour.

On y voit des gens de toutes les parties du monde. Nulle part ailleurs on ne rencontre une assemblée plus tumultueuse et plus amusante.

Il a vécu comme un chien, il faut qu'il meure comme un chien. Page 548.

Parisiens et campagnards, nobles et bourgeois, moines et religieuses, Français, Anglais, Flamands, Espagnols, chrétiens, huguenots, juifs, mahométans, tout cela boit ensemble, à la même fontaine, une eau détestable qui donne des haut-le-cœur.

A six heures du matin, chacun se lève pour faire cette débauche.

Puis on se promène dans le jardin des Capucins, dont ces bons pères ont abattu les murailles, afin de laisser les promeneurs y entrer plus librement

Il est vrai de dire qu'au bout de la grande avenue ils ont attaché à un tilleul un tronc fort raisonnable, qu'ils sont obligés de vider presque tous les jours.

Mais chacun, ici-bas, gagne sa vie comme il peut.

On babille à cette promenade, on rit, on s'apprend les nouvelles, et l'on n'épargne ni les caquets ni les médisances. C'est absolument comme à Paris.

Vers neuf heures, une cloche sonne. Les gourmands courent déjeuner, les dévots vont à la messe, et le reste de la matinée se passe à la toilette ou en baguenaudes.

On dîne très-copieusement.

Tout l'après-dîner se consacre à des visites réciproques, où les caquets recommencent.

A cinq heures, des comédiens, détachés de la troupe de Rouen, donnent spectacle jusqu'à sept heures; on soupe, puis la promenade aux Capucins recommence et se termine fort dévotement par les litanies, que l'on récite à la chapelle des moines.

Voilà au grand complet l'existence qu'on mène à Forges.

Nous y étions depuis deux jours à peine, lorsque tout à coup la duchesse de Montpensier, qui passait la saison à son château d'Eu, nous arriva en magnifique équipage, avec cinq à six carrosses, toutes ses filles, force valets de pied et un maître des cérémonies.

Contre mon attente, elle me combla de caresses, et voulut que nous fussions constamment chez elle, mes compagnes de voyage et moi.

Je ne fus pas surprise de ce retour d'amitié : depuis environ deux ans elle avait chassé la comtesse de Fiesque, ainsi que madame de Frontenac, notre troisième maréchale de camp d'Étampes.

Le père de Mademoiselle était mort à Blois l'été précédent.

Quel orateur se chargea de l'oraison funèbre du défunt? je l'ignore; mais la besogne était difficile. Vraiment le sujet ne prêtait guère à l'apothéose.

La princesse avait fini son deuil.

Comme chacun se plaignait de la comédie, elle fit venir de Rouen la troupe tout entière et la paya.

La rencontre de mesdames de la Fayette et de Montausier fut d'autant plus agréable à la fille de Gaston, qu'elle-même s'occupait d'écrire. Il nous fallut entendre ses œuvres d'un bout à l'autre. Elle nous lut la *Princesse de Paphlagonie*, l'*Ile imaginaire* et une multitude de *portraits*, genre de littérature qui alors faisait rage.

A parler franc, ce n'était point merveilleux.

Quand je me rappelais la Fronde et la Bastille, je songeais que Mademoiselle avait décidément plus de dispositions pour la guerre que pour les lettres.

Nous commencions à nous ennuyer, lorsque de nouveaux personnages survinrent.

On nous annonça le duc de Roquelaure, le plus fameux hâbleur de France et de Navarre. Il était accompagné du chevalier de Roquelaure, son cousin, grand homme sec, qui sentait son reître et qui eût fait peur au coin d'un bois. A leurs trousses venait clopin-clopant un sieur de Romainville, très-goutteux, mais qui marchait encore assez pour les suivre partout, on ne savait dans quel but, si ce n'est peut-être qu'il donnait au chevalier des leçons d'impiété au cachet ou à l'heure, car ce Romainville était l'irréligion même.

Ces trois originaux défrayèrent la société de balivernes et de sornettes.

Ils n'étaient pas toujours fort convenables, surtout le chevalier et son maître d'athéisme; mais dans le désœuvrement on excuse bien des choses.

Romainville, qui, au lieu de boire de l'eau de la fontaine, entonnait par jour sept à huit pintes de cidre, tomba gravement malade. Sa goutte lui remonta dans la poitrine. Nous envoyâmes querir un père capucin, pour sauver du moins l'âme de ce chenapan, si faire se pouvait.

Mais, à l'arrivée du confesseur, le chevalier, qui se trouvait là, saisit une escopette, et coucha le pauvre moine en joue en criant :

— Retirez-vous, mon père, ou je vous tue ! Il a vécu comme un chien, il faut qu'il meure comme un chien !

Cela fit tellement rire le moribond, qu'il en guérit.

M. le duc de Roquelaure ne se permettait pas devant Mademoiselle toutes les impertinences érotiques et les saillies de mauvais lieu qui l'ont rendu célèbre. Il avait alors un esprit plus fin, plus délicat et presque toujours marqué au bon coin.

Je me rappelle entre autres un trait fort plaisant.

Le chevalier tranchait du matamore. Il ne parlait que des gens qu'il avait pourfendus et des marauds auxquels il avait coupé les oreilles. Un jour, après avoir fait de ses talents en escrime l'éloge le plus pompeux, il termina en disant :

— J'ai eu plus de cinquante duels ou rencontres, et je n'ai jamais reçu la moindre blessure.

— Ah ! parbleu, mon cousin, dit Roquelaure avec le plus grand flegme, vous avez plus de chance que moi ; car je n'ai eu qu'un duel dans ma vie, un seul, et j'ai été tué !

Nous restâmes à Forges jusqu'à la fin de la canicule, qui est, dit-on, le meilleur temps pour prendre les eaux.

De retour à Paris, je reçus la visite de le Nôtre. J'avais décidément fait sa conquête. Il m'invita, pour le surlendemain, à aller voir ses plantations de Versailles, ajoutant qu'il me raconterait une anecdote sur Louis XIV et la Vallière. Il en fallait beaucoup moins pour me décider à accepter sa politesse.

Au jour fixé, je me mis en route avec Perrote.

Ce vieux et fidèle domestique se cassait beaucoup. J'eus le regret, deux mois plus tard, de le mettre à la réforme, avec une pension de huit cents livres jusqu'à la fin de ses jours.

M. le jardinier en chef des jardins royaux commença par m'offrir un délicieux petit déjeuner dans un pavillon très-élégant, bâti tout exprès pour lui dans le voisinage des serres.

Il me mena visiter ensuite les énormes travaux d'agrandissement que le roi commençait à faire exécuter au château; puis nous allâmes dans les jardins, qui étaient vraiment dessinés avec un art admirable.

Jamais les bosquets d'Armide, si vantés par le Tasse, n'ont offert un coup d'œil plus riant et plus majestueux.

Le Nôtre se montrait fort sensible à mes éloges. Il me baisait la main à chaque compliment, ce qui ne m'empêchait pas de lui en adresser de nouveaux, car il me faisait marcher de surprise en surprise.

— Et votre anecdote, mon cher? lui demandai-je.

Il tira sa montre et me répondit :

— Pas encore, dans un instant.

— C'est donc une histoire à heure fixe?

— Oui, ne perdez pas patience.

Au bout de vingt minutes environ, il regarda du côté du château et m'entraîna vivement sous un berceau voisin.

— Chut! fit-il en portant un doigt sur ses lèvres : pas un mot! Dissimulons-nous sous le feuillage, car elle s'effarouche aisément. Si elle nous apercevait, elle ne viendrait peut-être pas au tombeau de sa rose.

— Au tombeau de sa rose? murmurai-je avec surprise. De qui parlez-vous donc?

— De mademoiselle de la Vallière. Elle approche... Silence !

A quelques pas de nous parut effectivement une femme vêtue de noir et tenant un parasol.

Je reconnus la jeune fille que j'avais vue, deux ans auparavant, si belle et si radieuse à la maison de plaisance de M. Fouquet.

Mais quel changement, hélas !

Louise n'était plus que l'ombre d'elle-même : les douces nuances de ses joues s'effaçaient pour faire place à la pâleur; ses yeux étaient rougis, le marasme dévorait ses charmes.

— Eh bien ? me demanda le Nôtre à voix basse.

— Ah! la pauvre enfant, répondis-je, elle est méconnaissable! Si vous ne m'aviez pas dit son nom...

Il porta de nouveau le doigt sur ses lèvres.

Mademoiselle de la Vallière entrait dans un petit bois, voisin du berceau sous lequel nous étions cachés. Nous la suivîmes à distance, étouffant le bruit de nos pas, et bientôt je la vis s'arrêter auprès d'une espèce de mausolée, devant lequel elle se mit à genoux.

Là, sous un globe de cristal et sur un carré de marbre blanc se trouvait, dans une petite caisse dorée, un arbuste flétri.

A l'une des branches de cet arbuste pendait encore une fleur desséchée, dont il était impossible de deviner le nom et de reconnaître la nature.

— C'est le rosier du bal du Louvre, le même que je lui ai porté, il y a deux ans, de la part du maître, dit mon compagnon d'une voix émue. Vous le voyez, il n'avait qu'une rose... une rose à cent feuilles... Pauvre femme! pauvre fleur!

Une larme souleva la paupière de le Nôtre et descendit lentement sur sa joue.

Mes yeux aussi devinrent humides.

Évidemment il y avait là un drame que je ne comprenais pas encore. Je regardais tour à tour avec saisissement cette femme agenouillée et cet homme qui pleurait.

Louise, après être restée quelques secondes à considérer l'arbuste, souleva le globe de cristal et colla ses lèvres sur la rose morte, dont quelques feuilles se détachèrent et furent emportées par le vent.

— Retirons-nous, dit le jardinier. Venez écouter mon histoire.

Nous rentrâmes sous le berceau. Il y avait là des bancs rustiques. Le Nôtre s'assit à côté de moi.

— Vous allez me trouver ridicule, commença-t-il; mais j'ai pour mes fleurs l'affection qu'on a pour ses enfants. Ne vous souvient-il plus qu'au bal de Vaux je tempêtais contre le caprice de Louis XIV, qui avait donné à la fille d'honneur de

Madame mon plus beau rosier de Hollande?

— En effet, ce souvenir m'est très-présent.

— Je fis, comme vous pouvez le croire, à mademoiselle de la Vallière toutes les recommandations imaginables sur la nécessité d'arroser l'arbuste, d'en élaguer les boutons parasites et d'en tailler les branches. Elle me pria de venir le soigner moi-même. J'y consentis avec bonheur. La chère enfant caressait une idée bizarre. C'était le premier don qu'elle recevait du roi. Dans son esprit, l'amour de Louis XIV s'attachait à l'existence du rosier et devait en suivre le destin.

— O superstition du cœur! murmurai-je. C'est bien cela! je commence à comprendre.

— Oui, vous comprenez aujourd'hui le chagrin de Louise; mais ce que vous ne devinez pas, ce que j'ai été moi-même un siècle à deviner, c'est la cause qui a fait périr le rosier.

— En effet, ne disiez-vous pas qu'il pouvait vivre cinquante ans?

— Je le répète, il aurait à coup sûr dépassé cet âge, sans la trahison la plus odieuse. Oh! les femmes! les femmes! ajouta-t-il avec une sorte de colère : il n'y a pas de milieu, ou ce sont des anges, ou ce sont des démons!

— D'accord, mon ami; mais je demande votre histoire, et non des réflexions philosophiques sur la nature de mon sexe.

— L'histoire?... ah! mon Dieu, je puis vous en donner le dénoûment en deux mots : c'est mademoiselle Athénaïs de Mortemart qui a commis cette trahison.

— Qu'entends-je? la fiancée de Montespan?

— Ou, si vous aimez mieux, la seconde maîtresse du roi.

— Hein? m'écriai-je, regardant le Nôtre avec stupeur.

— Ah! je vous apprends du nouveau! L'adultère marche bon train à la cour. Mademoiselle de Mortemart a un superbe avenir.

— Et son hymen avec le marquis?

— Cet hymen sera célébré sur la fin de la semaine : Montespan n'est pas homme à faire du scrupule.

— Voilà qui est parfaitement ignoble, savez-vous ?

— Je suis de votre avis. Continuons l'histoire. Le rosier, devenu talisman, ne quittait plus mademoiselle de la Vallière. Quand elle délogea du Palais-Royal pour aller au Louvre, je le portai au Louvre ; quand elle vint à Versailles, sa fleur y vint avec elle. Or Athénaïs était une grande camarade de Louise, et celle-ci, qui lui faisait toutes ses confidences, lui avoua sa chère superstition.

— L'imprudente !

— Aussi naïve que bonne, elle ne soupçonnait pas son amie. Elle voyait tranquillement Athénaïs causer avec le roi et l'amuser par une foule de médisances, que celle-ci débite avec un esprit infernal. L'essentiel, vous comprenez, était de faire perdre à la Vallière tout ce que mademoiselle de Mortemart gagnait elle-même dans le cœur du monarque. Un jour, en venant tailler le rosier, je m'aperçus qu'il dépérissait.

— Hélas ! me dit Louise, l'amour du roi s'en va !

Je la rassurai de mon mieux, et, à tout hasard, je changeai la terre de la caisse ; mais, le lendemain, la maladie allait croissant. Déjà la rose était flétrie et les feuilles jaunissaient.

Mademoiselle de la Vallière ayant pleuré tout le jour, Louis XIV la trouva maussade.

En revanche, Athénaïs de Mortemart ne déploya jamais plus d'esprit et de gaieté.

— Vous voyez, il meurt ! disait Louise en me montrant l'arbuste de plus en plus malade : il meurt, sans que vous sachiez pourquoi !... Moi, je le sais, je le sais ! ajouta-t-elle avec des sanglots.

Le soir, Sa Majesté la trouva laide et eut assez peu de galanterie pour le lui dire.

Je me donnais au diable avec le rosier ; je taillais à droite, je taillais à gauche. Ne voulant négliger aucun moyen de salut, j'allai même jusqu'à le transplanter dans une autre caisse. Rien ne put réussir.

Deux jours après, il était mort, et Louis XIV faisait admettre

Louis XIV la trouva maussade. *Page* 552.

mademoiselle de Mortemart, au nombre des filles d'honneur de la reine.

Un doute, un éclair, me traversa l'âme.

— Avez-vous communiqué à quelqu'un, demandai-je à Louise éplorée, l'espèce de présage que vous attachiez à cette fleur?

— Oui, me répondit-elle, je l'ai dit à Athénaïs.

Sans lui répondre, je pris une poignée de la terre qui entourait le tronc de l'arbuste, et je la portai chez un chimiste, qui l'analysa.

Mes soupçons furent confirmés.

Sur cette terre on avait versé de la couperose. Un flacon imperceptible, deux gouttes par jour, rien n'était plus simple. Et voilà comment une personne habile supplante sa rivale.

— Oh! m'écriai-je, c'est un tour indigne!

— Je vous le disais, reprit le jardinier avec un soupir, mademoiselle de Mortemart ira loin.

Voilà quelle était l'anecdote promise. Je quittai Versailles tout émue et poursuivie par l'image de cette pauvre femme que j'avais vue pleurer sur un rosier mort.

Le Nôtre n'avait pas communiqué sa découverte à mademoiselle de la Vallière. A quoi bon? N'ayant pas été surprise, la perfide amie pouvait nier. Par des récriminations et des plaintes, on n'aurait fait peut-être que changer le refroidissement en haine, et Louise avait déjà deux enfants du roi, deux enfants dont elle devait assurer l'avenir.

Son destin voulait qu'elle épuisât la coupe des douleurs et qu'elle donnât au monde un exemple frappant des misères et du désespoir qui peuvent atteindre la maîtresse d'un roi.

Mademoiselle de Mortemart épousa, quelque temps après, M. le marquis de Montespan, mari commode, sur chaque œil duquel on appliquait une pièce d'or quand il voulait y voir trop clair.

Jusqu'au jour où la nouvelle maîtresse put recueillir ouvertement l'héritage de sa rivale, il couvrit tout de son complaisant manteau.

Louis XIV eut donc à la fois deux favorites, et cela sous les yeux de la jeune reine, au su et vu de chacun. Il les traînait à sa suite dans les fêtes, dans les carrousels, dans les armées, et poussa le cynisme jusqu'à faire légitimer ses bâtards par arrêt du parlement.

Anne d'Autriche n'avait plus aucune puissance et se contentait de gémir sur ces désordres.

Elle ressentait alors les premières atteintes de la cruelle maladie qui devait l'entraîner dans la tombe. C'était un cancer que toute la science des médecins de Paris n'avait pu guérir. Abandonnée par eux, la pauvre reine mère eut recours aux empiriques.

Bientôt elle fut dans un état déplorable, au point de ne pouvoir aller d'un lit à l'autre sans s'évanouir.

La plaie d'Anne d'Autriche exhalait une odeur si fétide, que personne, pas même ceux qui lui étaient le plus affectionnés, ne pouvait rester auprès d'elle.

On descendit la châsse de Sainte-Geneviève et l'on fit des processions dans la ville. Mais, quand l'heure des rois a sonné, Dieu ne fait pas plus de miracles pour eux que pour le plus pauvre et le plus obscur de leurs sujets. Le jour même de la procession, la plaie sécha ; le lendemain, le bourdon de Notre-Dame annonçait que la mère de Louis XIV avait cessé de vivre.

On peut dire d'Anne d'Autriche qu'elle fut une des belles femmes de son siècle. Grande, bien faite, d'une mine douce et majestueuse, elle avait de sa personne un soin extraordinaire et poussait la propreté jusqu'au scrupule.

Même à l'heure de sa mort, ce sentiment de délicatesse ne l'abandonna pas.

L'évêque d'Autun, prélat fort peu digne d'estime et dont j'aurai longuement à parler plus tard, était en train de lui administrer l'extrême-onction. Il se préparait à lui mettre les saintes huiles aux oreilles, lorsque tout à coup la mourante s'écria en s'adressant à l'une de ses femmes :

— Ah! ma chère de Fleix, levez bien mes cornettes, de peur que ces huiles n'y touchent, parce qu'elles sentiraient mauvais !

On fit à la reine mère de pompeuses funérailles. Nous allâmes sur le chemin de Saint-Denis, madame de la Fayette et moi, voir le cortége, que Louis XIV suivit en grand deuil.

IV

Il y eut, pendant quelques mois, une légère diminution de scandale à la cour.

D'ailleurs, la guerre qui éclata força le monarque à s'occuper de l'honneur de son trône, et l'on doit dire, pour être juste, que jamais prince ne le soutint avec plus de vaillance et plus de gloire.

Mais ce n'est pas à moi de raconter les batailles qui eurent lieu jusqu'au traité d'Aix-la-Chapelle.

Je n'écris ni les Mémoires de Condé ni ceux de Turenne.

Alors complétement rentré en grâce, le vainqueur de Rocroy, de Lens et de Nordlingen, faisait oublier sa révolte par de nouvelles et éclatantes victoires. En moins de trois semaines il conquit la Franche-Comté, et vint offrir à son cousin ce nouveau fleuron qui ne devait plus quitter la couronne.

Il y avait alors au Louvre un seigneur très-brillant, très à la mode, que toutes les beautés du lieu se disputaient à l'envi.

Je parle de M. de Lauzun, de cet homme qui se conduisit avec la petite-fille de Henri IV comme le dernier des manants ne se serait pas conduit avec la dernière des femmes du peuple.

Mademoiselle, que j'avais vue jadis tant s'occuper de son mariage, Mademoiselle, qui voulait d'abord épouser l'empereur d'Allemagne, puis Condé, puis Louis XIV lui-même, après avoir refusé, dans cet espoir, la couronne d'Angleterre, Mademoiselle devint amoureuse de M. de Lauzun, simple cadet de Gascogne.

Quelle chute!

Il est vrai de dire que M. de Lauzun avait beau visage et grande mine. Ses yeux étaient pleins de feu, de hardiesse et d'esprit.

On venait de créer le premier régiment de dragons, et d'en nommer M. de Lauzun colonel.

Aux parades du Louvre, aux revues de Versailles, il était magnifique sous l'uniforme. Mademoiselle ne se lassait pas de l'admirer de sa fenêtre. Enfin, elle s'en coiffa si fort, la pauvre fille, qu'elle arriva bientôt à lui faire des avances.

D'abord, M. de Lauzun feignit de ne pas comprendre; il se retrancha dans les limites d'un respect profond. Plus Mademoiselle avançait, plus il faisait le modeste; mais sa modestie ressemblait à une balance, qui s'abaisse d'un côté pour mieux s'élever de l'autre.

Il jouait un jeu sûr.

Femme qui s'engage ne recule plus et va jusqu'au bout. Mademoiselle dit un jour au beau dragon :

— Je n'ose, en vérité, prononcer le nom de celui que j'aime en votre présence; mais je consens à vous l'écrire.

Et le soir, au ballet du roi, elle lui glissa dans la main un petit papier, sur lequel se lisaient ces deux mots :

« C'est vous! »

Alors ce fut une autre affaire. Lauzun changea de manœuvre. Autant il s'était montré modeste et respectueux, autant il devint téméraire et passionné.

M. le colonel pénètre un matin dans la chambre de la fille de Gaston, sans avoir soin de la faire prévenir par ses femmes. Il la trouve devant un miroir, la gorge découverte, se précipite à ses genoux, lui déclare tous les lieux communs de la passion, et remercie sa bonne étoile de lui avoir montré le plus doux spectacle, les charmes les plus divins.

Notez, je vous prie, que Mademoiselle avait quarante-deux ans et qu'elle était fort maigre.

Elle ajoute foi, malgré tout, aux discours de cet ambitieux, s'allume de plus en plus le cœur, et s'occupe, dès lors, à chercher le moyen d'obtenir le consentement du roi à son mariage avec M. de Lauzun.

Pendant que cette intrigue se passait au Luxembourg, dont

Mademoiselle avait hérité à la mort de Gaston, le Louvre, grâce aux deux maîtresses de Louis XIV, alors pleinement avouées, recommençait à donner un scandale si grand, que l'Église en prit l'alarme.

Du haut de la chaire évangélique, les prédicateurs se mirent à tonner de toutes leurs forces.

Le plus célèbre, à cette époque, était le père Bourdaloue, de la compagnie de Jésus. Je l'entendis prêcher le carême à Versailles, et je fus surprise de la hardiesse avec laquelle il parlait à un roi dont la majesté imposait alors, non-seulement à la France, mais au monde entier.

Louis XIV et ses courtisans, écrasés par l'éloquence de l'orateur chrétien, baissaient le front comme des coupables.

On put entendre, dans un coin de la chapelle, les sanglots de la pauvre la Vallière.

Il me vint une idée originale. Malheureusement pour moi, cette idée prouvait que je n'étais pas encore prête à me convertir, en dépit des hautes vérités et des doctrines menaçantes tombées des lèvres du père Bourdaloue. Je voulus m'assurer, en un mot, si le cœur du célèbre jésuite était aussi ardent que son éloquence.

Feignant donc une maladie sérieuse, je l'envoie prier de me rendre visite.

Il arrive, et me trouve parée de tout ce que la coquetterie peut offrir de plus séduisant.

L'entretien s'engage; il me parle avec beaucoup de gravité, d'un air solennel et recueilli, sans que ma vue paraisse lui causer le moindre trouble.

Je me pique au jeu, l'amour-propre s'en mêle; j'ai recours à toutes les ressources de mon imagination, j'épuise mes poses les plus victorieuses, mes sourires les plus provocateurs, mes œillades les plus assassines.

Vains efforts, peines superflues!

Bourdaloue poursuit ses pieuses exhortations et finit par se lever, en disant :

— Je le vois, mademoiselle, votre maladie est tout entière dans le cœur et dans l'esprit. Quant à la santé de votre corps, elle me semble parfaite ; je prie le grand médecin des âmes qu'il vous guérisse!

Et il s'en alla. J'en étais pour tous mes frais. La bataille ne pouvait être mieux perdue.

Deux jours après, on fit sur cette aventure le couplet suivant :

> Ninon, passe tes jours au jeu,
> Cours où l'amour te porte ;
> Le prédicateur qui t'exhorte,
> Quand il vient au coin de ton feu,
> Sait te parler d'une autre sorte.

Franchement j'avais mérité la satire, et je ne jugeai point à propos de me plaindre.

On le voit, je conviens de mes torts sans aucun détour ; mais je ne veux pas néanmoins me faire plus coupable que je ne le suis.

En attirant chez moi le père Bourdaloue, je désirais m'assurer par moi-même si réellement ses actes ne démentiraient pas ses paroles, et s'il imiterait la conduite d'un personnage dont j'ai reculé de parler jusqu'à ce jour, parce que vraiment il m'avait donné du clergé l'idée la plus fausse.

Je rangeais tous les prêtres dans la même catégorie.

Toutefois j'aimais mieux garder le silence que de me faire accuser d'irréligion. Mais, ayant aujourd'hui la preuve qu'il y a de bons et dignes ministres de l'Évangile, je n'ai plus aucune raison de me taire, et je vais démasquer M. d'Autun.

C'était un grand prélat sec, avec une mine confite et souriante, une parole douce, un air paterne, en un mot tout sucre et tout miel.

Il avait des manéges à lui, des souplesses merveilleuses.

Tour à tour on le vit passer du cardinal à la Fronde, et de la Fronde au cardinal, porter toutes les couleurs, prendre tous les masques, mais avec une habileté si grande, qu'on l'applaudissait en quelque sorte d'un manque de foi, et qu'on l'eût volontiers remercié d'une trahison.

Fin, rusé, chatoyant, hypocrite, couvrant tout du manteau de l'Évangile et du voile de la piété la plus angélique en apparence, M. d'Autun passait généralement pour le plus saint homme du monde.

Ce fut chez madame de Longueville que j'eus l'inappréciable avantage de faire sa connaissance.

Depuis, j'eus très souvent l'honneur de le recevoir chez moi, où il me soutira d'assez fortes sommes..... pour les pauvres.

Il m'emprunta d'un seul coup quinze mille livres, sous prétexte d'arracher deux malheureuses filles à un gouffre de perdition et de payer leur dot au cloître.

Émerveillée de ses vertus, admirant sa sainteté, je n'aurais pas osé, devant lui, me livrer à la plaisanterie la plus innocente.

J'étudiais mes gestes, je veillais à chacune de mes paroles, craignant toujours d'effaroucher sa pudeur ou d'offusquer ses chastes oreilles.

Imaginez donc ma surprise quand je vis, un jour, sa sainte paupière se lever sur moi avec plus de hardiesse, ses regards chercher mes regards, sa main se poser sur mes genoux et les presser, bien doucement d'abord, puis avec un peu plus de force.

J'en étais toute saisie.

Remarquant l'impression défavorable que faisait sur moi le singulier changement de ses manières, il se mit, avec sa voix mielleuse et son air béat, à me prêcher les maximes les plus détestables et les plus perverses.

Je n'ai jamais vu morale aussi monstrueuse.

A l'entendre, le péché ne consistait que dans le scandale, et la piété la plus sincère n'empêchait pas de donner, en secret, satisfaction aux sens.

Il y avait un moyen, selon M. d'Autun, de sanctifier tout, même l'amour.

Quel triomphe! Molière y fut plus sensible qu'à tous ses autres succès *Page 564.*

Et, là-dessus, redoublement d'audace.

L'hypocrite essaya de passer le bras autour de ma taille. Son œil étincelait de luxure.

Autant j'eusse été faible, en pareil cas, avec un homme du monde qui m'eût déclaré sa passion hautement, sans ruses et sans détour, autant je me trouvai forte contre les tentatives de ce prêtre, qui essayait de me circonvenir et s'approchait de moi comme un reptile.

Je le repoussai, en lui laissant voir tout mon mépris, tout mon dégoût.

Alors le reptile se dressa, l'hypocrite jeta le masque; mais je bravai sa colère, je me ris de ses menaces de vengeance, et j'appelai mes gens pour le jeter dehors.

Voilà mon histoire avec M. d'Autun. Jamais le saint homme ne me renvoya mes quinze mille livres.

— Ah! mon bon Jean-Baptiste, disais-je à Molière en lui racontant toutes mes aventures avec le clergé, y compris celles de Richelieu et de Mazarin, ne trouves-tu pas que ma douce et franche philosophie d'Épicure est infiniment préférable et laisse plus de repos au cœur que cette fausse religion, toujours prête à changer le plaisir en vice et à mettre le ciel de moitié dans son hypocrisie?

— Sans doute, me répondit Molière. Cependant le père Bourdaloue est une preuve que la religion marche quelquefois avec la conscience.

— Oui; mais où trouver un moyen sûr de distinguer le faux dévot du véritable?

— Rien de plus facile, chère amie.

— Comment cela?

— Je me charge de vous l'apprendre, en faisant une pièce avec l'histoire de M. d'Autun... si vous le permettez toutefois.

— Ah! tu ne peux me causer une plus vive satisfaction! m'écriai-je.

— En ce cas, ma belle protectrice, vous aurez la pièce avant six semaines.

Molière tint parole.

Au bout d'un mois il m'apporta le *Tartufe*, qu'il consentit à lire dans mon salon, devant plus de cinquante personnes, que cette lecture jeta dans l'enthousiasme.

C'était touché de main de maître. Je reconnaissais mon reptile.

Dès ce jour, Molière fut à l'apogée de sa gloire. L'*École des*

Femmes, le *Misanthrope*, l'*Avare*, étaient déjà connus du public. Il allait de chefs-d'œuvre en chefs-d'œuvre, ne s'inquiétant point des sourdes machinations de la jalousie, ni du verbiage de la critique.

— Les enfants, ma chère, me disait-il, savent tout de suite fouetter les chevaux; mais, pour les conduire, c'est autre chose. Eh bien, les critiques sont comme les enfants : ils fouettent les auteurs, mais ils ne les dirigent pas.

Il était impossible d'entendre une conversation plus sensée, plus fine, plus remplie à la fois de bon goût, d'esprit, de tact et de profondeur que celle de Molière.

Jamais homme ne mérita mieux l'estime de ses amis et l'admiration de tous. Et cependant mon pauvre Jean-Baptiste n'était pas heureux.

Son esprit ne se trompa jamais de route, mais il n'en fut pas de même de son cœur.

Depuis cinq ans, il avait eu la sottise d'épouser la fille de la Béjart, une odieuse petite guenon qui lui joua des tours pendables, et qui vraiment n'était pas digne de lui dénouer les souliers.

Molière venait pleurer chez moi. Je pleurais avec lui.

— Ah! lui disais-je, que n'enterres-tu cette créature et que n'ai-je vingt ans de moins! Je serais ta femme, moi!... je ne te tromperais pas!

Le chagrin de le voir malheureux m'emportait tout à fait en dehors de mes théories connues sur l'amour; mais je ne prenais pas garde à cette inconséquence, je lui parlais dans toute la sincérité de mon âme.

Trompé par la Béjart, Molière poussa, du reste, le courage jusqu'à l'héroïsme.

Il excita les rires du public par la peinture de cette même infortune, qui lui faisait chez moi répandre des larmes si amères.

Je le soupçonne de s'être arrangé pour que le plus grand nombre des maris devinssent ce qu'il était lui-même, et vraiment le tour est de bonne guerre. Seul, il ne méritait pas cette destinée ridicule : donc il fallait, en toute justice, que les autres la partageassent avec lui,

Après la première représentation de *Tartufe*, où l'éclat des bravos fit presque crouler les voûtes de la salle, il y eut une ligue entre les faux dévots de Paris. Comme le nombre en est incalculable, je vis le moment où, à force de machinations et d'intrigues, on allait condamner la pièce. Mais tout à coup et de la manière la plus inattendue, Louis XIV prit le parti de l'auteur : il lui envoya l'ordre de venir représenter le *Tartufe* à Versailles.

Quel triomphe! Molière y fut plus sensible qu'à tous ses autres succès.

Il eut, dès ce jour, une pension sur la cassette du roi. Je pardonne bien des choses à Louis XIV en faveur de cette noble et royale conduite. La postérité, j'aime à le croire, sera de mon sentiment et dira que ceci n'est pas la moins belle des actions de son règne.

Les ennemis de l'illustre comédien pensèrent crever de rage. Mais ses amis furent aux anges, et, sans me compter, sans compter tout mon cercle, la foule en était grande.

En cette même année j'eus quelques accidents fâcheux.

D'abord le poëte Chapelle s'avisa de tomber amoureux de moi, ce qui me déplut fort, à cause de son ivrognerie, qu'une femme un peu délicate ne pouvait vraiment supporter.

Ses persécutions devinrent si vives, que je fus obligée de lui interdire ma porte.

Au lieu de se corriger de son affreux défaut, Chapelle se fâcha. Il fit le serment solennel que, durant six semaines entières, il ne se coucherait pas sans être ivre et sans avoir fait contre moi des couplets, qui n'allaient ni à son cœur ni à son esprit.

J'en ai retenu un entre tous. Le voici, mes lecteurs jugeront.

> Il ne faut pas qu'on s'étonne
> Si souvent elle raisonne
> De la sublime vertu
> Dont Platon fut revêtu;
> Car, à bien compter son âge,
> Elle peut avoir vécu
> Avec ce grand personnage.

On suit plutôt les mauvais exemples que les bons. Tous mes amants rebutés, comme aussi les personnes qui, pour quelque autre motif, croyaient avoir à se plaindre de moi, se vengèrent à coup de rimes.

Un matin, le grand prieur de Vendôme, débauché jusqu'à l'ignominie et dont j'avais également repoussé les hommages, laissa ce quatrain sur ma toilette :

> Indigne de mes feux, indigne de mes larmes,
> Je renonce sans peine à tes faibles appas.
> Mon amour te prêtait des charmes,
> Ingrate, que tu n'avais pas.

Je lui répondis, le jour même, par la parodie suivante :

> Insensible à tes feux, insensible à tes larmes,
> Je te vois renoncer à mes faibles appas;
> Mais, si l'amour prête des charmes,
> Pourquoi n'en empruntais-tu pas?

Le procédé qui me chagrina davantage fut celui de M. de Toureille, de l'Académie française, dont j'avais critiqué, fort amicalement du reste et tout à fait dans son intérêt, la traduction de Démosthènes.

Il composa cette épigramme :

> Dans un discours académique,
> Rempli de grec et de latin,
> Le moyen que Ninon trouve rien qui la pique?
> Les figures de rhétorique
> Sont bien fades après celles de l'Arétin.

Pour imposer silence à tous ces rimeurs et les empêcher de

s'occuper de moi, je résolus d'accepter une invitation que Mademoiselle m'avait faite d'aller passer auprès d'elle une semaine ou deux au Luxembourg.

Elle y vivait très-retirée, ne recevant que M. de Lauzun et n'allant au Louvre qu'une fois la semaine pour supplier Louis XIV de consentir à son mariage.

Hélas! je ne savais guère que, pour fuir une contrariété, j'allais chercher un des plus grands désespoirs de ma vie, désespoir qui ne s'est jamais effacé de mon cœur!

Mais du moins n'y reste-t-il pas en compagnie d'un remords.

Une de mes maximes favorites était celle-ci : « Le sage se contente du jour présent; le lendemain doit lui faire oublier la veille. » Je mettais en pratique cette maxime, déchirant une à une les pages du passé et les jetant derrière moi comme autant de feuilles mortes.

Trop tard je devais comprendre tout ce que ma philosophie avait de coupable et de funeste.

La Providence elle-même se chargea d'arracher le bandeau de mes yeux. Elle illumina ma vie par un éclair et me fit envisager d'un seul coup le vide et le mensonge du système que j'avais prêché.

V

Dès mon premier pas dans les salons du Luxembourg, quel fut mon étonnement d'y apercevoir mesdames de Fiesque et de Frontenac!

Mademoiselle les avait reprises l'une et l'autre.

On devine ma gêne et mon malaise à l'aspect d'une femme que je savais être mon ennemie déclarée. J'allais faire en sorte d'éviter sa rencontre, lorsque tout à coup je la vis accourir à moi en poussant un cri joyeux. Elle se précipita dans mes bras et me fit des amitiés inconcevables.

— Ah! ma chère Ninon, s'écria-t-elle, oublions le passé, je vous en conjure! il ne doit plus en être question entre nous. Fiesque est défunt : que ses torts lui soient pardonnés dans l'autre monde, et que Dieu me préserve à l'avenir de toute rancune!

La comtesse m'embrassa.

Je crois même qu'elle versait des larmes. C'était une abominable hypocrisie, comme on va le voir.

Sur les instances de madame de Fiesque, la fille de Gaston m'avait appelée au Luxembourg, et devenait, sans s'en douter, complice de la trame la plus odieuse.

Après m'avoir entretenue de M. de Lauzun et de l'espérance presque certaine d'obtenir enfin le consentement du roi, Mademoiselle me dit :

— Vous avez dû être surprise de retrouver ici les comtesses?

— En vérité, oui! m'écriai-je.

— Que voulez-vous? elles sont insupportables, mais elles me rendent des services. Il faut bien un peu de patience et de résignation. Madame de Frontenac surtout a un caractère terrible; je ne suis pas la seule qui en souffre. Ici même elle a près d'elle une nièce de seize ans, pauvre jeune fille d'une obéissance parfaite, d'un caractère plein de douceur, et belle comme un ange. Croiriez-vous qu'elle la maltraite au delà de tout ce qu'on peut dire?

— Quelle horreur!

— Voilà huit jours que la malheureuse enfant est dans la désolation la plus grande. Madame de Frontenac veut lui faire épouser, devinez qui?

— Un homme indigne d'elle, sans doute.

— Oui, son cuisinier.

— Mais pourquoi?

— Parce qu'il y a dans la naissance de Clotilde, c'est le nom de sa nièce, quelque chose de... défectueux. La tante affirme qu'elle ne trouvera jamais un hymen plus convenable.

— En lui donnant une dot pourtant?

— Voilà ce que je disais. Le désespoir de cette jeune fille me cause une peine infinie, et, ce matin encore, j'offrais cent mille livres pour la marier plus à son goût. « Non! non! je refuse! s'est écriée ma dame d'honneur : c'est une petite misérable, qui ne mérite pas votre bienveillance... » Enfin, poursuivit la princesse, vous jugerez de cela vous-même.

Dans la soirée, j'allai rendre visite à madame de Frontenac. Son appartement se trouvait juste contigu à celui qu'on venait de m'offrir.

En entrant, j'aperçus Clotilde.

Mademoiselle m'avait fait l'éloge de la beauté de cette jeune fille, et vraiment il était impossible de voir une physionomie plus distinguée et plus gracieuse. La nièce de madame de Frontenac avait de beaux cheveux châtain-brun de la nuance des miens, un œil noir délicieusement fendu, une bouche mignonne, de petites mains roses, des pieds plus petits encore et une taille ravissante.

On voyait sur les joues de la triste enfant une pâleur qui n'était pas de son âge et prouvait une grande souffrance intime. Ses yeux étaient rougis par les larmes.

Tous les soirs il venait à la grille du couvent. *Page 572.*

Je n'aurais pas reçu les révélations de la princesse que j'eusse deviné sur-le-champ les infortunes de Clotilde et les traitements cruels qu'on lui faisait subir.

Elle remplissait chez sa tante les fonctions d'une domestique.

Douce et patiente, elle s'efforçait en vain d'apaiser l'humeur atrabilaire de la comtesse. Celle-ci répondait à son zèle par des paroles dures, à son empressement par des outrages, ses prévenances par des rebuffades sans fin.

J'étais indignée.

Madame de Fiesque, présente à cette première entrevue, me dit tout bas :

— Ne valait-il pas mieux laisser au cloître cette orpheline que de l'amener ici dans le seul but de l'humilier et de la tyranniser sans cesse?

— Quoi! murmurai-je, elle l'a retirée du couvent pour la réduire à une aussi triste existence?

— Mon Dieu, oui! C'est une fille naturelle de son frère.

— Eh! madame, est-ce une raison pour la vouer au malheur?

— Non, je suis de votre avis. La comtesse est bien coupable.

Lorsque j'eus terminé ma visite, madame de Fiesque m'accompagna pour retourner chez Mademoiselle. Dans le trajet, elle me dit de l'air le plus simple du monde :

— Je voudrais que cette jeune fille eût un amoureux qui lui assurât le bien-être et la sauvât des griffes de sa tante.

— Oui, certes! m'écriai-je, vous avez parfaitement raison!

— N'est-ce pas? Il est impossible qu'elle reste dans une situation pareille. Mais le moyen de l'en tirer? Souvent j'ai réfléchi sans pouvoir le découvrir. Clotilde est ici comme une prisonnière, elle ne voit personne. D'ailleurs, les plus grands obstacles viendraient peut-être d'elle-même. Religieuse et sage, il est à croire qu'elle prêtera difficilement l'oreille à des propos d'amour.

— Oh! oh! fis-je en riant, si je me chargeais de la guider!...

— Chargez-vous-en, ma chère.

— Et que dira-t-on?

— Peu vous importe!... Faut-il s'inquiéter de cela? Les circonstances sont votre excuse, et la cruauté de sa tante justifie tout.

— Je vous assure que j'ai hâte de me mettre à l'œuvre.

— Ah! mais j'y songe, la comtesse doit partir dans deux jours pour aller voir Frontenac en Touraine, dit madame de Fiesque : c'est une occasion magnifique! Elle ne s'embarrassera point de sa nièce et se gardera bien de l'emmener à Blois.

— Croyez-vous?

— J'en suis persuadée. Comme elle ne reviendra pas avant l'automne, vous aurez le temps de former votre élève.

— Et je vous jure, m'écriai-je avec enthousiasme, que je vais en faire une fille accomplie!

— Une seconde Ninon?

— C'est cela même, vous avez dit le mot, lui répondis-je en souriant.

Le surlendemain matin, madame de Frontenac partit en effet pour Blois. J'obtins sans peine qu'elle me laisserait Clotilde pendant son absence.

On devine quelle fut la joie de la chère petite. Au lieu de la brusquerie de sa tante et des reproches pleins de dureté qu'elle entendait matin et soir, elle trouva chez moi de tendres caresses et une amitié sincère.

J'amenai la conversation sur l'indigne mariage auquel madame de Frontenac voulait la contraindre.

Clotilde versa alors tant de larmes, son désespoir éclata d'une manière si violente, que je soupçonnai dans ce jeune cœur un amour caché.

Tout d'abord j'avais gagné sa confiance.

L'aveu suivit bientôt les pleurs, et je sus qu'elle aimait le frère d'une de ses amies de couvent.

— Mais, ajouta Clotilde avec un profond soupir, il est noble, il est riche... il ne m'épousera jamais.

— Tant mieux, lui dis-je, tant mieux pour vous, ma chère enfant!

Elle tourna vers moi ses grands yeux tout remplis de surprise.

— Oh! répondit-elle, je suis bien sûre qu'Albert ne me

rendrait pas malheureuse !

— C'est aussi mon opinion, Clotilde; et vous avez mal interprété mes paroles. Il se nomme Albert?

— Albert de Perceval.

— Mais où avez-vous pu le rencontrer?

— Tous les soirs, il venait à la grille du couvent rendre visite à sa sœur.

— Et à vous, Clotilde?

Ses joues devinrent écarlates.

— Allons, allons, ne rougissez pas, ma chère mignonne! Il vous aime, cela prouve en faveur de son bon goût; car vous êtes bien jolie.

— Vous trouvez? me demanda-t-elle naïvement.

Je l'embrassai de tout mon cœur. Elle était charmante.

Mais le sourire qui avait éclairé son gracieux visage s'effaça bientôt. Les larmes recommencèrent.

— Hélas! dit-elle, sa famille ne consentira jamais à nous unir!

— Encore?... Voyons, ma belle, consolez-vous et laissons de côté cette absurde question de mariage. Albert vous aime, et vous l'aimez, n'est-ce pas?

— Oh! oui, répondit-elle, joignant les mains et levant vers moi sa paupière humide.

— Alors, pourquoi vous inquiéter du reste? L'amour est le seul bien de la vie, ma chère Clotilde, le seul, entendez-vous? Sans l'amour tout est mort, tout est stérile. C'est le plus grand bienfait, c'est la joie la plus vive, c'est la consolation la plus certaine que la Providence puisse nous accorder sur la terre. Beauté, séductions, poésie, nous puisons tout dans l'amour. Mais ce don précieux, nous ne le conservons qu'à la condition d'être libres. Une fois qu'un homme nous tient dans les chaînes du mariage, il ne nous aime plus.

— Oh! c'est impossible! murmura-t-elle.

— Il ne faut pas dire c'est impossible. Le monde est là, Clotilde; vous n'avez qu'à regarder autour de vous, ma pauvre enfant, et vous verrez si j'ai tort ! Orphée, dit-on, descendit chercher sa femme aux enfers ; mais tous les veufs de ma connaissance n'iraient pas même en paradis retrouver la leur.

J'apportais à cet entretien dangereux toute la vivacité d'esprit et toute l'éloquence dont j'étais susceptible. La surprise de Clotilde redoublait. Je poursuivis :

— Cela vous paraît étrange, n'est-il pas vrai, ma chère petite, et ce ne sont pas les discours qu'on vous tenait au couvent ?

— Je l'avoue, me répondit-elle avec trouble.

— Oh ! l'éducation des cloîtres ! quelle déraison ! quelle folie ! On commence par tromper les jeunes filles, on leur présente tous les hommes sans exception comme des monstres de perfidie, comme des êtres sans foi, sans probité, sans conscience, uniquement occupés de la perte de notre sexe ; puis, quand les conseils de la nature viennent corriger ceux de l'éducation, les jeunes filles sont très-surprises que ces monstres-là ne leur inspirent point du tout des sentiments d'horreur.

La nièce de madame de Frontenac sourit.

Je l'embrassai de nouveau. Décidément, mes doctrines commençaient à lui faire beaucoup d'impression.

— Pour en revenir au point où j'en étais tout à l'heure, Clotilde, ajoutai-je en caressant sa douce main blanche, qu'elle avait posée dans la mienne, vous devez comprendre que les obstacles soulevés par les familles n'empêchent pas l'amour d'aller droit son chemin. Rien ne l'arrête; il brise toutes les barrières et surmonte les difficultés les plus grandes. Je gage qu'Albert de Perceval a trouvé moyen de vous voir jusque chez votre tante ?

— Pas encore, dit-elle; mais il m'écrit.

— Voyez-vous, Clotilde.

— Oh ! je ne vous cacherai rien ! Tenez, voilà ses lettres.

Elle les tira de son corsage et les mit sur mes genoux en rougissant de nouveau. J'en ouvris quelques-unes afin de les parcourir. Clotilde me regardait, palpitante, et cherchait à deviner sur mon visage l'impression que me causait cette lecture.

— Eh mais, dis-je après une pause assez longue et en déployant de nouvelles missives, il y a là beaucoup de cœur, une passion sérieuse et des raisonnements très-justes. Quel âge a-t-il, ce jeune homme?

— Vingt ans.

— Comment donc? il montre, Dieu me pardonne, la logique et la maturité d'esprit d'un homme de trente!... Oui, toutes ses phrases portent; elles ont du cachet. Il s'indigne contre le despotisme de sa famille et vous supplie de lui confier votre bonheur... Que vois-je?... Ah! par exemple, ceci ne rentre plus dans mon système!... Un prêtre de Saint-Sulpice, gagné par lui, vous unira secrètement?... Gardez-vous-en bien, ma chère! n'acceptez jamais une proposition semblable!

Ses joues se couvrirent de pâleur.

— Vous m'effrayez, murmura-t-elle.

Je lui rendis le paquet de lettres et j'ajoutai :

— L'amour, sachez-le bien, Clotilde, est une flamme qui demande toujours un aliment nouveau : cessez de le lui fournir, elle s'éteint. Or qu'est-ce que le mariage? c'est la disette de toutes les affections, la famine du cœur. Quand on s'aime véritablement, on s'en éloigne comme d'un abîme.

— Ah! mon Dieu! s'écria-t-elle avec angoisse.

— Voilà pourquoi je ne me suis pas mariée, ma chère; voilà pourquoi je ne me marierai jamais!

Son effroi parut se calmer tout à coup. Elle réfléchit une minute et me dit avec candeur :

— C'est peut-être que vous n'avez aimé personne?

— Pardonnez-moi, Clotilde.

— Et celui que vous aimez, vous le refusez pour époux?

— Oui, certes!

— Alors vous devez le rendre bien malheureux!

— Au contraire. Écoutez-moi, chère belle; car vous sortez d'un couvent, voilà ce qu'il y a de terrible. On y élève toujours les jeunes filles au point de vue de la fin du monde; c'est pourquoi vous me comprenez un peu de travers. Mais vous êtes trop jolie, trop éveillée, trop spirituelle, pour que je n'efface pas les sottes maximes dont on vous a meublé le cerveau. Le monde, ma bonne Clotilde, est loin de ressembler à la peinture qu'on vous en a faite. Ce n'est point une sorte de casier, où chacun a sa place et accomplit péniblement ce qu'il appelle son devoir. Le monde est comme un grand jardin, stérile d'un côté, rempli de ronces et de plantes amères, et, de l'autre, verdoyant, fleuri, doux au regard et doux au cœur.

Elle rapprocha son siége, plaça de nouveau ses mains entre les miennes et pencha vers moi sa belle tête attentive.

— Il ne s'agit, mon enfant, que de choisir le côté que l'on préfère. Aimez-vous le mariage, allez du côté triste, dépouillé, monotone : des cailloux plein le chemin, des fondrières à chaque pas, des peines, des tourments, l'esclavage. Préférez-vous, au contraire, la liberté du cœur, un Éden enchanté s'offre à vos regards. A vous les trésors de l'amour, les mille enivrements de la volupté, les mille caprices de la fantaisie, toutes les joies de la terre sans les douleurs, tous les plaisirs sans la souffrance, tous les droits à la félicité sans aucun des nœuds qui vous enchaînent pour la vie.

— Oh! comme vous parlez bien! murmura Clotilde.

S'appuyant sur mes genoux et me regardant avec une admiration naïve, elle ajouta :

— Quelle différence avec les tristes sermons qu'on nous faisait aux Carmélites!

— Eh! ma chère, ces gens-là n'entendent rien à la philosophie du bonheur. Ils ne tiennent compte ni de nos passions, ni de nos désirs, ni de nos tendresses. Mais, soyez tranquille, vous êtes entre bonnes mains. Et d'abord, comme vous savez sans doute où répondre à M. de Perceval, vous allez lui écrire que nous irons, dès demain, chaque après-dînée, nous promener au Cours.

— C'est cela! cria-t-elle en se levant toute joyeuse.

— Et vous prendrez avec lui des mesures pour échapper le plus tôt possible aux mauvais procédés de votre tante.

— Mais comment? demanda-t-elle.

— Nous verrons, écrivez toujours.

Le lendemain, nous allâmes à la promenade, et mes jeunes amoureux se rencontrèrent. Jugez de leurs transports et de leur ivresse!

M. de Perceval était un beau cavalier, qui ne devait pas en être à son premier amour. Cela se voyait à sa mine et à son assurance. Il avait de l'acquit, de la science du monde, et me connaissait beaucoup de réputation, mieux instruit en cela que Clotilde, qui n'avait jamais entendu parler de moi.

Ma chère élève marchait donc à grands pas dans la route que je lui traçais.

Je continuais d'avoir sa confiance absolue. Si elle ne cédait pas encore à la passion d'Albert, c'est grâce aux obstacles que je faisais naître moi-même, afin de rendre l'attachement du jeune homme plus durable.

Au milieu de notre bonheur, de nos douces promenades et de nos belles amours, survint tout à coup un motif de chagrin terrible.

Madame de Fiesque reçut une lettre, où la tante de Clotilde lui mandait que son retour à Paris serait avancé de trois semaines.

Que devenir? sa malheureuse nièce était au désespoir.

Lorsqu'elle apprit à son amant ce retour fatal, ils ne parlèrent de rien moins que de s'enfuir l'un et l'autre au bout du monde pour échapper à madame de Frontenac.

J'ai bien souvent remercié Dieu de la pensée qui me vint alors.

La famille d'Albert de Perceval était d'une grande noblesse, mais d'une fortune médiocre, et le jeune homme avait par conséquent peu de finances à sa disposition. Je ne voulais pas exposer ma protégée à tomber avec lui dans la détresse. Au lieu de les laisser partir ensemble, comme ils étaient disposés

Il était aux genoux de sa maîtresse. *Page* 580.

à le faire, je remis ce départ au jour suivant. Puis je me hâtai de conduire Clotilde rue des Tournelles, car sa tante devait arriver le soir même.

Revenue au Luxembourg, je dis, en riant, à madame de Fiesque :

— La tourterelle a trouvé son tourtereau. Ils se sont envolés!

— Bien sûr? me demanda-t-elle avec un frémissement de

joie qui me parut étrange, et que j'eus la sottise de prendre pour un témoignage du vif intérêt qu'elle semblait porter à Clotilde.

— Oui, répondis-je, elle a brisé sa chaîne; elle court les champs avec un amoureux! Si son aimable tante la rattrape, il y aura de la malice.

— Justement la comtesse arrive... nous allons rire... Venez! venez! s'écria madame de Fiesque.

Elle me conduisit à la chambre de Mademoiselle, écarta précipitamment la portière de velours; puis, sa main crispée s'attachant à mon bras, elle me fit entrer avec une sorte de violence, en criant de nouveau :

— Venez! mais venez donc!

Lorsque j'eus franchi le seuil, je reconnus tout d'abord notre voyageuse de Touraine. Elle parlait à la princesse avec une animation extraordinaire et des éclats de voix furieux.

— Ne cherchez plus Clotilde! dit madame de Fiesque, qui me tenait toujours le bras et paraissait craindre que je ne lui échappasse : mademoiselle de Lenclos s'est chargée, pendant votre absence, de lui prêcher un système de morale que l'élève est en train de mettre en pratique.

— Expliquez-vous, dit Mademoiselle : que signifie ce discours?

— Quoi! Votre Altesse ne comprend pas? On avait laissé chez vous, dans ce palais, une jeune fille sage, chrétienne; et l'aimable personne, ici présente, a trouvé moyen d'en faire une dévergondée, une coureuse...

— De Clotilde! cria madame de Frontenac. Où est-elle? le saurai-je enfin?

— Voyons, répondez!... c'est à vous de répondre! me dit son hypocrite compagne, dont les yeux étincelaient de haine, et qui me regardait avec un sourire de démon. Vous préférez vous taire?... Alors je parlerai, moi! je dirai la vérité : vous avez corrompu Clotilde; vous avez flétri l'innocence de cette malheureuse enfant; elle vient de partir avec un séducteur...

— Ma nièce !

— Ah ! miséricorde ! est-ce possible ? dit Mademoiselle, joignant les mains.

— Oui ! oui ! vous pouvez me croire !

Il y eut pendant dix minutes une foule d'exclamations, toutes plus humiliantes pour mon amour-propre les unes que les autres.

— Eh ! bon Dieu, reprit l'abominable comtesse en me toisant par-dessus l'épaule et en me désignant du doigt avec le dernier mépris, qu'attendiez-vous autre chose de la Ninon ?

— Madame ! criai-je, ne me possédant plus d'indignation et de colère.

— Je ne vous fais pas l'honneur de vous adresser la parole, taisez-vous ! interrompit-elle sans que je pusse m'opposer à ce comble d'audace. La princesse était assez faible pour vous porter de l'affection ; j'ai voulu lui faire connaître ce dont vous êtes capable, et je l'ai engagée à vous appeler ici, sûre que vous ne tarderiez pas à y apporter le scandale. Aussi elle vous chasse, entendez-vous ? elle vous chasse et vous défend de jamais reparaître en sa présence !

Là dessus, et sans que Mademoiselle daignât dire un seul mot qui désavouât l'outrage, elles se retirèrent toutes les trois ensemble, me laissant confondue de douleur et de honte.

Je restai sur le fauteuil où j'étais assise, la tête entre mes deux mains, et sanglotant avec amertume.

Au bout d'une minute, madame de Fiesque, revenant seule, entr'ouvrit la porte et me cria :

— Qu'en pensez-vous ? Ai-je conduit habilement les choses ? Me suis-je bien vengée ?

Je me levai, frémissante.

— Oh ! lui dis-je, vous êtes une misérable et une infâme !

— Un instant, répondit-elle : ne donnez pas, s'il vous plaît, aux autres les noms qui vous appartiennent. Vous ne connaissez pas encore tout votre crime. La jeune personne à qui vous avez conseillé la débauche et dont vous venez de faire une femme perdue... comme vous... comme la Ninon!... cette jeune personne n'est pas la nièce de madame de Frontenac.

A ces mots, qu'elle me jetait un à un, pour mieux jouir de mon angoisse, je sentis un frisson me traverser le cœur.

La figure de la comtesse était effrayante. Je n'ai jamais vu joie plus infernale et plus hideuse.

— C'est ta fille, Ninon de Lenclos! cria-t-elle; c'est ta fille, entends-tu?... Voilà ma vengeance!

Je tombai à deux genoux et comme foudroyée sur le parquet.

Madame de Fiesque avait refermé la porte.

VI

Que se passa-t-il en moi? Je l'ignore, et je n'arriverais jamais à rendre les sensations qui m'agitèrent à cette révélation fatale.

Tout ce que je puis dire, c'est qu'une voiture me jetait, une heure après cette scène, à la porte de ma maison de la rue des Tournelles.

Je montai rapidement à la chambre où j'avais laissé Clotilde.

M. de Perceval venait d'entrer quelques secondes avant moi. Il était aux genoux de sa maîtresse, à lui embrasser les mains avec extase, à lui tenir les discours les plus tendres. Je les séparai violemment, et je criai, la tête perdue:

— Que faites-vous là, monsieur? qui vous a donné le droit

de pénétrer dans ma demeure et de parler à cette jeune fille hors de ma présence?

— Mais, mademoiselle, balbutia-t-il...

— Sortez à l'instant même! je vous l'ordonne!

— Qu'y a-t-il donc?... En vérité, je ne comprends pas...

— Sortez! sortez, vous dis-je! et si jamais vous revoyez Clotilde, que ce soit devant un prêtre!

Ils me regardaient l'un et l'autre avec stupeur.

J'étais entre eux, debout, haletante, éperdue, comprimant à deux mains ma poitrine, que soulevaient les sanglots, cherchant à réunir deux idées ensemble, et sentant que mon cerveau se brisait.

— Bonté divine!... parlez!... Il est donc arrivé un malheur? murmura Clotilde, saisie d'effroi.

Sa main tremblante pressait la mienne. Nos regards se rencontrèrent. Je jetai un cri perçant, je l'attirai dans mes bras avec délire; je lui baisai le front, les yeux; j'essuyai de mes lèvres des larmes qui descendaient le long de ses joues, et je dis en lui montrant Perceval:

— Mon enfant, ma chère enfant, garde-toi de l'écouter davantage! ne crois pas à ses discours... Il veut te séduire... Tu serais perdue! tu serais perdue!

Comme Albert ne s'éloignait pas, je lui intimai de nouveau l'ordre de quitter la place.

Il posa son feutre sur sa tête d'un air résolu, et s'assit dans un fauteuil.

— Oh! je vous en conjure, dit Clotilde, épargnez-le! Comment, hélas! a-t-il pu mériter votre colère? Je ne comprends rien à votre trouble ni à vos discours. Pourquoi le chasser, pourquoi nous empêcher de nous voir, quand vous m'avez dit vous-même...

— Tais-toi!... je mentais, j'étais folle!...

— Vous mentiez?

— Ou plutôt, non... je désirais t'éprouver, Clotilde... oui, je le jure, c'était une épreuve! Mais il faut que tout ceci ait une fin... Tu garderas ton innocence, je le veux! et je saurai bien empêcher la séduction de s'introduire ici pour égarer ton cœur!

— Vraiment, dit Perceval avec ironie, je tombe de surprise en surprise. Est-ce bien mademoiselle de Lenclos qui a prononcé les paroles que nous venons d'entendre?

— C'est bien elle, du moins, qui vous a donné l'ordre de sortir.

— Ah! permettez!... Vous prenez maintenant la défense de la vertu; vous venez combattre mon amour après l'avoir encouragé... Ceci est au moins étrange, pour ne rien dire de plus, et j'ai le droit...

— Partez, au nom du ciel, point d'explication! murmurai-je, frémissant à la tournure que prenait l'entretien.

— J'ai le droit, mademoiselle, de trouver vos paroles incompréhensibles et vos scrupules un peu tardifs. La morale dans la bouche de Ninon...

— Monsieur! interrompis-je avec un accent de colère.

— Eh! mademoiselle, pas tant d'éclat! Suis-je le diable? cette maison est-elle un couvent?

— Cette maison, je vous ordonne de la respecter, car elle abrite aujourd'hui l'innocence.

— Peste! fit-il, qui doit en être surprise? c'est l'innocence.

— Mais, monsieur, de pareils discours...

— Ah! ah! le fait est que cette pauvre innocence n'eût jamais choisi d'elle-même un logement semblable! Du reste, puisqu'il vous prend une envie si brusque de protéger la vertu de Clotilde, il est bon de lui dire quel nombre prodigieux d'amants illustres ont traversé votre demeure.

— Pour Dieu, taisez-vous! murmurai-je en m'approchant de Perceval.

Il ne m'écoutait pas.

— La liste m'est présente, continua-t-il, et je puis la citer tout entière. Nous avons d'abord les Coligny, les Marsillac, les Sévigné, les d'Effiat, les Gourville, les Gersay, les Clérembault, les Saint-Évremond, les Condé!... J'intervertis peut-être l'ordre dans lequel ils sont venus, mais vous êtes maîtresse de le rétablir.

— Assez! grâce!

— Eh! pourquoi ne pas achever la liste? Voulez-vous que j'oublie Charleval, d'Estrées, Villarceaux, Briole, Fiesque, Duras, Navailles, Vassé, Choiseul, et tant d'autres!

— Monsieur! monsieur! c'est horrible!

Je sentais une sueur froide inonder mes tempes. Instinctivement, Clotilde retirait sa main de la mienne et s'éloignait de moi.

— Oh! dis-je à Perceval avec un accent de désespoir qui le fit tressaillir, vous ne voyez donc pas tout le mal que vous me faites!

Le malheureux venait de m'ôter à tout jamais le droit de dire à Clotilde : « Je suis ta mère! »

— Vous m'avez forcé, me répondit-il, à vous tenir ce langage.

— Oui, j'en conviens... Je ne puis pas même vous rendre insulte pour insulte; je ne puis pas vous dire que vous mentez... non!... C'est la vérité que vous dites, la vérité que chacun a le droit de me jeter au visage; la vérité dont j'ai honte aujourd'hui pour la première fois, parce que cette jeune fille est là, parce qu'elle vous entend, parce que je vois sa rougeur.

Et, laissant retomber mon visage entre mes mains, je fondis en larmes.

Albert sentit qu'il avait été trop loin.

Il essaya de m'adresser quelques excuses; mais, relevant aussitôt la tête, je lui montrai la porte avec un geste si impérieux, qu'il sortit enfin et nous laissa seules.

— Clotilde! ma douce et chère enfant! m'écriai-je, oh! n'ayez pas trop de mépris pour moi, je vous en conjure!... Votre main, rendez-moi votre main! ne vous éloignez pas de la sorte... Vous me pardonneriez, si vous saviez l'horreur que ma vie m'inspire!

Je lui ouvris mes bras; elle vint s'y jeter, et nous confondîmes nos larmes.

— Embrasse-moi, lui disais-je, embrasse-moi toujours!

— Vous lui pardonnez? me demanda-t-elle avec émotion. Le chagrin l'a rendu injuste... pauvre Albert!... Aussi vous l'aviez traité bien durement!

— Oui, Clotilde... pour qu'il apprenne à respecter celle qui doit être sa femme.

— Ah! mon Dieu! que dites-vous?

— Il t'épousera, je le jure, il t'épousera! m'écriai-je en la pressant avec délire sur mon cœur et en baisant les boucles de ses beaux cheveux.

— Sa femme!... Il me semble que je fais un rêve.

— Et moi, je me réveille, Clotilde, assez tôt pour te sauver... J'en rends grâce à la Providence! Oh! que ceci te serve d'exemple et t'apprenne à n'écouter jamais la voix des passions, à ne prendre conseil que de la vertu! Dans la vertu seule on trouve le contentement, le bonheur, l'estime de soi-même et la vraie liberté.

— Mais, dit-elle avec une stupéfaction profonde, plus je vous écoute et plus vos discours...

— Te semblent différents, n'est-ce pas, de ceux que j'ai tenus jusqu'à cette heure?... Encore une fois, c'était une épreuve!... Oh! crois-moi, ne te laisse pas entraîner par les faux plaisirs! Ne prends pas les erreurs de la volupté pour les seuls biens de ce monde, car alors s'ouvrirait pour toi l'abîme que j'ai vu se creuser sous mes pas; alors arriverait le déshonneur qui s'attache à votre front comme un sceau d'infamie!

— Ciel! vous me glacez d'épouvante.

— Au commencement on dévore ses insultes, on boit ses pleurs, et peu à peu on s'habitue à la honte... Que dis-je? on relève audacieusement la tête, on se fait un orgueil étrange, on se pare de ses vices, on se glorifie de sa chute. Puis vient le jour où l'on voudrait éloigner ce calice d'opprobre et racheter ses torts avec tout son sang... mais il est trop tard! Il

Louis XIV donna son consentement au mariage avec M. de Lauzun. *Page* 591.

faut vider la coupe, dût-elle se briser sur vos lèvres... Ah! crois-moi, chère enfant, crois-moi! fuis ces plaisirs qui tuent, ces passions qui avilissent, cet amour qui dégrade!

Nos larmes redoublaient. Clotilde avait jeté ses deux bras à mon cou et me disait au milieu de ses sanglots :

— Parlez! parlez encore!... Oh! ce n'est plus votre esprit que j'entends, c'est votre cœur!

— Heureuse fille ! tu es pure, toi ; tu n'as pas à rougir ! Sais-tu que c'est un affreux supplice de rougir devant ceux qu'on aime ? Je le comprends aujourd'hui mieux que jamais en ta présence.

— Taisez-vous ! taisez-vous !

— Ah ! qu'il est digne d'envie, le sort de la femme qui ne s'est jamais écartée des sentiers du devoir ! Comme elle marche environnée de respect et d'estime ! Elle a des amis, une famille... tu ne sais pas ce que c'est qu'une famille, mon enfant ?...

— Hélas ! vous avez raison, je l'ignore.

— Ta mère n'a pas veillé sur ton enfance... Elle a mieux aimé se livrer aux folles dissipations, aux vains plaisirs !... Elle est bien coupable, ta mère !

— Non ! non ! je demande à Dieu de la connaître.

— Si tu devais la retrouver honorable et pure, je le comprends ; mais tout prouve qu'elle a méconnu cette douce félicité de la famille dont je te parlais tout à l'heure... ou qu'elle n'y avait pas droit, Clotilde. La famille, c'est le calme dans la vie, c'est l'affection paisible et sans remords ; c'est l'amour sans regrets, sans amertume, et la véritable famille n'existe que dans le mariage. Là seulement on goûte en repos et avec orgueil les saintes joies de la maternité. Oh ! pouvoir à toute heure, à toute minute, devant tous, embrasser son enfant, sans lui laisser au front un stigmate d'opprobre ! lui dire qu'on l'aime, guider ses premiers pas dans le monde, préparer son avenir... Clotilde, ma chère Clotilde, ne t'expose jamais à perdre ce bonheur !

— Je vous écoute, s'écria-t-elle, je vous écoute avec délice... Oh ! oui, c'est bien la vérité que vous me dites maintenant ! je le sens aux battements de mon sein, je le sens à mes larmes !

— Tu suivras tous mes avis, Clotilde ?

— Je vous le jure !

— Tu ne reverras plus Albert qu'au pied de l'autel ?

— Non... mais, en me promettant tout à l'heure que je serais sa femme, vous perdiez de vue les obstacles...

— Tais-toi! Ce mariage se fera, parce que c'est le seul moyen de réparer ma faute, parce que je le veux enfin!

Elle m'embrassait avec un élan inexprimable. Ses caresses m'étaient douces et cruelles à la fois, car à chaque instant venait sur mes lèvres un nom que chassait aussitôt le remords.

J'ai oublié de dire qu'Albert de Perceval était cousin de madame de Montausier. Leurs deux familles se trouvaient unies fort étroitement. Donnant l'ordre à un de mes domestiques de monter à cheval sans plus de retard, je l'expédiai à Versailles avec une lettre.

Madame de Montausier avait été nommée par le roi gouvernante des enfants de France.

Je ne me sentais pas la force de faire le voyage, et je la suppliais de venir, en termes si pressants, que je ne doutais pas de sa diligence à répondre à mon appel.

En effet, elle arriva le soir même.

Laissant Clotilde dans sa chambre, j'allai recevoir la duchesse au salon.

— Mon Dieu! me dit-elle en accourant à moi, que vous m'avez donné d'inquiétude! Il régnait dans votre lettre un trouble, un désordre de pensées.... Que vous est-il donc arrivé, ma pauvre Ninon?

— Vous allez tout savoir, lui dis-je, car vous êtes mon amie, mon amie sincère.

— Pourriez-vous jamais le mettre en doute?

— Non. Je compte sur vous, sur votre dévouement, dont je suis certaine. Vous serez ma providence.

— Très-volontiers; mais de quoi s'agit-il?

— Ah! lorsque je vous aurai fait connaître mes torts, vous me mépriserez!

— Que dites-vous?

— Ma conduite a été si différente de la vôtre! De toutes les vertus qui vous distinguent, l'amour maternel n'est pas la moins précieuse. Vous prodiguez à vos enfants les trésors d'une inaltérable tendresse.

— Oui, mais je ne m'en fais pas un mérite : c'est le premier plaisir et le premier devoir du cœur.

— Ah! rien que par ces paroles vous m'obligez à rougir!

— Ninon!... des larmes!... Qu'y a-t-il? parlez, je vous en conjure!

— Il y a que moi, créature insensée, femme coupable et légère, dont la vie se passait au milieu d'un étourdissement continuel, j'avais aussi un enfant... une fille, qui, dans l'espace de dix-sept années, n'a pas eu de moi une caresse, un sourire, et dont j'oubliais jusqu'à l'existence... Oui, je le dis à ma honte, j'avais oublié que j'étais mère!

— Je vous en prie, ma chère Ninon, calmez-vous.

— Attendez, ce n'est pas tout mon crime! Ma fille et moi, nous nous sommes rencontrées, ignorant l'une et l'autre les nœuds qui nous unissaient. Elle était belle comme la Vierge des cieux, naïve et candide comme l'ange de la pudeur... et je ne me suis pas émue, et ma poitrine n'a pas bondi, et le sang n'a pas crié!...

— Ce n'est point en cela que vous pouvez être coupable.

— Non... Mais savez-vous ce que j'ai fait, moi misérable, moi maudite? je lui ai prêché des maximes perverses, j'ai terni par un souffle impur le chaste miroir de son âme!

— Ah! ma pauvre Ninon, ne pleurez pas ainsi... votre désespoir me fend le cœur.

— Lorsque j'ai su que c'était ma fille, jugez de mes remords et de mon épouvante. Comprenant toute l'étendue de ma faute, j'ai juré de la réparer, quoi qu'il m'en coûte... Mais avouez que je suis bien malheureuse!

— Moi qui vous croyais en repos dans votre philosophie, dit la duchesse, moi qui enviais presque votre sort...

— Taisez-vous! si, à l'âge de quinze ans, on m'eût proposé une pareille vie, je me serais pendue! Je cherchais à me tromper, à m'étourdir. Et puis je n'avais rien auprès de moi qui éveillât le remords, je n'avais pas d'affection pure et sainte qui me fît comprendre le vide des faux plaisirs. Aujourd'hui que

cette affection se présente, j'en suis indigne, et je dois comprimer les élans de mon cœur pour échapper au mépris.

— Ah ! ne proférez pas ce mot ! Vous êtes admirable dans votre repentir. Il est permis de tomber, quand on se relève comme vous, et aux yeux mêmes de votre fille...

— Non ! non !... Je puis être tout pour elle, une compagne, une amie, une sœur... mais une mère, jamais ! Il n'y a pas de piété filiale sans estime.

Apprenant alors à madame de Montausier l'amour d'Albert de Perceval et de Clotilde, je la suppliai de me venir en aide pour vaincre les obstacles qui empêchaient leur union.

Elle me le promit, en m'embrassant avec tendresse.

J'ajoutai que je donnerais pour dot à Clotilde ma terre de Touraine, qui valait trois cent mille livres.

Cette considération ne contribua pas médiocrement à lever les scrupules des parents d'Albert. On sollicita des dispenses à l'archevêché, et, huit jours après, ma fille épousa l'homme qu'elle aimait.

Dès lors, j'eus un énorme poids de moins sur le cœur.

On ne me vit point aux fiançailles.

Madame de Montausier ne s'écarta nullement de mes instructions ; mon notaire eut le mot d'ordre, et chacun put croire que Clotilde était quelque rejeton d'une famille illustre. La richesse de la dot fit aisément fermer les yeux sur le mystère qui entourait sa naissance.

Seulement j'avais donné le conseil que le mariage se fît aussi obscurément que possible, hors de Paris, et que les jeunes époux voyageassent pendant deux ans à l'étranger.

De cette façon, mes ennemies du Luxembourg ne pouvaient les rencontrer de sitôt et troubler leur douce ivresse.

Je n'ai revu, depuis, Clotilde qu'à de rares intervalles. Chaque fois j'ai eu le courage d'étouffer les battements de mon cœur, pour l'empêcher de rougir de sa mère.

Tous ces événements m'avaient porté un coup trop sensible. Ma santé s'altéra.

La bonne duchesse, dont l'amitié compatissante venait de dénouer si heureusement cette triste histoire avec ma fille, voulut à toutes forces m'emmener à Saint-Cloud, où la cour allait passer un mois. J'avais besoin de ses consolations et de ses tendres discours pour me remettre en paix avec moi-même et avec ma conscience.

Ainsi voilà donc où devait aboutir cette belle philosophie épicurienne, dont j'avais toujours fait parade !

Moi qui voulais entrer en lutte avec la sagesse des siècles et composer un cours de morale à mon usage, moi dont les théories semblaient si victorieuses, je me voyais forcée de reconnaître mes torts. La vérité venait de me saisir à l'improviste, fatalement, comme un rayon de soleil qui éclairerait tout à coup les yeux d'un aveugle. Je comprenais enfin que je n'étais ni un philosophe ni un *homme*, ainsi que j'avais eu la prétention de l'être. J'étais tout simplement une femme et une mère.

La nature sait au besoin réduire à néant le sophisme ; elle reprend toujours ses droits.

Je ne pouvais oublier, dans ces douloureuses circonstances, que j'avais un autre enfant, un fils, qui devait entrer alors dans sa vingt-deuxième année, et dont, hélas ! je m'étais aussi peu occupée que de la malheureuse fille qui avait failli me devoir sa perte.

Pour celui-ci, je savais heureusement où trouver sa trace : il suffisait de m'informer de la demeure actuelle du marquis de Gersay. Bientôt j'appris qu'il vivait retiré dans sa terre de Bretagne. Je lui écrivis en toute hâte. Sa réponse me causa la joie la plus vive.

« Notre fils, me dit-il, est un noble et beau garçon, plein d'intelligence et de cœur. Je l'ai reconnu et légitimé. Si vous voulez me promettre de ne jamais lui révéler le secret de sa naissance, je vous le conduirai au commencement de l'automne. Il manque un peu de monde, et, comme votre cercle, dit-on, réunit toujours la plus brillante société de Paris, vous pourrez me venir en aide. A nous deux nous en ferons un homme accompli. »

J'arrosai de mes pleurs cette heureuse lettre.

— Mon fils ! je pourrai le voir !

« Un noble et beau garçon, plein d'intelligence et de cœur ! » mille fois je relus cette phrase et je la couvris de baisers ; il me semblait que j'embrassais mon fils.

Au moment où j'étais encore chez la duchesse de Montausier, le roi, contre tout espoir, céda aux instances réitérées de Mademoiselle.

Pour le presser davantage, elle avait déclaré qu'elle ne sortirait point du Luxembourg qu'on ne lui eût accordé sa demande. Ne voulant pas condamner sa cousine à une prison éternelle, Louis XIV donna son consentement au mariage avec M. de Lauzun.

La fille de Gaston vint l'en remercier à Saint-Cloud.

J'eus soin de ne pas m'offrir à ses regards ni à ceux des indignes comtesses, dont la vue ne pouvait que réveiller une douleur mal éteinte.

Il faisait beau voir Lauzun après son triomphe. Jamais homme ne fut plus bouffi d'orgueil ; il se croyait aussi haut que les tours de Notre-Dame, ne saluait plus personne, excepté le roi, et disait que, pour la célébration de son mariage, il voulait des pompes et des réjouissances capables d'émerveiller l'Europe entière.

En cela M. de Lauzun ne fut qu'un sot. Le rêve était si brillant, et, disons-le, si impossible, qu'il devait craindre le réveil.

Ayant la parole du roi, les dispenses de l'archevêque en poche, le plus sûr était de se hâter et de ne pas laisser à Louis XIV le temps de réfléchir. Point. Notre homme persiste à éblouir l'univers ; il continue à vouloir donner à son hymen un éclat fabuleux.

Durant ces absurdes préparatifs, une idée germe dans le cerveau de madame de Montespan.

Tous les neuf mois environ elle gratifiait Sa Majesté d'un nouveau fruit de son amour. C'était grave. Les enfants du plus glorieux monarque du monde ne pouvaient rester sans apanage et sans avenir. Quelle dotation va-t-on donner au jeune duc du Maine, au petit comte de Toulouse et à tous les autres[1] ?

Passe encore qu'on ne s'occupe pas des enfants de la Vallière, mais des siens !

Ne vaudrait-il pas mieux que Mademoiselle ne se mariât point et distribuât, soit par testament, soit par dons entre-vifs, son immense fortune à messieurs les bâtards royaux? N'est-ce pas une grande sottise de laisser aller cette fortune à M. de Lauzun ?

Si le beau dragon veut absolument épouser quelque chose, eh ! bon Dieu, qu'il épouse madame la duchesse de la Vallière ! C'est encore un trop grand honneur pour lui !

La force et l'à-propos de cette logique frappèrent Louis XIV.

Il retira brusquement sa parole, à l'heure où M. le colonel général des dragons n'avait encore imaginé qu'une médiocre partie des fêtes somptueuses qu'il réservait à la cour.

Quand on vint lui annoncer le changement d'avis du monarque, il était en train de commander à M. de Benserade les paroles d'un ballet mythologique où toutes les divinités de l'Olympe devaient paraître tour à tour et le féliciter de son bonheur.

— Jugez du désenchantement !

La fiancée ne peut croire à ce manque de foi. Mais son cousin le lui confirme et ne semble ému ni de ses pleurs ni de son désespoir.

M. de Lauzun s'emporte. Il jette feu et flammes contre madame de Montespan, l'accuse de son désastre, crie tout haut ce que chacun dit tout bas, et se fait, au bout du compte, envoyer bel et bien au château de Pignerol. D'Artagnan, lieutenant aux gardes, eut mission de l'y conduire.

Personne ne plaignit cet ambitieux.

---

[1] Elle eut huit enfants de Louis XIV.   (Note de l'Éditeur.)

— Je suis empoisonnée. *Page* 594.

On n'eut pitié que de la pauvre Mademoiselle, victime de l'avidité d'une maîtresse royale, et dont une maudite étoile poursuivait impitoyablement tous les rêves de mariage.

Mais bientôt on ne parla plus ni de M. de Lauzun, ni de la fille de Gaston, ni de leur hymen avorté.

Une catastrophe terrible vint plonger la cour dans la consternation et le deuil. La brillante Henriette d'Angleterre, épouse du duc d'Orléans, et belle-sœur du roi, se sentit altérée, un soir qu'elle était à respirer le frais avec d'autres dames au balcon principal du château de Saint-Cloud.

Elle dit à l'une des filles d'honneur présentes d'aller demander un verre d'eau de chicorée à son apothicaire.

Celui-ci arrive, au bout de quelques minutes, avec une timbale de vermeil, qu'il présente à Madame. Mais à peine a-t-elle bu, qu'elle est prise de coliques atroces et s'écrie :

— Je suis empoisonnée !

Grand trouble et grande rumeur. On s'empresse autour d'elle, ses femmes la délacent, on la couche sur le premier lit qui se rencontre. Toute la cour arrive, et se regarde avec épouvante. Madame devenait livide, ses membres s'agitaient dans un tremblement convulsif. Le mal, à chaque seconde, allait empirant, et toujours elle criait :

— Du poison ! j'ai bu du poison !

Louis XIV entend ces cris ; il se hâte d'accourir, et fait appeler tous ses médecins, qui examinent la malade, lui tâtent le pouls, deviennent pâles eux-mêmes, et ne savent que répondre.

— Mais enfin qu'a-t-elle ? s'écria le roi ; parlez !... il est affreux de laisser mourir une femme ainsi, sans lui donner le moindre secours !

Les médecins se consultaient du regard.

Ils paraissaient de plus en plus atterrés, et ne disaient mot.

Cependant Madame faisait des efforts inouïs pour vomir ; elle criait qu'on lui donnât de l'émétique. Alors seulement M. Valot, premier médecin, prit la parole et déclara que l'émétique serait dangereux. La princesse était atteinte, selon lui, de la colique appelée *miserere* ou *choléra-morbus*. Bref, ils ne dictèrent aucune ordonnance.

Vers trois heures après minuit, Madame expira.

Le médecin de l'âme remplit du moins son devoir plus dignement que les médecins du corps. Appelé auprès du lit de la mourante, M. l'abbé Bossuet lui adoucit par ses pieuses consolations le passage de cette vie à l'éternité.

Ce fut lui qui prononça, le surlendemain, l'oraison funèbre.

« Madame se meurt ! Madame est morte ! » Il me semble l'entendre encore jeter du haut de la chaire chrétienne ces paroles terribles. Louis XIV et tous ses courtisans frissonnaient, agenouillés devant le catafalque.

Ici, je n'ose, en vérité, tout dire, et pourtant c'est en quelque sorte un devoir.

Monsieur était au plus mal avec sa femme. Il témoignait au chevalier de Lorraine une affection tellement scandaleuse, que le roi crut devoir mettre un terme à des désordres aussi publics que honteux. Frappé d'une sentence d'exil, le favori accusa la duchesse d'Orléans de sa disgrâce, et se livra contre elle aux menaces de vengeance les plus horribles.

Madame Henriette ne fit qu'en rire.

Pauvre femme ! elle eût dû peut-être se défier davantage, et se tenir sur ses gardes !

La veille de sa mort, on vit un homme, couvert d'un long manteau et portant un feutre rabattu sur les yeux, rôder dans le parc de Saint-Cloud, et s'entretenir avec la valetaille des offices. Beaucoup de personnes affirmèrent avoir reconnu le chevalier de Lorraine.

Tout cela, j'en conviens, ne constitue pas des preuves suffisantes.

Mais le chevalier était grand ami de M. de Luxembourg, et M. de Luxembourg fut compromis dans le procès de la Brinvilliers et de la Voysin, ces deux infâmes empoisonneuses auxquelles l'Italien Exili avait vendu ses recettes. Ne voit-on pas là-dessous un crime presque évident, une trame infernale ?

Je n'accuse pas, je raconte. On jugera.

Il était rare que je quittasse l'appartement de madame de Montausier. Si quelquefois je me promenais dans le parc, c'était aux heures où d'ordinaire on n'y rencontre personne, et cependant, un soir, au détour d'une avenue, je me trouvai face à face avec mon ennemie mortelle, la comtesse de Fiesque. Elle donnait le bras à madame de Montespan.

La favorite courtisait avec assiduité toutes les femmes de Mademoiselle, afin de mieux la prendre au réseau de ses intrigues et de l'amener à sacrifier une bonne partie de sa fortune, pour obtenir la liberté de Lauzun.

Madame de Fiesque, en m'apercevant, devint blême de rage.

Je la vis se pencher à l'oreille de sa compagne de promenade, et lui glisser rapidement quelques mots à voix basse.

Aussitôt madame de Montespan se tourna vers moi, me toisa d'un regard dédaigneux et dit :

— La Ninon !... Qui donc ose amener cette femme à Saint-Cloud ?

Il est impossible de rendre le ton d'impertinence orgueilleuse et de mépris outrageant avec lequel ces paroles furent prononcées. Moi qui ne manque pas habituellement d'esprit d'à-propos, et qui ai la réplique assez vive, je fus tellement saisie de l'imprévu d'une pareille offense, que je ne trouvai pas un mot à répondre. Elles disparurent avant que je fusse remise de ma stupeur.

« Cette femme ! » elle n'a pas craint de dire : « Cette femme ! »

Je sentais mon cœur bondir d'indignation, des larmes de colère inondaient mon visage.

« Cette femme ! » Mais qu'est-elle donc elle-même, la misérable ? Suis-je descendue jamais aussi bas qu'elle dans l'opprobre ? ai-je trahi l'amitié ? me suis-je glissée dans un lit royal par la ruse et par l'artifice ? ai-je pris le manteau du mariage pour couvrir mes désordres ?... Oh ! je me vengerai ! je me vengerai d'une façon cruelle !

Un éclair venait de me traverser l'esprit. Je savais où trouver Montespan.

VII

Le soir même, sans prévenir madame de Montausier de l'affront que j'avais reçu, j'inventai un prétexte pour retourner à Paris, et j'envoyai prier le Gascon de se rendre chez moi. Il arriva le lendemain de très-bonne heure.

— Ne pensez-vous pas, monsieur, lui dis-je sans autre préambule, que vous êtes un homme déshonoré?

— Moi? balbutia-t-il, et pourquoi donc?

— Trêve de subterfuges! N'essayez pas de mettre en avant un prétexte d'ignorance : votre femme est la maîtresse du roi.

— Ah! cadédis! si je m'en doutais!...

— Pas un mot de plus, vous en êtes sûr.

Il se mit à jurer, à tempêter, à me faire mille serments plus grotesques les uns que les autres; mais je demande à les passer sous silence. Il est inutile de reproduire son affreux patois.

— Écoutez, monsieur, lui dis-je, vous prendriez à témoin le Christ et l'Évangile, que vous ne réussiriez à convaincre personne, ni moi ni d'autres.

Montespan parut accablé de honte. Je parlais de manière à couper court à toute réplique.

Recourant alors à la persuasion et à l'éloquence, je le sermonne, je le stimule, et j'emploie pour arriver à mon but les raisonnements les plus adroits.

— Si vous avez eu la faiblesse, lui dis-je, d'être complice de cette infamie, du moins est-il important pour votre honneur de donner le change au public.

— Oui, murmura-t-il; mais de quelle manière, et comment m'y prendre?

— Belle difficulté! rien n'est plus simple.

— Parlez vite!

— Il suffira, pour vous mettre dorénavant à l'abri du

soupçon, de faire un esclandre à votre femme devant toute la cour.

— Eh! fit-il, j'en ai le droit!

— Mais un esclandre dans toutes les règles, un esclandre magnifique, au bout duquel chacun puisse vous croire désespéré de ce qui se passe.

— Oui, oui!... par la corbleu, vous n'avez pas tort!

Il accepte mon idée avec enthousiasme, entre complétement dans mes vues, et prend à l'heure même un fiacre pour courir à Saint-Cloud.

Je le suis de près, afin d'aller savourer ma vengeance.

Depuis une demi-heure à peine j'étais rentrée chez la duchesse, lorsque j'entends par tout le château un bruit extraordinaire. Les domestiques vont et viennent; des groupes de courtisans se forment dans les galeries. On se parle à voix basse, des rires étouffés se font entendre.

— Qu'y a-t-il? que se passe-t-il? demandent les nouveaux venus.

— Eh quoi! l'ignorez-vous? Montespan vient de souffleter sa femme en présence de la reine et des filles d'honneur.

— Allons donc!

— C'est positif... Un vrai soufflet de manœuvre! Elle en a vu tous les anges du Paradis.

— Mais le roi... que dit le roi de l'aventure?

— Il n'a pas osé faire arrêter l'époux.

— Voyez ce que c'est que la mauvaise conscience!

— Oui, pourtant! Ce diable de marquis s'en est donné à cœur joie. Après le soufflet, sont venues les injures et une kyrielle d'épithètes, dont s..... est la plus gracieuse.

— Ah! ah! l'excellente aventure!

— Enfin Montespan s'en est allé, en disant que, dès ce jour, il citait Louis XIV au jugement de Dieu, pour lui avoir volé sa femme.

J'écoutais tous ces dialogues; le cœur me battait de satisfaction.

— A merveille! murmurai-je en me frottant les mains;

prenez déjà cela, madame la marquise, en attendant le reste!
Toutefois je n'osai pas dire à la duchesse la part que j'avais prise à ce scandale. Je revins à Paris, où j'allai réjouir de cette bonne histoire la veuve de Scarron.

Françoise faisait ménage commun avec madame Arnoul.

Celle-ci, comme je l'ai déjà laissé pressentir, ne dirigeait pas précisément dans les sentiers de la vertu l'ancienne maîtresse de Villarceaux. Après l'avoir excitée à de grandes dépenses de luxe et de toilette, elle lui démontra victorieusement que sa modeste pension de deux mille livres ne pouvait subvenir aux frais d'entretien du logis, de sorte que Phœbus d'Albret, comte de Miossens, un de mes anciens caprices, et le petit Villars furent obligés de payer les dettes.

Le ménage et l'amour allaient donc pour le mieux.

Mais tout à coup Phœbus et Villars se virent obligés de partir et d'accompagner Louis XIV dans la nouvelle guerre qu'il déclarait à la Hollande.

Ils se signalèrent l'un et l'autre à ce fameux passage du Rhin, dont nos poëtes firent si grand bruit, que le passage des Alpes et le passage du Rubicon doivent à tout jamais en être éclipsés dans l'histoire.

Par malheur, madame Arnoul se montrait peu sensible à ce genre de conquêtes.

Elle chercha pour Françoise et pour elle des affections moins belligérantes.

C'était, entre nous, une personne d'une grande laideur que la nouvelle amie de madame Scarron, ce qui ne l'empêchait pas d'être coquette à l'excès. Mais il est aussi difficile à une femme de savoir qu'elle est laide que d'ignorer qu'elle est jolie.

Du matin au soir, elle répétait à Françoise :

— Ma chère, nous sommes deux sottes, ou nous devons réussir à faire une fortune éclatante!

Puis, comme elle joignait à ses nombreux talents pour l'intrigue un brin de chiromancie, elle passait des journées entières à étudier les lignes de la main de sa compagne. Elle y découvrait des choses miraculeuses. Ou bien encore elle lui tirait les cartes, amenant des réussites on ne peut plus encourageantes, et lui prouvant par un as de cœur ou une dame de trèfle qu'elle serait reine un jour.

Françoise prenait au sérieux toutes les prophéties de madame Arnoul. Elle l'appelait sa *sibylle*.

Moi, je haussais les épaules, et je regardais cela comme de franches sottises.

Je disais à la veuve du poëte :

— Eh! tu as trente-sept ans, ma bonne Françoise. Il faut te hâter, autrement tu n'épouseras qu'un vieux roi.

— Bah! me répondit-elle, vieux comme Priam ou David, que m'importe? pourvu que ce soit un roi!

Véritablement ces deux femmes me semblèrent un peu extravagantes, et je restai quelque temps sans les voir.

J'allai rendre visite à Molière, dont j'avais appris que la santé s'altérait.

Son visage me parut effectivement décomposé, sa maigreur était extrême. Pauvre ami! la conduite de cette indigne Béjart lui donnait chaque jour plus d'affliction! Là seulement il fallait chercher la cause de son mal. Pour échapper à la violence de ses chagrins, il se livrait à un travail assidu. C'était le moyen de ne jamais se guérir.

Je le suppliai avec larmes de se ménager davantage.

— Que voulez-vous, ma bonne Ninon? me répondit-il avec un triste sourire, entre deux maux il faut choisir le moindre : c'est un conseil que nous donne la sagesse des siècles, et je le mets en pratique. Souffrir de l'âme, souffrir du corps, j'aime encore mieux cette dernière souffrance!

Je quittai Molière, très-inquiète.

Au milieu de ces divers événements, je reçus de Bretagne une seconde missive. Le marquis de Gersay faisait tous ses préparatifs de départ. Sous quinze jours, sans remise, il devait être à Paris, et me présenter le chevalier de Villiers. C'était le

— Vous venez de m'outrager d'une façon cruelle. *Page* 607.

nom qu'il avait donné à notre fils.

L'automne s'annonçait bien; la saison tout entière promettait d'être charmante.

Je m'arrangeai pour avoir, à Picpus, une société nombreuse et choisie, et j'arrêtai un maître d'hôtel qui sortait de chez Colbert, afin d'attirer, par l'appât d'un bon dîner, ceux que l'amitié seule ne déciderait point à franchir cet interminable faubourg Saint-Antoine.

De ma vie je n'avais été plus heureuse.

Il y eut défense expresse de me faire la cour. Si, jusque-là, je m'étais montrée décente dans mon extérieur, je voulais être, cette fois, d'une sagesse absolue, et chasser de ma maison l'apparence même du scandale.

Ne s'agissait-il pas de former mon fils, de lui faire connaître le monde, d'éveiller en lui les instincts délicats, de le façonner aux mœurs aimables, au bon goût, aux belles manières?

« Un noble et beau garçon plein d'intelligence et de cœur! »

Ces mots, que j'avais couverts de larmes et de baisers, je les embrassais encore pour tromper mon impatience. Je comptais les jours, ils me semblaient des siècles. Quelquefois il me prenait envie de courir la poste au-devant de Gersay.

Mais il m'avait recommandé de nouveau d'être prudente; il ne voulait pas que mon amour maternel se trahît.

La condition me paraissait bien dure.

Je maudissais mon triste passé, qui autorisait en quelque sorte le marquis à manifester une semblable exigence. Du reste, il était entré là-dessus dans quelques détails honnêtes.

Sa seconde lettre m'expliquait que, ayant élevé le chevalier d'une façon digne et presque solennelle, il ne voulait pas anéantir d'un seul coup le fruit de ses leçons, en laissant voir que lui, Gersay, n'avait pas été dans sa jeunesse exempt des erreurs contre lesquelles il s'efforçait de prémunir son élève.

Il y avait beaucoup à redire à ce raisonnement, mais on ne me laissait pas le droit de discussion.

Le marquis était homme à me séparer pour toujours de mon fils, dès que je me révolterais contre l'arrangement convenu.

Enfin ils arrivèrent. Ce fut le plus beau de mes jours.

Charles, ainsi se nommait le jeune chevalier, manquait un peu d'assurance; mais son air timide et son embarras, au milieu d'une société nouvelle pour lui, n'étaient pas dénués d'une certaine grâce, qui le rendait intéressant et lui gagnait toutes les sympathies.

Il avait un beau front, de magnifiques cheveux noirs, des yeux d'une expression à la fois douce et fière, une main fine et nerveuse, une taille élégante.

Rien, en un mot, n'était plus facile que d'en faire un cavalier de premier ordre.

Toutes les mères devinent ici combien fut pénible la lutte que j'eus à soutenir avec moi-même pour m'astreindre à une réception cérémonieuse, quand j'aurais voulu lui ouvrir mes bras et le presser avec transport sur mon cœur.

Le marquis se montrait impitoyable.

M'observant sans cesse, il arrêtait d'un regard mes élans affectueux. Cela devenait un véritable supplice.

Décidément je trouvais Gersay ridicule avec ses idées de puritain, et ses prétentions à se croire infaillible quand il décidait une chose ou prenait une mesure.

Certaine de ne pas le faire changer d'avis, je recourus à la dissimulation et à la ruse pour rompre enfin cette barrière de glace qu'il élevait entre mon fils et moi. J'eus l'air d'entrer pleinement dans ses vues, d'accepter ses principes austères ; je donnai même des éloges à la haute sagesse dont il faisait preuve.

En un mot, je le rassurai contre toute indiscrétion de ma part.

Petit à petit il me laissa plus libre, et j'achevai de manœuvrer si habilement, qu'il se départit tout à fait de sa surveillance. Bientôt même il laissa le chevalier venir seul à Picpus.

Je causais avec mon fils des heures entières. La joie la plus délicieuse m'inondait l'âme.

Il était charmant, plein d'esprit et de verve. Déjà sa timidité de provincial avait disparu. Je lui apprenais la ville et la cour. Nous étions les plus grands amis du monde, et, lorsque je lui donnais un conseil pour sa toilette ou pour sa tenue, il le suivait avec un empressement qui témoignait du vif désir de me plaire et de profiter de mes leçons.

Hélas! hélas! je m'abandonnais sans crainte et sans trouble à cette affection si pure!

Avec lui, je me laissais aller à ces douces familiarités que la différence de l'âge semblait permettre entre nous. Dans nos longues conversations, je plaçais ma main dans la sienne, et quelquefois il se mettait à mes genoux pour causer plus à l'aise. Je remerciais le ciel de mon bonheur.

Charles m'accompagnait partout : au Cours, à la place Royale, à l'église, au théâtre.

Nous visitions Paris ensemble d'un bout à l'autre.

Il avait pour moi toutes sortes de prévenances, lisait dans ma pensée, courait au-devant de mes désirs, étudiait mes habitudes, afin de me rendre ces mille petits offices délicats qu'on rend à notre sexe.

Et je ne devinais rien, j'étais aveugle !

Chez moi, la mère absorbait la femme. Lorsque mes yeux vinrent à se dessiller, le mal n'avait plus de remède; il était trop tard !

Dix ans se sont écoulés depuis lors. Au moment de retracer ce fatal souvenir, ma plume s'arrête, ma main tremble, des larmes brûlantes soulèvent ma paupière. Après ce qui m'était arrivé avec ma fille, je ne croyais pas qu'un désespoir plus terrible pût m'atteindre.

Charles! mon fils! malheureux enfant!... Ah! si c'est une punition que le ciel a voulu m'infliger pour mes fautes, cette punition est injuste; elle est cruelle.

Seigneur, pardonnez-moi si je blasphème !

Mais lui, mon fils, le trouviez-vous donc coupable? Était-ce lui que votre main devait frapper?

Nous étions assis, un soir, Charles et moi, sous un berceau de mon jardin.

Tout à coup je lui dis en riant : .

— Ah çà, mais, chevalier, depuis tantôt six semaines que vous êtes à Paris, comment se fait-il que vous n'ayez point encore d'histoire de cœur?

Il tressaillit vivement et me regarda.

— Ma question vous étonne? Je vous trouve magnifique, en

vérité! Nos dames ont donc à vos yeux bien peu de séductions, que vous ne soupirez pour aucune, bel insensible?

— Oh! me répondit-il, vous vous trompez, j'ai une passion dans l'âme, une passion profonde.

— Jésus! que me dites-vous? cela n'est pas vraisemblable.

— Pardonnez-moi, j'aime de toutes les forces de mon cœur.

— Recevez mes compliments; vous savez à merveille cacher vos impressions, et je ne reviens pas de ma surprise. Mais où prenez-vous, s'il vous plaît, le temps de voir votre Armide et de la courtiser, mon cher Renaud?

Son front se couvrit de rougeur.

— Enfin, répondez! Vous êtes ici presque tout le jour; quand je sors, vous m'accompagnez; on ne vous trouve assidu que près de moi. Je n'y comprends plus rien, c'est un mystère.

— Hélas! murmura-t-il, je ne lui ai pas encore avoué mon amour!

— Pourquoi donc? Vous avez tort.

— C'est vrai, je me le suis dit souvent.

— Faute de parler... vous connaissez le proverbe?

— Oui, mais je n'ose pas commencer, me répondit-il avec un soupir.

— Allons, allons, candide amoureux, éperonnez votre hardiesse! En restant ainsi dans les limites d'une scrupuleuse discrétion, vous avouerez qu'il est difficile qu'on vous paye de retour. Ça, du moins, est-elle jolie?

— Comme Vénus et les Grâces.

— Oh! oh! quel prodige! Alors je gagerais qu'elle manque d'esprit?

Il s'empara de mes mains, et s'écria :

— Non! c'est la femme qui en a le plus de la terre.

— Laissez donc!

— Je vous l'affirme. Auprès d'elle toutes les autres pâlissent.

— Ah! permettez, monsieur le chevalier, lui dis-je au milieu d'un grand éclat de rire, ceci est presque une impertinence... car enfin j'ai quelque prétention! Beaucoup de gens qui s'y connaissent assurent que je ne suis point une sotte.

Charles s'agenouilla devant moi, leva ses grands yeux, dont l'expression me fit tressaillir, et murmura d'une voix émue :

— Mais si cette femme... vous ressemblait ?

— Bon ! quelle apparence ?

— Enfin, je le suppose.

— Oui, vous tâchez de réparer vos torts... C'est adroit !... Par malheur, cela ne peut pas prendre, chevalier.

Je cherchais à me donner de l'assurance et à parler avec calme.

Une commotion violente venait de soulever ma poitrine ; une lueur rapide avait passé devant mes yeux. Charles me tenait toujours les mains, son regard m'épouvantait. Il ajouta :

— Si cette femme... c'était vous ?

— Moi ! criai-je en me levant frémissante.

— Oui, Ninon, ma belle Ninon ! c'est vous que j'aime... que j'aime avec délire...

— Grand Dieu !

— Vous à qui je veux consacrer ma vie tout entière... Oh ! ne vous éloignez pas !... laissez-moi votre main, que je la couvre de baisers... Ninon, d'où vient ce trouble ? n'aviez-vous donc pas deviné mon cœur ?

— Ah ! malheureux ! malheureux ! que venez-vous de me dire ?

Et je m'enfuis éperdue, saisie d'effroi, folle de douleur.

Le chevalier me suivit. Il vint frapper à la porte de ma chambre, où il m'entendit sangloter avec amertume.

— Ninon, disait-il, ouvrez, je vous en conjure !... Pourquoi ces pleurs ? pourquoi ce désespoir ? Il me faut une explication... j'ai le droit de la demander, je la veux... Ninon, si vous n'ouvrez pas, je me tue !

Je m'élançai pour tirer le verrou, que j'avais poussé en entrant. Charles pénétra dans la chambre, et se jeta de nouveau à mes pieds.

— Monsieur, dis-je en prenant une résolution extrême,

vous venez de m'outrager d'une façon cruelle !

— Ah ! pouvez-vous croire...

— Silence ! ne cherchez pas à aggraver l'outrage, et relevez-vous... je vous l'ordonne !

Il se releva. Deux larmes coulaient lentement le long de ses joues. Mon cœur saignait ; mais je priais Dieu tout bas de me donner du courage.

— Voilà donc, ajoutai-je, le prix que je devais recueillir de mon amitié pour vous !... C'est indigne, monsieur !... Je vous avais jugé de la façon la plus avantageuse, et vous m'en faites singulièrement repentir.

— Mademoiselle...

— C'est une leçon qui me donnera désormais plus de méfiance. Me prendre pour jouet ! me rendre victime d'une raillerie indécente, d'une gageure peut-être !... Oui, c'est une gageure que vous avez faite !

Il devint d'une pâleur extrême. La surprise la plus douloureuse se peignit sur tous ses traits ; il s'appuya contre un meuble pour ne pas tomber à la renverse.

— Si vous croyez cela, murmura-t-il, je n'ai plus qu'à mourir !

— Eh ! monsieur, il s'agit bien de mort ! Laissez, je vous prie, toutes ces grandes phrases. Vous demandiez une explication tout à l'heure : ayons-la, franche et loyale.

— Oui, murmura-t-il, franche et loyale, je le jure.

— L'hypocrisie, repris-je, le mensonge, sont indignes de vous et de moi. Allez-vous me soutenir qu'à vingt-deux ans vous soyez amoureux d'une femme de soixante, qui a des rides et dont vous pourriez être le petit-fils ?... Oh ! pas un mot ! ne prononcez pas un mot, si vous tenez à me revoir ! Vous m'avez manqué de respect, monsieur... taisez-vous, je ne veux pas d'excuses ! Tout ce que je puis vous promettre, c'est de faire en sorte d'oublier la scène scandaleuse de tantôt... Allez, retirez-vous, et tâchez de mériter mon pardon !

J'avais usé toutes mes forces pour lui tenir ce langage. Mais il ne m'écoutait plus et se promenait de long en large de la chambre dans une agitation terrible.

Puis soudain, revenant à moi et se frappant le front avec désespoir :

— Malheur ! malheur ! s'écria-t-il. Osez-vous bien m'accuser d'une indignité semblable ?... Ah ! Ninon, c'est vous qui me faites un outrage ! c'est vous qui êtes injuste et cruelle ! Oh ! je veux parler ! je veux me défendre !... Vous n'avez pas le droit de me dire que je suis un lâche, un homme sans foi, sans délicatesse, un misérable qui s'est joué de vous... Et pourtant n'est-ce pas ce que vous venez de faire ?

Les sanglots soulevaient sa poitrine ; il fondit en pleurs.

J'avais la tête perdue, je ne savais quel moyen prendre pour couper court à cet entretien dangereux et guérir ce pauvre enfant, dont toutes les larmes me retombaient sur le cœur.

— Charles, mon ami, j'ai eu tort peut-être... mais avouez que votre folie est inconcevable.

Il souleva vers moi ses mains tremblantes. Je le voyais avec effroi se rapprocher, quand je me sentais à bout d'énergie.

— Oh ! Ninon ! Ninon ! s'écria-t-il, je vous jure en face du ciel que je ne vous ai pas trompée ! Ma passion est sérieuse ; je vous aime avec toute la tendresse, avec tous les transports de mon âme !

— Seigneur ! Seigneur ! vous l'entendez... il recommence !

— Ne pleure pas, me dit-il, oh ! je t'en conjure, sèche tes larmes !... Laisse-moi là m'agenouiller devant toi comme devant un ange !... Oui, je t'aime ! oui, tu es belle ! oui, cet amour, si tu ne le partages pas, me coûtera la vie...

— Mon Dieu ! venez à mon secours !

— Soixante ans, dis-tu ?... Eh ! que m'importe, à moi, si jamais femme n'a conservé plus de séductions, plus d'attraits irrésistibles... Des rides ! tu n'en as pas, mensonge !

Je posai la main sur la poitrine de Charles. *Page* 613.

— Charles... mon ami... tu m'épouvantes...

— Oh! rends-moi ta main, ta main chérie! ne détourne pas les yeux.... ma belle Ninon, j'ai besoin de ton sourire!

— Pitié! Charles... au nom du ciel, pitié!

— Dis-moi que tu m'aimes, dis-le-moi, je t'en supplie!

— Va-t'en!

— Non !... ton cœur s'émeut... je sens ta main frissonner

dans la mienne... Je le disais, il est impossible que nos âmes n'arrivent pas à s'unir.

— Grâce! mon ami, grâce!

— Viens! je te jure un éternel amour.

— Mais, insensé, tu ne veux donc rien comprendre! tu ne vois pas ma terreur! m'écriai-je en le repoussant et en joignant les mains avec désespoir.

— Je t'aime! s'écria-t-il, je t'aime!

— Entre nous il y a un abîme...

— Je veux le franchir!

— Va-t'en, te dis-je, ne reparais plus en ma présence... O mon Dieu! rendez-lui la raison! donnez-moi le courage du sacrifice!

J'éclatais en sanglots.

— Des larmes! toujours des larmes!... Ninon, c'est moi qui te demande pitié à mon tour... Ne vois-tu pas que je meurs?

— Ah! ce secret, il faut donc le lui dire!

— Un secret?

— Oui, que ton père m'avait fait jurer de ne jamais t'apprendre.

— De ne jamais m'apprendre?

— Le marquis va nous séparer, je ne te verrai plus.

— Alors tais-toi, ne me dis rien... je ne veux rien savoir!

— Renonce à cette passion funeste...

— Jamais!

— Charles, je t'en conjure, par tout ce qu'il y a de plus saint...

— Non, c'est impossible!

— Mon Charles bien-aimé, ne me fais pas mourir de douleur!

— Elle m'aime!... ô merci, mon Dieu!

— Arrête! je ne t'aime pas d'amour... Charles! malheureux enfant! ce serait un crime, entends-tu? ce serait un crime!

— Et pourquoi donc?
— Parce que je suis ta mère!!!...

. . . .
. . . .

Il se leva, pâle, frémissant, l'œil hagard. On eût dit que la foudre venait d'éclater sur sa tête.

Le voyant chanceler, je courus pour le soutenir. Mais il me repoussa d'un air sinistre; puis, tournant vers le ciel ses poings crispés, il s'écria d'une voix où le désespoir et la douleur se mêlaient à une rage sombre.

— Oui... je comprends tout... c'est affreux!... Pourquoi ne me l'avoir pas dit plus tôt? L'enfer s'acharne après mon bonheur... Fatalité!

— Charles... mon enfant, reviens à toi...

— Elle est ma mère!

— Oh! sois mon fils, rien que mon fils... Oublions un instant de délire...

— Non! non! maudit soit le ciel, maudit soit Dieu!

Se précipitant hors de ma chambre, il disparut.

VIII

Je tombai sur un siége, accablée par les émotions de cette effroyable scène. Mon cerveau se brisait, je me sentais à deux doigts de la folie.

Tout à coup j'entends des clameurs dans la maison. Les domestiques parcourent les corridors, traversent les antichambres; ma porte s'ouvre, et le jardinier paraît, suffoqué, haletant, dans un désordre inexprimable.

— Miséricorde! qu'as-tu, Jérôme? lui demandai-je avec effroi.

— Ah! mademoiselle... un grand malheur!... là-bas, au fond du jardin... le chevalier...

Je poussai un cri perçant et j'entraînai cet homme avec moi. Nous descendîmes le perron.

— Par ici, mademoiselle, sous l'avenue de tilleuls!

— Mais qu'est-ce donc?... parle! m'écriai-je, essayant de me tromper encore; dis-moi ce que tu as vu, mon bon Jérôme... Ou plutôt, non, tais-toi!... je crains de deviner... c'est horrible!... Viens, nous le sauverons, nous le sauverons!

— Ah! mademoiselle, il est perdu!

— Non! non!... car moi aussi, je maudirais Dieu!

Nous arrivâmes dans un petit bois de châtaigniers. Le premier objet qui frappa mes regards fut mon fils, mon malheureux fils, étendu sanglant sur l'herbe. Il s'était passé son épée au travers du corps.

O spectacle affreux! Je me demande comment je ne suis pas morte de saisissement et de douleur.

Agenouillée près de Charles, je déchirai mon voile pour étancher les flots de sang qui coulaient de sa blessure; mais, vains efforts! soins inutiles! Une pâleur livide envahissait déjà son visage. Soulevant vers moi sa paupière mourante, il murmura d'une voix éteinte :

— Ma mère... pardon !... j'avais peur de vous aimer encore... et... vous le comprenez... je ne pouvais plus vivre.

Il expira.

Desséchés par une fièvre ardente, mes yeux ne versaient pas une larme. Ne croyant point encore à toute l'étendue de mon infortune, je posai la main sur la poitrine de Charles ; mais son cœur avait bien cessé de battre.

A côté de lui se trouvait son épée sanglante.

Je la ramassai précipitamment, et j'allais la diriger contre mon sein, lorsque tous mes domestiques, accourus sur le lieu de la catastrophe, me l'arrachèrent et me sauvèrent du suicide.

Pendant huit jours on désespéra de ma vie.

J'étais agitée par les transports du plus effrayant délire, et, quand je revins à la raison, ce ne fut que pour essayer de nouveau d'attenter à mes jours. L'existence me semblait odieuse avec une pareille douleur. J'accablai Gersay de malédictions.

On l'empêcha de se présenter à mes regards. N'était-il pas la seule cause de ce drame effroyable ? devait-il défendre à une mère de se nommer devant son enfant ?

Tout Paris connut mon malheur.

Chacun essaya de me consoler, comme s'il y avait à cela des consolations possibles.

Des prêtres vinrent me parler de résignation. Ils m'exhortèrent à accepter ce grand chagrin pour expier mes fautes. Je répondis que Dieu devait me punir seule, et que je ne croyais pas à une Providence qui châtiait l'innocent et laissait vivre le coupable.

Madame Scarron me visita tous les jours.

Elle passait régulièrement trois ou quatre heures à mon chevet. Son amitié fit plus que tous les sermons que je venais d'entendre ; elle me nourrissait en quelque sorte de ma douleur. A force de me parler de mon fils et d'exciter mes tristes souvenirs, elle réussit à ramener les larmes, dont la source était tarie.

Françoise pleurait avec moi, ce fut ainsi qu'elle me sauva.

Je la suppliai de ne plus me quitter ; elle me dit que, malgré son désir, la chose était impossible, et m'exhorta de la manière la plus affectueuse à être raisonnable, à me contenter du temps qu'elle m'accordait, ajoutant qu'elle avait de nombreux devoirs à remplir. En toute autre circonstance j'aurais pu demander l'explication de ce mystère, mais l'idée ne m'en vint même pas.

A quelques jours de là, je reçus le plan d'un mausolée que, de son propre mouvement, et en mon nom, Françoise avait commandé pour la mémoire de Charles.

Je fis à l'instant même appeler l'architecte, et je voulus me lever, afin de lui donner mes ordres.

Mon fils était enterré dans une des chapelles latérales de l'église de Picpus.

Là fut dressé le monument, tout en marbre noir, et entouré de cierges qui brûlaient nuit et jour.

Un mois durant, j'allai prier sur la tombe de mon pauvre Charles. Puis madame Scarron me ramena rue des Tournelles, disant, après avoir jusqu'à ce jour partagé ma douleur, que cette douleur ne pouvait durer sans cesse, et que je me devais à mes amis et au monde.

Enfin, elle que je n'avais jamais connue dévote, se mit à me parler de la religion, dont je repoussais les secours ; elle me fit connaître un jeune prêtre de Saint-Sulpice, M. de Lamothe-Fénelon, qui, par sa touchante éloquence, acheva de fermer ma blessure.

— Les passions, me disait-il, ont chez les natures d'élite une action terrible, dont la vivacité peut éteindre le libre arbitre et rendre, par cela même, leurs excès pardonnables aux yeux du Seigneur. Croyez que le désespoir de votre fils aura trouvé grâce devant la divine miséricorde ; ou, s'il achève en purgatoire l'expiation de sa faute, avant d'être admis au nombre des élus, abrégez pour lui le temps de la souffrance ; faites prier pour son repos éternel, et tâchez de le rejoindre plus tard dans un lieu où l'amour terrestre s'épure au contact de l'amour divin!

Je donnai vingt mille livres à M. de Fénelon, le priant de fonder à Picpus et à Saint-Sulpice des messes anniversaires pour le repos éternel de l'âme de mon fils.

Il est à présumer que je me serais franchement convertie, à partir de cette époque, si les circonstances n'étaient venues changer le cours de mes idées et me rejeter forcément dans une foule d'intrigues.

On se rappelle mon affront de Saint-Cloud, affront dont j'avais commencé à tirer vengeance. Depuis quinze jours à peine j'étais réinstallée rue des Tournelles, lorsque je vis entrer, un matin, dans ma cour, deux exempts des gardes, qui amenaient avec eux une voiture de place. Ils montrèrent à mes domestiques effrayés une lettre de cachet.

On les laissa pénétrer dans ma chambre.

— Qu'est-ce, messieurs, et que signifie cette violation de domicile? m'écriai-je, irritée de leurs brusques allures et de leur mine insolente.

— Trêve de questions, belle dame! répondirent-ils. Nous avons un ordre du roi : veuillez nous suivre, et sans retard!

— Vous suivre... où cela, je vous prie?

— Au couvent.

— Vous rêvez, messieurs!

— Nous ne le pensons pas.

— Je vous assure que vous faites erreur. Sans doute vous vous serez trompés de porte.

— C'est bien ici chez mademoiselle de Lenclos?

— Oui, mais enfin...

— Vous êtes mademoiselle de Lenclos elle-même?

— Je ne le nie pas.

— Alors décampons, et lestement! Il n'y a point de résistance possible devant une lettre de cachet.

— Une lettre de cachet?

— Dans toutes les règles... Lisez! fit l'un d'eux, qui déploya le papier dont il était porteur et vint le mettre sous mes yeux.

— Mais de quel crime est-ce qu'on m'accuse ?

— Voilà ce qu'il nous serait difficile de vous dire.

— Pourquoi ?

— Rarement on juge à propos de nous communiquer les motifs de l'arrestation.

— Cela n'a pas d'exemple ! m'écriai-je. Traiter ainsi une femme !... l'arracher à sa maison, à ses affaires...

— Vos affaires ? Oh ! s'il ne s'agit que de cela, nous vous accordons dix minutes pour y mettre ordre.

— En vérité ! quelle condescendance !

— Un quart d'heure, si bon vous semble. Passé ce temps, il faudra nous suivre de bonne grâce, ou nous aurons le regret d'employer la contrainte.

Ces messieurs parlaient avec une logique et une netteté contre lesquelles je vis bien que de nouvelles observations seraient impuissantes.

Dans les moments critiques et dans les périls, je ne manque ni de présence d'esprit ni de force d'âme.

— Soit, je n'opposerai point de résistance, leur dis-je ; seulement donnez-moi vingt minutes.

— C'est beaucoup, mademoiselle. Toutefois nous connaissons les égards dus au beau sexe.. Accordé !

J'écrivis rapidement quatre lettres, l'une à monsieur le Prince, l'autre à madame de Montausier, la troisième à Françoise, et la quatrième à mon notaire, dont le dévouement et l'activité m'étaient connus. Je le chargeais d'envoyer à leur destination les trois autres lettres, et de choisir à l'instant même une personne sûre, qui viendrait surveiller ma demeure et empêcher les domestiques de la mettre au pillage.

Comme il restait place Royale, un des exempts s'offrit à lui porter le message. L'autre tira sa montre et me fit voir que les vingt minutes étaient écoulées. Je descendis avec lui.

Le fiacre attendait dans la cour, nous y montâmes.

Monsieur le Prince a chaleureusement parlé pour vous à Louis XIV. *Page* 624.

— Où me conduisez-vous? demandai-je.

— Aux *Filles Repenties*, mademoiselle.

Le rouge me monta violemment au visage. Il était écrit que tôt ou tard on me jetterait dans ce fatal monastère.

— Mais à qui dois-je un traitement semblable?

— Je ne puis vous donner la moindre explication à cet égard, me répondit l'exempt.

Une demi-heure après le fiacre s'arrêta.

Nous nous trouvions devant un noir édifice, au seuil duquel une béguine vint me recevoir. L'exempt lui présenta la lettre de cachet; on me poussa dans un corridor ténébreux, et j'entendis le bruit sinistre d'énormes verrous qui se refermaient sur moi.

Les religieuses voulurent m'affubler tout d'abord du costume hideux que portent les créatures enfermées dans la maison, c'est-à-dire d'une robe de serge grise, retenue par une ceinture de cuir. Mais je leur parlai avec une dignité si grande et une telle assurance, qu'elles se départirent pour moi de la sévérité de la règle. Elles se montrèrent même assez bienveillantes, persuadées, à ma mine et à mon langage, qu'il y avait erreur, comme j'en étais, du reste, bien convaincue la première.

Il ne me vint pas une seule minute à l'esprit que mon aventure avec la Montespan pût être cause de ma disgrâce.

Sans doute je ne croyais au marquis gascon ni beaucoup de délicatesse ni beaucoup d'honneur; mais pouvais-je le supposer assez lâche pour compromettre une femme sans nécessité, quand il avait, au contraire, toutes sortes de motifs de se glorifier de son action? Il lui était même très-facile de revenir sur sa colère et d'agripper des sommes plus rondes, en faisant acheter au monarque, après un tel éclat, le silence et le repos. J'étais donc à cent lieues de soupçonner Montespan.

Toutes les trahisons me semblaient possibles, excepté la sienne; j'aurais plutôt cru qu'on me punissait de la mort de mon fils, ce qui eût été d'une injustice sans exemple et d'une révoltante cruauté.

Un jour, deux jours se passèrent. Je priai les religieuses d'envoyer rue des Tournelles prendre différents objets de toilette, que la précipitation avec laquelle on exécute les ordres du roi ne m'avait pas laissé le temps d'emporter. Elles se prêtèrent de fort bonne grâce à mon désir, et je sus que ma maison était sous la garde de la personne de confiance choisie par mon notaire.

Donc l'exempt s'était acquitté de sa commission ; donc mes lettres à tous mes amis devaient être arrivées à leur adresse.

Comment n'avais-je encore vu personne ?

Je me désespérais, je comptais les heures avec angoisse. Il me semblait que j'étais abandonnée de tous et que j'allais passer le reste de ma vie dans ce lieu lugubre. Enfin, dans la matinée du troisième jour, un visage de connaissance parut. Mais ce n'était ni Condé, ni la gouvernante du Dauphin, ni Françoise. C'était madame Arnoul.

Je n'avais jamais eu pour cette étrange amie de la veuve Scarron qu'une indifférence très-voisine du dédain.

Nécessairement la tireuse de cartes devait se douter de mon peu de sympathie pour elle. Je fus donc très-surprise de la voir se précipiter dans mes bras et me combler de caresses.

Elle me dit rapidement à voix basse :

— Si l'on vous interroge, niez tout ! Vous n'avez jamais connu Montespan.

Ces paroles furent pour moi un trait de lumière, et je laissai échapper un cri d'indignation.

— Paix ! fit madame Arnoul, quelqu'un nous observe.

En effet, la religieuse qui venait de l'introduire restait debout au seuil de la porte. Reconnaissant une de celles qui m'avaient témoigné de la bienveillance, je l'abordai et j'obtins sans peine qu'elle nous laissât.

— Ainsi, m'écriai-je, en me rapprochant de madame Arnoul, tout cela vient de cette indigne femme ?

— Chut !... de la prudence !... Ménagez la favorite du roi, la noble protectrice de votre amie !

— Je ne comprends pas...

— Madame de Montespan veut beaucoup de bien à Françoise.

— Eh ! que m'importe ?... en suis-je moins indignement outragée ? La maîtresse de Louis XIV n'est-elle pas cause de mon arrestation ?

— Oui, sans doute... c'est-à-dire... j'en suis un peu cause aussi, moi.

— Vous!

— Mon Dieu, le plus court est de ne vous rien dissimuler. Je ne supposais pas que Montespan aurait assez peu de conscience pour vous trahir; et puis cinq ou six jours dans un couvent sont si peu de chose, en somme, auprès de la fortune que nous allons faire... fortune dont vous profiterez! ajouta-t-elle vivement. Il est donc impossible que vous me gardiez rancune.

Je l'avais écoutée, toute saisie, et je murmurai :

— Vous êtes cause de ce qui m'arrive, madame?

— Cause involontaire... entendons-nous!... ou plutôt écoutez l'histoire.

Alors, avec un flux de paroles indicible, elle m'annonça qu'elle était parvenue, grâce à une longue persévérance, à être introduite près de madame de Montespan.

— Je lui ai tiré les cartes, me dit-elle; puis, ayant successivement étudié chacune des lignes de sa main, je lui ai révélé des secrets qui l'ont confondue.

— Mais quels secrets, dis-je avec impatience, quels secrets?

— Ne le devinez-vous pas? d'abord cette excellente histoire du rosier, que vous aviez dite à Françoise, puis l'aventure du soufflet donné à Saint-Cloud devant la reine.

— Quoi! vous avez eu l'effronterie...

Elle se hâta de m'interrompre.

— De grâce, dit-elle, ménagez-moi! j'ai tout fait pour le mieux, et dans notre intérêt commun. Les reproches ici ne seraient pas de saison.

Je l'écoutais avec une stupeur croissante.

— Seulement j'aurais pu me dispenser peut-être d'insinuer à la favorite que son digne époux n'avait pas agi de lui-même, reprit-elle avec un air de calme et d'indifférence qui augmentait mon indignation.

— Ah! vous avez insinué cela?

— Oui, j'ai laissé entendre qu'une ennemie cachée...
— Mais achevez donc, madame!
— Avait poussé Montespan à faire ce scandale.
— Malheureuse! criai-je, et de quel droit allez-vous ainsi disposer de mes secrets, de mon bonheur, de mon repos?
— Là! là! fit-elle, ne nous jetons pas dans les grands mots et dans les discours exagérés. Vous serez libre demain au plus tard; on vous fera des excuses, et Françoise restera gouvernante des enfants de la marquise.
— Gouvernante des enfants de la marquise?
— Oui, ma chère.
— Vous êtes folle, madame! et vous pourriez vous dispenser, après tout le mal dont je vous ai l'obligation, de me débiter de pareilles sornettes.
— Il n'y a point de sornettes, je parle très-sérieusement.
— Je n'en crois rien.
— Madame Scarron, je vous le proteste, est installée au Louvre, juste au-dessus de l'appartement du roi. Le duc du Maine et le comte de Toulouse sont confiés à ses soins, ainsi que le prouve, du reste, ce billet, dont elle m'a chargée pour vous.

A ces mots, elle tira de son corsage une lettre qu'elle me présenta. Françoise m'annonçait effectivement sa nouvelle fortune, et me jurait qu'elle travaillait de toutes ses forces à ma délivrance. Il n'y avait plus de doute possible.

— Eh bien, reprit madame Arnoul, n'admirez-vous pas mon habileté? Croyez-vous que ma grande prédiction ne se réalise pas un jour?
— Votre grande prédiction, madame... j'ignore ce que vous voulez dire.
— La mémoire vous fait étrangement défaut; car, en votre présence même, j'ai lu dans mes cartes...
— Ah! oui, que Françoise devait espérer une couronne! je me le rappelle en effet, dis-je en haussant les épaules.

Madame Arnoul n'y prit pas garde.

—Nous y arriverons, s'écria-t-elle, nous y arriverons! Tout dépend de la manière de jeter ses plans, et la marche que j'ai suivie est d'une adresse merveilleuse. D'abord je me suis séparée de ma compagne, et je l'ai décidée à mener la conduite la plus exemplaire, à se montrer assidue aux offices de sa paroisse, à visiter les pauvres et les malades; en un mot, à acquérir la réputation d'une sainte.

— Ce qui revient à dire que vous lui avez conseillé l'hypocrisie.

— Pourquoi non, lorsque cela peut être utile?

— J'admire, madame, le cynisme de votre langage; mais, en attendant, je voudrais être mieux instruite de ce qui me concerne.

— Attendez, j'y arrive! La Montespan, frappée de mes révélations, surtout de celle de la mort du rosier, dont elle ne croyait pas avoir d'autre confidente qu'elle-même, ne fit plus rien sans consulter ma science. Comme elle était à la recherche d'une femme, à la fois instruite, spirituelle et pieuse, qui pût s'occuper de l'éducation de la progéniture royale, je consultai mes cartes, et je lui annonçai gravement qu'elle trouverait cette femme, tel jour, à telle heure, communiant à Saint-Sulpice.

— Fort bien! vous aviez raison tout à l'heure de vanter votre habileté.

— N'est-ce pas? dit-elle sans paraître émue de mon accent ironique. J'ajoutai, comme vous pouvez le croire, d'autres petites indications propres à faire reconnaître Françoise, que j'avais avertie, et sur laquelle son confesseur donna les renseignements les plus précieux.

— Lorsque je verrai la veuve Scarron, madame, je n'oublierai pas, je vous le jure, de la féliciter sincèrement d'avoir suivi vos conseils.

— Vous me rendrez justice, répondit madame Arnoul. Maintenant parlons de votre affaire.

— A la bonne heure! J'ai donné jusqu'ici, vous en conviendrez, la preuve d'une magnifique patience.

— Soit, vous n'aurez pas à vous en repentir. Ayant donc fait entendre à la marquise que Montespan l'avait souffletée en cédant à des suggestions étrangères, on gorgea d'or le stupide époux, qui vous nomma sur l'heure, et voilà pourquoi vous êtes aux *Repenties*... Un instant! veuillez ne pas m'interrompre, ajouta-t-elle en voyant de nouveau mes yeux étinceler de courroux.

— Mais enfin, madame...

— Allons, allons, je n'ai été qu'imprudente, et vous devez me pardonner. D'ailleurs, j'agissais pour servir une de vos plus intimes amies.

— Eh! qu'ai-je à faire, moi, de toutes vos machinations, de toutes vos intrigues?

— Permettez...

— J'en suis la victime!

— Laissez-moi parler, de grâce...

— Où prenez-vous, s'il vous plaît, que je doive acheter la fortune de madame Scarron au prix de ma honte?

— Mais, dit-elle, si, par une souffrance de quelques jours, vous contribuez à la ruine de la Montespan?

Je tressaillis.

— Si la favorite, avant qu'il soit peu, est supplantée par une rivale?

Elle appuya sur chacune de ces paroles, et me regarda bien en face pour juger de l'effet qu'elles produisaient sur moi. J'avoue qu'elles y opérèrent une révolution complète.

— Si, pour tout dire enfin, continua madame Arnoul, Françoise lui prend le cœur du roi, et la fait chasser de la cour?

— Allons donc!

— Il ne faut pas dire : Allons donc!... Cela sera, je le veux!... Oh! vous ne connaissez pas encore toute mon énergie! Demain, ce soir peut-être, vous allez sortir de cette indigne demeure. Votre vengeance est intéressée à mon succès, ne l'oubliez pas.

— Vous avez raison.

— Ce serait une lâcheté de pardonner à la Montespan le nouvel outrage qu'elle vient de vous faire.

— Oui, certes! m'écriai-je, entraînée par le sentiment de haine que ces discours réveillaient en moi.

— Je vous annonce que M. le Prince a chaleureusement parlé pour vous à Louis XIV. Madame de Montausier nie de toutes ses forces que vous ayez été complice de l'esclandre de Saint-Cloud. Vous ne lui aviez donc pas confié votre projet?

— Non.

— Tant mieux! Elle est de bonne foi; ses assertions n'en ont que plus de vraisemblance.

— Oui, c'est juste.

— Mais celui de vos avocats qui a le mieux réussi dans son plaidoyer, c'est Molière.

— Est-ce possible?... Il a donc pris ma défense?

— Hier, à Versailles.

— Bon Jean-Baptiste!

— Après la représentation de la nouvelle pièce, le *Malade Imaginaire*, le roi l'a fait prier de monter dans sa loge.

— « Nous avons eu, lui dit-il, une satisfaction extrême à vous voir dans ce rôle; mais vous êtes souffrant, votre visage est pâle; nous n'entendons pas, monsieur, qu'un homme aussi précieux que vous l'êtes sacrifie sa santé à notre plaisir.

— « Quand j'aurais été au lit de la mort, je serais venu, répondit Molière, car j'ai une grâce à demander à Votre Majesté. » Là-dessus il entame votre éloge, disant que, sans vous, il ne serait rien, que vous aviez été la protectrice de son enfance; qu'il avait trouvé en mademoiselle de Lenclos le cœur le plus dévoué, l'amie la plus noble de la terre... et tout cela aux genoux du roi, en versant des larmes... Jugez de l'effet de son discours!

— Oh! merci! merci pour cette bonne nouvelle! m'écriai-je en pressant la main de madame Arnoul, dont j'oubliais entièrement alors les étranges manœuvres. Excellent homme! généreuse nature! je le reconnais bien là!

Il ne put que me serrer faiblement la main. Page 629.

— « Mais où est-elle donc, votre protectrice? demanda le roi.

— « Au couvent des *Filles Repenties*, répondit le comédien, ce qui est d'autant plus absurde, sire, que Ninon, je le déclare à Votre Majesté, n'est ni *fille* ni *repentie*. »

— Bravo! le trait est charmant!... Qu'a répondu Louis XIV?

— Il s'est mis à rire de tout son cœur, ainsi que M. Colbert, assis à sa droite.

— Et il a promis de me rendre à la liberté?

— Sans doute; mais vous n'ignorez pas que, dans l'occasion, il rétracte assez volontiers sa parole, surtout quand sa maîtresse le désire.

— Oui, Mademoiselle en a eu la preuve.

— La favorite est contre vous dans une colère abominable; elle rugit comme une lionne. Toutefois la nouvelle gouvernante et madame de Montausier l'ont un peu calmée ce matin. Elle me fait demander, probablement pour interroger les cartes, et savoir de moi si vous êtes, en réalité, la personne à qui elle doit le soufflet de crocheteur appliqué sur son doux visage. Ainsi, vous le voyez, votre sort est entre mes mains.

— Puisque vos cartes ont causé mon emprisonnement, lui dis-je, c'est bien le moins qu'elles amènent ma délivrance.

— Causé votre emprisonnement... pardon, chère belle!... Encore une fois, il faut s'entendre. Je n'avais pas l'intention de vous compromettre. A mon point de vue, c'est un véritable service que je vous rendrai.

— D'accord. Vous tournez, du reste, fort ingénieusement les choses.

— Non, je parle en conscience, et service pour service. Puisque, grâce à moi, vous allez quitter les *Repenties*, je demande, en échange, que vous m'aidiez de tout votre pouvoir à accomplir la ruine de la Montespan.

— Oh! pour cela, je vous le jure!

— Prenez garde! c'est très-sérieux... je prends acte de vos paroles.

— Soit.

— Vous consentez à me venir en aide?

— Je le jure, vous dis-je, sur l'Évangile et sur l'honneur!

— Un serment, c'est plus que je ne demandais. Ainsi vous serez prête, le jour où je réclamerai votre intervention?

— Je serai prête.

— Alors je vais, de ce pas, chez la favorite, et, avant la fin de la journée, vous serez hors du couvent.

Madame Arnoul m'embrassa deux fois, ce dont je l'eusse dispensée de grand cœur.

Mais je dois dire aussi qu'elle tint parole. Bientôt les religieuses vinrent m'annoncer que l'ordre était venu de m'ouvrir les grilles.

On fit amener un carrosse.

Je voulus, avant de retourner chez moi, remercier mon bon Jean-Baptiste, qui avait si bien plaidé ma cause, et cela sans que je l'en eusse prié, ce qui doublait à mes yeux son mérite.

Molière demeurait dans le voisinage de son théâtre. En m'apercevant, il poussa un cri de joie et se leva de son fauteuil pour accourir à ma rencontre. Je tombai dans ses bras, et je mouillai son noble front de mes larmes de reconnaissance.

— Ah! parbleu! s'écria-t-il, voyez, ma chère Ninon, ce que c'est que le bonheur! Avant votre arrivée, j'étais au plus mal...

— Bonté du ciel! que me dis-tu là, Jean-Baptiste?

— Oui, sérieusement, je croyais n'avoir plus que quelques heures à souffrir. Je vous vois, je vous embrasse, vous êtes libre... et, chose miraculeuse, je me porte comme un charme!

— Est-ce bien vrai cela?

— Regardez-moi plutôt : je suis sûr que mes yeux brillent et que j'ai de vives couleurs.

— Mais oui, tu as raison.

— Puisque vous voilà, nous allons souper ensemble. Croisy ne me remplacera décidément pas ce soir, et vous m'applaudirez dans le *Malade*.

— Mais, cher ami, si cela te fatigue?

— Non, non! je suis guéri, vous dis-je, ma belle protectrice, et je veux que ce jour soit un jour de fête...

Hélas! pauvre Molière! ce fut le jour de sa mort!

IX

C'était le 17 février 1673; cette date funeste est toujours présente à mon souvenir.

Après le souper, pendant lequel Jean-Baptiste se montra d'une gaieté délicieuse, au grand étonnement de la bonne Laforêt, sa servante, qui, depuis un an bientôt, nous dit-elle, ne l'avait vu ni manger ni rire, nous allâmes au théâtre, sans que le bienheureux changement occasionné par ma présence parût une seule minute se démentir.

Molière me plaça dans une loge, puis il alla s'habiller pour la représentation.

La salle était remplie de spectateurs.

Bientôt le ballet commença. Je n'accordai qu'une attention médiocre aux chants et aux danses de la déesse des fleurs, qui s'ébattait en compagnie de quelques zéphyrs et d'une troupe de bergers. D'ailleurs, dans l'actrice qui remplissait le rôle de Flore je reconnus la Béjart, et la vue de cette femme me donnait des crispations nerveuses.

Enfin les danses eurent un terme. Le rideau se referma, pour s'écarter, un instant après, et nous montrer la chambre d'*Argan*.

Le malade, assis devant une table, et comptant avec des jetons les parties de son apothicaire, entame ce long monologue qui donne le signal des éclats de rire, gaieté franche et de bon aloi que les scènes qui viennent ensuite perpétuent jusqu'à la fin de la pièce. Jamais le génie comique de Molière ne s'était élevé plus haut. Il jouait pour moi. Cela me rendait orgueilleuse, et j'applaudissais avec enthousiasme.

Le troisième acte venait de finir.

On était au milieu de l'intermède, où la faculté de médecine, réunie en assemblée solennelle, procède à la réception du nouveau docteur, lorsque tout à coup je m'aperçus que la voix de Jean-Baptiste s'altérait. Me tournant aussitôt vers le comédien Croisy, qui devait, ce soir-là, remplacer son chef de troupe, et qui était venu me saluer dans ma loge :

— Eh ! monsieur, lui dis-je, voyez donc ! ne dirait-on pas que Molière se trouve mal ?

— C'est vrai, me répondit-il ; ses traits se décomposent. Heureusement la pièce s'achève.

— Grand Dieu ! mais sa pâleur augmente !... Il fait des efforts inouïs pour continuer son rôle... Je vous en conjure, allez dire qu'on ferme le rideau !

Croisy partageait ma crainte, il s'empressa de courir sur le théâtre. A peine fut-il hors de ma loge, que Molière, qui venait de prononcer le mot *juro*, se renversa tout à coup dans son fauteuil et jeta une exclamation d'angoisse.

— Il se meurt ! il se meurt ! cria-t-on de toutes parts.

Je m'élançai précipitamment sur les traces de Croisy, et j'arrivai bientôt sur le théâtre.

Quel désolant spectacle, mon Dieu ! Tout était perdu. Mon pauvre Poquelin rendait le sang par la bouche et par les narines. En me voyant, il essaya de parler, mais il ne put que me serrer faiblement la main.

La Béjart poussait les hauts cris.

— Au nom du ciel ! madame, lui dis-je, laissez du moins mourir en paix celui dont vous n'avez fait que tourmenter l'existence !

On essaya de transporter Molière dans son logement ; mais il s'évanouit en route, et nous craignîmes qu'il n'expirât avant le terme du trajet. A mi-chemin, on le déposa au parloir des sœurs de Saint-Vincent-de-Paul. Il y mourut pendant la nuit.

Telle fut la fin du plus noble, du plus spirituel et du meilleur des hommes.

En songeant que la représentation de Versailles et celle du jour même avaient hâté sa mort, je versai des larmes abondantes, et j'appelai toutes les malédictions célestes sur l'indigne favorite. J'accusais madame de Montespan de ce dernier malheur.

Son outrage, lors de mon séjour à Saint-Cloud, n'avait-il pas provoqué de ma part une juste vengeance?

Pourquoi m'enfermer aux *Repenties?* n'était-ce point là sa place plutôt que la mienne? Afin de m'arracher de cette odieuse maison, Molière, déjà souffrant, avait outrepassé ses forces, et le mal s'en était accru. La joie de me revoir ne venait de dissiper un instant la douleur que pour exciter ensuite mon malheureux ami à commettre une nouvelle imprudence, dont il devait être victime.

Hélas! j'aurais dû plutôt m'accuser moi-même, et reconnaître dans tous ces événements cruels la main de Dieu qui me frappait!

Environ trois semaines après la mort de Molière, je vis arriver madame Arnoul. Tout entière à mon chagrin, j'avais défendu ma porte; mais elle força la consigne, et pénétra dans ma chambre comme un tourbillon.

— Je viens, dit-elle, réclamer votre serment! Nous partons, ce soir, avec la cour.

— Que signifie?...

— Ah! point d'observations! vous avez juré de me suivre.

— Mais où allons-nous?

— Sur la route d'Allemagne. J'ai gagné un valet de chambre du roi : la Montespan est perdue!

— Oh! tant mieux! tant mieux! En êtes-vous bien sûre au moins?

— Fiez-vous à mon adresse et à mon talent pour diriger une intrigue. La favorite ne se relèvera pas de nos coups. Plus tard, je vous expliquerai les moyens que je dois mettre en œuvre. Vous serez l'instrument de sa perte, voilà ce que j'ai de mieux à vous dire pour l'heure.

— Allons, m'écriai-je, va pour le voyage!

— Il faudra vous déguiser en homme.

— C'est facile, je n'ai fait que cela toute ma vie.

Les préparatifs du départ ne furent pas longs. Jamais on ne s'imaginera l'espèce de délire qui s'empara de moi à la seule pensée de nuire à madame de Montespan. Dans le cours de ma vie je n'avais jusqu'alors fait de mal à personne. Le sentiment de la haine et celui de la vengeance m'étaient étrangers; je ne me reconnaissais véritablement plus. Si je juge des autres par moi-même, j'arrive à cette conclusion que nous devenons pires en prenant de l'âge, et, par suite, qu'il y a beaucoup à rabattre du respect qu'on croit devoir à la vieillesse.

Rarement j'ai vu chez les personnes avancées dans leur carrière des qualités plus précieuses que chez les jeunes gens. Par contre, tous les défauts des vieillards prennent un accroissement prodigieux.

Ces réflexions ne me semblent pas consolantes pour l'espèce humaine.

L'Espagne et l'Autriche, épouvantées des succès de Louis XIV, venaient de se liguer contre lui.

Dès le commencement de la campagne, Turenne avait envahi le Palatinat, où son armée mettait tout à feu et à sang, et le roi se disposait à aller rejoindre à la frontière l'armée victorieuse, traînant après lui toute la cour, comme c'était son habitude.

Madame Arnoul fut d'avis de ne pas nous mêler à la suite royale.

Elle craignait qu'on ne me devinât sous mes habits d'homme. Je ne partageais point ses craintes; mais il m'était, du reste, très-indifférent de voyager à part.

Nous prîmes donc l'avance, et nous allâmes attendre la cour en Lorraine.

Le cortége arriva deux jours après nous. On s'arrêta quelque temps à Nancy et à Lunéville; puis on prit le chemin des Vosges, pour gagner ensuite l'Alsace.

Ma compagne avait eu, je ne sais par quel moyen, l'itinéraire exact du roi.

De Lunéville, et toujours précédant de vingt-quatre heures au moins les équipages, nous allâmes coucher à Raon-l'Étape, hameau perdu dans la Vosge, où nous vîmes les ruines d'un vieux manoir, qui remonte, dit-on, au douzième siècle.

Le lendemain, nous étions à Saint-Dié, petite cité mignonne et coquette, mais assise au pied d'une montagne énorme, qui doit, suivant une prédiction très-ancienne, tomber un jour sur la ville et l'ensevelir. On fait tous les ans une procession solennelle pour empêcher ce malheur; mais il me semble que la terrible montagne, appelée, je crois, l'Ormont, se trouve assez éloignée pour ne rien écraser en cas de chute, et les habitants du pays pèchent, sinon par défaut de piété, du moins par excès de prudence.

De Saint-Dié, nous gagnâmes Sainte-Marie-aux-Mines.

Mais alors les chemins du roi devinrent épouvantables. J'en frémis encore, quand j'y songe. La route avait tout juste la largeur du carrosse. A droite et à gauche, nous longions des précipices, et nous traversions d'immenses forêts de sapins, dont le feuillage formait au-dessus de nos têtes une voûte sombre qui nous cachait le ciel.

Sainte-Marie-aux-Mines fait partie de l'apanage du prince palatin de Birkenfeld.

C'est un des plus beaux endroits du monde. La ville passe entre deux montagnes, couvertes de sapins magnifiques, et le reste de la vallée est sillonné par de petites rivières d'une eau limpide coulant sur un fond de cailloux, et dont les circuits forment le plus heureux coup d'œil.

Mais, comme on ne dîne pas en admirant un site pittoresque, je suis obligée de dire qu'on mange dans ce bel endroit une cuisine détestable.

On nous y donna pour du vin du Rhin quelque chose de jaunâtre et de soufré qui me fit lever le cœur.

— Courage! me dit madame Arnoul: les ennuis de la route touchent à leur terme. Encore dix lieues de marche, et nous ferons halte pour attendre l'arrivée de Louis XIV. Bientôt, ma chère, vous verrez l'endroit que j'ai choisi pour l'exécution de mes plans mystérieux.

Le jour suivant, nous nous arrêtâmes en effet à Ribeauvil-

Louis XIV se réveilla en sursaut. *Page* 638.

lers, dans un magnifique château, appartenant au beau-frère du prince Palatin.

Je ne me rappelle plus le nom de ce petit potentat germanique ; il n'a jamais été célèbre ni dans la paix ni dans la guerre.

Son absence nous priva du plaisir de lui présenter nos hommages ; mais nous n'en reçûmes pas moins un accueil fort gracieux du gouverneur, lequel se trouvait précisément être le cousin de ce valet de chambre du roi que ma compagne avait mis, disait-elle, dans ses intérêts. Elle lui présenta tout d'abord une lettre de son parent.

Le bonhomme en prit lecture d'un air très-agité.

Ses politesses redoublèrent; il eut pour nous mille attentions et mille prévenances, mais sans nous dire un mot du contenu de la lettre, qu'il fourra dans sa poche, avec un léger mouvement d'épaules, dont madame Arnoul parut très-vivement contrariée.

Le silence du gouverneur ne faisait plus son compte. Elle lui dit, comme nous achevions de souper :

— Pourquoi donc, cher hôte, ne nous parlez-vous pas de la *Chambre des fantômes?*

Il bondit sur son siége, devint très-pâle et balbutia :

— Quoi! madame, est-il possible que vous ayez la dangereuse fantaisie...

— De coucher dans cette chambre? oui, mon cher hôte, interrompit-elle. Votre cousin, d'ailleurs, a dû vous l'écrire formellement.

— Sans doute, sans doute... Mais il est fou, mon cousin! Je ne puis vous laisser courir un péril semblable.

— Ah! pardon! je vous supplie de n'y mettre aucun obstacle. Nous sommes venus tout exprès pour cela.

— Pour vous faire étrangler?

— Non, mais pour tenir tête aux esprits, s'ils osent nous rendre visite.

— Vous ignorez, reprit le gouverneur, pâlissant de plus en plus, qu'ils ont contracté la funeste habitude de tordre le cou à tous ceux...

— Bien! bien! je connais l'histoire, ne l'achevez pas! dit en riant madame Arnoul.

— Et vous persistez?

— Nous persistons.

— J'en frissonne des pieds à la tête.

— Bah! ni mon mari ni moi ne croyons aux revenants.

— Vous avez tort! vous avez tort!

— Ne cherchez plus à nous faire changer d'avis, cher hôte. D'ailleurs, puisqu'il faut tout vous dire, il s'agit pour nous d'une gageure très-importante au sujet de la *Chambre des fantômes* : j'aime à croire que vous ne voudrez pas nous la faire perdre.

— Allons, murmura-t-il, que votre volonté s'accomplisse! Je vais donner des ordres pour qu'on vous y dresse un lit.

Il s'en alla, toujours fort pâle et convaincu que nous approchions de notre heure dernière.

Je n'ai pas besoin de dire que le mari de madame Arnoul c'était moi.

Dix minutes après, le gouverneur lui-même nous introduisit dans la chambre mystérieuse, au seuil de laquelle il nous souhaita le bonsoir en frémissant.

— Tout cela me semble fort curieux, dis-je à ma compagne. Allez-vous enfin m'expliquer cette énigme?

Sans me répondre, elle se mit à visiter les boiseries de la pièce où nous étions. Bientôt elle poussa un cri de joie.

— Eh bon Dieu! qu'avez-vous?

— Tenez, dit-elle, voici le commencement de l'explication que vous demandez!

Glissant une main dans la gueule d'une espèce de chimère, sculptée au milieu d'un panneau voisin du lit, elle fit jouer un ressort. Le panneau s'écarta brusquement. J'aperçus une autre chambre plus vaste et décorée avec beaucoup de luxe, où madame Arnoul pénétra la première, en m'invitant à la suivre.

— C'est ici, me dit-elle, que le roi couchera demain : commencez-vous à deviner?

— Pas le moins du monde, répondis-je.

Elle m'entraînait au milieu de la seconde pièce. Le panneau venait de se refermer sur nous, ce qui ne laissait pas de me donner une certaine inquiétude. Mais la sibylle de Françoise connaissait merveilleusement le plan des lieux et tous les secrets de l'habitation. Se dirigeant vers une large cheminée en marbre de Carare, elle fourra le doigt dans l'oreille d'un chérubin, qui supportait l'un des angles. Un autre ressort joua et la porte secrète s'ouvrit de nouveau.

Dans la tapisserie de cuir d'Astracan doré, tendue aux parois de la seconde chambre, il était impossible de distinguer aucune trace de l'ouverture.

— Vous voyez, dit-elle, mes mesures sont prises; j'ai tous les renseignements désirables. Rentrons!

Je mentirais en disant que ces préliminaires ne me causaient pas quelque effroi.

— Maintenant, reprit madame Arnoul, deux mots suffiront pour vous expliquer l'origine de la terreur qu'inspire la chambre où nous sommes. Effectivement, au siècle dernier, bon nombre de personnes y eurent le cou tordu; mais ce n'était pas un revenant qui leur jouait ce mauvais tour.

— Ah! qui donc?

— Certain comte de Ribeaupierre, alors seigneur et maître du manoir, ruiné depuis longtemps par la débauche et le jeu, attirait chez lui de riches voyageurs, les logeait dans cette chambre, et leur rendait une visite nocturne... Vous comprenez?

— Oui, je comprends l'histoire ancienne. J'espère que l'histoire moderne ne lui ressemblera pas.

— Non, non, rassurez-vous, dit-elle en riant; nous n'étranglerons personne. Le neveu de ce bon gouverneur habitait le château dans son enfance; il a découvert là, sur ma parole, un secret qui nous sera bien utile.

— Mais encore que prétendez-vous faire?

Elle ne me répondit pas.

Le gouverneur avait donné des ordres pour qu'on apportât là nos bagages. Ma compagne ouvrit une valise, en tira une magnifique robe de brocart, un large cordon bleu et un petit médaillon, dans lequel je reconnus le portrait d'Anne d'Autriche. Puis, me conduisant à un miroir, elle me pria d'y considérer attentivement mon image.

— Ne trouvez-vous pas, dit-elle en me plaçant ensuite le médaillon sous les yeux, que vous avez avec feu la reine-mère une grande ressemblance?

— Oui, c'est possible... Après? murmurai-je, ne voyant en aucune sorte où elle voulait en venir.

— Seulement, continua madame Arnoul, vos cheveux sont plus bruns; mais j'ai là une préparation qui les rendra châtain-clair. Nous vous grossirons la taille, et le roi lui-même y sera trompé.

— Qu'est-ce à dire? prétendez-vous me faire jouer, par hasard, le rôle du fantôme d'Anne d'Autriche?

— Juste, vous y êtes!

— Mais c'est une profanation!

— Lorsqu'il s'agit de décider Louis XIV à quitter la Montespan?... je ne suis pas de votre avis, ma chère, et je trouve, moi, que nous ferons un acte méritoire.

Je la regardai fixement, elle ne plaisantait pas.

— D'ailleurs, reprit-elle, j'ai votre parole, votre parole solennelle. Vous m'avez juré sur l'Évangile et sur l'honneur de me venir en aide.

— Oui, je l'avoue; cependant...

— Point d'observations, je n'en accepte pas.

— Mais si l'on évente la ruse?

— Impossible! fiez-vous à moi.

J'eus beau la questionner sur la manière dont elle allait s'y prendre, elle remit au lendemain pour m'instruire davantage; puis elle se coucha et s'endormit.

Le gouverneur inquiet envoya un domestique frapper à notre porte, dès cinq heures du matin, pour savoir de nos nouvelles.

— Allez dire à notre hôte, cria madame Arnoul, que les revenants sont fort honnêtes, et nous ont laissé dormir le plus paisiblement du monde.

Toute la cour arriva le lendemain.

Du rez-de-chaussée jusques aux combles le château fut rempli, et la pièce voisine de la nôtre eut effectivement l'honneur de servir de chambre à coucher au grand roi.

Fatigué du voyage, Louis XIV s'était mis au lit, dès neuf heures.

A minuit, nous commençâmes nos préparatifs. Madame Arnoul procéda gravement à ma toilette royale. Elle me grossit le corsage et les hanches, teignit mes cheveux, me passa la robe de brocart, et me décora du cordon bleu. Cela fait, elle glissa la main dans la gueule de la chimère.

Le panneau s'ouvrit, et feu la reine Anne d'Autriche pénétra dans la chambre du roi.

Sa Majesté dormait d'un sommeil paisible. Je m'avançai jusqu'au bord du lit. Ma compagne, restée à l'entrée de l'ouverture secrète, agitait une espèce de torche phosphorescente, qui jetait dans toute la pièce une clarté lugubre.

Avant de paraître, j'avais tenu près d'un quart d'heure une de mes mains dans un vase d'eau glacée. Je posai cette main sur le bras du monarque endormi.

Louis XIV se réveilla en sursaut.

Il ouvrit des yeux hagards, se dressa sur son séant avec épouvante, et murmura d'une voix étouffée :

— Ma mère ! ma mère !

Je portai un doigt à mes lèvres, et je plaçai sur la table de nuit un papier que j'indiquai au roi d'un air courroucé.

Puis je m'éloignai lentement, à reculons.

Madame Arnoul éteignit sa torche, avança la main pour me faire rentrer dans notre chambre, et le panneau se referma.

Franchement, j'étais à demi morte de peur. Je trouvais que nous venions de jouer gros jeu. Si j'avais fait trembler Louis XIV, je puis dire que j'avais tremblé plus que lui. Ma haine pour la favorite me coûtait de singulières transes.

A peine étions-nous rentrées, que nous entendîmes dans la pièce voisine le son d'un timbre, puis la voix du valet de chambre, notre complice, qui disait :

— Miséricorde! qu'avez-vous donc, Sire?

— Un flambeau! répondit Louis XIV, vite un flambeau!

Sa voix frissonnait encore de terreur. Nous comprîmes qu'il voulait lire le papier déposé dans son voisinage.

Avant notre départ, madame Arnoul s'était procuré de l'écriture d'Anne d'Autriche. Elle avait imité cette écriture avec une habileté extraordinaire, ne voulant pas que je parlasse, dans la crainte que la frayeur du roi ne fût point assez grande et qu'à mon accent il se doutât de la fourberie.

Voici la lettre du fantôme

« Sire,

« Le ciel est irrité de vos désordres. Deux maîtresses, avouées publiquement, donnent à votre royaume un scandale, auquel il faut, dès aujourd'hui, mettre un terme, surtout pour celle de vos liaisons qui blesse les lois du mariage, et vous rend coupable d'un double adultère. Dieu a permis que je vous avertisse moi-même. Ce papier, que je laisse entre vos mains, lisez-le, mon fils; pesez chaque parole : il vous prouvera, lorsque j'aurai disparu, que vous n'avez point été victime d'une illusion. Repentez-vous, Sire, et ne forcez plus les morts à quitter la tombe.

« ANNE D'AUTRICHE. »

Nous entendîmes de nouveau la voix de Louis XIV.

— Qu'on reste près de moi, cria-t-il, et qu'on n'éteigne pas les lumières!

Il me fut impossible de fermer l'œil de toute la nuit. Je tremblais qu'une idée ne vînt au monarque, idée fort simple, et qui aurait aussitôt fait découvrir la fraude.

Évidemment si, par ses ordres, on eût sur l'heure visité les appartements voisins, nous étions perdues sans retour, à moins de soutenir que la feue reine, avant de retourner dans l'autre monde, avait laissé par mégarde sa défroque dans nos valises.

Aussi, dès le point du jour, notre premier soin fut de plier bagage.

Nous reprîmes le chemin de Sainte-Marie-aux-Mines, où, le soir même, nous eûmes la joie de voir repasser le carrosse de madame Montespan. Je ne pus me défendre de la tentation de m'approcher de sa voiture, et de lui crier à la portière :

— Bon voyage, madame !

Elle tressaillit et tourna la tête.

— Qui êtes-vous ? murmura-t-elle.

— Je suis le frère de mademoiselle de Lenclos.

— Que m'importe ? Retirez-vous, je ne vous connais pas !

— Daignez me pardonner si j'insiste ; mais vous ne connaissiez pas non plus ma sœur, et cependant vous l'avez outragée, sous une avenue de Saint-Cloud, de la manière la plus sanglante.

— Eh ! monsieur !...

— Voilà pourquoi, madame, je suis bien aise de vous dire que je ne crois pas Ninon étrangère à votre disgrâce !

A ces mots, je lui fis un salut ironique, et je disparus sans lui laisser le temps de me répondre.

De retour à Paris, on devine que je n'eus garde de publier cette aventure. Il y avait de quoi m'envoyer aux *Repenties* faire une seconde visite, qui aurait probablement duré plus longtemps que la première. Je n'instruisis même personne de mon voyage dans les Vosges. Il fallait écarter de moi jusqu'à l'ombre du soupçon, si jamais on venait à découvrir le secret des manœuvres audacieuses de madame Arnoul au château de Ribeauvillers.

Je repris les séances de mon cercle, où madame de la Sablière, alors à Paris avec la Fontaine, se montra fort assidue.

Elle était de mon âge et beaucoup moins bien conservée que moi, ce qui ne l'empêchait pas d'avoir de nombreux courtisans. Petit à petit elle réveilla chez moi les instincts de dissi-

A cette nouvelle j'entre en fureur. *Page 646.*

pation et de légèreté. Je réussis à combattre, sinon le souvenir, du moins le chagrin. Ma cour se reforma, plus brillante, plus nombreuse, et tous mes anciens amants reparurent en compagnie de nouveaux adorateurs.

Marsillac, alors duc de la Rochefoucauld, rentré complétement en grâce, et devenu chevalier des ordres du roi, ne manquait pas une de mes réunions.

Il me montra les *Maximes* qu'il venait d'écrire. Si le style du livre obtint mes éloges, en revanche, je blâmai l'auteur d'avoir en quelque sorte prêché la philosophie de l'égoïsme, en soutenant que l'amour de soi guide l'homme en tout ici-bas, et devient l'unique mobile de ses actions.

Mais la visite qui me causa le plus de joie, à cette époque, fut celle de mon vieux Corneille, alors âgé de soixante-dix ans.

Il s'occupait toujours de théâtre, et franchement je dois ici lui donner tort, car l'heure était venue pour lui de se reposer tranquillement sous ses lauriers tragiques. Après *Agésilas* et *Attila*, dont le succès avait été plus que douteux, il voulait, à toutes forces, une revanche; mais il fut loin de la prendre avec *Suréna*.

Corneille était profondément convaincu de l'injustice et du mauvais goût du public. Il n'eût pas fallu le pousser très-loin ni très-fort pour lui faire dire que les pièces, dont je viens de donner le titre, étaient supérieures au *Cid*.

On préfère toujours les enfants de sa vieillesse.

X

Le grand poëte avait un neveu, déjà connu par de très-jolis vers et par des pastorales remplies de grâce et de fraîcheur. Il me le présenta.

Bientôt M. Boyer de Fontenelle acquit dans mes assemblées la réputation qu'il méritait, c'est-à-dire celle d'un galant homme et d'un homme d'infiniment d'esprit.

Sa verve pétillante, la finesse de ses traits, l'audace adorable de ses répliques, eurent un succès prodigieux. Je me souviens encore de la réponse qu'il fit un jour à madame de la Sablière.

Elle se plaisait à le tourmenter et l'agaçait perpétuellement.

— On ne vous connaît point de maîtresse, monsieur, disait-elle, et, d'autre part, vous ne semblez pas disposé à prendre femme. C'est une indifférence coupable, dont je vous blâme fort.

— J'avoue mon crime, dit le neveu de Corneille, et je demande très-humblement pardon, madame, à vous et à votre sexe.

— Mais quel homme êtes-vous donc?

— C'est une question que je n'ai jamais tenté d'approfondir.

— Par modestie sans doute?

— Vous ne le croyez pas, comtesse, puisque je suis, en ce moment, l'objet de vos attaques.

— Enfin, monsieur, mettez-y quelque franchise : ne vous prend-il jamais envie d'être marié?

— Quelquefois, le matin, répondit Fontenelle avec le plus grand sérieux.

Après ces conversations, où l'esprit n'excluait jamais le bon goût et la décence, je décrochais mon luth et je chantais les airs de Lulli, dont la renommée grandissait chaque jour, et qui venait d'être élevé au grade de surintendant de la musique du roi.

Nous terminions la soirée par des lectures.

M. Racine nous déclama les cinq actes d'*Iphigénie*, et madame de la Fayette nous lut quelques-uns des plus jolis passages de son *Histoire d'Henriette d'Angleterre*, qu'elle achevait alors.

Elle était, avec la duchesse de Montausier, ma meilleure et ma plus sincère amie. Ni l'une ni l'autre ne me donnèrent jamais que de bons exemples.

Malheureusement il n'en était point ainsi de mon côté.

Cela n'empêchait pas madame de la Fayette de me témoigner l'affection la plus tendre; elle ne pouvait souffrir que je fusse brouillée avec quelqu'un.

— A propos, me dit-elle ce soir-là, je vous invite à être franche et à m'avouer sans détour ce que vous avez fait à madame de Sévigné.

— Moi?... rien.

— C'est impossible. Elle est furieuse contre vous et ne veut même pas entendre prononcer votre nom.

— Juste comme autrefois madame de Villarceaux! m'écriai-je en éclatant de rire; mais du moins cette nouvelle ennemie a-t-elle des connaissances historiques trop exactes pour me confondre avec le roi des Assyriens!

— Vous avez tort, ma chère, de ne pas prendre mes paroles plus au sérieux. Est-il vrai que vous teniez dans vos chaines le petit marquis de Grignan?

— Je le confesse.

— Après vos aventures avec Charles de Sévigné, son père? dit-elle en joignant les mains avec surprise.

— Et avec Henri de Sévigné, son grand-père, ne l'oublions pas! m'écriai-je.

— Mais, Ninon, vous êtes folle!

— Pourquoi donc? Est-ce ma faute si l'amour se transmet de générations en générations et par héritage?

Madame de la Fayette se mit à rire.

— Il faut, lui dis-je, vous en prendre à cette maudite beauté, qui s'obstine à ne pas s'en aller avec les ans. Que voulez-vous que j'y fasse, moi?

— Vous tenez donc beaucoup au marquis?

— Pas le moins du monde. C'est un être au-dessous de la définition : âme de bouillie, corps de papier mâché, cœur de citrouille fricassée dans de la neige.

— Alors pourquoi donner tant de chagrin à son aïeule?

— Mon Dieu, je vous jure que je suis toute prête à la consoler.

L'historienne de madame Henriette m'embrassa pour cette réponse.

— Mais que faut-il faire? demandai-je.

— Une chose très-simple : rompez avec son petit-fils, elle devient votre amie.

— Vraiment?... Puisque la chose se présente de la sorte, arrangez-nous, ma chère. Entre l'amour et l'amitié, je ne balance pas.

Elle déclara qu'elle viendrait me voir, le lendemain, pour aller ensemble chez madame de Sévigné.

Je mentais un peu en disant que je ne tenais point au petit marquis. Malgré ses défauts réels et sa nature à la glace, ou peut-être même à cause de cela, je m'en étais si bien coiffée, que ma liaison seule avec Condé pouvait soutenir le parallèle.

S'il faut parler net, je ne vois rien d'aussi risible que la façon dont la plupart des amants traitent ensemble : colère, sérieux, fureurs, on dirait qu'il s'agit de l'intérêt de deux républiques.

Voici quelle avait été d'abord l'origine de nos querelles.

M. Racine s'avisa de conduire Grignan chez la Champmeslé. Le marquis était curieux de voir de près la fameuse actrice, qui tenait alors le sceptre de la tragédie, et dont le succès de larmes, dans *Andromaque*, était vraiment quelque chose de prodigieux.

En elle-même, cette visite n'avait rien de bien répréhensible.

Mais voilà tout à coup la Champmeslé qui manœuvre de la paupière, tombe amoureuse du marquis, et jure de me l'enlever.

Ceci devenait une affaire grave.

L'orgueil, chez moi, fut aussi blessé que l'amour. Grignan n'osait plus paraître en ma présence; il se bornait à m'écrire et à m'accuser de jalousie.

« Moi, jalouse! lui répondis-je aussitôt, détrompez-vous, monsieur! je veux désormais prendre ma rivale pour modèle; je veux me réformer sur ses perfections, et je vais tâcher d'imiter ses grâces. Bientôt ma voix ne sera plus naturelle, j'aurai toujours l'air d'une princesse malheureuse et passionnée. Je vais substituer chez moi le manége au sentiment, l'art à la franchise, la basse flatterie à la fierté. Le rouge, le blanc et mille autres agréments semblables, vont corriger les défauts que la nature a pu laisser en ma personne.

« Au lieu de ces grands yeux noirs et assez bien fendus, je veux les avoir petits et ronds comme les siens. Au lieu de cette blancheur, que vous pourriez trouver fade, je prendrai la peau de ma rivale, cette peau grisâtre et parcheminée qui vous paraît, je gage, du plus beau brun du monde.

« En un mot, je m'appliquerai de toutes mes forces à rendre le portrait ressemblant, puisque m'enlaidir est désormais l'unique moyen de vous plaire. »

Le marquis revint et tâcha de me prouver que j'étais injuste, mais sans pouvoir y réussir.

Bientôt j'appris que je n'étais pas la seule avec laquelle il entretenait une correspondance. Andromaque lui écrivait des lettres fort chaleureuses.

Je le somme de m'apporter ces lettres.

Il obéit; mais, deux jours après, il les retire sournoisement d'un tiroir où je les avais mises, craignant que je ne les envoyasse à certain mousquetaire gris, amant en titre de la tragédienne, et qui, dans cette occasion, n'eût pas ménagé les coups de baudrier à l'infidèle.

Dès le soir même, j'eus l'explication de la conduite de Grignan.

Sa grand'mère lui avait fait honte, disant qu'il serait déshonoré, s'il ne reprenait les lettres, coûte que coûte.

A cette nouvelle, j'entre en fureur.

Le marquis veut m'apaiser; je le chasse, et je cours à Saint-Germain m'enfermer dans une petite maison de plaisance que M. de la Fare m'avait échangée contre celle de Picpus, dont le séjour m'était devenu odieux.

Racine et Boileau m'amènent, le lendemain, Grignan tout en larmes.

Il me jure qu'il n'a jamais aimé la Champmeslé. On me supplie d'être généreuse envers ma rivale, qui regrette de tout son cœur un mouvement de coquetterie... que sais-je?

C'était une scène arrangée.

La porte s'ouvre. Andromaque paraît, tombe à mes genoux, pleure et me demande grâce. Bref, il y eut une paix générale, une réconciliation complète.

Madame de Sévigné, instruite, je ne sais comment ni par qui, de ces circonstances, écrivait à son autre petit-fils :

« Votre frère ne quitte plus Saint-Germain. Il est entre Ninon et une comédienne, avec les Racine et les Despréaux sur le tout. »

Un mois déjà s'était écoulé depuis l'aventure de Saint-Germain. Instruite de la peine que mes folies causaient à une femme pour laquelle j'avais autant de vénération que d'estime, et touchée par les conseils de madame de la Fayette, je me décidai à en finir.

Toutefois j'étais curieuse d'apprendre pour quelle secrète raison la grand'mère du marquis désirait si fort cette rupture. Je ne devais pas tarder à le savoir.

Le lendemain, madame de la Fayette tint parole, et me conduisit chez la femme illustre qui manquait à mon cercle.

Madame de Sévigné n'a jamais été bien jolie. Elle a le nez long et pointu, les narines très-ouvertes et quelque chose d'un peu pédant dans la physionomie; mais tout cela ne laisse pas que de lui donner grand air.

Elle me reçut avec une politesse gracieuse.

Douée d'un tact exquis et d'une grande bienséance, elle ne me parla pas la première du sujet de ma visite. Je compris sa réserve, et je lui dis :

— Veuillez, madame, être assez bonne pour m'expliquer vos craintes à l'égard de M. de Grignan. S'il quitte une maîtresse, pensez-vous qu'il n'en retrouve pas une autre?

— Ah! mon Dieu, qu'il en retrouve dix, peu m'importe!

répondit-elle vivement, pourvu que dans ce nombre il ne se rencontre pas une Ninon.

— Et le motif, madame, de grâce?

— Parce que je ferai toujours en sorte de le préserver, avant son mariage, d'un attachement sérieux.

— Croyez-vous qu'il s'attache plus sérieusement à moi qu'à... la Champmeslé, par exemple?

— J'en suis convaincue, mademoiselle. Vous avez tout ce que les autres n'ont pas. Avec votre esprit, votre amabilité, vos talents et cette merveilleuse conservation de vos charmes, qui est pour tous les hommes un attrait irrésistible, nous ne le marierons certainement jamais.

Il y avait dans cette réponse quelque chose de trop obligeant pour que je ne m'exécutasse pas sur l'heure.

Le bureau de madame de Sévigné était ouvert, à quelque distance; j'y allai prendre une plume, et j'écrivis ce billet, d'un laconisme remarquable :

« Je ne vous aime plus.

« Ninon. »

— Vous pouvez, madame, dis-je en me rapprochant, envoyer vous-même au marquis cette déclaration de rupture : il sait que mes arrêts, dans ce genre, sont toujours irrévocables.

Elle poussa une exclamation joyeuse et m'ouvrit les bras. Je perdais un amant, mais je gagnais une amie.

Dès ce jour, madame de Sévigné voulut bien consentir à honorer mes réunions de sa présence, et me défendit envers et contre tous, témoin ce passage d'une lettre qu'elle écrivit dix ans plus tard, à M. de Coulanges :

« Il faut que je vous mande des merveilles de la bonne compagnie que l'on trouve chez mademoiselle de Lenclos. Ainsi, quoi qu'en dise madame de Coulanges, elle rassemble tout sur ses vieux jours, les hommes et les femmes. »

Le marquis de Grignan (je dois l'avouer, puisque je dis avec

Il voulut la contraindre à lui donner le gouvernement de ses biens. *Page 652.*

une égale franchise et ce qui peut m'attirer le blâme et ce qui est à ma louange) ne me parut pas un modèle de résignation.

Ce fut à son tour d'entrer en fureur. Mais je tins ferme, et je lui signifiai ma volonté de la manière la plus catégorique et la plus formelle.

— Résignez-vous, mon cher, lui dis-je, à ne plus entrer chez moi qu'à titre d'ami.

L'année suivante il se maria.

Je reçus de lui, le lendemain de ses noces, le billet le plus étrange qu'un nouveau marié puisse écrire. On jugera du contenu de ce billet par ma réponse:

« Quoi! marquis, tous vos lauriers sont changés en cyprès, et, pour avoir eu trop de vivacité, vous voilà réduit au rôle d'un homme qui en manque? Faire naître un moment favorable, et, le cœur plein d'amour, ne pouvoir en profiter, quelle humiliation! Je conçois votre désespoir. Néanmoins, malgré la compassion que vous m'inspirez, je n'ai jamais ri de si bon cœur qu'en lisant votre lamentable récit. Ce que vous appelez une *déconvenue* est délicieux, et je vous trouve superbe, quand vous m'assurez qu'il *fallait qu'on vous eût ensorcelé.*

« Pour moi, je suis bien aise que vous soyez puni par où vous avez péché. Croyez moi, réconcilliez-vous le plus tôt possible avec les *sorciers*, ou plutôt hâtez-vous de vous faire restaurer par Pequet. Certes, vous n'aviez pas tort de me dire l'autre jour que vous ressembliez au bonhomme Eson : comme lui, vous avez besoin de vous faire bouillir dans une chaudière avec des herbes fines, pour vous ravigoter un peu. L'idée n'est pas à négliger, je vous assure.

« De quelque façon que ce soit, sortez de l'état d'opprobre où vous êtes. Rien de si piquant pour nous que d'avoir des faiblesses en pure perte; nous ne pardonnons que celles dont un amant sait profiter. D'ailleurs, ne l'oubliez pas, mon cher, une femme légitime peut se venger de ces sortes d'accidents d'une manière plus terrible que nous! »

Il y avait de quoi se moquer de cet époux transi, et je m'en donnais à cœur joie.

Je commençais alors à cultiver beaucoup le genre épistolaire, où il est rare qu'une femme ne réussisse pas lorsqu'elle veut s'en donner la peine. Caqueter et tailler des bavettes par écrit, voilà tout le secret.

Pourtant j'avais des prétentions plus hautes, et, dans ma correspondance avec Saint-Évremond, je traitais parfois des points de philosophie très-solennels. Il me répondait avec une grande régularité ; mais le plaisir que je trouvais à lire ses lettres ne valait pas celui que m'eût apporté sa présence, et je souffrais de voir ainsi se prolonger son exil.

De tous mes vieux amis, c'était le seul qui me fît défaut.

Comme la faveur de madame Scarron à la cour prenait décidément une tournure sérieuse, il me vint à l'esprit d'user de son influence pour obtenir le rappel de Saint-Évremond. Elle me promit de saisir la première circonstance favorable pour attirer là-dessus l'attention du roi.

Mon histoire marche si vite, que je laisse, de temps à autre, quelques événements en arrière : ainsi je m'aperçois que j'oublie Mademoiselle et ses malheureuses amours.

Deux mois avant mon voyage dans les Vosges, c'est-à-dire antérieurement à la disgrâce de madame de Montespan, la fille de Gaston avait payé la liberté de Lauzun du sacrifice de la plus grande partie de ses biens. La souveraineté de Dombes et le duché d'Eu devinrent l'apanage du fils aîné de mon ennemie.

Quand le roi et la Montespan eurent moissonné le plus beau et le meilleur, arriva M. de Lauzun, qui se mit à glaner après eux.

Il obtint de Mademoiselle le duché de Saint-Fargeau, affermé vingt-deux mille livres ; la baronnie de Thiers en Auvergne, d'un rapport de trois mille écus, et se fit donner, en outre, une rente de six mille livres sur les gabelles du Languedoc.

Beaucoup de gens auraient passé volontiers cinq ans à Pignerol pour se faire, à ce prix, quarante mille livres de rente.

Encore si la pauvre femme avait acheté le bonheur !

Mais elle n'eut en échange de tout cela que des chagrins et des déboires. Lauzun la visitait à Choisy, où elle avait fait bâtir une petite maison de plaisance. Jamais homme ne se comporta d'une manière plus indigne.

Chacun se figura qu'ils étaient mariés en secret. Si l'ancien colonel des dragons n'eût été que l'amant de la cousine du roi, il semblait qu'elle aurait dû sans retard, pour le soin de sa propre dignité, provoquer une rupture.

Il lui faisait les scènes les plus scandaleuses, les affronts les plus sensibles.

En présence de témoins, il osa lui reprocher, un jour, de porter une toilette peu en rapport avec son âge.

A l'entendre, elle ne l'avait payé que médiocrement des tortures essuyées pour elle à Pignerol. Il lui extorquait à toute minute, soit de l'argent, soit des pierreries, qu'il allait perdre au jeu. Pour achever, il voulut la contraindre à lui donner le gouvernement de ses biens, afin de la dévaliser plus à l'aise. Mais elle résista. Leur vie était un enfer.

Pauvre Mademoiselle! Soyez donc fille de rois! Quelle destinée!

Elle finit par tomber dans la dévotion la plus extrême.

Déjà la cour venait de recevoir un grand exemple du même genre. Pour les cœurs blessés la religion est le plus sûr asile. Mademoiselle de la Vallière, retirée depuis six mois aux Carmélites, prit le voile et prononça des vœux irrévocables. Sous le nom de sœur Louise de la Miséricorde, elle vécut, dès lors, comme une sainte, oubliant toutes les douleurs et tous les dégoûts que lui avait donnés l'amour d'un roi.

Quant à l'autre favorite, elle ne se décourageait pas, et cherchait, par tous les moyens possibles, à reprendre Louis XIV dans ses chaînes.

C'était un caractère sans vergogne et sans pudeur. Elle subissait les rebuffades, buvait les affronts, mais ne regagnait pas, Dieu merci, le terrain qu'elle avait perdu.

Décidément Françoise l'emportait. Tous les jours le roi lui rendait visite, sous prétexte d'aller caresser les enfants.

Il lui témoignait la plus haute estime et prenait un vif plaisir à son entretien. De plus en plus enchanté de son esprit et de sa nature aimable, il lui acheta, du côté de Chartres, un domaine dont il voulut qu'elle portât le nom. Le malheureux poëte cul-de-jatte ne se doutait guère, de son vivant, qu'il dût compter au nombre de ses successeurs le plus glorieux monarque du monde.

Cédant au désir de Louis XIV, Françoise s'appela désormais madame de Maintenon.

Quelques mauvais plaisants de la cour parodièrent aussitôt le mot, et la nommèrent madame de *Maintenant*.

Presque toutes les semaines elle venait me voir. Quand elle ne pouvait sortir, j'allais au Louvre.

Son premier soin, comme on le pense, avait été de se débarrasser de madame Arnoul, dont les intrigues et les cartes ne pouvaient plus que la compromettre. Elle lui donna vingt mille écus et la maria à un intendant de marine de Marseille.

J'étais émerveillée du succès de mon amie; j'oubliais les menées étranges qui l'avaient conduite à ce comble de fortune. Ma vengeance contre la Montespan devenait complète, et Françoise profitait de sa ruine : n'était-ce pas double bonheur?

Cependant il me déplaisait de la voir conserver le masque religieux, qu'elle avait pris, je le savais mieux que personne, pour arriver à ses fins. L'hypocrisie m'a toujours paru le plus abominable des vices.

— Explique-moi donc un peu, lui dis-je, comment ton directeur te permet de communier deux fois la semaine.

— Apparemment il m'en trouve digne, répondit-elle.

— Par exemple! Alors tu lui laisses ignorer les visites amoureuses du roi? Ce serait pourtant, j'imagine, la première chose qu'il faudrait dire.

Elle me regarda d'un air scandalisé.

— Ma dévotion, dit-elle, est sincère, et mon confesseur n'a point à intervenir dans les relations qui existent entre moi et Sa Majesté.

— Ton confesseur n'a point à intervenir....

— Non, vraiment!

— Tu plaisantes?

— Je ne plaisante pas sur ces matières.

— Voilà qui est fort!

Sa figure prit une expression digne.

— Jamais, dans ses visites, me dit-elle, le roi ne s'est écarté des règles de la décence; jamais un mot, jamais un geste, jamais un coup d'œil, ne m'ont laissé supposer....

— Voyons, Françoise, voyons! Ce n'est pas à moi qu'il faut conter ces histoires!

— Devant Dieu, je jure que je ne lui ai rien accordé!

C'était net et clair.

J'aurais eu mauvaise grâce à persévérer dans mes doutes, et Louis XIV, en s'attachant peu après à mademoiselle de Fontanges, me donna la preuve évidente que Françoise n'avait pas menti.

La nouvelle favorite passa comme un météore; elle ne brilla un instant que pour mieux s'éteindre et disparaître. On n'aurait même pas conservé son souvenir, sans la coiffure bizarre qu'elle inventa et qui garde encore son nom.

C'est une espèce d'édifice en fil de fer et à plusieurs étages, sur lequel on place quantité de morceaux de mousseline, séparés par des rubans entrelacés de boucles de cheveux. Il se décompose en huit pièces principales, appelées la *duchesse*, le *solitaire*, le *chou*, le *mousquetaire*, le *croissant*, le *firmament*, le *dixième ciel* et la *souris*.

Jamais plus sotte imagination n'a passé dans le cerveau d'une femme.

Ce qu'il y a d'inouï, c'est que la mode en a duré près de dix ans.

Madame de Maintenon ne parut s'inquiéter en aucune sorte de la passion du roi pour mademoiselle de Fontanges. Elle s'occupait, pendant ce temps-là, de pousser son confesseur à la cour. Le père la Chaise finit, grâce à elle, par obtenir l'insigne honneur de diriger la conscience de Louis XIV. Il était de la compagnie de Jésus, et, en conséquence, ferré de tout point sur les maximes d'Escobar.

Sans contredit, ce fut le tour le plus habile de la veuve Scarron.

Fontanges disparut, et le roi n'eut plus d'autres amours que celles qui lui furent permises par son sage et prudent directeur.

Le père la Chaise ne fut pas ingrat envers sa protectrice. Il est probable qu'à partir de cette époque, et sans cesser pour cela de communier deux fois la semaine, elle eut la permission d'être moins sévère lors des visites amoureuses de Sa Majesté. N'est-il pas avec le ciel des accommodements?

XI

Une véritable bataille littéraire s'engageait, en ce temps-là, d'un bout de Paris à l'autre, à propos de la *Phèdre* de M. Racine et de la *Phèdre* de M. Pradon.

Tous les cercles étaient en rumeur.

Il y avait entre les deux ouvrages la différence qui existe entre la première étoile et le plus grossier des flambeaux terrestres, entre l'ombre et le soleil, entre le jour et la nuit; l'un était un éclatant chef-d'œuvre, et l'autre quelque chose d'informe, de ridicule et de présomptueux comme son auteur.

Pourtant la *Phèdre* de M. Pradon fut un instant déclarée supérieure à la *Phèdre* de M. Racine, et le parterre accueillit ce jugement inique, sans exemple dans les fastes des lettres.

Heureusement pour l'honneur de notre siècle, nos petits-neveux ne voudront pas le croire.

Madame Deshoulières eut le tort très-grave de se joindre à la troupe d'envieux qui essayaient de ternir la renommée du seul écrivain qui, jusqu'alors, se fût montré digne de succéder à Corneille. Je dis « le tort très-grave, » parce que, ne pouvant, dans cette circonstance, accuser l'esprit de la *Calliope française*, je suis obligée d'accuser son cœur.

Du reste, hâtons-nous de dire que le triomphe du mauvais goût n'eut pas longue durée. La cabale en fut pour sa courte honte.

On s'occupait beaucoup alors de questions religieuses. Rome et le grand roi se trouvaient en désaccord au sujet de l'affaire de la *Régale*. En cela, tous les évêques de France flagornèrent Louis XIV à l'envi l'un de l'autre, au grand préjudice de l'autorité du saint-siége, dont ils devaient se montrer avant tout les soutiens. Pas n'est besoin d'être casuiste ni versé profondément dans la science de la théologie pour comprendre que le droit de nommer aux évêchés ne peut être laissé au caprice des cours.

Ce serait un moyen sûr de donner gain de cause à l'ambition et à l'intrigue.

Messieurs du clergé ne firent preuve dans la circonstance ni de bonne foi ni de sagesse. On les blâma très-fort d'avoir été courtisans lorsqu'ils devaient être orthodoxes.

A mesure que les heures inflexibles me poussent vers la vieillesse, les années pour moi deviennent moins pleines, et les pages que je consacre à raconter ma vie sont nécessairement plus courtes. La mort frappait à chaque instant autour de moi des personnes qui m'étaient chères, ou avec lesquelles j'avais vécu dans l'intimité.

Madame de Chevreuse venait de mourir à Port-Royal.

Une autre femme, plus célèbre encore par son esprit et sa beauté, ne devait pas tarder à la suivre dans la tombe. Je parle de madame de Longueville, dont le souvenir s'attachait à mes

Voilà, très-saint père, des religieux bien dressés. Page 660.

plus beaux jours, à ma plus précieuse affection, à ma plus douce ivresse de cœur. La noble et gracieuse reine de la Fronde, l'amante de Marsillac, la sœur du grand Condé, mourut aux Carmélites dans l'exercice des plus rudes mortifications.

Depuis longtemps elle avait renoncé au monde pour s'occuper exclusivement de son salut.

Madame de Sévigné, qui la visitait dans sa retraite, nous parlait souvent d'elle et l'appelait *sainte et pénitente princesse*, ne trouvant pas assez d'éloges pour les sublimes vertus dont elle donnait l'exemple.

Cette mort me donna sérieusement à réfléchir.

La duchesse de Longueville était à peu près de mon âge. Si l'heure a sonné pour elle, ne sonnera-t-elle pas bientôt pour moi? Mener une vie si peu en rapport avec cette fatale rapidité des ans, qui, chaque jour me rapproche de la tombe, n'est-ce point une conduite imprévoyante et folle? ma philosophie pourra-t-elle, là-haut, me tenir lieu du repentir?

Il y eut une personne que la fin de madame de Longueville devait encore affecter plus que moi. Je n'ai pas besoin de nommer la Rochefoucauld.

Sa douleur fut aussi grande qu'avait été jadis son amour. Il lui sembla que, cette âme une fois envolée de la terre, la sienne devait la suivre. François me prédit qu'il mourrait avant la fin de l'année. Sa prédiction se réalisa; mes larmes coulèrent sur un nouveau cercueil.

Je perdais le plus cher ami de mon enfance.

Où sont, hélas! nos belles années du château de Loches, et nos jeux sous les grands ombrages du parc, et notre fuite dans les bois, et le souper de Jacqueline, et cette terrible révélation de mon sexe, suivie d'émotions si douces, de si tendres battements de cœur!

Plus d'un demi-siècle s'est écoulé depuis cette bienheureuse époque d'innocence et d'amour.

Ah! que la vie la plus longue paraît courte, quand on regarde derrière soi pour interroger le souvenir! Il semble à l'enfant qu'il n'épuisera jamais la longue série des jours, et le vieillard s'étonne de trouver le berceau tout près de la tombe.

J'étais plongée dans une mélancolie sombre. En vain mes amis essayaient de rappeler ma gaieté disparue.

Le Nôtre vint m'annoncer qu'il partait pour Rome. Il engagea vivement madame de la Fayette et moi à l'accompagner dans ce voyage.

— Nous aurons avec nous, dit-il, le poëte Santeuil, un gros chanoine de Saint-Victor, dont la verve caustique et l'originalité nous amuseront pendant la route.

J'acceptai de grand cœur cette distraction qui venait s'offrir si à propos.

Lors de mon premier voyage en Italie, je n'avais pas vu Rome. Madame de la Fayette brûlait d'étudier la cour du pape. Huit jours après, nous étions, avec le jardinier royal et Santeuil, sur le chemin de Genève, d'où nous devions gagner Turin, Parme, Florence, et enfin les États de l'Église.

Le joyeux chanoine nous défraya de plaisanteries, que nous ne trouvions pas toujours marquées au coin de la décence et de la délicatesse, surtout quand il s'était livré, comme cela ne manquait pas de lui arriver plus d'une fois le jour, à son goût excessif pour la boisson.

Mais le sans-gêne du voyage nous aidait à passer sur bien des choses.

Santeuil allait à Rome afin d'obtenir l'approbation du saint-père et des cardinaux à un recueil d'hymnes latines qu'il destinait au rite dans toute l'étendue de la chrétienté.

Quant à le Nôtre, il était appelé par le pape lui-même. Sa réputation avait franchi les Alpes, et Louis XIV, réconcilié décidément avec le souverain pontife, consentait à lui prêter pour quelques mois le célèbre jardinier. Il s'agissait de dessiner les parterres du Vatican.

Nous arrivâmes à Rome sur la fin de mars.

Madame de la Fayette et moi, nous obtînmes la faveur d'être présentées avec nos deux compagnons de route à l'audience solennelle du pape.

Je me souviendrai longtemps de la charmante bonhomie dont le Nôtre fit preuve en entrant dans la salle d'audience, où le saint-père nous attendait, environné des membres du sacré collège.

Au lieu de se prosterner, comme c'est l'usage, et de baiser pieusement la mule du pontife, il s'écria :

— Eh ! bonjour, mon révérend père ! Que vous avez bon visage, et combien je suis ravi de vous trouver en si bonne santé !

Puis, à la fin de cette exclamation aussi cordiale qu'étrange, il alla se précipiter au cou du pape. Il le baisa sur les deux joues, sans plus de façon que s'il eût abordé un simple mortel.

Sa Sainteté rit de bon cœur.

Elle accepta comme on la lui donnait cette franche et naïve accolade, nous fit mille amitiés et voulut qu'on nous servît une collation.

Le pape descendit ensuite avec nous dans les jardins, qui étaient vraiment de fort mauvais goût, comparés à ceux des Tuileries et de Versailles. Il nous conduisit vers une espèce d'étang où nageaient d'énormes poissons, parmi lesquels il nous montra des carpes deux fois centenaires.

Je ne trouvais rien de bien curieux à cela.

Mais tout à coup, sur un signe du pontife, un des cardinaux qui l'accompagnaient sonna une cloche suspendue à une potence, au bord du bassin même.

Aussitôt les poissons d'accourir en agitant leurs nageoires, et de lever leur tête hors de l'eau.

Un page apporta deux corbeilles. L'une était remplie de pain taillé, l'autre de graines diverses, et le pape jeta devant nous toutes ces provisions à ses carpes favorites, qui les eurent absorbées en un clin d'œil.

On sonna de nouveau la cloche. Les poissons se livrèrent à quelques évolutions joyeuses, comme pour remercier leur pourvoyeur et disparurent.

— Parbleu ! s'écria le poëte latin, enhardi par le bon accueil fait à la franchise de le Nôtre, voilà, très saint père, des religieux bien dressés !

— Des religieux... que voulez-vous dire ? demanda le pape

en se retournant.

— Mais sans doute, reprit Santeuil : n'accourent-ils pas au réfectoire au son de la cloche? Votre Sainteté devrait, sur ma parole, proposer ce monastère aquatique pour modèle à tous les autres. Désormais on verrait une observation plus exacte de la règle du silence et de la sobriété, si les moines étaient muets comme ces poissons et ne buvaient que de l'eau!

Le pape fronça le sourcil.

A son exemple, les membres présents du sacré collége regardèrent Santeuil avec un mécontentement visible, et je tremblai, dès lors, pour les *hymnes* de notre bavard de poëte.

Mes craintes furent justifiées par l'événement. On trouva dans le consistoire que les poésies de Santeuil avaient un parfum de paganisme qui devait empêcher à tout jamais l'Église romaine de les chanter dans les cérémonies du culte.

Plus tard on fut moins injuste.

Mais, en attendant, le pauvre chanoine dut quitter l'Italie sans voir faire droit à sa requête, et Dieu sait toutes les malédictions burlesques dont il accabla les carpes du Vatican!

Il faudrait des années entières pour visiter Rome, cette ville des ruines, où l'histoire du plus grand peuple du monde est écrite à chaque pas, sur les monuments debout ou renversés.

Les pompes du catholicisme nous émerveillèrent; elles sont là plus imposantes qu'en aucun lieu du monde.

Seulement il y eut beaucoup de scandale mêlé à notre admiration, et je m'habituais difficilement, pour mon compte, à voir, le matin, à l'autel, les *monsignori*, que je retrouvais ensuite, le soir, dans les bals et les théâtres, affichant leurs mignons ou leurs maîtresses.

Je fus presque tentée d'imiter ce juif, qui se convertit en raison même du spectacle de débauche et d'immoralité donné par les cardinaux et le clergé de Rome.

« Une religion, disait-il, capable de résister à tout ce que ses chefs eux-mêmes font pour la détruire, doit être nécessairement divine. »

Il fallut six mois à le Nôtre pour achever ses travaux de jardinage.

Le souverain pontife lui donna dix mille florins avec sa bénédiction, et nous regagnâmes la France au commencement de l'hiver.

Hélas! j'étais partie pour échapper aux impressions lugubres que me causaient les coups précipités de la mort, et je n'arrivai que pour la voir frapper une autre victime!

Je trouvai mon vieux Corneille à toute extrémité.

C'était encore une des plus belles pages de ma vie que le temps déchirait de sa main impitoyable, une de mes plus vives affections qu'il emportait sans retour! Pour moi, le présent n'était plus que le regret du passé; je devais me résigner à chercher un refuge dans le souvenir, ce deuil du cœur!

En comptant l'aller et le retour, je n'avais été que huit mois hors de Paris. Cependant je le retrouvai changé, comme si mon absence eût duré un siècle.

Louis XIV se convertissait décidément et prenait ses précautions contre l'enfer.

Toute la cour de l'imiter aussitôt. Jamais on ne vit tant de gens inquiets de leur salut. Sa Majesté coupe sa moustache, les courtisans coupent la leur; Sa Majesté croit que la perruque grise lui donnera un air plus respectable, chacun de poudrer la sienne au plus vite et de se vieillir autant que possible, afin d'attirer par cette prévenance délicate l'attention et la faveur du maître.

Jusqu'alors les femmes seules avaient fait usage de la poudre.

On sait quelles proportions immenses avaient prises les perruques. Les cheveux, que personne ne laissait plus pousser, devenaient d'un prix fou, et se vendaient jusqu'à soixante et quatre-vingts livres l'once.

Une belle perruque coûtait mille écus.

Heureusement pour les bourses médiocres, on inventa le crêpe. Il s'arrangeait mieux sur la tête, et faisait paraître la perruque très-garnie, quoique plus légère.

Quant aux costumes, ils avaient changé comme les visages.

Le justaucorps, après être devenu casaque, se métamorphosait en habit. Des petits-maîtres, amateurs de l'absurde avant tout, venaient d'inventer la *culotte in-folio*, sorte de vêtement de matelot très-disgracieux au coup d'œil.

On semblait avoir fait la gageure de se rendre plus ridicule de jour en jour, et les femmes, lancées dans cette voie, allèrent bientôt plus loin que les hommes. Elles empruntèrent aux Espagnoles le *vertugadin*, sorte de gros bourrelet qu'elles s'appliquaient à la ceinture pour donner plus d'ampleur aux jupes. Après le *vertugadin* arriva le *panier*, grand cerceau de baleine recouvert de toile, et destiné au même usage. Cela fit prendre aux hanches des proportions si exagérées, que les portes et les rues devinrent trop étroites. On voyait ces dames obligées de marcher constamment de côté, ce qui leur donnait vraiment beaucoup de grâce.

Pour les mœurs, elles étaient empesées et guindées comme les costumes. L'ancienne gaieté française disparaissait chaque jour, avec l'esprit folâtre, les entretiens vifs et délicats, les belles manières.

Je me trouvais presque heureuse de vieillir en remarquant les tendances moroses et taciturnes de mon siècle.

Il faut bien l'avouer, madame de Maintenon contribuait de toutes ses forces à accroître cette propension universelle au genre ennuyeux. Sa dévotion, que j'avais crue d'abord une ruse, était décidément une maladie.

Le père la Chaise prenait soin de l'aggraver chaque jour. Peu importait à ce jésuite que la France pérît de tristesse, pourvu qu'il fît ses affaires et celles de son ordre.

Depuis un an bientôt, Françoise m'avait promis de parler en faveur de mon pauvre Marguerite. Il me parut qu'elle ne tenait pas grand compte de ma recommandation et de sa promesse.

Je voulus aller la voir au Louvre; mais je ne l'y trouvai point.

Elle était alors en train d'organiser le couvent de Saint-Cyr, où elle ne recevait personne, tant elle avait à cœur de dresser elle-même et avec le soin le plus scrupuleux la règle de cette sainte maison.

Il fallut que je lui écrivisse.

Longtemps la réponse se fit attendre. Je présume que la règle manquait encore de quelques articles. Enfin elle daigna m'envoyer de ses nouvelles et m'apprendre que le roi consentait à rappeler l'exilé, pourvu qu'il donnât preuve de repentir.

Cette preuve consistait en une lettre respectueuse et soumise à envoyer de Londres à Louis XIV.

Je m'empressai d'avertir Marguerite, pensant qu'il serait heureux, à ce prix, de regagner la France. Mais je me trompais, il voulut rester en exil.

Depuis quinze ans il habitait l'Angleterre. Il avait pris les habitudes et presque les mœurs du pays; il se trouvait vieux, cassé. Un pareil dérangement, disait-il, n'était plus de saison. Du reste, il joignait à son refus tant d'affectueux et bons souvenirs, que je n'eus pas le courage de lui en vouloir.

Il me proposa de nous réunir sans traverser le détroit, c'est-à-dire de lui envoyer mon histoire.

L'idée me parut originale.

« Je lirai avec bonheur les détails que je connais, ma chère, écrivait Saint-Évremond; mais racontez-moi surtout ceux que je ne connais pas. »

A tout hasard, j'acceptai sa proposition. J'avais toujours eu une mémoire excellente, et je commençai gaiement ce travail, qui fut, je dois en convenir, une des plus agréables distractions de ma vieillesse.

Il me semblait revivre à mesure que j'évoquais le passé. Je n'eus pas une heure d'ennui à partir de cette époque, et j'envoyais à Saint-Évremond ma confession générale, chapitre par chapitre. Il est vrai qu'en me confessant je confesse aussi tout mon siècle; mais tant de gens manquent de franchise,

Je proclamai hautement la date de ma naissance. *Page* 667.

qu'il faut bien en avoir pour eux. Je mets tous mes soins à ne rien laisser dans l'ombre ni de mes actions ni de celles des autres.

Et, puisqu'il s'agit de franchise, disons enfin à quel âge incroyable j'étais parvenue, sans que personne autour de moi en eût le soupçon le plus léger, sans que les adorateurs et les hommages cessassent de me poursuivre.

On venait d'entrer en mil six cent quatre-vingt-cinq, et j'étais née en mil six cent douze.

J'avais donc soixante-treize ans bien sonnés.

Soixante-treize ans!... et Châteauneuf soupirait du matin au soir à mes genoux, et Chaulieu ne me parlait que de son bonheur !

En vérité, l'on pouvait sans flatterie me trouver belle encore. Mes cheveux ne grisonnaient pas ; aucune de mes dents ne branlait dans l'alvéole; si mon teint n'avait plus son ancien éclat, il conservait beaucoup de blancheur, avec une apparence de santé qui manque trop souvent aux jeunes visages. Cela tenait du prodige, et toutes les promesses de l'homme noir se réalisaient d'une manière effrayante.

Au front seulement j'avais une petite ride, où Chaulieu disait que s'était réfugié l'amour.

Madame de la Fayette, scandalisée de mon éternelle coquetterie, me répétait à chacune de ses visites :

— Ninon, Ninon, quand serez-vous enfin raisonnable?

Je lui répondais :

— Quand on cessera de m'aimer.

— Vous avez tort, ma chère, vous avez tort ! répliquait-elle : n'attendez pas que l'amour vous quitte.

— Il vaut donc mieux quitter l'amour?

— Certainement. Si vous n'interrogez pas là-dessus la sagesse, prenez du moins conseil de votre orgueil.

— Je crains que vous n'ayez raison, lui dis-je toute rêveuse.

— Oui, ma chère, ne le mettez pas en doute. Une femme d'esprit comme vous doit-elle attendre la fin de ses triomphes? Sauvez, croyez-moi, votre gloire du naufrage.

Le raisonnement me frappait de plus en plus. Je me recueillis pendant une semaine, comme si j'allais procéder à l'acte le plus grave de ma vie.

Ma résolution prise, j'envoyai des invitations à mes habitués pour les réunir dans une assemblée extraordinaire; puis, faisant appel à tout mon courage, le cœur ému sans doute, mais bien décidée à l'acte solennel que j'allais accomplir, je déclarai que je renonçais à l'amour.

Ici, j'ai besoin de faire un serment, car on pourrait s'imaginer que je raille ou qu'un reste de coquetterie est en jeu dans l'affaire. Je le jure donc sur l'honneur, à cette déclaration tout le monde se récria.

Ce ne fut d'un bout à l'autre de mon cercle que réclamations et murmures.

On soutint que je n'avais pas le droit d'abdiquer mon sceptre, que j'étais encore la reine de la beauté, la perle des femmes, l'étoile de mon sexe.

Pour en finir, je proclamai hautement la date de ma naissance.

Alors le soulèvement devint terrible. Il y eut une véritable révolte, une tempête d'indignation. Les plus exaltés allaient jusqu'à m'accuser de mensonge. On me somma de produire mon extrait de baptême. Deux ambassadeurs furent nommés par la compagnie pour aller le réclamer au curé de Notre-Dame et le lever sur les registres de la paroisse.

Le lendemain, quand ils vinrent le mettre sous les yeux des incrédules et les convaincre de mon âge, les clameurs recommencèrent, mais dans un autre sens.

— Elle disait vrai ! criait-on.

— C'est merveilleux !

— Quel prodige !

— Il y a là-dessous du sortilége !

— Oui ! oui ! quelque magicien s'est évidemment mêlé de la chose !

Ces dernières paroles me firent tressaillir : je n'aimais pas ce qui me rappelait le pacte imprudent que j'avais signé.

— Voyons, messieurs, répondis-je, oubliez-vous qu'Hélène avait plus de quarante ans lorsque toute la Grèce se battit pour elle ?

— Quarante ans, mais vous en avez soixante-treize !

— Le double... comprenez-vous ?... le double !

— Je vous en prie, laissez-moi poursuivre. Ménélas la reprit à cinquante, et la trouva si belle encore, qu'il lui pardonna. Donc, il est à présumer qu'elle ne vieillit pas en un jour et que ses charmes durèrent bien au delà de cet âge.

— Allons donc, vous brodez l'histoire!

— D'ailleurs, il est prouvé que ceci rentre dans le domaine de la Fable.

— Et Diane de Poitiers, messieurs, ajoutai-je, ne voyait-elle pas à soixante-cinq ans, au château d'Anet, toute la cour à ses genoux?

— Mais encore une fois, Ninon, vous en avez soixante-treize!

— Les deux femmes que vous citez ne soutiennent pas le parallèle!

— Ne mettez plus en avant madame Ménélas!

— Laissez en repos la belle Diane!

— Elle voit éclipser sa gloire!

Ils eurent beau crier, supplier, se désoler, me demander à genoux de ne pas fermer ma cour d'amour et de permettre encore aux oiseaux des Tournelles de voltiger autour de moi: je fus inflexible.

XII

A partir de ce jour, il y eut une réforme absolue dans ma maison.

Le fard, la poudre et les mouches furent exilés de ma table de toilette. Je pris un costume sévère. Tout propos à double entente cessa dans mon cercle, et je condamnai sans miséricorde la porte de mon boudoir.

Ninon, la légère et sensuelle Ninon, que jusque-là ni les chagrins ni le malheur n'avaient pu rendre sage, se métamorphosa tout à coup, sans que rien l'y contraignît, par la seule force du raisonnement. On ne vit plus que mademoiselle de Lenclos, digne, sérieuse, renonçant aux folies du cœur pour les nobles plaisirs de l'esprit.

Madame de la Fayette était dans l'enthousiasme. Elle admirait son ouvrage, encore plus par amitié pour moi que par gloriole d'auteur.

Paris n'eut plus, dès ce jour, qu'un salon où se réunissaient les gens de goût, les célébrités en tout genre, et ce salon était le mien.

Racine, Boileau, Fontenelle, la Fontaine, Huydens, Bussy-Rabutin, Charleval, Montreuil, la Fare, Benserade, le vieux Desmarets, Quinault, la Bruyère, en un mot tous les beaux esprits de l'époque se donnaient chaque soir rendez-vous chez moi.

J'avais aussi beaucoup de personnages de la cour.

Le duc de Beauvilliers et le maréchal de Duras furent ceux qui, dans le nombre, fréquentèrent le plus assidûment mes assemblées.

Quant à mes aventures amoureuses, on n'en parlait plus. A tort ou à raison, l'estime générale m'était acquise, et je recevais des honneurs qui flattaient extrêmement mon amour-propre.

Ainsi, lorsque le grand Condé rencontrait ma chaise, il descendait de carrosse et faisait baisser mes glaces pour me saluer.

Madame de Maintenon elle-même, qui, depuis son incroyable fortune à la cour, n'était venue me rendre visite qu'en tapinois ; madame de Maintenon, de plus en plus dévote et sainte, daigna me faire l'honneur de paraître publiquement mon amie.

Je la reçus trois ou quatre fois en grand apparat.

Contre son habitude, elle eut assez de tact et de bienséance pour ne pas trop écraser la société de sa grandeur.

Des cardinaux, des évêques sollicitèrent l'entrée de mes salons. Plusieurs d'entre eux m'affirmèrent que le pape avait conservé le souvenir de mon voyage à Rome et parlait de moi souvent avec la plus haute estime.

L'abbé de Fénelon, cet homme aux mœurs si douces, à l'esprit si gracieux, à la parole si pleine d'onction et de charme, fut un de mes visiteurs les plus assidus, et madame Guyon, sa belle cousine, du côté de la branche des la Mothe, prêcha pour la première fois dans mon cercle la doctrine du quiétisme et l'amour pur de Dieu.

Jamais l'ancien hôtel Rambouillet n'avait eu plus de solennité, plus de décence..

Outre mesdames de la Sablière, de la Fayette et de Sévigné, je recevais mesdames d'Elbène, de Coulanges, du Fort; les comtesses de Souvré, de la Suze, d'Olonne, de Sandwich ; les marquises de Vardes, de Créqui, de Saint-Lambert, les duchesses de Sully et de Bouillon, et les maréchales de Castelnau et de la Ferté.

Grâce à l'intervention de madame de Sévigné, bientôt Madeleine de Scudéri ne me bouda plus. Elle devint ma meilleure et ma plus intime camarade.

Je fis taire Boileau, qui s'avisait de crier partout et même d'écrire qu'elle ne méritait pas sa gloire. Il finit par écouter mes observations et montra pour les œuvres de la *Dixième Muse* une indulgence que je n'avais pas toujours eue moi-même.

Le tort de mademoiselle de Scudéri est de s'être beaucoup trop adonnée à la phrase, en négligeant l'étude des passions.

Mais on ne pouvait lui refuser un esprit charmant et une grâce exquise dans l'entretien.

D'une figure presque masculine, et laide autant qu'une femme peut l'être, elle ne laissa pas d'inspirer plus d'un amour sérieux. L'avocat Pellisson l'idolâtrait encore, et jadis elle avait complétement tourné la tête à Conrart, secrétaire de l'Académie française.

Pour madame Deshoulières, il fallut, bon gré mal gré, qu'elle fît amende honorable à la *Phèdre* de Racine.

Le chagrin du pauvre auteur au sujet de l'injustice odieuse dont, à cette occasion, le public s'était rendu coupable envers lui fut si vif, qu'il résolut d'abandonner le théâtre. Il consacra sa plume à écrire des tragédies religieuses pour les demoiselles de Saint-Cyr.

Nous eûmes beau le sermonner à cet égard et lui prouver qu'il ne devait pas mettre son talent au service des folles aberrations de Françoise; Racine se montra sourd à nos reproches et composa pour elle, à deux années de distance, *Esther* et *Athalie*.

Dans une de ses lettres, Saint-Évremond m'avait donné le conseil de lutter contre les déplorables tendances de la cour de Versailles.

Forte de son sentiment et de celui de beaucoup d'autres, je consacrais à cela mes plus constants efforts, et je suppliais de marcher dans la même route que moi ceux qui pouvaient m'aider à sauver du naufrage de la bigoterie nos belles mœurs françaises [1].

---

[1] Ninon n'exagère pas dans tout ce qui précède. On en aura la certitude en lisant ces deux passages, l'un tiré des œuvres du marquis de la Fare, mort en 1712, et l'autre de Saint-Simon.

« La demeure de mademoiselle de Lenclos, dit le premier, était alors (1694) le rendez-vous de ce que la cour et la ville avaient de gens estimables par

Ma nouvelle manière d'être me fit une réputation immense.

On ne parlait que de la rue des Tournelles et de la bonne compagnie qu'on y rencontrait. Je n'en finirais plus si je voulais donner ici la liste des personnes qui sollicitèrent comme une grâce l'entrée de mon salon.

Dans la foule, je choisissais, et je choisissais bien.

Parmi ceux dont je ne jugeais pas convenable d'accueillir la demande, plusieurs s'ingénièrent à trouver des prétextes pour s'introduire chez moi et satisfaire leur curiosité. Ce fut ainsi que je reçus la visite du précepteur de M. le duc de Chartres,

---

leur esprit. Les mères les plus vertueuses briguaient, pour leurs fils qui étaient dans le monde, l'avantage d'être admis dans une société aimable que l'on regardait comme le centre de la bonne compagnie. Bien plus, la maison de Ninon était peut-être, dans les derniers temps de sa vie, la seule où l'on osât faire usage des talents de l'esprit et où l'on passât des journées entières sans jeu et sans ennui. Enfin, jusqu'à l'âge de quatre-vingt-sept ans, elle fut recherchée par la meilleure compagnie du temps. »

Saint-Simon dit à peu près la même chose en d'autres termes :

« Ninon eut des amis illustres de toutes les sortes, et montra tant d'esprit qu'elle se les conserva tous et les tint unis entre eux, ou pour le moins sans le moindre bruit. Tout se passait chez elle avec un respect et une décence extérieure que les plus hautes princesses soutiennent rarement avec des faiblesses. Elle eut de la sorte pour ami tout ce qu'il y avait de plus trié et de plus élevé à la cour, tellement qu'il devint à la mode d'être reçu chez elle, et qu'on avait raison de le désirer par les liaisons qui s'y formaient. Jamais ni jeux, ni ris élevés, ni disputes, ni propos de religion et de gouvernement ; beaucoup d'esprit, et fort orné, des nouvelles anciennes et modernes, des nouvelles de galanterie, et toutefois sans ouvrir la porte à la médisance. Tout y était délicat, léger, mesuré, et formait les conversations qu'elle sut soutenir par son esprit et par tout ce qu'elle savait de faits de tout âge. La considération qu'elle s'était acquise, le nombre et la distinction de ses amis et de ses connaissances continuèrent à lui attirer du monde quand les charmes eurent cessé et quand la bienséance et la mode lui défendirent de plus mêler le corps avec l'esprit. Elle savait toutes les intrigues de l'ancienne et de la nouvelle cour, sérieuses et autres. Sa conversation était charmante. Désintéressée, fidèle, secrète, sûre au dernier point ; et, à la faiblesse près, on pouvait dire qu'elle était vertueuse et pleine de probité. Elle a souvent secouru ses amis d'argent et de crédit, est entrée pour eux dans des choses importantes, et a gardé très-fidèlement les dépôts d'argent et des secrets considérables qui lui étaient confiés. Tout cela lui acquit de la réputation et une considération tout à fait singulière. »

(SAINT-SIMON, tome IV, page 421.)

Eh quoi! fit-elle vous ne me remettez pas. Page 677

un certain abbé Dubois, si j'ai bon souvenir, dont la figure chafouine et astucieuse me déplut.

Il allait à Londres, et venait me demander une lettre pour Saint-Évremond.

Je la lui donnai, mais sans le recommander bien chaudement. Son visage, ses manières et ses discours ne m'avaient point séduite.

L'année suivante, deux grands deuils vinrent frapper la cour. Marie-Thérèse, femme de Louis XIV, mourut presque subitement, et le grand Condé termina, dans son château de Chantilly, une carrière pleine d'héroïsme.

Il avait noblement racheté ses torts en couvrant de lauriers les pages de son histoire où se trouvait écrite sa révolte.

Bossuet prononça son oraison funèbre.

Depuis environ dix-huit mois, madame de Montespan, abreuvée de dégoûts, avait enfin pris le parti de se retirer dans ses terres. Elle faisait son possible pour achever saintement une existence bien mal commencée.

Peut-être trouvera-t-on que ma rancune envers la favorite a dépassé les bornes. Mais, encore une fois, était-ce à elle de me jeter le mépris et l'opprobre?

Que Dieu lui pardonne ses torts, comme je le prie de me pardonner les miens!

Deux mois après la mort de la reine, nous eûmes une surprise dont je ne suis pas encore bien revenue, quoique les folles prédictions de ma compagne de voyage dans les Vosges m'y eussent préparée depuis longtemps.

Françoise d'Aubigné, cette pauvre fille jadis abandonnée de tous, que madame de Neuillan prenait pour valet d'écurie; Françoise d'Aubigné, que j'avais tirée plusieurs fois de la misère, qui s'était vue en quelque sorte forcée d'épouser un cul-de-jatte; Françoise d'Aubigné, alors âgée de cinquante ans au moins, et aussi perdue de physionomie que le sont ordinairement les femmes à cet âge; Françoise d'Aubigné, veuve Scarron, vint nous dire en confidence qu'elle allait épouser Louis XIV.

Ainsi la prophétie de madame Arnoul s'accomplissait!

J'en tombai du plus haut des nues.

Le mariage, il est vrai, ne devait pas être public d'abord; mais une femme assez habile pour arriver là n'avait plus aucune raison de s'arrêter en chemin. Je ne désespérai pas d'entendre bientôt proclamer la veuve Scarron reine de France.

Ils furent mariés par le père la Chaise à la chapelle de Versailles, en présence de l'archevêque de Paris. Bontemps, valet de chambre du roi, servit la messe.

A quelques jours de là, madame Louis XIV me fit proposer d'aller demeurer auprès d'elle à Versailles.

Je déclinai cet honneur.

N'étais-je pas aussi reine chez moi? Franchement, mon diadème me semblait préférable au sien.

Du reste, la crainte cachée qui la poussait à me faire cette proposition devint pour moi très-évidente, lorsque, peu de temps après, je la vis attirer les Montchevreuil à la cour. Elle protégea chaudement cette famille, d'une noblesse médiocre et d'une considération douteuse, mais qui l'avait autrefois, dans la Brie, hébergée avec Villarceaux.

La nouvelle épouse tremblait que l'histoire de ses vieilles intrigues n'arrivât aux oreilles du roi, ou du moins qu'il n'eût à cet égard des preuves trop claires.

Mais une quantité de personnes étaient au courant des secrets sur lesquels elle voulait jeter le voile. Tous les hôtes qui, depuis vingt ans, s'étaient succédé dans ma maison de la rue des Tournelles (et le nombre en devenait incalculable) connaissaient plus ou moins la cause de mon voyage à Naples. Il y avait chez moi certaine *chambre jaune,* sur une glace de laquelle cet indiscret de Villarceaux avait, au moyen d'un diamant, écrit le quatrain le plus érotique du monde en l'honneur des charmes de Françoise.

Que pouvais-je faire à cela?

Si j'eusse cru sérieusement que mon amie pût atteindre à ce comble surprenant de fortune, j'aurais rompu la glace.

Mais tout le monde avait lu ce maudit quatrain. L'avocat Loret le publia dans son journal, et cela fit un esclandre épouvantable, sans compter les couplets qui survinrent, et que l'on entendit chanter bientôt dans tous les coins de rue.

Ces couplets étaient terribles pour l'amour-propre du royal époux. Je n'en citerai qu'un seul :

> On est ravi que le roi notre sire
> Aime la d'Aubigné;
> Moi, Villarceaux, je m'en crève de rire,
> Hi! hi! hi! hi! hi! hé!
> Puis je dirai, sans être des plus lestes,
> Tu n'as que mes restes,
> Toi,
> Tu n'as que mes restes!

Phœbus d'Albret, Villars et tous les autres amants de madame Scarron eurent ensuite leur tour. Ils vinrent à la file l'un de l'autre, chacun avec un couplet spécial imité du premier, et dont le refrain était toujours :

> Tu n'as que nos restes,
> Toi,
> Tu n'as que nos restes!

A cette époque, il m'arriva une aventure bien extraordinaire.

Pendant mon dernier voyage d'Italie, une femme âgée était venue plusieurs fois frapper à ma porte, disant à mes domestiques qu'elle me connaissait depuis cinquante-sept ans et qu'elle s'appelait Marion Delorme.

Apprenant cela, je commençai par frissonner et pâlir.

Jusqu'à ce jour, aucun mort ne m'avait rendu visite. Bien que Marion eût été mon amie intime, j'aimais autant qu'elle ne se dérangeât pas du repos de la tombe pour venir me faire cette politesse.

En réfléchissant toutefois, je songeai que quelque intrigante pouvait avoir imaginé ce singulier moyen de me soutirer de l'argent.

Je me disposais donc à bien la recevoir, c'est-à-dire à la traiter du haut en bas, si elle se représentait. Mais je ne vis personne.

Il y avait plusieurs semaines que ce bizarre évenement était sorti de ma mémoire, lorsqu'un matin je reçus, d'un commissaire de police du quartier Saint-Honoré, une lettre fort pressante.

Ce magistrat me priait de passer à son bureau le plus vite possible, et pour affaire essentielle.

J'y courus à l'instant même.

A peine fus-je entrée dans le cabinet du commissaire, qu'une vieille femme, gardée à vue par des exempts, leur échappa pour se précipiter à ma rencontre et me serrer contre son cœur.

Elle se mit à crier :

— C'est elle !... oui, c'est bien elle, je la reconnais !... Ninon ! ma chère Ninon !... Vous êtes donc enfin de retour ?... Ah ! que le ciel soit béni ! je vous devrai mon salut.

J'eus toute la difficulté possible à m'arracher de ses bras.

— Pour Dieu, madame, lui dis-je en la repoussant, soyez moins vive, et trêve à ces témoignages de tendresse ! Qui êtes-vous, et où vous ai-je vue ?

— Eh quoi ! fit-elle, vous ne me remettez pas ?

Je la regardai en face, bien attentivement.

— Vous me reconnaissez ?... Oh ! je vous en conjure, dites que vous me reconnaissez !

— Non, madame, en aucune sorte, je vous le jure.

— Miséricorde ! c'est impossible !

— Pourquoi donc ? auriez-vous la prétention de me forcer à mentir ?

— Mais je suis Marion Delorme, votre meilleure amie !

— Ah ! ah ! c'est donc vous qui êtes venue rue des Tournelles ?

— Moi-même.

— Eh bien, ma chère, je ne vous fais pas compliment de votre fable : elle manque de vraisemblance et d'habileté. Renoncez, je vous y engage, à nous en imposer, surtout de cette façon maladroite.

— Bonté divine ! ayez pitié de moi !

— Je suis désolée de ne pouvoir vous être agréable, madame, et par une raison toute simple : Marion Delorme est morte depuis longtemps.

— Non! non! cria-t-elle, je ne suis pas morte! c'est le docteur Gui Patin qui m'a sauvée.

— Allons donc!

— Je vous en fais le serment devant Dieu!

— Gui Patin, l'excellente idée! J'étais à côté de lui au convoi de mademoiselle Delorme : ainsi le mensonge est flagrant. J'ignore dans quel but il vous plaît de ressusciter Marion; mais n'espérez pas, madame, que je devienne votre complice.

Là-dessus elle jette des clameurs, fond en larmes et se tord les bras avec désespoir.

On m'apprend qu'elle accuse d'un vol les servantes de son hôtel, et que je suis appelée là pour garantir sa probité.

Déjà M. Desmarets de Saint-Sorlin, dont elle se disait aussi l'amie intime, venait d'être mandé, comme moi, et n'avait pu la reconnaître.

e quittai bien vite le bureau du commissaire.

Les cris de cette malheureuse me poursuivirent jusqu'au bas de l'escalier. J'en éprouvais une certaine émotion dont je ne me rendais pas compte, et je me fis conduire à tout hasard chez le docteur Gui Patin.

Il demeurait à deux pas, rue de l'Arbre-Sec.

Mais on me dit qu'il était en Prusse, où il partageait l'exil de Charles Patin, son fils, condamné pour avoir gardé six exemplaires d'un libelle dont les ministres lui avaient ordonné de supprimer toute l'édition.

Cependant le docteur seul pouvait éclairer la justice et m'éclairer moi-même.

Je pensai qu'il était facile de lui écrire, et je retournai chez le magistrat pour lui conseiller d'user de ce moyen.

— Oh! me répondit-il, c'est prendre beaucoup trop de peine pour une folle! Après votre départ, elle nous a donné les preuves les plus évidentes qu'elle avait le cerveau frappé. Je l'ai fait conduire à l'Hôtel-Dieu; ne vous en inquiétez plus[1].

---

[1] Voir les *Confessions de Marion Delorme*. (Note de l'Éditeur.)

En effet, où pouvait être l'apparence que Gui Patin eût simulé la mort de Marion Delorme sans m'en rien dire? Le commissaire avait raison, c'était une folle.

J'oubliai cette histoire et je ne m'en occupai plus.

Madame de Maintenon faisait un singulier usage du surcroît de puissance que lui donnait son hymen avec Louis XIV. Le jésuite-confesseur dictait alors ses volontés à celle dont il avait accru la fortune et que ses manœuvres venaient en quelque sorte de porter au rang suprême.

Françoise aidant, il acheva de dominer l'esprit du maître.

Puis, une fois assurés tous deux de leur influence, ils firent comprendre au royal pénitent que sa vie d'amour avait besoin d'être rachetée aux yeux du Seigneur.

Louis XIV, saisi de crainte, ne voyait plus en rêve que des fournaises ardentes, où Belzébuth, avec sa fourche traditionnelle et ses cornes, se préparait à l'ensevelir. On réussit donc aisément à le décider au moyen que le père la Chaise lui présentait comme le plus efficace pour opérer son salut.

Rien n'était plus simple. Il s'agissait de tuer la religion protestante et de n'en plus laisser trace dans le royaume.

Enchantée de pouvoir aller droit au ciel après une vie qui pouvait lui faire craindre de rencontrer quelque obstacle en chemin, Sa Majesté se hâte de révoquer l'édit de Nantes, et voilà le feu partout!

Les huguenots refusent de se convertir.

On envoie des dragons en province pour les sermonner à coups de sabre, piller leurs biens, brûler leurs maisons, violer leurs femmes et leurs filles.

Madame de Maintenon et son jésuite prétendaient que, si les apôtres avaient agi de la sorte, le christianisme eût été beaucoup moins longtemps à s'établir.

Par malheur, l'événement ne justifia pas ces douces et évangéliques mesures. Au lieu d'abandonner la religion de leurs pères pour en adopter une qu'on leur prêchait le glaive et la torche à la main, les huguenots sortirent de France, et avec eux émigrèrent le commerce et l'industrie, dont ils étaient l'unique soutien.

Cette persistance de l'hérésie à ne pas se courber sous le joug de la foi excita de plus en plus le zèle des saints apôtres de Versailles.

Les dragonnades redoublèrent.

Pendant quinze mortelles années, le pays fut témoin de ces horreurs, et le clergé les approuva, sauf deux de ses membres, qui méritèrent autant d'éloges que tout le reste méritait de blâme.

Ce furent M. d'Orléans et l'abbé de Fénelon.

Le premier logea, six semaines durant, à son évêché les soldats envoyés par la cour et leur défendit de tourmenter aucune famille du diocèse.

Quant à M. de Fénelon, choisi pour diriger les missionnaires du Poitou et de la Saintonge, il refusa, comme l'évêque d'Orléans, le coupable auxiliaire de la force et convertit plus d'hérétiques par sa douceur et son éloquence que les autres prêtres avec l'aide des dragons et des bourreaux.

Tandis qu'on sabrait et qu'on égorgeait dans les provinces, Sa Majesté Louis XIV s'occupait à Versailles de choses fort graves.

Il s'appliquait à changer la coiffure des femmes.

Cette autre réforme lui semblait pour le moins aussi importante que la réforme religieuse; mais là surtout il eût fallu des dragons, et l'entêtement de ces dames ne pouvait être comparé qu'à celui des hérétiques.

Le grand roi, chaque jour, avait beau crier contre les *fontanges*, il prêchait dans le désert.

Par esprit d'opposition sans doute, on n'en restait même que plus attaché à cette absurde coiffure, à ce bâtiment de fil d'archal, de rubans, de cheveux, de gaze et de toutes sortes d'affiquets, dont la hauteur s'élevait au moins à deux pieds.

Quand on rencontrait une femme, on lui voyait la figure au milieu du corps.

Il s'était lié d'amitié fort vive avec ce vaurien de d'Aubigné. *Page* 682.

Toute l'éloquence de Sa Majesté, ses paroles persuasives, ses railleries, sa colère réussirent à accroître de quelques pouces l'élévation des *fontanges* et à y faire ajouter deux ornements en gaze noire, appliqués aux oreilles, plus hauts encore que tout le reste, et qui prirent le nom de *cornes*.

Madame de Maintenon s'encorna la première, nouvelle preuve qu'en France la mode est tyrannique et fait oublier la soumission conjugale aux plus vertueuses épouses.

Cet immense édifice tremblait à chaque geste et menaçait ruine à tout propos.

Louis XIV cessa de le critiquer, dans la crainte de voir s'élever les fontanges à la hauteur des pyramides d'Égypte.

Pendant que ces graves questions s'agitaient à Versailles, Catinat et Luxembourg battaient l'ennemi aux frontières. Françoise n'oublia pas de recommander à la sollicitude de ces deux généraux le jeune officier qui avait jadis prodigué des consolations si tendres à son veuvage.

A l'armée, Villars monta rapidement de grade en grade. Le bâton de maréchal de camp ne pouvait lui manquer un jour.

Depuis notre voyage à Rome, je n'avais vu que très-rarement le poëte Santeuil. Il s'était lié d'amitié fort vive avec ce vaurien de d'Aubigné, qui faisait le plus grand désespoir de sa sœur, et dont les incartades étranges amusaient la ville et la cour.

J'écrivis à Santeuil de venir, un matin, déjeuner rue des Tournelles. Il ne manqua pas de m'amener son inséparable.

D'Aubigné s'écria, dès en entrant :

— Eh! bonjour, chère demoiselle!... Il y a vraiment un siècle, si plus ne passe, que je n'ai eu l'avantage de vous baiser la main..... Fréquentez-vous encore ma bégueule de sœur?

— Tout beau, monsieur, tout beau! Est-ce ainsi que vous traitez une personne qui fait la gloire de votre famille?

— Ah! ah! la gloire!... ah! ah!..., Voilà, pardieu, qui est divinement trouvé! s'écria-t-il en riant aux larmes... la gloire!... Il est certain, après tout, que je ne devais pas m'attendre... Enfin n'importe, je suis furieux contre elle et contre le beau-frère!

— Pourquoi cela, monsieur?

— Vous me le demandez!

— Sans doute, car ni votre intérêt ni les bienséances ne

vous conseillent de tenir un pareil langage.

— Mais vous ne savez donc rien? me dit-il en se campant les deux poings sur la hanche.

— Absolument rien.

— Vous ignorez les persécutions, les avanies dont ils me rendent victime?

— Je les ignore.

— En ce cas, déjeunons, et faites-nous verser du meilleur ; vous en apprendrez de belles !

Je crois vraiment qu'il était déjà gris.

Au bout du premier flacon de bourgogne, qu'il eut épuisé en deux rasades, il reprit, sans permettre à l'autre convive de placer une parole :

— Figurez-vous, mademoiselle, que cette damnée bigote..

— Mais, je vous en prie, interrompis-je, ménagez Françoise, et n'oubliez pas que je suis toujours son amie.

— Oh ! vous pouvez lui reporter mes discours... ça m'est, pardieu, bien égal !... et si le beau-frère y trouve à redire, je l'attends, le beau-frère !

— Vous ne craignez donc pas la prison?

— Je ne crains rien, flamme et sang !

— Vous avez tort.

— La prison, la prison... Je percerais le ventre de l'exempt qui aurait l'audace de porter la main sur moi... voilà qui est convenu !... Ah ! mais croit-on m'imposer silence? Je suis le chef de la famille, entendez-vous ? Tant pis pour Louis-Dieudonné s'il a eu la fantaisie d'épouser ma sœur !

— Allons, monsieur, du calme... et un peu de prudence.

— La prudence est la mère de tous les vices, la patronne de la peur. On écrit ce mot sur le drapeau des lâches.

— Vous êtes fou !

— Je suis le frère de Françoise, et je n'entends pas qu'elle ou son mari me manquent de respect, corne et tonnerre !... Ah ! ah ! le roi !... soit dit entre nous, il n'est pas à la noce... Charmante acquisition qu'il a faite là, je m'en vante !... une bégueule enracinée, une vieille coquette, qui n'ose dire ni les années qu'elle a ni les dents qu'elle n'a plus!

Santeuil se tenait les côtés dans un accès de gaieté folle.

Je compris, dès lors, pourquoi ces deux originaux avaient tant de sympathie l'un pour l'autre.

Rire, bouffonner et boire, était l'existence favorite du chanoine. Il trouvait en d'Aubigné le seul homme qui pût lui tenir tête en tout.

— Va, mon cher, va ton train! disait-il en excitant encore son ivrogne d'ami. Quand tu parles de ta sœur, tu as de l'esprit comme un diable... N'est-il pas vrai, Ninon?

— Je ne crois pas, répondis-je gravement, que l'esprit doive s'exercer aux dépens du cœur.

— Ah! mort de ma vie! je vous arrête! cria d'Aubigné. Qui manque de cœur? est-ce moi? J'aime Françoise, mordieu! je la protégerais au besoin. Qu'elle parle, et je suis prêt à me donner un coup d'épée pour elle. Mais, parce qu'elle joue la sainte et s'entoure de jésuites, est-ce une raison pour me faire moine?

— Vous faire moine! murmurai-je avec surprise.

— Oui, corbleu! c'est là son plan, voilà pourquoi je tempête et j'enrage.

— Enfin, qu'exige-t-elle?

— D'abord elle n'a le droit de rien exiger; mais elle désire, et le beau-frère désire aussi que je m'enferme chez Doyen, sous le clocher de Saint-Sulpice, dans une communauté soi-disant fondée par des gentilshommes, et où l'on s'occupe du matin au soir à réciter des litanies... Brrrrrout!... j'en ai des sueurs froides quand j'y songe!

D'Aubigné remplit son verre trois fois de suite, et le vida trois fois pour conjurer l'impression fâcheuse de ce souvenir.

— Si jamais tu entres là, dit Santeuil; je t'excommunie!

— Moi!... dire mon chapelet et réciter des patenôtres... Flamme et potence!... Je me ferais plutôt hacher par tous les dragons du beau-frère !

— Je gage, dit le poëte, que tu aimerais mieux entrer à Saint-Cyr?

— A Saint-Cyr!... au milieu de ce troupeau de jeunes pies-grièches, que ma sœur façonne à son moule!... Pour qui me prends-tu?

— Parbleu! dit Santeuil, qui riait toujours aux larmes, tu te chargerais de réformer leur éducation.

— Oui, tu n'as pas tort, cela pourrait me convenir.

— Tu leur ferais des pièces comme M. Racine, mais dans un autre genre.

Une fois sur ce chapitre, ils n'en finirent plus. Dieu me garde de reproduire la kyrielle de sots propos et d'impertinentes railleries qu'ils débitèrent.

J'avais voulu m'assurer par moi-même si réellement d'Aubigné tenait les discours qu'on lui prêtait sur Françoise. Il venait de m'en donner un échantillon suffisant pour me faire comprendre tout ce que l'amour-propre de sa sœur pouvait souffrir.

C'était donc un véritable service à rendre à celle-ci que d'essayer de réprimer le dévergondage d'expressions de ce vaurien.

Partout, dans les rues, au théâtre, dans les tables d'hôte où il mangeait, dans les tavernes où il s'enivrait, au jardin des Tuileries, sous les avenues du Luxembourg, et même jusqu'au milieu de la galerie de Versailles, d'Aubigné parlait comme il venait de parler chez moi.

Je pris Santeuil à l'écart.

— Vraiment, lui dis-je, il est indigne de vous d'encourager un pareil langage. Pourquoi ne pas mieux conseiller un homme sur lequel vous paraissez avoir de l'influence?

— Ah! me répondit-il, toute médaille a son revers!... Que voulez-vous que j'y fasse? C'est bien le moins que la veuve Scarron trouve ce petit chagrin sur sa route, au terme de sa fortune scandaleuse; autrement, il n'y aurait plus de justice au ciel. Je n'empêche rien... qu'elle s'arrange!... Adieu.

Il me fut impossible d'en tirer autre chose.

XIII

D'Aubigné continua de draper sa sœur et de raconter à qui voulut l'entendre toutes les anciennes faiblesses de la sainte femme.

Santeuil était fort aimé de toute la maison de Condé, où il faisait assaut continuel de plaisanteries et de badinage. On voulut à toute force l'emmener à Dijon passer l'été. Le frère de madame de Maintenon fut alors séparé de son conseil, et la sœur, profitant aussitôt de la circonstance, eut recours à toutes sortes de ruses et de caresses pour décider d'Aubigné à entrer chez Doyen. Nous verrons bientôt ce que valut à Françoise le succès de ces manœuvres.

On maria, cette année, le premier fils de madame de Montespan, M. le duc du Maine, qui avait la passion des femmes géantes.

Il eut le choix entre trois prétendues fort élancées.

La première était d'une physionomie adorable, la seconde jouissait d'une grande réputation d'esprit, la troisième se montrait sotte et laide; mais elle eut la préférence, parce qu'elle avait un pouce de plus que les autres.

Tandis qu'on dansait à Versailles aux fêtes de ce mariage, la Grande Mademoiselle [1] était à l'agonie au Luxembourg.

Je ne l'avais pas vue depuis l'indigne intrigue au moyen de laquelle madame de Fiesque était parvenue à me discréditer à ses yeux et à m'enlever son affection. Ma surprise fut donc extrême lorsqu'on vint me dire que la princesse m'appelait à son lit de mort. Je courus au Luxembourg en toute hâte, et j'entrai dans la chambre de la mourante au moment où le curé de Saint-Sulpice en sortait, après lui avoir administré les derniers sacrements.

— Enfin il m'est donné de vous revoir, ma chère Ninon! dit-elle en me tendant sa main décharnée. Je n'ai pas voulu mourir sans vous apprendre combien je regrette mon injustice à votre égard.

— Ah! m'écriai-je, Votre Altesse Royale me comble par ce dernier témoignage d'amitié! Pourquoi faut-il, hélas! que je vous retrouve dans une aussi triste situation?

— Ne me plaignez pas, dit-elle, ne me plaignez pas... Je suis contente de sortir de ce monde, où je n'ai eu que des chagrins et des misères. Mais parlons de vous, ma bonne Ninon. Ce matin seulement madame de Fiesque m'a avoué le piège indigne qu'elle vous a tendu. J'ignorais tout cela, je vous le jure.

— Oublions le passé, princesse; je n'ai plus de haine, dis-je en portant à mes lèvres sa pauvre main, qui se refroidissait de plus en plus.

— Ainsi, me dit-elle, vous consentirez à lui pardonner, si

[1] On l'appelait ainsi pour la distinguer de la fille de Monsieur, frère du roi.
(Note de l'Éditeur.)

je vous en prie?

— Je lui pardonne. Elle a cependant poussé loin la vengeance! Mais Clotilde est heureuse; elle a épousé un honnête homme. Que puis-je demander de plus? Devant le bonheur de ma fille, toute rancune doit disparaître.

— Merci! merci! me dit Mademoiselle; je n'en attendais pas moins de la générosité de votre âme. Aujourd'hui c'est mon tour, ma chère Ninon; demain ce peut être le vôtre ou celui de la comtesse : il est plus sage de se réconcilier avant de paraître au tribunal suprême.

J'aperçus madame de Fiesque.

Elle venait d'ouvrir une porte et sanglotait dans un coin de la chambre. J'allai lui tendre la main. Tout fut dit.

Une demoiselle d'honneur parut sur les entrefaites, et annonça que M. Lauzun insistait pour entrer.

— Non! non! cria la princesse. Pour Dieu, qu'il me laisse mourir en repos!... Je ne veux pas le voir! je ne veux pas le voir!

Puis, me faisant signe d'approcher, elle me dit d'une voix basse et tremblante :

— Ah! si vous saviez, ma pauvre Ninon, comme il m'a rendue malheureuse! J'ai cruellement expié ma faiblesse et mes torts. Il n'y a jamais eu entre nous qu'une liaison dont le ciel n'avait pas béni les nœuds. Mon confesseur m'a fait promettre de ne plus le voir; je tiendrai parole. Que Dieu ne me punisse pas en l'autre monde, puisque j'ai tant souffert en celui-ci!

L'émotion causée par cet incident hâta la fin de Mademoiselle.

Deux heures après, elle fut saisie des dernières convulsions et mourut entre nos bras.

Je pleurai sincèrement cette excellente princesse, dont le hasard m'avait rapprochée plutôt que mon mérite personnel et ma naissance.

Le caractère de la fille de Gaston est déjà connu de mes lecteurs par le rôle qu'elle joue dans ces *Mémoires*, cependant

Sa Majesté s'en indigna. *Page* 690.

je demande permission d'achever son portrait en quelques mots.

Elle était d'une humeur fort digne, mais sans orgueil; assez familière et parleuse de bon ton.

Persévérante en amitié, douce, sensible, incapable d'une action basse et noire, elle sortait néanmoins quelquefois des bornes et se montrait vive, susceptible, emportée, piquante;

mais la bonté de son cœur prenait aussitôt le dessus. Elle savait vous dédommager de ses colères par des caresses plus multipliées, plus tendres et plus gracieuses.

Jamais un secret confié à son honneur ne fut trahi.

D'une nature chevaleresque, pleine de courage et d'ardeur, elle ne connaissait point d'obstacles, elle affrontait intrépidement le péril et la fatigue.

Les gens de guerre avaient toutes ses prédilections et ses préférences.

Son âme noble, généreuse, énergique et fière, donnait un charme exquis à son intimité. Si quelquefois elle choisit mal ses affections; si elle ne vit pas toujours les pièges dont l'entouraient l'avidité, la jalousie, la bassesse, il ne faut en accuser que la délicate et naïve confiance de son cœur.

Mademoiselle fut à la fois une héroïne, une amie dévouée et une femme aimable. Le plus pur sang de son aïeul Henri IV coulait dans ses veines.

On acheva de donner le reste de ses biens aux bâtards du roi.

Lauzun, dont l'amour-propre s'arrangeait de laisser croire à toute la cour qu'il avait secrètement épousé la princesse, osa paraître vêtu du grand manteau de deuil en présence de Louis XIV.

Sa Majesté s'en indigna.

Peu s'en fallut que M. le colonel des dragons ne prît une seconde fois le chemin de Pignerol.

Toutes ces circonstances, comme on va le voir, furent cause que j'assistai à une scène de famille très-curieuse, où l'orgueil de madame de Maintenon et celui du grand roi ne furent pas très à l'aise.

Françoise connaissait mes anciennes relations avec Mademoiselle. Apprenant qu'elle m'avait fait appeler à sa dernière heure, elle s'imagina qu'elle saurait mieux par moi que par tout autre la vérité sur la nature des relations qui avaient existé entre la cousine de Louis XIV et Lauzun. Elle m'écrivit donc une petite lettre très-affectueuse, en me priant de l'aller voir à Versailles.

J'avais bien envie de répondre que, si elle désirait me parler, elle pouvait prendre la peine de venir chez moi.

Sans susceptibilité ridicule et sans fierté de mauvais goût, je ne comprenais pas qu'elle jouât avec moi son rôle de reine, après tous les souvenirs du passé, toutes les histoires dont je tenais le fil, et surtout après ma conduite plus qu'amicale à son égard. Ou, si elle était devenue assez sotte pour cela, rien ne m'obligeait à me soumettre à ses manies de grandeur.

Autant vaudrait dire qu'il faut se prosterner devant les personnes qui s'enrichissent en amenant à la loterie le numéro gagnant.

Néanmoins, comme je désirais voir la manière dont elle était installée à Versailles, je passai, pour une première fois, sur le sans-façon, mais bien décidée plus tard à la rappeler aux bienséances, si elle y manquait de nouveau.

Je partis donc, et je fus émerveillée du spectacle qui s'offrit à mes yeux.

La pauvre reine défunte, dont la vie, disons-le tout bas, s'était écoulée d'une manière fort triste, n'avait jamais obtenu la moitié des respects et des honneurs que madame Louis XIV, ainsi qu'on l'appelait généralement alors, recevait publiquement.

Françoise avait des gardes, des huissiers, des pages.

Une cour aussi nombreuse et aussi imposante que celle du roi son époux affluait dans ses antichambres. Elle se prenait fort au sérieux et se donnait des airs de majesté étourdissants.

J'en fus tout ébahie.

Néanmoins je dois avouer qu'elle eut le bon goût de se départir avec moi de son fatras de cérémonies et de grimaces, pour se montrer Françoise comme devant.

Elle congédia ses femmes et me mena dans le plus singulier boudoir du monde, où des gravures quasi licencieuses se trouvaient pêle-mêle avec des sujets religieux, et où un superbe

Christ d'ivoire, de grandeur presque naturelle, tenait compagnie aux dieux de l'Olympe.

Il était difficile de réunir d'une manière plus bizarre et moins édifiante le sacré et le profane, le païen et le chrétien, le mysticisme et l'amour.

Dans le trajet que nous fîmes pour arriver à ce boudoir, madame de Maintenon me prodigua mille caresses.

Vraiment, je la trouvai très-bonne fille.

Mais, à peine fûmes-nous dans le sanctuaire, que son ton de familiarité changea subitement. Elle prit une mine grave, une voix sentencieuse, et je cherchais en moi-même la raison de cette brusque métamorphose, lorsqu'il me sembla voir remuer une tapisserie au fond de la pièce.

On nous écoutait. Quelqu'un était là ; qui pouvait-ce être ?

Évidemment Sa Majesté Louis XIV avait seule le droit d'assister en secret à notre entrevue.

Je ne sais pourquoi ceci me révolta. Que me voulait-on ? que signifiait ce mystère ? Si le grand roi regardait comme au-dessous de lui de paraître en ma présence, trouvait-il donc l'espionnage plus en rapport avec sa dignité royale ? D'où venait que la veuve Scarron ne m'eût pas avertie ? En quoi mon entretien pouvait-il intéresser le maître de la France ? Étais-je un animal curieux dont il voulait se donner le plaisir de voir les allures ?

J'avais bien envie de lever le pied. Ce fut encore la curiosité qui me retint.

— Nous sommes dans un grand embarras, ma chère Ninon, commença la noble épouse.

— Et le motif ? lui demandai-je sèchement.

— Vous allez l'apprendre.

Je remarquai qu'elle ne me tutoyait plus.

— Alors, lui dis-je, il sera donc en mon pouvoir de vous aider en quelque chose, ton mari et toi ?

J'appuyai fortement sur le *ton* et le *toi*.

— Oui, je l'espère, balbutia-t-elle, devinant mon intention, mais faisant un effort visible pour dissimuler sa contrariété.

— Parle donc, j'écoute.

— Sa Majesté ne sait trop quelle conduite tenir avec M. de Lauzun.

— Ni moi non plus.

— Permettez!... Vous n'ignorez pas que le duc a reçu en don de Mademoiselle la baronnie de Thiers et le duché de Saint-Fargeau ?

— Effectivement, j'ai appris cela, répondis-je, bien décidée à veiller sur mes réponses et à me tenir en garde contre des gens qui en usaient avec si peu de franchise.

— La princesse n'a-t-elle pas eu tort de disposer ainsi d'une fortune qui devait naturellement, après elle, revenir aux enfants de France ? hasarda madame de Maintenon.

— S'agit-il de M. le duc du Maine ? Il me semble, ma chère, qu'il a eu dans l'héritage, et d'avance, une assez jolie part.

Un mouvement de la tapisserie me prouva que la réplique n'était pas goûtée du personnage qui écoutait.

— Mais le roi a d'autres enfants.

— Oui, je sais qu'il a beaucoup d'autres enfants, et je t'engage à ne pas en augmenter le nombre, lui dis-je, trouvant la situation fort plaisante.

— Ils sont légitimés, ajouta Françoise.

— Ah! c'est juste, ils sont légitimés : c'était de bon besoin !

La tapisserie remua de nouveau.

Pendant cet étrange dialogue, mon interlocutrice pâlissait et rougissait tour à tour. J'eus compassion d'elle.

— Mais je ne vois pas, repris-je, où ces discours nous mènent, chère amie. Je hais les entretiens à bâtons rompus. Abordons, de grâce, la question plus nettement.

— Soit, dit-elle. Mademoiselle a-t-elle épousé M. de Lauzun ?

Cette phrase fut un trait de lumière. Je vis parfaitement où l'on en voulait venir. Il s'agissait de révoquer les donations faites du vivant de la princesse, afin que tout son héritage servît à enrichir les bâtards du roi.

Une telle avidité me parut odieuse.

Malgré les torts de Lauzun, Mademoiselle n'avait pas cru devoir lui retirer d'anciennes largesses accordées jadis en témoignage de son amour. De quel droit Louis XIV dépouillerait-il un homme pour lequel, au bout du compte, sa cousine avait eu de l'affection?

Il me fallut beaucoup moins de temps pour songer à tout cela que pour l'écrire, et je répondis avec un peu d'aigreur :

— Ah! ma foi, je ne sais rien, absolument rien à cet égard ! Que Sa Majesté fasse venir madame de Fiesque et l'interroge : peut-être est-elle mieux instruite.

La veuve Scarron fronça le sourcil. Ma réponse n'était pas de son goût.

— Je suis, du reste, convaincue, lui dis-je, que le roi, dans sa haute délicatesse, ne voudra pas exposer la mémoire de sa cousine à plus d'indiscrétions encore de la part d'un fat comme M. de Lauzun.

— Eh! dit Françoise, on l'enfermera de nouveau, si cela est nécessaire !

— Mais un prisonnier ne manque pas d'amis, répliquai-je. S'il arrive à publier des lettres, par exemple, et à prouver ses relations avec Mademoiselle? S'imagine-t-on que la baronnie de Thiers en Auvergne et le duché de Saint-Fargeau ne soient pas achetés trop cher au prix de ce scandale?

Madame de Maintenon rougit d'avoir été devinée; mais elle n'eut pas le temps de me répondre.

Un bruit soudain se fit entendre à la porte du boudoir. Évidemment une lutte avait lieu entre les gardes et une personne qui voulait entrer de force. On distingua bientôt des jurons formidables, et ces mots arrivèrent jusqu'à nous :

— Ma sœur, tête et sang!... je vous dis que je verrai ma sœur!

— D'Aubigné! s'écria madame de Maintenon, dont la figure prit une teinte livide.

Se précipitant aussitôt vers la porte, elle se mit à crier :

— Qu'il n'entre pas! qu'il n'entre pas!

Mais l'ivrogne venait de franchir le seuil, en dépit des soldats et de leurs hallebardes. Il s'avança, trébuchant, et repoussa madame de Maintenon jusqu'à son fauteuil, où elle retomba en faisant un geste de désespoir.

— Corbleu!... flamme et potence!... tonnerre et mort! cria d'Aubigné, tu voulais donc, madame la reine, empêcher ce petit frère de venir te souhaiter le bonjour?... Tranchons le mot, tu voulais me mettre à la porte? Mais, par toutes les cornes du diable, je reste, et nous allons causer!

— Mon frère, je vous en supplie... mon frère, éloignez-vous...

— Silence, malheureux! lui dis-je à mon tour en me penchant à son oreille : le roi vous écoute peut-être!

Il ne parut pas m'entendre, et reprit en secouant avec violence le bras de Françoise :

— Tu ne m'attendais pas ici, morbleu!... non!... tu me croyais enfermé, claquemuré, cadenassé, grâce aux ordres transmis à tes chiens de moines.

— D'Aubigné, mon ami...

— J'ai quitté Saint-Sulpice, entends-tu? je l'ai quitté pour toujours!

— Soit; mais brisons là, je vous en conjure, dit-elle en joignant les mains avec terreur.

— Ah! tu me prends dans un traquenard!... ah! tu viens me dire avec ta voix de chattemitte : « Mais je vous assure, mon frère, que vous serez chez M. Doyen comme un coq en pâte! On y mène une vie fort douce. Votre dépense sera payée tous les mois; vous aurez constamment la poche bien garnie, et vous jouirez d'une honnête liberté... » Ne sont-ce pas là tes paroles, hein, madame la reine?... Répondras-tu, par là corbleu! répondras-tu?

Il continuait de meurtrir le bras de la pauvre femme.

En vain je m'efforçais de la débarrasser de ce furieux; je ne réussissais qu'à me faire repousser moi-même. Il avait des gestes d'une brutalité sans exemple.

Si j'eusse douté jusqu'alors de la présence du roi, madame de Maintenon me l'eût révélée par les regards pleins d'angoisse qu'elle jetait du côté de la tapisserie.

— Mais, monsieur, dis-je à d'Aubigné, votre manière d'agir est indigne! Jamais on n'a vu, je le déclare, un homme de naissance et de cœur se comporter de la sorte.

— Parbleu! vous me la chantez belle! s'écria-t-il en frappant du pied. Ignorez-vous donc que je me suis laissé caserner dans ce trou indigne, dans ce nid à prêtres, au sujet duquel Santeuil m'avait bien dit, avant son départ pour Dijon : « Si tu y entres, mon cher, tu y crèveras d'ennui. » Et j'y suis entré, flamme et mort! sur les promesses de madame!... et je viens de passer huit jours de retraite... huit jours à psalmodier et à chanter des antiennes! Il y avait de quoi me faire crever; Santeuil le disait bien... C'est, du reste, ce qu'ils demandent... Mais nous ne sommes pas au bout, patience!

— Enfin, mon frère, pourquoi ne voulez-vous pas vous convertir? murmura péniblement madame de Maintenon.

— Me convertir, moi?... corne et potence!... me convertir, quand j'aime le jeu, les femmes, la bonne chère, les gaudrioles, les chansons! Y a-t-il la moindre chose de tout cela dans ta pension de malheur? On m'a mis au cachot lorsque j'ai voulu fuir; je n'ai pu m'échapper que par un soupirail de cave .. Et cela parce que madame est devenue dévote! parce qu'elle a oublié son bon temps d'autrefois et ses fredaines amoureuses!

Je me hâtai de l'interrompre. Françoise était sur le point de s'évanouir.

— Ceci, dis-je, est tout bonnement une indignité de votre part, et vous devriez avoir honte! La conduite de votre sœur a toujours été sans reproche.

— Ah! ah! la bonne farce! cria le malheureux en éclatant

Françoise jeta un cri de désespoir. Page 698.

de rire, et que vous êtes bien venue à donner caution, ma chère! Oubliez-vous votre *chambre jaune?* pensez-vous que Françoise y passait le temps à réciter des oraisons avec Villarceaux?

— Mais, monsieur, balbutiai-je...

— Mais je ne vous parle pas, taisez-vous! me répondit-il brusquement. Ce que je dis s'applique aux hypocrites et aux bégueules. Partout je crierai hautement, je crierai sur les toits que ma sœur a eu dix, quinze, trente amants... oui, morbleu!... tant pis pour le beau-frère!... je suis désolé de sa déconvenue... Ah! ah! je voudrais le voir ici, pour lui chanter aux oreilles ce qu'on chante dans toutes les rues et dans tous les carrefours :

> Tu n'as que nos restes,
> Toi,
> Tu n'as que nos restes!

Françoise jeta un cri de désespoir et perdit connaissance.

Aussitôt la tapisserie du fond s'écarta violemment; Louis XIV parut, l'œil enflammé de colère.

— Holà, cria-t-il, quelqu'un! mes gardes! Qu'on arrête ce misérable et qu'on l'envoie pourrir dans un cachot de la Bastille!

Saisie d'épouvante, je tendais les bras vers le roi.

Appeler d'autres témoins à cette scène me paraissait une chose monstrueuse et impossible.

— Tiens! tiens! murmura d'Aubigné, c'est le beau-frère... Il était là!... Sacrebleu! Françoise aurait dû m'avertir. On ne joue pas un pareil tour sans dire gare... c'est ridicule!... Allons, allons, beau-frère, du calme!... je suis un chenapan fini, un soudard sans vergogne; mais j'ai bon cœur... Ne nous fâchons pas, que diable, ne nous fâchons pas!

Tout en proférant cet étrange discours d'une voix émue et la larme à l'œil, il s'approcha du monarque et lui prit amicalement la main.

Louis XIV le repoussa par un geste d'indignation convulsive.

Puis il tomba suffoqué sur un siége, les yeux hagards, la bouche frémissante, poussant des gémissements inarticulés et murmurant des mots sans suite. Je crus un instant qu'il allait être frappé d'apoplexie.

— Au nom du ciel, m'écriai-je en tombant à ses genoux, point de scandale!... Pour votre dignité, pour vous-même, sire, pardonnez à cet insensé !

— *Meâ culpâ !*... je me dégrise et je me confesse... Ne parlons plus de cachot, beau-frère, je vous promets d'aller demander l'absolution à Saint-Sulpice. Lavons, croyez-moi, notre linge sale en famille, et n'appelons personne !

— Vous entendez, sire?... il a perdu la raison... le malheureux est ivre...

— C'est vrai, dit le roi... mais qu'il parte! qu'il parte!

Madame de Maintenon, dans cet intervalle, reprit l'usage de ses sens.

Apercevant Louis XIV, dont les traits étaient décomposés d'une manière affreuse, elle bondit sur son fauteuil et joignit les mains avec terreur.

— Oui, oui, disait d'Aubigné, je vais partir... je rentrerai même chez Doyen... je vous en donne ma parole, ma vraie parole de soldat!... Voyons, êtes-vous content, beau-frère? Au diable les imbéciles qui m'avaient enfermé dans la cave! Ils sont cause de tout. Avant de m'évader, j'avais mis en perce trois futailles; voilà pourquoi je débitais tout à l'heure un tas de sornettes... Propos d'ivrogne! je vous conseille, beau-frère, de n'en pas croire un mot..

Il s'approcha de Françoise.

— Allons, ajouta-t-il, console-toi, pauvre petite sœur!... Tu sais bien que je t'aime! Autrefois je t'ai portée dans mes bras, et je t'ai servi de mère... Faites la paix, mes enfants... Bonsoir !

Il essuya deux larmes qui coulaient sur sa face avinée, fit un demi-tour à droite et sortit.

Le roi se leva brusquement.

Sans regarder madame de Maintenon, sans me rien dire, il se dirigea vers la tapisserie, la souleva et disparut lui-même.

— Tout est perdu! tout est perdu! s'écria Françoise au

désespoir.

— Eh non, ma chère, console-toi.

— Le malheureux!... quel discours!... Tu conviendras que c'est horrible?

Dans son trouble elle en revenait au tutoiement. Il était d'ailleurs probable que le roi n'écoutait plus.

— Allons, allons, repris-je, ton frère l'a dit : « Propos d'ivrogne! » Cela n'a point d'importance, et ton plus grand tort a été de manquer de sang-froid. Va rejoindre le maître. Moi, je cours sur les traces de d'Aubigné, et je le sermonnerai si bien, qu'il ne recommencera plus.

Nous nous séparâmes.

Dans une galerie voisine je retrouvai mon ivrogne, qui s'arrachait les cheveux et se confessait, devant plus de cinquante personnes, de l'énormité qu'il venait de commettre.

Je l'entraînai précipitamment.

Il était impossible d'avoir à la fois plus de cœur que ce drôle et d'être plus éhonté dans ses actes, plus inconséquent dans ses discours. Je n'eus pas besoin de le presser pour rentrer à Saint-Sulpice ; il y alla de lui-même en s'écriant :

— Oui, j'y crèverai, morbleu!... Mais n'importe, j'aime encore mieux cela que la Bastille!

Tout s'arrangea donc à la plus grande satisfaction de Françoise et d'une manière plus convenable qu'on n'était en droit de l'espérer après une pareille scène. On attacha aux trousses de d'Aubigné un certain abbé Madot, qui le suivait comme son ombre et l'empêcha de renouveler le scandale de Versailles.

Mais, chose bizarre, madame de Maintenon ne me pardonna jamais d'avoir été témoin de son humiliation dans cette circonstance.

Dès ce jour, sa froideur pour moi fut extrême, et bientôt elle me traita en ennemie.

Quelle pouvait être la cause secrète d'une conduite aussi inqualifiable? Je n'eus que plus tard l'explication de ce mystère.

XIV

Le temps passait, passait encore.

Depuis sept grandes années j'avais renoncé à l'amour, je n'ose dire sans regret, mais du moins, je l'affirme, avec beaucoup de résignation et de franchise, lorsque le diable vint souffler sur une cendre éteinte et y raviver les étincelles d'un feu que je croyais mort.

Je prie mes lecteurs de ne point rire.

Moi-même, je n'ai pas la moindre envie de plaisanter. Toujours une confession exige de la solennité et du recueillement, soit de la part de celui qui la fait, soit de la part de celui qui l'écoute.

Un jeune abbé, vif, coquet, plein d'esprit et de verve, et

qui m'était un peu parent du côté de ma mère, l'abbé Gédoyn, puisqu'il faut l'appeler par son nom, ne s'avisa-t-il pas de me recommencer l'histoire des propos doucereux et des soupirs, à moi, pauvre vieille, qui l'avais si souvent entendue d'un bout à l'autre?

Je crus d'abord qu'il se moquait, et je pris pour le tancer mon ton le plus sévère.

Mais il s'agenouilla devant moi, pleura de véritables larmes, jura que les grâces de mon esprit l'avaient captivé, que mes rigueurs, si je persistais, le feraient mourir; enfin il me débita toutes les phrases usitées en pareille circonstance depuis le commencement du monde.

Il osa même, Dieu me pardonne, soutenir que j'étais belle encore.

Après tout, son illusion était excusable. Une fois que la vieillesse a posé son cachet sur notre front, les changements de la physionomie ne se remarquent pas plus que les taches d'encre sur un habit noir.

Bref, mon étrange petit-cousin se montrait si violemment épris et me répétait à chaque minute de si chaleureux discours, qu'il réveilla dans mon cœur les restes de cette inclination dominante que j'avais toujours eue pour le plaisir.

— Prenez garde au moins, monsieur l'abbé, lui disais-je, prenez garde à ce que vous faites! Si vous insistez encore, je suis capable de me rendre.

— Oh! me dit-il en joignant les mains, ne me trompez pas! Il serait trop cruel de vous jouer de mon amour!

— Je ne vous trompe pas. Seulement je désire vous mettre à l'épreuve.

— Parlez! parlez! rien ne me coûtera pour vous obtenir.

— Si votre folie dure encore dans trois mois, à dater de ce jour, c'est-à-dire le 15 mars... eh bien, nous en recauserons.

— Dans trois mois, trois siècles! je serai mort!

— Ce n'est pas probable, mon ami.

— Grâce!... Ninon, ayez un peu de pitié! je suis sûr de ne pas vivre jusque-là.

— Tant pis si vous manquez de patience, car c'est une résolution prise, je n'y changerai rien.

Il ne mourut pas, et les trois mois s'écoulèrent.

Au jour fixé, mon jeune amant vint se précipiter à mes genoux.

— Ninon! ma chère Ninon! s'écria-t-il, ah! c'est l'espérance qui m'a soutenu! j'ai compté avec angoisse toutes les minutes qui me séparaient de cet heureux jour! Pourquoi donc avoir ainsi retardé mon bonheur?

— Passez-moi, lui dis-je, un petit mouvement de vanité. La première fois que vous me suppliâtes de répondre à votre tendresse, je n'avais encore que soixante-dix-neuf ans huit mois et quelques jours.

Je le vis tressaillir; il jeta sur moi des yeux éperdus.

— Vous pouvez me croire, mon cher abbé. Une femme est incapable de mentir en pareille matière. J'ai voulu qu'il fût dit que Ninon de Lenclos, à quatre-vingts ans sonnés, avait eu une bonne fortune.

— Quatre-vingts ans! murmura-t-il avec stupeur.

— Oui, mon ami, je les ai, de ce matin même.

Nous nous regardâmes longtemps en silence. Il y avait dans ce terrible aveu de quoi tuer la passion la plus forte; mais celle de Gédoyn résista.

Je vis son regard étinceler de nouveau. Ses lèvres couvrirent ma main de baisers; il s'écria avec enthousiasme:

— Qu'importe! l'esprit et la beauté n'ont point d'âge!

Le soir même, comme on essayait de le plaisanter sur sa conquête octogénaire, l'abbé répondit par ces rimes:

<pre>
Ah! mes amis, lorsqu'une tonne
A contenu d'excellent vin,
Elle garde un parfum divin
Et la lie en est toujours bonne!
</pre>

Au reste, j'ai hâte de dire que cette intrigue n'eut pas d'autre suite. Nous rentrâmes, Gédoyn et moi, dans les termes d'une douce et durable amitié. Je n'avais succombé que pour la curiosité du fait.

M. de Lauzun, peu de jours après, renversa l'anecdote.

A soixante-trois ans, il s'avisa de contracter mariage avec mademoiselle Dufort, petite Anglaise qui n'en avait que seize, et dont la maigreur était effrayante.

— Il va, sur mon âme, épouser tous les os des Saints-Innocents ! nous dit le duc de Saint-Simon, qui fréquentait alors assez régulièrement mon cercle.

C'était le fils de l'ancien favori de Louis XIII.

Saint-Simon avait un naturel caustique et malin qui rendait sa conversation très-piquante. Il nous amusa beaucoup, en nous racontant quelques épisodes du mariage du duc de Bourgogne.

Sa Majesté Louis XIV avait déjà, depuis douze ou treize ans, l'honneur d'être grand-père.

Comme il est d'usage de marier les rois et les princes du sang presque au sortir du berceau, le duc de Bourgogne, fils du grand Dauphin, reçut la bénédiction nuptiale à un âge où les enfants des bourgeois sont encore fouettés par leurs parents et leurs maîtres.

La scène du coucher de la mariée fut, à ce qu'il paraît, des plus bizarres.

Prenant la chemise que les dames d'honneur apportaient sur un plateau de vermeil, Sa Majesté la reine d'Angleterre la présenta gravement à la nouvelle duchesse, qui jouait encore à la poupée.

Dans l'antichambre voisine, son petit époux, assis sur un pliant, se déshabillait en présence du roi et de toute la cour.

Une fois la mariée au lit, le duc de Bourgogne entra et vint se coucher à son tour.

Mais le grand Dauphin resta près de son fils, d'un côté, et

Il va casser sa canne sur le dos d'un valet de cuisine. *Page* 707.

madame du Lude près de la jeune duchesse, de l'autre.

On offrit des dragées aux époux, qui les croquèrent avec toute la gourmandise de leur âge. Puis, au bout d'un quart d'heure, on fit relever le duc de Bourgogne, qui ne parut pas très-satisfait du procédé.

Au moment où il repassait tout penaud dans l'antichambre, le duc de Berry, plus jeune que lui de deux ans, lui frappa sur l'épaule et cria :

— Tu n'es pas un homme. J'aurais refusé de sortir du lit.

Louis XIV imposa gravement silence à ce petit démon qui conseillait la révolte à son frère. Il remit le duc de Bourgogne entre les mains de ses précepteurs, déclarant qu'il ne permettrait pas au nouvel époux de baiser, avant cinq ans, le bout du doigt à sa femme.

— Alors, grand-papa, dit le duc de Berry, pourquoi les avez-vous mariés ? c'est ridicule.

En vérité, cet enfant n'avait pas déjà si grand tort.

Peu de temps après, M. le duc de Bourgogne fut confié aux soins de l'abbé de Fénelon, que son mérite extraordinaire poussait alors très-rapidement à la cour.

Il fut nommé gouverneur du jeune prince.

Le roi, qui toujours s'était montré fort sévère pour ses enfants légitimes, avait pour ses bâtards la tendresse la plus irréfléchie.

On a vu par quelles intrigues de toute sorte, et grâce à quelles tristes manœuvres le duc du Maine et le duc de Vendôme héritaient enfin de Mademoiselle. Non content de leur avoir assuré une fortune, Louis XIV voulut leur donner de la gloire. Il leur confia un commandement dans les armées de Hollande. Mais quels généraux cela fit, hélas ! surtout M. le duc du Maine !

Au moment d'une bataille, et pressé par Villeroy de charger l'ennemi, ce noble rejeton du plus grand monarque de la terre, cet illustre capitaine, réfléchit tout à coup qu'il est à jeun et demande un bouillon pour se donner des forces.

Les messages du général en chef se succèdent ; à chaque minute des courriers arrivent tout ruisselants.

— Monseigneur, lui crie-t-on, attaquez vite, ou l'ennemi s'échappe !

— Eh ! patience ! répond le prudent guerrier : vous voyez bien que mon aile n'est pas en ordre !

Sous prétexte de mieux organiser ses escadrons, il passe une espèce de revue, au lieu de faire sonner la charge.

Une cinquième estafette arrive, puis une sixième, puis M. de Villeroy lui-même, furieux de voir ainsi déranger son plan d'attaque, et ne comprenant pas cette impardonnable inaction du prince.

Où était le royal bâtard? Devinez!

Dans sa tente, aux genoux de son confesseur, prétendant que le premier devoir d'un bon chrétien était, avant le combat, de mettre ordre à sa conscience et de se réconcilier avec Dieu.

Grâce à l'héroïsme de M. le duc du Maine, il n'y eut ni bataille ni victoire.

A Versailles, on n'osait pas apprendre au grand roi cette étrange nouvelle.

— Mais enfin, disait Louis XIV avec humeur, d'où vient qu'on a laissé l'ennemi faire retraite? Pourquoi ne s'est-on pas battu? c'est incompréhensible!

— Eh! pardieu, répondit Lavienne, le plus hardi de tous les valets de chambre, en ce qu'il avait beaucoup servi le roi au temps de ses amours, c'est la faute à Votre Majesté, qui ne se défie pas des proverbes!

— Hein?... que signifie ce langage, et qu'ont à faire ici les proverbes?

— Ma foi, répliqua Lavienne : il est maintenant reconnu et prouvé que *bon sang peut mentir*.

Là-dessus, il raconte en détail la superbe conduite de M. du Maine.

Sa Majesté pâlit et garde le silence.

Sur les entrefaites, la gazette de Hollande arrive. Elle renferme, comme on peut le croire, des articles pompeux et des louanges excessives du héros.

Pour la première fois de sa vie Louis XIV perd la tête en public. Il oublie le soin de sa dignité, de son orgueil, et, ne sachant à qui s'en prendre du chagrin qu'il éprouve, il va casser sa canne sur le dos d'un malheureux valet de cuisine, qu'il surprend à manger un massepain.

Ceci se passait à Marly, au moment de se mettre à table, et en présence de toutes les dames et de tous les courtisans.

Grand tumulte, épouvante générale.

Madame de Maintenon survient avec le père la Chaise. Ils aperçoivent le roi arpentant la salle comme un furieux, l'œil égaré, le visage pourpre, et tenant à la main le tronçon de sa canne.

— Parbleu! mon père, dit-il à son confesseur, je viens de rosser d'importance un maraud qui l'avait bien mérité!

— Ah! fit le père la Chaise surpris.

— Je lui ai brisé ma canne sur l'épaule... Ai-je offensé Dieu?

— Non, mon fils, non, répondit le saint homme, à qui Lavienne venait de glisser à l'oreille le mot de l'histoire. Il n'y a d'autre malheur à tout ceci que l'émotion inévitable d'une pareille scène, émotion dont votre précieuse santé peut souffrir.

Excellent jésuite!

Heureusement pour les épaules du valet, la canne était en roseau et n'offrait pas beaucoup de résistance.

Madame de Maintenon acheva de calmer le roi.

Avant la fin de la campagne, on rappela le grand duc du Maine, auquel d'Elbœuf s'empressa de dire en lui faisant un salut profond :

— Soyez donc assez aimable, monseigneur, pour m'apprendre où vous servirez la campagne prochaine?

Le héros se retourna, souriant, et tendit la main à d'Elbœuf, dont il ne remarquait pas l'accent ironique.

— N'importe où vous serez, dit celui-ci, je veux y être.

— Et pourquoi? demanda sottement le duc, qui devait pourtant s'attendre à la réponse.

— Parce qu'avec vous du moins on est assuré de la vie!

M. du Maine fit un soubresaut, comme s'il eût marché sur une couleuvre, et s'en alla sans répondre. Il avait autant d'esprit que de courage.

Voilà comment le ciel châtia le grand roi de son affection désordonnée pour les enfants de l'adultère.

Les années continuaient à fuir avec une rapidité effrayante. C'est une chose inouïe que la courte durée du temps pour les vieillards. Il semble que la vie est comme un de ces fleuves du nouveau monde, qui se précipitent de plus en plus, à mesure qu'ils approchent de la cataracte.

Autour de moi, la mort recommençait à frapper des coups terribles.

Madame de la Sablière s'éteignit à son château de Boulogne, et la Fontaine, affecté de la perte de sa bienfaitrice, ne tarda pas à la suivre. Il mourut en chrétien.

Seulement, si M. de Fénelon l'eût assisté à son heure suprême, je ne crois pas que l'auteur du *Télémaque* eût exhorté l'auteur des *Fables* à brûler le manuscrit de deux ouvrages, destinés à paraître après la mort de celui qu'on a si justement surnommé le *bonhomme*.

Quel qu'il soit, le confesseur de la Fontaine a fait un vol à la postérité.

Nous étions encore sous l'impression de ce double deuil, lorsqu'un autre poëte périt victime de la plus regrettable plaisanterie.

La maison de Condé avait décidément pris l'habitude d'amener, chaque année, Santeuil à Dijon. M. le Duc raffolait du chanoine de Saint-Victor, et ce n'étaient là-bas que plaisirs de table et joyeuses soirées.

Véritablement les plus hauts seigneurs, lorsqu'ils sont ivres, et même lorsqu'ils ne le sont pas, manquent parfois d'esprit et de sens.

M. le Duc en donna la preuve.

Après avoir poussé de vin de Champagne le pauvre Santeuil, ne s'avisa-t-il pas, à la fin du souper, de verser dans le verre du poëte tout le tabac d'Espagne contenu dans sa boîte d'or, afin de voir, disait-il, ce qui en adviendrait. Il en advint que son convive fut pris de vomissements affreux et mourut, au bout de vingt-quatre heures, dans des souffrances inouïes.

M. le Duc le pleura de toutes ses forces; mais les larmes ne réparent point une sottise et ne rouvrent jamais une tombe.

Peu de jours après la nouvelle de la triste fin de Santeuil, je fus réveillée un matin par les cris d'une femme et par des coups violents frappés à ma porte.

Je sonne mes gens. On ouvre, et quelle n'est pas ma surprise en voyant entrer tout en désordre cette cousine de M. de Fénelon que j'avais eu l'honneur d'admettre souvent à mes assemblées, et qui prêchait avec tant d'éloquence l'amour pur de Dieu.

« Sauvez-moi, mademoiselle!... oh! je vous en conjure, sauvez-moi! s'écria madame Guyon, qui se précipita vers mon lit, toute en larmes.

— Eh! qu'y a-t-il donc, ma pauvre enfant? lui demandai-je.

— On me poursuit, répondit-elle; on veut me conduire à Vincennes... n'est-ce pas affreux?

— A Vincennes!... une femme?... voilà qui est incroyable.

— Hélas! rien de plus vrai pourtant! Je n'ai plus de ressource qu'en vous!

— Qui donc vous persécute ainsi?

— Madame de Maintenon.

— Vous me surprenez étrangement. Ne vous avait-elle pas appelée à être l'une des directrices de Saint-Cyr?

— Oui; mais elle vient de m'en chasser pour ma doctrine. M. de Meaux lui persuade que je suis hérétique.

— Et l'abbé de Fénelon, votre cousin, refuse-t-il de vous défendre?

— Il a terminé l'éducation du duc de Bourgogne. Le roi vient de l'envoyer à l'évêché de Cambrai... Je suis sans protection, sans soutien... Pour Dieu, ne m'abandonnez pas!

— Le péril est donc imminent?

Sans me répondre, elle courut du côté de la porte et prêta l'oreille.

— Ah! miséricorde! les voici... je les entends... ils sont

sur mes traces!

— Qui donc?

— Des hommes de police. Cachez-moi, mademoiselle, ou je suis perdue!

Je sautai en bas du lit et je passai vivement une robe de chambre. Mais il était trop tard. La porte s'ouvrit. Deux exempts parurent.

Seulement alors j'appris que la malheureuse femme, arrêtée chez elle une heure auparavant, avait réussi à s'échapper, et qu'ayant reconnu ma maison dans sa fuite, elle s'y était réfugiée en toute hâte, ne croyant pas être suivie d'aussi près par les limiers du roi.

— Messieurs, dis-je aux exempts, je sais combien, en pareille circonstance, vos ordres sont formels. Néanmoins il y a des arrangements possibles à tout. Puisqu'il s'agit d'une femme, vous consentirez, j'espère, à y mettre un peu moins de rigueur. J'ai de l'influence à la cour, et je vous supplie en grâce de rester ici à veiller sur votre prisonnière, jusqu'à ce que j'aie vu madame de Maintenon.

Ils balançaient. Une bourse de vingt louis acheva de les décider.

Je fis venir un carrosse, et je courus à Versailles, où j'arrivai juste à l'heure du lever de la cour.

Depuis l'esclandre de d'Aubigné, je n'avais pas vu Françoise. Elle savait que, par mes conseils, son frère était rentré à Saint-Sulpice; donc elle devait m'en être reconnaissante, et je ne doutais pas de son empressement à me donner audience. Mais je m'abusais de la plus étrange manière.

Après une énorme demi-heure d'attente, un huissier parut et m'annonça que madame n'était pas visible.

— Pour d'autres, soit, m'écriai-je; mais pour moi, non! Veuillez dire que mademoiselle de Lenclos insiste... mademoiselle de Lenclos, entendez-vous? Je suis de ceux qu'on admet toujours, n'importe à quelle heure. Il faut que je parle à votre maîtresse pour affaire importante, et sur-le-champ!

Cet homme sembla confondu de mon audace. Mais il obéit et disparut.

J'étais furieuse.

En vain je cherchais à comprendre la cause de ce refus d'audience, aucun motif plausible ne se présentait à mon esprit pour le justifier.

Je ne me dissimulais pas qu'on me faisait un affront; mais dans quel but? en quoi l'avais-je mérité? quel était mon crime?

Ne voyant revenir personne, je me promenais dans l'antichambre avec toute l'agitation de la colère.

Dix minutes après une porte s'ouvrit.

Ce n'était plus l'huissier. Je me trouvai en présence d'une femme de mon âge, attifée de la façon la plus bizarre, et dont la physionomie ne me parut pas étrangère.

Après l'avoir saluée, j'examinai attentivement sa figure, et je poussai une exclamation de stupeur.

— Eh! c'est toi, Nanon, c'est bien toi! m'écriai-je, reconnaissant la vieille servante de Françoise, au bon temps du cul-de-jatte et de la misère.

— D'abord je ne suis plus Nanon, me répondit-elle d'un air pincé : je suis mademoiselle Balbien.

— Oh! oh! fis-je en voyant sa contenance roide et ses lèvres orgueilleuses, tu es donc aussi devenue une grande dame, toi, ma pauvre Nanon?... c'est curieux! Enfin, n'importe, nous sommes dans le pays des surprises. A propos, ta maîtresse me fait bien attendre.

— Madame de Maintenon n'est plus ma maîtresse, elle est mon amie.

— Bah!

— C'est comme j'ai l'honneur de vous l'affirmer.

— Peste! tu es singulièrement montée en grade!

— Il vous plaira de remarquer, mademoiselle, qu'en vous parlant j'ai soin de dire *vous*, fit l'ancienne servante avec un ton si sec et si impertinent, que je ne pus m'empêcher de tressaillir.

Les gardes n'avaient pas quitté l'antichambre. *Page* 716.

— Où tend cette observation? lui demandai-je.

— A vous faire comprendre qu'il serait de la politesse la plus vulgaire d'imiter l'exemple que je vous donne.

— Eh bien, moi, je te dis *tu*, double sotte! et je me moque de ton exemple! m'écriai-je. On n'a jamais vu semblable déraison. Le monde est-il renversé, pour que les valets prennent ainsi le ton des maîtres?

— Mademoiselle!...

— Silence! et dépêche-toi, sans plus de discours, d'aller annoncer ma présence à Françoise, car tu as eu soin de la lui cacher sans doute?

— Non, c'est elle qui m'envoie.

— Tu plaisantes!... Allons, allons, il s'agit d'une affaire grave, et j'ai hâte d'en finir! On ne me laissera pas, j'imagine, dans une antichambre pendant un siècle?

— Madame de Maintenon refuse de vous recevoir.

— Mensonge!

— C'est la vérité, me répondit-elle avec un calme insultant.

La colère n'avait jamais envahi mon âme avec plus de force. J'essayais en vain de me contenir.

— Pourquoi donc, illustre Nanon, serais-je privée du plaisir de voir votre majestueuse amie?

— Parce qu'il est bon de vous apprendre que nous connaissons vos menées indignes...

— Qu'entendez-vous par ces paroles?

— Votre basse jalousie.

— Je ne devine pas les logogriphes, aimable servante parvenue.

— Oh! vous devez parfaitement me comprendre!

— En aucune façon, je vous assure, douce cousine du marmiton Jean Claude.

— On n'invite pas à déjeuner le frère de madame pour lui donner de bons avis, et d'Aubigné ne vient pas tout juste faire un scandale, lorsque nous sommes là, sans qu'il ait reçu de nous le mot d'ordre, ajouta-t-elle en ricanant.

— Quoi! m'écriai-je, Françoise pourrait supposer...

— Madame de Maintenon n'est pas plus *Françoise* pour vous que je ne suis *Nanon*, mademoiselle, et vous lui ferez plaisir de la priver dorénavant de vos assiduités et de vos visites.

Elle me tira là-dessus sa révérence.

Voyant qu'elle se disposait à sortir, je courus après elle et je la ramenai violemment.

— Tu resteras! criai-je, tu resteras, sotte et ridicule mégère! et tu porteras à Françoise... à Françoise, comprends-tu?... à Françoise d'Aubigné, que j'ai tirée du besoin, que j'ai vingt fois secourue de ma bourse et qui me doit de n'être pas morte de faim... tu lui porteras le billet que je vais écrire!

Elle devint très-pâle et parut redouter l'éclat de ma colère.

J'avais sur moi des tablettes. En moins d'une minute, j'eus tracé les lignes suivantes :

« Je ne tiens nul compte des propos stupides de votre domestique. Cette fille a perdu le sens. Jamais, je vous le jure devant Dieu, l'intention de vous nuire n'est entrée dans mon esprit. D'Aubigné vous dira que j'ai la première et constamment blâmé sa conduite. Vous n'avez donc aucune raison de me désobliger. Si vous croyez, au contraire, me devoir quelque reconnaissance, accordez-moi la grâce d'une malheureuse femme à laquelle je m'intéresse. Elle attend chez moi la révocation d'une lettre de cachet qui la condamne à l'emprisonnement. Une question religieuse ne peut être une question d'État. »

Pliant aussitôt cette lettre, je la remis à Nanon en lui disant :

— Réponse immédiate, ou je fais du scandale!

Elle sortit en me lançant un regard de haine.

Un temps infini s'écoula sans qu'elle reparût. Je ne savais que penser de ce retard, et je songeais au moyen de pénétrer dans les appartements malgré la consigne, lorsque tout à coup je vis rentrer la vieille servante.

Son air était plus insolent encore.

A sa suite marchaient quatre soldats aux gardes, qui lui servaient d'escorte.

— Daignez, me dit-elle, écouter la réponse verbale que je suis chargée de vous faire.

— Une réponse verbale... J'écoute.

— Madame de Maintenon vient d'expédier un courrier. Il

galope en ce moment sur la route de Paris.

— Fort bien. De quel message est-il porteur?

— Vous ne le devinez pas?

— Non.

— Il va remettre à qui de droit l'ordre exprès de saisir chez vous, rue des Tournelles, madame Guyon et de la conduire à la Bastille, où elle sera plus vite enfermée qu'à Vincennes, et d'une manière plus sûre.

— Oh! m'écriai-je, c'est infâme!

— Attendez, ce n'est pas tout. Vous avez dû garder bonne mémoire du couvent des *Repenties?* eh bien, au moindre geste que vous allez faire, à la moindre parole que vous allez dire, voici de fidèles soldats du roi chargés de vous en apprendre de nouveau le chemin. Je suis, mademoiselle, votre servante très-humble.

Elle sortit.

Je tombai sur un siége en poussant un cri sourd.

Me voir aussi indignement traitée, et par une Nanon! Il y avait de quoi devenir folle d'indignation et de rage.

Les gardes n'avaient pas quitté l'antichambre.

— C'est bien, messieurs, je me retire..... sans éclat, sans scandale, leur dis-je, fort émue, et maîtrisant la colère qui me faisait bouillir le sang dans les veines.

Je regagnai ma voiture à la porte du château.

Ici, je le demande en conscience à mes lecteurs, pouvait-on se conduire envers moi d'une manière plus injuste et plus ignoble?

Tout mon cercle fut courroucé de l'ingratitude et de l'outrecuidance de la veuve Scarron.

Le ciel m'est témoin que je n'avais jamais envié sa fortune. Sans doute il me restait pour elle une amitié beaucoup moins vive qu'autrefois; sa conduite me semblait mériter le blâme, la puissance lui avait gâté l'esprit et changé le cœur; mais, entre ce refroidissement et la trahison, la distance était grande.

Susciter à quelqu'un des tracasseries à la sourdine, jalouser bassement une amie et tramer contre elle des intrigues dans l'ombre, voilà qui se trouvait entièrement en désaccord avec la franchise de mon caractère.

Rendue au calme et réfléchissant à tous ces ridicules, à toutes ces sottises, je finis par hausser les épaules et par en rire.

Était-il possible de rien voir de plus comique, en effet, que cette ancienne servante de Scarron, métamorphosée en femme d'importance et tranchant de la duchesse?

Nanon disposait des charges et des priviléges.

Madame de Lude lui donna vingt mille écus pour obtenir l'emploi de première dame d'honneur auprès de la duchesse de Bourgogne.

Voilà où en était tombée la cour.

Et cette pauvre madame Guyon, que j'avais eu l'espoir de sauver, resta six ans prisonnière! et Fénelon fut disgracié à cause d'elle!

Bientôt les ennemis de M. de Cambrai, Françoise et son époux en tête, réussirent à faire condamner par la cour de Rome le livre des *Maximes des Saints*. Versailles tout entier se jeta dans la cagoterie et dans l'exagération la plus folle des sentiments religieux.

Hélas! je n'avais plus auprès de moi Molière!

L'auteur des *Précieuses* et du *Tartufe* aurait pu seul tracer la peinture de ces nouveaux et dangereux ridicules, et les châtier, comme dit Horace, en riant, et en excitant contre eux le rire du public.

Néanmoins je réussis à stimuler la verve d'un de mes poëtes.

Trois semaines après, on jouait la *Fausse Prude* aux Italiens. Ce portrait de madame de Maintenon était on ne peut plus ressemblant: j'avais fourni les couleurs. La pièce eut un succès prodigieux d'à-propos et de circonstance.

Pourquoi donc ne me serais-je pas vengée?

Dieu me garde de nuire jamais la première au prochain, de gaieté de cœur et sans raison. Mais, si l'on commence, j'achève; si l'on m'outrage gratuitement, je tâche de rendre une double offense.

Ce ne sont pas là, me dira-t-on, les maximes de l'Évangile. Je l'avoue; mais n'est pas saint qui veut.

XV

Au commencement de l'année 1695, on vint m'apprendre la mort de madame Deshoulières, cette intrépide ennemie de Racine, que j'avais fini par rendre à des sentiments plus justes et à des opinions moins extravagantes.

Elle était devenue l'une des colonnes de mon cercle. Sa perte me fut très-sensible.

Comme je me suis montrée plus haut sévère pour elle, je tiens à rendre justice aux qualités dont elle m'a par la suite donné la preuve, et je consacre un chapitre à son histoire, qui est, en vérité, fort intéressante.

Elle s'appelait de son nom de famille Anne-Antoinette Ligier de la Garde.

Née dans l'un des petits appartements du Louvre, elle avait eu l'honneur d'être tenue sur les fonts de baptême par la reine Anne d'Autriche, dont son père était maître d'hôtel.

Antoinette, à l'âge de seize ans, devint une aimable et délicieuse personne.

La nature s'était plu à rassembler en elle tous les agréments du corps et de l'esprit. Elle avait une beauté peu commune, une taille d'une extrême élégance, des manières pleines de distinction et de noblesse. Son enjouement, sa vivacité, son goût pour les plaisirs, n'excluaient pas une certaine mélancolie douce et pleine de charmes qui lui gagnait tous les cœurs.

Elle dansait avec grâce et montait à cheval comme Antiope, la reine des Amazones.

Antoinette savait à peine prononcer deux mots et lier deux idées ensemble, qu'on lui donna des professeurs de latin, d'italien et d'espagnol.

On parlait au Louvre ces deux dernières langues, à cause de Marie de Médicis et de la jeune reine. La mère de Louis XIII était entourée de Florentins et sa femme de Castillans.

M. de la Garde, qui tenait à donner à sa fille une éducation sérieuse, ne lui permettait de lire que des ouvrages philosophiques ou religieux, dont le contenu devait nécessairement avoir peu d'attrait pour une enfant de cet âge.

Un jour, Antoinette s'empara d'un livre qu'une femme de chambre avait essayé de dérober à ses regards.

C'était un roman pastoral du vieux d'Urfé.

— Tu lis des romans, ma bonne, dit la jeune fille; je m'en vais demander à mon père la permission d'en lire comme toi.

— Gardez-vous-en bien ! s'écria la suivante.

Et, pour acheter le silence de sa maîtresse, elle lui prêta l'histoire édifiante et instructive des bergers du Lignon; puis aux romans de d'Urfé succédèrent ceux de la Calprenède et de mademoiselle de Scudéri.

Beaucoup de jeunes filles ne se perdent pas d'une autre façon.

Mais Antoinette avait une excellente nature; elle était douée d'un sens rare; bientôt elle se dégoûta de ces livres frivoles et revint d'elle-même à des lectures plus saines.

Comme elle aimait beaucoup la poésie, M. de la Garde donna dix louis par mois au poëte Hesnaut pour lui enseigner l'art des vers.

Le maître est aujourd'hui moins connu par ses ouvrages que par l'honneur d'avoir formé une telle élève.

A l'âge de dix-huit ans, mademoiselle de la Garde épousa Guillaume Lafon de Boisgueurry, seigneur des Houlières. C'était un gentilhomme du Poitou, attaché au parti de Condé. La reine désapprouva hautement ce mariage; mais son maître d'hôtel lui représenta qu'il était loin d'avoir fait fortune dans l'exercice de sa charge. Anne d'Autriche, piquée, et soupçonnant du reste M. de la Garde d'être un peu frondeur, ne donna qu'une dot médiocre à sa filleule.

Deshoulières était lieutenant-colonel dans un des régiments de M. le Prince.

Trois mois après son mariage, il fut obligé de suivre Condé en Espagne, et sa jeune épouse alla demander asile à ses parents, qu'Anne d'Autriche avait alors renvoyés du Louvre et qui habitaient une petite maison à Auteuil.

Dans cette retraite, elle étudia les doctrines philosophiques du célèbre Gassendi, nommé déjà, depuis sept ou huit ans, professeur au collége de France.

Mais bientôt, ne pouvant résister au désir de rejoindre son

Une grande femme traversa le chemin. *Page* 727.

mari, et sachant qu'il venait de gagner la Flandre avec le prince, elle prit la poste et passa la frontière.

La cour de Bruxelles lui fit un accueil charmant. On s'émerveilla de sa beauté, de son esprit, de ses grâces; mais elle repoussa tous les hommages, et cette sagesse inflexible changea bientôt en ennemis ceux qui d'abord lui avaient fait les plus chaudes protestations de dévouement. Plusieurs même poussèrent la rancune jusqu'à la desservir à la cour et parvinrent à la faire passer pour une espionne d'Anne d'Autriche et de Mazarin.

Jamais calomnie plus indigne n'obtint plus de créance.

Surprise de voir tout le monde s'éloigner d'elle, madame Deshoulières en cherchait vainement la cause.

On cessa de payer les appointements de son mari. Elle courut chez les ministres demander raison de cette injustice. Au lieu d'écouter ses plaintes, on la décréta d'arrestation sur l'heure, et on l'envoya sous bonne escorte au château de Vilvorde, à deux lieues de Bruxelles.

Elle y resta quatorze mois dans une solitude complète et sans communication possible avec le dehors.

Une petite maîtresse d'aujourd'hui, en butte à ces adversités imprévues, succomberait évidemment au chagrin; mais les femmes du commencement de ce siècle avaient trempé leur âme dans une éducation trop forte pour ne pas dominer, en toute circonstance, la faiblesse de leur nature. Au château de Vilvorde, madame Deshoulières se réfugia dans la religion et dans l'étude. Elle apprit la théologie, commenta l'Écriture sainte, et lut tous les Pères de l'Église, depuis Origène jusqu'à saint Augustin.

Longtemps son mari ne put savoir ce qu'elle était devenue.

Apprenant enfin dans quelle prison la cour de Flandre avait enfermé Antoinette, et désespérant de fléchir leurs ennemis communs, il forme un projet audacieux, prétexte une mission du prince, emmène avec lui quarante hommes intrépides, qu'il arme jusqu'aux dents, et, profitant d'une nuit sombre, il se dirige avec sa troupe du côté du château de Vilvorde.

A la faveur de l'obscurité, il comble avec des fascines et de la terre l'endroit le moins profond du fossé, traverse ce pont mouvant, au risque de périr dans la vase, plante l'échelle au rempart, y monte, suivi de ses hommes, surprend deux sentinelles, avant qu'elles aient pu donner l'alarme, et court au logement du gouverneur.

Garrotté au milieu de son sommeil et le mousquet sous la gorge, celui-ci s'empresse d'obéir aux sommations de Deshoulières.

Toute la garnison du château dépose les armes. On livre la clef des portes; une berline de voyage emporte les fugitifs, et ils gagnent en quelques heures la terre de France.

La nouvelle de cette action intrépide arrivait à Paris en même temps qu'eux. Il en fallait beaucoup moins pour les mettre à la mode. On accordait alors aux Frondeurs une amnistie pleine et entière. Le secrétaire d'État le Tellier présenta nos époux à la reine et au cardinal. Anne d'Autriche embrassa sa filleule, et tout fut oublié.

Par malheur, le pardon de la régente n'eut pas le résultat que Deshoulières et sa femme avaient droit d'en attendre.

Une pension leur était promise; mais, comme Mazarin tenait la clef des coffres, et n'y puisait que pour les siens ou pour lui-même, Antoinette sollicita vainement le ministre ; elle n'en put rien obtenir.

Deshoulières, voyant une foule de créanciers hurler à sa porte, demanda une séparation de biens, et leur abandonna le peu qu'il possédait, se résignant à vivre avec le revenu de la faible dot qu'Antoinette, autrefois, avait reçue de sa royale marraine.

Cela ne suffisait pas, à beaucoup près, aux exigences de leur position et de leur rang.

Mille occasions s'offrirent à madame Deshoulières de passer d'un état de gêne à un état complet d'opulence; mais, comme il eût fallu acheter cette fortune au prix de sa sagesse, elle se décida courageusement à rester pauvre, et chercha dans la poésie, pour laquelle son goût ne faisait que s'accroître, des moyens d'existence.

Il est rare qu'aux flancs du Parnasse les plus chers favoris d'Apollon trouvent un filon d'or.

Les premiers vers d'Antoinette, publiés par le *Mercure ga-*

lant, obtinrent un grand succès d'estime; mais le journaliste ne les paya point, et fit comprendre à madame Deshoulières qu'elle était encore trop heureuse d'avoir l'accès de sa feuille pour se faire apprécier et connaître du public : raisonnement spécieux qui se perpétuera d'âge en âge, au détriment de l'estomac des poëtes, pour lesquels la nature aurait dû faire une exception, en donnant quelque chose de plus substantiel à la gloire et de plus nourrissant à la fumée.

Il arriva bientôt en France à madame Deshoulières ce qui lui était arrivé à Bruxelles. Tous ses admirateurs dédaignés la décrièrent.

Comme ses poésies renfermaient presque toujours des plaintes sur le mauvais état de sa fortune, on lui donna le sobriquet de *Muse mendiante*. Personne ne lui vint en aide. Elle fut dans un état voisin de la misère jusqu'à la mort de son mari, et resta veuve avec trois enfants.

Ce fut alors qu'elle écrivit cette charmante bluette qui commence de la sorte :

> « Dans ces prés fleuris,
> « Qu'arrose la Seine,
> « Cherchez qui vous mène
> « Mes chères brebis, » etc.

L'idylle des *Moutons* n'est qu'une adroite requête à Louis XIV, et madame Deshoulières obtint une pension de deux mille livres, dont le *Mercure galant* s'attribua l'honneur, profitant de cette circonstance pour continuer à publier gratis les vers d'Antoinette.

Elle eut pour amis intimes Thomas Corneille, Ménage, Benserade, Fléchier, Mascaron et Quinault.

Son commerce était adorable; son entretien vif, délicat, plein de saillies imprévues, ne causait jamais un moment de fatigue. Tous les poëtes du siècle la chantèrent, et Benserade remplaça la dénomination injurieuse de *Muse mendiante* par celle de *Calliope française*, qu'elle conserva jusqu'à la fin de ses jours comme son plus beau titre de gloire.

Bussy-Rabutin rechercha l'entrée de son cercle; mais elle fut obligée de le mettre à la porte pour échapper à ses entreprises téméraires et préserver ses amis de la causticité dont le comte faisait éternellement parade.

Le goût reconnu de madame Deshoulières ne lui fit défaut qu'une seule fois, et dans une circonstance trop éclatante pour qu'elle obtienne, même après son repentir, le pardon de la postérité.

Elle composa contre l'œuvre de Racine un sonnet qui débute ainsi :

> Dans un fauteuil doré, Phèdre tremblante et blême,
> Dit des vers où d'abord personne n'entend rien.

Madame de la Sablière, qui défendait la bonne cause, se brouilla dans cette occasion avec Antoinette, et s'écria, quand on lui eut montré le sonnet contre Racine :

— Voyez s'il n'y a pas de quoi tomber des nues ! Cette douce et intéressante bergère, qui parlait si tendrement aux moutons, aux fleurs, aux oiseaux, a changé tout à coup sa houlette en serpent !

Du reste nous l'avons dit ailleurs, madame Deshoulières eut pour complice madame de Sévigné.

On ne s'expliquera jamais que deux personnes, inscrites au premier rang des femmes célèbres du siècle, se soient montrées injustes pour le plus bel ouvrage de la scène tragique.

Madame de Sévigné cédait à une rancune personnelle et suffisamment motivée pour qu'elle lui serve d'excuse.

Elle ne pouvait souffrir ni Boileau, ni Racine, les accusant avec raison, l'un et l'autre, d'avoir favorisé l'intrigue du marquis de Grignan, son petit-fils, avec la Champmeslé.

Pour madame Deshoulières, nous la soupçonnons d'avoir obéi, dans cette circonstance, à un sentiment beaucoup moins noble, à l'envie.

Tentée par la gloire du théâtre, elle avait composé plusieurs pièces importantes, pour lesquelles le public n'eut aucune espèce d'enthousiasme. La première fut une tragédie de *Genséric*, d'un plan très-vicieux et d'une versification médiocre. Ce fut au sujet de cette œuvre sans mérite et sans couleur qu'elle reçut un conseil devenu proverbial. On lui cria de tous côtés :

« Retournez à vos moutons. »

Elle mourut à l'âge de soixante-deux ans, d'un cancer au sein. La même maladie avait emporté Anne d'Autriche, sa marraine.

Au milieu des souffrances de ses derniers jours, elle paraphrasa les *Psaumes* et composa les *Réflexions morales*, son meilleur ouvrage après les *Idyles*.

L'évêque de Meaux lui apporta les secours de la religion à sa dernière heure.

— Jamais, dit-il, je ne vis agonie plus résignée, sentiments plus chrétiens, sacrifice plus absolu de la vie. Cette âme angélique a dû monter droit au ciel.

XVI

La chose la plus incompréhensible de cette époque fut sans contredit la persévérance de Louis XIV dans son engouement pour madame de Maintenon. Beaucoup de personnes affirmaient qu'il y avait là-dessous de la magie et du sortilège.

A propos de magie, il y eut bientôt une histoire étrange. Un maréchal-ferrant d'un pauvre hameau de Provence arrive un beau jour à Versailles et demande à entretenir le roi d'un fait qui concerne Sa Majesté seule.

— Y songez-vous, mon cher ? lui dit le major des gardes ; c'est impossible. Il faut une lettre d'audience, et cela s'obtient très-difficilement. Le roi, d'ailleurs, ne peut ainsi recevoir tout le monde.

— D'accord, mais je ne suis pas tout le monde.

— Çà, voyons, de la part de qui venez-vous?

— Je viens de la part du ciel.

Tous les gardes de lui rire au nez à cette réponse. Mais le brave homme insiste et prétend qu'il a les choses les plus importantes à révéler au maître de Versailles. Survient le marquis de Torcy, neveu de Colbert. Il entend le dialogue et mène aux ministres l'envoyé du ciel. Ceux-ci, frappés du ton naïf du campagnard, de son air probe et de son assurance, prennent le parti d'informer Louis XIV de l'aventure.

Le roi écoute sérieusement ce qu'ils lui racontent et accorde l'audience.

Introduit dans le cabinet de Sa Majesté, le maréchal-ferrant entame le récit le plus fantasque du monde.

— Je revenais, dit-il, de ferrer tous les chevaux de M. d'Épernon, qui habite une maison de plaisance entre Marseille et mon hameau natal. Je traversais un bois, il faisait nuit. Tout à coup je me trouve environné de lumière. Une grande femme blanche traverse la route, vient à moi, m'appelle par mon nom et me dit : « Tu vas partir à l'instant même pour Versailles, où tu diras au roi que tu as vu le fantôme de la reine son épouse, et que ce fantôme lui commande, au nom du ciel, de rendre public le mariage tenu secret jusqu'à ce jour. »

— Mais, objecta le roi, passablement étourdi de la communication, rien ne m'assure que vous n'ayez pas été victime d'une erreur des sens?

— Je le crus d'abord ainsi que vous, répondit le maréchal, et je m'assis au pied d'un orme, pensant que ma tête déménageait ou que je venais au moins de rêver tout éveillé. J'essayais donc de me convaincre que j'avais été le jouet d'une illusion, lorsque deux jours après, repassant au même endroit, je revis le fantôme, qui me menaça des plus grands malheurs pour ma famille et pour moi-même, si je ne lui obéissais au plus vite.

— Et maintenant, dit Louis XIV, un autre doute se présente ; n'êtes-vous point un imposteur ? Je crains fort qu'on ne vous ait payé pour me tenir ce langage.

— Afin de vous assurer que je ne vous en impose pas, Sire, veuillez répondre à une seule question.

— Volontiers, fit le monarque.

— Avez-vous parlé à âme qui vive de la visite nocturne que vous a rendue feu la reine mère au château de Ribeauvillers ?

Louis XIV se sentit pâlir.

— Non, murmura-t-il, je n'ai confié cela à personne.

— Eh bien, l'apparition de la forêt m'a dit de vous rappeler cette visite, si vous mettiez en doute ma bonne foi.

— Voilà qui est étrange !

— Avant de disparaître, la femme blanche a ajouté ces mots : « Il faut qu'il m'obéisse comme il a jadis obéi à sa mère. »

Le roi resta pétrifié.

Il appela le duc de Duras et lui fit part du résultat de son entrevue avec le maréchal-ferrant.

On se rappelle que je connaissais beaucoup Duras. Ce fut de sa propre bouche que, peu de jours après, je sus l'anecdote.

— Ah ! miséricorde ! criai-je, il y a là-dessous un nouveau tour de la veuve Scarron et de madame Arnoul !

Duras étonné m'interroge.

Rien ne m'obligeait au mystère. Je lui raconte aussitôt l'histoire de ma haine contre la Montespan, mon voyage en Alsace et l'intrigue dont j'avais été complice.

— Évidemment, ajoutai-je, le maréchal-ferrant est de bonne foi. C'est un pauvre homme, simple et crédule, qu'on a pris aisément au panneau. Il habite à quelques lieues de Marseille, dans le voisinage de madame Arnoul, qui a si bien organisé l'apparition du château de Ribeauvillers et avec laquelle madame Louis XIV entretient une correspondance.

On le vit rester debout, la tête découverte, près de madame de Maintenon. *Page* 731.

Voyez-vous le fil de tout cela, monsieur le duc?

— Vous avez raison, me dit-il. Nous avons affaire aujourd'hui à quelque fantôme du même genre, et votre devoir est de prévenir le roi. Peut-être aurait-il la faiblesse de déshonorer le trône aux yeux de l'Europe et de tout l'univers, en y faisant asseoir la Maintenon. C'est grave, c'est fort grave.

Ce discours me donna beaucoup à réfléchir.

— Monsieur le duc, lui dis-je après une minute de silence, permettez-moi de songer à mon repos avant de m'occuper des intérêts de Louis XIV et de l'honneur de sa couronne.

— Pourtant, ma chère...

— Veuillez ne pas m'interrompre. Il y a, selon moi, fourberie, et fourberie flagrante. Mais que voulez-vous que je fasse? Puis-je m'accuser moi-même? Est-il prudent de doubler la haine que me porte déjà cette femme? Ne trouvera-t-elle pas toujours moyen de se faire pardonner, et de me rendre victime de ma franchise?

— En effet, murmura-t-il.

— Jugez la situation, mon cher duc. Si vous m'aimez réellement, vous ne me compromettrez pas dans cette affaire. Bornez-vous à user de ce que je viens de vous apprendre pour inspirer des soupçons au roi. Il est de toute évidence que les deux intrigues se lient : donc les auteurs de la seconde apparition ont pu très-facilement lui rappeler le souvenir de la première. En visitant le château de Ribeauvillers, on découvrira, sur les indices que je donne, l'issue mystérieuse. Il n'en faudra pas davantage pour faire comprendre à Louis XIV qu'il a été dupe et pour empêcher la veuve Scarron d'être proclamée reine de France. Soit dit entre nous, je ne tiens nullement à lui voir le front couronné du diadème.

Duras comprit mes craintes, approuva mon plan et agit en conséquence. Le roi le chargea de visiter le sombre manoir des Vosges, accompagné de MM. de Brissac et de Pontchartrain.

Au retour de ces messieurs, on devine quel fut leur rapport.

Décidément le mariage resta secret.

Bien qu'assuré du charlatanisme, Louis XIV ne chercha pas à en punir les auteurs, et n'en resta que plus affectueux pour madame de Maintenon. La crut-il étrangère à ces ruses coupables, ou trouva-t-il naturel qu'elle employât tous les moyens en son pouvoir pour rendre public l'honneur qu'elle avait reçu? je l'ignore.

Quoi qu'il en soit, l'habileté de la femme triompha dans cette circonstance comme dans toutes les autres.

Il est à présumer, du reste, que le père la Chaise et la peur de l'enfer entraient pour beaucoup dans l'affection exagérée du monarque. La vieillesse le marquait de son impitoyable sceau. Près de lui la tombe était entr'ouverte, et il croyait racheter ses torts passés en forçant tout ce qui l'entourait à faire pénitence.

Le rigorisme devenait de plus en plus effrayant; au moindre scandale ou vous emprisonnait.

C'était un singulier spectacle que donnait ce vieillard, oubliant sa jeunesse et se montrant sans pitié pour des passions qui ne pouvaient plus l'atteindre. A l'exemple du lâche, il frappait un ennemi à terre.

Incapable d'exciter dorénavant les femmes à l'oubli de la sagesse, Louis XIV se faisait un mérite de les contraindre à la vertu.

Ses enfants et ses petits-enfants étaient obligés de se confesser une fois la semaine. Une disgrâce complète eût puni l'inobservation de ce point rigoureux de discipline.

Jamais il ne fut permis à monseigneur le Grand-Dauphin d'avoir un autre confesseur que celui du roi. Toute la famille royale devait communier en public à Pâques, à la Pentecôte, à l'Assomption, à la Toussaint et à Noël.

On fit même un crime à la duchesse de Bourgogne de ne pas communier plus souvent.

Madame de Maintenon arrangeait ces choses avec le jésuite, et Louis XIV appuyait chaque article du règlement de tout le poids de sa puissance.

Il exigeait qu'on eût pour sa vieille épouse un respect plus absolu que pour lui-même.

Un jour, au camp de Compiègne, où soixante mille hommes avaient été rassemblés pour simuler un siége, on le vit rester plus d'une heure, debout et la tête découverte, à l'un des côtés de la chaise où se tenait madame de Maintenon, à lui expliquer la marche des troupes, le nom des régiments et les diverses manœuvres.

Si devant lui on avait le malheur, même involontairement, de faire allusion au passé de la dame, on pouvait être sûr d'exciter son plus violent courroux.

Ce fut ce qui arriva à ce pauvre Racine.

Le roi le tenait en estime profonde. Il lui en donnait à chaque instant de nouvelles marques et venait de le nommer gentilhomme ordinaire. Racine était admis aux petites réunions intimes, et, la conversation, un soir, étant tombée sur les théâtres, Louis XIV dit :

— Mais sommes-nous donc en décadence, et l'esprit chez nous s'en va-t-il, monsieur? D'où vient, s'il vous plaît, que la comédie est beaucoup moins en faveur qu'elle ne l'était il y a vingt ans?

— Sire, cela tient à plusieurs choses, répondit le poëte. On ne peut pas constamment jouer Molière. Depuis sa mort, il ne s'est pas révélé d'auteur comique, et l'on dirait que personne n'ose plus s'essayer dans le genre après lui; de sorte que nos comédiens sont fort embarrassés. Faute d'œuvres nouvelles, ils en donnent d'anciennes, entre autres ces pitoyables pièces de Scarron, qui rebutent tout le monde.

A ce nom fatal, échappé naïvement aux lèvres du malheureux poëte, madame de Maintenon devint écarlate, et le roi tressaillit comme s'il venait d'être piqué par un reptile.

Racine, comprenant son étourderie, voulut balbutier quelques mots d'excuse.

Mais ce fut bien pis alors.

La sainte femme lui lança des regards furibonds, et Louis XIV, changeant brusquement de matière, s'écria :

— J'ai lu dernièrement de vous, monsieur, certain griffonnage où vous cherchez la cause des misères du peuple sous mon règne. Les poëtes sont assez ordinairement de pitoyables hommes d'État. Nous ne souffrons, d'ailleurs, aucune critique, même indirecte, de notre puissance.

— Ah! dit Racine, je proteste à Votre Majesté...

— Qu'ai-je à faire de vos protestations, monsieur? Restez chez vous à l'avenir, et tâchez, dans votre intérêt, de vous occuper d'autres études.

A la fin de ce brusque et amer discours, le roi congédia l'auteur de *Phèdre* avec un de ces gestes qui n'appartiennent qu'à lui.

Racine conçut de sa disgrâce un chagrin si vif, que, malgré nos consolations et nos raisonnements, il tomba malade et mourut.

On peut dire que Louis XIV et la veuve Scarron l'ont tué.

C'est vraiment dommage que ce vieux roi et son antique compagne n'aient pu réussir à faire boire à tout le royaume des eaux du fleuve Léthé!

Presque en même temps que Racine, mourut mon pauvre jardinier le Nôtre, dont l'amitié m'était si précieuse, excellent homme, d'une bonhomie si douce et d'un cœur si rare.

Hélas! où s'arrêtera cette moisson de la mort? Presque tout mon siècle est déjà tombé sous sa faux cruelle. Je ne reste debout que pour voir à chaque instant une fosse s'ouvrir à côté de moi et se refermer sur une nouvelle victime. Tous mes grands hommes, tous mes amis les plus chers, ne sont plus. Condé, Marsillac, Molière, Corneille, la Fontaine, Racine; mesdames de Longueville, de la Sablière, de Sévigné, de la Fayette et vingt autres m'ont déjà précédée dans le grand voyage. Il faut me préparer à les rejoindre.

A mesure que j'approche du but, les doctrines philosophiques, sur lesquelles je me suis appuyée pendant la route, me semblent de plus en plus creuses et mensongères. Il me passe dans l'esprit d'incompréhensibles terreurs.

J'ai plaisanté jusqu'à ce jour de ceux que la crainte de l'enfer jette dans la dévotion, et voici que moi-même je me demande si les principes dont j'ai fait parade sont bien les seuls et raisonnables principes.

Est-il vrai que la vie ne soit qu'un pèlerinage et un temps d'épreuve? Alors ceux qui n'y ont cherché que le plaisir se sont écartés des vues du ciel. De l'autre côté de la tombe, ils doivent nécessairement trouver le châtiment et la souffrance.

Pourquoi ne pas l'avouer? Je m'empressai de rompre avec une philosophie qui pouvait être le mensonge, et je me dépouillai des vieux haillons de mon système. Sans devenir bigote, je priai Dieu de me tenir compte, pour le pardon, de ce qu'il y avait eu de franchise et de loyauté dans mes erreurs.

Dès ce moment, je remplis avec scrupule mes devoirs religieux.

J'étais, pour le coup, bien décidément vieille. Il ne restait plus la moindre trace de cette beauté dont j'avais été si fière.

La vieillesse, chez l'homme, garde encore quelque chose d'imposant et de majestueux; mais nous, pauvres femmes, nous sommes de tristes ruines! Si j'avais assisté au conseil du Créateur, quand il a formé la nature humaine, je l'aurais engagé à mettre les rides sous le talon.

XVII

Par suite du départ presque général de mes intimes pour l'autre monde, mon cercle devenait désert. Il ne me restait plus de ma société si nombreuse et si brillante que deux amies aussi vieilles que moi : la comtesse de Sandwick et Magdeleine d Scudéri.

Madame de Sandwick avait conservé un luxe de toilette fort curieux à son âge, et qu'elle excusait d'une manière aussi originale que piquante. Lui voyant, un jour, une robe de dessous garnie de dentelles, je m'écriai toute surprise :

— Eh quoi! chère comtesse, une pareille coquetterie!... A quoi songez-vous donc?

— Ah! fit-elle, qui sait?... on peut rencontrer un insolent!

Mes amies habitaient l'une et l'autre le faubourg Saint-Germain. Cela nous occasionnait de bien grandes courses, quand nous désirions nous voir. J'étais seule de mon côté, tandis qu'elles étaient deux du leur : le sacrifice à notre rapprochement devait donc être fait par moi.

Sans attendre qu'elles m'en priassent, je vendis ma maison de la rue des Tournelles et j'allai prendre un logement sur le quai, en face des Tuileries.

Magdeleine logeait rue de Verneuil et la comtesse rue des Saints-Pères.

Nous étions alors tout à fait voisines. Tour à tour nous dînions ensemble, tantôt chez l'une, tantôt chez l'autre. Sur quoi roulaient nos entretiens? on le devine aisément. Comme le vieillard d'Horace, nous vantions les jours passés; nous allions chercher le regret au fond du souvenir.

La plus philosophe de nous trois était encore Magdeleine.

N'ayant jamais été belle, nécessairement elle regrettait beaucoup moins que nous. On peut même dire qu'elle n'avait rien perdu, puisqu'elle conservait ce que la vieillesse ne peut enlever, les charmes de l'esprit et du caractère.

— Le temps est un lâche, nous disait-elle; méprisons-le. Ne jette-t-il pas les rides comme le Parthe lançait les traits, en fuyant?

— Encore s'il n'atteignait pas son but, dit la comtesse avec un soupir, on lui pardonnerait peut-être cette indigne manière de combattre.

— Oui, certes! m'écriai-je. Si les rides s'étaient écartées de mon visage, en faveur de cette maladresse je passerais au dieu Saturne sa lâcheté.

— Allons, allons, dit Magdeleine, oublions les jours qui ne sont plus!

J'avais réformé tout mon domestique en vendant la maison de la rue des Tournelles, et je n'avais conservé qu'une assez mauvaise cuisinière. Elle gâtait toutes les sauces et ne nous servait jamais un morceau cuit à point. Constamment j'étais obligée de la surveiller à la besogne ou même de lui venir en aide.

Un matin, de fort bonne heure, je trônais au milieu des casseroles pour soigner un salmis de perdreaux. La comtesse et Magdeleine devaient venir déjeuner chez moi et m'emmener ensuite à une grande solennité religieuse à Saint-Sulpice. La cérémonie commençait à neuf heures et ne devait finir qu'à cinq de relevée. Nous avions besoin, par conséquent, de réconforter d'avance notre dévotion.

Tout à coup je vis entrer dans ma cuisine un petit bonhomme de sept à huit ans, à l'œil vif, au sourire éveillé, qui m'ôta son bonnet et me dit le plus poliment du monde:

— Puisque vos fourneaux sont allumés, madame, donnez-moi donc un peu de braise, s'il vous plaît.

— De la braise, mon enfant... qu'en veux-tu faire?

— Notre servante a laissé, là-haut, le feu s'éteindre, et papa défend que j'aille au collége sans avoir mangé ma soupe.

— Quoi! mon ami, tu vas au collége si jeune?

— Grâce! s'écria-t-elle en tombant à genoux. *Page.* 740.

— Oui, madame, j'étudie chez les Jésuites, et je vais entrer en sixième l'année prochaine.

— Comment t'appelles-tu? lui demandai-je.

— Je me nomme François-Marie Arouet de Voltaire.

— Et tu demeures dans la maison?

— Juste à l'étage au-dessus, répondit-il.

— Alors tu es le fils de M. de Voltaire, trésorier à la cour des comptes?

— Oui, madame. Veuillez, je vous prie, me donner de la braise, car l'heure de la classe approche; je serais grondé par mon professeur.

— Fort bien. Mais où la mettras-tu, cette braise? Tu n'as ni pelle ni vase.

— Ah! c'est vrai! que je suis étourdi!

Puis, se ravisant et se penchant sous les fourneaux:

— Je n'ai pas besoin de remonter, dit-il en prenant de la cendre, qu'il étendit dans le creux de sa main: posez-moi de la braise là-dessus.

Il riait et me regardait avec ses grands yeux pleins d'intelligence.

— Bravo! dis-je en lui frappant sur l'épaule, tu seras un garçon d'esprit.

Depuis ce jour, mon jeune collégien ne me rencontrait jamais sans me saluer et me sourire. Son père était noble, mais assez dépourvu de fortune. Quand je fis mon testament, je n'oubliai pas le petit bonhomme à la braise, et je lui léguai mille écus pour se commencer une bibliothèque.

Je menais une vie calme et très-heureuse, lorsqu'un soir, chez moi, notre pauvre Magdeleine eut une attaque si grave, qu'il fut impossible de la transporter à son domicile.

Nous la couchâmes sur mon lit, où bientôt elle fut à toute extrémité.

— Consolez-vous, séchez vos larmes, nous disait-elle d'une voix éteinte. Bientôt ce sera votre tour, et nous retrouverons dans un monde meilleur nos jeunes années et nos vieux amis!

La comtesse avait entendu parler d'un empirique célèbre, qui possédait, disait-on, des secrets merveilleux pour guérir toutes sortes de maladies. Elle courut à sa recherche pendant que je restais auprès de Magdeleine.

MADEMOISELLE DE LENCLOS

A SAINT-ÉVREMOND

Paris, 9 avril 1701.

Ah! mon ami, quelle horrible frayeur j'ai eue! Vraiment, je n'en suis pas encore remise, et je frissonne de tous mes membres.

La cruelle chose que ces folies du passé qui reviennent, à de si longs intervalles, se placer sur votre route et empoisonner l'heure présente.

J'ai revu mon homme noir, comprenez-vous!... mon homme noir du bal du Louvre, l'homme aux tablettes rouges et aux douze flacons; le même qui m'est apparu il y a soixante-dix ans!... Ou plutôt non, ce n'était pas lui, puisque je vis encore.

Mais quelle ressemblance, grand Dieu!

Il portait, comme le premier, l'habit de velours noir, la calotte, la canne d'ébène, et jusqu'à cette grande mouche sur le front!... il y avait de quoi mourir de saisissement.

Vous me croyez folle, je gage? mais ce n'est point le cas de rire. Attendez que je mette un peu d'ordre dans ma narration.

Magdeleine de Scudéri tombe malade chez moi.

Lorsqu'une femme a quatre-vingt-quatorze ans, il reste peu d'espoir de la sauver. Toutefois madame de Sandwick prend une voiture de place, et court chez un charlatan très en vogue, dont nous avions entendu vanter les cures admirables.

Au bout d'une heure, elle rentre avec cet homme.

Je lève la tête, je regarde, et je me renverse sur mon fauteuil, en criant avec épouvante :

— C'est lui!... c'est le diable!... O Seigneur! Seigneur!... protégez-moi!

Il se retourna vers la comtesse.

— Qu'y a-t-il donc? est-ce là votre malade? demanda-t-il.

— Grâce! m'écriai-je, en me précipitant à deux genoux. J'ai signé sur vos tablettes, sans doute; mais je n'ai pas entendu vendre mon âme!

— Ah! ah! fit-il, vous devez être mademoiselle de Lenclos?

— Oui, murmurai-je, atterrée.

— Vous regrettez d'avoir donné votre signature?

— Hélas!

— Tranquillisez-vous; je ne suis pas si diable que j'en ai l'air, et nous entrerons en arrangement.

Il s'approcha du lit de la malade. Mais, pendant ce débat, Magdeleine avait rendu le dernier soupir.

— Je ne l'aurais pas sauvée, dit l'homme noir. Passons dans une autre chambre, ajouta-t-il en revenant à moi, nous y terminerons notre affaire.

— Oh! ma bonne comtesse, je vous en supplie, ne m'abandonnez pas! m'écriai-je, soulevant vers madame de Sandwick mes mains frémissantes.

— Pardon! ce que j'ai à vous dire ne doit être entendu de personne, mademoiselle : autrement il me serait impossible de résilier le marché, dit l'homme noir.

J'étais glacée de crainte, et je n'osais me confier aux assurances qu'il me donnait. Tout à coup, me rappelant que j'avais reçu, la veille, de mon confesseur un reliquaire contenant une parcelle de la vraie croix, j'allai le prendre dans mon armoire, et je le serrai précipitamment sous ma gorgerette.

— Soit, monsieur, lui dis-je, venez, je suis prête à vous entendre!

Nous entrâmes au salon.

Rendez-moi justice, mon ami. Vous ne m'avez jamais connue peureuse, je conserve encore toutes mes facultés : eh bien, je vous jure que pour rester là, seule avec un pareil interlocuteur, il me fallut rassembler tout ce que je possède d'énergie et de force d'âme.

Après avoir soigneusement fermé la porte, l'homme noir me dit :

— Mademoiselle, c'est un acte d'honnête homme que je viens accomplir. Je ne vous demande pas le secret sur la révélation que je vais vous faire, et je vous crois trop d'honneur pour nuire à une personne dont le seul but est de vous être agréable.

Ce préambule était assez rassurant. Mais je me défiais du personnage, et je tenais fortement pressée contre ma poitrine la sainte relique, contre laquelle devaient échouer toutes les tentatives de l'esprit du mal. L'homme noir m'avança un fauteuil, et prit un pliant à côté de moi.

— Je ne suis pas le diable, mademoiselle, poursuivit-il; je ne suis pas même celui qui a eu jadis l'honneur de vous rendre visite.

Je tressaillis, et je le regardai avec un peu moins de terreur.

— Quoi! monsieur, vous n'êtes pas.....

— Non, dit-il, sans me laisser achever, c'était mon père.

— Votre père?

— Oui, un juif portugais, qui a fait sur l'art de guérir des études profondes. Je lui ressemble beaucoup, mademoiselle.

— C'est-à-dire que cela est effrayant, monsieur!

— D'autant plus, ajouta-t-il, que j'ai soin de porter les mêmes habits. Cette ressemblance est toute ma fortune. Nombre de personnes y ont été trompées comme vous ; mais votre erreur pouvait avoir des conséquences plus graves, c'est pourquoi je vous désabuse.

Je commençais à respirer plus librement.

— Mais est-ce bien vrai, murmurai-je, ce que vous me dites là?

— Vous doutez encore, tant mieux! Si la femme la plus spirituelle du siècle a cru à l'immortalité d'un homme, que sera-ce de l'opinion des autres? Je puis déjà, vous le savez mieux que personne, me donner quelque chose comme cent trente ans. Mon fils, dans un demi-siècle, pourra se donner le double. Je n'avais, moi, que des traditions verbales, il aura des traditions écrites; je lui léguerai bon nombre de secrets avec l'histoire des familles. Certes, il ne manquera pas de gens qui, m'ayant vu dans leur jeunesse, le prendront pour moi, comme vous m'avez pris pour mon père. Seulement, notre fortune s'étant accrue d'une façon considérable, je veux qu'il porte un titre : il s'appellera le comte de Saint-Germain.

— Je suis confondue de surprise, lui dis-je. Et à quoi bon cette ruse? pourquoi perpétuer de père en fils une aussi étrange ressemblance?

— Vous me le demandez! s'écria-t-il. Mais songez donc à tout ce que cela nous donne de prestige! Réfléchissez à l'aveugle confiance obtenue par l'homme qui a trouvé pour lui-même le secret de ne pas mourir! Ignorez-vous que la foi du malade est souvent la principale cause de sa guérison? Agissez fortement sur le moral, le physique en ressentira l'influence à coup sûr. Vous en êtes vous-même une preuve évidente.

— Moi?

— N'êtes-vous pas restée belle jusqu'à quatre-vingts ans?

— C'est vrai.

— Savez-vous ce que contenaient les douze flacons destinés à éterniser vos charmes? Ils contenaient de l'eau pure.

— Est-ce possible?

— Oui, mademoiselle, de l'eau pure, mélangée de quelques gouttes d'une substance chimique inoffensive, pour la rendre incorruptible et la colorer légèrement. L'expérience a réussi. Mon père, toutefois, avait été trop loin en vous laissant croire à un pacte avec le diable. Tout à l'heure, en croyant me reconnaitre, l'émotion pouvait vous donner un coup terrible. N'avait-il pas dit qu'à dater de l'heure où vous le reverriez vous n'auriez plus que trois jours d'existence?

— Il me l'avait dit, murmurai-je, frissonnant encore malgré moi.

— Quel âge avez-vous? me demanda l'empirique.

— Quatre-vingt-neuf ans.

— Votre bras, s'il vous plaît?

Je le lui tendis, il me tâta le pouls.

— Eh bien, dit-il, non-seulement vous ne mourrez pas dans trois jours, mais je vous garantis pour le moins cinq années encore, avant de songer à l'autre monde. Adieu, mademoiselle! Pour achever de vous tranquilliser l'esprit, je vais à l'instant même vous renvoyer la feuille des tablettes de mon père, sur laquelle vous avez donné votre signature.

Il tint parole. Moins d'une heure après, je reçus le maudit feuillet rouge, et je le brûlai avec une satisfaction extrême.

Ainsi, mon ami, voilà le dénoûment de mon histoire avec le diable.

Franchement, j'aime beaucoup mieux celui-là qu'un autre. Je suis du moins un peu rassurée au sujet de mon salut.

Une seule chose me tourmente, vous le dirai-je? c'est d'avoir cédé à votre désir et de vous avoir envoyé mes *Mémoires*. Je vous en conjure, que ces pages soient lues de vous seul; gardez-vous de livrer à la publicité mes folles aventures! C'est fini, vous ne recevrez plus rien. Hélas! je vois maintenant les choses à un tout autre point de vue, et l'éternité me paraît bien à craindre.

Adieu, mon vieil ami.

Réfléchissez un peu vous-même; pesez bien le pour et le contre, et tâchons de ne pas être séparés là-haut!

Nixon.

ÉPILOGUE

Saint-Évremond eut égard aux scrupules de mademoiselle de Lenclos. Il garda pour lui ces précieuses révélations écrites, que le hasard, après deux siècles, a jetées entre nos mains.

La famille anglaise chez laquelle le célèbre auteur termina sa longue carrière fit mettre sous enveloppe et sceller les manuscrits trouvés dans sa chambre, après son décès, pensant que les héritiers viendraient les réclamer un jour.

Je le lui tendis, il me tâta le pouls. *Page 741.*

Mais toute la famille de Saint-Évremond était éteinte.

Dans un voyage que je fis à Londres, il y a deux ans, sir William Melburn, dernier descendant des hôtes qui avaient recueilli l'exilé français, me confia toute une énorme liasse de papiers, disant que je trouverais là quelques *historiettes de France.* Ce sont les expressions dont il se servit

Le brave Anglais ne se doutait guère du trésor dont il était possesseur.

Ai-je commis un abus de confiance en transcrivant les *Mémoires authentiques de mademoiselle de Lenclos?* je ne le crois pas. Toutes ces pages appartenaient à mon pays, c'était un devoir pour moi de les lui rendre.

Et maintenant que j'ai fait part au public de ma découverte, il suffira de quelques mots pour compléter l'histoire de la femme célèbre qui s'est peinte elle-même avec tant de franchise.

Pendant les dernières années de sa vie, c'est-à-dire jusqu'en 1706, mademoiselle de Lenclos cultiva précieusement la société du petit nombre d'amis qui lui restaient encore, s'appliquant à se rendre chère à tous, et se privant quelquefois du nécessaire pour donner des aumônes plus abondantes ou pour laisser des legs plus riches à ceux qui devaient rester après elle. Voyant approcher la mort, elle ne perdit rien de la sérénité de son âme. Elle conserva jusqu'à la dernière minute sa liberté d'esprit et les grâces aimables de son entretien.

« Il est presque doux de mourir, disait-elle, puisque, là-haut, nous retrouverons ceux que nous avons aimés. »

Un instant avant de rendre le dernier souffle, entendant Fontenelle lui affirmer qu'elle en reviendrait, elle lui répondit par ce quatrain, resté comme un monument de sa force d'âme au milieu de l'agonie :

> Qu'un vain espoir ne vienne pas s'offrir
> Qui puisse ébranler mon courage ;
> Je suis en âge de mourir;
> Que ferais-je ici davantage?

Un vicaire de Saint-Sulpice entra pour lui administrer les derniers sacrements de l'Église. Ninon les reçut avec une grande dévotion ; puis elle s'écria tout à coup :

« Adieu, mes amis, adieu ! »

On s'approcha de son lit, elle était morte.

Mademoiselle de Lenclos a été bien certainement une des femmes les plus dignes et les plus estimables du dix-septième siècle. Si son goût pour le plaisir a quelque peu dépassé les bornes, elle a racheté ses erreurs par les qualités les plus précieuses et les plus rares. Il n'y eut pas d'esprit plus fin, plus délicat, de cœur plus noble et plus généreux. Ninon vit toute son époque à ses genoux, et le jour où elle cessa d'être belle, elle ne perdit ni un ami ni un admirateur. C'est le plus magnifique éloge qu'on puisse faire d'une femme.

COUP D'ŒIL SUR LE SIÈCLE DE LOUIS XIV

Lorsqu'on veut bien étudier ce siècle, pendant lequel les femmes continuèrent à exercer sur l'esprit et sur les mœurs de la nation une influence souveraine, il faut s'arrêter d'abord aux quelques années qui séparent la mort de Louis XIII du nouveau règne. Avant de suivre le grand roi dans les somptueuses résidences de Versailles et de Fontainebleau, remontons à cette époque d'insouciance et de gaieté vraiment française où la blanche main des duchesses attachait un nœud de ruban à l'épée de la Fronde.

Dans la physionomie de tous ces jeunes seigneurs qui se battent sous les yeux de leurs maîtresses, il y a je ne sais quel bel air, quel air de gaieté charmante et de raillerie chevaleresque. Cela donne aux scènes tumultueuses de l'émeute une fougue adorable, un entrain délicieux. Le trait spirituel part en même temps que la balle du mousquet; la chanson leste et pimpante se mêle au bruit du tambour, aux fanfares des clairons; le pamphlet incisif devient une arme de bonne trempe. Les pères ont lu la *Satire Ménippée;* les fils se disputent les *Mazarinades.*

Un jeune homme, qui devait, plus tard, écrire de froides et desséchantes maximes, se battit comme un lion pour les beaux yeux de madame de Longueville, cette gracieuse et noble reine de la Fronde.

Et Mademoiselle, qui la transforma subitement en héroïne, si ce n'est l'amour? Ne dirait-on pas que toute la pétulance des Guise, dont elle a pris un des apanages, a passé dans les veines de cette fille de Gaston, de Gaston, le plus faible des hommes, le plus lâche des princes? La duchesse de Montpensier prend des villes; elle entre par une brèche dans les murs d'Orléans, comme eût fait Henri IV, son aïeul; puis elle revient à Paris, monte en haut de la Bastille, et fait éclater le tonnerre de trente canons pour sauver Condé de la honte d'une défaite.

Si l'esprit débordait alors, même aux époques de troubles les plus violentes, c'est que le bon mot sorti des lèvres d'un chef d'émeute faisait éclore sur une bouche aimée un sourire approbateur, et donnait l'épanouissement de la joie à ces doux visages que le pinceau du peintre et le ciseau du sculpteur ont su nous conserver dans toute leur grâce et leur beauté premières. Le salon devenait une puissance avec laquelle il fallait compter, une puissance que l'on craignait, que l'on ménageait, que l'on flattait, dont on recherchait les suffrages. On y voyait naître cette exquise galanterie française qui proclamait le règne de la femme sur la nation la plus spirituelle du monde.

La galanterie se trouvait maintenue à l'hôtel Rambouillet dans les bornes de la décence, et la vivacité de l'esprit français y était assujettie à des règles qui en tempéraient les écarts. On chercha bientôt à échapper à cette solennité de manières, à cette gravité de langage et de maintien qui engendraient le ton précieux. Voiture, Balzac, Saint-Évremond, Ménage, et vingt autres écrivains du temps allèrent s'asseoir au cercle d'une femme qui semblait continuer les traditions des courtisanes d'Athènes. Marion Delorme préparait, avec plus de tendresse dans l'âme, avec moins de brillant dans l'esprit, le règne de cette Ninon de Lenclos qui devait un jour souligner par ses sourires les vers de l'auteur du *Misanthrope*, et les désigner d'avance aux bravos du parterre.

Louis XIV est entré au Parlement en bottes fortes et le fouet à la main : le grand règne commence.

Bien des changements ont suivi la mort de Mazarin. La fraise à la *confusion*, le chapeau retroussé, le vêtement du *guap* d'Oviedo, de l'élégant *caballero* de Madrid, font place à des habits roides et majestueux. Les gentilshommes ne croient plus que les longs cheveux, naturellement bouclés, suffisent à l'ornement du visage; ils affublent leurs têtes de gigantesques appareils, et transforment l'art du coiffeur. Les rubans sont répandus à profusion sur les souliers, aux genoux, aux manchettes, aux épaules, et la dentelle même devient une partie essentielle du vêtement masculin.

Seules, avec ce tact qui les caractérise, les femmes se révoltent contre une mode absurde, et refusent de quitter les costumes qui les embellissent; elles sont soutenues par les Mancini, les la Vallière, les Montespan, les Fontanges, et par cette divine madame Henriette, dont la vie, radieuse étoile, devait s'éteindre si promptement dans l'ombre de la mort.

La littérature elle-même s'est disciplinée : cependant elle ne saurait rompre avec les traditions galantes, sur lesquelles le jeune roi jette, le premier, tout le fastueux éclat de sa grandeur. Les femmes continuent d'inspirer le vers du poëte; elles préparent le succès de l'artiste, et vont s'asseoir jusque sur les marches du trône, pour exercer de plus haut leur glorieux patronage. Alors, si elles écrivent, elles donnent à la peinture du sentiment et au récit un charme de style, une souplesse de ton, qui transportent dans le livre toute la vivacité, toutes les allures fines et délicates des entretiens du salon. Si elles ne se nomment ni madame de Sévigné, ni madame de la Fayette, si elles se bornent au rôle de protectrices des lettres et des arts, elles accueillent, comme madame de la Sablière, le poëte insoucieux qui n'a point d'abri; elles demandent, comme madame de Maintenon, des tragédies à Racine; elles dirigent, à l'aide de leur intelligence que la grâce décore, à l'aide de leur cœur que l'enthousiasme électrise, ce mouvement universel des idées qui a valu à ce siècle l'honneur d'être regardé comme une des quatre grandes époques du progrès littéraire chez les peuples.

Bercé par la plus belle poésie du monde, par la poésie grecque, le jeune élève de Lancelot, le lecteur des fraîches amours de *Théagène* et de *Chariclée*, va bientôt, à côté de la pompe d'un règne éblouissant, étaler celle de ses vers. Ici tout se met en harmonie : le poëte, beau comme le roi, amoureux comme le roi, verra toujours, au travers des magnificences de Versailles, le palais d'Argos, le temple athénien, la chambre impériale de César. Sa pensée, malgré le vêtement grec, restera française, et la muse du courtisan de Louis recevra les inspirations d'une cour brillante, sous la tunique et le peplum qui la couvriront, sans la cacher.

Fermez les yeux : ne croiriez-vous pas, à cette douceur

amoureuse qui embaume les paroles d'Iphigénie, à ces harmonieuses plaintes qui s'échappent de la bouche de Bérénice, que la Vallière et madame Henriette étaient présentes à l'imagination du poëte quand il donnait aux regrets de l'une et aux douleurs de l'autre cette suavité qui attendrit le cœur et mouille les yeux de larmes délicieuses?

A cette époque, les femmes se partagent en deux camps; nous les voyons arborer deux bannières. Elles prennent parti, les unes pour Racine, les autres pour Corneille.

Madame de Sévigné, dont la société ordinaire se compose d'admirateurs exclusifs du père du *Cid*, se montre des plus ardentes contre le poëte. « Il manque entièrement, écrit-elle, de la vigueur romaine qui éclate dans les *Horaces*. »

Ce dut être un coup bien douloureux pour Racine que cette déclaration de guerre, surtout quand, à côté de madame de Sévigné, vinrent se ranger une multitude de femmes, des cercles entiers, où chaque jour on aiguisait une épigramme nouvelle pour le blesser au cœur.

Dans cette injuste agression se fit remarquer au premier rang madame Deshoulières, qui mit au service de la coterie son habileté à forger la rime.

Mais la femme qui recevait du poëte tant de rôles passionnés, qui, de son âme, de son regard, de ses gestes, de ses accents, faisait vivre sur la scène les héroïnes tragiques, la Champmeslé, vengea Racine, en excitant, chaque soir, les bravos du parterre; elle le consola par son admiration, par son amour.

Sur le déclin du règne, madame de Sévigné assista aux belles représentations de Saint-Cyr. Toute cette pompe théâtrale, que la présence du roi réchauffait encore, agit avec force sur son esprit. Elle reconnut enfin le mérite de celui dont elle avait injustement troublé le triomphe. Le sophisme peut envahir une âme loyale, le paradoxe peut tromper un cœur droit; mais tôt ou tard le bandeau tombe, l'erreur se dissipe et la vérité se fait jour. Madame de Sévigné rendit justice au mérite de Racine et ne parla plus de ses œuvres qu'avec éloge.

Un nouveau cercle s'ouvre.

L'esprit a trouvé un lieu où rien ne va gêner son essor ni mesurer l'espace à ses ailes.

Ninon de Lenclos commence à prêcher les doctrines de cette philosophie du plaisir qui la rattache, elle et ses amis, à la plus attrayante des sectes de l'antiquité. Sur la pente facile qui l'entraîne vers de complaisantes amours, elle se laisse glisser avec une insouciance heureuse, dont l'excès se trouve tempéré par l'honnêteté virile de son âme et par la solidité de ses relations.

Rien de fascinateur comme la puissance qu'exerçait cette femme, animée du plus beau feu de l'esprit, et pourvue des plus riches dons de la grâce.

Mademoiselle de Lenclos n'eut que des amis d'élite : les Chapelle, les Bachaumont, les d'Estrées, les Clérambault, les Saint-Évremond, les Condé, les Molière; puis ces deux autres, Chaulieu et la Fare, le poëte et le capitaine des gardes, qui durent faire regretter aux gentilshommes de la Régence l'heureux temps où l'on allait chercher dans le salon de la rue des Tournelles la joie et la gaieté disparues de Versailles.

On l'a dit depuis longtemps : l'Italien chante, l'Allemand discute, l'Anglais pérore, le Français seul sait causer.

Ce privilége, qui nous distingue, nous le devons surtout à ces femmes précieuses des derniers siècles qui savaient reprendre avec la plume une conversation interrompue, sans que la plume en altérât la vivacité, en alourdit les sémillantes allures.

Ninon de Lenclos dans sa vieillesse.
(D'après un portrait du temps).

Quand Louis XIV, d'un geste de sa main royale, eut éteint l'incandescence des partis, les femmes se hâtèrent d'abdiquer le rôle d'opposition railleuse qu'elles avaient joué sous la Fronde, pour en prendre un plus noble, un plus éclatant, un plus digne d'elles. Nous assistons alors à un magnifique spectacle. Le poëte qui les encense, l'artiste qui reproduit leur beauté sur la toile et avec le marbre, l'homme d'esprit qui recherche leurs suffrages, se laissent enflammer au feu de leurs regards et obéissent à leur impulsion. Sous les noms d'Hortense Mancini, de Louise de la Vallière, de mademoiselle de Fontanges, de madame de Montespan, beautés rivales, qui tour à tour attireront les regards du maître et donneront des chaînes à son cœur, elles sont l'âme de toutes les fêtes. Le siége qu'elles occupent aux cercles de la cour, aux représentations théâtrales, dans les carrosses qui suivent les chasses de Compiègne et de Chambord, devient un trône d'où elles répandent, comme des rayons bienfaisants, sur tout ce qui les entoure, le charme de leurs regards, l'encouragement de leurs sourires.

Louis XIV a pris pour emblème le soleil; ses architectes le cisellent comme une signature splendide sur tous les monuments; ses ingénieurs en décorent les armes meurtrières qui lui donnent la victoire; l'intrépide chevalier banneret du moyen âge, tour à tour devenu le grand seigneur de la Ligue et de la Fronde, maintenant simple courtisan du grand roi, efface ses armoiries devant celles de la couronne; et cependant, malgré tous ces hommages, malgré la fastueuse devise du prince, le véritable soleil de ce temps, c'est la femme. Pour elle, la satire émousse ses traits aigus, le madrigal épuise sa douce louange; elle exerce la plus noble des royautés, celle qui consiste à encourager les arts.

Ainsi les arts, les lettres, comme le caractère de la nation, tout subissait l'influence des femmes. Nous les trouvons constamment aux premiers plans de la scène. Sous Mazarin, elles avaient adouci, en les partageant, les querelles politiques. Elles entreprirent ensuite la réforme de ces mœurs turbulentes où se laissaient voir encore bien des traces de barbarie, et

contribuèrent à épurer la langue en y apportant cette précision fine, élégante, cette exquise clarté, ce tour délicat de la phrase, qui sont les plus grands charmes de leur esprit chatoyant. Tout concourait à assurer, à agrandir leur triomphe. La cour était à leurs pieds comme la ville; on leur prodiguait l'encens et la louange, et, le jour où la veuve Scarron vint partager la couche du roi, l'on peut dire que dans cette femme, arrivée à l'apogée d'une vertu sans égale, tout son sexe était couronné par la main de Louis XIV.

Il est vrai qu'à la fin de ce siècle il s'opéra des changements soudains, des revirements inouïs.

Le roi n'était plus jeune; autour de lui tout vieillissait.

Condé, qui, après le maître, était, sous l'inspiration des femmes, le premier protecteur des écrivains, des savants, des artistes, Condé touchait au terme de sa carrière. Bossuet, blanchi comme les autres, venait s'asseoir auprès du lit de mort du héros, pour lui consacrer *les restes d'une voix qui tombe et d'une ardeur qui s'éteint*. Les plaisirs s'envolaient avec la jeunesse; l'ennui, froid, monotone, solennel, avait élu domicile à la cour du grand roi. Cet astre pâlissait à son déclin. Toutes les femmes qui avaient jeté l'éclat de leur esprit, de leur beauté, de leurs sourires, sur les pompes des premières années de ce règne, disparaissaient, touchées par la mort.

Au milieu de ce deuil et de ces tristesses, madame de Maintenon cherche vainement à distraire son royal époux; Louis XIV devient de jour en jour plus morose et plus sombre; son caractère, aigri par les malheurs qui semblent poursuivre sa vieillesse, ne peut souffrir ni contradiction ni conseil. Un de ses regards irrités tue l'auteur d'*Athalie*, qui avait osé se faire l'écho respectueux des plaintes populaires.

Sur les ruines de toutes ces splendeurs et de toutes ces gloires, Ninon de Lenclos, seule, reste éternellement belle, éternellement adorée.

Cependant l'âge la gagne comme les autres; mais elle semble réserver son dernier, son plus gracieux sourire pour la mort qui va l'atteindre.

Elle avait quatre-vingt-dix ans, lorsqu'un jour le hasard jeta sur sa route un très-jeune collégien, élève des jésuites, dont le regard vif et la physionomie spirituelle la frappèrent.

Mais cet enfant, qu'elle se plaisait à faire causer, laissait échapper déjà des paroles acerbes, mordantes, incisives, et de sa lèvre pincée, le sarcasme débordait comme du fiel.

Ninon, moins rapprochée de la tombe, eût réussi peut-être à corriger ces amertumes de l'intelligence et du cœur; mais elle ne put que léguer des livres au collégien, et mourut, prévoyant que bientôt Voltaire, enfermé sous les verrous de la Bastille, y méditerait ses vengeances, et que le cadavre de Louis XIV serait insulté par le peuple sur la route de Saint-Denis.

MÉRY.

Paris-Imp. PAUL DUPONT, rue Jean-Jacques-Rousseau.

RÉIMPRESSION IN EXTENSO
DU
JOURNAL OFFICIEL DE LA COMMUNE

IMPRIMÉ SUR LE MÊME FORMAT QUE LE JOURNAL OFFICIEL DU GOUVERNEMENT
Des Numéros du Dimanche 19 Mars au Mercredi 24 Mai 1871, dernier Numéro paru
70 Livraisons à 10 Centimes. — 50 Centimes la Série de 5 Livraisons.
OUVRAGE COMPLET 8 FRANCS

HISTOIRE
DES PETITS CHIENS DE CES DAMES
Par HENRY DE KOCK
21 LIVRAISONS ILLUSTRÉES : PRIX BROCHÉ : 2 FRANCS

HISTOIRE DES COCUS CÉLÈBRES
DE TOUS LES TEMPS ET DE TOUS LES PAYS
OUVRAGE ENTIÈREMENT INÉDIT
Par HENRY DE KOCK
ÉDITION POPULAIRE ILLUSTRÉE DE 100 GRAVURES
MAGNIFIQUE VOLUME BROCHÉ : 10 FRANCS

HISTOIRE DE LA BASTILLE
DEPUIS SA FONDATION, 1374, JUSQU'A SA DESTRUCTION, 1789
DE LA BASTILLE ; — SES PRISONNIERS, — SES GOUVERNEURS, — SES ARCHIVES, DÉTAILS DE TORTURES ET SUPPLICES USITÉS ENVERS LES PRISONNIERS.
Par MM. ARNOULD, ALBOIZE et A. MAQUET
Magnifique volume illustré de 100 gravures — Prix du volume broché : 9 francs.

HISTOIRE DES BAGNES
DEPUIS LEUR CRÉATION JUSQU'A NOS JOURS
Volume de 1032 pages, illustré de 150 magnifiques gravures. Prix du volume : broché 10 fr. au lieu de 13 fr.

HISTOIRE DES COURTISANES CÉLÈBRES
OUVRAGE ENTIÈREMENT INÉDIT
PAR HENRY DE KOCK
1 VOLUME ILLUSTRÉ DE 100 GRAVURES. PRIX DU VOLUME BROCHÉ : 10 FRANCS

TRIANON, 1er CONSEIL DE GUERRE
COMPTE RENDU IN EXTENSO
PROCÈS DU MARÉCHAL BAZAINE
Le volume in-4° de 600 pages, imprimé en caractères neufs de l'Imprimerie Paul Dupont
Prix broché : 7 francs ; Cartonné : 9 francs

Tous les ouvrages de ce Catalogue peuvent être demandés en feuille et en livraisons. Pour la facilité de nos lecteurs et lectrices. — 10 centimes la livraison, 50 centimes la série de 5 livraisons.

www.ingramcontent.com/pod-product-compliance
Lightning Source LLC
Chambersburg PA
CBHW071657300426
44115CB00010B/1240